W0350061

L'EMPIRE DE L'EAU

DU MÊME AUTEUR

Un assassin au-dessus de tout soupçon, Balland, 1984.

Affaires très spéciales, avec Jacques-Marie Bourget, Plon, 1986.

Yvan Stefanovitch

L'EMPIRE DE L'EAU

Suez, Bouygues et Vivendi
Argent, politique et goût du secret

Ramsay

© Éditions Ramsay, Paris, 2005.

À mes amis
Simon, Renaud, Jacques-Marie
et Jean-François.
À la femme que j'aime,
à mes deux filles,
et à mon garçon.

Avant-propos

Vous êtes-vous déjà posé la question ? Pourquoi, alors que l'air, le gaz et l'électricité sont considérés comme des biens communs, et à ce titre distribués par des services publics, l'eau, denrée collective s'il en est, est-elle confiée à des multinationales privées, en majorité françaises ? Veolia (ex-Compagnie générale des eaux), Suez-Lyonnaise des eaux et la Saur (ex-Bouygues) monopolisent 75 % de la distribution de l'eau à la population de l'Hexagone.

Bienvenue dans un monde aux confluences de l'argent, de la politique et des pouvoirs plus ou moins occultes. Où les choix ne relèvent surtout pas de l'intérêt général. L'eau, cet « or bleu », suscite tant de convoitises qu'elle échappe aux classifications habituelles. Surtout que les industriels de la distribution de l'eau ont étendu leur oligopole à des activités parallèles en France et dans le monde : le ramassage, le traitement et la valorisation des ordures, le chauffage urbain.

À droite de l'échiquier politique, dans l'Hexagone, les partis sont censés épouser la doctrine libérale, le secteur privé étant réputé plus efficace et moins cher. Ils n'ont réussi qu'à accoucher d'un système d'économie mixte, mi-privé mi-public, cumulant les handicaps avec un seul vrai programme : privatisation des bénéfices, nationalisation des pertes.

À gauche, les partis politiques, réputés garants de l'intérêt général, n'ont jamais osé aller jusqu'au bout de leur réflexion sur la nationalisation ou la municipalisation de la distribution de l'eau. Aujourd'hui, communistes et socialistes sont paradoxalement les meilleurs soutiens des trois grandes compagnies d'eau.

Depuis un siècle et demi, ces marchands français se sont faits experts en navigation en eaux troubles, un coup à droite, un coup à gauche.

Pourquoi et comment Bertrand Delanoë, actuel maire socialiste de Paris, a-t-il si facilement enfilé les chaussons de Jacques Chirac ? L'explication est dans l'histoire, l'histoire de France revisitée par les marchands d'eau. Une bien sale histoire.

I

Bertrand Delanoë toilette le Yalta de l'eau, des poubelles et des parkings

Lundi 15 décembre 2003. Le vieil amphithéâtre en bois du conseil général de Paris somnole légèrement, la moitié des 162 sièges reste vide. Il est 22 heures. Présent jusqu'en début de soirée pour le vote du budget, le maire de Paris, Bertrand Delanoë, a laissé son fauteuil à sa première adjointe Anne Hidalgo. Toutes les conditions sont réunies pour escamoter le débat qui va commencer à cette heure tardive. Pas question de prendre véritablement au sérieux un projet de remunicipalisation de la distribution de l'eau dans la capitale en 2009, date de la fin du contrat avec les deux majors, la Générale et la Lyonnaise des eaux. Politicien habile et fils de pub repenti, le maire de Paris joue parfaitement sa partition sur le thème : « Touche pas à mes distributeurs... » Depuis son élection en 2001, il maîtrise parfaitement sa communication à travers un souci constant de transparence et de « proximité » avec les Parisiens. Les shows Paris Plage et les Nuits blanches, sa politique du logement, le débat sur la rénovation du quartier des Halles et ses comptes rendus de mandat dans chaque arrondissement en témoignent. Pourtant, Bertrand Delanoë n'ose pas prendre position publiquement sur l'eau. Ce débat – financier en apparence, mais éminemment politique – l'intéresse-t-il vraiment ? On en douterait... Sa première adjointe, la sévère mais sémillante Anne Hidalgo expédie le débat à la hussarde en un peu plus d'une heure. Elle interrompt sèchement les orateurs de droite comme de gauche pour leur demander de conclure au plus vite, leur temps de parole étant dépassé. Les quelque 80 conseillers présents sortent d'un dîner arrosé d'un excellent château-margaux 1991, tiré de la cave de l'Hôtel de Ville, considérablement embellie sous Jacques Chirac. Les carafes remplies d'eau de la ville n'ont guère de succès auprès d'élus fatigués par une longue journée de débats budgétaires.

Très à l'aise, Anne Hidalgo préside cette séance du conseil de Paris consacrée à ce qu'elle appelle non sans un certain humour « débat sur l'affaire prioritaire relative au contrat de l'eau ». Cette ancienne inspectrice du travail (c'est du moins ce qu'elle met en avant dans son CV) va faire entériner un an de négociations secrètes entre la nouvelle majorité municipale et les deux marchands d'eau dans la capitale, Veolia et Suez. En l'absence du maire à cette heure tardive, la première adjointe préside les débats. C'est le règlement. Certes. La majorité de gauche ne cherche pas des poux dans la tête de la maire *bis*. Soit. Mais les conseillers d'opposition de droite ont eux la mémoire courte, ou préfèrent se taire. Avant d'être nommée, en 1997, conseiller technique au cabinet de Martine Aubry, ministre de l'Emploi et de la Solidarité [1], Anne Hidalgo a été pendant deux ans chargée de mission auprès du directeur du personnel de la Compagnie générale des eaux. Elle y a croisé Jean-Pierre Frémont, engagé en octobre 1997, lui aussi, comme chargé de mission de la filiale CGEA (Compagnie générale d'entreprise automobile), en charge des secteurs propreté et transports collectifs [2]. Élu conseiller de Paris dans le XVe arrondissement comme Anne Hidalgo, l'UDF Jean-Pierre Frémont occupe aujourd'hui les fonctions de directeur des collectivités publiques à Veolia Water, filiale de Veolia Environnement (nouveau nom de l'ex-Générale des eaux à sa sortie de l'orbite de Vivendi Universal). À l'inverse de la première adjointe, le conseiller Frémont préfère sécher le débat sur l'eau en ce soir du 15 décembre 2003. Cet ancien conseiller chargé de la communication de François Bayrou au ministère de l'Éducation nationale la joue toujours discrète. Il occulte soigneusement le nom de son employeur dans son curriculum vitæ, où il se dit simplement cadre supérieur. Secret de polichinelle au conseil de Paris ? Nous l'avons appris apparemment à plusieurs élus Verts et PS de cette assemblée. Mais aucun conseiller de gauche n'en souffle mot par peur de devenir l'arroseur arrosé, compte tenu des états de service d'Anne Hidalgo… Le 16 juin 2003, Bertrand Delanoë ira même jusqu'à faire applaudir en séance la nomination de Jean-Pierre Frémont au grade de chevalier dans l'ordre national du

Mérite[3]. La justification de cette double casquette, Jean-Pierre Frémont la donne sans complexe, en tant que cadre supérieur de Veolia Environnement : « Pour des hommes et des femmes passionnés par leur métier, l'échange et le partage d'informations et des préoccupations sont sources d'enrichissement... La Générale des eaux est souvent sollicitée par le monde politique, et nous avons toujours répondu présents dans un souci d'explication et de partage d'informations[4]. » Aujourd'hui directeur des collectivités publiques chez Veolia, le même Jean-Pierre Frémont se garde bien de faire de la publicité à un document de son service intitulé *Le mouvement altermondialiste, quelles réponses ?* Rédigé officiellement par l'un de ses adjoints, l'ancien député PS de Lorient, Pierre Victoria, cette note à usage interne de 27 pages explique en 17 points comment contrer les arguments des ONG et des écologistes qui demandent la remunicipalisation de l'eau dans les villes et villages de l'Hexagone. Exactement le genre de débat que la mairie de gauche parisienne ne souhaite pas voir porté sur la place publique.

Dans cette soirée du 15 décembre 2003, ce dossier de l'eau qui passionne depuis longtemps l'« absent » Jean-Pierre Frémont n'intéresse pas outre mesure l'adjoint Vert à la culture, Christophe Girard. Il installe sur son pupitre un petit Père Noël scintillant qui émet un léger bip-bip. À trois mètres de lui, Christophe Caresche, adjoint PS à la sécurité, parle à haute voix avec ses voisins. Les téléphones portables ne cessent de sonner et les rires de fuser. Au milieu du brouhaha incessant, personne n'écoute les cinq orateurs successifs, qu'ils soient de la majorité municipale ou de l'opposition. Les deux avenants (c'est-à-dire des modifications) au contrat sur l'eau avec Veolia-Compagnie générale des eaux et Suez-Lyonnaise des eaux sont votés par les seuls socialistes et les amis de Georges Sarre, sous l'œil attendri de quatre cadres des deux majors qui occupent bien seuls les travées réservées au public. Les élus communistes et Verts (théoriquement favorables à la remunicipalisation de l'eau), de l'UMP et de l'UDF ont choisi l'abstention. Tous dénoncent les conditions opaques et secrètes dans lesquelles s'est déroulé un an de négociations entre la ville et les deux distributeurs privés. Bertrand Delanoë n'a pas souhaité que des politiques mènent ces tractations.

Aussi, ce sont surtout deux technocrates, âgés d'une trentaine d'années seulement, et qui ne connaissent pas grand-chose au dossier, qui s'y sont collés ; l'un étant rattaché à la direction des finances de la mairie et l'autre au secrétariat général. L'adjoint aux finances, l'ancien ministre de l'Économie Christian Sautter, le conseiller chargé du dossier au cabinet du maire, Régis Gallon, et le secrétaire général adjoint de la ville, Guy Lafite (écarté depuis), ont suivi de loin l'avancement de ces négociations. Officiellement, le discours de la mairie est sans appel : les négociations ont permis de reprendre en main le contrôle des deux distributeurs privés qui vont devoir mettre les bouchées doubles pour voir leur contrat renouvelé en 2009. Au lendemain du 15 décembre 2003, ce vrai-faux débat sur l'eau au conseil de Paris fait cinq lignes dans *Le Monde*, cinq lignes perdues au beau milieu d'un article de deux colonnes sur le budget. Rien à voir avec la qualité des débats de décembre 1910 qui avaient vu les partisans et les adversaires de la régie municipale s'affronter pendant trois semaines *(voir chapitre V).*

Un conseiller municipal avait alors rédigé un rapport de plus d'une centaine de pages. Rien de tel avec Bertrand Delanoë qui, via quelques communiqués de presse, se contente de crier victoire au vu uniquement du résultat des négociations. À part quelques cocoricos, rien sur le déroulement des négociations en elles-mêmes. Les Parisiens sauront seulement que les deux géants de l'eau ont accepté de faire tomber leur marge de rentabilité de 6 à 4 % environ, d'investir 153 millions d'euros, d'ici à 2009, pour remettre en état les conduites d'eau laissées un peu trop à l'abandon depuis dix-neuf ans, et de remplacer tous les branchements en plomb, jugés toxiques par Bruxelles.

Une certitude, un des *missi dominici* de la Compagnie a rapproché les points de vue : Jean-Jacques Laurent, dit « JJL ». Vieil ami de Guy Dejouany (président de la Générale des eaux jusqu'en 1996), auquel il rend religieusement visite, et au mieux avec Henri Proglio (le nouveau patron de Veolia Environnement), Jean-Jacques Laurent est incollable sur les municipalités socialistes. Depuis vingt-cinq ans, cet homme d'affaires d'origine ukrainienne sert de passerelle entre la Compagnie et le PS sur fond de relais maçonniques[5]. Éminence grise de Laurent Fabius, « JJL » recevait au *Pichet* sur les Champs-Élysées et déjeune souvent aujourd'hui en compagnie de journalistes politiques à *La Luna*, rue du Rocher. Vêtu de son inséparable veste violette sur un tee-shirt noir, « JLL » rencontre de temps à autre le maire de Paris qu'il connaît depuis 1981.

Derrière ses yeux malicieux et ses petites lunettes, ce sexagénaire chaleureux et avisé n'a jamais vu son nom cité à la première page des journaux. Entre son grand appartement de Neuilly et sa résidence d'Ibiza, cet homme discret et secret exerce désormais la profession de courtier en assurances et séjourne souvent à Deauville en compagnie de son grand ami Philippe Faure, fils de l'ancien ministre de François Mitterrand Maurice Faure. En 2000, Philippe Faure (aujourd'hui ambassadeur à Rabat), mis à disposition du courtier d'assurance Secar (absorbé depuis par l'américain Marsh), a remporté le marché de toutes les assurances d'Elf sans le moindre appel d'offres. Dans le sillage de son ami le promoteur Christian Pellerin et de l'ancien ministre du Logement et de l'Urbanisme, Paul Quilès, qui prend en 1986 la majorité des parts du *Matin de Paris*, Jean-Jacques Laurent devient un actionnaire important de ce quotidien socialiste qui disparaîtra l'année suivante[6]. Malgré quelques revers de fortune (notamment les difficultés de la firme de publicité institutionnelle « Laurent Bénichou Associés - Taxi Jaune », dont il a été l'un des dirigeants), une obsession ne le quitte jamais : la présidentielle de 2007, que son poulain « Lolo » doit remporter…

En opposition flagrante avec les relations privilégiées de son homme de confiance au sein de l'ex-Générale des eaux, Laurent Fabius s'est déclaré très officiellement favorable à la généralisation des régies municipales : « Dans ma ville de Grand-Quevilly dans la banlieue de Rouen, nous avons une régie municipale, dont nous sommes très satisfaits. L'eau est bonne et beaucoup moins chère que celle distribuée par les grandes sociétés privées. Prochainement, la communauté d'agglomération de Rouen devra choisir entre une régie municipale directe ou privée pour l'eau potable. En tant que vice-président de la communauté d'agglomération de Rouen, je suis favorable à ce que la distribution de l'eau soit assurée en régie municipale. » Et l'ancien Premier ministre d'en remettre une couche : « Cette question fondamentale de l'eau permet de tirer le fil entre le concret des gens et les grandes questions politiques qui tournent autour du service public[7]… » Un discours lourd de menaces pour les trois majors qui distribuent l'eau potable à 60 % des 400 000 habitants de l'agglomération de Rouen. Une agglomération où la gauche est aujourd'hui majoritaire.

Dans la bouche de Laurent Fabius, ce discours révolutionnaire tranche sur celui des responsables de la SFIO, puis du PS, étonnamment muets sur le sujet depuis les violents articles contre la Compagnie parus en 1910 dans *L'Humanité*. Un seul exemple *a contrario* : feu Roger Quilliot, député-maire PS de Clermont-Ferrand et ministre de François Mitterrand, a toujours su garder la distribution d'eau et l'assainissement de sa bonne ville en régie municipale. Les autres députés-maires SFIO, puis PS se sont souvent « mariés » avec la Générale des eaux, à l'exemple des grandes villes de l'Hexagone : Marseille, Lyon, Lille, Rennes, Montpellier, Quimper, Brest, Lorient, Arras… Aucun divorce n'a jamais été signalé depuis le début du siècle dernier. La position du Parti communiste (plus que fidèle à la Générale dans la banlieue parisienne à partir des municipales de 1935) et de la CGT n'est pas moins contradictoire, tous deux réclamant un « service public national de l'eau ». Un exemple parmi bien d'autres illustre ce double langage. À Rennes, en janvier 2004, lors de la reconduction du contrat de distribution pour dix ans avec la Compagnie, les élus communistes et les socialistes (majoritaires) ont bien constaté qu'une régie aurait été 2,6 % moins chère que le privé. Mais ces conseillers municipaux ont justifié leur vote par « la plus-value offerte par une grosse société disposant de moyens importants en matière de recherche-développement ou de service aux clients ». Conclusion : depuis quatre-vingts ans, socialistes et communistes sont en réalité des adversaires sérieux pour les régies municipales. Un seul divorce durant ce laps de temps : la ville communiste du Blanc-Mesnil a confié la distribution de son eau potable à la Saur. Le président du conseil général de Seine-Saint-Denis s'appelle Hervé Bramy et il est conseiller municipal PC au Blanc-Mesnil. Le député de la localité se nomme Marie-George Buffet, la secrétaire générale du Parti communiste français…

Revenons au débat parisien sur la distribution de l'eau dans la capitale, le 15 décembre 2003. Si les cinq orateurs inscrits connaissent bien Laurent Fabius, aucun d'entre eux ne sait que

Jean-Jacques Laurent est l'un de ses bons vieux amis. La Verte Anne Le Strat n'a même jamais entendu parler de cette éminence grise [8]. Elle préside la Sagep (Société anonyme de gestion des eaux de Paris, rebaptisée depuis Eau de Paris), société d'économie mixte qui produit, traite et vend l'eau potable aux deux distributeurs. Favorable au retour en régie municipale, la jeune femme se déclare « un peu déçue » et dénonce un débat à la sauvette dès le début de son intervention devant le conseil de Paris : « Sous des apparences techniques les projets de délibération qui nous sont présentés sous l'intitulé d'"avenant au contrat de l'eau" sont en réalité éminemment politiques. [...] L'opportunité nous était offerte de bâtir un nouvel équilibre, de poser l'architecture d'une nouvelle politique de l'eau à Paris. J'emploie l'imparfait à dessein, car il ne nous semble pas que cette occasion ait été totalement saisie et nous sommes conduits à le déplorer. » Et l'élue de dénoncer la « rente » toujours versée par la ville et les usagers aux deux distributeurs à l'issue d'un an de négociations : « Il s'agit de la seule négociation en France avec les distributeurs qui n'aboutit pas à une baisse du prix de l'eau, alors que la rente chiffrée à plusieurs millions d'euros est indéniable, que le contrat est ancien, que les gains de productivité sont conséquents. Qu'avons-nous obtenu pour ce prix-là ? Ces provisions pour travaux que tout le monde s'accorde à trouver excessives, qui ont servi entre autres à financer le délire mégalomaniaque de quelque dirigeant, ne sont que très partiellement reprises. Pourquoi ne reprendre que 60 % des produits financiers générés par ces provisions et laisser le reste aux distributeurs ? » Quelques éléments positifs aux yeux d'Anne Le Strat qui récuse toute logique marchande dans la gestion de l'eau : « la ville récupère l'exercice du contrôle des deux distributeurs », « la création d'un budget annexe de l'eau » et « la sortie du capital de la Sagep des deux distributeurs [9] ».

En vérité, le nouveau maire socialiste de Paris garde les mains en partie liées par les contrats signés par son prédécesseur Jacques Chirac, en 1984 et 1987. Image saisissante des aléas de la vie politique : son opposition à la politique de l'eau de Jacques Chirac, puis de Jean Tiberi se retourne aujourd'hui contre Bertrand Delanoë, l'ancien chef de l'opposition socialiste à l'époque au conseil de Paris. Explication. À partir de 1990, la consommation d'eau n'a cessé de baisser dans la capitale, si l'on met entre parenthèses l'augmentation sur 2003, en raison de la canicule. Pour deux raisons essentielles. D'une part, Paris perd des habitants chaque année ; en effet les appartements nouvellement construits sont moins nombreux car plus grands que les anciens. D'autre part, les pertes en eau potable diminuent grâce à la suppression d'une partie des fuites dans le réseau souterrain de la ville. Conséquence : le chiffre d'affaires de la Sagep (qui produit l'eau et l'achemine jusqu'aux cinq grands réservoirs de la capitale) et des deux majors (chargées de distribuer l'eau aux particuliers à partir des réservoirs) ne pouvait que baisser.

Pour compenser cette chute à venir des ventes d'eau, le premier maire de Paris, Jacques Chirac, a joué les apprentis sorciers. Le contrat de 1987 accordait discrètement aux deux distributeurs d'eau et à la Sagep un système de garantie de ressources. Ce parachute en or devait s'ouvrir à partir d'un seuil de baisse cumulée de la consommation d'eau potable (moins 10 % sur six ans) qui devait être officialisé par un vote du conseil de Paris. Le 20 janvier 1997, une délibération en ce sens autorisait son maire, Jean Tiberi, à signer l'avenant n° 4 au contrat liant, depuis le 30 janvier 1987, la ville de Paris, la Sagep et les deux distributeurs. Ce texte [10] précise : « La révision du prix de l'eau et de son indexation doit être soumise à réexamen, sur production des justifications nécessaires par le distributeur, en cas de variation de plus de 10 % du volume annuel, sur l'ensemble de Paris, calculé par rapport à la moyenne des volumes vendus au cours des six dernières années précédant la dernière révision (article 41, alinéa 2). »

Publié en juin 2001, le rapport de l'Inspection générale de la ville sur « le contrôle par la ville de Paris de sa filière eau (production-distribution) » dénonce ce système d'indexation automatique. Les pages 129 et 130 de ce document sont consacrées au sous-chapitre 3 intitulé « Le troisième point négatif de l'avenant de 1997 est la modification du poids de certains indices dans la formule de calcul révision du prix de l'eau [11] ». Cette partie du rapport met en cause sévèrement l'article 4 de l'avenant n° 4 de janvier 1997 qui, selon les calculs de la « cellule eau » de la ville, augmente le prix de l'eau de 2,91 % sur cinq ans [12] pour permettre aux distributeurs de ne pas perdre d'argent du fait de la baisse de la consommation. À l'appui de leurs dires, les deux auteurs du rapport reproduisent, dans leur annexe nº 16, un tableau « démontrant le caractère inflationniste des valeurs des variations d'index du prix de l'eau modifiées par l'avenant de 1997 [13] ». Pour un prix de l'eau de l'ordre de 15 francs au total à l'époque, la part du distributeur d'eau soumise à l'augmentation de 2,91 % (pourcentage établi par les services de la ville et repris dans le tableau nº 16) tourne autour de 2 francs. Cette hausse ne se répercute pas sur la taxe d'assainissement et les redevances à différentes administrations. De 1998 à 2003, selon les documents officiels de la mairie, les deux distributeurs ont facturé aux Parisiens une moyenne annuelle de consommation d'eau de l'ordre de 200 millions de mètres cubes. Si on multiplie ce chiffre par le prix moyen de 2 francs, on obtient la somme de 400 millions de francs en 1998. En multipliant ce chiffre par les 2,91 % d'augmentation accordés aux deux distributeurs, on obtient une hausse annuelle du prix de l'eau pour les Parisiens de 12,6 millions de francs. Il faut multiplier ce chiffre par six ans pour arriver au total général d'environ 75,6 millions de francs de trop-perçu sur les factures des Parisiens grâce à l'article 4 de l'avenant nº 4 de 1997.

Lors du vote de cet avenant nº 4, Bertrand Delanoë, président du groupe socialiste au conseil de Paris, et Gérard Rey, conseiller PS, ont déjà fait ces mêmes calculs. À cette occasion, ce dernier attaque le maire bille en tête : « Il s'agit d'une politique délibérée, sans doute, pour faire plaisir à vos amis des grandes compagnies. Pourquoi ne pas les citer : la Lyonnaise, la Générale... toujours des eaux. Vous avez choisi d'augmenter le prix de l'eau pour que lesdites sociétés ne subissent pas une diminution de leur chiffre d'affaires, au détriment des habitants de Paris [14]. » Le 19 mars 1997, les deux élus de gauche engagent un recours devant le tribunal administratif de Paris aux fins de faire annuler le vote du conseil de Paris en date du 20 janvier 1997 et la hausse de 2,91 % du prix de l'eau sur la part qui revient au distributeur. L'augmentation étant entrée en vigueur le 1er février 1998, Bertrand Delanoë et Gérard Rey veulent alors obtenir que la mairie rembourse le trop-perçu à ses abonnés à l'eau [15].

Un peu plus de cinq ans plus tard, au printemps 2002, Bertrand Delanoë et Gérard Rey notifient au tribunal administratif l'abandon de leur recours. À cette date, on peut déjà s'étonner que cette procédure n'ait pas encore donné lieu à un jugement. L'argumentation des proches du maire socialiste, à propos de l'abandon de ce recours, colle au bon sens près de chez nous. Il s'agit tout simplement de ne pas vouloir une chose et son contraire. Bertrand Delanoë et Gérard Rey étaient quasiment certains de gagner leur procès contre l'ancienne municipalité et la Sagep. Mais qui allait payer les 75,6 millions de francs de trop-perçu par les deux distributeurs privés ? Les deux majors n'étaient pas juridiquement en cause. Leur pouvoir de conviction avait inscrit la clause aléatoire dans le contrat initial de 1987. Conclusion : c'était à la ville de rembourser les 75,6 millions de francs aux Parisiens. Et les proches du maire de jurer leurs grands dieux, la main sur le cœur, que la nouvelle municipalité n'aurait pu exécuter cette décision de justice qu'en augmentant les impôts des Parisiens ! Certes...

Mais, où trouve-t-on dans cette décision politique la transparence chère à Bertrand Delanoë ? Encore eût-il fallu informer les Parisiens de cette décision ! Il suffisait d'expliquer que les nouveaux avenants, signés en décembre 2003 avec les deux distributeurs, avaient supprimé l'avenant nº 4 de 1997. Encore eût-il fallu aussi annoncer aux Parisiens que cette affaire ne pouvait avoir aucun caractère rétroactif ! Encore eût-il fallu enfin ne pas censurer l'une des deux pages consacrées à cet avenant nº 4 dans le rapport de l'inspection générale, lisible sur le site Internet de la mairie de Paris ! En effet, la numérotation dactylographique de la page 130 a été effacée pour être remplacée par le même chiffre inscrit à la main. Juste en dessous de cette numérotation, un paragraphe est devenu incompréhensible, sa phrase finale étant coupée en plein milieu : « La Sagep, pour sa part, explique les tarifs élevés de l'ancienne régie de la ville par l'ancienneté du marché (1980), soulignant qu'il aurait été révisé en 1997 et maintient qu'il... » L'internaute et le contribuable parisien ne connaîtront jamais la suite...

La mairie se contente depuis de préciser de manière sibylline : « Les pages 121 à 130 du présent rapport avaient été jugées non publiables selon l'avis officiel de la Cada [Commission d'accès aux documents administratifs) au début de l'été 2003, en raison d'une procédure judiciaire en cours. Cette démarche précédemment engagée au tribunal administratif ayant été levée, la ville peut donc dès la rentrée 2003 publier cette version du rapport[16]. » En 2005, les internautes attendent toujours cette version non expurgée. Le rapport consultable aujourd'hui sur Internet est identique, mot pour mot, à celui publié sur le site de la mairie en octobre 2002. La phrase reste coupée à la page 130 dans ce rapport de 152 feuilles dactylographiées accompagnées de 18 annexes. Comment expliquer cette erreur ?

Les socialistes parisiens se sont également retrouvés piégés par un autre reliquat des accords Monod-Chirac. En effet, les deux vendeurs d'eau peuvent jouer aux banquiers fantômes : ils en retirent de confortables gains de trésorerie. Ils touchent en fait des intérêts sur le montant des factures réglées par les abonnés et reversées de six à dix mois plus tard à la Sagep, la société d'économie mixte de la ville chargée de produire l'eau. Cette « petite gâterie » a été rendue possible par la ville de Paris, actionnaire majoritaire, donc principale victime, mais qui a « oublié » de traiter cet aspect dans les contrats de 1984 et 1987. « Du fait de son rôle de collecteur de taxes, activité qui ne nécessite pas d'investissement de capitaux mais en génère, explique le conseiller de Paris PS Daniel Marcovitch, la Compagnie des eaux de Paris (filiale de la Générale des eaux) place en permanence plus de 300 millions de francs en compte courant chez Vivendi lui procurant plus de 15 millions de bénéfices en 1998 [17]. »

Dans son rapport d'avril 2000 [18], la chambre régionale des comptes d'Île-de-France pointe également l'absence des traces comptables de ces profits chez les deux distributeurs : « Les produits financiers générés par le décalage entre les encaissements de produits pour compte de tiers et leur reversement ne figurent pas dans les comptes [des deux distributeurs]. » Proche d'Édouard Balladur, le conseiller RPR de Paris Jean-Marc Boulenger de Hauteclocque ne s'offusquera jamais de ce cadeau octroyé aux deux rois de l'eau lors des débats de 1996 à 2001 [19]. Battu aux dernières municipales, Jean-Marc Boulenger de Hauteclocque a perdu en conséquence ses fonctions d'élu au Syndicat interdépartemental d'assainissement de la région parisienne (SIAAP), mais s'est immédiatement retrouvé catapulté directeur commercial d'Onyx-Otus, une filiale de Vivendi rebaptisé depuis Veolia [20]. Pour mettre fin à ces profits financiers, il suffirait que la nouvelle majorité municipale introduise un avenant aux contrats précédents. Cet avenant pourrait reprendre l'article 7 du contrat de 1910 signé par l'honorable

Compagnie, le préfet de l'époque et le conseil de Paris : « Le régisseur sera chargé de toutes les opérations de recettes ; il devra verser chaque semaine à la caisse municipale les sommes qu'il aura encaissées [21]. » Par la suite, cette obligation a mystérieusement disparu…

Les majors de l'eau ont envoyé deux de leurs représentants jouer les utilités lors d'un grand Forum de l'eau organisé par la municipalité le 3 novembre 2003. En compagnie de l'adjointe à l'eau, Myriam Constantin, Philippe Grandjean, directeur à la Générale, et Jean-Luc Trancart, responsable de la clientèle à la Lyonnaise, ont annoncé la prochaine installation « gratuite » d'un système de facturation au nom de chaque abonné [le projet Arche ou télé-relevé, un système conçu par une filiale de la Générale), qui remplacera l'actuel, lequel facture globalement au niveau des syndics d'immeuble. Or les syndicats des deux groupes doutent du caractère gratuit de cette mise en place, de même que l'élue Verte Anne Le Strat [22]. Trois autres « bonnes nouvelles » ont été claironnées : les filiales de Suez-Lyonnaise et de Veolia Environnement prendront à leur charge la redevance d'occupation des égouts (28 millions d'euros au total jusqu'en 2009), payée illogiquement jusqu'alors à la ville par la Sagep. Ces deux entreprises rénoveront ou renouvelleront 475 kilomètres de canalisations d'ici à la fin de leur contrat avec la ville en 2009. Ces travaux représentent au total 153 millions d'euros, qui doivent être pris à raison de 39 millions d'euros dans des provisions pour travaux non consommés et de 90 millions d'euros dans des provisions à venir. Soit en tout 129 millions de francs [23]. Petit souci : certaines de ces provisions (payées par les abonnés et destinées à ces réparations) ont déjà été « consommées » par les deux groupes. Et « croix de bois, croix de fer, si je mens je vais en enfer », Philippe Grandjean et Jean-Luc Trancart ont promis de remplacer totalement, d'ici à la fin du contrat en 2009, les branchements toxiques en plomb (reliant les conduites publiques jusqu'au réseaux privés, au pied des immeubles) par d'autres en plastique pour se conformer à la réglementation de Bruxelles.

Les conditions financières de ces travaux sont jugées « aberrantes » par l'élue Verte Anne Le Strat, qui s'indigne : « … des travaux supportés à 80 % par des prêts bancaires à taux zéro de l'agence de l'eau dont on peut discuter de l'opportunité car fondés sur les redevances, c'est-à-dire sur les usagers. Il eût été préférable que le financement de cette obligation soit assuré par les seuls fonds des distributeurs [24]. » Première conséquence de ces promesses des deux distributeurs : aucun coût social. Selon Jean Laurence, patron du syndicat Unsa (Union nationale des syndicats autonomes), majoritaire à Suez-Lyonnaise, et Pierre Biteur, secrétaire général du syndicat CGT UES Île-de-France Générale des eaux (38 % des voix aux dernières élections professionnelles), les deux majors ne vont pas embaucher un seul fontainier supplémentaire (ils sont 150 aujourd'hui) pour remplacer les branchements en plomb. Tous ces travaux seront assurés par des sociétés filiales des deux distributeurs. Pour amortir le coût de l'ensemble des promesses faites à la ville en décembre 2003, la direction de la Compagnie des eaux de Paris a annoncé, le 28 janvier 2005, en comité d'entreprise, un certain nombre de restructurations de manière à réduire les dépenses. Pierre Biteur craint des suppressions d'emplois, mais ne fait pas pour autant litière de sa revendication numéro un [25] : « l'application aux fontainiers parisiens des deux sociétés privées de la loi du 17 mars 1950, instaurant la retraite à 50 ans pour les agents des réseaux souterrains des égouts ». Une mesure dont bénéficient déjà les égoutiers fonctionnaires et, depuis 1976, les préposés fontainiers et surveillants de fontainerie de la ville, alors que les fontainiers privés partent à la retraite à 60 ans et ne disposent pas de tous les avantages ville de Paris liés à la fonction publique.

Les conditions de travail dans les égouts plaident en faveur de cette mesure. En effet, chaque fontainier se voit obligé d'emporter environ 10 kilos de matériel de protection et d'alerte, dotés de sonneries en cas de détection d'un danger d'explosion ou d'empoisonnement. Première bizarrerie : les fontainiers de la Compagnie des eaux de Paris issus de la Générale des eaux sont payés deux fois plus que ceux qui sont engagés directement par cette même Compagnie des eaux de Paris. Bizarrerie : les anciens fontainiers du service de la ville détachés à la Compagnie des eaux de Paris continuent de bénéficier de la retraite à 50 ans, alors que leurs collègues doivent attendre 60 ans pour partir. S'ils ne sont pas morts avant d'une maladie attrapée dans les égouts : leptospirose, tétanos, etc. Des égouts où la circulation à quatre pattes est souvent inévitable, comme rue du

Cherche-Midi et quai de Loire. Et pour descendre la rue de Belleville entre la rue des Pyrénées et le métro Belleville, chaque fontainier doit jouer au funambule, avançant en canard, le dos presque courbé à l'horizontale, arc-bouté sur les parois de l'égout balayé par des paquets d'eau et envahi de troupeaux de rats. Une sorte d'Aqualand en sous-sol qui fait plus peur que rire...

Malgré leur état, les égouts parisiens rapportent à la ville environ 6,1 millions d'euros par an de redevances[26]. Des redevances payées par les opérateurs du câble et un fournisseur d'air conditionné qui fait passer de l'eau glacée dans des tuyaux. Mais ces égouts restent prisonniers de leur inventeur, le baron Haussmann. Très peu de travaux de remise à neuf ou d'agrandissement ont été faits depuis un siècle et demi. Il n'y a notamment aucun système d'éclairage ! Chacun s'éclaire avec une lampe spéciale fixée au casque, comme dans une mine de charbon, de peur que l'électricité ne déclenche une explosion. Une descente dans les égouts permet de comprendre les vrais enjeux de la négociation secrète entre la mairie socialiste de Paris et les deux majors de l'eau. En sous-sol, tout le monde surveille tout le monde. À côté des égoutiers municipaux, des quelques fontainiers de la Sagep et des sous-traitants, tous employés de filiales des deux géants de l'eau, les fontainiers s'activent par groupes de trois.

Oublions les odeurs nauséabondes et les petites bêtes charmantes qui courent partout. Armé d'un petit marteau et d'une lampe électrique, chaque fontainier « mate » systématiquement, rue par rue, les joints en plomb qui solidarisent les canalisations en fonte, le plus souvent centenaires. Seuls ces employés sont en principe habilités à constater une fuite plus ou moins visible et à la répertorier géographiquement. Ici commence un véritable concours de non-dit. Les conduites en fonte posées à la fin du XIXe siècle sont encore bonnes pour le service dans leur grande majorité. Leur remplacement coûterait beaucoup plus cher que leur rénovation. Or les travaux les plus onéreux, les suppressions de fuites sur les grosses conduites (plus de 30 cm de section), ont été financés, jusqu'en 1991, par un fonds de travaux alimenté par la ville[27]. Depuis, les deux infortunés distributeurs d'eau en sont réduits à « mettre la main à la poche » pour exécuter ces travaux de renouvellement ou de rénovation. En fait, ils piochent dans les provisions pour travaux prélevées sur la facture de chaque abonné. Pour diminuer la charge de ces travaux à un moment où la consommation d'eau ne cessait de baisser, les deux distributeurs d'eau avaient trouvé la parade. Ils avaient ordonné aux fontainiers de tolérer les fuites inférieures à 0,7 m^3, c'est-à-dire de 700 litres d'eau par jour, appelées « fuites de catégorie A », « goutte-à-goutte » ou encore « pissettes ». La tolérance de tels filets d'eau permettait de faire chuter le budget des travaux des deux distributeurs en compensation de la chute de la consommation d'eau des Parisiens[28].

Au moment où l'Inspection générale de la ville commençait son enquête, à partir de mars 2000, les filiales de la Générale et de la Lyonnaise ont annulé cette consigne. La première a aussitôt lancé ses MIR (missions d'investigation sur réseau), et la seconde ses RAF (recherches accélérées de fuites) dans une course effrénée à la suppression des fuites. Des recherches qui depuis cinq ans visent à rattraper le temps perdu. Certes... Mais les deux sociétés privées peuvent avoir recours aujourd'hui à une nouvelle astuce tout à fait légale. Explication. Les fuites proviennent presque toujours des joints en plomb qui, tous les trois mètres, solidarisent les conduites d'eau entre elles. Dès qu'une fuite est détectée, le joint défectueux est envoyé à un laboratoire. Les résultats de cette expertise donnent la marche à suivre. Un bon de commande est envoyé à un sous-traitant d'un de ces deux groupes, qui exercent un monopole légal (conformément au contrat avec la ville) sur le choix des entreprises chargées de supprimer ces fuites d'eau. Ce sont obligatoirement des filiales de l'un des deux géants de l'eau. S'il faut simplement rénover la pièce, le système Leak-clamp 2000 (coût 60 euros) est utilisé. Il s'agit d'une bague alliage de plomb et de fonte qui obture complètement la fuite. Avantage : cette solution coûte dix fois moins cher que le renouvellement total du joint. Désavantage : elle utilise du plomb qui est mis en contact avec l'eau, ce qui est fortement déconseillé par une directive de Bruxelles à partir de 2013. Le plomb provoquerait toutes sortes de troubles et de maladies chez l'homme.

Or l'ukase de l'UE fixe la teneur maximale de plomb dans l'eau potable à 10 microgrammes par litre pour 2013, soit cinq fois moins que les normes françaises. Question : quelle est la teneur en plomb générée par l'utilisation du système Leak-clamp 2000 ? Personne n'y accorde d'attention. L'important serait ailleurs : le taux de rendement sur le réseau d'eau potable de la capitale tourne à nouveau autour de 90 %. Si l'on veut éliminer cette menace du plomb pour la santé des Parisiens, il faut renouveler totalement la pièce défaillante avec un joint Gibault (150 euros), constitué par un mélange de fonte et de caoutchouc. La mise en place d'un tel joint s'accompagne le plus souvent du changement des deux conduites connexes à déposer et à remplacer par des canalisations toutes neuves. Soit un coût d'un peu moins de 600 euros pour l'ensemble de l'opération de rénovation. Conclusion : malgré ses cocoricos, l'équipe de Bertrand Delanoë et ses services municipaux ne semblent pas s'être beaucoup inquiétés de cet emploi intensif du plomb dû à l'utilisation du joint Leak-clamp 2000. Deuxième astuce utilisée par l'ex-Générale sur la rive droite : trois de ses filiales sont lancées depuis un an dans une course éperdue pour faire du chiffre, histoire de bien se placer pour la renégociation du contrat en 2009. Sous l'œil amusé des fontainiers de la Compagnie des eaux de Paris, les ouvriers de la Setha, des Travaux parisiens et de Paridro remplacent systématiquement les joints, rue par rue, sans visiblement se préoccuper de savoir s'ils occasionnent des fuites ou pas. La ville a-t-elle les moyens de contrôler l'utilisation réelle des joints Gibault et Leak-clamp 2000, d'ici à 2009, conformément au bordereau de travaux ? Bonne question…

La municipalité socialiste laisse entendre que le renouvellement du marché de la distribution d'eau, à la fin 2009, dépendra de l'attitude des deux majors de 2004 à 2009. Bébert, surnom de Bertrand Delanoë, veut-il vraiment chasser les deux rois de l'eau pour les remplacer par une régie municipale ? Il possède l'expertise et a les moyens techniques de le faire grâce notamment à la Sagep, qui produit déjà l'eau potable et la transporte jusqu'à Paris. Mais on peut douter de la volonté politique du maire dans un dossier extrêmement technique et financier où, semble-t-il, l'administration de la ville alliée aux deux majors n'a pas réussi à se faire déposséder de son pouvoir par les nouveaux élus. Un seul exemple : on ne sait pas si une régie municipale de distribution de l'eau à Paris est vraiment plus intéressante… Aucun audit comparatif entre les systèmes privé et public n'a été ordonné par la municipalité socialiste. D'ici à la fin du contrat avec les deux majors, le redoutable animal politique Bertrand Delanoë va-t-il prendre en main lui-même ce dossier de l'eau pour y faire régner son slogan fétiche : la transparence ? Pour l'instant, cette transparence a viré à l'opacité dans l'eau. Pour s'en convaincre, il suffit de se reporter à un article d'Hervé Liffran dans *Le Canard enchaîné* qui explique que le maire de Paris n'a pas voulu mettre les deux rois de l'eau à poil : « La renégociation menée par Delanoë leur [aux deux distributeurs] a coûté 62 millions d'euros sur six ans, soit un peu plus de 10 millions d'euros par an. [...] Les Compagnies ne sont pas à plaindre pour autant. Leurs marges, qui atteignaient, selon les chiffres de la mairie, 6 % pour Veolia et 8 % pour Suez, devraient dégringoler dans l'avenir. Du moins sur le papier. Mais Paris reste d'un bon rendement, comparé aux autres municipalités, où le bénéfice officiel brut dépasse rarement la barre des 3 %. Un beau cas d'eau [29]. »

Les deux compagnies d'eau ont également une autre casquette : le ramassage et le traitement des ordures ménagères à Paris. Copié sur celui de l'eau, le Yalta des ordures ménagères a vu le jour le lundi 17 novembre 1986, à 6 h 30 du matin. Les éboueurs du XIIIe arrondissement perdent définitivement, ce jour-là, leurs bennes à ordures. Licenciés ? Non. À leur prise de service, l'ingénieur des Ponts et Chaussées et polytechnicien François Ozanne, directeur de l'eau et de la propreté à la ville de Paris depuis 1979, leur apprend la nouvelle : des ripeurs [30] d'une société privée ramasseront désormais chaque soir les ordures ménagères à leur place. Silence dans les rangs et à vos balais !

En fait, le conseil de Paris vient de privatiser ce service pour l'attribuer à la Lyonnaise. Les bennes privées sont absolument identiques à celles de la ville, toutes vertes, frappées de l'inscription en caractères blancs : « Propreté de Paris ». À un petit détail près : sur les portes des bennes, on peut lire, tracé en lettres d'imprimerie majuscules vertes sur fond bleu, « Speed ». Ce mot signifie « vitesse » en anglais, mais aussi Société parisienne d'enlèvement et d'évacuation des déchets. Speed, filiale de la Lyonnaise des eaux, un mot qui symbolise parfaitement le côté fonceur, prédateur en affaires de Jérôme Monod, le très chiraquien président à l'époque de la Lyonnaise. Aujourd'hui, les filiales de la Lyonnaise, de la Générale et, à un degré moindre, de Bouygues, de la Polyurbaine et du petit dernier, le groupe Nicollin (filiale à 30 % de Suez-Lyonnaise des eaux), se partagent la quasi-totalité du marché privé du nettoiement des rues parisiennes. Soit un pactole d'environ 700 millions de francs par an, qui forme une « goutte d'eau qui tombe régulièrement chaque année », selon une jolie formule attribuée à Jérôme Monod.

De 1986 à 1996, cet ancien directeur de cabinet du Premier ministre Jacques Chirac va réussir à mettre en pièces, peu à peu, un accord entériné, en 1946, sous l'autorité du ministre communiste d'alors, Marcel Paul. Ce contrat obligeait la ville de Paris (dirigée à l'époque par un préfet aux ordres du général de Gaulle, président du gouvernement provisoire) à louer 80 % de ses bennes à ordures à deux sociétés chargées de lui fournir aussi des conducteurs. Ces employés ont depuis cette époque un statut ville de Paris, tout en étant payés par les deux loueurs de bennes. Ce règlement devait éviter à la ville de s'endetter lourdement en achetant ces mêmes camions (un prétexte identique servira à nouveau quarante ans plus tard pour privatiser l'eau).

À la suite de cet accord, la capitale loue, depuis 1946, deux tiers de ses bennes à ordures à la Sita, déjà proche des gaullistes avant d'être rachetée, en 1980, par la Lyonnaise. Le reste des bennes, un tiers, est loué à la CGEA (avalée à la même époque par la Compagnie), réputée davantage liée aux socialistes et aux communistes. Explication du favoritisme au profit de la Sita : jusqu'en 1953, le président du conseil municipal est le frère du général, Pierre de Gaulle, qui y dispose alors de la majorité absolue avec les 52 sièges du RPF (Rassemblement du peuple français) sur 90 au total. Voué à disparaître, ce système dit « des sentences » perdure aujourd'hui encore pour une portion du marché de l'ordre de 90 millions de francs par an. Initiée par Jérôme Monod quarante ans plus tard, la « privatisation tirelire » éboueurs-conducteurs-bennes concerne aujourd'hui douze arrondissements, soit 51 % des ordures ménagères collectées à Paris.

Les éboueurs et les bennes à ordures municipales ou privées doivent s'habiller de vert pour mieux cacher la privatisation, comme l'avait voulu Jacques Chirac. Sauf que Bertrand Delanoë a depuis décidé l'inverse : les bennes privées seront dorénavant peintes en blanc ou bleu de manière à les distinguer du service municipal et histoire de leur permettre de « tourner » pour des municipalités de banlieue. Mais le maire socialiste n'a pratiquement pas touché à la privatisation mise en route par Jacques

Chirac. Or le constat fait par le conseiller communiste de Paris Jean Vuillermoz ne reste-t-il pas valable ? Le 20 octobre 1997, cet élu déclarait : « Une tonne d'ordures ménagères collectée par le privé revient à 487 francs. La même tonne collectée par le service public revient entre 408 et 434 francs, soit une économie de 53 à 78 francs la tonne. Le privé collecte aujourd'hui un peu plus de 600 000 tonnes de déchets. Le recours au service public se traduirait donc, sur la base minimum de 53 francs la tonne, par une économie de 31,8 millions de francs par an[31]. » Ces chiffres n'ont jamais été officiellement contestés, ni par Jean Tiberi, ni par Bertrand Delanoë.

À demi-mot, gênés, des élus socialistes prétendent qu'un absentéisme endémique compromet l'efficacité des agents municipaux chargés du ramassage des poubelles et du balayage des trottoirs. Des sondages montreraient que cet absentéisme frôlerait les 30 % dans certains quartiers. C'est pourquoi les socialistes auraient décidé de ne rien changer à la répartition entre privé et public dans le ramassage des ordures ménagères. On veut croire cette rumeur, qu'aucun document officiel n'accrédite. Début 2002, le conseil de Paris à majorité de gauche a renouvelé, pour cinq ans, la délégation de service public au privé pour la collecte des ordures ménagères[32]. La Lyonnaise conserve la plus belle part du gâteau des « privés » avec le lot n° 2 constitué des IIIe (elle l'a perdu en 2003 au profit de Nicollin), IVe, Xe, XIe, XIIIe et XIXe arrondissements. Veolia Environnement garde son fief avec le lot n° 1 : Ie, IIe, XIVe, XVe (le plus grand arrondissement de Paris) et XVIIIe.

Rien ne change pour les éboueurs municipaux, qui ont toujours la haute main sur les quartiers plutôt chics (Ve, VIe, VIIIe, IXe, XIIe, XVIe et XVIIe) et un îlot populaire (le XXe). Tous les soirs (sauf le dimanche), de 17 h 30 à 23 h 30, les bennes de la Lyonnaise des eaux (sous les marques de ses filiales GSP, Sedes, Sipar, FVS, Sita et Speed) et de Veolia Environnement (CGEA, CTSP et Onyx) ramassent les ordures parisiennes. Les éboueurs de la ville, eux, effectuent leurs tournées de 6 h 30 à 11 h 30 et balaient le même secteur l'après-midi. Sauf dans le XIIe arrondissement, où ils ont préféré tester les mêmes horaires que le privé afin de montrer leur plus grande efficacité. Cette confrontation tournera à l'avantage du service public : avec le même effectif, les éboueurs municipaux de cet arrondissement balaient les rues le matin, nettoient les marchés l'après-midi, et collectent les ordures ménagères le soir. Le défi a été relevé par la CGT après la grande grève des éboueurs de 1990. Jacques Chirac y a perdu son pari sur la supériorité du privé, les éboueurs publics du XIIe arrondissement ayant augmenté leur productivité de 18 % à effectif constant.

Dix ans après avoir débuté, la politique de privatisation rampante du ramassage des ordures a été abandonnée en 1996 par Jean Tiberi. Plus aucun nouvel arrondissement ne sera confié au privé. La CGT a réussi à stopper cette perte des arrondissements au détriment de la ville. Ce syndicat revendique 1 172 adhérents sur les 4 347 employés municipaux affectés au nettoiement, dont 14 % d'immigrés (beaucoup de Maliens, de Sénégalais, de Mauritaniens et de Tunisiens) et 14 % de naturalisés. Le temps de la grande grève de 1990, lorsque les éboueurs avaient obtenu une augmentation de 150 francs par mois, alors qu'ils réclamaient 500, est désormais bien loin. Le 28 mai 2000, en deux jours de grève seulement, ils ont obtenu une prime mensuelle de 500 francs et le statut d'agent de maîtrise pour les 114 chefs d'équipe des éboueurs. Prudent et expérimenté, Jean-Louis Machecourt, secrétaire général de la CGT nettoiement, avait un boulevard devant lui, face à un pouvoir municipal absorbé par le combat de Jean Tiberi pour sa survie politique. Il a su ne pas en abuser[33]...

Le service municipal de ramassage et les deux groupes privés sont également chargés, chacun en gros dans leur zone d'attribution, d'effectuer les collectes sélectives des emballages ménagers, journaux, bouteilles en verre, papiers et cartons, avec l'aide des petits nouveaux : Coved (ex-filiale de Bouygues), Penauille-Polyurbaine et Nicollin. Sur ces marchés parallèles, Bouygues fait désormais presque jeu égal avec la Lyonnaise et la Générale. Jacques Chirac, puis Jean Tiberi avaient imposé au conseil de Paris un système bien rodé d'attribution, par simple vote, de délégations de service public, sans avoir à fournir la moindre explication.

Officiellement, ce choix était motivé par tout un travail d'analyse de la direction de la protection de l'environnement. « La commission d'appel d'offres n'était consultée que pour avis », indique son ancien président le tibériste Jean-François Legaret, maire UMP du Ier arrondissement. « Et c'est frustrant. Dans le cas de la collecte des ordures ménagères, le choix de la mairie se fait souvent dans le cadre d'un partage de type Yalta, décidé par les entreprises entre elles, en infraction avec la loi sur la concurrence. » Des commissions versées aux partis politiques ? Il ne l'exclut pas, tout comme le socialiste Jacques Bravo, aujourd'hui maire du IXe arrondissement et ancien membre de la commission d'appel d'offres. Tous deux jurent de concert, en 2000, que cela ne se passe pas à leur niveau [34]. Un Yalta que les socialistes ont voulu réformer pour rendre le pouvoir de décision à la commission d'appel d'offres. Cela n'a pas changé grand-chose, si ce n'est qu'une entreprise nouvelle, Nicollin, s'est attaquée au fromage de la Lyonnaise. Grand ami du maire socialiste de Montpellier, Georges Frêche, Louis Nicollin, « Loulou » pour les intimes, a piqué à la Lyonnaise (qui est son actionnaire à hauteur de 30 %) le ramassage des ordures ménagères dans le IIIe arrondissement. Ses bennes à ordures vertes, mais stylisées avec sur leurs flancs un « N » rouge comme Nicollin (immatriculées en Seine-Saint-Denis ou à Lyon), ont été utilisées pour casser la grève des éboueurs municipaux parisiens en mai juin 2003.

« Loulou », premier sponsor du club de football de Montpellier, a ainsi justifié, en 1994, devant le juge d'instruction Jean-Michel Prêtre, le 1,6 million de francs versé par son groupe au club sportif de Saint-Denis de la Réunion entre 1991 et 1993 : « Si une entreprise qui travaille dans une ville ne peut pas donner de l'argent à un club, c'est la fin de tout. Pour toutes les entreprises qui ont des marchés publics, il y a deux objectifs. Le premier est de bien faire son métier. Le second est d'entretenir de bonnes relations [35]. » Sorte de sosie d'Obélix, « Loulou » connaît le service public à la française sur le bout des doigts : cet ancien cancre au lycée – il se revendique comme tel – n'a rien à voir avec les grands patrons des compagnies d'eau. Lui, il a commencé le boulot tout en bas de l'échelle, au cul d'une benne à ordures de son père, et il a passé une bonne partie de son temps à embaucher des « copains » (des élus ou des proches d'élus) dans la merde… Et « Loulou » ne se défile pas. Au journaliste Christophe Bouchet, devenu depuis ex-président de l'OM, ce franc-tireur déclare sans la moindre gêne : « Si je lui ai donné 200 000 francs au fils du maire [Gilbert Anette, l'ancien député-maire socialiste de Saint-Denis de la Réunion, condamné en 1996 pour corruption], c'est évidemment pour me mettre bien avec son père [36]. »

Apparemment, Bertrand Delanoë, le nouveau maire socialiste

de Paris, apprécie « Loulou » et son franc-parler. Dans la capitale, Nicollin a enlevé la collecte du verre dans les colonnes vertes à une société allemande. Cette exception germanique justifiait en quelque sorte le monopole du service public à la française. Présidé par le socialiste François Dagnaud, adjoint au maire de Paris, le Syctom (Syndicat intercommunal de traitement des ordures ménagères de la capitale et de la petite couronne) confie toujours l'incinération de ses ordures ménagères à la société Tiru ((Traitement industriel de résidus urbains), dont la moitié des actions appartient au couple Générale-Lyonnaise et le reste à EDF. Et la plus grande partie de la vapeur dégagée par ses incinérateurs est revendue à la CPCU (Compagnie parisienne du chauffage urbain), possédée à 64,38 % par la même Lyonnaise.

Même si on s'appelle Bertrand Delanoë, on n'échappe pas d'un coup de baguette magique au passé de la capitale, chiraquien et préfectoral. Exemple : quand la ville remunicipalise officiellement, le 1er janvier 2003, la collecte des ordures ménagères dans le XIXe arrondissement, cela tourne à la farce, sans doute parce que le maire ne s'intéresse pas beaucoup à ces choses subalternes [37]. En effet, par souci d'économie, l'adjoint Vert à l'environnement, Yves Contassot, se refuse à acheter les bennes à ordures nécessaires et à engager des chauffeurs pour les conduire. Deux raisons motivent sa décision : les garages municipaux sont complètement engorgés et la majorité municipale se refuse à augmenter les impôts. La mairie préfère donc donner, en sous-traitance, le marché à une entreprise dirigée par un proche de Bernadette Chirac.

Cette mesure très « politique » mérite quelques explications… Décidée sur le plan du principe par Bertrand Delanoë, cette municipalisation du ramassage des ordures dans le XIXe arrondissement vise à faire plaisir au maire PS de l'arrondissement, Roger Madec, qui la réclame à cor et à cri dans l'espoir de rendre les quartiers du nord-est de Paris plus propres. Pour récupérer des camions avec leur chauffeur, la municipalité choisit alors, sur appel d'offres, la société Polyurbaine, filiale à l'époque du groupe Penauille-Polyservices. Curieux hasard : le centre de formation de cette entreprise se trouve à Sarran, dans le canton, qui a élu Bernadette Chirac, née Chodron de Courcel, comme conseillère générale. Second hasard : un cousin de Bernadette Chirac, Jean Chodron de Courcel, ancien chargé de mission de d'Alain Juppé à Matignon, est le directeur général délégué de Penauille-Polyservices.

Autodidacte d'origine polonaise, Jean-Claude Penauille a succédé, en août 2000, au très chiraquien patron d'Havas, Pierre Dauzier, à la tête du Club athlétique de Brive-Corrèze (CABC) comme président et principal sponsor de ce club de rugby [38]. Selon nos informations, une quinzaine de fournisseurs de Penauille-Polyservices ont sponsorisé, en 2000-2001, le CABC à hauteur de 3,5 millions d'euros. Parmi ces fournisseurs, la société d'antigrafittage Eyrein Industrie qui est installée à Eyrein dans le canton de Corrèze dont Bernadette Chirac est la conseillère générale. On nage en pleine chiraquie.

Mais ce n'est pas tout... Le groupe Penauille finance aussi dans ses locaux de Sarran un centre de formation et de réinsertion des sportifs de haut niveau. Un centre qui est destiné aux rugbymen de Brive. La boucle est bouclée. Spécialisé dans les services aéroportuaires, aux entreprises et aux collectivités, Penauille-Polyurbaine éponge le déficit du CABC tout en étant déjà très lourdement endetté, à hauteur de 680 millions d'euros. Tout ça, bien sûr, Yves Contassot et Bertrand Delanoë l'ignorent totalement. Mais l'affaire va se corser... Le quotidien *Les Échos* écrit dans son édition du 18 octobre 2003 : « La restructuration du pôle aéroportuaire de Penauille-Polyservices s'est traduite au premier semestre par une perte de 25,6 millions d'euros [39]. » Au même moment, les trois champions de l'eau accusent Penauille-Polyservices d'avoir fait du dumping pour gagner le marché dans le XIXe arrondissement de Paris, histoire de gonfler le chiffre d'affaires de la filiale Polyurbaine dans l'espoir d'en tirer le meilleur prix à la revente. Contassot n'était pas au courant. Delanoë non plus. À la mairie, on l'aime, la Polyurbaine, parce qu'elle était l'entreprise la moins disante, donc la moins chère. Et le pompon : la Polyurbaine n'a pas plus de bennes à ordures disponibles que la mairie. Elle en loue donc avec leurs chauffeurs à SSV Environnement, une filiale d'Eurovoirie, le premier fabricant français d'engins de ce type. Faute de personnel, la ville, elle, a repris les ripeurs de la Sita, filiale de la Suez-Lyonnaise des eaux, qui se sont retrouvés sans travail suite à la perte du marché de la collecte des ordures du XIXe arrondissement par leur employeur.

Pour remunicipaliser une collecte d'ordures, Bertrand Delanoë reprend donc les salariés français de l'ancien titulaire du marché, proche des chiraquiens. Et il remplace la Lyonnaise par une autre entreprise, encore plus proche des chiraquiens, en proie à des difficultés financières et qui n'a pas de bennes pour ramasser les ordures. Pourquoi faire simple quand on peut faire compliqué ? Courant janvier 2005, la Compagnie française de ferraille (CFF), qui possède la société de ramassage d'ordures Derichebourg, rachète la Polyurbaine, qui vide aussi les corbeilles à papier publiques sur une partie de Paris. Là, Bertrand Delanoë a tiré le joker. L'entreprise CFF fait des affaires en or avec la Chine qui importe massivement de la ferraille.

Bertrand Delanoë reste tout aussi impuissant face aux deux majors qui ont aussi fait main basse sur les parkings parisiens. Depuis plus de trente ans, le conseil de Paris a attribué systématiquement la construction et la gestion de 80 parcs de stationnement souterrain à des filiales de la Lyonnaise et de la Générale sur les 115 parkings publics parisiens (12 000 places) créés au total dans la capitale[40]. Depuis 2001, le numéro un français du BTP et des parkings (750 000 places) est né avec la fusion, sous le nom de Vinci, de ces activités issues des deux groupes concurrents. Son PDG, Antoine Zacharias, était l'ancien patron de la Générale à Lyon, puis du pôle BTP de la Générale des eaux. Le nouveau mastodonte Vinci est devenu ainsi le leader européen des parcs de stationnement, une branche où il reste très difficile de perdre de l'argent, contrairement au BTP. Dernier arrivé dans la capitale et donc dernier servi sur le marché, Bouygues (sous l'enseigne Parcofrance) n'en recueille que quelques miettes, soit une dizaine de parkings. Enfin, les canards boiteux, les parkings les moins rentables, sont confiés à une société d'économie mixte, la Saemes, toujours renflouée par la ville de Paris[41].

De fait, trois solutions s'offrent à la majorité de gauche depuis son arrivée aux manettes en mai 2001. La première est la mise en régie directe par la ville de chaque parking à son renouvellement de concession. Avantage évident : les investissements lourds sont déjà réalisés. Ainsi la ville pourrait-elle toucher un véritable pactole en encaissant elle-même les recettes, tout en faisant, pour une bouchée de pain, des travaux d'entretien et de rénovation, de manière à rendre les parkings accueillants et bien éclairés. Or les sociétés du BTP, comme Vinci, fondent, chaque année, pour une bonne partie, leur équilibre financier sur les revenus réguliers de ce type de concession de service public. Ce groupe exploite une trentaine d'aéroports et des centaines de parkings que le groupe possède à travers le monde. La deuxième solution semble tout aussi mauvaise pour Vinci : pour sortir définitivement du rouge sa société d'économie mixte, la Saemes, la ville pourrait lui attribuer systématiquement les parkings les plus rentables (notamment ceux de Vinci), lors du renouvellement de chaque concession. La troisième solution consiste à continuer le marchandage, au coup par coup, pour chaque parking. En contrepartie, Vinci devra faire bénéficier ses abonnés d'un tarif mensuel inférieur à 76 euros par mois contre 152 euros actuellement[42]. La mairie socialiste semble se diriger vers cette troisième solution au profit du groupe en situation de quasi-monopole. Le Yalta de l'eau et des poubelles a la vie dure. Bertrand Delanoë ne s'attaque pas de front à cet héritage Chirac du monopole Lyonnaise-Vivendi, version parkings. Né dans l'eau potable, ce monopole, qui ne s'est jamais aussi bien porté, peut dire un grand merci à Jérôme Monod. Sauf que l'équipe Delanoë ne peut pas, pour l'instant, attribuer de nouvelle concession de parking au groupe Vinci, déjà en situation de monopole évident dans la capitale. Il en collectionne déjà plus de 80 en concession sur 120 au total… Encore du pain sur la planche pour Bertrand Delanoë s'il veut faire respecter les règles de la concurrence. L'éminence grise de Fabius, « JJL », garde un œil sur le dossier…

NOTES

1. Voir au nom d'Anne Hidalgo dans Jean-François Doumic, *Guide du pouvoir 1999*, p. 520.

2. Voir annuaire 1998 des cadres de Vivendi, p. 298, et compte rendu des débats du conseil de Paris des 16 et 17 juin 2003, p. 2472.

3. Voir séance du conseil de Paris du 16 juin 2003.

4. Voir déclaration officielle de Jean-Pierre Frémont sur le site informatique du Sénat « www. entreprise.sénat.fr » à la rubrique « les stages d'immersion en entreprise pour l'année 2003 » et site de la mairie sur les conseillers de Paris.

5. Voir Olivier Toscer, « Comment Messier est devenu un mouton noir », *Nouvel Observateur*, n° 1954, 18 avril 2002.

6. Voir François d'Aubert, *L'Argent sale*, Plon, 1993, p. 221 à 239.

7. Voir intervention de Laurent Fabius devant un colloque de l'Acme (Association pour un contrat mondial de l'eau), le 26 janvier 2005, à l'Assemblée nationale.

8. Entretien avec l'auteur en décembre 2004.

9. Voir intervention d'Anne Le Strat devant le conseil de Paris du 15 décembre 2003, p. 2375-2378.

10. Voir récapitulatif des volumes d'eau mis en distribution et vendus de 1984 à 1997 (document ville de Paris, direction de la protection de l'environnement, liaison eau, février 1998) et annexe II du rapport de 1996 sur l'examen des comptes rendus d'exploitation des sociétés gestionnaires publiés par la Sagep, p. 5.

11. Rapport de l'inspection générale de la ville, p. 129.

12. Voir l'annexe 16 du rapport de l'inspection générale de la ville.

13. *Ibid.*

14. Voir intervention de Gérard Rey au conseil de Paris du 20 janvier 1997.

15. Voir recours de Bertrand Delanoë et Gérard Rey devant le tribunal administratif de Paris ; mémoire de leur avocat Me François Cheron, p. 8-9 ; mémoire de l'avocat de la ville Me Foussard, p. 20-21 ; dépêche de l'AFP du 19 mars 1997 ; deux articles du *Parisien* du 20 mars 1997.

16. Voir présentation du rapport sur l'eau de l'inspection générale de la ville sur le site de la mairie, 2001.

17. Voir interventions de Daniel Marcovitch dans le *BMO* du conseil de Paris, séances des 13 et 14 décembre 1999, p. 1733, et de Pierre Mansat, séances des 23 et 24 octobre 2000, p. 1285.

18. Voir observations de la chambre régionale des comptes sur la gestion de l'eau potable à Paris, 2000, p. 41, et rapport de Service public 2000 *Gestion commerciale des eaux de Paris*, p. 27-28.

19. Voir intervention de Jean-Marc Boulenger de Hauteclocque dans le *BMO* du conseil de Paris, séance du 20 janvier 1997, p. 73-74.

20. Voir carte de visite de Jean-Marc Boulanger de Hauteclocque, directeur commercial d'OTN à Wissous, site de l'UMP Paris (membre du comité de Paris et de la 12e circonscription pour l'UMP).

21. Voir procès-verbal du conseil municipal de Paris du 26 décembre 1910, p. 952.

22. Entretien avec l'auteur en janvier 2005.

23. Voir communiqués de la mairie de Paris.

24. Voir intervention Anne Le Strat dans le *BMO* du conseil de Paris, séance du 15 décembre 2003, p. 2377.

25. Entretien avec l'auteur en décembre 2003.

26. Voir dépliant officiel de la mairie de Paris sur le 3e plan (2003-2006) de modernisation des égouts de Paris, p. 53.

27. Voir rapport de l'inspection générale de la ville, p. 100.

28. *Ibid.*, p. 101-104.

29. Voir Hervé Liffran « Les marchands d'eau se rincent toujours à Paris », *Le Canard enchaîné*, 24 décembre 2003, p. 4.

30. Ripeur : terme d'argot professionnel. Le ripeur, appelé également éboueur, désigne un grand gaillard qui se tient debout à l'arrière d'une benne à ordures. Son travail consiste à vider les poubelles des immeubles ou pavillons dans la benne à ordures.

31. Voir intervention de Jean Vuillermoz devant le conseil de Paris du 20 octobre 1997, p. 1153.

32. Voir *BMO* du conseil de Paris, séances des 9, 10 et 11 décembre 2002, p. 2139-2140, et des 11 et 12 février 2002, p. 132-133.

33. Entretien avec l'auteur en janvier 2001.

34. Entretien des deux conseillers de Paris avec l'auteur en décembre 2000.

35. Voir Christophe Bouchet, « La lassitude de M. Nicollin », *Le Nouvel Observateur*, 2-7 janvier 1997, p. 51.

36. Voir *Le Nouvel Économiste*, 31 octobre 1996, p. 127.

37. Voir *Journal de la propreté de Paris*, juillet-août 2003, nº 66, p. 1.

38. Voir Gérard Merle, *Un militant exemplaire au cœur de la chiraquie*, Denoël, 2001, p. 160-161.

39. Voir « Penauille-Polyservices : une banque bloque l'accord de refinancement », *Les Échos*, 18 octobre 2003, p. 27, 44.

40. Voir liste des concessionnaires de parkings avec leur fréquentation publiée dans le *BMO* du conseil de Paris, séance du 21 novembre 1988, p. 622-625 ; « La mine des parkings », *JDD*, 20 juillet 2003, p. 15.

41. Voir interventions du conseiller de Paris socialiste Gérard Rey dans le *BMO* du conseil de Paris, séances du 14 et 15 décembre 1998, p. 1629-1631, et du 25 janvier 1999, p. 26-27.

42. Voir interventions du conseiller socialiste Jacques Bravo dans le *BMO* du conseil de Paris, séances des 29 et 30 juin 1999, p. 18.

II

Le silence des contrats…

Le manque de transparence du socialiste Bertrand Delanoë dans sa politique de l'eau à Paris est l'arbre qui cache la forêt. Bon nombre de maires de droite comme de gauche affichent, eux, leur volonté d'avoir un service de l'eau répondant à deux critères de base : il doit être le plus efficace et le moins cher possible pour l'utilisateur. Et, à ce petit jeu, les régies municipales l'emportent largement. Ainsi, après les municipalités socialistes de Grenoble et de Castres, la communauté urbaine de Cherbourg (97 000 habitants) est retournée en régie municipale à partir du 1er janvier 2005, rejoignant les villes où l'eau est nettement la moins chère de France : Strasbourg, Rouen, Reims, Le Mans, Angers, Tours, Grenoble, Clermont-Ferrand, Amiens, Pau, Limoges, Nancy et Nantes. Autre politique en rupture avec la stratégie de Bertrand Delanoë : l'ancien trésorier du parti socialiste Henri Emmanuelli, président du conseil général des Landes, vient de gagner une bataille judiciaire de huit ans contre les rois de l'eau.

En effet, le Conseil d'État [1] a donné son feu vert à l'action du conseil général de ce département au bénéfice des services de l'eau ou de l'assainissement en régie municipale directe. Il s'agit d'accorder un avantage à ces communes, sous la forme d'une majoration du taux de subvention (limité à 10 %) sur leurs travaux d'investissement. L'affaire avait démarré en 1996 : le prix moyen du mètre cube d'eau distribué dans les Landes par le privé était alors supérieur de plus de 70 % à la distribution en régie municipale. Aujourd'hui, l'objectif a été atteint : l'écart des prix entre les deux systèmes de gestion a diminué grâce à la vigilance des maires aidés par le conseil général et son bras armé, le Sydec (Syndicat mixte départemental d'équipement des communes des Landes). Cauchemar du triumvirat de l'eau, cet organisme intervient à tous les niveaux au profit des régies municipales, allant jusqu'à les gérer lui-même en délégation. Résultat : plusieurs dizaines de communes des Landes ont quitté les rois de l'eau ou ont obtenu des baisses de prix de 30 à 40 %.

Ce mauvais exemple pourrait faire tache d'huile. Veolia Environnement a aussi perdu, en 2002, la gestion de la distribution de l'eau dans l'agglomération de Bastia au bénéfice de l'OEHC (Office d'équipement hydraulique de la Corse), organisme dépendant du conseil régional corse. Les régies municipales ne sont assujetties ni à l'impôt sur les sociétés, ni à la taxe professionnelle, ni à la taxe foncière, et dégagent une moyenne du prix de l'eau la moins chère de France. Ce nouveau contexte de méfiance vis-à-vis des rois de l'eau apparaît en filigrane dans un éditorial de *Maires de France* (revue de l'Association des maires de France qui regroupe 35 000 adhérents, en majorité des élus ruraux et de droite) qui justifie ainsi l'utilité de son « guide de l'affermage de la gestion de l'eau » : « Il milite en faveur d'un rééquilibrage des relations entre les élus et les entreprises sous-traitantes par un renforcement des pouvoirs de la collectivité[2]. »

Très critiquées donc, les majors de l'eau en sont aujourd'hui souvent réduites à vanter leurs performances dans la gestion des risques sanitaires (microbiologiques ou chimiques), obtenues grâce à d'énormes moyens financiers consacrés à la recherche et au développement. Le XXIe siècle démarre donc dans un climat tout à fait nouveau. Rien à voir avec le classique affrontement droite-gauche de 1936, 1945 et 1981 entre les défenseurs du service public, gestionnaires d'une économie dirigiste, et d'horribles capitalistes, pionniers du partenariat public-privé dans les services d'intérêt général. Aujourd'hui, il s'agit simplement de fournir un service public (en régie ou délégué au privé) le plus efficace, le moins cher et le plus transparent possible financièrement. Désormais, les régies directes ont le vent en poupe même si certains élus, à l'exemple de Bertrand Delanoë, refusent d'en débattre sur la place publique. Un vrai monde à l'envers.

En effet, depuis la fin des années 1970, les trois groupes privés avaient fait un malheur, réussissant à ravir, le plus légalement du monde, près de 50 % de la distribution d'eau en France à leur seul vrai concurrent : les régies municipales. Et maintenant, l'empire français des robinets prend eau... Bouygues a vendu à un fonds de placements sa filiale spécialisée la Saur, numéro quatre mondial (derrière l'Allemand RWE), qui faisait pâle figure face aux bénéfices records du téléphone mobile, de la construction et de TF1. Le numéro deux, Suez-Lyonnaise, délaisse l'eau jugée trop peu rentable au profit de l'énergie, et notamment de l'électricité (qui assure dorénavant 70 % de son chiffre d'affaires). Et enfin, le numéro un, Veolia Environnement, parie surtout sur la Chine pour résorber son énorme dette de 12 milliards d'euros. Et à l'exception de ce pays en pleine croissance, les succès à l'étranger de l'école française de privatisation de l'eau ont tendance à marquer le pas, malgré les aides au financement de la Banque mondiale, de la Berd (Banque européenne pour la reconstruction et le développement), de la BEI (Banque européenne d'investissement) et de l'Union européenne.

Dans l'Hexagone, en une quinzaine d'années, l'irruption de la société civile a bousculé un monde opaque et très secret, replié sur ses deux acteurs principaux. Depuis près d'un siècle et demi, les maires (la distribution d'eau potable et l'assainissement relèvent d'un monopole légal des communes depuis la Révolution) géraient leur service des eaux à l'ombre de relations de confiance avec les dirigeants des majors et de leurs filiales. Le savoir-faire de ces derniers n'était pas que technique, juridique et financier. Ces grandes sociétés avaient surtout investi dans un exercice difficile : avoir accès aux réseaux décisionnels nationaux et locaux. Le nerf de la guerre repose sur un carnet d'adresses où ne figurent que des hauts fonctionnaires, des politiques et des élus. Les trois majors de l'eau ont ainsi pu se diversifier très naturellement dans l'énergie, la propreté et la gestion des déchets, puis les transports collectifs. Les donneurs d'ordres de ces marchés publics étaient toujours les mêmes, les maires.

Objectif premier de ce genre de service public assuré par des privés : sombrer dans l'oubli parce que tout va bien. Une eau de bonne qualité coule au robinet, les ordures sont ramassées régulièrement, les immeubles sont chauffés, et les transports collectifs fonctionnent correctement... Le modèle français de services urbains marchait ainsi et marche encore avec une forte responsabilité des élus, qui ne s'impliquent cependant que fort peu au quotidien. *Grosso modo*, une loi non écrite fonctionnait pour les majors : l'entreprise obtenait un marché sur la base de la confiance sans aucune mise en concurrence jusqu'en 1993 – un bail à perpétuité en quelque sorte ; en contrepartie, elle devait assumer les problèmes quand ils se posaient, sans examiner au préalable ce que prévoyait le contrat. Ainsi, les usagers n'étaient pas conviés. La seule arme dont ils disposaient, leur bulletin de vote, ne risquait pas d'être utilisée parce que les majors avaient et ont toujours une obligation de résultat. La question du profit et de son usage devenait une préoccupation secondaire pour les élus, qui recherchaient avant tout de grandes entreprises réputées pour remplir correctement leur mission d'intérêt général.

Les deux cauchemars des maires : faire apparaître un endettement excessif de leur commune, alors que le budget du service de l'eau est financé tout à la fois par les usagers et les contribuables, ou voir des usagers manifester contre des redevances trop élevées. En fait, tout reposait sur l'habileté des élus au moment de la rédaction des contrats ou de leur renégociation. Des discussions complexes et ardues, où les maires et leurs conseillers (le plus souvent incapables de lire un bilan comptable) se retrouvaient le plus souvent bien seuls face à l'armée d'avocats, d'ingénieurs, de conseillers juridiques ou financiers des majors, tous incollables en matière de passation de marchés publics.

Or ces services publics, en cas de délégation à une entreprise privée, sont aussi à caractère industriel et commercial. Ils sont donc soumis à un régime juridique à caractère mixte mêlant des éléments de droit privé, qui découlent du caractère commercial de leurs activités, et des éléments de droit public, justifiés par l'idée de service public. Un vrai casse-tête. Et plus le contrat était long, plus il était par nature flou et fondé sur la confiance, pour des durées allant jusqu'à quatre-vingt-dix-neuf ans et non révocables avant trente ans ! Une confiance qui se substituait de fait à l'existence d'un contrôle réel de la vie des contrats. Un contrôle, par essence indépendant, n'était souhaité ni par les maires ni par les majors de l'eau. À sa place, une épée de Damoclès se balançait au-dessus de la tête des rois de l'eau : un scandale ou une mauvaise opération aurait pu brouiller l'image respectable et respectée de ces entreprises. Le seul contrôle était exercé par les maires et les dirigeants des compagnies d'eau. Il consistait à voir que l'eau coulait régulièrement et qu'elle n'était pas polluée.

Les trois distributeurs ont donc surveillé leur réputation comme le lait sur le feu de peur de se faire taper sur les doigts par les maires et les politiques. Mais à force d'abuser de leur position dominante, une chape de plomb a été maintenue sur le secret de leur puissance, c'est-à-dire leurs contrats. Susceptible de s'opposer à ce « silence des contrats » (celui qui fait est celui qui sait), un mouvement de consommateurs, les ligues d'acheteuses, apparaît dès la fin du XIXe siècle dans les grandes villes. Ainsi naissent les ligues d'abonnés au téléphone, le Touring Club de France et la Ligue des voyageurs en transport ferroviaire, qui vont se fédérer en 1910 dans la Ligue des consommateurs. Ces ligues se donnent un slogan novateur (« Je dépense donc je suis ») et des objectifs qui restent d'actualité : la recherche du juste prix, l'éducation du consommateur et l'établissement de relations suivies avec les pouvoirs publics. Ces organisations rassemblent 6 millions de membres à la fin des années 1920, mais disparaissent quelques années plus tard, au beau milieu de l'affrontement droite-gauche qui va amener le Front populaire au pouvoir. Quelques-unes de ces ligues réunissaient des consommateurs d'eau potable. Des riverains qui dénonçaient le mauvais goût de l'eau, sa pollution ou son prix. Toutes ces associations ont aussi coulé. Les maires et les rois de l'eau peuvent alors perpétuer tranquillement leurs relations bilatérales, en tenant les usagers soigneusement à l'écart

En 1970, c'est l'État qui va susciter la création d'associations avec notamment l'UFC-Que choisir et la Confédération nationale du logement et cadre de vie (CNLCV). Reconnues par les pouvoirs publics et représentées dans des instances nationales, ces deux associations connaissent bien le secteur de la distribution de l'eau. S'appuyant sur des réseaux départementaux et des journaux, elles pratiquent un lobbying parlementaire et ministériel qui leur permet d'être consultées avant toute prise de décisions importante. Leur cahier de doléances tourne autour de deux thèmes : la transparence de la gestion de l'eau à l'échelon local et la mise en place de la facturation individuelle dans les immeubles. Ces deux associations font surtout pression sur les autorités, rejettent toute contestation violente et ne systématisent pas les recours devant les tribunaux. La loi ATR de 1992, dite loi Joxe, leur a permis de rentrer dans les commissions consultatives des services publics locaux créés dans les grandes villes.

À cette époque, la Générale des eaux, la Lyonnaise et la Saur mangeaient leur pain blanc. Leur cauchemar va naître au niveau local et non pas au plan national. Le discret ménage à deux, entre les collectivités et les rois de l'eau, va tourner au ménage à trois, très médiatique et conflictuel. Dotés au départ de faibles moyens (téléphone et fax), des collectifs d'usagers à structure non hiérarchique parviennent à surmonter leurs handicaps face à la toute-puissance technique et financière et au savoir-faire politique indéniable du triumvirat de l'eau. Ce mouvement associatif émerge au moment précis où les factures d'eau explosent. De 1991 à 1996, le prix de l'eau s'envole de 56 %, alors que l'indice général des prix grimpe seulement de 10 %.

Des affaires politico-financières vont tomber à point nommé pour réveiller une société civile presque sans réaction face à la spirale infernale des prix à la sortie des robinets. L'incarcération en 1994 du ministre RPR Alain Carignon et la fuite en Argentine, au même moment, du député-maire socialiste d'Angoulême Jean-Michel Boucheron (condamné à deux ans de prison en 1997) vont jouer le rôle d'électrochocs. D'où une poussée spectaculaire des associations d'usagers d'eau qui ne veulent plus être traités en demeurés. Au départ, ce véritable front du refus se nourrit de la tentative idéologique de la deuxième gauche d'appliquer la doctrine de l'autogestion (symbolisée aujourd'hui par le mouvement Attac) et de l'opposition au discours néolibéral prônant l'État minimal par opposition au tout-État jacobin. Ces consommateurs s'organisent via Internet et multiplient les actions en justice contre les majors, pour une eau moins polluée et surtout moins chère. Ce potentiel de rébellion se développe sans la participation directe des principaux partis politiques, qui restent fort discrets sur le sujet. Il aspire de nombreux militants et cadres dotés d'une longue expérience au sein des partis français, de droite comme de gauche, considérés comme incapables de répondre aux aspirations des citoyens consommateurs.

Ainsi s'explique la naissance d'un principe simple et concret, celui d'une gestion démocratique de l'eau qui n'a rien à voir avec l'idéologie d'un parti politique. Il s'agit de mettre en place des pratiques participatives, transparentes, associant les usagers aux élus chargés de la gestion de l'eau. La cible est facile à atteindre : un siècle et demi de partenariat silencieux entre des compagnies et des élus sur fond de contrats plus que flous au nom d'un service public réellement d'intérêt général. Un véritable fromage, où une vraie transparence n'est pas près de désamorcer la grogne des usagers face à des entreprises devenues des multinationales classiques. Les trois mastodontes de l'eau n'ont plus grand-chose à voir avec ce que l'on appelle fort joliment l'« économie de financements administrés » qui les a longtemps régis.

À la fin des années 1990, les opérations de séduction des trois champions de l'eau et des élus envers les usagers – numéro d'appel téléphonique gratuit 24 heures sur 24 en cas de panne, voitures de dépannage guidées par radio, central d'information, expositions itinérantes, films – ne suffisent plus... Et, surtout, les contestataires transforment les rois en accusés dans les commissions consultatives de services publics locaux. Leur stratégie se révèle extrêmement lente, mais à la longue imparable : ils exigent toujours plus de documents et de précisions sur les contrats. Ces « Jeanne d'Arc » de l'eau restent farouchement incontrôlables. Défensives à l'origine, ces associations vont passer carrément à l'offensive contre les majors. Les conflits pour trop-perçus arrivent systématiquement devant les tribunaux, où les associations gagnent souvent leurs procès.

Un exemple parmi beaucoup d'autres : l'ACF (Association des consommateurs de la Fontaulière) s'est lancée depuis 1990 dans un long combat pour faire annuler les contrats de la Saur en basse Ardèche et rétablir l'eau chez des centaines de ses adhérents. Du tribunal administratif de Lyon jusqu'au Conseil d'État en passant par la cour d'appel de Nîmes et la Cour de cassation[3], la bagarre judiciaire n'est pas terminée au bout de quatorze ans. Elle a coûté 600 000 francs au millier de membres de l'association qui, par moments, disent perdre confiance en la justice. À l'occasion, les « rebelles » n'ont pas hésité à barrer des routes pour montrer leur détermination aux élus du Seba (Syndicat des eaux de basse Ardèche). Ces derniers ont soutenu dans un premier temps leur régisseur, la Saur, avant de poser officiellement, aujourd'hui, la question d'un possible retour en régie municipale, d'ici à trois ans, de la distribution de l'eau dans le sud du département.

En fait, les réseaux de la colère dénoncent de plus en plus aujourd'hui le flou et l'opacité des contrats pour mieux revendiquer le retour à la gestion municipale directe. Via Internet, le voile s'est levé sur le marché de l'eau, jusque-là réservé à un cercle restreint d'initiés. Chaque succès ou échec devant les tribunaux est porté à la connaissance de la centaine d'associations qui archivent textes légaux, jugements et jurisprudence. Le mariage de ces structures locales avec Internet leur permet de lutter presque à armes égales avec les trois mastodontes de l'eau, sans perdre leur liberté d'action au contact de politiques. Il restait à ces associations à frapper un grand coup. L'occasion leur sera fournie sur un plateau grâce à Jean-Luc Touly, l'un des principaux animateurs des réseaux de la colère en tant que président de l'Acme France (Association pour un contrat mondial de l'eau), où il a succédé à Danielle Mitterrand. Comme cheval de Troie, on ne pouvait trouver mieux : de son propre aveu, depuis douze ans, le groupe Veolia Environnement le paie à ne rien faire et depuis peu à mi-temps. Cet agent de maîtrise administratif affecté fictivement à Rungis est l'ancien numéro deux de la CGT Île-de-France de l'entreprise, aujourd'hui dirigeant d'Attac et juge aux prud'hommes de Créteil.

En effet, les jeudi 21 et vendredi 22 octobre 2004, pour la première fois depuis un siècle et demi, un des trois grands groupes français de l'eau (Veolia Environnement, ex-Compagnie générale des eaux) attaque en diffamation les auteurs d'un livre. Cette « histoire d'eau » occupe l'audience de la dix-septième chambre du tribunal correctionnel de Paris. Les deux auteurs de *L'Eau de Vivendi, les vérités inavouables*, Jean-Luc Touly, salarié de Veolia Environnement depuis vingt-cinq ans, et Roger Lenglet, journaliste, accusent ce groupe de toutes sortes de turpitudes. Les robinets d'eau de l'ancienne Compagnie générale des eaux cacheraient des secrets bien gardés, comme l'indique la quatrième de couverture de l'ouvrage : « enrichissements vertigineux, fuites de capitaux, financements occultes, pratiques d'influence douteuses, arrosages tous azimuts, achat de syndicalistes, manipulation d'élus, rapports dissimulés, bénéfices cachés, la disparition, vers un compte off shore, des provisions versées depuis nombreuses années par les communes en vue de rénover leurs réseaux de distribution d'eau[4]... ».

Or le procureur de la République, Béatrice Vautherin, n'a pas requis de condamnation à l'encontre des deux auteurs. Le magistrat a estimé que le livre (vendu à moins de 1 500 exemplaires) présentait avant tout « le mérite de poser un problème de société actuel ». « Nous sommes à une période charnière dans le débat sur les services publics, et notamment sur le service public de l'eau. Les entreprises militent pour l'abandon de ce qu'elles qualifient de "principes archaïques" face à une société civile qui, elle, s'inquiète du "pouvoir de contrôle qu'elle peut conserver" sur des sociétés privées chargées d'un service public », a expliqué Mme Vautherin. « On est dans un débat important dans lequel les positions sont légitimes des deux côtés », a-t-elle fait valoir. Le procureur s'est par ailleurs étonné de l'« ampleur » des poursuites engagées par Veolia contre M. Touly, compte tenu du fait que « d'autres ouvrages relatant les mêmes faits n'ont jamais été poursuivis ». Béatrice Vautherin a conclu en rappelant que M. Touly faisait l'objet, depuis neuf mois, d'une procédure de licenciement pour faute grave de la part de son employeur en raison de ses prises de position publiques. Les juges l'ont entendue, puisqu'ils ont infligé aux deux auteurs uniquement un euro de dommages et intérêts, 1 000 euros d'amende avec sursis et une publication dans la presse. Veolia Environnement demandait 500 000 euros de dommages et intérêts. Aucune des parties en cause n'a fait appel de cette décision.

Les réquisitions de Béatrice Vautherin prenaient en compte un faisceau d'éléments troublants apportés tant par les témoins de la défense que par ceux de la partie civile. Dans *Libération*, Renaud Lecadre résume les deux journées d'audience : « Un véritable happening à la barre, avec en guest star Danielle Mitterrand, prolongé jusqu'à très tard le soir, permettant de cerner avec une précision diabolique les méthodes de la Générale ou de l'ex-Lyonnaise des eaux, rebaptisée depuis Suez[5]. » Premier grief de Veolia Environnement devant le tribunal : le livre accuse l'ancienne Compagnie générale des eaux d'avoir fait de faux cadeaux aux municipalités, notamment à Toulouse, en leur accordant des droits d'entrée (officiellement interdits depuis par la loi Barnier de 1995). Il s'agit d'une somme importante versée par le groupe à une collectivité locale en échange de l'utilisation de son réseau de distribution d'eau. Évidemment, l'entreprise privée, qui n'est pas philanthrope, se rembourse en imputant la somme (augmentée d'intérêts) sur les factures d'eau payées par chaque consommateur. La Compagnie et la municipalité de Toulouse se sont bien gardées de faire la moindre publicité à cette disposition essentielle du contrat qui les lie. Cité comme témoin par Veolia Environnement, Dominique Baudis a fermé, en 1990, sa régie municipale pour concéder au privé pour trente ans la distribution d'eau en tant que maire de Toulouse : « Le contrat a été négocié dans des conditions exemplaires, il est aussi bien favorable au citoyen qu'au consommateur. »

Le Dr François Simon, son rival socialiste, lui a cloué le bec à la barre : « La Compagnie générale des eaux verse bien 437 millions de francs de droits d'entrée (aujourd'hui 66,7 millions d'euros) à la ville de Toulouse en 1990, mais se fera rembourser au bout du compte, en trente ans, 1,47 milliard de francs. Les Toulousains auront payé un milliard de plus. » Les élus de gauche au conseil municipal, qui soutiennent l'action de deux associations rebelles (Eau Secours et le collectif contre le plan Ginestous 2000) à l'origine de toute l'affaire, ont calculé que le prix du mètre cube d'eau a augmenté à Toulouse de 37,6 % de 1991 à 1999. Dominique Baudis a répliqué en affirmant que le prix de l'eau dans la Ville Rose était inférieur de 11 % à la moyenne nationale. Le contrat de Toulouse reste une bonne affaire pour la Compagnie et pour la municipalité, mais pas pour les Toulousains : à un taux de l'ordre de 10 % sur trente ans, les habitants remboursent toujours sur leurs factures d'eau, sans le savoir, cet impôt indolore et caché de 437 millions de francs, alors que le taux d'emprunt bancaire ne dépasse pas 5 %.

« Tout cela est légal », ont lancé en chœur Dominique Baudis et l'avocat de Veolia Environnement, Me Christophe Bigot, mais l'argent de l'eau n'est pas allé à l'eau comme le préconisaient le bon sens et le ministre de l'Environnement, Michel Barnier[6], dès 1994. En effet, les 437 millions de francs n'ont pas été affectés au désendettement des services de l'eau et de l'assainissement, mais à celui du budget général de la commune. Or cette dette, sous forme d'emprunts, n'était pas uniquement due à des prêts lancés pour faire face à des investissements financés par l'ancienne régie municipale de l'eau de Toulouse. Bref, pour se désendetter sans recourir au « cadeau » de la Générale, la ville de Toulouse aurait dû augmenter les impôts. Mesure qui risquait de nuire à l'image de bon gestionnaire d'un maire au moment des élections municipales… Mais le contribuable est aussi un buveur d'eau ! Ce qu'il économise sur sa feuille d'impôts se retrouve nécessairement sur sa facture d'eau…

Le feuilleton de l'eau dans la Ville Rose coule toujours des jours heureux. Les deux associations ont saisi, en mars 2003, le tribunal administratif pour obtenir l'annulation de la décision de 1990 du conseil municipal de Toulouse. Déjà, les tribunaux administratifs de Toulouse et le Conseil d'État ont pris des décisions en ce sens pour les villes de Castres, Grenoble et Saint-Étienne[7]. La jurisprudence constante est la suivante : « Les tarifs des services publics à caractère industriel et commercial, qui servent de base à la détermination des redevances demandées aux usagers en vue de couvrir les charges du service, doivent trouver leur contrepartie directe dans le service rendu aux usagers[8]. » Dorénavant, les trois multinationales de l'eau hésitent avant de verser à une municipalité des droits d'entrée, habillés désormais juridiquement d'une manière plus plausible en « indemnité d'occupation des installations municipales en sous-sol ». En effet, la pratique de ce genre de bonus risque toujours de tourner au Trafalgar. À Castres et à Grenoble, la victoire judiciaire des associations a donné les clés de ces deux villes à des régies municipales de l'eau.

Deuxième grief de l'entreprise dirigée aujourd'hui par Henri Proglio : les deux auteurs du livre accusent ce groupe d'avoir « détourné » les provisions collectées depuis plusieurs décennies, sur les factures des usagers français, pour assurer la rénovation et l'entretien des réseaux de distribution d'eau. « Quand Jean-Marie Messier prend la tête de Vivendi, a expliqué à l'audience Jean-Luc Touly, il découvre, émerveillé, que les délégations régionales de la Compagnie générale des eaux dormaient sur un trésor : des centaines de millions d'euros versés par les usagers en vue de changer les canalisations à durée de vie limitée. » Ces provisions ont été « siphonnées en 1996 », a ajouté Jean-Luc Touly, pour « éponger les dettes du groupe dans l'immobilier, la communication et investir dans l'industrie du cinéma aux États-Unis ». Cuisine de mots ? Doit-on écrire ou dire « siphonner », « détourner » ou « transformer », s'interroge l'avocat de Jean-Luc Touly, maître Antoine Comte ?

En mai 2004, dans un rapport financé par Veolia Environnement et rédigé par le juriste Guy Carcassonne, on découvre que 27 milliards de francs de provisions ont été « transformés, en toute légalité », en achat d'obligations Vivendi. Diffusée aux actionnaires lors de l'assemblée générale 2003 de Veolia Environnement, cette étude a été longuement évoquée à la barre de la dix-septième chambre du tribunal correctionnel de Paris. Cité comme témoin par Veolia Environnement, Bernard Cattenoz, commissaire aux comptes du groupe depuis 1991, a justifié un mécanisme financier fort sophistiqué et très complexe : « Le holding de Veolia Environnement mutualise aujourd'hui, légalement, les risques de travaux sur provisions en faisant appel à une compagnie d'assurances suisse, la General Re Financial Products. Au départ en 1996, l'ex-Compagnie générale des eaux a versé 6,5 milliards de francs de prime d'assurance à cette société d'assurances, à laquelle elle donnera également 1,5 milliard de francs chaque année jusqu'en 2011. Parallèlement, la General Re Financial Product s'est réassurée auprès de Gelgin, société basée en Irlande et appartenant en totalité à la Compagnie générale des eaux, puis auprès de Vivendi Universal, et à partir de 2005 auprès de Veolia Environnement.

Un exemple : en 2000, Gelgin a ainsi remboursé 211 millions d'euros de travaux au groupe. Il fallait garantir les travaux des sociétés d'eau et bénéficier des avantages fiscaux les meilleurs, d'où le montage de cette opération. Les provisions pour travaux perçues auprès des usagers n'appartiennent pas aux collectivités. C'est avant tout une possibilité comptable et fiscale. Conclusion : Veolia, et avant Vivendi n'ont pas spolié les collectivités locales. » Avocat de Veolia Environnement, Me Christophe Bigot a alors enfoncé le clou : « Les contrats prévoient une obligation de résultat, remettre le réseau en bon état à la fin du contrat, pas une obligation de travaux. Que les travaux coûtent 100, 200 ou 300, peu importe, l'obligation de renouvellement n'est jamais quantifiée. Quand on parle des provisions, il s'agit simplement d'une obligation comptable pour Veolia et non d'une obligation contractuelle. L'argent, en cas de non-utilisation pour des travaux, doit revenir dans les caisses de Veolia Environnement. »

À l'audience, ces propos ont fait bondir le premier témoin clé de la défense, Anne Le Strat, conseillère Verte de Paris et PDG de la Sagep, entreprise chargée de produire l'eau parisienne et de contrôler sa distribution par Veolia Environnement sur la rive droite et par Suez-Lyonnaise des eaux sur la rive gauche. Petit bout de femme de 36 ans, cette élue se sent visiblement une âme d'Astérix face aux trois majors de l'eau : « J'ai découvert ce mécanisme des provisions dès ma nomination à la tête de la Sagep en 2001. Deux rapports très officiels de la chambre régionale des comptes et de l'inspection générale de la ville pointaient le décalage entre les provisions payées sur leurs factures par les Parisiens et les travaux réellement effectués ensuite par les deux sociétés privées. C'est pourquoi, en 1996, la Compagnie générale des eaux a pu récupérer d'un seul coup 112 millions de francs de provisions payées par les Parisiens grâce au montage irlandais. Nous n'avons aucune traçabilité des travaux et de la destination des sommes encaissées sur les factures des usagers. »

Interrogée par le président, l'élue avoue son impuissance : « Je n'ai aucune capacité pour changer ce système d'opacité générale entre ce qui est réellement affecté aux travaux et l'argent généré par ces provisions placées par les deux sociétés privées sur des comptes rémunérés. Nous avons essayé à Paris, en 2003, d'estimer les provisions non utilisées par les deux sociétés privées et les produits financiers engrangés par elles grâce à leur placement. Au terme de dures négociations, la ville de Paris a jugé que les deux distributeurs devraient faire 153 millions d'euros de travaux d'ici à la fin de leur contrat avec la municipalité, en 2009. Et encore, je ne suis pas totalement satisfaite, car l'accord signé ne porte pas sur un vrai montant financier, mais sur un calcul de travaux de rénovation du réseau qui seront vraisemblablement réalisés pour un montant inférieur à 153 millions d'euros. À mes yeux, ce montant zappe la moitié des produits financiers récupérés par les deux distributeurs d'eau sur les provisions. S'ils s'engagent à faire des travaux à hauteur de 153 millions d'euros, ceux-ci seront confiés uniquement à des filiales des deux groupes. On est dans un univers clos, anticoncurrentiel. On a hérité du système Chirac :

le contrat a été signé en 1984 pour vingt-cinq ans, sans aucune obligation financière pour les deux sociétés privées, qui n'ont eu aucun compte à rendre à la ville jusqu'aux négociations de 2003. » Malgré cette avancée sur les 153 millions d'euros de travaux, Anne Le Strat ne cache pas son pessimisme au tribunal : « Veolia et Suez décident des travaux à faire sans que nous puissions vérifier. Aucun état patrimonial sur les canalisations n'a été fait en 1984, lors de la signature du contrat. Les deux groupes profitent d'un manque de clarté évident. L'avant-projet de loi sur l'eau de Dominique Voynet prévoyait de réformer ces provisions en mettant fin à cette opacité. Il n'a pas été voté… »

Deuxième témoin essentiel de la défense, le quadragénaire Patrick Du Fau de Lamothe, joue au cadre supérieur tiré à quatre épingles. Ce diplômé en expertise comptable travaille bénévolement pour plusieurs associations d'usagers d'eau, notamment à Bordeaux, à Castres, en Corse et en banlieue parisienne. Très à l'aise à la barre, car incollable sur le sujet, ce quadragénaire souriant mais implacable a démontré à l'audience que le mode de calcul de ces provisions pour travaux relevait en quelque sorte du secret défense : « La méthode de calcul des provisions pour travaux n'est jamais mentionnée dans les contrats, étant laissée au bon vouloir des opérateurs. Ainsi, en 1997, l'opération de centralisation de ces provisions, collectées pour l'eau et la fourniture d'énergie, fait remonter 13,3 milliards de francs à la maison mère pour constituer une sorte de trésorerie. L'équipe de Jean-Marie Messier a pu mettre alors en place, tout à fait légalement, une modification du mode calcul de ces provisions… La modification à cette époque de la méthode de calcul de ces provisions permet alors de constater que non pas 13,3, mais 10,4 milliards de francs suffiront pour exécuter les travaux de renouvellement dans les filiales françaises d'eau et d'énergie. Aussi, dans leur rapport à l'assemblée générale de la Compagnie générale des eaux pour l'année 1996, les commissaires aux comptes prennent bonne note de cette modification du calcul des provisions en écrivant : "Nous vous signalons que 2,9 milliards de francs de provisions ont eu un impact positif sur les comptes 1996 de la CGE[9]." » Et le témoin d'en tirer des conclusions : « Dire aujourd'hui que les provisions sont excessives pour satisfaire à une obligation inchangée revient à reconnaître deux choses : un trop-provisionné dans les comptes de Veolia et en conséquence une augmentation correspondante trop forte du tarif de l'eau. La direction de ce groupe doit tirer les leçons de ce double constat. Le surplus payé par les usagers n'aurait-il pas dû revenir dans les caisses des communes ou sous la forme de baisse des nouveaux tarifs de l'eau ? À partir du moment où il est désormais reconnu par Veolia que la méthode appliquée jusque-là surévalue le besoin en capitaux, il apparaît nécessaire de modifier tous les contrats en ce sens. À ce sujet, le commissaire aux comptes de la Compagnie indique, en 1996, que le changement de méthode de calcul des provisions ferait passer la dotation annuelle à 229 millions au lieu de 305 millions de francs. »

Pour le témoin, Veolia a surévalué les provisions pour travaux en gonflant le prix de l'eau vendu aux usagers, un trop-perçu qui est revenu aux actionnaires du groupe. Patrick Du Fau de Lamothe illustre son propos avec un exemple concret : « Prenons l'exemple d'un produit industriel : un réfrigérateur. Son fabricant le vend tant, mais si sa fabrication revient en réalité beaucoup moins cher, on ne change pas pour autant le prix. Normal, la vente d'un réfrigérateur n'a rien d'un service public. À l'inverse, les consommateurs d'eau ou d'énergie payent avec les provisions des sommes qui ne correspondent à aucun service rendu. Un peu à l'image des compagnies d'assurances, les majors de l'eau ne remboursent jamais la différence entre les primes versées et les sinistres remboursés.

La fixation du montant des provisions s'assimile à un jeu qui rentre dans le prix de l'eau fixé par chaque conseil municipal, sans qu'il en connaisse la formation. Les chambres régionales des comptes stigmatisent ces zones d'ombre : les éléments du calcul des provisions ne figurent pas dans les contrats ; dans leur compte rendu annuel aux communes, les rois de l'eau ne détaillent pas les opérations de renouvellement ; enfin, les juges administratifs se déclarent favorables au reversement du surplus de provisions aux collectivités locales. Pour une simple question de bon sens, il est difficile, pour ne pas dire impossible, de quantifier des provisions de travaux à faire, sur vingt ans à l'avance. Pourtant, c'est ce que font les majors de l'eau, dont beaucoup de contrats courent encore sur vingt ans ou plus. On a ainsi les deux côtés d'un même miroir, avec des obligations de payer des factures d'un côté, et aucune de l'autre... Reste une petite lueur d'espoir : en 1997, la communauté urbaine de Lille [CUL] découvre que son distributeur d'eau potable, la Société des eaux du Nord (associant à part égales la Générale et la Lyonnaise), a accumulé 1,027 milliard de francs de provision sans les utiliser pour faire des travaux. La CUL a réussi à s'en faire rembourser une partie après l'avis favorable de la chambre régionale des comptes du Nord-Pas-de-Calais. »

Troisième grief de Veolia Environnement à l'égard des deux auteurs du livre : les accusations de corruption. Témoin principal de la défense sur ce sujet, Raymond Avrillier est le vice-président écologiste de la communauté urbaine de Grenoble et un des administrateurs de la régie municipale d'eau de Grenoble. À Grenoble, on l'appelle l'« Ange blanc ». C'est le tombeur de l'ancien maire Alain Carignon et l'encombrant allié local du PS. Il a fallu six années de lutte quotidienne à cet ancien militant maoïste et antinucléaire, procédurier dans l'âme – il a épluché 10 000 documents – pour frapper sa cible, Alain Carignon. La cour d'appel de Lyon a condamné ce dernier, le 9 juillet 1996, à cinq ans de prison dont un avec sursis, 400 000 francs d'amende et la privation des droits de vote et d'éligibilité pendant cinq ans, pour avoir cédé la distribution d'eau potable de Grenoble en échange d'avantages en nature de l'ordre de 20 millions de francs. Le 27 octobre 1997, la chambre criminelle de la Cour de cassation a rejeté son pourvoi.

Aujourd'hui, pimpant quinquagénaire, Raymond Avrillier, devenu président au conseil municipal de Grenoble du groupe Ades (Association Démocratie Écologie Solidarité), ne lâche toujours pas les baskets des rois de l'eau. Avant d'aborder le phénomène de la corruption devant les juges, il a tenu à remettre les pendules à l'heure : « Aujourd'hui, à Grenoble, le prix de l'eau est 28 % moins cher qu'à l'époque d'Alain Carignon et de la privatisation de la Lyonnaise. La régie municipale des eaux de Grenoble effectue chaque année, depuis 2001, trois fois plus de travaux d'entretien et de renouvellement que la Lyonnaise des eaux de 1989 à 1999. De plus, la régie municipale mène une action sociale auprès des usagers en difficulté et des actions pour économiser l'eau, à l'inverse de la logique précédente qui poussait à la consommation et à la facturation. » Pour bien faire saisir l'exemplarité de l'affaire Carignon (condamné pour corruption, complicité et recel d'abus de biens sociaux et subornation de témoin), l'élu a alors affirmé : « Il faut savoir qu'à Grenoble, comme dans le reste de la France, ce type de dossier de corruption est générique dans le monde de l'eau. » Pour appuyer ses dires, Raymond Avrillier a donné un exemple : « À l'audience du tribunal correctionnel de Grenoble du 8 septembre 1999, j'ai entendu le témoignage de Guy Névache, ancien responsable et trésorier du PS pour l'Isère, ex-secrétaire général du Syndicat intercommunal d'études et de programmation de la région grenobloise (Sieparg), puis troisième adjoint chargé des grands travaux de M. Carignon à la mairie de Grenoble. Mis en cause dans d'autres affaires politico-financières à Grenoble, Guy Nevache a déclaré : "Des entreprises participant aux travaux réalisés à l'initiative du Sieparg reversaient des sommes qui étaient, ensuite, partagées entre diverses formations politiques." Il a également déclaré qu'"à l'occasion d'une réunion à laquelle participaient des membres de ces formations, Alain Carignon avait proposé une répartition de ces sommes, soit 1 % du montant des travaux au RPR, 0,5 % au PS, 0,5 % au PC". Le même tribunal a d'ailleurs précisé dans les attendus de son jugement du 29 septembre 1999 : "Les informations portant sur le système de prélèvement de fonds destinés à financer des activités politiques auprès d'entreprises participant à la réalisation de travaux intercommunaux se sont révélées fondées." Ce témoignage précis n'a eu aucune suite judiciaire… »

Pour donner aux juges une idée de l'importance du Sieparg, Raymond Avrillier a recensé les grands travaux du syndicat d'agglomération qui, à l'époque du mandat d'Alain Carignon, étaient décidés par cet organisme rassemblant 23 communes : « l'usine d'épuration donnée en concession à une filiale de la Lyonnaise et de la Générale, les travaux de la deuxième ligne de tramway attribués par l'intermédiaire d'une société constituée d'entreprises filiales de la Lyonnaise et de la Générale sans mise en concurrence, la construction et l'extension d'un centre de tri confiées sans mise en concurrence encore à une filiale de la Générale (décision annulée par le Conseil d'État), la rénovation et l'extension de l'usine d'incinération de déchets passées sans mise en concurrence à une filiale de la Générale des eaux (décision annulée par le Conseil d'État) ». Et le témoin Raymond Avrillier de citer « d'autres affaires de corruption de la décision publique mettant en cause à Grenoble les filiales de chauffage urbain de la Générale des eaux (affaires Cazenave, Bouteille, Armand Interchauffage), de gaz et d'électricité de la Lyonnaise (dossier Gascon), la répartition des marchés routiers entre des filiales de la Lyonnaise et de la Générale (Cupillard, Péneau, et autres) et celui des déchets (affaire Machefaux). Souvent, les élus se retrouvent pieds et poings liés face à la toute-puissance des trois majors de l'eau. Pour révéler cette corruption, il faut engager des actions auprès des juridictions administratives, financières et correctionnelles, qui nous ont donné raison, mais avec beaucoup de retard. La cour d'appel de Chambéry a jugé, le 10 juin 1998, que les usagers de Grenoble avaient payé le prix de la corruption dans le domaine de la distribution de l'eau. »

Quatrième et dernier grief de Veolia Environnement : les pratiques anticoncurrentielles dénoncées par les deux auteurs du livre. Prenant argument d'une décision du Conseil de la concurrence en date du 11 juillet 2002, Me Christophe Bigot a pu déclarer, à juste raison, qu'aucune des trois majors de l'eau n'avait jamais été condamnée pour entente ou pratiques anticoncurrentielles, mais seulement pour abus de position dominante. Mais l'avocat s'est bien gardé de lire les sévères conclusions du Conseil de la concurrence : « Les marchés de la distribution et de l'assainissement d'eau sont dominés collectivement par deux grands groupes : la Compagnie générale des eaux (CGE) et la Société lyonnaise des eaux (SLDE). Les marchés de l'assainissement et de la distribution d'eau sont des marchés très concentrés. La CGE et la SLDE détiennent environ 85 % de ces marchés et ces deux groupes ont créé des entreprises communes dans plusieurs régions [le reste est contrôlé dans sa quasi-totalité par la Saur-Bouygues]. Le Conseil a considéré que la CGE et la SLDE détiennent une position dominante collective sur les marchés de la distribution et de l'assainissement de l'eau, prenant en considération les éléments suivants : l'importance de leur part de marché respective, l'existence de liens structurels entre elles, la nature même du marché (faiblement contestable) et les caractéristiques du produit (homogénéité et faible élasticité du prix par rapport à la demande), propres à favoriser des comportements de collusion. Le jeu de la concurrence a été faussé lors des appels d'offres publics. Lors de plusieurs appels d'offres publics lancés par des collectivités, à partir de juin 1997, les sociétés mères se sont abstenues de présenter leur candidature. En renonçant à répondre à ces appels d'offres et à se positionner en concurrence avec leurs filiales communes, les sociétés CGE et SLDE ont limité l'intensité de la concurrence. Le Conseil a estimé qu'elles avaient ainsi abusé de leur position dominante collective, car une entreprise ou un groupe d'entreprises en position dominante a la « responsabilité particulière de ne pas porter atteinte, par son comportement, à une concurrence effective sur le marché ». Après ce rappel à l'ordre, le Conseil blanchit brutalement les deux groupes dans ses conclusions finales : « Le Conseil a décidé qu'il n'y avait pas lieu de prononcer de sanctions pécuniaires à l'encontre des sociétés CGE et SLDE, prenant en considération le fait que les autorités chargées du contrôle des concentrations n'avaient pas remis en cause, en amont, la création des entreprises communes et que celle-ci avait parfois résulté des exigences des collectivités plus que de la volonté des sociétés mères [10]. »

En bon français, cela veut dire que les maires concernés ont imposé aux deux sociétés de travailler ensemble sur le territoire de leurs communes avec le feu vert du gouvernement. Dans un arrêt du 12 juillet 2004, la Cour de cassation a validé définitivement la décision du Conseil de la concurrence du 11 juillet 2002 [11]. Depuis, les ministres de l'Économie et des Finances Nicolas Sarkozy et Francis Mer n'ont pas jugé utile d'appliquer les mesures demandées par leurs services le 11 juillet 2002. Le Conseil de la concurrence écrivait à l'époque : « Le Conseil demande au ministre chargé de l'Économie d'enjoindre aux sociétés Compagnie générale des eaux et Lyonnaise des eaux de modifier, compléter ou résilier, dans un délai déterminé, tous accords et tous actes qui ont conduit ces entreprises à associer leurs moyens dans le cadre des filiales communes qu'elles ont créées conjointement dans les secteurs de l'eau potable et de l'assainissement. Il appartiendra donc au ministre d'examiner, au cas par cas, s'il y a lieu de démanteler ces filiales communes. » Dans une question écrite adressée le 12 août 2002 au ministre de l'Économie, des Finances et de l'Industrie, le député UMP de Haute-Marne, François Cornut-Gentille, attirait son attention sur « cette décision [qui] met en évidence les conditions, défavorables pour les collectivités locales, dans lesquelles des délégations de services publics ont été conclues ». Compte tenu des enjeux politiques et financiers, il lui demandait de préciser « les mesures législatives et réglementaires envisagées par le gouvernement à la suite de la décision du Conseil de la concurrence du 11 juillet 2002 relative au marché de l'eau, pour rétablir une saine concurrence entre les entreprises délégataires de services publics [12] ».

Francis Mer, lui, a répondu : « Les modalités de mise en œuvre de la décision [du Conseil] devront être adaptées aux situations locales, diverses, à la situation de chaque société ainsi qu'aux éventuelles demandes des collectivités locales concernées. » Enfin, il a rappelé que « les mesures qu'il pourrait être amené à prendre ne pourront intervenir en tout état de cause avant l'épuisement d'éventuels recours et l'issue de procédures juridictionnelles [13] ». Aujourd'hui, ces dix filiales communes (notamment à Marseille, Lille, Douai, Versailles, Saint-Étienne, Nancy, La Ciotat, en Provence, en Martinique et en Guyane), dites « paritaires », continuent d'exister comme si le Conseil de la concurrence n'avait jamais rendu de décision. Dans son *Document de référence 2003* (destiné à l'Autorité des marchés financiers), Veolia Environnement indique à propos de la décision du Conseil de la concurrence : « Eu égard à la nature de l'affaire, la Compagnie générale des eaux n'a pas jugé nécessaire de constituer une provision dans ses comptes à ce titre [14]. » Question d'habitude peut-être ? Déjà, le 31 mai 2000, dans un avis, le même Conseil de la concurrence avait formulé le vœu pieu suivant : « [Le Conseil de la concurrence] recommande aux entreprises de ne plus associer leurs moyens dans le domaine de la gestion de réseaux de distribution de l'eau lorsque, présentant des propositions à des collectivités locales, elles seront en mesure de mettre en œuvre ces moyens de façon séparée et concurrentielle [15]. » Le Conseil de la concurrence est composé de 17 membres nommés par décret, sur proposition du ministre de l'Économie, pour une durée de six ans renouvelable. Huit membres (dont nécessairement le président et deux vice-présidents) sont des membres ou anciens membres du Conseil d'État, de la Cour de cassation, de la Cour des comptes ou des autres juridictions administratives ou judiciaires. Quatre autres membres sont choisis en raison de leur compétence en matière économique ou en matière de concurrence et de consommation. Et enfin, les cinq derniers membres sont des professionnels de la production, de la distribution, de l'artisanat, des services ou des professions libérales.

Les raisons de la pudeur, de l'inertie du Conseil de la concurrence et des pouvoirs publics s'expliquent par le caractère explosif de ce dossier. Aucun parti ou leader politique n'a envie de le voir envahir les prétoires, les journaux ou le petit écran. Il faut remonter l'horloge du temps pour comprendre la particularité, l'originalité de l'industrie de réseaux prestataire de services d'intérêt général (eau, énergie, propreté, déchets et transports collectifs) dans notre pays. Ce coup de projecteur sur les origines de la création des trois groupes (Veolia, Suez et Bouygues) est parlant. La rétrospective brosse le tableau d'un cartel ou monopole territorial de l'eau dans l'Hexagone (en fait un oligopole), fils adultérin d'une relation secrète entre politiques, patrons successifs des majors et ingénieurs.

Curieusement, cette volonté de travailler uniquement en situation de monopole a été revendiquée très officiellement, en 1853, par les pères fondateurs de la Compagnie générale des eaux. Ce sera la seule fois. Tout était déjà légal, mais le flou juridique des contrats signés avec les élus sera vite placé sous un gigantesque éteignoir. Cette plongée dans l'histoire de notre pays permet d'affirmer que le succès et la survie de ce capitalisme de rente dans le secteur de la distribution d'eau reposent tout à la fois sur la non-transparence des contrats, l'absence d'une véritable concurrence souvent jugée indésirable par les politiques eux-mêmes, un indéniable savoir-faire technique, mais aussi de bons contacts avec les élus. Rien à voir avec le capitalisme libéral. Devenues des multinationales, les majors de l'eau cultivent encore une certaine idée du service public assuré par le privé jusqu'au fin fond de la France, déserté aujourd'hui par les services postaux et fiscaux. C'est toute leur ambiguïté. Leur longue expérience du partenariat public-privé et du contact avec les politiques leur donne aussi une chance historique dans les grandes mégalopoles urbaines du XIXe siècle, aux quatre coins du monde. Tout était légal. Tout est légal.

Sauf que l'histoire d'hier et d'aujourd'hui du monde de l'eau se rejoint. Ainsi lorsqu'un député de la République et administrateur d'une filiale de Veolia (la Sidem), Alain Marsaud, et un important actionnaire franco-algérien de ce groupe, Alexandre Djouhri, tentent de s'immiscer, sans droits ni titres, dans la constitution d'une filiale du numéro un mondial de l'eau. La scène se passe le 3 juin 2004, vers 15 h 30, dans un salon de l'hôtel George V à Paris. Participent à cette réunion de travail le PDG de Veolia, Henri Proglio, un cadre supérieur du groupe délégué pour le Moyen-Orient, Emmanuel Petit, Alexandre Djouhri, Alain Marsaud et Mohamed Ayachi Ajroudi. Ce dernier (qui se dit représentant d'intérêts saoudiens) propose d'apporter les fonds nécessaires à la constitution de 49 % du capital de Veolia Middle East, société qui regrouperait tous les intérêts du groupe au Moyen-Orient.

Et là, premier dérapage aussi inattendu que rocambolesque : avec l'appui du député Marsaud, Djouhri demande à Ajroudi de lui rétrocéder gratuitement 20 % du capital de Veolia Middle East ! Et Djouhri, impérial, d'expliquer : « Henri n'est pas un grand général, c'est un petit soldat [16]... » Lequel Henri Proglio se contente de dire qu'il apportera les fonds à hauteur de 51 % du capital. Puis le PDG de Veolia se tait, visiblement gêné, le nez vissé dans son verre de château-pichon-longueville. La note, salée, est mise sur le compte d'Ajroudi, qui ne boit que du jus de pomme centrifugé. Licencié depuis, puis menacé de mort avec sa famille, Emmanuel Petit écrit, le 10 et le 26 novembre, respectivement au juge Philippe Courroye et au procureur de la République de Paris pour leur faire part de cette tentative de racket [17]. Enfin, le cadre supérieur de Veolia répond aux questions de plusieurs journalistes. Et Mohamed Ayachi Ajroudi confirme très officiellement les propos d'Emmanuel Petit à la presse. Henri Proglio s'abstient, lui, de rencontrer ces mêmes journalistes. Début décembre, *Paris-Match*, *Libération* et *Le Parisien* se saisissent de l'affaire, puis en janvier *Capital*. C'est parole contre parole...

Comment Alain Marsaud et Alexandre Djouhri (qui nient totalement s'être livrés à cette tentative de racket) se sont-ils retrouvés mêlés à cette histoire a priori invraisemblable ? Un ballet pour le moins curieux a permis d'organiser ce rendez-vous du 3 juin au George V. Initiateur du projet Veolia Middle East, Emmanuel Petit a d'abord contacté Alain Marsaud, député UMP qui conserve un pied chez Veolia (il a été salarié de la maison mère Vivendi Universal de 1997 à 2002) comme administrateur d'une filiale d'ingénierie dans le dessalement d'eau de mer (la Sidem), une activité cruciale au Moyen-Orient. Emmanuel Petit lui apprend que Mohamed Ayachi Ajroudi se propose de financer le tout à hauteur de 49 %. Emballé, le parlementaire prend langue avec Alexandre Djouhri pour organiser la réunion du 3 juin avec Henri Proglio. Président du groupe parlementaire France-Émirats arabes unis, Alain Marsaud a surtout traité le terrorisme moyen-oriental comme procureur. Jean-Charles Brisard, son ancien attaché parlementaire, puis son ex-collaborateur à Vivendi Universal s'est spécialisé, lui, dans la traque financière de richissimes Saoudiens liés au terrorisme international, et notamment à Ben Laden [18]. Quant à Alexandre Djouhri, issu d'une famille plus que modeste, il est aujourd'hui milliardaire, à l'âge de quarante-huit ans. L'homme d'affaires a commencé son irrésistible ascension lors de la première cohabitation, qui l'a vu devenir un rouage incontournable dans le rapprochement entre services secrets algériens et français, notamment sur le délicat dossier des opposants à Alger en France et du terrorisme. À l'époque, il a fait la connaissance d'Alain Marsaud, chef de la section antiterroriste au parquet de Paris, et de Charles Pasqua, ministre de l'Intérieur, qui lui accordera, en 1987, la nationalité française en remerciement de services rendus.

Alain Marsaud et Alexandre Djouhri ignoraient-ils le nom des richissimes donneurs d'ordres de Mohamed Ayachi Ajroudi ? Ingénieur en hydraulique formé à Lille, l'homme s'est surtout fait connaître au Moyen-Orient en créant puis en exploitant un brevet qui permet d'irriguer les dunes du désert à partir d'usines de dessalement d'eau de mer. Grâce à cette petite notoriété, ce Franco-Tunisien a gagné ses galons de petit et discret Bernard Tapie à la mode orientale. Il ne cache pas son amitié pour le prince Abdallah, régent d'Arabie Saoudite, et le roi Fahd (très malade), dont deux gigantesques photos en sa compagnie ornent son bureau de l'Espace Mandelieu, près de Cannes [19]. Il se dit également l'un des mandataires de l'investisseur saoudien le plus important dans le secteur privé américain, le prince Al-Walid ben Talad, neveu du roi Fahd d'Arabie Saoudite, qui a racheté 25 % d'Eurodisney Paris et l'hôtel George V. L'homme d'affaires français Christian Guilbert témoigne aujourd'hui des liens d'affaires entre les deux hommes : « En 1994, dans le cadre d'une tentative de rachat du casino du Palm Beach à la Compagnie générale des eaux, le prince Walid m'a reçu sur son yacht en baie de Cannes, à la demande et en présence d'Ajroudi.

Celui-ci semblait bien agir au nom du prince[20]. » En fait, Ajroudi souhaite ne faire aucune publicité à deux autres de ses mandants : un milliardaire palestinien originaire de Naplouse, Mounib Al-Masri, 80 ans, et un richissime Syro-Jordanien résidant en France, Tarif Ayoubi, 76 ans, qui possèdent tous deux plusieurs sociétés d'eau au Moyen-Orient. Mounib Al-Masri aurait fait fortune, dit-on, lors de la première guerre du Golfe, en fournissant de l'eau potable à l'armée américaine. Personnalité très proche du Fatah, l'industriel devait faire acte de candidature, pendant quelques jours, pour succéder à son vieil ami Yasser Arafat à la tête de l'OLP. Il vit entre Amann, Riyad, Monaco, Gaza (y fournissant la quasi-totalité de l'eau) et en Arabie Saoudite, où il est devenu un proche de la famille royale et un homme d'affaires incontournable.

À partir de là, les amalgames avec l'Intifada et Ben Laden peuvent nourrir bien des ragots et exciter des imaginations… Une certitude : la carte de visite du prince Al-Walid, l'un des hommes les plus riches du monde, sert de sésame à Mohamed Ayachi Ajroudi dans les milieux politiques et industriels français. Il nous confiera avoir rencontré, à leur demande, Cecilia et Nicolas Sarkozy à l'hôtel George V et déjeuné plusieurs fois avec Gérard Mestrallet, PDG de Suez-Lyonnaise des eaux, et Jean-René Fourtou, président de Vivendi Universal. Officiellement, il dit représenter bon nombre d'intérêts de la famille royale saoudienne dans l'Hexagone[21]. Mais la société d'eau française (Aquatraitements Énergies Services) dont il est le PDG appartient à 90 % au riche industriel syro-jordanien, Tarif Ayoubi.

À la veille de la réunion du 3 juin 2004, cette société a déjà signé trois contrats avec des filiales de Veolia (qui les a dénoncés depuis en décembre) pour les « assister » dans la négociation de contrats au Moyen-Orient. En octobre suivant, la polémique sur le racket sur des 20 % de Veolia Middle East se télescope avec l'arrivée prévue, au capital du groupe Veolia, des donneurs d'ordres de Mohamed Ayachi Ajroudi. Encore propriétaire de 20,3 % des parts du groupe, Jean-René Fourtou, PDG de Vivendi Universal, laisse entendre qu'il va vendre ces actions à Ajroudi qui refuse toujours de verser à Djouhri 20 % du capital de Veolia Middle East. Début décembre, le même Ajroudi envoie un fax à Henri Proglio pour lui préciser qu'il est hors de question pour lui de céder à ce chantage. Mis au courant de cette lettre, Djouhri enrage… Aussi, dans la soirée du lundi 6 décembre, toujours au George V, le deal secret va finir en authentique baston. Laissant au bar de l'hôtel Alain Marsaud et un journaliste de *Capital*, Olivier Drouin, rencontré sur place, Alexandre Djouhri fonce à la chambre 625, où il vient d'apprendre que se trouve Ajroudi. Accompagné de Laurent Obadia qui restera sur le pas de la porte (« Je suis monté avec Djouhri pour l'empêcher de cogner[22] », nous confiera plus tard ce collaborateur d'Alain Marsaud), Alexandre Djouhri fait irruption dans la chambre. Il menace Ajroudi, lui serre le cou et le frappe à plusieurs reprises : deux coups de poing dans la figure et un coup de tête dans le menton, selon les deux témoins entendus par la police (Emmanuel Petit et Michel Carmona, professeur à la Sorbonne). L'affaire ne dure pas plus de dix minutes à l'issue desquelles la sécurité de l'hôtel appelle la police.

Raison évidente de la colère de Djouhri : Ajroudi venait de faire état dans la presse de la tentative de racket dont il disait avoir été l'objet le 3 juin précédent, et le nom d'Alexandre Djouhri, homme d'affaires de l'ombre s'il en est, était cité par plusieurs journaux à cette occasion[23]. Une quinzaine de minutes après l'agression, dans le hall de l'hôtel, le député Alain Marsaud s'interpose en vain auprès de la police pour éviter l'arrestation de ses amis Alexandre Djouhri et Laurent Obadia, qui seront finalement tous deux mis en garde à vue jusqu'au lendemain après-midi.

Résultat pour Ajroudi qui a déposé plainte contre Djouhri pour menaces et coups volontaires : sept jours d'ITT. Conséquence pour Marsaud et Djouhri : ils font la une des journaux, malgré leurs dénégations face aux policiers. Marsaud et Obadia affirmeront en chœur que leur ami Djouhri aurait simplement un peu « bousculé » Ajroudi. Jusque-là, Henri Proglio entretenait les meilleures relations avec les trois auteurs de l'expédition à l'hôtel George V : Alexandre Djouhri était un vieil ami et un actionnaire de référence de son groupe, Alain Marsaud un administrateur d'une de ses filiales (la Sidem), et Laurent Obadia un salarié d'une de ses sociétés (la Seureca). En charge de la communication du numéro un mondial de l'Environnement, Anne Méaux n'a de cesse, à l'époque, de déclarer aux journalistes qu'Alexandre Djouhri est un « vieil ami » d'Henri Proglio[24]. La patronne d'Image 7 sera épaulée par Alain Marsaud, qui enfoncera le clou en présence de son collaborateur, Laurent Obadia : « Les journalistes, vous n'allez pas vous lancer dans un roman policier de série B. Alexandre Djouhri est devenu un important actionnaire de Veolia, c'est ce qui explique ses relations privilégiées avec Henri Proglio[25]. » Journaliste à *Capital*, Olivier Drouin va plus loin : « Alexandre Djouhri détient depuis quelques années 8 % du capital de Veolia, soit environ 800 millions d'euros. Pas pour lui, mais pour un industriel proche de Jacques Chirac[26]. » Ancien numéro trois de la Compagnie générale des eaux, Bernard Forterre, explique le sens de ce portage : « Si quelques actionnaires de Veolia en possèdent 5 % ou plus et ont une volonté bien affirmée, ils peuvent imprimer leur volonté à la direction de groupe[27]... »

Au moment de l'expédition au George V, les banques et les investisseurs français ou étrangers ne se bousculent toujours pas au portillon pour miser 1,9 milliard d'euros dans l'achat des 20,3 % d'une entreprise lourdement endettée et au management discuté : Veolia Environnement. Un seul candidat sérieux reste en piste : un groupe de princes et de riches palestiniens qui se disent convaincus que le terrible manque d'eau au Moyen-Orient, allié à ses richesses en pétrodollars, constitue la future rente du groupe français. Et ils ont mandaté à cette fin Ajroudi. Mais, peu après l'épisode musclé du George V, les services de renseignement français détectent derrière Ajroudi et ses commanditaires saoudiens le Syro-Jordanien Tarif Ayoubi et le Palestinien Mounib Al-Masri. La simple présence dans l'affaire de ces deux personnalités liées au Fatah de Yasser Arafat va tout faire capoter. À tort ou à raison, les autorités françaises ne veulent absolument pas que le Fatah puisse accéder à certains terribles secrets de la vie politique française, qui dorment, dit-on, dans les coffres-forts de Veolia. Seconde raison : trop de personnalités politiques en vue s'intéressaient à ces mêmes secrets dans le sillage de Jean-René Fourtou. L'Élysée ordonne alors au PDG de Vivendi Universal de cesser tout contact avec Ajroudi. Finalement, Vivendi Universal bricole une solution de secours qui va permettre à l'État, via la Caisse des dépôts et consignations, de rester l'actionnaire de référence de Veolia, à la satisfaction de Jacques Chirac et de son ami Henri Proglio. Vivendi Universal doit garder 5,3 % des parts sociales de Veolia jusqu'en mars 2005 au minimum. La vente du restant (15 % des actions) se fait, début décembre 2004, en trois temps. Des banques sont chargées de vendre 10 % de ces parts (via de plantureuses commissions) à des institutionnels ou à des privés. D'autre part, Vivendi Universal cède directement 3 % à la Société générale (banque historique de la Compagnie générale des eaux), et les 2 % restants sont repris par Veolia pour son autocontrôle.

À l'issue de cette recomposition difficile du capital du numéro un mondial de l'environnement, n'est-il pas temps de refermer enfin cette parenthèse ? Cet épisode n'aurait rien à envier au scénario de *Chinatown*, un long-métrage bâti sur un scénario baptisé *Water and Power* (*Eau et Pouvoir*). Un tel épisode serait aussi le reflet d'une histoire très secrète et très politique entamée, il y a un siècle et demi, avec la création de la Compagnie générale des eaux. Une histoire qui montre une « lotisation » à l'italienne des parts de marchés publics par les grands partis politiques français. Elle est passionnante et terrible. La voici...

NOTES

1. Voir arrêt du Conseil d'État n° 236442 du 12 décembre 2003, qui donne raison au conseil général des Landes contre l'avis du préfet de ce département, et communiqué du 29 janvier 2004 du conseil général des Landes.

2. Voir éditorial du n° 109 de *Maires de France*.

3. Voir décisions du tribunal administratif à propos du Seba.

4. Voir Roger Lenglet et Jean-Luc Touly, *L'Eau de Vivendi, les vérités inavouables*, Alias, 1993, quatrième de couverture.

5. Renaud Lecadre, « Un procès en diffamation contre un syndicaliste empoisonne l'ex-Générale des eaux : Veolia obligé de justifier ses factures d'eau salées au tribunal », *Libération*, 23 octobre 2004.

6. Voir déclaration le 18 novembre 1994 de Michel Barnier, ministre RPR de l'Environnement, devant le Cercle français de l'eau.

7. Voir décisions des tribunaux administratifs de Toulouse (25 octobre 2001) et du Conseil d'État pour Saint-Étienne (30 septembre 1996) et pour Grenoble (1er octobre 1997).

8. Voir décision du tribunal administratif de Lyon du 31 mai 2000, arrêts de la Cour de cassation du 18 septembre 2002, de la cour d'appel de Nîmes du 4 février 2003.

9. Voir rapport des commissaires aux comptes de la Compagnie générale des eaux pour l'exercice 1996.

10. Voir communiqué du Conseil de la concurrence sur sa décision n° 02-D-44 du 11 juillet 2002 relative à la « situation de la concurrence dans

les secteurs de l'eau potable et de l'assainissement, notamment en ce qui concerne la mise en commun des moyens pour répondre à des appels à la concurrence ».

11. Voir arrêt 1259 de la Cour de cassation du 12 juillet 2004.

12. Voir question écrite n° 1644 (*JO*, 12 août 2002, p. 2831) du député François Cornut-Gentille sur la décision n° 02-D-44 du Conseil de la concurrence en date du 11 juillet 2002.

13. Voir réponse ministérielle du 16 septembre 2002 (*JO*, 16 septembre 2002, p. 3158).

14. Voir *Document de référence 2003* de Veolia Environnement destiné à l'AMF (Autorité des marchés financiers), p. 81.

15. Voir avis du Conseil de la concurrence n° 00-A-12 du 31 mai 2000 sur « le prix de l'eau en France » publié dans *Le Financement et la gestion de l'eau*, rapport de l'Assemblée nationale, n° 3081, mai 2001, p. 193.

16. Voir lettres du 10 novembre et du 26 novembre 2004 d'Emmanuel Petit au juge Courroye et au procureur de la République de Paris.

17. *Ibid.* et entretiens de l'auteur avec Emmanuel Petit (témoin de la scène du 3 juin 2004), Alain Marsaud, Alain Obadia et Mohamed Ayachi Adjouri en novembre et décembre 2004.

18. Voir « Comment les islamistes attaquent la France », *Le Point*, n° 1167, p. 27.

19. Entretien avec l'auteur en novembre 2004.

20. Entretien avec l'auteur en décembre 2004.

21. Entretien avec l'auteur en décembre 2004.

22. Entretien avec l'auteur en décembre 2004.

23. Entretien avec l'auteur en décembre 2004 et voir Hervé Martin, « La folle nuit de l'ex-juge Marsaud à l'hôtel George V, *Le Canard enchaîné*, 8 décembre 2004 ; Renaud Lecadre et Nicolas Cori, « Le marché de l'eau en Arabie finit en baston au George V », *Libération*, 8 décembre 2004 ; article de Jacques-Marie Bourget dans *Paris-Match* du 2 décembre 2004 ; Éric Giacometti, « L'affaire qui secoue Veolia », *Le Parisien*, 2 décembre 2004.

24. Voir déclarations d'Anne Méaux faites en décembre 2004 à Jacques-Marie Bourget de *Paris-Match* et à Olivier Drouin de *Capital*.

25. Entretien avec l'auteur le 14 décembre 2004, en présence d'une ancienne journaliste du groupe Canal Plus, Aurélie Ganga, et de Laurent Obadia.

26. Entretien avec l'auteur en décembre 2004.

27. Entretien avec l'auteur en décembre 2004.

III

La mise en place de l'honorable Compagnie

Au conseil de surveillance de Vautours et Cie, alias la société Chromo-Duro-Financier, siègent les « ducs de la Rocambole, comte de Chicard, baron de la Panne, marquis de Larifla, chevalier Credeveille, mais aussi Bouginin, Greluchon, Bilboquet ». Dans *Les Mémoires de Bilboquet* (édités en 1854), Taxile Delord, Maurice Alhoy et Edmond Texier caricaturent le climat d'affairisme du second Empire. Les auteurs brocardent ce prototype d'homme influent et prestigieux, dont la notoriété nourrit la confiance des actionnaires. Ce conseil de surveillance imaginaire de la société Chromo-Duro-Financier est calqué littéralement sur la liste des administrateurs de l'authentique Compagnie générale des eaux. Le 27 juillet 1853, lors de son assemblée constitutive, son président, le comte Henri Siméon, s'entoure d'une belle brochette de noms à particules choisis pour leur fortune, leur poids politique et leur influence dans le milieu des affaires : le duc de Montebello, vice-président, le comte Henri de Pourtalès-Gorgier, le comte Henri d'Avigdor, Jean-Germain Nouton, Joseph-Xavier de Lizardi et Auguste Dassier. De la notoriété, ces administrateurs en ont tous à revendre. Le premier président de la Compagnie, le comte Henri Siméon, 50 ans à l'époque, n'a rien à voir avec ses lointains successeurs Jean-Marie Messier, puis Henri Proglio. Ce grand propriétaire terrien des Salins d'Hyères a non seulement l'oreille de l'éminence grise de l'empereur, le duc de Morny, mais il est aussi sénateur d'Empire après avoir été préfet, puis député des Vosges et ensuite du Var. Petit-fils de Joseph Jérôme Siméon, un conseiller d'État rédacteur du Code civil, ministre sous la Restauration, puis pair de France, et fils de Joseph Balthazar

Siméon, également haut fonctionnaire, le comte Henri Siméon s'est marié avec une carte de visite prestigieuse : Anne-Camille Seillière, fille du baron François-Alexandre Seillière (ancêtre d'Ernest-Antoine Seillière, le patron du Medef), membre du conseil général des Manufactures, et sœur de François-Florentin-Achille Seillière, banquier [1]. Le vice-président de la Compagnie, Napoléon Lannes, duc de Montebello, 51 ans, n'est autre que le fils du célèbre maréchal Lannes, tué sur son cheval à la bataille d'Essling. Ambassadeur en Suisse, puis ministre des Affaires étrangères, et de nouveau ambassadeur cette fois à Naples, il sera nommé à Saint-Pétersbourg, puis finira sa carrière comme ministre de la Marine. En 1860, son fils le marquis de Montebello, également diplomate, lui succédera au conseil d'administration. Fils d'un banquier protestant réfugié en Suisse, le comte Henri de Pourtalès-Gorgier est un familier de la cour impériale. Officier du génie dans l'armée française, il touche ses jetons de présence au conseil d'administration du Grand Central, cette société de chemin de fer qui voulait desservir par le rail l'ensemble du Massif central.

Né dans une famille de banquiers israélites surnommés les « Rothschild niçois », le comte Henri d'Avigdor, 39 ans, a été député et ministre de la République de Saint-Marin. Nommé officier d'ordonnance du pape Pie IX, ce converti au catholicisme quittera la Compagnie en 1855. Jean-Germain Nouton a été successivement conseiller d'État, puis directeur au ministère des Finances, dont le comte Henri Siméon est un ancien directeur général. Joseph-Xavier de Lizardi, chef de la maison Lizardi et Cie, représentera les intérêts de la Compagnie à Londres, où il exerce la profession de banquier. Quant au banquier de la société, James de Rothschild, l'empereur et le préfet de la Seine n'étaient pas en mesure de lui refuser grand-chose. À la tête de la grande famille de la banque Rothschild, l'organisme financier le plus puissant de France, son groupe de banquiers (dit le « Syndicat Rothschild des chemins de fer ») assure le succès de la plupart des emprunts de la ville de Paris et de l'État [2] ainsi que des principales capitales européennes. Ce service leur a permis de monopoliser le marché et de spéculer sur ces emprunts. Malgré son talent à jouer avec les milliards, « J2M », l'ancien associé de la banque Lazard, n'a jamais joué dans la même cour que les Rothschild et les grandes figures de la Compagnie.

À sa création en 1853, les fondateurs de la Compagnie générale des eaux sont dans leur majorité des banquiers, des diplomates et de hauts fonctionnaires qui ont déjà investi dans le chemin de fer. Ces administrateurs siègent presque tous au conseil d'administration de la société Paris-Lyon-Marseille (PLM), qui exploite cette ligne ferroviaire attribuée par contrat en 1845. Malgré une situation de monopole sans faille à l'abri de l'État, les passagers ne seront pas toujours au rendez-vous du cheval de fer. Pour éviter ce genre d'aléas, les créateurs de la Compagnie sont partis d'une idée toute simple : l'être humain ne peut se passer d'eau qui représente près de 90 % de la matière du corps de l'être humain. Parfait pigeon au XIXe siècle, l'abonné à l'eau n'a même pas le droit de discuter ces factures, qui ressemblent en fait à des feuilles d'impôts. Un métier en or : la Compagnie générale des eaux n'aura pas beaucoup d'investissements à faire. Il lui suffit de se placer sous la gouttière, c'est-à-dire d'avoir l'autorisation de pomper l'eau d'une rivière avec des machines à vapeur, puis de la distribuer sous pression avec des tuyaux en fonte enfouis dans le sol et de « quittancer » l'abonné. Et le tour est joué. Les présidents successifs de la Compagnie attendent une seule chose de cette poule aux œufs d'or : qu'elle leur ponde régulièrement des contrats.

Le reste, l'intendance, est une affaire d'ingénieurs, de fontainiers et de gratte-quittances, donc sans grand intérêt pour eux. Les donneurs d'ordres de ces contrats de délégation de service public restent toujours aujourd'hui, depuis 1790, les communes françaises, les syndicats mixtes, les districts et les communautés urbaines, sous le contrôle du préfet, représentant de l'État. Aussi, dès sa création, la Compagnie n'est pas une entreprise industrielle. Elle joue plutôt le rôle d'une « maison de réseaux » qui se fait ouvrir, plus ou moins facilement, les portes des mairies pour y signer des contrats. Le service public à la française s'est ainsi construit dans la capitale autour de la mise en place juridique, politique, financière et technique d'un système auquel les Parisiens et les banlieusards peuvent difficilement échapper. Le culte de l'élite, l'obsession du favoritisme d'État, l'École nationale des ponts et chaussées, passerelle incontournable entre l'État et le privé, autant de bonnes fées qui se sont penchées sur le berceau de la Compagnie générale des eaux.

L'école française de l'eau et du service public à la française est donc née au 11, rue de Montyon dans le IXe arrondissement de Paris, comme le relate le *Journal interne de la Compagnie* [3]. Fin 1852, à un jet de pierre des Folies-Bergère, en bordure des Grands Boulevards, les fondateurs de la société s'y réunissent à plusieurs reprises, dans un immeuble aujourd'hui quelconque. Si ce n'est qu'il est alors tout proche du *Salon des lords*, une maison de tolérance haut de gamme. Selon les statistiques de l'époque, les bénéfices de cet établissement représentent alors 75 % de son chiffre d'affaires ! Un pourcentage qui laisse rêveur, même si on le compare au déjà fabuleux 25 % de bénéfice net prévisionnel annoncé à l'occasion de la première assemblée générale de la Compagnie, le 26 octobre 1853 [4]. À cette date, la société a déjà déménagé au 50, rue Basse-du-Rempart, une voie qui, avant d'être détruite au début du XXe siècle, relie la place de la Madeleine à la rue de la Chaussée-d'Antin, au beau milieu du quartier de la haute banque. À quelques numéros de cet Olympe de la Compagnie, toujours dans la rue Basse-du-Rempart, « Sophie » et sa soi-disant sœur avaient fondé une maison de tolérance où l'on pouvait aussi souper, selon *L'Almanach des demoiselles de Paris* [5], premier guide rose de la capitale. Et aujourd'hui, les sous-sols du music-hall de l'Olympia sont installés dans ce qui fut le symbole d'une image de réserve et de discrétion louis-philipparde : la salle d'administration du premier siège social de la Compagnie générale des eaux.

Le recensement du mobilier de la Compagnie fait à cette adresse le 14 mars 1854 contraste avec le côté très ordinaire de la rue Basse-du-Rempart. Les bureaux y sont aménagés pour ceux qui se désignent comme l'élite de la nation. Les forces vives de la Compagnie, les fontainiers, sont interdits de séjour dans les bureaux de la société plus que cossus. La salle principale reste réservée au conseil d'administration. Son aménagement témoigne d'un sens certain du confort et de la discrétion, comme le laisse penser son inventaire à la Prévert : un grand tapis à fleurs qui couvre tout le parquet, une grande table en acajou recouverte d'une nappe verte entourée de vingt-quatre chaises, un canapé et un fauteuil « habillés » de velours d'Utrecht vert, une pendule de marbre noir, deux supports de lampe en fonte, deux flambeaux en cuivre, une table guéridon avec plateau portant une carafe, deux petites cuillères en maillechort argenté et quatre verres de cristal, deux cordons de sonnette en passementerie et glands verts, six patères de chêne, six rideaux de velours vert, six rideaux de mousseline brodée, dix dessous-de-main, trois porte-cigares, trois porte-allumettes en zinc bronzé, huit encriers de porcelaine blanche, sept sabliers avec cuillère en bois, un petit thermomètre, un poêle en tôle et son tuyau en cuivre, un porte-pelle, une pincette et un garde-feu en cuivre, sans oublier un personnel d'une vingtaine de salariés. Enfin, attenant à la salle du conseil d'administration, se cache une sorte de cabinet noir avec quatre vases de nuit et une tablette en sapin pour la lecture [6]...

Le plus extraordinaire : la jouissance de ces bureaux a toujours été gratuite pour la Compagnie. En effet, le compte rendu de l'assemblée générale du 2 mai 1855 [7] annonce la bonne nouvelle à ses actionnaires : la société sous-loue des bureaux à un prix supérieur à celui qu'elle paie pour l'ensemble des locaux loués par elle à cette adresse. Grâce à cette sous-location à la Compagnie des paquebots transatlantiques, la Générale fait un bénéfice de 30 francs de l'époque par rapport au prix de son propre loyer. Il n'y a pas de petit profit... Un sou est un sou. À mille lieues du zélote Jean-Marie Messier qui, en Falcon 900 et dans un duplex sur la Ve Avenue à New York, jouera au VRP de luxe de la communauté financière, un côté grippe-sou imprègne alors profondément la Compagnie. Ainsi, le conseil d'administration réussit le tour de force de diviser ses frais de personnel par deux de l'exercice 1853 à celui de 1854 (passant de 48 000 à 22 000 francs), année où l'honorable Compagnie vient pourtant de signer ses deux premiers contrats de distribution d'eau avec les villes de Lyon et de Nantes [8]. Au même moment, les jetons de présence versés aux administrateurs sont supérieurs à la masse salariale de l'année 1854 : 25 000 francs contre 24 074. Ici transparaît l'influence prépondérante de plusieurs gros actionnaires d'origine anglo-saxonne qui martèlent une idée neuve en France à l'époque : l'obsession de faire des profits. À cette fin, la Compagnie emploie déjà (c'est toujours le cas) d'excellents juristes, en fait un véritable bataillon d'avocats capables de « jardiner les contrats »...

L'usager va payer de plus en plus de choses, sans s'en rendre compte. Un exemple. On apprendra seulement en 1910 que le contribuable parisien payait, depuis 1880, les 119 000 francs du loyer annuel du nouveau siège social de la Compagnie, l'hôtel de Bouville, aux couloirs et à la façade banals, avec fleurs et jardins, situé au 52 de la rue d'Anjou [9] ! Aucun élu n'avait découvert le subterfuge. Personne n'avait pris le temps, jusque-là, de lire les quelques lignes consacrées à cette clause, qui étaient bien cachées au beau milieu d'un paragraphe. Bien entendu, le directeur général de la Compagnie, Paul Boutan, l'a aussitôt supprimée, en 1910, juste après qu'un conseiller municipal eut levé le lièvre. Pour la petite histoire, ce petit palais de trois étages au 52, rue d'Anjou abrita le fils du philosophe et ministre de la Marine en 1848, le marquis Alexandre Destutt de Tracy, connu pour avoir déclaré en mairie le décès de La Fayette, mort au numéro 8 de la même rue. Ultime symbole : au sein de Veolia Environnement, la division eau pour la France a repris aujourd'hui le nom de Compagnie générale des eaux et sa dernière adresse connue, depuis plus d'un siècle, le 52, rue d'Anjou.

Dès sa création, la Compagnie joue sur deux tableaux. Pas question d'apparaître comme un nid de capitalistes de haut vol qui auraient anticipé sur l'exceptionnelle rentabilité de la distribution de l'eau dite potable. « Pour vivre heureux, vivons cachés », cette maxime du fabuliste Jean-Pierre Claris de Florian, les financiers et ingénieurs du 52, rue d'Anjou l'appliquent à la lettre. La Compagnie vend modestement à ses abonnés un produit aussi nécessaire que l'air qu'on respire : l'eau. Mais discrètement, sans tapage, sans articles dans les journaux. Et prodigieux coup de maître : non seulement elle se place à l'abri d'un monopole protégé par un régime autoritaire, dont l'un des domaines privilégiés est la rénovation urbaine, mais elle fait aussi ses premiers pas sous l'œil avide d'actionnaires qui sont les plus hauts représentants de ce même régime autoritaire, c'est-à-dire la famille et des proches de Napoléon III. En effet, derrière le décret impérial qui crée, le 14 décembre 1853, la Compagnie générale des eaux, une « institution d'utilité publique et pleine d'avenir dans la distribution de l'eau » se cache l'éminence grise du second Empire : le demi-frère de Napoléon III, le duc de Morny [10].

Le slogan « Morny est dans l'affaire de la Compagnie

générale des eaux » va amener de nombreux proches de l'empereur, dont le ministre de l'Intérieur, le duc de Persigny, à souscrire environ 20 000 des 80 000 actions à 150 francs l'unité [11]. Un deuxième quart des actionnaires va se recruter dans les rangs de la haute banque parisienne et genevoise, avec Achille Fould, les frères Pereire, Charles Laffitte et le baron Hottinguer. Un troisième est formé de banquiers anglais alléchés à la perspective de profits exponentiels dans l'eau comme en Grande-Bretagne, à l'image de l'Écossais francophile Edward Blount. Enfin, le dernier groupe d'actionnaires rassemble des spéculateurs de tout poil qui ont réussi à jouer de leurs relations ou à se faire recommander par un proche de l'empereur pour avoir le privilège d'acheter une centaine d'actions. Cerise sur le gâteau, le banquier de la Compagnie, James de Rothschild, a acheté 5 000 actions au total [12]. La souscription des titres de la société s'est effectuée en quelques jours seulement, sans la moindre publicité, grâce au duc de Morny, dont le rôle n'apparaît à aucun moment dans les plaquettes ou historiques officiels de la Compagnie.

C'est ce côté secret, très politique, de la Générale qui perdure jusqu'à aujourd'hui. Il est vrai que le duc de Morny recèle une énigme dès sa naissance, puisqu'il est né des amours adultérines de la reine Hortense, belle-sœur de Napoléon, avec le général de Flahaut, lui-même fils naturel de Talleyrand. Artisan du coup d'État du 2 décembre 1851, cet officier de lancier, ministre de l'Intérieur, député, ambassadeur de France et grand coureur de jupons ronge son frein à l'époque. Sa sulfureuse réputation d'affairiste sans scrupule contraint l'empereur à ne pas le nommer à la tête du Corps législatif (équivalent à l'époque de l'Assemblée nationale). Dès lors, le dandy désœuvré collectionne les lucratifs jetons de présence dans les conseils d'administration, notamment dans les compagnies de chemin de fer (la France se couvre alors de voies ferrées), et se jette avec frénésie dans les affaires qui vont lui permettre d'amasser une immense fortune. Aucune activité n'échappe à son insatiable appât du gain : promoteur immobilier, inventeur de Deauville et des bibliothèques de gare, fondateur de l'hippodrome de Longchamp, auteur dramatique, dessinateur de mode, créateur d'entreprises de crédit et initiateur de la malheureuse expédition du Mexique. À l'époque, 172 personnes, figurant dans quatre conseils d'administration au moins, occupent la moitié de ces postes disponibles en France [13]. Les plus puissants, une quinzaine, appartiennent à la haute banque parisienne et genevoise qui ne peut rien refuser au demi-frère de l'empereur... Une préfiguration des fameux « noyaux durs » des privatisations recommandés, en 1986, dans une note de 18 lignes à son ministre par un obscur chargé de mission nommé Jean-Marie Messier.

Le duc de Morny ne peut pas rater le prodigieux développement des sociétés industrielles et commerciales qui connaissent un essor remarquable sous la forme toute nouvelle des sociétés anonymes : 42 sont cotées à la Bourse de Paris en 1850, 182 en 1869 ! Ce cynique visionnaire, cheville ouvrière de l'Empire libéral et social dans la roue des saint-simoniens, sera l'un des premiers à souligner l'intérêt des fusions de sociétés afin de créer de puissants monopoles : c'est déjà aussi le credo, la philosophie de la Compagnie. Comme le rappelle Jean-Marie Rouart dans son ouvrage *Morny, un voluptueux au pouvoir*, ce faux comte et vrai duc plaide devant la Chambre des députés en faveur des grandes compagnies de chemins de fer, seules capables de donner des garanties : « Si la compagnie est puissante, elle jouit d'un grand crédit, elle peut librement tenter des améliorations, poursuivre ses embranchements, faire des sacrifices pour aller chercher au loin les voyageurs et les marchandises et oser des réductions de tarif, dont les résultats ne sont à recueillir que plus tard pour elle-même. » Et ce visionnaire intéressé de conclure : « Ce monopole n'a qu'un frein, son cahier des charges ou son propre intérêt [14]. »

Saint-simoniennes pour le bien de la classe ouvrière et libre-échangistes (activités portuaires et vinicoles obligent), les élites françaises, à l'image du duc de Morny, sont alors favorables aux monopoles des lignes de navigation, du chemin de fer et du sucre des Antilles françaises. Cette profession de foi correspond parfaitement aux idées des promoteurs très officiels de la Compagnie générale des eaux, les banquiers Rothschild, Laffitte, Blount, Hottinguer, Dassier, Lizardi et Pourtalès, qui ont obtenu de l'État d'avoir un quasi-monopole de l'eau... Ce privilège évite tous les aléas économiques en fonctionnant sans la moindre concurrence « grâce à l'appui de l'administration ». Ainsi, le 26 octobre 1853, dans son rapport au conseil d'administration lu devant la première assemblée générale de la Compagnie, le premier président Henri Siméon l'avoue sans détour : « Les affaires de distribution d'eau dans les villes, si nous en jugeons par les exemples de l'Angleterre et de l'Amérique, sont de nature à justifier les meilleures espérances. Nous ne voulons pas appeler votre attention (*sic*) sur la plus belle des affaires de ce genre, celle de New River, à Londres, dont les actions rendent aujourd'hui 1 000 % ; mais nous voyons que ces entreprises sont généralement bonnes là surtout où elles ne se font pas de concurrence ; or vous savez qu'en France ces sortes de concessions constituent un privilège qui ne comporte pas de concurrence. » Histoire de bien se faire comprendre, le comte Siméon enfonce le clou : « Nous avons d'abord décidé que nous n'entreprendrions pas une seule affaire qui ne nous assurât, en débutant, un intérêt très convenable du capital employé, quand bien même cette affaire présenterait, à défaut de résultat immédiat, des chances avantageuses, mais lointaines [15]. »

En un mot, il s'agit de créer un capitalisme de rente grâce à une branche industrielle (la distribution d'eau potable) qui doit échapper à la loi du marché, c'est-à-dire à la concurrence. Un capitalisme qui souhaite se développer sans prendre le moindre risque. L'eau cesse d'être un bien collectif pour devenir un service public à caractère industriel et commercial, où le client (élu ou abonné) n'a pas son mot à dire, mais seulement à ouvrir son robinet. Les actions de la Compagnie générale des eaux embrassent une vocation : celle d'être des valeurs de père de famille complètement indépendantes de la bonne ou mauvaise santé de la Bourse. C'est l'image de la « veuve de Carpentras » à laquelle son mari, avant de rendre son dernier soupir, a fait jurer de ne pas vendre ses titres de la Compagnie… Sur le plan technique, ce type de valeur se fonde sur un investissement modique dans l'espoir d'en tirer un rendement maximal, à très long terme. Il suffit de pomper, à travers de petites grilles, l'eau polluée ou non (à l'époque, personne ne se soucie réellement de la pollution) dans le fleuve le plus proche, de préférence pas au milieu des déchets flottant en surface, et de l'y rejeter après usage.

Lyon est la première ville où ce plan simple et génial va être appliqué. Lors de l'assemblée générale des actionnaires de la société, le 26 octobre 1853, le président de la Compagnie générale des eaux, Henri Siméon, cite en exemple ce contrat de concession qui vient d'être conclu, pour quatre-vingt-dix-neuf ans, avec la capitale des Gaules. La Compagnie devra, d'ici à 1857, alimenter 133 fontaines publiques, 200 bornes d'arrosage, installer 20 kilomètres de conduites d'eau (dans des égouts à construire par elle) et fournir à la ville 20 000 m^3 d'eau quotidiennement. Il lui faut construire des réservoirs et creuser une galerie en bordure du Rhône tout proche du centre-ville, le sable et les graviers alluvionnaires faisant office de filtre. Le pompage et la distribution de l'eau chez les abonnés seront bénéficiaires dès la première année de fonctionnement. En effet, tous frais, charges et impôts déduits, le rendement du capital engagé sera au minimum de 5 % et au maximum de 25 %. Sur quatre ans, le capital investi sera de 6 millions de francs prêtés à la Compagnie par des banquiers parisiens. La recette est vieille comme le capitalisme à la française : maximaliser les profits en réduisant le plus possible les charges et en multipliant les avantages financiers de toutes sortes. Le comte Henri Siméon sourit et joue les faux modestes en lâchant à ses actionnaires : « Nous serons heureux de pouvoir vous présenter souvent de pareilles affaires [16]. »

Explication. La Compagnie avait amené dans ses bagages une société soucieuse également de signer un contrat avec la ville de Lyon. En contrepartie, cette entreprise versera 100 000 francs chaque année à la Générale pendant dix ans. Cet à-côté fort astucieux n'est que de la broutille si l'on prend en compte l'économie générale du contrat. En effet, lors de l'assemblée générale du 2 mai 1855, le même comte Henri Siméon ne résiste pas au plaisir d'avouer à ses actionnaires que la concession de Lyon gagne déjà de l'argent, avant d'avoir un seul abonné : « L'intérêt à 5 % du capital de 6 millions auquel s'élèveront nos dépenses d'établissement, est, dès à présent, garanti à notre Compagnie, avant d'avoir contracté aucun abonnement privé, soit pour l'industrie, soit pour des particuliers [17]. » À cette époque où l'inflation reste inconnue, la ville de Lyon fait un cadeau inestimable à la Générale pour les quatre premières années du contrat. Elle lui garantit un bénéfice annuel de 300 000 francs, soit 5 % du capital engagé (le prix du taux d'emprunt de l'argent est nettement inférieur), pour financer les investissements à faire sur quatre ans en fonction du cahier des charges. Pas question pour la Générale de perdre de l'argent pendant la mise en place de ses installations de distribution d'eau. En contrat de concession, elle se rembourse de ses frais et investissements, puis dégage éventuellement un profit, uniquement sur les factures de ses abonnés. Il suffirait à la Compagnie, explique le comte Henri Siméon, de desservir 50 000 habitants (sur 250 000 au total dans la concession), et la rentabilité par rapport au capital investi sauterait de 5 % à 11,5 %. Or, dès avril 1856, la Générale fait exploser toutes les prévisions officielles : elle compte déjà 33 331 abonnés à Lyon, ce qui correspond à plus de 50 000 consommateurs [18].

Comment la Compagnie a-t-elle pu obtenir de tels taux de profits ? Pour décrocher ce contrat du siècle à Lyon, le sénateur et comte Henri Siméon a déniché le meilleur « avocat » en la personne de son collègue sénateur Vaïsse. Il le cache à peine à ses actionnaires dans son discours : « nous ne saurions terminer sur ce sujet sans exprimer ici toute notre gratitude pour l'aide et le concours que nous n'avons pas cessé de trouver auprès de l'autorité ». En même temps préfet du Rhône à l'époque, le sénateur Vaïsse est « l'autorité ». Équivalent lyonnais du baron Haussmann, il lance au début du second Empire un grand projet de rénovation urbaine à Lyon : percement de grandes artères dans le centre-ville, mise en route des premiers réseaux d'eau, d'assainissement et de transports collectifs. Vaïsse porte deux casquettes : préfet du Rhône, il a aussi apporté son soutien à la fondation de la Compagnie générale des eaux [19]. Ce projet de distribution d'eau à Lyon avait été préparé depuis plusieurs années par l'ingénieur des Ponts et Chaussées Aristide Dumont, l'un des grands rénovateurs de l'agglomération lyonnaise aux côtés du préfet Vaïsse.

Troisième acteur de ce mirifique contrat : Prosper Enfantin, un brillant polytechnicien. Tout à la fois homme d'affaires, directeur du chemin de fer lyonnais et philosophe, ce soi-disant révolutionnaire se présente comme le grand héritier de la doctrine saint-simonienne. La constitution de ce trio de choc explique les conditions extraordinairement favorables octroyées à la Compagnie à Lyon. En remerciement, Prosper Enfantin deviendra administrateur de la Générale des eaux et le restera jusqu'à sa mort en 1864 [20]. Ces trois personnages clés illustrent les deux principaux atouts encore aujourd'hui de la Compagnie : sa capacité à traiter avec les pouvoirs publics et les maires des grandes villes, une extraordinaire faculté à tourner à son avantage toute négociation, comme nous répétera sans cesse notre « Gorge Profonde », un des anciens grands dirigeants de la Générale. Une stratégie qui a un talon d'Achille : son propre succès. Ainsi, le contrat de Lyon aux conditions incroyablement favorables à la Compagnie sera, en 1899, le deuxième à être perdu après celui de Nantes en 1895. Pour ne pas trop s'endetter, la Compagnie refusera d'investir à Lyon pour augmenter le volume de la production d'eau. La ville le fera à sa place. Les jours de la martingale de l'eau sont alors comptés à Lyon…

La pérennité de la Générale des eaux, son image, sa réputation vont se jouer à Paris, où elle effectuera un sans-faute malgré de nombreuses oppositions. La Compagnie doit y faire disparaître la mafia des 1 500 artisans porteurs d'eau, qui puisent l'eau dans la Seine et surtout à des fontaines gratuites pour ravitailler les habitations parisiennes. Copiée sur le système créé à Londres, une nouvelle industrie à base de machines à vapeur, dites « machines à feu », de tuyaux en fonte et de robinets mettra plus de trente ans pour marginaliser ces porteurs d'eau auvergnats ou savoyards, reconvertis par la suite en charbonniers et marchands de vin. Armés de leurs seaux ou de leurs citernes traînées par deux chevaux, ils s'étaient improvisés pompiers bénévoles de la capitale depuis cinq siècles. En remerciement de leur concours gratuit à cette mission de service public, la royauté les avait dispensés de toute imposition. Cette turbulente corporation, qui buvait, dit-on, rarement de l'eau, s'est imposée aux fontaines en intimidant les domestiques des bourgeois, leur interdisant de remplir leurs cruches à eau. Les porteurs se sont d'abord heurtés à Charles Augustin et à Jacques Constantin Périer qui avaient fondé, en 1778, la Compagnie des eaux de Paris pour s'attaquer, avec le feu vert de Louis XVI, à leur monopole. Ami de ces deux puissants banquiers et administrateur de leur société, Pierre Caron de Beaumarchais atteint alors le sommet de sa gloire littéraire. De sa plume alerte, il va rédiger le premier prospectus boursier de l'entreprise.

L'auteur de la devise du quotidien *Le Figaro* (« Sans la liberté de blâmer, il n'est pas d'éloge flatteur ») ne manque pas d'audace : il présente la Compagnie des eaux de Paris comme une œuvre philanthropique et à coup sûr d'intérêt national : « L'entreprise des machines à feu, pour donner à la ville de Paris autant d'eau qu'elle peut en consommer dans tous les cas possibles, a été moins une spéculation d'intérêt qu'un grand acte de courage et de patriotisme. » Et l'écrivain actionnaire d'en rajouter sur le courage de cette première Compagnie avant l'heure : « Sans chercher d'avance à s'assurer si un nombre suffisant de souscripteurs [...] elle a osé dépenser près de 2 millions de francs. » Et de revendiquer le patriotisme de la Compagnie à travers des frais d'investissement « à l'achat et à l'importation de tous les tuyaux qu'elle s'est vue forcée de tirer d'Angleterre ; et plus douloureusement encore, à traiter avec un Anglais[21] ». Sur la commande conjointe du banquier Clavière (soucieux de spéculer à la baisse sur les actions de la société) et des porteurs d'eau, Mirabeau dévoila un scandale financier, en novembre 1785, dans son pamphlet intitulé *Sur les actions de la Compagnie des eaux*. Il y vantait les mérites de la distribution à domicile et dénonçait les risques de chômage pour les 1 500 artisans de la profession. Un an avant la Révolution de 1789, les Périer firent faillite malgré l'aide de Beaumarchais... L'emploi de canalisations en bois ou en schiste bitumineux, un matériel inadéquat multipliant les fuites, explique cet échec sur le plan industriel. Il s'ensuivra une polémique entre Beaumarchais et Mirabeau par voie de libelles.

Une spéculation effrénée avait fait chuter le prix des actions Périer qui sont alors rachetées par l'État. Mais le système de distribution Périer (qui a doublé les ressources de la capitale en eau) reste en place. Il devient régie municipale, sans que le nombre des abonnés bouge d'un poil, la ville et le préfet de la Seine se refusant à réaliser le moindre investissement[22]. À l'époque, les 600 000 Parisiens disposent chacun en moyenne par jour de 27 litres d'eau « potable » qui viennent aux deux tiers de l'Ourcq et pour le reste de la Seine. Jusqu'au milieu du XIXe siècle, les gouvernements successifs vont chercher en vain un concessionnaire pour prendre en charge l'eau potable à Paris, en lieu et place des porteurs. Dans la droite ligne de l'épopée balbutiante des voies de chemin de fer, il s'agit déjà de faire passer le monde de l'eau au stade industriel. Mais, à chaque fois, les négociations échouent en raison des exigences des pouvoirs publics, trop fortes aux yeux de banquiers gourmands. Au début du second Empire, alors que la population parisienne s'accroît de 25 000 habitants par an, la recette reste presque toujours la même : imposer le système des machines à vapeur qui pompent l'eau dans la Seine et dans l'Ourcq (deux véritables égouts à ciel ouvert qui provoquent régulièrement des épidémies de typhus et de choléra).

La suite est un jeu d'enfant : il suffit de dégrossir l'eau avec des grilles, de la filtrer avec un peu de sable et de la transporter dans des canalisations (en fonte et non plus en bois), enfouies dans le sous-sol qui amènent le précieux liquide jusqu'au bas des immeubles. Coup de chance : il n'est alors pas possible de prouver scientifiquement la corrélation entre la pollution de la Seine et de l'Ourcq et les graves épidémies de choléra qui frappent Paris en 1832, 1849 et 1854. Les premiers examens bactériologiques sérieux, notamment ceux de Pasteur, datent seulement de 1897. Aussi, les astucieux fondateurs de la Compagnie générale des eaux ne seront contraints de se lancer dans de coûteux travaux de recherche et de mise au point sur la filtration de l'eau qu'à la fin du XIXe siècle. Et pour cause, un rapport du conseil départemental d'hygiène publique et de salubrité, publié en 1858, dénonce « ce qu'il y a de fâcheux dans cet écoulement à la Seine d'une masse aussi considérable de liquides infectés par les égouts ». Sans s'émouvoir outre mesure, ces soi-disant experts concluent sans états d'âme : « Les liquides de vidange des fosses d'aisances n'étant versés par les égouts dans le fleuve que pendant les premières heures de la nuit [...] ne peuvent nuire en aucune manière à la salubrité de l'eau puisée pendant toute la durée du jour pour la consommation parisienne[23]. » Résultat : de 1872 à 1877, la fièvre typhoïde tuera 7 000 Parisiens, sans compter les décès constatés dans les communes voisines situées en aval de la capitale.

À Lyon, ces problèmes de pollution sont complètement escamotés par le double jeu du préfet Vaïsse, qui roule en réalité pour la Générale. À l'inverse, à Paris, son collègue Haussmann, visionnaire, en fait son cheval de bataille au grand dam de la Compagnie. Pour l'incorruptible préfet de la Seine, non seulement la ville doit garder la maîtrise de ses ressources en eau, un bien commun au même titre que l'air que nous respirons, mais, dès son arrivée à la tête de la préfecture en juin 1853, l'encombrant haut fonctionnaire va également imposer la recherche et le transport d'une eau de source plus fraîche et plus pure, jaillissant à plus de 100 kilomètres à l'est de Paris... Et ce malgré la mise en demeure du Conseil national des ponts et chaussées, organisme dépendant du ministère de l'Intérieur, puis des Travaux publics, qui somme Haussmann de soumettre au conseil municipal un programme de pompage d'eau effectué uniquement dans la Seine. Or les créateurs de la Compagnie avaient fondé cette entreprise pour pomper l'eau de la Seine et la distribuer dans la ville de Paris [24]. L'un des administrateurs, le comte Henri d'Avigdor, devait sa nomination à sa grande connaissance du dossier des eaux de Paris. Ce membre du Parlement sarde, administrateur du chemin de fer Victor-Emmanuel, avait déjà été, en 1843, l'auteur de deux projets de concession auprès de la ville de Paris. Neveu du banquier de Napoléon III Jacques Laffitte, l'affairiste mondain Charles-Pierre-Eugène Laffitte va demander très officiellement à l'empereur de donner la concession de la capitale à la Compagnie [25]. Forts de la « qualité » de leurs actionnaires, de leur surface financière et de leurs appuis au plus haut niveau de l'Empire, les dirigeants de la Compagnie sont sûrs de leur coup... Sauf que cette élite confond Haussmann avec le préfet Vaïsse. Le baron Haussmann qui, début 1854, réussit à convaincre l'empereur de laisser la distribution de l'eau à Paris en régie municipale. Et ce grand commis de l'État, sorte de ministre de Paris chargé par Napoléon III de la grande entreprise de modernisation de la capitale, va obtenir également le feu vert du souverain pour aller puiser l'eau de sources à une centaine de kilomètres à l'est de Paris.

On imagine la fureur, la colère des grands actionnaires de la Compagnie qui, de leur propre aveu, avaient consacré près de cent séances de leur conseil d'administration à cette concession des eaux de Paris. Très hostile envers eux, le préfet Haussmann raconte dans ses *Mémoires* « combien la concession directe d'une pareille entreprise [de distribution d'eau] à l'industrie privée, sans la garantie de la concurrence et des enchères, serait une chose extrêmement grave à tous les points de vue. Il fallait, tout au moins, examiner de très près, avec un soin minutieux, toutes les clauses et conditions du traité proposé par la personne que l'Empereur semblait désirer favoriser dans la circonstance [26] ». Le préfet de la Seine insiste sur la vocation éminemment publique d'un service aussi indispensable que la distribution de l'eau, et emporte le morceau. Haussmann convainc donc Napoléon III de rejeter la proposition de la Compagnie générale des eaux, présentée par Charles-Pierre-Eugène Laffitte. Le préfet suit ainsi l'avis des ingénieurs des Ponts et Chaussées détachés au service de la ville de Paris, opposés à l'entrée en lice de compagnies privées de peur de voir la situation de Londres se reproduire à Paris. Leur cauchemar : voir se développer la distribution de l'eau à domicile par abonnement, ce qui supplanterait la tradition parisienne du service gratuit aux fontaines et bornes-fontaines des rues. Hostile comme eux à une privatisation des services de l'eau potable, Haussmann va pourtant guerroyer contre ces ingénieurs des Ponts et Chaussées, partisans du pompage de l'eau en Seine. La pensée unique de l'époque… « Je suis étonné moi-même du courage, de l'audace même dont je fis preuve, dès mon arrivée à l'Hôtel de Ville, écrit-il dans ses *Mémoires*, en osant, le premier et longtemps le seul, mettre en doute la valeur de l'eau de la Seine en tant qu'eau potable. Ce préjugé est comme un article de foi pour la population si peu croyante de Paris, et bien plus, pour ces corps de savants, dans le sein desquels cette légende a persisté jusqu'à nos jours [27]. »

Habiles tacticiens, grands stratèges, les actionnaires de la Générale se gardent bien de polémiquer publiquement avec celui qu'ils feignent de prendre pour le diable en personne. Un peu plus d'un siècle plus tard, la Compagnie fouillera dans ses archives et reconnaîtra discrètement que la cause du baron Haussmann était juste. *Les Trois O*, la revue d'information de la Générale des eaux rapporte dans son numéro 36 : « Jusqu'à Pasteur, aucun progrès fondamental n'a été apporté. La meilleure protection contre les nuisances de l'environnement reste le principe de l'adduction d'eau romaine : aller chercher l'eau d'une pureté attestée et l'acheminer par aqueduc jusqu'au consommateur. Pratiquement tous les autres modes d'approvisionnement, en particulier le puisage en nappe phréatique dans une zone urbanisée, ont souffert de toutes les épidémies hydriques (typhoïde, choléra…) qui se sont succédé jusqu'au début du XXe siècle. Le distributeur d'eau se sentait un peu désarmé face à l'environnement hostile détérioré par le rapide développement industriel et urbain [28]. »

À l'époque, les patrons de la Compagnie ne se sentent pas du tout désarmés face à ces menaces et à Haussmann. Ils pratiquent le jeu de go, un jeu de stratégie extrême-oriental. L'objet du jeu est d'encercler avec ses pions le maximum de territoires vides tout en perdant le minimum de pions. Le « territoire » est considéré comme une zone ou une sphère d'influence. Les dirigeants de la Compagnie n'ont qu'une idée en tête : neutraliser, contourner ce baron incorruptible. Leur stratégie obsessionnelle : obliger Haussmann à négocier en position de faiblesse. En échange de leur ralliement à l'Empire autoritaire, les milieux d'affaires et les banquiers jusque-là orléanistes (ils ont tout de même financé le coup d'État du 2 décembre 1851) bénéficient à l'époque de la plus grande sympathie de Napoléon III. Porte-parole de tous ces admirateurs de l'ordre et de la propriété auprès de l'empereur, le duc de Morny s'installe au carrefour de ces élites économiques orléanistes et des parvenus bonapartistes. Personne ne manque à l'appel : les banquiers Ernest Mallet, Achille Fould et James de Rothschild ; les nouveaux entrepreneurs comme les frères Pereire, Talabot, Schneider et l'aventurier Mirès ; et la famille ou les proches de Napoléon III, dont le baron Alexandre-Sébastien Gérard (un X-Ponts dont la dynastie familiale, alliée à un banquier genevois, donnera deux présidents à la Compagnie), administrateur en 1824, puis président de 1850 jusqu'à sa mort en 1853 de la Manufacture de Saint-Gobain.

Sous la houlette de Morny, ces grands actionnaires représentent une formidable puissance, celle de tout savoir avant tout le monde… La Compagnie générale des eaux illustre ainsi, jusqu'à la caricature, l'irrésistible montée en puissance du pouvoir des financiers et des proches de l'empereur au beau milieu de cette période de l'argent roi [29]. Elle symbolise aussi une sorte de synthèse de l'esprit d'entreprise et de l'esprit bourgeois. Le premier, incarné par les saint-simoniens, se caractérise par la passion de l'argent, le goût de l'aventure et une fibre sociale, presque progressiste, teintée de paternalisme, alors que le second repose sur des valeurs de prudence, de pondération et d'économie. En gros, les saint-simoniens revendiquent alors une autre légitimité que l'héritage face à une nouvelle génération patronale issue des grandes écoles et de la fonction publique. Futurs patrons de la Compagnie, à partir de 1920, les

Gérard matérialiseront cette dualité profonde. Ce seront de richissimes fils de famille, mais tous X-Mines ou X-Ponts.

NOTES

1. Voir Siméon Seillières, *L'Eau de Paris au XIXe*.

2. Voir *Histoire des emprunts de la ville de Paris (1814-1875)* par Geneviève Massa-Gille, paru en 1975 sous le patronage de la commission des travaux historiques de la ville de Paris.

3. Voir *Journal interne de la Compagnie Les Trois O*, « Les débuts de la Compagnie à l'Olympia » (n° 50, août 1993, p. 51, 52), « Les premiers administrateurs de la Compagnie : prestige et efficacité » (n° 49, mars 1993, p. 54 à 57), « L'eau en France au milieu du XIXe siècle » (n° 51, septembre 1993, p. 66 à 68).

4. Voir n° 44 du 29 octobre 1853 du *Journal des chemins de fer* (p. 820) et Antoine Lefébure, *Havas, les arcanes du pouvoir*, Grasset, 1982.

5. Voir à la Bibliothèque nationale *Almanach des demoiselles de Paris*.

6. Voir Liliane Franck, *Eaux à tous les étages* (Liliane Franck,1999, p. 56).

7. Assemblée générale de la CGE du 2 mai 1855 (p. 10).

8. *Ibidem*, p. 9.

9. Lettres en date des 8 juillet et 25 octobre 1910 de Pierre Boutan, directeur général de la Compagnie, au préfet de la Seine, et rapport n° 29 du conseiller Émile Massard, p. 4.

10. Voir l'ouvrage de Claude Dufresne, *Morny le roi du second Empire* (Jean Picollec, 1993).

11. Voir le dictionnaire américain des entreprises, *International Directory of Company Histories* (Saint-James Press, Chicago-London), à la rubrique consacrée à la « Générale des Eaux », dans la thèse universitaire parue en 1991, *L'eau à Paris au XIXe siècle* de Philippe Cebron de Lisle, et dans *L'Eau de Paris* (Martelle éditions, 1995) de Marc Gaillard.

12. N° 44 du *Journal des Chemins de fer*, édition du 29 octobre 1853, p. 647, « L'eau à Paris au XIXe siècle » par Philippe Cebron de Lisle (p. 407, 408), le tome V du dictionnaire historique américain des entreprises, *International Directory of Company histories* (Saint-James Press, Chicago-London) à la rubrique services publics (p. 632, 633 et 634), et *L'eau de Paris* (Martelle Éditions-1995) de Marc Gaillard (p. 199).

13. Antoine Lefébure, *Havas, les arcanes du pouvoir, op. cit.*

14. Jean-Marie Rouart, *Morny. Un voluptueux au pouvoir*, Gallimard, 1995.

15. N° 44 du 29 octobre 1853 du *Journal des chemins de fer* (p. 821).

16. *Ibidem*, p. 822.

17. Assemblée générale du 2 mai 1855, p. 19.

18. *Ibidem.*

19. Voir l'article « Lyon : le contrat du siècle » dans le n° 53 de septembre 1994 de la revue interne de la CGE *Les Trois O*, p. 78 à 80, et *Eaux à tous les étages*, *op. cit.*, p. 49 à 51, et *Gestions urbaines de l'eau* de Dominique Lorrain (*Economica*, 1995, p. 46 et 47).

20. Voir « Le Contrat de Lyon, c'est Enfantin », *Les Trois O*, n° 51, p. 48-49.

21. Voir *L'Eau à Paris* de Laure Beaumont-Maillet (Hazan, 1991, p. 100).

22. *Ibidem.*

23. « L'eau à Paris au XIXe siècle » par Philippe Cebron de Lisle (p. 612, 614).

24. *Mémoires* du baron Haussmann (Le Seuil, 2000, p. 965, 966 et 1125, note 41).

25. *Ibidem*, p. 966.

26. *Ibidem.*

27. *Ibidem*, p. 1028.

28. Voir document non signé publié sous le titre « L'eau et l'environnement en 1935 » dans le n° 36 des *Trois O* (p. 16 à 19).

29. Voir *Les patrons et la politique, de Schneider à Seillières* (Perrin, 2002) de Jean Garrigues (p. 14, 15).

IV

Le contrat du siècle ou les secrets de la martingale de l'eau

Les Rothschild ont construit leur puissance grâce à un service de renseignement hors pair (faisant appel à des cavaliers transportant des plis codés) qui leur a permis d'annoncer à toute l'Europe la défaite de Napoléon à Waterloo. De même, grâce à des informations de première main, la stratégie de la Compagnie générale des eaux va consister à avaler trois entreprises (Bombier et Cie, la Société des eaux d'Auteuil et des communes environnantes, enfin MM. A. Dufour et Cie) qui distribuent l'eau dans 48 communes de la proche banlieue de Paris. Des acquisitions que le préfet Haussmann aurait dû devancer pour contrecarrer les intentions de son ennemi juré. Il ne pouvait pas ne pas savoir qu'un jour ou l'autre l'empereur allait agrandir la ville de Paris. De fait, Napoléon III voulait faire de la capitale embellie par les grands travaux la plus belle vitrine de son régime. En 1859, l'empereur annonce que 23 communes ou portions de communes (soit 400 000 banlieusards par rapport aux 1 200 000 Parisiens intra-muros) formeront les 8 nouveaux arrondissements de la capitale (du XIIIe au XXe). Ces 23 communes composent ainsi la moitié de Paris en surface et un quart de sa population [1]. Le hic pour Haussmann : la Compagnie est devenue ainsi incontournable, des contrats de concession lui assurant le monopole de la production et de la distribution de l'eau dans les 23 communes annexées. Une véritable chasse gardée protégée par des conventions qui courent sur quarante ans en moyenne et assurent une rentabilité sur le capital investi de 10 % l'an. Et, bien sûr, la Compagnie est propriétaire de toutes les installations afférentes : pompes sur la

Seine et la Marne, réservoirs et conduites d'eau jusque chez les abonnés. Haussmann peut s'arracher les cheveux.

Sachant le baron et préfet de la Seine dans les cordes, la Compagnie place la barre très haut. D'une part, elle veut obtenir une montagne d'indemnités en échange de l'abandon à l'amiable de ces 23 contrats en banlieue. D'autre part, elle exige d'œuvrer enfin dans la capitale, en contrepartie de la manifestation de sa « bonne volonté ». Le président de la Compagnie, le comte Henri Siméon, s'en cache à peine dans son rapport d'activité devant l'assemblée générale, le 2 avril 1857 : « La réunion dans nos mains de la distribution des eaux dans toute la banlieue de Paris nous a paru devoir assurer à la Compagnie des avantages importants et lui créer une position que l'administration prendrait sans doute en considération, lorsqu'elle aura à se prononcer sur la question de la distribution des eaux dans Paris[2]. » Il s'agit de forcer la main avec élégance à l'« inoxydable » homme de confiance de l'empereur, le préfet de la Seine, qui a déjà usé neuf ministres de l'Intérieur. Ce baron fastueux, énergique, autoritaire est alors le seul décideur pour la ville de Paris, car les conseillers municipaux – non pas élus, mais désignés par l'empereur – n'ont à l'époque qu'un pouvoir de consultation. Mais le haut fonctionnaire est tombé sur plus puissant et « relationné » que lui. Dans son ouvrage *L'Eau à Paris au XIXe siècle*, Philippe Cebron de Lisle gomme ce terrible affrontement : « Il est hors de doute que, avant même la loi d'annexion [de la banlieue à Paris] du 16 juin 1859, le principe d'un accord avait été acquis à haut niveau. Le préfet Haussmann et le comte Siméon, tous deux sénateurs de l'Empire, étaient à coup sûr conscients de l'intérêt et de la fatalité d'une coopération à court terme[3]... »

En fait, le préfet n'a pas le choix. Deux options seulement lui permettent de racheter les concessions de banlieue à la Compagnie : emprunter ou faire entrer le loup dans la bergerie. Or il n'est pas question de lancer un grand emprunt. Les finances de la capitale sont exsangues suite à la politique de grands travaux, expression de la volonté de l'empereur. Haussmann a déjà creusé un trou d'un milliard de francs de l'époque. Sa politique, alliant emprunts officiels et les fameux bons de caisse ou de délégation, a donné lieu à de formidables dépassements de devis. Émile Zola a bien décrit le mécanisme financier de ces grandes percées parisiennes, où la ville joue tout à la fois au banquier, à l'entrepreneur et au promoteur, au bénéfice exclusif de spéculateurs bien informés. Jamais pour elle-même... Une rue percée, c'est l'aisance ; un pâté de maisons, la richesse ; un boulevard, la fortune. Ces spéculateurs ont eu la « bonne idée » d'acheter des immeubles qui vont leur permettre d'être grassement expropriés par la ville. Dans *Les Rougon-Macquart, l'histoire naturelle et sociale d'une famille sous le second Empire*, ces « initiés » sont toujours au courant avant les autres et en tirent des profits juteux. Dans *Au bonheur des dames*, l'auteur de « J'accuse » met en cause l'honnêteté d'Haussmann qu'il appelle baron Hartmann. Zola le dépeint comme un affairiste. Ce qui est faux. Ce portrait du préfet dénonce la responsabilité de l'administration parisienne dans la spéculation immobilière. Il est certain que le préfet de la Seine a tout fait pour servir les intérêts de l'empereur. Passant outre aux scrupules d'équilibre budgétaire manifesté par son prédécesseur le préfet Berger (renvoyé par Napoléon III), le baron Haussmann a pris tous les risques en associant banques, compagnies et entrepreneurs. Mais la ville n'en a tiré aucun bénéfice financier. Aussi le préfet de la Seine ne peut-il que passer sous les fourches Caudines de la Compagnie générale des eaux. La ville n'a pas les moyens de racheter d'un seul coup ces 23 concessions de banlieue.

Cependant, Haussmann ne peut se renier totalement, question d'amour-propre... Sa ligne rouge : garder la maîtrise de la distribution de l'eau potable jusqu'au bas des immeubles. Pour le reste, le baron va aller à Canossa. Préfet de la Seine et représentant la ville de Paris, Haussmann signe, le 11 juillet 1860, le contrat avec la Compagnie. La ville rachète ainsi, grâce à un crédit de cinquante ans, non seulement le monopole des concessions dans les 23 communes annexées, mais aussi dans 25 autres situées en banlieue. Un vrai casse-tête pour Haussmann : l'eau dans la banlieue de Paris y est trois fois plus chère que dans la capitale (où le prix est partout le même) et de nettement moins bonne qualité, car pompée uniquement dans la Seine, sans être dégrossie et encore moins filtrée[4]. Pour le baron défenseur de l'eau de source, la ville devait fournir une eau ni corrompue, ni insalubre et à un seul prix... Le volet financier de ce rachat n'est pas moins édifiant. L'article nº 5 du contrat qui lie la ville à la

Compagnie peut paraître anodin à première vue : « Pour prix de ces stipulations, la ville de Paris payera à la Compagnie générale des eaux une annuité de 1 160 000 francs pendant cinquante années, qui commenceront à courir à partir du 1er janvier 1861 [5]. » Soit un coût total sur cinquante ans de 58 millions de francs de l'époque. Avalisé par une délibération du conseil municipal de Paris et du Conseil d'État, le prix de vente ne traduit pas les termes d'un contrat équilibré entre deux parties. Première anomalie : la Compagnie exige de céder ses 48 concessions et non pas seulement les 23 annexées. Accordé ! Deuxième anomalie : le prix payé est l'équivalent du chiffre d'affaires annuel (1,16 million de francs) multiplié par cinquante années, alors que les 48 concessions de banlieue ne courent que sur quarante ans et six mois en moyenne [6]. Mais la ville signe... Et neuf ans après avoir signé le contrat, elle acceptera de revendre à la Compagnie (mais beaucoup moins cher) les 25 concessions non comprises dans l'annexion.

Refaisons ces « comptes extraordinaires ». En 1860, la Compagnie cède à la ville 48 concessions de banlieue pour 58 millions de francs (près d'1,4 milliard de francs d'aujourd'hui). Neuf ans plus tard [7], elle en rachète 25 pour seulement 3,3 millions de francs (68 millions de francs d'aujourd'hui). Sur la base du prix de vente de 1860, la Compagnie aurait dû les payer 28 millions de francs (700 millions de francs d'aujourd'hui). Cela lui a coûté presque dix fois moins cher. Or, compte tenu des modalités financières du contrat de 1860, la ville de Paris et l'État se sont endettés jusqu'en 1928. Près d'un siècle plus tard, en 1953, la Compagnie publiera à l'occasion de son centenaire une petite plaquette d'une vingtaine de pages joliment intitulée *Brève histoire de cent années* [8]. Ce document livre une version expurgée du contrat du 11 juillet 1860 : « La Compagnie cédait à la ville de Paris en toute propriété les terrains, bâtiments et machines qu'elle possédait dans les territoires annexés et renonçait aux effets des contrats passés entre elle et les communes incorporées à la capitale. » Le lecteur lambda s'imagine que la Compagnie a fait cadeau de ses installations à la ville de Paris. En revanche, pour le contrat de 1869, la même plaquette précise : « La ville [...] cédait à la Compagnie, moyennant indemnité, les concessions et installations qu'elle possédait à l'époque dans 25 communes de la banlieue. » Sans commentaires… Pour ces 25 concessions, la plaquette historique se garde bien de préciser : « C'est au cours de l'année 1892, à la suite de l'épidémie cholérique de 1891, que l'Administration imposa à la Compagnie des eaux des mesures spéciales de stérilisation [par javellisation durant quatre minutes, utilisation de décanteurs et de préfiltres] afin d'améliorer l'eau qu'elle fournissait à la clientèle [9]. »

La négociation de ce contrat de Paris montre le grand talent des dirigeants de la Générale à l'époque, leur « génie des contrats » comme le souligne aujourd'hui Daniel Caille [10], directeur du secteur eau de la Compagnie de 1996 à 1999. Une martingale de l'eau, forte d'une armée d'avocats capables de prévoir, sur cinquante ans (la durée du contrat), tout ce qui peut faire gagner le maximum d'argent à la Compagnie. En échange de la vente à l'amiable, mais pas à un « prix d'ami », de ses 48 concessions dans la banlieue parisienne, la société se voit confier la commercialisation de l'eau à Paris. Résultat de cette manœuvre diabolique : la Générale n'aura aucun investissement à supporter, sinon quelques charges salariales. Les articles 11 à 25 du contrat de 1860 lui accordent un rôle de garçon de course chargé de surveiller, à partir des canalisations d'eau potable, la construction des branchements au pied des façades des immeubles ou des maisons ; de louer des compteurs (une de ses filiales va en fabriquer) ; enfin de rédiger les factures, de les encaisser et d'exploiter les fontaines publiques [11]. Dans ce contrat sur mesure, dit « de régie intéressée », le régisseur la Générale est rémunéré royalement par la ville.

Non seulement la Compagnie ne peut pas perdre de l'argent, mais elle est sûre d'en gagner tout en n'ayant aucune responsabilité de gestion. C'est le type de contrat le plus intéressant pour elle. Pas pour la ville. Propriétaire des installations, la ville rembourse à la Générale ses rares frais d'investissement, d'entretien et de fonctionnement. De plus, la ville rémunère la Compagnie avec une prime de gestion calculée en pourcentage du chiffre d'affaires. À l'occasion de la signature de ce contrat, les dirigeants de la Générale mettent en place pour la première fois ce système juridique dit « de régie intéressée », qui se rapproche de l'affermage. Les coûts d'investissement et d'entretien des installations sont pris en charge par la collectivité locale. Aujourd'hui en France, en dehors des régies municipales,

88 % des installations de distribution d'eau et 85 % de celles de l'assainissement collectif sont gérées par des contrats d'affermage. Jusqu'en 1860, la Générale n'avait signé que des conventions de concession, finançant tous les frais de construction et d'entretien des installations qui devaient revenir à la collectivité en fin de contrat. Dans ce cas, la Compagnie assume tous les risques et se rémunère directement auprès des abonnés dans le prix de l'eau. Propriétaire et gestionnaire des installations, elle se fait rembourser ses charges par la commune. À l'époque, en 1860, des concessions sur cinquante ans existent principalement à Lyon et à Nantes, mais ce type de contrat ne peut s'appliquer dans la capitale, dont le préfet de police Haussmann veut absolument garder la distribution de l'eau potable en régie municipale.

Sans même prendre en compte la rente d'1,16 million de francs par an, ce contrat du siècle constitue une référence de choix pour les juristes. Inutile de se lancer dans des batailles de chiffres et de pourcentages pour démontrer l'extraordinaire rentabilité de cette martingale de l'eau. Il suffit de donner un seul exemple qui dort dans le compte rendu des débats du conseil municipal de Paris du 16 décembre 1910 [12]. En trente ans, de 1877 à 1906, la Compagnie a encaissé de la ville 46 millions de francs et dépensé 17 millions de francs. La Générale a ainsi engrangé un bénéfice de 29 millions de francs de l'époque, soit 580 millions de francs d'aujourd'hui, pour un rôle de simple garçon de course, d'encaisseur. Soit un bénéfice de 60 % par rapport à son chiffre d'affaires. Et cela sans prendre en compte la rente annuelle. Qui dit mieux ? Aujourd'hui, le meilleur taux de rentabilité, celui de la banlieue parisienne, ne dépasse pas 15 %. Tous les contrats de la Compagnie ou de ses concurrents se sont inspirés de ce modèle historique.

Cet Austerlitz contre Haussmann ne portera pas chance au président de la Générale des eaux, Henri Siméon. Le financier d'élite et stratège hors pair devra démissionner de ses fonctions un peu plus d'un an plus tard, à la suite d'un scandale financier, l'affaire Mirès [13]. Accusé d'avoir distribué des dividendes fictifs, le sénateur d'Empire est déclaré civilement responsable par le tribunal de Paris et la cour impériale. Dès 1862, Henri Siméon est réhabilité, mais le mal est fait. Obsédé par l'« honorabilité » de ses membres, le conseil d'administration de la Compagnie ne le réintégrera jamais. Ancien diplomate et futur président de la Société générale, Edward Blount, un Écossais qui n'était pourtant pas blanc bleu, lui avait succédé entre-temps, en 1861. Devenu sous le Second Empire l'un des banquiers parisiens les plus appréciés dans les milieux ferroviaires, ce rentier discret avait fait faillite sous Louis-Philippe. Puis, grâce à son grand ami Charles Laffitte, ce grand gaillard a fondé la banque Laffitte Blount et Cie, qui deviendra la Société générale, dont il sera président jusqu'en 1901. Petit détail sans importance aux yeux de son autre ami James de Rothschild : cet amateur de conduite sportive de locomotives est connu pour « avoir tué par suite de l'insuffisance de freins trois ou quatre personnes » (*sic*), comme il le raconte dans ses Mémoires[14]...

Ces « incidents ferroviaires » n'empêcheront pas Edward Blount de rester encore aujourd'hui le recordman de la longévité à la présidence de la Compagnie : de 1861 à 1901, quarante ans d'affilée. Edward Blount n'aura, en 1867 et 1869, qu'à mettre en musique le prodigieux contrat conclu par le comte Henri Siméon. En échange d'une petite réduction du pourcentage de la prime que la Compagnie touche sur le chiffre d'affaires des ventes d'eau au-delà d'une certaine somme, le conseil municipal accepte, en 1867, de se faire hara-kiri. La clause qui permet à la ville de résilier son traité avec la Compagnie est annulée purement et simplement. Dès lors, la Générale des eaux est sûre de profiter de ce contrat mirobolant durant quarante-trois ans : la ville de Paris est enchaînée à elle jusqu'en 1910, date du renouvellement du contrat.

Véritable incarnation du pouvoir occulte, Edward Blount, descendant de Guillaume le Blond, compagnon de Guillaume le Conquérant, a eu pour précepteur un immigré français qui lui apprit très jeune notre langue. Plutôt que de succéder à son père banquier, ce citoyen britannique devint attaché d'ambassade à Rome, où il faisait du cheval avec la reine Hortense et son fils Louis Napoléon Bonaparte, le futur Napoléon III. Son intérêt grandissant pour les chemins de fer le met alors en contact avec Prosper Enfantin (*voir chapitre III)*. En 1834, il sera nommé à l'ambassade de Grande-Bretagne à Paris, où il deviendra rapidement président des Chemins de fer de l'Ouest. Après avoir jeté aux orties sa défroque de diplomate de Sa Majesté, « Sir Édouard » (comme l'appellent ses amis français) va retrouver les gènes de son père. Il mène de front affaires et vie mondaine. Membre du Jockey Club, propriétaire d'une écurie de chevaux de course, il gagne, en 1865, le Grand Prix de Paris avec *Gladiateur*. Son pouvoir d'influence le conduit à jouer les médiateurs entre les Allemands et les Français, en 1870, pendant le siège de Paris. Bismarck se montre impressionné, dit-on, par les talents de négociateur du président de la Compagnie générale des eaux. Cette prestation lui vaut la reconnaissance de l'État français qui, grâce à lui, réussit à payer sa dette de guerre aux Allemands en quelques mois seulement [15]. Les hostilités une fois éloignées, sir Edward Blount crée, en 1879, la Compagnie des eaux pour l'étranger et devient chevalier de l'ordre du Bain. Il s'étendra en Angleterre, en 1905, à l'âge de 96 ans, après avoir laissé son fauteuil de président de la Compagnie à un autre banquier, le baron Rodolphe Hottinguer.

Acte fondateur de l'école française de l'eau qui domine aujourd'hui encore le monde, le contrat de Paris passe sur le moment comme une lettre à la poste. Comment la Compagnie a-t-elle ainsi pu encaisser des bénéfices que les conseillers municipaux, dans leur majorité, vont s'accorder, en 1910, lors du renouvellement du contrat, à considérer comme « hors de proportion avec les services rendus » ? Dans son ouvrage *La Corruption de la République*, Yves Meny y voit la main de l'État jouant les innocents aux mains pleines : « L'État, en dépit de ses dénégations, a prétention à tout absorber au nom de l'intérêt général. Pour y parvenir sans faire usage de la contrainte, il doit recourir à des instruments mixtes, réglementaires (l'institution de monopoles) et psychologico-financiers (le prestige de l'argent lié au monopole et à la rareté) [16]. » Il faudra attendre la fin du Second Empire pour voir la première critique fleurir dans l'édition de 1872 de *L'Annuaire de Paris*, sorte de *Quid* de la capitale : « Nous n'avons rien à dire de ces clauses scandaleuses, de ce contrat léonin consenti aux dépens des contribuables indignement sacrifiés. Le devoir du conseil municipal élu est de faire une enquête sur cette monstrueuse concession, d'en flétrir les auteurs et les bénéficiaires, et de réorganiser cet important service [17]. »

Dans son ouvrage intitulé *Quatre années au conseil municipal de Paris*, l'ancien conseiller monarchiste Denys Cochin explique pourquoi les conditions accordées à la Compagnie lui sont extrêmement favorables. « Les eaux, le gaz et l'omnibus sont les trois grands monopoles concédés par la ville de Paris, souligne le fondateur de la Jeunesse royaliste de Paris. Les Compagnies du gaz et des omnibus, propriétaires de leur concession, de leurs immeubles et de leur matériel, et faisant tous les frais de l'exploitation, donnent à la ville une part de leurs bénéfices. C'est le contraire qui se passe entre la ville et la Compagnie des eaux. La ville fait toutes les dépenses et elle donne à la Compagnie une part assez notable de ses bénéfices, en échange des services rendus. La Compagnie n'est propriétaire ni des aqueducs ni des conduites de distribution. Elle n'est pas chargée de l'entretien. Elle n'est pas chargée de l'administration. Le personnel, du haut en bas de l'échelle, depuis l'ingénieur en chef jusqu'au plus humble fontainier, appartient à la ville. La Compagnie n'a qu'une fonction : procurer des abonnements et percevoir des recettes[18]. » En moins de dix ans, de 1860 à 1869, ces mêmes abonnés triplent, les recettes explosent et les bénéfices de la Compagnie s'envolent. Une réussite qui n'a été rendue possible que par les travaux d'Haussmann et donc par l'énorme endettement de la ville. De 1853 à 1870, le préfet de la Seine a multiplié par quatre les canalisations d'eau potable, qui sont passées de 365 à 1 370 kilomètres dans la capitale (1 800 kilomètres aujourd'hui). Ce réseau est aussi relié à 350 kilomètres d'aqueducs (700 kilomètres de nos jours) souterrains ou à l'air libre qui amènent par gravitation l'eau de deux sources, la Dhuis et la Vanne, jusqu'à des réservoirs situés aux portes de la capitale. L'eau de la Seine ne sert plus alors qu'au nettoyage des rues, à l'arrosage, aux entreprises et aux bornes d'incendie.

Dès cette époque, le pouvoir de la Compagnie s'exprime, au bout d'un stylo, dans des notes confidentielles. Notre « Gorge Profonde » confie que cette tradition a été instituée dès la création de l'entreprise. À cette époque chacun sait qui fait quoi et de quelle manière a été obtenu un contrat. Chacun des huit administrateurs faisait notamment un compte rendu de toutes ses interventions auprès des « autorités ». Malheureusement, toutes ces notes ont disparu. Ce pouvoir de la haute banque alliée à de grandes dynasties familiales ne peut s'exercer sans un partenaire indispensable : l'élite du monde des ingénieurs... Le premier président de la Générale, le comte Henri Siméon, a déniché le meilleur négociateur possible pour le contrat de 1860 en la personne de Gustave Marchant. Ingénieur général à la Compagnie, cet X-Ponts sera conseillé par une pléiade d'avocats, tous plus retors les uns que les autres. Gustave Marchant sera nommé directeur général en 1866, suite à la démission pour raison de santé de l'ex-préfet David Portau. Pour négocier ce traité, Haussmann commet, lui, une énorme erreur en choisissant son directeur du service des eaux et égouts, François Eugène Belgrand, X-Ponts lui aussi. Certes, cette désignation récompense son rôle de pionnier dans la captation des eaux de source à plus de 100 kilomètres de Paris et la construction des égouts parisiens. Belgrand est coopté, à la même époque, par l'Académie des sciences morales et politiques.

Tout auréolé du prestige de l'innovateur, cette sorte de Pr Tournesol, passionné de géologie et d'hydrologie, va se révéler un bien piètre négociateur. En fait, il néglige totalement les intérêts de la ville et les contraintes de gestion de son service. Jean-Charles Alphand, le plus brillant collaborateur du préfet Haussmann et son héritier à la tête de la direction des travaux de la ville de Paris, n'hésitera pas, le 29 janvier 1880, devant le conseil municipal, à accuser Belgrand (décédé en 1878) de s'être fait rouler dans la farine par la Compagnie : « Les traités de 1860 et 1867 furent rédigés par lui [Belgrand], c'était son œuvre propre, et il considérait toute attaque à ces traités comme une attaque personnelle. Il en était résulté que la Compagnie, à peu près sans contrôle, se trouvait libre d'agir à son gré [19] »... Devant l'assemblée générale de la Compagnie, le 9 juillet 1860, son président, le comte Henri Siméon, ne cache pas qu'il a remporté son bras de fer contre la ville et le préfet : « En résumé, messieurs, ce traité assure à la Compagnie, pendant cinquante années, une annuité de 1 160 000 francs, le paiement de tous ses frais d'exploitation et le quart de tous les produits bruts dépassant 3 600 000 francs. Il soustrait la Compagnie à toutes les chances aléatoires [20]. »

Derrière ces traités se cachent les « intouchables » de l'époque, représentants d'une caste à laquelle un décret de Napoléon Ier a donné le monopole de l'embauche des ingénieurs des eaux et de la voirie à la mairie de Paris. Ces X-Ponts y sont affectés en position de détachement et maintenus, pour leurs promotions et mutations, sous le contrôle du conseil général des

Ponts et Chaussées et du ministre des Travaux publics. Dans la maison d'en face, à la Compagnie, d'autres polytechniciens des Ponts se cooptent entre eux pour se réserver les postes de cadres dirigeants de l'entreprise. Cependant, jusqu'en 1972, le fauteuil de président de la société n'échappera pas aux mains de la haute banque et des grands actionnaires pour tomber dans celles des managers X-Mines ou X-Ponts. Au fil de leur renouvellement, les huit administrateurs seront cooptés exclusivement chez des banquiers et parmi leurs proches : lord Edward Blount (nommé administrateur en décembre 1853), le sénateur d'Empire et financier, le baron Paul Panon de Richemont (1854), le comte Pillet-Will (1907, année où il remplace son beau-père le comte Foy nommé en 1867), les barons Rodolphe Hottinguer (1860), Jacques Stern (1866) et Albert Mallet (1879). Considérés comme l'élite de l'élite de la grande bourgeoisie d'affaires, ces barons vont naturellement pousser leurs rejetons mâles à faire de belles études, à l'École alsacienne pour les protestants et chez les jésuites pour les catholiques, avant d'intégrer les grands corps de l'État. Leurs fils, bardés de diplômes, sont programmés pour leur succéder au conseil d'administration, puis à la Présidence de la société. Cette assemblée de financiers de haut vol accueille, en 1862, un proche de l'empereur, le baron Alexandre-Louis Gérard, dont la famille n'est pas issue de la haute banque tout en étant apparentée aux comtes Foy et Pillet-Will. Ingénieur lui aussi, il sera administrateur de la Manufacture de Saint-Gobain de 1853 à 1899.

Le pouvoir occulte ménage ainsi son avenir en donnant une part du gâteau à la famille Gérard[21], qui suscite moins la polémique que les noms trop connus des grands administrateurs de la Compagnie. Avantage des Gérard : ils sont X-Ponts ou X-Mines de père en fils et peuvent ainsi se frotter aux ingénieurs managers. Les Gérard possèdent déjà quelques immeubles à Paris, dont celui du 16, rue Bayard qui leur appartient toujours en plein quartier des Champs-Élysées. Curieux destin pour Alexandre-Louis Gérard, X-Ponts, qui se retrouve ainsi au milieu de banquiers renommés. Resté complètement inconnu des gazettes de l'époque, le fils de famille Alexandre-Louis Gérard va jouer au richissime dilettante, tout en étant l'un des plus importants actionnaires de la Compagnie. Richesse et bonne réputation de sa famille lui viennent de deux de ses ancêtres : un arrière-oncle diplomate de profession et son propre père, administrateur de Saint-Gobain et de la Générale.

Le premier, Conrad-Alexandre Gérard, fils d'un homme de loi du roi Louis XIV, avait embrassé la profession d'avocat en 1749 avant de se lancer dans la diplomatie. Il s'embarque, le 13 avril 1778, pour les États-Unis en tant que ministre plénipotentiaire du roi auprès du Congrès américain. Il y prépare notamment l'envoi d'une armée française pour combattre aux côtés des Américains, ce qui contribuera à leur victoire définitive sur les Anglais en 1783. Ce sera l'épopée de La Fayette... Aujourd'hui, le portrait de Conrad-Alexandre Gérard se trouve à la place d'honneur dans le musée de l'Indépendance à Philadelphie. En 1778, il est anobli par le roi pour services rendus et se fait désormais appeler comte de Munster, du nom d'une propriété qu'il a achetée en Lorraine. En mauvaise santé, il quitte ses fonctions en 1789 et meurt l'année suivante à Paris dans l'indifférence générale. La seconde grande figure de la dynastie Gérard est le baron Alexandre Sébastien Gérard, X-Ponts et administrateur de la Compagnie des glaces de Saint-Gobain à partir de 1824, puis de 1850 à 1852 président de la même société. Malade, Alexandre-Louis Gérard laissera, en 1889, son siège d'administrateur de la Compagnie générale des eaux à son propre fils Alphonse, X-Mines, qui deviendra président tout à la fois de la Générale, de 1920 à 1939, et de la Compagnie de Saint-Gobain, de 1917 à 1931.

À mille lieues de ce pouvoir d'influence qu'ils ne connaissent pas, n'imaginent même pas, quelques centaines d'employés de la Compagnie relèvent les compteurs et dressent les factures d'eau des abonnés dans la capitale. Ces garçons de course accompliront ce travail pendant plus d'un siècle jusqu'en 1984. La Compagnie va assurer sa pérennité grâce au travail de ces sans-grade qui ne feront que très rarement grève. Son bachot en poche, l'un d'entre eux, François Carcopino-Tusoli, dit Francis Carco, est embauché au 52, rue d'Anjou, à l'âge de 24 ans, le 3 janvier 1910, pour un salaire de 2 000 francs mensuels, à raison de sept heures de travail par jour avec repos le dimanche. L'auteur de *Jésus la Caille* n'en gardera pas un souvenir impérissable : « Ma faiblesse en mathématiques me fit affecter à un rôle obscur de gratte-quittances. Au dernier jour du mois mon chef de service me dit : “Monsieur Carcopino, je suis très content de vous, mais le poste que vous occupez est indigne d'un bachelier. Je vous ai proposé pour le service des titres, où vous prendrez votre poste demain matin." Certes, c'était une promotion inespérée, le service des titres, c'est l'aristocratie administrative d'une telle société. Mais, je m'y ennuyais tellement que le soir même, je demandais mes cents sous, salaire journalier d'un employé à cette époque[22] ! » Francis Carco est ainsi licencié le 2 juillet 1910. La Compagnie n'a rien de progressiste. Plus on s'élève dans la hiérarchie, moins on travaille : un sous-chef de service a droit à 28 jours de congés annuels, un ingénieur à 25 jours et un employé à 10 jours. Certes, les agents chargés des travaux les plus durs, en banlieue parisienne notamment (à côté des chaudières pour élever l'eau et dans les tranchées pour assembler les tuyaux, théâtres souvent d'accidents mortels), ont leurs heures supplémentaires payées obligatoirement en litres de vin ! Dans certains services, la journée commence avec une prière collective en présence du chef de service et toutes les fêtes religieuses catholiques sont chômées. Les bureaux ne sont pas mixtes : les dames ont leur entrée réservée et un horaire d'embauche décalé d'une heure et quart, histoire de ne pas croiser leurs collègues masculins dans les couloirs[23].

NOTES

1. Voir Philippe Cebron de Lisle, *L'Eau à Paris au XIXe siècle*, thèse universitaire, 1991, p. 407 ; Michel Carmona, *Haussmann préfet de la Seine*, Fayard, 2000, p. 415 et 432.

2. Voir rapport du conseil d'administration de la CGE à l'assemblée générale du 2 avril 1857, p. 8.

3. Philippe Cebron de Lisle, *L'Eau à Paris au XIXe siècle*, *op. cit.*, p. 410.

4. Voir convention du 11 juillet 1860 entre la ville de Paris et la CGE, reproduite dans le n° 46 du *Journal des chemins de fer*, p. 935-937 ; rapport n° 57 intitulé *L'Alimentation en eau de la ville de Paris et du département* et rédigé en 1923 par le conseiller municipal Georges Lemarchand, p. 448 ; Hervé Maneglier, *Paris impérial, la vie quotidienne sous le second Empire*, Armand Colin, 1990, p. 116).

5. Article 5 du traité de la régie des eaux de Paris signé le 11 juillet 1860 entre la CGE et la ville de Paris, p. 6. L'équivalence du prix de vente de ces concessions est calculée en francs ou euros d'aujourd'hui grâce à la table du coefficient de transformation du franc établie à partir de 1901 par l'Insee.

Selon tous les spécialistes de la question, le cours du franc est resté stable de 1860 à 1914.

6. Voir convention du 11 juillet 1860 entre la ville de Paris et la CGE, reproduite dans le n° 46 du *Journal des chemins de fer*, p. 935-936.

7. Voir article 6 de la Convention pour la rétrocession par la ville à la Compagnie générale des eaux de la distribution et de l'exploitation des eaux dans les communes en dehors de Paris, 29 décembre 1869 ; rapport n° 57 intitulé *L'Alimentation en eau de la ville de Paris et du département* et rédigé en 1923 par le conseiller municipal Georges Lemarchand, p. 445-449.

8. Plaquette historique du centenaire de la CGE qui explicite le rôle de la société à Paris, p. 9-10.

9. Rapport n° 57 intitulé *L'Alimentation en eau de la ville de Paris et du département* et rédigé en 1923 par le conseiller municipal Georges Lemarchand, p. 448.

10. Entretien avec l'auteur en janvier 2005.

11. Voir convention du 11 juillet 1860 entre la ville de Paris et la CGE, reproduite dans le n° 46 du *Journal des chemins de fer*, p. 937.

12. Voir compte rendu des débats du conseil municipal de Paris du 16 décembre 1910, p. 727.

13. Voir compte rendu du conseil de surveillance de la Caisse générale des chemins de fer du 12 novembre 1860 et extrait des accusations contre Henri Siméon dans Jacques Mirès, *Mirès, ma vie*, p. 226-231.

14. Voir les deux plaquettes éditées par la banque : « Histoire de la Société Générale en France » (p. 23 à 25) et « Histoire de la Société Générale en Grande-Bretagne » (p. 10).

15. Voir « Sir Édouard », *TroisO* (revue interne de la CGE), n° 55, janvier 1996, p. 60.

16. Yves Meny, *La Corruption de la République*, Fayard, 1992, p. 102.

17. *Annuaire* 1872 de Paris, p. 158-159.

18. Denys Cochin, *Quatre années au conseil municipal de Paris*, Calmann-Lévy, 1885, p. 245-249.

19. Philippe Cebron de Lisle, *L'Eau à Paris au XIXe siècle, op. cit.*, p. 390.

20. Voir compte rendu de l'assemblée générale de la CGE dans le n° 46 du *Journal des chemins de fer*, p. 936.

21. Voir *Who's Who* 1996 à Robert Gérard, p. 766.

22. Liliane Franck, *Eau à tous les étages*, 1999, p. 355-356.

23. Voir *Les TroisO*, n° 54, août 1995, p. 52.

V

La Compagnie en danger de mort

Au conseil municipal de Paris, socialistes et radicaux (majoritaires) veulent profiter de la fin du contrat, en 1910, pour chasser la Générale de Paris et la remplacer par une régie municipale directe. L'idée est d'assurer ainsi la promotion de ce type de gestion dite « de socialisme municipal », puis de le développer au plan national. Rien d'extraordinaire. Il leur suffit de s'inspirer de leurs collègues de gauche aux conseils municipaux de Nantes et de Lyon [1]. En 1853, la Compagnie avait signé ses premiers contrats en concession dans l'Hexagone avec les villes de Nantes et de Lyon, pour quatre-vingt-dix-neuf ans et à ses risques et périls. Elle n'y jouait pas au garçon de course. Elle y a financé et réalisé toutes les installations et charges de personnels : du relevé des compteurs jusqu'aux plus gros travaux d'entretien ou de rénovation. À Nantes, en 1895, la municipalité chasse la Compagnie qui refuse d'installer à ses frais des filtres supplémentaires pour améliorer la qualité de l'eau et d'augmenter le nombre des bornes-fontaines. À Lyon, les quarante-cinq années de gestion de la Compagnie sont tout, sauf un modèle. Face à l'explosion de la consommation d'eau qui a déclenché une pénurie, elle a refusé, dès 1862, de faire de lourds investissements qui lui auraient fait perdre de l'argent, estimait-elle. En régime de concession, elle ne peut récupérer sa mise que sur le prix de l'eau, déjà trop élevé pour être augmenté. Aussi, à la date prévue, en 1885, le conseil municipal de Lyon veut racheter la concession à la Compagnie. Mais le contrat est reconduit d'année en année, la ville de Lyon n'ayant ni les moyens financiers ni les moyens techniques de se lancer dans une régie municipale. Consciente de l'enjeu, la Compagnie obtient tous les soutiens, même celui des ingénieurs de la ville issus en majorité des Ponts et Chaussées, pour signer un nouveau contrat copié sur celui de Paris. C'est-à-dire un contrat de régie intéressée qui se révèle beaucoup plus intéressant pour la Générale, les investissements étant à la charge de la ville.

Scandalisés par cette « conspiration », les élus de gauche du conseil municipal de Lyon votent et chassent par surprise la Compagnie, la remplaçant par une régie municipale directe. Les patrons de la Générale vont maladroitement faire un procès à la ville de Lyon pour contester le montant de l'indemnité de rachat des installations. Élu maire de Lyon en 1905 (il le restera jusqu'en 1957), Édouard Herriot, le pape du radicalisme, va faire de sa régie de l'eau le porte-drapeau du socialisme municipal. À Nantes et à Lyon, les élus ont fait jouer la faculté de rachat des installations par la ville au bout de trente ans. « Il est désormais manifeste que la clause de rachat constitue le vice le plus dommageable des premiers grands contrats de la Générale des eaux ; celle qui paralyse tout effort constructif et compromet toute possibilité d'entente. » Auteur de ces lignes dans le seul livre existant sur l'histoire de l'entreprise et publié en 1999, Liliane Franck[2] traduit la plus grande peur, la hantise des patrons successifs de la Générale : la volonté des élus de revenir en régie municipale. D'autant que l'irrésistible ascension de ces régies aux États-Unis et en Grande-Bretagne depuis la fin du XIXe siècle inquiète la rue d'Anjou.

Très consciente du danger de voir le contrat de Paris non renouvelé comme à Nantes et à Lyon, la Compagnie s'attache les services de deux agents d'influence : un directeur d'école primaire et conseiller municipal radical-socialiste, Louis Peuch, et le préfet de la Seine lui-même, Justin de Selves. Une chape de plomb recouvre cet épisode crucial qui a donné lieu à un affrontement droite-gauche. Le rejet de la proposition de régie municipale directe se cache dans les pages jaunies et abîmées des exemplaires reliés des procès-verbaux des séances du conseil municipal de Paris. Ni Jacques Chirac, ni Jean Tiberi, ni Bertrand Delanoë n'ont trouvé les crédits nécessaires, pour microfilmer l'ensemble de ces documents d'archives. Ces énormes pavés, de plus de deux mille pages chacun, sont consultables à la bibliothèque administrative de la mairie de Paris, sous les combles de l'Hôtel de Ville, où l'air conditionné reste à ce jour inconnu. Deux doubles de ces exemplaires partent en lambeaux à force d'être photocopiés et manipulés. Heureusement intact, le troisième n'est jamais communiqué au public. Des crédits sont votés, au goutte à goutte, pour microfilmer petit bout par petit bout l'édition encore en bon état. Dans les comptes rendus s'étalant sur trois semaines de décembre 1910 réside le dernier témoignage de la terrible lutte de pouvoir pour le contrôle de l'eau entre deux clans : socialistes et radicaux-socialistes face aux conservateurs, nationalistes et républicains anticollectivistes. Une lutte où les solidarités maçonniques vont jouer en faveur de la Compagnie. « C'est un fait important pour la naissance du Parti radical, en 1901, et jusqu'en 1939, les liens entre radicalisme et franc-maçonnerie sont extrêmement étroits [3] », note Jean Touchard. Les dirigeants de la Compagnie sont parfaitement renseignés, et même visionnaires : la survie de l'entreprise, son image de marque en France et dans le monde passent par le renouvellement de son contrat dans la capitale.

La philosophie de la Compagnie imprègne déjà bien la culture des élus. En effet, l'Ancien Régime a créé toutes les formes de contrat de délégation de service public et de partenariats public-privé qui ont été validés sous la Révolution, puis l'Empire. Un postulat de départ verrouille tout l'édifice : la garantie d'un bon service est d'autant plus forte que les entreprises ont du crédit, sont de grande taille et en situation de monopole. Sans le dire ouvertement, la Compagnie se fait l'héritière de Colbert, mais à titre privé. Pour lui, l'important était d'obtenir des vaisseaux de guerre qui affrontent les tempêtes, qui rivalisent avec les bâtiments espagnols ou anglais, la question du profit devenant secondaire tant que le coût d'ensemble ne menaçait pas les finances du pays. Aux yeux des conseillers municipaux, le monopole et la question du profit restent également secondaires tant que les finances locales ne sont pas en danger et que les usagers ne manifestent pas dans la rue contre des redevances trop élevées. Le hic : la Compagnie n'est pour rien dans la bonne qualité de l'eau dans la capitale. 81 % (50 % seulement aujourd'hui) des 88 325 abonnés (90 000 de nos jours) sont alimentés en eau de source grâce aux travaux engagés par Haussmann et Belgrand. Le reste provient d'eau de surface de la Seine et de la Marne [4].

En décembre 1910, le renouvellement du contrat d'eau dans

la capitale suppose que certains radicaux-socialistes (22 élus) soient assez séduits par cette double philosophie du profit et du partenariat public-privé pour mélanger leurs voix à la droite, quitte à trahir leurs alliés socialistes [5]. Or, depuis le 3 novembre 1909, quelques radicaux dissidents font basculer la majorité en faveur de la droite au nom de la résistance aux socialistes. Et le premier gouvernement de centre droit d'Aristide Briand, qui vient de succéder à celui du radical Georges Clemenceau le 24 juillet 1910, joue la même partition. Enfin, le 31 juillet, le président de la Compagnie générale des eaux, le baron Rodolphe Hottinguer, qui vient de fêter le 18 janvier son jubilé comme régent de la Banque de France, est nommé officier de la Légion d'honneur sur proposition du ministre des Finances, Georges Cochery, également président de la Banque nationale de crédit. Dans sa lettre de félicitations au patron de la Compagnie, le ministre banquier écrit : « Il m'a été agréable d'avoir pu vous montrer que le gouvernement appréciait hautement la part que vous avez prise au développement des opérations de la Banque de France et les services éminents que vous avez rendus [6]. » Voilà planté le décor, en 1910, juste avant ce débat sur l'eau qui fera beaucoup de vagues à l'hôtel de ville de Paris, mais bien peu dans la presse.

Toutefois, la Générale des eaux est à l'époque l'objet d'une violente, systématique et longue campagne de presse orchestrée par l'ancêtre du PS, la SFIO (Section française de l'Internationale ouvrière). Ce parti vient alors d'être créé en 1905, quatre ans après le Parti radical-socialiste. *L'Humanité*, « journal socialiste » (60 000 exemplaires par jour) dont le créateur et directeur est, à l'époque, Jean Jaurès, reste en effet le seul organe de presse français à avoir osé... Derrière cette polémique se dessinent les enjeux d'une compétition entre socialistes et radicaux sur fond de grèves insurrectionnelles. Alliés, ces deux partis avaient remporté les législatives de 1906 et les municipales dans la capitale deux ans plus tard. La fin du contrat de distribution d'eau qui lie Paris et la Compagnie jusqu'au 31 décembre 1910 offre une fenêtre de tir splendide, mais unique, à cette attaque en règle. Plusieurs fois par semaine, en décembre de la même année, un article de *L'Humanité* tire à boulets rouges sur la Compagnie pendant les débats au conseil municipal. À l'inverse, la plupart des quotidiens nationaux (dont cinq vendent à plus d'un million d'exemplaires) ne consacrent pas une seule ligne à l'affaire ; sauf *Le Petit Journal*, *Le Parisien*, *Le Figaro* et *Le Temps*, en quelques entrefilets noyés en bas de page.

Les titres accrocheurs de *L'Humanité* barrent, eux, souvent la une : « Finance et conseil municipal, la Compagnie générale des eaux, un conseil d'administration », « Le service des eaux de Paris, la fin d'une concession », « Va-t-on la renouveler, comme le demandent le préfet de la Seine et le rapporteur ? », « Le service des eaux, plus le débat avance, plus la régie directe paraît s'imposer », « Le régime des eaux, M. Peuch (radical) défend la concession, le citoyen Paris (socialiste) préconise la régie [7] ». Au conseil d'administration depuis 1891, le futur président de la Compagnie, Alphonse Gérard, voit pour la première fois, le nom de sa discrète famille jeté en pâture à la une de *L'Humanité*, aux côtés de ceux d'administrateurs très connus. Son prénom, lui, reste inconnu des socialistes. En ce mois de décembre 1910, le quotidien *L'Action* ignore superbement l'affaire. Pourtant, quatre ans auparavant, en janvier 1906, ce journal du Parti radical avait publié plusieurs articles qui soulignaient l'avantage de la mise en place d'une régie directe de l'eau par la ville de Paris. En 1907, à leur congrès de Nancy, les radicaux avaient présenté leur programme. Il s'agissait pour le Parti radical de voir jusqu'où il pouvait suivre les socialistes. L'article 20 de ce programme mentionnait : « Le Parti radical et radical-socialiste réclame la reprise par l'État des monopoles de fait, là où un grand intérêt l'exige, notamment pour entrer en possession des grands services nationaux qui exercent une influence décisive sur la production, sur la richesse du pays [8]. » Deux ans plus tard, en 1909, « le congrès radical vota un long programme social qui comprenait, entre autres, la municipalisation des services publics locaux, la nationalisation des mines et des chemins de fer [9] », comme le rapporte Theodore Zeldin dans son ouvrage *Histoire des passions françaises*. Un programme voté à l'unanimité, le congrès n'y voyant que peu d'intérêt.

Fils d'un notaire, conseiller municipal radical de Reims, et d'une mère riche héritière de l'industrie du Champagne, André Morizet se bat bec et ongles pour chasser la Compagnie de Paris. Journaliste socialiste et ancien bibliothécaire au ministère de la Justice, il dit lutter ainsi contre l'« égoïsme foncier de la bourgeoisie [10] ». Son arrière-petite-fille Nathalie Kosciusko-Morizet, polytechnicienne et ingénieur des Eaux et Forêts, députée UMP de l'Essonne, et son petit-fils François Kosciusko-Moret, ingénieur des Ponts et Chaussées et maire UMP de Sèvres, ne jouent pas aujourd'hui tout à fait dans la même cour que lui. Certes, tous deux se passionnent aussi pour les problèmes d'environnement, et notamment de distribution d'eau. André Morizet restera à la postérité comme l'auteur de l'attaque publique la plus violente jamais lancée contre la Compagnie, publiée dans *L'Humanité* du dimanche 26 décembre 1910 : « Les hommes de la Compagnie générale des eaux sont des financiers d'envergure. Si c'est pour les Parisiens une consolation d'être rançonnés par des chefs de grandes bandes, ils ont lieu de se consoler. Ils sont du reste logés à la même enseigne que les habitants de Lyon, Nantes, Nice, Rouen, Arcachon, Rennes, Arras, Boulogne, Lisieux, Ancenis, Toulon, Villefranche (Rhône) et Morlaix, sur qui la Compagnie Générale prélève sa dîme. Ils sont à la même enseigne que les Italiens de Venise, La Spézia, Vérone, Bergame et Naples, que les Portugais de Porto, que les Suisses de Lausanne et que les Constantinopolitains (*sic*) sur qui la Compagnie générale des eaux pour l'étranger, filiale de la nôtre, étend sa domination. Ce qui doit surprendre, ce n'est pas que les financiers volent. Ils font leur métier. Ce n'est pas non plus que les fonctionnaires les servent. Ce qui doit surprendre, c'est que les peuples qui paient consentent à se laisser voler éternellement, c'est qu'ils se laissent gruger par des conseils municipaux comme le nôtre et par des préfets comme de Selves en des flibusteries semblables à l'opération aquatique qui s'accomplit en ce moment. »

Ce réquisitoire contre le pouvoir occulte n'a rien d'anodin sous la plume d'André Morizet, chargé des affaires municipales à *L'Humanité* depuis 1907. Il vise aussi particulièrement les radicaux-socialistes, qui avaient déjà jeté aux oubliettes leurs idées « révolutionnaires » sur la régie directe ou la nationalisation des services publics communaux, peu après leur triomphe aux législatives de 1906. Le radical Georges Clemenceau, président du Conseil jusqu'en 1910, ne fit voter qu'une seule des 17 réformes promises, la nationalisation des Chemins de fer de l'Ouest, à une majorité de trois voix seulement au Sénat. « Cela sentait la corruption, dans la mesure où les actionnaires reçurent des indemnisations les plus généreuses, alors qu'ils avaient laissé le réseau se dégrader gravement [11] », note Theodore Zeldin. Histoire d'illustrer son propos, le sociologue anglais fait un portrait sans concession du président du Conseil : « Grand bourgeois, Georges Clemenceau, 65 ans, vivait dans un appartement chic de Passy avec deux domestiques, portait des vêtements anglais et se meublait chez "Maples". Son frère Paul s'enrichit dans l'industrie des explosifs et faisait partie des 200 familles. Son autre frère Albert, célèbre avocat, avait défendu Stavisky. »

Revenons aux séances du conseil municipal de Paris. Issue des municipales de 1908, la majorité est revenue à gauche. En effet, au scrutin précédent en 1900, la ville avait basculé à droite pour la première fois de son histoire, sous l'influence de l'agitation nationaliste du boulangisme. Radicaux et socialistes ont depuis pris leur revanche. En 1910, la gauche rassemble sur le papier 43 élus, soit 21 socialistes (10 SFIO et 11 socialistes indépendants) et 22 radicaux-socialistes, contre 37 pour la droite (28 conservateurs et 9 monarchistes). D'une année sur l'autre, le président du conseil municipal est en alternance socialiste ou radical-socialiste. Mais cinq ou six radicaux-socialistes forment, depuis le 25 octobre 1909, un groupe dissident qui vote le plus souvent avec la droite. À cette date, le président SFIO du conseil municipal, Émile Chausse, donne sa démission après avoir été mis en minorité sur un texte de soutien à un anarchiste espagnol, Francisco Ferrer Guardia, qui venait d'être exécuté à Madrid. Accusé d'avoir été l'un des meneurs des émeutes antireligieuses de Barcelone en juillet 1909, ce chef du mouvement anticlérical espagnol s'était efforcé de développer dans son pays l'enseignement laïque et rationaliste après un long exil en France. Des radicaux dissidents votent alors pour un républicain modéré, Ernest Caron, le candidat de la droite, qui est élu président du conseil municipal. Dans *L'Humanité* du 6 novembre 1909, Jean Jaurès pointe un doigt accusateur : « La ville de Paris a été livrée à la droite par une coalition de nationalistes, de cléricaux et de radicaux dissidents. Le préfet de la Seine a certainement travaillé depuis plusieurs jours à désorganiser le Parti républicain et il y aura lieu de rechercher les responsabilités gouvernementales. » Ainsi, le tribun socialiste accuse Justin de Selves (lequel a exercé son droit de veto contre la motion du socialiste Chausse qui voulait donner le nom d'une rue à l'anarchiste Ferrer) et le « briseur de grèves », le président du Conseil Georges Clemenceau, d'avoir voulu isoler les socialistes, jugés « intolérants, sectaires, antipatriotiques et antimilitaristes ». Aux municipales de 1908 à Brest, Dijon et Toulouse, le chef du gouvernement avait déjà remplacé le « bloc des gauches » par le « bloc de conservation sociale », c'est-à-dire l'alliance entre les radicaux et la droite, hostiles aux occupations d'usines et grèves insurrectionnelles à répétition.

La droite devient ainsi, en 1909, majoritaire au conseil municipal de Paris et le restera jusqu'à l'élection du socialiste Bertrand Delanoë en 2001 [12]. Mais, sur le papier, le vote en faveur d'une régie municipale de l'eau semble acquis : Gertrude-Léon Paris, socialiste indépendant et président de la sixième commission municipale (eaux, égouts et navigation), en fait son cheval de bataille. Les programmes de la SFIO et du parti radical-socialiste sont officiellement favorables à la régie municipale, jugée moins chère pour la ville. Et pourtant, le texte en faveur de la régie directe va être rejeté de justesse, le 23 décembre 1910, par 38 voix contre 32, avec deux élus de droite excusés, quatre absents (dont un radical-socialiste) et quatre autres n'ayant pas pris part au vote (tous radicaux-socialistes). La majorité absolue est de 36 voix. Quatre radicaux-socialistes (Léopold Achille, Jean-Pierre Lampué, Louis Peuch et Léonce Mossot) et trois radicaux dissidents (Léopold Bellan, Jules-Armand Becret, et Arthur Miniot) unissent leurs voix à celles de la droite pour faire basculer la majorité [13].

Dans le dos du président de la sixième commission, son vice-président, Louis Peuch, a été l'instrument de ce retournement en faveur de la Compagnie. Ce discret directeur d'école originaire du Cantal et exerçant dans le quartier Beaubourg, fief alors du radicalisme, et Justin de Selves, sénateur du Tarn-et-Garonne et préfet de la Seine (à l'époque, depuis Haussmann, le chef de l'administration parisienne est aussi curieusement un élu de la Haute Assemblée), ont mouillé la chemise. Ils arrachent le renouvellement pour vingt-cinq ans de la régie intéressée en faveur de la Compagnie. Pas une voix de droite ne s'est portée en faveur de la régie qui a été boycottée ou rejetée par plusieurs radicaux-socialistes. Ancien avocat, ex-conseiller municipal durant dix ans à Montauban et redoutable orateur, Justin de

Selves, préfet de choc, connaît son affaire sur le bout des doigts, mieux que beaucoup d'élus. Juste derrière les dix-sept ans du règne d'Haussmann, ce haut fonctionnaire à poigne détient le record de longévité. De 1896 à 1911, durant quinze ans d'affilée, il ne cesse de regretter de ne pas avoir les énormes pouvoirs de ses illustres prédécesseurs (Frochot, Chabrol, Rambuteau et Berger), qui n'avaient pas à composer avec des conseillers municipaux élus. L'histoire a retenu le nom de son collègue le préfet Eugène Poubelle, resté à son poste de 1883 à 1896. Justin de Selves a lui sombré dans l'oubli. Le premier a donné son nom aux poubelles, le second aurait pu laisser à la postérité celui de « Monsieur Compagnie ». Cet homme intelligent, ferme et à l'esprit clair a l'oreille de la Compagnie et ne s'en cache pas. Sans la moindre gêne, il promet ainsi en pleine séance du conseil municipal de jouer les « Messieurs bons offices » et d'obtenir que la Compagnie satisfasse telle ou telle demande des élus. Son pouvoir est là. Cet ancien directeur général des postes prend systématiquement position en faveur de la Compagnie.

Le préfet a été à bonne école : sa mère, Marie Freycinet, est la sœur de l'ingénieur Charles Freycinet, un polytechnicien protestant. Charles Freycinet sera par la suite quatre fois président du Conseil de 1879 à 1892 et neuf fois ministre. « Il assistait Gambetta dans les tâches administratives et techniques, explique Theodore Zeldin. Freycinet était un des hommes les plus puissants de la IIIe République parce qu'il poussait à la perfection son rôle d'intermédiaire, de conciliateur et d'administrateur. Exemple exceptionnel de la façon dont les affaires, la bureaucratie et la politique s'interpénétraient les unes les autres, pour éviter les conflits. Jusqu'à ce qu'il s'installe en politique, Freycinet resta fonctionnaire, prenant souvent des congés pour vaquer à des tâches politiques ou industrielles [14]. » Jeune lieutenant, Justin de Selves exerce d'abord ses talents à l'âge de 22 ans, en 1870, à la direction des services administratifs du ministère de la Guerre à Tours, où son oncle est délégué du gouvernement de Bordeaux. Protégé de Gambetta, celui-ci sera son mentor en politique et dans le monde des affaires. Intermédiaire rêvé, l'oncle Freycinet, sénateur républicain modéré dit « opportuniste » pendant quarante-trois ans, avait à l'évidence discrètement mis en contact, depuis fort longtemps, son neveu

Justin de Selves avec les grands patrons de la Générale des eaux. Edward Blount, président de la Compagnie jusqu'en 1901, puis son successeur Rodolphe Hottinguer. Plusieurs membres du conseil d'administration de la Compagnie (comme le président du Comité des forges, le baron René Reille, un vieux hobereau conservateur chantre du protectionnisme), les banquiers Pillet-Will, Mallet et Stern, tous connaissaient très bien l'« ingénieur Freycinet ». Celui-ci avait fait voter par le Parlement en 1883 un plan pour doubler le réseau ferroviaire français en vingt ans (de 17 400 à 39 000 kilomètres) sans augmenter les impôts. C'est-à-dire en accordant des concessions au « Syndicat des chemins de fer », dont les représentants siégeaient pour une bonne part au conseil d'administration de la Générale des eaux [15]. Et Justin de Selves, comme tous les préfets à l'époque, bénéficiera d'un laissez-passer spécial accordé par les six principales compagnies de chemin de fer.

L'argumentaire en faveur de la Compagnie du préfet Justin de Selves est simple, efficace, et ressemble à s'y méprendre à celui employé par le premier maire de Paris, Jacques Chirac, pour privatiser définitivement la distribution de l'eau, soixante-quatorze ans plus tard. Mais si la position de Jacques Chirac, en 1984, est somme toute logique – il est maire et veut privatiser la distribution de l'eau au bénéfice de son ami Jérôme Monod, PDG de la Lyonnaise des eaux –, le plaidoyer du préfet Justin de Selves au bénéfice de la Générale des eaux apparaît, lui, étrange. Ce haut fonctionnaire outrepasse ses fonctions. Que disent la loi et les règlements ? La quasi-totalité des délibérations du conseil municipal de Paris reste à l'époque soumise à autorisation du préfet de la Seine qui est là pour siffler tout franchissement de la ligne jaune. Gardien du carcan de la tutelle de l'État imposé depuis Napoléon à la capitale considérée comme une ville dangereuse, frondeuse, voire insurrectionnelle, Justin de Selves doit être le garant de l'apolitisme du conseil municipal.

Or le préfet s'en affranchit avec un culot de sapeur : « On a beaucoup parlé, depuis le commencement de cette discussion, de questions de principes ; on a même évoqué à propos du régime des eaux, certaines théories politiques. J'avoue n'avoir pas saisi ce que questions de principes et considérations politiques ont à faire dans cette espèce et dans ce cas [16]. » Le préfet de la Seine est le représentant de l'État, plus précisément du socialiste indépendant Aristide Briand, président du Conseil d'un gouvernement de centre droit formé suite à la mise en minorité de Clemenceau en 1910. Clemenceau fustige Aristide Briand ce « voyou de passage », ce « monstre de souplesse », ce « sans-culotte à la recherche d'un pantalon », ce « Nantais chassé pour s'être fait prendre dans un pré lutinant une femme mariée ». Henriette Caillaux dresse, elle, un portrait au vitriol de l'ex-socialiste révolutionnaire en 1889, Aristide Briand, « nimbé de cette réputation que Daudet a contribué à sceller, élevé dans un lupanar, entremetteur dès l'adolescence, renégat tout le temps [17] ».

Sans qu'Aristide Briand s'en formalise le moins du monde, Justin de Selves troque carrément, le 23 décembre 1910, son uniforme de préfet contre son ancienne robe d'avocat, au bénéfice de la Compagnie générale des eaux. Le haut fonctionnaire fausse le débat : il le place au niveau d'un encaisseur modèle (la Compagnie) qui, pour 1909, n'a plus que 199 quittances à recouvrer sur 383 723 au total. Certes entre la municipalité et les abonnés, la Compagnie joue à la perfection un rôle ingrat : celui d'un tampon, d'un intermédiaire commode qui n'hésite pas à faire couper l'eau s'il y a lieu. « Messieurs, c'est un principe de bonne administration, soutient Justin de Selves. Lorsqu'un service fonctionne convenablement, il serait vraiment téméraire de le confier à d'autres personnes. [...] Vous avez à percevoir une recette pour le compte de la ville. Il arrive fréquemment, je l'ai dit, que vous chargiez des étrangers de perceptions de cette nature. Or la Compagnie des eaux les accomplit à la perfection ; jusqu'à 34 millions (de collecte de recettes pour la ville), elle ne perçoit pas un centime de bénéfice, et vous l'écarterez ? Vous créeriez un personnel et des charges nouvelles [18] ? »

En somme, le préfet demande à son auditoire d'élever une statue à la Compagnie. Un des conseillers municipaux socialistes, Constant-Clément Berthaut, le lui suggère, puis remet les pendules à l'heure : « Ce n'est pas tant le bénéfice de la Compagnie qui importe à celle-ci que le titre de concessionnaire de la ville de Paris qui lui permet de traiter de brillantes affaires en province et même à l'étranger. » Gêné par la remarque, l'avocat préfet n'hésite pas à proférer un gros mensonge : « La Compagnie ne fait aucune affaire à l'étranger. C'est une autre Compagnie [19] ! » Plus c'est énorme, plus ça passe... La

Compagnie générale des eaux et sa sœur, la Compagnie des eaux pour l'étranger, ont alors leur siège social à la même adresse au 52, rue d'Anjou, à Paris. Sur les dix administrateurs de chacune d'entre elles, cinq sont les mêmes ou portent le même nom de famille. Partisan d'une régie entièrement municipale de l'eau, le conseiller Berthaut plaide pour que ce soit plutôt à la Compagnie de payer une redevance à la ville de Paris en échange de la publicité gratuite engrangée grâce à son titre de concessionnaire. « Croyez-vous qu'il soit conforme aux intérêts de la ville de créer de nouveaux postes de fonctionnaires ? fait mine de s'interroger le préfet pour déplacer à nouveau le débat. Ce sont précisément ceux qui se plaignent le plus du fonctionnarisme qui proposent les solutions entraînant la création de nouveaux postes ! Si nous les écoutons et suivons, il n'y aura plus en France que des postes de fonctionnaires. […] Je vous demande de ne pas augmenter encore le nombre des agents des services publics[20]. »

Le préfet Justin de Selves peut mentir effrontément sans risquer d'être souvent contredit par un élu. Pour s'en convaincre, il n'y a qu'à relire une déclaration faite quatre-vingt-onze ans plus tard. Son auteur parle d'or : il a été conseiller juridique et fiscal de la Lyonnaise des eaux de 1976 à 1983. Député-maire UMP-RPR de Deuil-la-Barre depuis 1978, Jean-Pierre Delalande fait part de ses inquiétudes le 8 février 2001 : « La renégociation des contrats [d'eau]. J'ai des souvenirs cuisants à cet égard. J'ai été obligé de renégocier le mien alors qu'il datait de 1932. Nous y avons passé un temps considérable ! Mon secrétaire général, le directeur des services techniques, mon adjoint et moi-même avons passé des après-midi entiers à essayer de comprendre comment cela marchait et à quoi cela correspondait ! Nous ne comprenions rien et il y avait des formules complètement absconses, compliquées à souhait par des générations successives d'ingénieurs. Nous avions le sentiment de ne pas pouvoir obtenir les renseignements, alors que la date de l'échéance arrivait et que nous allions être dans l'illégalité. Nous étions donc contraints de faire approuver un contrat par le conseil municipal mais nous n'étions pas convaincus de ce à quoi nous étions arrivés. Il nous a fallu encore deux ou trois ans d'efforts inlassables pour obtenir des informations et essayer de modifier les choses. La vérité, c'est que, dans ces affaires, le maire, au bout du compte, est considéré comme responsable par la population alors qu'il n'a que très peu de moyens. Peut-être ne nous étions-nous pas fait suffisamment conseiller... Toujours est-il que je suis ressorti, après ce parcours du combattant, avec le même sentiment d'impuissance renforcée et, surtout, d'insécurité absolue dans tous les domaines. Donc je pense que nous nous heurtons à une vraie difficulté[21]... »

À la lecture de ces quelques lignes, on imagine que presque un siècle plus tôt un certain Louis Peuch n'a pas eu trop de mal à faire basculer la majorité du conseil municipal en faveur du préfet et de la Compagnie. Totalement inexpérimenté en matière de gestion d'un service public de l'eau, Louis Peuch, un « novice qui apprend vite », exerce alors les fonctions de directeur de l'école primaire de la rue du Bourg-l'Abbé. Fils de cultivateur et originaire du Cantal, ce grand travailleur n'a jamais ménagé sa peine pour s'intégrer à la vie de la capitale. Il a été notamment l'un des fondateurs de la Soupe populaire. En plein cœur du IIIe arrondissement, entre Rambuteau et le Conservatoire national des arts et métiers, il commence ainsi une longue carrière politique dans un fief radical-socialiste. Ici, dans le quartier de Saint-Avoye, cet ancien « instit » gagne le soutien de loges maçonniques, de clubs et d'associations qui pullulent. La guerre au presbytère et à l'Église, en champion de l'individualisme radical, il l'a faite, mais pas question pour lui d'exiger le droit syndical pour les enseignants, une revendication pourtant soulevée par ses collègues instituteurs radicaux ou socialistes.

Ce vrai modéré ne supporte plus les grèves de postiers et autres fonctionnaires, l'agitation sociale des vignerons et des mineurs que Clemenceau vient de réprimer brutalement avec l'armée. Jusqu'au terme de son mandat en 1940, cet élu radical va donc voter avec la droite conservatrice, nationaliste et monarchiste, qui fera de lui le président du conseil municipal entre 1922 et 1923. Il pratiquera avec ses amis radicaux dissidents une union constante avec l'Alliance républicaine démocratique, un « rassemblement de modérés dreyfusards attachés à la laïcité et au monde des affaires ». En fait notamment partie Joseph Caillaux, président du conseil d'administration de trois banques (le Crédit foncier égyptien, le Crédit foncier argentin et le Banco Rio de la Plata) et également futur chef de gouvernement, qui nommera le préfet de la Seine, Justin de Selves, ministre des

Affaires étrangères [22]. Un Joseph Caillaux qui est fils de l'ancien ministre des Finances Eugène Caillaux, devenu président de la Compagnie de chemin de fer (PLM), et petit-fils par sa mère d'un banquier protestant. À cette époque, la plupart des administrateurs de la société PLM occupent encore les mêmes fonctions à la Compagnie générale des eaux. La boucle est bouclée.

Revenons aux débats sur l'eau en 1910. Dans son rapport, le radical-socialiste Louis Peuch, rapporteur de la sixième commission (eaux, égouts et assainissement), prend tous ses « amis » de gauche à contre-pied. À leur grand étonnement, il préconise le renouvellement du contrat avec la Générale. Pour rédiger ce document de 79 pages truffées de chiffres, l'enseignant a reçu l'aide du seul vrai « sachant », en la personne du directeur général de la Compagnie, Paul Boutan. Polytechnicien et ingénieur général des Ponts et Chaussées, celui-ci est l'interlocuteur incontournable du préfet de la Seine depuis quinze ans déjà. Et le 19 octobre 1910, Louis Peuch développe exactement les mêmes arguments que reprendra le préfet de la Seine quatre jours plus tard. Attaqué par des membres de son parti pour non-respect du programme radical en faveur des régies municipales directes, ce réfractaire biologique au socialisme va jouer sur les mots : « La régie municipale des eaux est déjà faite, en réalité, et la régie qui est en cause aujourd'hui est une bien petite régie. [...] Je ne m'explique pas très bien que ce mot revienne toujours au cours de nos discussions et qu'on nous demande constamment d'établir la régie directe, en qui concerne le service des eaux. Cette régie directe existe ; elle existe depuis bien longtemps. Il n'y a que la question de la perception qui nous occupe aujourd'hui [23]. » Et d'insister sur les primes de gestion extraordinaires auxquelles la Compagnie propose de renoncer : « Cette année 1910, en vertu du traité de 1860, la Compagnie touchera, sur une recette de 24 millions de francs (494,7 millions de francs d'aujourd'hui), 2,2 millions de francs (44 millions de francs d'aujourd'hui). L'an prochain, si vous acceptez ses propositions, elle touchera un million seulement (20,6 millions de francs d'aujourd'hui), soit pour la ville un bénéfice d'1,2 million de francs. Assurément, la Compagnie avait un intérêt capital à obtenir la recette des eaux de Paris ; mais, je vous le dis en toute sincérité, elle y a mis le prix. » Le président de la Compagnie, Rodolphe Hottinguer, accepte de réduire de moitié son pactole.

Il ne prend pas cette décision à la légère. Très bien informé, « Toto », pour ses intimes du Jockey Club, veut avant toute chose éviter de perdre le contrat de Paris au profit d'une régie municipale directe qu'il sait beaucoup plus économique pour la ville. Cet amoureux des belles choses, grand admirateur de l'actrice Sarah Bernhardt, décrit comme paresseux mais très brillant, cite souvent pour se justifier sa maxime favorite : « Le mouvement des fonds est tellement lié à la politique que l'opinion des banquiers n'a pas de valeur[24]. » La confirmation de ses dires se cache dans le compte rendu de l'assemblée générale de la Compagnie du 29 mai 1911. Dans son rapport au conseil d'administration, le président, le baron Rodolphe Hottinguer, régent de la Banque de France, vice-président de la compagnie des chemins de fer PLM et de la Caisse d'épargne de Paris, s'étend longuement sur les difficultés du renouvellement du contrat avec la ville de Paris : « Il fallait en effet prévoir qu'on contesterait à cette occasion l'utilité d'interposer un régisseur entre les abonnés et la ville de Paris, sous prétexte que les progrès de l'hygiène ayant répandu l'usage de l'eau dans presque tous les immeubles, le développement de la consommation doit se produire sans efforts, et la perception ne donner lieu à aucune difficulté. [...] Le conseil municipal devait nécessairement tenir compte de l'état d'esprit qui avait entraîné la minorité à préconiser la régie directe. Nous ne pouvions, de notre côté, méconnaître une telle situation. Votre conseil d'administration a jugé qu'il devait se montrer très accommodant, au point d'accepter, pour la recette aujourd'hui acquise, une rémunération qui couvrira à peine nos frais actuels, afin de conserver à notre Compagnie la situation morale attachée à sa longue collaboration aux services municipaux de la capitale[25]. » Mais la Compagnie gagnera tout de même, chaque année à partir de 1911, l'équivalent d'une somme forfaitaire de 20,6 millions de francs d'aujourd'hui pour remplir un rôle de simple garçon de course. C'est-à-dire établir et recouvrir des factures d'eau pour les 88 000 abonnés environ à l'époque. Ce qui signifie, selon les propres chiffres de la Compagnie, que la perception des factures lui rapporte à l'époque 32 euros environ par habitant. Ce qui fait cher la facture...

Au passage, les conseillers municipaux se sont beaucoup préoccupés des conditions de travail des employés de la société.

Lors de l'assemblée générale de la Compagnie du 29 mai 1911, le président Rodolphe Hottinguer le reconnaîtra : « Le conseil municipal [a] marqué sa bienveillance pour le personnel qui collabore au service de la ville, en affectant une somme de 100 000 francs [2 millions de francs d'aujourd'hui] au relèvement des salaires des agents[26]. » Petit détail important : à l'image des factures des abonnés, les feuilles de paie des garçons de course de la Générale sont alors presque illisibles, tellement elles sont compliquées. La Compagnie leur laisse croire, suprême habileté, qu'ils sont fonctionnaires. Et ces fontainiers fonctionnaires s'adressent naturellement au préfet de la Seine. Leurs deux syndicats de la régie de Paris lui écrivent leurs doléances, que celui-ci transmet au conseil municipal. Résultat : ces employés décrochent une augmentation de 12 à 15 % qui ne coûte pas un centime à la Compagnie[27]. Le pouvoir occulte ne casse pas sa tirelire pour de simples garçons de course... Un an auparavant, en janvier 1909, s'est constitué le premier embryon de la future section syndicale CGT, sous l'appellation de « comité d'entente ». Un organisme qui regroupe les garçons de course et les employés de bureau de la régie, mais aussi les fontainiers et les ouvriers des trois usines de traitement d'eau dans la banlieue parisienne. En 1910, plusieurs de ses membres et son premier leader, un certain Morin, sont révoqués par le président Hottinguer.

Ils ont eu le toupet de déposer des demandes d'augmentation de salaire ! Inutile de prendre des gants avec ces « agitateurs » qui, à l'époque, n'ont que peu de contact avec les maires socialistes de banlieue. Lors du débat sur le renouvellement de la régie de Paris en décembre 1910, aucun élu ne fait allusion au licenciement de Morin et de ses camarades. Ceux-ci alignent leurs revendications salariales sur celles des gaziers et électriciens. La puissante Fédération nationale CGT de l'éclairage (qui, en 1914, rassemble déjà 14 000 adhérents) recrute alors essentiellement ses militants à la Lyonnaise des eaux et de l'électricité ainsi que dans le groupe Empain. Elle a obtenu, en 1907, que l'assimilation au personnel municipal soit reconnue dans les contrats passés entre la ville et les compagnies d'électricité. Pour obtenir gain de cause, les électriciens ont coupé le courant, le 8 mars 1907, plongeant Paris dans le noir. Morin et ses camarades de la Compagnie sont alors à des années-lumière de ces formes de luttes. Ils ne couperont jamais l'eau aux abonnés et n'adhéreront à la CGT qu'en février 1919 [28].

Une fois la régie municipale de l'eau repoussée au conseil municipal de Paris par six voix seulement de majorité, *L'Humanité* épargne le radical-socialiste Louis Peuch, préférant réserver ses flèches au sénateur préfet de la Seine, Justin de Selves : « Tous les services de la ville sont maintenant concédés pour vingt-cinq, trente ou quarante ans. M. de Selves peut donc quitter l'Hôtel de Ville fier de la besogne qu'il a mis tant d'opiniâtreté à remplir. Il a bien mérité de la haute banque. Les requins de notre République bourgeoise, en souvenir des services rendus, conclut le journaliste perfidement, ne pourront refuser de l'aider à conquérir les nouveaux honneurs qu'il ambitionne [29]. » La prédiction de Jean Jaurès se réalise six mois plus tard : le 30 juin 1911, Justin de Selves quitte la préfecture de la Seine pour devenir ministre des Affaires étrangères du président du Conseil Joseph Caillaux (sept fois déjà ministre des Finances), intronisé trois jours avant. Il sera plus tard président du Sénat. Pourtant, Mme Henriette Caillaux le décrit comme un « être falot », un « sot dangereux [30] ». La victoire à Paris de la Compagnie et du préfet de la Seine sonne le glas des régies municipales de distribution d'eau, qui alimentent en 1914 encore quatre habitants sur cinq dans l'Hexagone. Fini de brocarder la Compagnie dans *La Revue socialiste* qui prônait, depuis 1905, un socialisme dit moderne à travers la nationalisation ou la mise en régie municipale directe des principaux services publics : eau, gaz, électricité et chemins de fer. Tête de pont de la tendance chauvine et colonialiste du parti, cette publication avait fondé beaucoup d'espoir sur le non-renouvellement de la concession de l'eau à la Générale dans la capitale [31].

André Morizet, Henri Sellier, chef de service au ministère du Travail et conseiller général de Puteaux, et Albert Thomas, ancien journaliste à *L'Humanité* et député, font partie du mouvement syndical et coopératif. De fil en aiguille, les trois théoriciens du renouveau idéologique s'intéresseront à la notion de service public dans la capitale, à Lyon et en banlieue parisienne. Ils s'inspirent des thèses du socialiste modéré Paul Brousse, ancien vice-président du conseil municipal de Paris, et de socialistes allemands. Lesquels défendaient une théorie des services publics dont la prise en main par la collectivité doit conduire au socialisme. Brillant normalien reçu premier à l'agrégation d'histoire, Albert Thomas est élu maire de Champigny-sur-Marne en 1912. Sur 78 communes de banlieue du département de la Seine, il n'y a alors que neuf maires adhérents de la SFIO, trente-cinq radicaux-socialistes et quatre socialistes indépendants. Ces socialistes unifiés sont pour la plupart de la tendance guesdiste, des purs et durs. Au congrès de Bâle de l'Internationale socialiste, en 1912, Albert Thomas est l'un des porte-parole de la droite réformiste, c'est-à-dire des socialistes dits « réalisateurs » qui rejettent l'idée du tout État. Pour eux, la nationalisation de l'eau n'est pas seulement la reprise par l'État de la production, mais aussi et surtout la gestion de la distribution de ce précieux liquide. Trop marqué à droite (il est favorable à l'union avec les radicaux), Albert Thomas est battu aux municipales de 1919 à Champigny-sur-Marne après avoir occupé, au nom de l'« union sacrée », les fonctions de sous-secrétaire d'État aux Munitions en 1915, puis de ministre de l'Armement en 1916 et 1917. Un poste qu'il avait dû abandonner sur les ordres de la SFIO, devenue pacifiste à l'époque. André Morizet et Henri Sellier ont difficilement pardonné au ministre Albert Thomas la belle gaffe que cet adversaire patenté de la Générale des eaux avait faite un jour en prenant la parole à la Chambre des députés.

Cet homme de gauche, fils d'un boulanger de banlieue, avait mis en valeur le rôle du Comité des forges (club mondain rassemblant les grands patrons de la sidérurgie). Selon ses propos, cet organisme patronal avait « rendu au ministère de la Guerre un service considérable ». « On ne m'amènera pas à condamner, avait-il renchéri, une activité qui, dans l'ensemble, a été disciplinée au service du pays et, je le répète, a bien servi la défense nationale. » Or personne n'ignorait, et surtout pas lui, que la famille Reille, une grande dynastie industrielle, avait présidé le Comité des forges par le biais du baron René Reille. Et que le comte Victor Reille était l'un des administrateurs de la Compagnie générale des eaux, principale cible des thèses de Thomas, Sellier et Morizet sur la suppression du capitalisme dit « monopoleur »[32]. En décembre 1910, dans *L'Humanité*, le journaliste André Morizet avait cloué au pilori tous les principaux administrateurs de la Compagnie, dont Victor Reille… Le même Victor Reille sera, en 1916 et 1917, président de la Compagnie de Saint-Gobain, dont il était administrateur depuis la fin du siècle précédent aux côtés d'Alphonse Gérard, futur président de la Générale. Peu après son échec électoral de 1919, Albert Thomas abandonne la banlieue et la SFIO, devenue à son grand dam pacifiste. Vivant témoignage de l'échec d'un réformisme socialiste fondé sur les réalités économiques, il devient le premier directeur du Bureau international du travail à Genève.

À la Générale des eaux, le président le baron Rodolphe Hottinguer ne versera pas une larme sur la fin politique d'Albert Thomas, son vieil ennemi qui, dix ans plus tôt, avait largement inspiré les écrits incendiaires d'André Morizet sur la Compagnie dans *L'Humanité*. Toujours en 1919, Henri Sellier et André Morizet sont élus respectivement maires de Suresnes et de Boulogne-Billancourt. Tous les deux voient leur courant du socialisme municipal renforcé par l'élection de trois de leurs amis réformistes : Jean-Marie Clamamus à Bobigny, Georges Gérard au Kremlin-Bicêtre et Charles Auray à Pantin. À l'inverse d'Albert Thomas, tombé à droite, mais qui reste cependant toujours leur ami, André Morizet et Henri Sellier négocient alors un virage en épingle à cheveux, passant de l'aide droite de la SFIO au Parti communiste. Ils y retrouvent Morin et ses camarades du « comité d'entente » de la Compagnie, qui viennent d'adhérer à la CGT et au PCF. Une nouvelle formation qui ne semble pourtant pas se passionner pour leurs thèses novatrices en faveur des régies municipales pour l'eau, l'électricité et le gaz, l'affirmation du service public dans le logement et la santé et l'aide aux coopératives.

Pourtant, le parti leur doit beaucoup, notamment le ralliement de la plupart des maires et conseillers généraux socialistes du département de la Seine. Un ralliement qui se fait au congrès de la SFIO à Tours en 1920, lequel voit la victoire historique du camp communiste sur les socialistes. Henri Sellier devient, en 1921, secrétaire du groupe communiste des conseillers municipaux de Paris et des élus de la Seine. Exclu du PCF en octobre 1921, il revient au bercail, à la SFIO, deux ans plus tard, mais devra attendre 1935 pour entrer au Sénat. Exclu lui aussi en janvier 1923, pour « complicité de franc-maçonnerie », son ami André Morizet, maire de Boulogne-Billancourt, devient « socialo-communiste » et sera élu sénateur en 1927. Il sera aussi, à la même époque, initié en maçonnerie « pour embêter les communistes », aimera-t-il dire, des communistes qui interdisaient cette double appartenance. Et comme Henri Sellier, il retournera à ses premières amours, la SFIO, mais seulement en 1927 [33]. Morin et ses camarades resteront, eux, au Parti communiste, comme la majorité de leurs camarades de la fédération CGTU de l'éclairage. Il faudra attendre soixante-trois ans pour voir un responsable non communiste élu secrétaire général national du syndicat CGT réunifié de la Compagnie générale des eaux. De 1982 à 1985, un ex-militant communiste, Claude Viaud, occupera ce poste après avoir été élu à la barbe et au nez de Marcel Trin, représentant de la puissante section syndicale très procommuniste de la banlieue parisienne. Or, depuis 1920, le responsable de la section communiste de la Compagnie et le secrétaire général de la CGTU (redevenue CGT à partir de 1936) de la même entreprise ne faisaient qu'un [34]...

NOTES

1. Voir Dominique Lorrain, *Gestion urbaines de l'eau*, Economica, 1995, p. 43-56 ; Liliane Franck, *Eau à tous les étages*, 1999, p. 94-95.

2. Veuve d'un ancien directeur régional de la Compagnie à Montpellier, Mme Liliane Franck a édité elle-même *Eau à tous les étages, l'aventure de l'eau à domicile à travers l'histoire de la Compagnie générale des eaux*. En partenariat avec le comité central de l'entreprise de la CGE et d'une de ses filiales, cet ouvrage, imprimé à 13 000 exemplaires, a été offert aux membres du personnel de la filière eau « pour marquer l'an 2000 et le tournant opéré par le groupe ». Terminé en 1993 et publié en 1999, l'ouvrage n'a finalement reçu l'imprimatur ni de Guy Dejouany, ni de Jean-Marie Messier.

3. Jean Touchard, *La Gauche en France depuis 1900*, Le Seuil, p. 42.

4. Voir rapport n° 176 de 1910 de la 6e commission du conseil municipal sur le service des eaux, p. 2.

5. Voir Yvan Combeau et Philippe Nivet, *Histoire politique de Paris au XXe siècle*, PUF, 2000, p. 49-51.

6. Max Roger, *Les Hottinguer*, 1972.

7. Voir *L'Humanité* des 11, 12, 20, 22, 23, 24, 26 et 27 décembre 1910.

8. *Le Radicalisme*, Que sais-je ?, p. 52.

9. Theodore Zeldin, *Histoire des passions françaises*, t. IV, *Colère et politique*, p. 508.

10. *Journal d'André Morizet*, Institut français d'histoire sociale.

11. Theodore Zeldin, *Histoire des passions françaises*, *op. cit.*, p. 391.

12. Voir Yvan Combeau, *Paris et les élections municipales sous la IIIe République*, L'Harmattan, 1998, p. 267-295.

13. Voir compte rendu des débats du conseil municipal de Paris du 23 décembre 1910, p. 910-911 ; Nobuhito Nagaï, *Les Conseillers municipaux de Paris de la IIIe République (1871-1914)*, thèse de doctorat, université de Paris-I, septembre 1997, p. 97.

14. Theodore Zeldin, *Histoire des passions françaises*, *op. cit.*, p. 391-399.

15. Voir conseils d'administration du PLM en 1910.

16. Voir compte rendu des débats du conseil municipal du 23 décembre 1910, p. 901, 903-905.

17. Voir Anne Sabouret, *Une femme éperdue, mémoires apocryphes de Mme Caillaux*, Grasset, 1990, p. 96.

18. Voir compte rendu des débats du conseil municipal de Paris du 23 décembre 1910, p. 903-905.

19. Voir compte rendu des débats du conseil municipal de Paris du 19 décembre 1910, p. 789.

20. *Ibid.*

21. Voir *Mission d'évaluation et de contrôle, de l'opacité à la transparence : le prix de l'eau*, commission des finances de l'Assemblée nationale, 2001, n° 3081, p. 78-89.

22. Voir Jean Garrigues, *Les Patrons et la politique de Schneider à Seillière*, Perrin, 2002, p. 63 et Anne Sabouret, *Une femme éperdue, mémoires apocryphes de Mme Caillaux*, *op. cit.*, p. 239.

23. Compte rendu des débats du conseil municipal du 12 décembre 1910, p. 660.

24. Voir Max Roger, *Les Hottinger*, *op. cit.*

25. Voir compte rendu de l'assemblée générale de la CGE du 29 mai 1911, p. 4 et 5.

26. *Ibidem*, p. 6.

27. Voir lettre des deux syndicats au préfet.

28. Voir *Histoire de la CGT à la Compagnie générale des eaux*, p. 4, et Michel Dreyfus, *Histoire de la CGT*, Complexe, 1995, p. 58-59, 68-69.

29. *L'Humanité*, 24 décembre 1910, p. 2.

30. Voir Anne Sabouret, *Une femme éperdue, mémoires apocryphes de Mme Caillaux*, *op. cit.*, p. 75.

31. Voir Georges Lefranc, *Le Mouvement socialiste sous la IIIe République*, Petite Bibliothèque Payot, 1980, p. 442-443.

32. Voir Jean Garrigues, *Les Patrons et la politique de Schneider à Seillière*, *op. cit.*, p. 91 et 102 ; la une de *L'Humanité* du 26 décembre 1910 sur la CGE.

33. Voir « Biographies croisées des maires de banlieue », dans *Banlieue rouge*, Autrement, p. 184-185, 188-189 ; Georges Lefranc, *Le Mouvement socialiste sous la IIIe République*, *op. cit.*, p. 254 à 256.

34. Entretien de l'auteur en mai 2004 avec Jean-Luc Touly, trésorier national du syndicat CGT Générale des eaux de 1982 à 1985.

VI

La Compagnie s'affiche socialiste, la Lyonnaise libérale et numéro un de l'électricité

Pendant et après la guerre de 14-18, la Compagnie se trouve à deux doigts de déposer son bilan. Les deux premiers présidents, le comte Henry Siméon et lord Edward Blount, avaient bien fignolé la rédaction des contrats d'eau jusque dans les moindres détails. Sauf qu'ils n'avaient pu prévoir l'imprévisible, pas plus que leur successeur, le baron Rodolphe Hottinguer. Tout va bien jusqu'à la Grande Guerre pour les deux distributeurs d'eau. Puis l'imprévisible se manifeste : pour financer l'effort de guerre, le gouvernement va recourir massivement à la planche à billets. L'inflation frappe les salaires et le coût des matières premières, les prix du kilowatt/heure d'électricité et du kilo de charbon vont ainsi être multipliés par 7,5 entre 1913 et 1920. Or les contrats d'eau ne comprennent aucun système d'indexation de prix. Ainsi, des années 1870 à 1920, la Compagnie se rémunère dans la banlieue parisienne grâce à des abonnements de 25 francs par an pour chaque utilisateur, tarif qui ne bougera pas pendant cinquante ans [1]. Petit souci : la quasi-totalité de ces contrats (sauf à Paris) sont alors des concessions. Propriétaires de toutes les installations pour l'alimentation en eau potable, la Compagnie et la Lyonnaise financent donc l'entretien du matériel et des usines ainsi que tous les investissements. Or, ce financement, elles l'assurent uniquement en prélevant leur dîme sur chaque facture d'abonné. Donc, si le prix de l'eau ne suit pas l'inflation, la Générale et la Lyonnaise travaillent pour le roi de Prusse... Seule différence, la seconde produit elle-même de l'électricité et du gaz, qui lui fournissent les quatre cinquièmes de son chiffre d'affaires.

Le Conseil d'État donne dès 1916 un coup de main à la

Compagnie : il introduit la notion d'« imprévision », qui donnera au concessionnaire chargé de la distribution d'eau des garde-fous pour adapter ses contrats à des événements imprévus[2]... Une chose est sûre : cette nouvelle jurisprudence a été établie par la section travaux publics du Conseil d'État, où un certain Théodore Tissier est tout à la fois maître des requêtes et client de la Compagnie, en tant que maire de Bagneux dans la banlieue sud de Paris. Reste qu'il faut alors obtenir l'introduction de cette toute nouvelle jurisprudence dans les contrats. La Compagnie va s'y employer, et d'abord dans la banlieue parisienne, où ses abonnés sont les plus nombreux et les maires SFIO incontournables. Pour atténuer l'hostilité de ces élus socialistes à son encontre, elle réembauche, en janvier 1919, Morin et ses camarades du « comité d'entente », embryon de syndicat, qui avaient été révoqués neuf ans plus tôt pour avoir exigé des augmentations de salaire *(voir chapitre V)*. En février de la même année, ces derniers créent le Syndicat des agents de la régie de Paris et des autres exploitations et filiales de la Compagnie générale des eaux, qui adhère aussitôt à la CGT.

Le président de la Compagnie, le baron Rodolphe Hottinguer, décède le 23 mai 1920, sans avoir pu régler définitivement le dossier vital de l'indexation. Son successeur, le baron Alphonse Gérard, va s'y atteler de manière extrêmement discrète. Il a tiré la leçon de la campagne de presse de *L'Humanité* de décembre 1910. Inutile de rechercher Alphonse Gérard, ce grand chasseur devant l'éternel, parmi les derniers protagonistes de duels, les officiers auteurs d'actes de bravoure (pendant la guerre de 14-18) et les héros de la Belle Époque. Majoritaires parmi les administrateurs, les banquiers n'ont pas choisi par hasard d'installer un représentant de la lignée des Gérard à la tête de l'entreprise. Une famille en marge, comme le souligne l'historien Jean-Pierre Daviet : « Les Gérard occupent une position à part : beaucoup plus intéressés par la technique que par les sentiments collectifs ou la politique. Ils ont engagé proportionnellement davantage de leur fortune à Saint-Gobain que les autres administrateurs. Soucieux d'une gestion plutôt rigoureuse, ils n'adoptent pas les vues les plus hardies, et regardent avec méfiance les fusions[3]. » Aux yeux des maires socialistes et des radicaux de la banlieue parisienne, le baron Alphonse Gérard, X-Mines, sera un PDG beaucoup plus présentable que les autres administrateurs, banquiers ou assureurs dans leur grande majorité : les Stern, Mallet, Pillet-Will, Hottinguer, Reille, Cambefort, Joly de Bammeville et Montesquiou. L'homme de la rue ignore complètement que le baron Alphonse Gérard est aussi président de la Compagnie de Saint-Gobain depuis 1917, à l'époque la plus prestigieuse entreprise française, pratiquement la seule à être citée dans les manuels scolaires. Il passe, dit-on, une fois par mois rue d'Anjou, pour présider le conseil d'administration de la Générale, au premier étage. Charmant, bien élevé, mais dénué du moindre charisme, et inconnu de la quasi-totalité de ses employés, Alphonse Gérard n'est jamais descendu dans un égout.

Officiellement, le baron laisse la bride sur le cou aux grands directeurs de la Compagnie, X-Mines ou X-Ponts comme lui, qui définissent, gèrent et contrôlent le savoir et les normes des métiers de l'eau. Ces polytechniciens, qui tiennent les manettes de l'eau dans les grandes villes, ne peuvent que s'entendre avec l'élite de la haute bourgeoisie d'affaires propriétaire de la Générale. Les salons parisiens bruissent des faits et méfaits des ingénieurs des Ponts et Chaussées et des préfets, dont Alexis de Tocqueville décrivait déjà la puissance à la Bourse de l'influence dans *L'Ancien Régime et la Révolution. A fortiori* quand ces « Don Quichotte de l'eau » et les administrateurs richissimes, rejetons de puissantes dynasties familiales, appartiennent au même corps des Ponts et Chaussés ou des Mines. Tous adhèrent au même credo : « Une partie du développement économique privé est dépendante de l'État ou impulsée par lui : industries lourdes, infrastructures (chemins de fer). Les agents de l'État sont omniprésents, qu'ils fixent en tant que fonctionnaires le cahier des charges ou qu'ils passent au service des grandes compagnies fermières ou concessionnaires. Le pantouflage, même s'il ne porte pas encore son nom, est constitutif d'une structure de formation et de recrutement des élites, de mode d'intervention et de contrôle de l'État sur l'économie[4]. »

Parfaite expression du pouvoir d'influence à la tête de la Compagnie, le baron Alphonse Gérard restera président de 1920 à 1939, et son fils le baron Robert-André de 1946 à 1972. C'est la Compagnie Gérard... En dehors de la rue d'Anjou, le président Alphonse Gérard fréquente quotidiennement l'élite politico-économique de la nation dans les salons et les brasseries à la mode. Mais il ne défraie jamais la chronique dans les gazettes. Dans les comptes rendus du conseil d'administration, son identité exacte reste protégée. Son nom est simplement suivi de la première lettre de son prénom, A. Cette initiale, chez les Gérard, peut signifier alors Alphonse, Alexandre ou André... Le baron Alphonse Gérard reste inconnu dans les éditions successives du *Who's Who* de 1920 à 1939. Aidé de son directeur général Édouard Glasser, il va sauver la Compagnie en obtenant l'indexation généralisée du prix de l'eau. Son cheval de Troie sera le Syndicat des communes de la banlieue de Paris pour les eaux. En 1907, 132 maires de la banlieue parisienne (les radicaux y sont majoritaires) ont préparé le terrain en créant une conférence intercommunale des eaux qui se fixe pour objectif de créer un syndicat intercommunal des eaux. Un long travail de négociation et de persuasion (interrompu pendant la guerre) va se dérouler jusqu'en 1922 pour définir les modalités d'un contrat unique entre la Compagnie et l'ensemble de tous ces maires qui sont déjà ses clients. La stratégie de la Compagnie surfe astucieusement sur la vague des bicoques d'ouvriers, qui déferle à l'époque le long des voies ferrées en banlieue parisienne. L'entreprise trouve sa planche de salut dans cette zone suburbaine où elle impose déjà son monopole depuis la fin du XIXe siècle à plus d'une centaine de communes, à partir des 25 concessions rachetées au baron Haussmann pour une bouchée de pain.

Visionnaire, le pouvoir occulte s'allie alors aux radicaux et aux socialistes pour y marginaliser, peu à peu, la seule vraie menace pour la Générale et la Lyonnaise : les régies municipales. Paradoxalement, les ennemis de la Compagnie, André Morizet et Henri Sellier, deux juristes, aident la Générale à renouer avec les socialistes. Au moment où celle-ci court après l'indexation du prix de l'eau, les deux compères ont enterré leur vieux rêve. Une commune ne peut pas discuter à armes égales avec les deux grands distributeurs, un syndicat de communes peut-être... Impossible pour les élus de déchiffrer les comptes rendus financiers des deux rois de l'eau, des documents comptables qui ressemblent à des hiéroglyphes. Malgré leur méfiance, Sellier et Morizet mettent donc de l'eau dans leur vin pour faire prévaloir les intérêts spécifiques de la banlieue et du Grand Paris. Ils mordent à l'hameçon des syndicats de communes. Ce type de syndicat représente leur seul espoir pour discuter honorablement avec la Générale ou la Lyonnaise.

Sous la houlette de l'Union amicale des maires de la Seine présidée par Sellier, Morizet, devenu franc-maçon [5], milite, dès la fin de la Grande Guerre, pour des syndicats de communes au niveau de la région parisienne pour l'eau, les transports, l'électricité et le gaz. Les communes caressent, alors, l'espoir de partager de gros investissements, car l'État ne les aide pas encore. Par force, la Compagnie et la Lyonnaise deviennent des interlocuteurs de plus en plus fréquentables et incontournables en l'absence de l'État. Avec l'appui politique d'André Morizet et d'Henri Sellier (qui sont alors exclus du Parti communiste qu'ils avaient rejoint au congrès de Tours en 1920), le radical Théodore Tissier, maire de Bagneux et vice-président du Conseil d'État, crée ainsi, en 1923, le Syndicat des communes de la banlieue de Paris pour les eaux, qui regroupe 132 communes. Celles-ci confient (c'est toujours le cas aujourd'hui) leur alimentation en eau à la Compagnie des eaux pour la banlieue, filiale de la Compagnie. Rodolphe Hottinguer, puis Alphonse Gérard avaient prévu que l'avenir du groupe ne se jouerait pas à Paris, mais dans sa ceinture rouge plus peuplée. C'était bien vu…

Au cours des cinquante dernières années, la Compagnie avait sagement racheté, peu à peu, 132 concessions communales autour de la capitale. La création de ce Syndicat traduit une stratégie industrielle doublée d'une volonté politique. « Au début des années 1920, la Compagnie générale des eaux possédait déjà les trois usines actuelles de pompage d'eau sur l'Oise, la Marne et la Seine, rappelle André Santini, l'actuel député maire UDF d'Issy-les-Moulineaux et président du Sedif (Syndicat des eaux d'Île-de-France). Elle avait aussi en concession presque toutes les communes de l'Île-de-France. Il est évident, à mon sens, que la Compagnie générale des eaux a été à l'origine, en 1923, de la création du Syndicat intercommunal des eaux pour la banlieue de Paris que je préside aujourd'hui. Ces trois mêmes usines modernisées et agrandies fournissent encore aujourd'hui toute l'eau potable de la banlieue parisienne [6]. » En 1923, la Compagnie signe avec ce Syndicat un contrat de concession (mais qui est en fait une régie intéressée) qui comprend une clause d'indexation régulière du prix de l'eau. À l'image du fabuleux contrat de Paris, la Compagnie a exigé une rémunération forfaitaire annuelle de 3,7 millions de francs (18 millions de francs 1995) en échange de la mise à disposition du Syndicat de ses installations, dont elle restera propriétaire jusqu'en 1947 [7]. Aussi, pendant les trente-sept années de la durée du contrat, le Syndicat versera au total la bagatelle de 136,9 millions de francs (soit 666 millions de francs 1995) à la Générale. De plus, celle-ci est remboursée par le Syndicat de toutes ses dépenses d'exploitation, des travaux qu'elle a engagés, et elle est intéressée aux bénéfices qui vont exploser.

La culture de la Compagnie va consister dès lors à privilégier systématiquement les contrats d'affermage ou de régie intéressée pour investir le moins possible (à l'inverse, la Lyonnaise des eaux préfère rester maîtresse chez elle et investir dans des concessions). Résultat de cette prudence quatre-vingts ans plus tard : littéralement menottée par contrat à la Compagnie et au Syndicat, aucune des 132 communes de la banlieue (elles sont 144 aujourd'hui) ne s'est remise en régie municipale jusqu'à aujourd'hui. Pour couper l'herbe sous le pied aux socialistes et communistes adeptes des régies municipales, Théodore Tissier joue, après la Première Guerre mondiale, un rôle essentiel. Côté pile, comme président de 1918 à 1925 de la section travaux publics du Conseil d'État, il dit le droit aux maires de l'Hexagone dans leurs relations avec les entreprises privées de services publics ou avec leur régie. Il privilégie l'indexation du prix de l'eau et enferme les régies municipales (en vogue depuis 1905 à la suite du succès des thèses du socialisme municipal, notamment à Lyon) dans le carcan d'une jurisprudence tatillonne.

Porte-drapeau d'un libéralisme pur et dur, Tissier assure le succès des deux rois de l'eau. Côté face, Théodore Tissier est le premier président du Syndicat des communes de la banlieue de Paris pour les eaux de 1922 à 1935 [8]. N'y a-t-il pas une incompatibilité entre ce mandat et cette fonction de l'ancien directeur de cabinet de l'ex-socialiste Aristide Briand, onze fois président du Conseil et vingt-cinq fois ministre ? Une certitude : au Conseil d'État, dans la section travaux publics, Tissier est à l'origine de la création par décrets successifs des Syndicats intercommunaux de la région parisienne pour le gaz (en 1903), les pompes funèbres (1905), l'eau (1923) et la distribution d'électricité (1924). Tous ces Syndicats délégueront leur service d'utilité publique à des entreprises privées. Un curieux mélange des genres pour cet homme de l'ombre resté à la postérité uniquement comme maire de Bagneux (un ancien village maraîcher au sud de Paris) et qui, en bon radical, avait tenu à chasser les sœurs Saint-Vincent de Paul et les lazaristes du territoire de sa commune. Mais les puissances de l'argent, elles, étaient les bienvenues. L'éminence grise d'Aristide Briand terminera sa carrière en beauté au poste de vice-président du Conseil d'État de 1928 à 1937. C'est-à-dire premier fonctionnaire de France, car le président en titre n'est autre que le président du Conseil. Théodore Tissier trouve ses deux meilleurs alliés en la personne du président de la Compagnie, Alphonse Gérard, et de son directeur général, Édouard Glasser. À l'époque, les régies municipales sont toujours la norme, alimentant quatre Français sur cinq en eau potable.

Les deux patrons de la Compagnie veulent empêcher dans la banlieue parisienne tout retour à ce seul vrai concurrent, qui a déjà réussi, en 1895 et 1899, à leur ravir successivement les contrats de Nantes et de Lyon, puis en 1912 ceux de Toulon et Rouen. À Lyon, la Générale grignote année après année, depuis 1870, ce qui n'est encore que des villages ou de petites villes autour de la capitale des Gaules. La Compagnie encercle l'adversaire, toujours obsédée par le jeu de go, comme à Paris. Coriace, le maire de Lyon Francisque Collomb ne capitulera qu'en 1986, face au très « relationné » patron local de la Générale, Antoine Zacharias, actuel PDG de Vinci. La municipalité de Lyon et son maire, le radical Édouard Herriot, avaient dénoncé l'arrogance des patrons de la rue d'Anjou. Comme en banlieue parisienne, la création en 1928 d'un Syndicat intercommunal de la banlieue lyonnaise pour l'eau permet à la Générale de s'effacer opportunément derrière cette structure. La Compagnie se veut le gestionnaire discret et efficace au service des collectivités des banlieues de Paris et de Lyon, ses deux plus gros clients.

Simple garçon de course à Paris, rémunérée certes royalement, la Compagnie exploite donc un filon bien plus rentable en banlieue. En effet, une idée toute simple, mais efficace, va animer un bataillon d'avocats : faire « suer le contrat », c'est-à-dire assurer une très forte rentabilité grâce à de multiples avenants (des modifications votées par le Syndicat) et à des travaux de construction, d'entretien et de renouvellement exécutés par des filiales créées spécialement à cette fin. Tous ces travaux sont bien difficiles à contrôler, de même les charges opaques des frais de siège et les compteurs loués à prix d'or. N'apparaissent pas non plus les discrets produits financiers dégagés par les mois de délai entre le règlement des factures par les abonnés et leur reversement au Syndicat. Les élus restent incapables dans leur quasi-totalité de contrôler l'activité de la Compagnie, toujours protégée par une sorte de secret défense. Aujourd'hui encore, Antoine Grand d'Esnon, le discret directeur de la société d'audit indépendante Service public 2000, a été le témoin de l'organisation de cette opacité qui existe toujours : « Quand je faisais un stage à la Générale des eaux, il y a onze ans, j'avais suggéré de supprimer les douze tranches tarifaires qui étaient instaurées selon qu'on consommait de 0 à 50 m^3, de 51 m^3 à 98 m^3, etc., et de n'en mettre qu'une ou deux, parce que ce serait beaucoup plus simple et compréhensible. On m'a alors répondu : “Tu n'y penses pas ! Les gens comprendraient le prix de l'eau et pourraient alors reconstituer notre recette.” Soudain, le ciel s'est éclairci et j'ai compris qu'il y avait une volonté délibérée de rendre les choses compliquées[9]. » Ainsi se constitue le trésor de guerre de la Compagnie. Seul souci : le régime de concession, même amendé, mécontente vite les élus du Syndicat, harcelés par leurs administrés qui trouvent le tarif de l'eau prohibitif. Aussi, dès 1930, les accords dits « Loiret » orientent encore plus la concession vers un système de régie intéressée, à l'image du fabuleux contrat avec la ville de Paris. Le spectre de la perte des contrats de concession de Toulon, Rouen, Nantes et de Lyon rôde dans les couloirs du 52 rue d'Anjou.

Des investissements à venir, dits d'entretien ou de réparation, vont être provisionnés à l'avance sur les factures de chaque abonné de la banlieue parisienne par la Compagnie. Comme dans le régime de la concession, ces provisions forment une cagnotte plus ou moins secrète. Le Syndicat sert ainsi de laboratoire d'essai à l'école française de l'eau. « On avait pris la bonne habitude de ne jamais rendre ces provisions aux collectivités, même si elles n'avaient pas été utilisées, reconnaît aujourd'hui Bernard Forterre, ex-numéro trois de la Compagnie, alors que maintenant les élus demandent des comptes. Pourquoi ont-ils accepté de fermer les yeux pendant plus d'un siècle ? En échange de quoi [10] ? » L'histoire est exemplaire, celle de l'irrésistible développement d'un monopole, d'un véritable cartel de l'eau. Cerise sur le gâteau : les « socialistes municipaux » André Morizet et Henri Sellier vont aider la Compagnie à obtenir le concours de l'État pour financer les travaux de voirie en banlieue. Toujours pas question pour la Compagnie de s'endetter comme le pauvre baron Haussmann en creusant des égouts visitables : on est obligé de défoncer les rues et poser les tuyaux. Ça coûte moins cher au Syndicat et rapporte plus à la Compagnie. En effet, l'entretien de ces conduites reste par définition impossible. En cas de fuite, on creuse à nouveau, on remplace les tuyaux et on remblaye. La facture est beaucoup plus élevée que pour une intervention en égout, qui se traduit par le simple changement d'un tuyau de trois mètres ou d'un joint entre deux conduites.

N'ignorant rien de ces subtilités, Henri Sellier ne chôme pas en dehors de ses fonctions de maire de Suresnes pour que l'État apporte son concours financier aux plus de 130 communes du Syndicat. Inamovible secrétaire général de l'Union amicale des maires de la Seine, il crée et préside l'office départemental de la Seine des HBM (Habitations à Baux Modérés) et celui de l'hygiène social, le tout en symbiose avec son ami André Morizet, maire de Boulogne-Billancourt. Tous les deux partagent à l'époque les mêmes préoccupations que la Générale. La banlieue parisienne devient un cloaque, immonde et sale. Une honte pour ces deux partisans des cités-jardins pour ouvriers. Ceux-ci quittent la capitale pour s'installer en banlieue, mais cela tient plutôt du bivouac de la guerre de 14-18, sauf qu'ils respirent un oxygène plus frais et moins pollué qu'à Paris. L'État libéral ne bouge pas le petit doigt pour aider les communes à construire des routes, apporter le gaz, l'électricité et l'eau. Cette marée de pavillons qui coule de Saint-Denis à Montreuil et de Bourg-la-Reine à Issy-les-Moulineaux, Morizet et Sellier veulent qu'elle se développe avec l'aide de l'État. Les banlieusards sont sales, dit-on. La baignoire et la douche restent inconnues. L'hygiène est un mot inconnu en banlieue parisienne. Révoltés, les deux maires iront tirer les sonnettes pour sensibiliser leurs adversaires, radicaux et républicains, à cette grande misère des logements sociaux. « Banlieue-paillasson » pour Louis-Ferdinand Céline et « Banlieue-marée » pour Le Corbusier.

Les deux croisés de la banlieue, Morizet et Sellier, demandent alors au gouvernement de droite de ne pas rester les bras croisés face à cette lèpre pavillonnaire qui gagne sans cesse. La population de Paris s'essouffle : tout se joue en banlieue sur le modèle des premiers lotissements d'avant 1914, symbole de l'urbanisation privée ou en coopérative. Une réussite jugée à l'époque harmonieuse. Les ouvriers et employés parisiens vont se jeter sur ce « modèle ». La loi du 31 octobre 1919 donne le signal de départ à cette déferlante. Elle autorise les communes et les départements à lotir des terrains au profit « des travailleurs et des personnes peu fortunées ». Aussitôt, c'est la ruée. Châtelains, agents immobiliers et notaires découpent la banlieue parisienne en milliers de morceaux qu'autant d'apprentis propriétaires achètent, s'acharnent à clore, à aménager et à coiffer d'une bicoque. Dans *La Banlieue en morceaux : la crise des lotissements défectueux en France dans l'entre-deux-guerres* (Créaphis, 2000), la sociologue Annie Fourcaut décrit cette folie pavillonnaire. Les photos de l'époque montrent des chemins en terre remblayés par des gravats et des ordures, parsemés de pompes ou de puits à l'entrée de rues sans nom, sous le regard de canards qui barbotent dans des mares avoisinantes. Les bicoques, baraques ou pavillons sont collés les uns aux autres, édifiés en planches, en parpaings ou exceptionnellement en pierre meulière, couverts de tuiles et entourés de clôtures faites de bric et de broc.

Le lotisseur met souvent à la disposition des premiers habitants le puits de la ferme voisine. De Drancy à Goussainville, de Vitry à Chennevières-sur-Marne règnent la boue l'hiver et la poussière l'été. L'urbanisation des lotissements entraîne l'émergence des thèses hygiénistes sur la salubrité des banlieues. Mais le calvaire des habitants de ces bidonvilles remplit à longueur de colonnes les journaux. L'État construit quelques dispensaires, des crèches et des écoles. Ici et là, les « curés bâtisseurs » deviennent des figures aux côtés des maires communistes. À partir de 1924 germe l'idée que ces nouveaux banlieusards votent communiste. C'est l'image de la « ceinture rouge ». Si dès les années 1920 le Parti communiste gère de nombreuses communes de banlieue, la véritable conquête municipale de la ceinture rouge se fera aux municipales de mai 1935. À l'échelle locale, ces lotissements ont été une zone privilégiée de l'implantation communiste. C'est ainsi que les municipalités, sensibles aux besoins de logement des couches populaires, s'efforcent d'éviter la destruction des bicoques qui ne sont pas aux normes et de partager les frais de mise en viabilité. Ces nouveaux banlieusards réclament l'accès à la voirie, l'eau, le gaz et l'électricité.

Face à cette menace du « rouge » avec le couteau entre les dents, l'État se résout à prendre en charge le problème. En 1928, appuyé par Henri Sellier et André Morizet, le gouvernement d'union nationale se mobilise autour de la défense des « petits propriétaires ». C'est le vote de la loi Sarraut du 15 mars 1928. Dénoncée comme un bluff électoral, elle est tout de même votée par les députés communistes. À leurs yeux, elle offre une amélioration temporaire dans l'attente du Grand Soir… Cette législation subtile invente la notion de « lotissement défectueux », redoutable foyer d'épidémies de choléra ou de fièvre typhoïde. Le législateur prévoit des procédés de surveillance, de dépistage des lotissements clandestins, sans eau ni tout-à-l'égout. L'État fixe des normes minimales d'urbanité à ces pionniers du pavillonnaire qui, jusque-là, ont inventé seuls la banlieue parisienne dans la boue et la poussière. Ici les obsessions s'appellent viabilité, drainage, alimentation en eau potable et évacuation des eaux usées, gaz et électricité. Le gouvernement définit ainsi les lotissements défectueux pouvant bénéficier d'une aide publique. Il s'engage à subventionner 30 à 50 % des équipements, dont les routes, l'eau, le gaz et l'électricité. Est également mis en place un dispositif technique de double remboursement des travaux sur les maisons : 50 % à charge de l'État, 50 % à charge des mal-logés.

Ces nouveaux banlieusards ont ainsi imposé leur modèle résidentiel individuel aux politiques qui n'en voulaient pas. L'État et les pauvres ont payé… Les dispositions sociales de la loi Sarraut sont complétées par la loi Loucheur, également votée en 1928. Elle développe un programme de 200 000 logements avec des prêts publics, proches du taux zéro, et des exemptions fiscales. À la veille de la Seconde Guerre mondiale, tous les lotissements sont équipés : gaz, électricité, déversement des eaux usées et fluviales dans les caniveaux, rues bitumées et implantation d'écoles. La Compagnie s'est ainsi largement développée grâce à l'effort de l'État. Oubliées les vertus du libéralisme pur et dur dans la capitale, la Générale s'engouffre derrière un gouvernement de droite, mais dirigiste, qui encadre la transformation de terrains boueux en quartiers urbains au beau milieu d'une ceinture déjà bien rouge. Une banlieue qui va augmenter d'un demi-million d'habitants entre les années 1920 et 1945 grâce à l'effort financier de l'État. La Compagnie va s'arroger une bonne partie du pactole, laissant quelques miettes à la Lyonnaise. Elle ne fera pas le moindre centime d'investissement et va ainsi réussir un magnifique doublé. Le plus beau des rêves du service public à la française se matérialise : l'État prend à sa charge pratiquement tous les investissements d'équipements et de voirie, tandis que les ennemis de la Compagnie, notamment les socialistes et les communistes, deviendront ses alliés les plus fidèles. Un coup de maître qui n'est pas étranger, sans doute, à ses futures victoires sur les tentatives de nationalisation en 1945 et 1981.

« Le puissant Syndicat des eaux de la banlieue parisienne constitue, depuis le début des années 1920, une extraordinaire tirelire, nous explique un de ses membres sous le sceau de l'anonymat. Une tirelire qui explique la bataille féroce, mais feutrée, que les partis politiques se livrent pour en garder ou avoir le contrôle. En dehors de la Compagnie, le bénéficiaire de cette tirelire est en principe le parti politique majoritaire en banlieue parisienne, une formation qui parachute l'un des siens dans le fauteuil de président du Syndicat. » Cette tirelire sera radicale durant douze ans, puis socialiste pendant une quarantaine d'années, avec un intermède communiste (trois ans) puis gaulliste (six ans), et finalement UDF (vingt-deux ans). Les socialistes à la tête du Syndicat pendant plus de quarante ans sont plutôt à droite et considérés comme francs-maçons, à l'image d'une bonne partie des dirigeants du leader de l'eau. Un beau mariage… Premier membre de la SFIO devenu président du Syndicat en 1935, Charles Auray, maire de Pantin, rappelle son président actuel, l'UDF André Santini, par son anticommunisme viscéral. Auray, franc-maçon notoire (bibliothécaire au Grand Orient) et ancien communiste (de 1920 à 1924), est alors membre du PSDF (Parti socialiste de France). Un parti issu de la SFIO qui regroupe les néosocialistes classés à droite.

Il décède brutalement en 1938 [11]. Lui succède un autre militant de la SFIO. Celui-ci, Georges Gérard [12], maire du Kremlin-Bicêtre, coopérateur et journaliste, finira mal : il sera fusillé dans son bureau à la Libération pour avoir collaboré avec les Allemands, au nom de la continuité du service public à la française. André Santini confirme [13]. Le 13 décembre 1949, la Compagnie se trouve dans l'obligation de lâcher du lest au président du Syndicat, le gaulliste René Plazanet, maire de Vanves.

Pour conjurer définitivement le péril d'une nationalisation, elle accepte de restituer ses installations au Syndicat. Les élus sont satisfaits : ils possèdent le réseau et croient en avoir la maîtrise. Le contrat de concession est officiellement remplacé par un autre dit « de régie intéressée », copié sur celui de Paris. Cette convention relookée ne change rien : la Compagnie continue de faire la « totale » à ses clients. Au nombre d'un million et demi au début des années 1920, les banlieusards sont aujourd'hui quatre millions. Les consommateurs ont presque triplé en quatre-vingts ans. Cet accroissement démographique avait été le principal argument mis en avant pour pousser à la création de ce syndicat intercommunal qui fournit à ses abonnés « l'eau filtrée et javellisée de la Marne, mais indigne d'une grande agglomération ». Le mensuel *L'Eau*, organe de l'Association générale des hygiénistes et techniciens municipaux, dénonce ainsi, en mars 1924, tout à la fois à Marseille et dans la banlieue parisienne, cette politique de la Générale et ses tarifs jugés prohibitifs [14]. Et surtout le fait que cette même Compagnie distribue à ses abonnés de la capitale une eau de source javellisée durant trois heures par la régie municipale, donc de meilleure qualité. Ce que les élus du conseil municipal de Paris confirment : « Bien que les eaux de banlieue aient été javellisées, depuis 1917, elles n'offrent néanmoins pas toutes les garanties désirables, car la méthode encore employée consiste à javelliser sans dépasser quatre minutes [15]. » Cette gazette mensuelle crie dans le désert. À l'époque, les mouvements de consommateurs n'existent pas et les élus restent aveugles, par manque de compétence, face aux ingénieurs et commerciaux de la Générale.

Ami d'André Morizet, le socialiste Henri Sellier représentera la ville de Suresnes en tant que membre du bureau du Syndicat de l'eau des neuf communes de la presqu'île de Gennevilliers. Il sera même président de cet organisme qui avait choisi comme régisseur non pas la Compagnie, mais une filiale de la Lyonnaise. Ancien journaliste de *L'Humanité*, ex-pourfendeur de la Compagnie, Morizet, lui, n'occupera jamais un poste de responsabilité au bureau du Syndicat, pour le district sud-ouest de la banlieue, au titre de maire de Boulogne-Billancourt. Sans doute un peu gêné, il préfère laisser un de ses proches, le maire SFIO du Bourget, Antonin Poggioli, devenir en 1923 vice-président de cet organisme [16]. Faute de pouvoir demander le retour en régie municipale du Syndicat, Antonin Poggioli n'a plus qu'une seule corde à son arc : il appuie les revendications du personnel de banlieue de la Compagnie pour se donner bonne conscience. Ainsi, le 15 avril 1927, dans un article publié sous le titre « L'eau en banlieue » dans *Le Populaire*, organe de la SFIO, le maire du Bourget vole dans les plumes de la Compagnie : « Le personnel de la Compagnie générale des eaux, en banlieue, est assurément un des plus mal payés, et un des plus mal traités parmi les personnels des services publics et des services concédés. [...] En juillet dernier [1926], la commission paritaire [dont fait partie Antonin Poggioli] a décidé que le personnel de banlieue aurait des horaires égaux à ceux du personnel municipal et assimilé de la régie de Paris : 26 jours ouvrables au lieu de 21. En avril 1927, le printemps s'annonce, les congés arrivent. Rien de fait. Rien de changé ! Pourquoi ? Opposition de la toute-puissante Compagnie des eaux. Elle trouve scandaleux un mois de congé pour des travailleurs et couvre son refus – car elle refuse – du prétexte de cette maladie que Panurge appelait : défaut de pécune ! [...] Les communes disent à la Compagnie : les congés sont légitimes. La commission paritaire les a accordés. Payons. Payons sur le compte d'exploitation. Ce sera 700 000 francs en moins de bénéfices à partager. De ce manque à gagner, la clause de partage fait supporter 40 % à la Compagnie et 60 % aux communes. C'est le bon sens même. Or, savez-vous ce que répond la Compagnie aux communes ? "Vous ne m'aidez pas." Ainsi, prendre à son compte 60 % des dépenses, ce n'est pas l'aider [17] ! »

Chiffres à l'appui, Antonin Poggioli explique alors que la Compagnie pousse le bouchon un peu loin... Selon les journaux financiers de l'époque, son bénéfice progresse constamment passant de 1,5 million de francs en 1919 à 5,7 millions en 1925 pour un dividende qui grimpe de 20 à 72 francs. Recomptons, écrit le maire du Bourget : « Oh ! si la consommation n'augmente pas : 4,5 millions de bénéfices probables ! Et si elle augmente dans la proportion de 10 % par an – on vient tout juste de faire 150 kilomètres de canalisations, qui vont amener des abonnés ! – c'est 7 ou 8 millions de bénéfices possibles. Allons, la Compagnie est une bonne affaire. Elle peut payer son personnel[18]. » Un an plus tard, la Compagnie accepte d'accorder 26 jours de vacances annuelles. L'appui donné par le socialiste Antonin Poggioli n'est pas désintéressé : il s'agit de contrebalancer l'influence du Parti communiste tout-puissant au sein du syndicat CGTU des employés de la Générale dirigé depuis 1927, pour la première fois, par un ouvrier communiste travaillant dans la banlieue de Paris. Ce responsable, Marcel Denis, crée des sections syndicales à Nice, Arcachon et Lyon, et devient un interlocuteur incontournable pour la direction.

Si les élus communistes se gardent bien de contredire le discours officiel de leurs camarades de la CGTU en faveur des régies municipales, les socialistes n'ont pas ce souci, la CGT, syndicat proche de la SFIO, étant quasi inexistante à la Générale des eaux. Aussi, pour le grand plaisir des patrons de la Générale et de la Lyonnaise, la SFIO va recommander très officiellement, en 1934, à ses conseillers municipaux et maires de devenir des clients des deux géants de l'eau. Henri Sellier et Antonin Poggioli ont rédigé ce « programme municipal pour les élections de 1935 » adopté par la Conférence nationale des élus municipaux et cantonaux socialistes de Lille et le Conseil national de la SFIO au Pré-Saint-Gervais. Cet incroyable document ne manie pas la langue de bois : « L'organisation des services publics en une exploitation directe véritablement rationnelle exige une refonte complète de nos règlements administratifs. Il est incontestable que, sous le régime actuel, une municipalité – même socialiste – devra fréquemment concéder certains services, plutôt que les exploiter en régie, les formalités réglementaires et le régime comptable imposé aux communes devant trop souvent aboutir à rendre le service en régie d'une exploitation plus onéreuse que la concession privée[19]. »

Les régies directes constituent-elles une amorce de socialisme ? « Discussions superflues », selon la SFIO, qui considère

« comme un scandale qu'une exploitation d'intérêt général profite à une entreprise privée ». « Mais, la jurisprudence du Conseil d'État, écrivent les socialistes, rend en effet toute création dans le cadre des décrets de 1926 quasi impossible[20]. » Coincés soi-disant par la jurisprudence Tissier, qui rend la régie municipale fiscalement difficile, les socialistes ne veulent dès lors plus en entendre parler. Une fois au pouvoir, la SFIO ne déposera aucun projet de loi permettant de modifier cet état de choses. Ce recul des régies municipales de l'eau s'explique par le succès des syndicats intercommunaux, mais surtout par le modèle du puissant Syndicat des eaux de la banlieue parisienne. Des syndicats qui traitent en majorité avec les géants de l'eau et rassemblent aujourd'hui 66 % des communes françaises et 55 % de la population au plan de la distribution de l'eau. Est-ce bien un hasard si le président du Conseil socialiste, Léon Blum, crée, au moment du Front populaire, le titre de président honoraire du Conseil d'État spécialement pour Théodore Tissier ? C'est le dernier cadeau de remerciement du patron de la SFIO à l'une des grandes figures radicales du Conseil d'État, qui n'a pas peu contribué à freiner l'essor des régies municipales de distribution d'eau. Pourquoi ? Théodore Tissier et ses amis avaient une sainte horreur du socialisme municipal qui, par le biais des régies, violait à leurs yeux les lois fondamentales de l'économie libérale.

Cette offensive en règle des socialistes contre les régies municipales va également bénéficier à la Lyonnaise, dont la majorité des dirigeants est ouvertement antisocialiste. Pour comprendre le positionnement politique de ce groupe, il faut remonter à ses origines. Le Crédit Lyonnais enfante, le 28 février 1880, la Lyonnaise des eaux, du gaz et de l'électricité (la banque souscrit 76 % de ses actions) avec la Banque de Paris et des Pays-Bas et des banquiers genevois. Une note confidentielle explique que la création de cette société vise à « limiter les ambitions de la Générale des eaux[21] ». Ambiance… Il s'agit pour cet établissement financier de profiter, lui aussi, de l'essor des concessions d'eau, à l'exemple de la Société générale, important actionnaire de la Compagnie générale des eaux. Les titres de celle-ci ont les faveurs de la Bourse. Dès sa création, ses actions ont bondi de 150 à 1 700 francs en l'espace de quinze ans. Ne connaissant pas grand-chose au « monde des tuyaux », le Crédit Lyonnais confie d'abord le fauteuil de président de la Lyonnaise des eaux à un brillant polytechnicien, puis à un des directeurs de la banque. À ses tout débuts, la société rachète la concession de la distribution de l'eau pour Cannes et sa région, Châtellerault, la banlieue de Rouen, Melun, San Remo et Barcelone. Mais de là à rattraper la Générale et à lui damer le pion, il y a loin de la coupe aux lèvres.

Les patrons du Crédit Lyonnais sont convaincus que la bienveillance de l'État et des politiques reste primordiale pour assurer le succès de ces affaires d'eau qu'ils veulent accompagner de contrats de fourniture de gaz et d'électricité. Sous la IIIe République, l'argent est roi. L'impôt sur le revenu n'existe pas encore, le fisc frappant uniquement le capital foncier. Politiques et hommes d'affaires font bon ménage. Les premiers siègent dans les conseils d'administration, et les seconds se font élire à l'Assemblée nationale ou au Sénat. Pour s'imposer face au pouvoir occulte de la Compagnie, la banque choisit une vedette politique comme troisième président de la Lyonnaise. Occupant ce fauteuil de 1889 à 1922, Jules Roche n'a jamais démissionné de ses mandats de député de l'Ardèche, ni de ses fonctions de ministre du Commerce et des Colonies (1890) et de ministre du Commerce et de l'Industrie (1892). Ce troisième président de la Lyonnaise préfigure l'arrivée de Jérôme Monod à la tête du groupe, un peu moins d'un siècle plus tard, et ne fait que suivre l'exemple de son ami Henri Germain, fondateur (en 1863) du Crédit Lyonnais. Ce dernier, issu d'une bonne famille lyonnaise et député conservateur de l'Ain, ne dédaignait pas les honneurs de l'Institut. Seule la Constitution de la Ve République interdira, à partir de 1958, ce genre de mariage entre les affaires et la politique.

La double casquette de Jules Roche s'avère à l'époque bien utile pour rivaliser avec l'entregent des dirigeants de la Générale, qui appartiennent pour la plupart à la haute banque et à d'influentes dynasties familiales. À la tête d'une PME sans envergure, mais non sans ambitions, l'avocat lyonnais Jules Roche et ses successeurs n'ont jamais obéi à la maxime des patrons de la Générale des eaux : « Pour vivre heureux, vivons cachés. » Ils s'en moquent. Jules Roche et les présidents successifs de la Lyonnaise ne cachent pas grand-chose. Né en 1841 en Ardèche, ce futur patron de choc a commencé sa carrière politique à l'extrême gauche, en prenant part aux luttes contre le second Empire. Battu aux législatives de 1871, il se reconvertit dans le journalisme militant successivement au *Siècle*, au *Rappel* et au *Petit Parisien.* Avec Clemenceau, il fonde le journal *La Justice*, qui défend les thèses radicales les plus rouges à l'époque. Élu en 1879 au conseil municipal de Paris, il siège dans le groupe de l'autonomie communale et accède à la vice-présidence en 1881. Avec ses collègues, ce véritable caméléon sera un chaud partisan de l'établissement d'une régie municipale de l'eau dans la capitale ! À ce titre, il portera la contradiction au préfet Jean-Charles Alphand, successeur du baron Haussmann. Ironie de l'histoire : à l'époque, l'un des principaux collaborateurs du préfet Jean-Charles Alphand n'est autre qu'Albert Petsche, qui succédera, en 1922, à Jules Roche à la tête de la Lyonnaise !

Premier virage officiel à droite pour Jules Roche en 1883 : élu député de Draguignan, il s'éloigne de ses amis radicaux pour se rapprocher des modérés. Il quitte alors le journal *La Justice* pour *La République française*, organe plus modéré. Étape suivante en 1885 : devenu candidat carrément conservateur, ce mutant préfère se faire réélire député, cette fois en Savoie. Rapporteur du budget, sa position « assagie » lui vaut de devenir, en 1890, ministre du Commerce et des Colonies dans le cabinet Freycinet, puis en 1892 ministre du Commerce et de l'Industrie dans le cabinet Loubet. Ami de Clemenceau, il vote avec les républicains sociaux, à partir de 1909, contre la SFIO et contre les monarchistes. À l'époque, il est déjà président de la Lyonnaise depuis 1889. De 1898 à 1919, il sera constamment réélu député et conseiller général à Tournon en Ardèche. Il fait autorité dans les commissions parlementaires (fiscalité, budget, politique économique), mais se montre très discret lors des débats publics, à deux exceptions près. Le naturel reprend parfois le dessus : cet ancien élève des jésuites et neveu d'un évêque vote, en 1905, contre la séparation de l'Église et de l'État. Et au ministre des Finances Caillaux, qui se bagarre pour faire voter sa loi sur l'impôt sur le revenu, Jules Roche, très applaudi, lance en mars 1909 : « Votre projet constitue un péril national [...] et une ingérence insupportable dans la vie privée [22]. » Ce grand pourfendeur de l'impôt encourage les patrons à se jeter dans l'arène politique face au péril radical : « Vous avez le devoir, comme citoyens, de vous jeter dans la bataille et même de la conduire, de façon à faire comprendre à ces masses que l'on veut tromper que c'est contre elles qu'on travaille[23]. »

Tête droite au-dessus d'un faux col, barbiche et moustache en pointe, les yeux petits et durs sous le front haut et le cheveu rare, Jules Roche n'est pas du genre à perdre son temps. Sa longue carrière de député et de conseiller général de l'Ardèche, de maire de Serrières toujours dans le même département et quelquefois de ministre ne lui en donne pas le loisir. Mais il a pu exercer aussi son mandat de président de la Lyonnaise. À sa tête, il ne se contente pas, durant trente-trois ans, d'inaugurer les chrysanthèmes à l'image des présidents de la République. Sa violente opposition au radicalisme et au socialisme se traduit dans la conclusion des contrats d'eau. La Lyonnaise s'intéresse le plus souvent aux banlieues conservatrices des grandes villes. Elle y trouve un terrain neuf, de jeunes agglomérations encore démunies d'équipements et promises à la croissance : autour de Rouen, Lille et Bordeaux, au sud et à l'ouest de Paris. La Lyonnaise n'est pas lyonnaise, elle n'a de lyonnais que son parrain banquier et actionnaire majoritaire, et la distribution de l'eau va bien vite cesser d'être son unique souci. En effet, Roche se lance rapidement dans la fabrication et la distribution de gaz et d'électricité, deux secteurs tout neufs qui n'intéressent pas la Compagnie.

Avant de mourir en 1922, Roche tire le gros lot en se choisissant deux successeurs à la hauteur. Il déniche d'abord l'oiseau rare en la personne d'un X-Ponts, Albert Petsche, gendre d'Eugène Bourniquel, administrateur délégué de la Lyonnaise. Toujours tiré à quatre épingles dans son costume trois pièces, ce grand chauve sympathique respire bon le terroir avec sa magnifique moustache à la Astérix et ses yeux rieurs. Derrière cette bonhomie se cache un redoutable chef d'entreprise qui a eu l'idée de passer sa licence en droit. Pour vendre des contrats d'eau, d'électricité ou de gaz, l'ingénieur doit, aux yeux de ce visionnaire, se doubler d'un juriste et le technicien d'un gestionnaire. Il en a eu la confirmation en secondant, dès 1886, le préfet Jean-Charles Alphand, successeur du baron Haussmann à la préfecture de la Seine. À cette occasion, il a eu tout le loisir d'étudier le contrat signé entre la Ville de Paris et la Compagnie générale des eaux. Un petit détail rapproche ce super-manager des « 200 familles » : le fils d'Albert, Maurice Petsche, a épousé une fille David-Weill, héritière de la banque Lazard, et sera ministre des Finances sous la IVe République. Jules Roche a également trouvé un second à son successeur en la personne d'Ernest Mercier, que son ami le ministre Louis Loucheur a pris aussi, à sa demande, comme conseiller technique chargé de l'équipement des divisions américaines sur le front. Le président Roche a le bras long…

Dès 1896, Albert Petsche quitte la mairie de Paris et devient directeur général de la Lyonnaise, puis son président en 1922. Parfaite image, lui aussi, des liens étroits entre patrons et politiques, Albert Petsche va vite devenir le roi de l'électricité, délaissant les affaires d'eau et de gaz. Il mise tout sur cette nouvelle fée, laissant son secteur eau végéter dans l'ombre de la Compagnie. Colonel du génie de 1914 à 1918, il s'était vu confier, à la demande de son patron Jules Roche, des missions de ravitaillement en charbon par Louis Loucheur, sous-secrétaire d'État aux Fabrications de guerre. Ces missions l'ont vite convaincu que seule l'énergie électrique peut durablement relancer l'économie française mise à genoux par cinq années de guerre. Albert Petsche crée, en 1919, l'Union pour l'industrie et l'électricité (UDE), à laquelle il va apporter des capitaux (il emprunte massivement, vend les concessions d'eau de Valence et de Barcelone) et le savoir-faire de la Lyonnaise. Les investissements sont colossaux : centrales thermiques, barrages hydroélectriques, lignes de transport à haute tension et grands postes de transformation. Le groupe doit procéder à six augmentations de capital.

Sous la houlette d'Albert Petsche, la Lyonnaise devient, à la fin des années 1920, numéro un de l'électricité en France. La lecture du bilan 1929 montre que la société achève sa mutation. Les affaires d'eau pèsent beaucoup moins que celles d'énergie : 629 millions de francs pour l'électricité et le gaz contre 124 millions seulement pour l'eau, le rapport est de un à cinq. En région parisienne, la Lyonnaise fournit les deux tiers de l'électricité contre un tiers pour le groupe Empain. Fort d'appuis politiques, avec notamment l'aide de son bras droit Ernest Mercier, Albert Petsche obtient que soit créé un centre unique de régulation de l'électricité pour toute la France. Il s'agit d'interconnecter les centrales thermiques, les barrages hydro-électriques, les lignes à haute tension, les postes de transformation et l'ensemble des consommateurs français. Sous l'amicale pression de l'État, ses concurrents acceptent que ce centre unique de commandement soit installé au siège même de la Lyonnaise, rue de Messine à Paris.

Président de la Lyonnaise depuis 1933, à la mort d'Albert Petsche, Ernest Mercier va inaugurer ce centre de dispatching national, dont héritera EDF. Et dans la lignée de ses prédécesseurs, ce patron de la Lyonnaise sera très marqué à droite. « Mais oui, il existe, le mur d'argent », écrit André Tardieu [24], réputé pourtant comme proche des milieux d'affaires et ami intime d'Ernest Mercier. Ce chef de la droite républicaine et ex-président du Conseil en 1929 recense les cinq piliers de ce « mur d'argent », parmi lesquels Ernest Mercier. Si l'on en croit Tardieu, un gouvernement ne peut rien faire sans la collaboration de ces cinq patrons. C'est ainsi que les deux gouvernements Herriot, du cartel des gauches, ont été renversés de 1924 à 1926 [25]. Peu auparavant, le président de la République, Raymond Poincaré, avait demandé à Ernest Mercier de créer une compagnie pétrolière pour partager, en Irak, les dépouilles des pétroles turcs (les Turcs ont été alliés des Allemands pendant la Première Guerre mondiale) avec les Anglais, les Américains et les Hollandais. Ernest Mercier fonde alors la Compagnie française des pétroles (CFP), ancêtre de Total, revendique et négocie, au nom de la France, une zone d'exploitation, et impose la construction d'un oléoduc qui aboutira à Tripoli, au Liban, sous mandat français. Résultat : dans les années 1930, le magicien Ernest Mercier fait d'une nation démunie une puissance pétrolière. Raymond Poincaré et ses successeurs à l'Élysée ou les futurs locataires de l'hôtel Matignon peuvent-ils refuser quelque chose au président de la CFP et de la Lyonnaise ? Mais le même Ernest Mercier ne sait pas alors qu'il va devenir la bête noire du Parti communiste. À travers la fédération CGTU, puis CGT réunifiée de l'éclairage, les communistes exigent la nationalisation de la production de l'électricité. À l'inverse, les mêmes communistes au syndicat CGTU de la Compagnie générale des eaux ont déjà les yeux de Chimène pour la Générale et le secteur eau de la Lyonnaise.

NOTES

1. Voir Christophe Defeuilley, *Le Syndicat des eaux d'Île-de-France : 150 ans d'histoire contractuelle*, Cired, 2000, p. 35.

2. *Ibid.*, p. 35-36.

3. Jean-Pierre Daviet, *Une multinationale à la française : Saint-Gobain 1665-1989*, Fayard, 1989, p. 103-104.

4. Yves Mény, *La Corruption de la République*, Fayard, 1992, p. 102.

5. Voir « Biographies croisées des maires de banlieue », dans *Banlieue rouge*, Autrement, p. 184-185, 188-189.

6. Entretien avec l'auteur en septembre 2004.

7. Voir Christophe Defeuilley, *Le Syndicat des eaux d'Île-de-France : 150 ans d'histoire contractuelle*, *op. cit.*, p. 24.

8. Voir biographie de Théodore Tissier dans l'*Histoire de la ville de Bagneux*, p. 180 ; *Who's who du XX*e *siècle*, p. 1900.

9. Voir *Mission d'évaluation et de contrôle, de l'opacité à la transparence : le prix de l'eau*, commission des finances de l'Assemblée nationale, 2001, nº 3081, p. 86.

10. Entretien avec l'auteur en février 2004.

11. Voir à Charles Auray dans le *Dictionnaire biographique du mouvement ouvrier français* de Claude Maîtron, Les Éditions ouvrières.

12. Voir à Georges Gérard dans le *Dictionnaire biographique du mouvement ouvrier français, op. cit.*, p. 298-299.

13. Entretien avec l'auteur en octobre 2003.

14. Voir *L'Eau*, nº 3, 13 mars 1924, p. 34 ; nº 4, 4 avril 1924, p. 43-44 ; nº 7, juillet 1924, p. 79-80.

15. Rapport nº 57 de 1923 intitulé *Étude générale au nom de la 6*e *commission du conseil municipal de Paris sur l'alimentation en eau potable de la ville de Paris*, p. 462.

16. Voir à Antonin Poggioli dans le *Dictionnaire biographique du mouvement ouvrier français, op. cit.*, p. 74.

17. Voir Antonin Poggioli, « L'Eau en banlieue », in *Le Populaire* du 15 avril 1927.

18. *Ibid.*

19. Programme de la SFIO pour les élections municipales de 1935 édité par l'Union des élus municipaux socialistes, p. 37-41.

20. *Ibid.*

21. Voir René Sédillot, *Histoire de la Lyonnaise des eaux, de l'électricité et du gaz*, 1980, p. 50.

22. Voir discours de Jules Roche dans Jean Garrigues, *Les Patrons et la politique, de Schneider à Seillière*, Perrin, 2002, p. 44.

23. *Ibid.*

24. Jean Garrigues, *op. cit.*

25. *Ibid.*

VII

Le PC et la CGT contre la nationalisation de l'eau

Les communistes ne sont pas neutres dans l'étranglement des régies municipales de l'eau par les socialistes. Dans leur *Histoire du Parti communiste français*, Stéphane Courtois et Marc Lazare expliquent comment la discussion sur les régies municipales et les nationalisations a été escamotée au moment du Front populaire : « Le débat s'est focalisé sur la question de la nationalisation des chemins de fer, des assurances, des banques, des mines et des sociétés de production d'électricité. Le PCF a préféré exiger de bonnes conventions collectives, plutôt que de réclamer des nationalisations [1]. » Le texte de janvier 1936 pour le « programme commun de majorité parlementaire et de gouvernement » traduit alors le succès des partisans de simples revendications salariales (regroupant les radicaux alliés aux communistes et à sa courroie syndicale, la CGTU) sur les tenants d'une réforme de structure (la CGT et la SFIO). Au menu : des nationalisations en trompe l'œil, des opérations symboliques qui ne concernent que la Banque de France et les industries d'armement, dont les propriétaires et dirigeants seront grassement indemnisés et souvent maintenus dans leurs postes. La généralisation des régies municipales ou la nationalisation de la distribution de l'eau tombent discrètement aux oubliettes. Les élus se focalisent sur l'amélioration des conditions de travail des salariés de la Générale, de la Lyonnaise et de quelques petites sociétés indépendantes. Les grèves sont rares, les coupures d'eau se comptent sur les doigts d'une main, et au moindre problème les syndicats vont pleurer dans les bras des élus. Un *gentleman agreement* sur l'« amélioration des rémunérations du personnel » naît même entre les élus socialistes, notamment ceux de la banlieue parisienne, et les syndicalistes d'obédience communiste.

Une vingtaine d'années plus tard, l'omerta au sein du Parti communiste s'illustrera dans le numéro spécial de 200 pages que la revue officielle du PCF *Économie et politique* consacre, en 1953, à la France et aux trusts [2]. Ce périodique dresse un état des lieux patrimonial de la France dans l'industrie, le commerce et les banques. Une seule exception dans ce nouvel annuaire des 200 familles : aux pages 222 et 223, la Générale des eaux et la Lyonnaise des eaux sont traitées en parents pauvres. Elles n'ont droit respectivement qu'à sept et onze lignes. Sous le sous-titre « Adduction et distribution d'eau », les auteurs égrènent le nom des membres du conseil d'administration de la Générale sans la moindre explication, et se refusent à dévoiler les identités des administrateurs de la Lyonnaise. Comprenne qui pourra… On lit simplement que les activités électriques de la Lyonnaise ont été nationalisées à l'issue de la guerre. Pas un mot de plus. Alors que plusieurs pages sont consacrées à la banque Hottinguer, à aucun moment cette étude ne fait le lien entre cet établissement financier et la Générale. Le président de l'époque de la Compagnie est le très secret baron Robert-André Gérard, fils du baron Alphonse Gérard, PDG de la Générale de 1920 à 1939 et de la Compagnie de Saint-Gobain de 1917 à 1931. La revue du Parti communiste cite sans plus de commentaires le nom de ce membre éminent du Jockey Club et de l'Automobile Club de France, qui est aussi décoré de la croix de guerre et de la médaille de la Résistance. Un PDG tout à fait présentable… Il devait succéder à son père décédé en 1939, mais, sentant la guerre inévitable, il a préféré laisser la place à Jean Labbé, fils d'une famille d'industriels, président jusqu'en 1946. Un patron bien mystérieux. Jean Labbé n'est évoqué à aucun moment dans les ouvrages, plaquettes ou articles qui traitent de l'histoire de la Compagnie. Qu'a fait Jean Labbé pendant la guerre ? Il ne figure dans aucun annuaire de l'époque, genre *Who's Who* ou *Bottin mondain*. Jean Blondeau, employé à la Compagnie dès les années 1960 avant d'en devenir le secrétaire général, ne peut donner aucune précision sur Jean Labbé… Guy Dejouany, PDG de 1976 à 1996, refuse de livrer le moindre détail sur cette zone d'ombre [3]…

À l'inverse du PC, la nationalisation ou la mise en régie

municipale systématique de la distribution de l'eau ont toujours été demandées par sa courroie syndicale, la CGTU, puis par la CGT en 1936, 1945, 1968 ou 1981. Ce syndicat n'a jamais modifié ce discours radical. Ainsi, le 7 novembre 2002, Franck Leroux, secrétaire national CGT de la Compagnie, revendique un « service national de l'eau »[4]. Soixante-neuf ans plus tôt, on pouvait lire dans le numéro de janvier-février 1933 du *Trident*, organe officiel de la CGTU-Générale des eaux, sous le titre « Pour de meilleures conditions d'existence ! » : « Il faut nationaliser les grands monopoles de fait et proclamer la déchéance des concessionnaires des services publics. C'est, sur le plan économique, un des objectifs immédiats essentiels que propose le prolétariat organisé[5]. » En dehors de ces quelques slogans qui reviennent régulièrement, ce mensuel, qui est surtout consacré à des revendications salariales et à l'amélioration de l'organisation du travail, se veut très technique. Pourtant, ces fontainiers disposent d'une arme atomique : ils n'ont jamais coupé l'alimentation en eau des villes et villages, même pour faire avancer leurs revendications catégorielles. Ils observent scrupuleusement le service minimum depuis un siècle et demi. Pas question, comme leurs collègues cheminots, électriciens ou gaziers, de bloquer la machine. Ils gardent la notion du service public de l'eau chevillée au corps, à l'image de l'air que l'on respire, comme l'affirme très sérieusement aujourd'hui Jean Laurence, leader du syndicat Unsa à la Lyonnaise[6]. Leurs patrons ont toujours laissé croire aux fontainiers qu'ils avaient le statut de fonctionnaires (ils n'en ont pas les avantages), donc le droit de faire grève, mais pas celui de couper l'eau. De plus, la gestion décentralisée de l'eau entrave toute activité syndicale de masse. Les dirigeants des grands groupes français de l'eau ont su tirer tout le profit de cette situation. Quant aux communistes, ils ont toujours tenu un double discours sur la distribution de l'eau, sous leur double casquette de militant politique et de militant syndicaliste. De même que, dans une moindre mesure, les socialistes.

Les monopoles privés ont été historiquement dénoncés par les partis de gauche, sauf le cartel de l'eau. On n'oublie pas facilement les phrases prononcées à la tribune du congrès du Parti radical, en 1934, par Édouard Daladier, juste avant de démissionner pour la deuxième fois de ses fonctions de président du Conseil : « Deux cents familles tiennent les rênes de l'économie française et, en fait, de la vie politique française. L'emprise de ces deux cents familles pèse sur le système fiscal, sur les transports, sur le crédit. Les deux cents familles placent leurs mandataires dans les cabinets politiques, car elles contrôlent la presse [7]. » Le débat sur le caractère mythique ou non des deux cents familles s'est perdu dans les sables mouvants de rhétoriques, souvent académiques, sur la lutte des classes. Il y eut des diatribes quelquefois haineuses, Maurice Thorez qualifiant Léon Blum de « vil laquais des banquiers de Londres », et antisémites, avec Louis-Ferdinand Céline, dans *Bagatelles pour un massacre* : « On parle des deux cents familles, on devrait parler des cinq cent mille familles juives qui occupent la France [8]. » Au-delà des outrances verbales, fonds de commerce des partis de gauche et de l'extrême droite sur « la finance cosmopolite qui fait le malheur des patrons français », l'« alliance de la haute finance juive, protestante et catholique », difficile pourtant de nier l'évidence : la liste des grandes familles installées au sommet de l'État, de la banque et des affaires est facile à dresser. Cette publicité a rarement concerné les géants de l'eau, envers lesquels les politiques ont pratiqué l'autocensure… Édouard Daladier, Maurice Thorez, Guy Mollet, le général de Gaulle, Georges Clemenceau et François Mitterrand ont attaqué les « grandes féodalités économiques et financières », au moins verbalement, et en ont nationalisé certaines. Mais aucun d'entre eux ne s'est attaqué de front aux trois sœurs : la Générale, la Lyonnaise et la Saur (Société d'aménagement urbain et rural), rachetée en 1984 par Bouygues. Pas plus que la presse jusqu'au début des années 1980. « La réputation, disait Balzac, est la reine des prostituées : elle se vend au plus offrant »…

Le programme du Conseil national de la Résistance en 1944 n'y a pas changé grand-chose. Certes, le chef de la France libre, le général de Gaulle, donne le feu vert aux nationalisations. « Nous déclarons que l'État doit tenir tous les leviers de commande », déclare-t-il en 1945. Le Conseil national de la Résistance tient un discours semblable sur « le retour à la nation de tous les grands moyens de production monopolisée, fruit du travail commun, des sources d'énergie, des richesses du sous-sol, des compagnies d'assurances et des grandes banques » [9]. Ces principes se retrouvent dans la Constitution de 1946, dont le préambule, confirmé en 1958, mentionne que « tout bien, toute entreprise, dont l'exploitation a ou acquiert le caractère d'un service public national ou d'un monopole de fait, doit devenir la propriété de la collectivité ». À l'évidence, la Générale et la Lyonnaise sont visées par cette idéologie, fruit d'un cocktail entre l'État patron allié au colbertisme des technocrates, la gauche et un chef d'État charismatique. Fini le temps où les radicaux nationalisaient les déficits des rois du chemin de fer et de la mine. La dynamique des nationalisations (votées à 95 % par les parlementaires en 1945 et 1946) des Houillères, d'Air France, de la RATP, de la régie Renault, de la Banque de France, des quatre grandes banques de dépôt et des neuf grands groupes d'assurances vise surtout à relancer la machine économique. Et si la Compagnie échappe, en 1945, à la vague de nationalisations, elle le doit surtout au Parti communiste et à la CGT réunifiée, mais toujours à la botte du PCF. Dans *La République des illusions 1945-1951*, Georgette Elgey décrit le contexte : « L'expérience de M. Pierre Mendès France, ministre de l'Économie nationale jusqu'au 5 avril 1945, est significative. Il est clair, selon lui, que les communistes ne désirent pas qu'un gouvernement d'union nationale ait le mérite de réaliser des réformes de structure. Ce fut spécialement net en deux occasions : au sujet d'abord des succursales alsaciennes et lorraines d'établissements bancaires, puis des nationalisations [10]. » Les communistes n'aident pas le régime capitaliste à s'amender, en attendant la révolution…

De 1945 à 1947, Georges Marrane, ancien membre du Bureau politique du Parti communiste jusqu'en 1927 et responsable des finances de cette organisation jusqu'en 1928 [11], est le président du premier client de la Générale, le Syndicat des communes de la banlieue de Paris pour les eaux (280 000 abonnés contre 100 000 à Paris et 130 000 en province). Maire d'Ivry de 1935 à 1965, ce grand sportif (boxeur et cycliste) a réussi à faire de cette place forte de la banlieue rouge la vitrine du Parti communiste en matière de gestion municipale. À l'exemple des maires socialistes du Bourget (Antonin Poggioli,) de Suresnes (Henri Sellier) et de Boulogne-Billancourt (André Morizet), Georges Marrane va y développer l'autonomie municipale à travers une multitude de régies : bains-douches, lavoirs, voirie, architecture et même les travaux d'entretien de bâtiments publics ou de maisons privées. Toutefois, à l'exemple de ses prédécesseurs anciens présidents SFIO du Syndicat, Georges Marrane ne fera pas la moindre tentative pour résilier ou améliorer, au profit des communes, le contrat avec la Générale des eaux. Pourtant, ce discret dirigeant communiste représente à l'époque une force de frappe non négligeable : près de 60 % des clients de la Compagnie ! Le syndicat CGT des fontainiers de la Compagnie a alors comme secrétaire général André Grillot, en poste de 1946 à 1962. Âgé aujourd'hui de 97 ans, ce vieux militant sera ensuite maire communiste de Choisy-le-Roi jusqu'en 2001. À ce titre, il sera également vice-président du Syndicat des eaux, rebaptisé Sedif, aujourd'hui présidé par le truculent André Santini. La personne d'André Grillot symbolise la troïka CGT-PC-CGE. Depuis, les langues se sont déliées et l'omerta ne règne plus sur les avantages en matière de rémunération.

Des syndicalistes ou des élus ont-ils pu bénéficier d'avantages ? Difficile d'en avoir la preuve. Aujourd'hui, la CGT ne nie pas l'existence d'« avantages spécifiques ou particuliers accordés aux syndicalistes », mais souligne que ces privilèges existaient depuis l'après-guerre et qu'« un accord survenu en 2001 » y a mis fin[12]. Un ancien responsable de la CGT de la Compagnie, Jean-Luc Touly, ose aborder ce sujet très délicat. « Quelques responsables syndicaux de la Générale des eaux touchent, touchent toujours en 2003, des salaires de nababs[13]. » Aujourd'hui juge aux prud'hommes à Créteil, ce militant syndical ex-numéro deux du syndicat CGT de la Compagnie générale des eaux sait de quoi il parle… Nous avons contacté à plusieurs reprises Franck Le Roux, l'un des secrétaires de l'Union nationale des syndicats CGT de Veolia Environnement (ex-Compagnie générale des eaux), qui n'a pas souhaité commenter ces chiffres.

Dans l'immédiat après-guerre, Georges Marrane, par ailleurs ministre de la Santé et de la Population de janvier à mai 1947, représente alors pour la Compagnie le meilleur allié possible : efficace et discret. Incarnation de la puissance municipale du PCF, cet ancien chef de la Résistance en zone Sud et président du conseil général de la Seine (de 1935 à 1936 et de 1945 à 1946) est l'un des principaux animateurs de l'Union nationale des municipalités communistes. Son credo : placer l'État devant le fait accompli (en prétextant ne plus avoir de budget pour achever des travaux) et le mettre alors en demeure d'accorder des subventions. Ce type de bras de fer avec l'État, Georges Marrane l'a engagé systématiquement durant ses trois ans à la tête du Syndicat des eaux comme le montrent les comptes rendus de cet organisme [14]. Cette stratégie du tout État se marie plutôt mal avec une authentique régie municipale de l'eau. À la Libération, les communistes font le forcing pour la nationalisation de l'électricité et du gaz, élaborée par l'un des leurs, Marcel Paul, ministre de la Production industrielle, et adoptée par la loi du 8 avril 1946. Mais jamais un mot pour réclamer une nationalisation de l'eau.

La biographie de Marcel Paul, grand résistant communiste et rescapé du camp de Buchenwald, n'est pas innocente par rapport à ce silence. En 1932, ce militant extrêmement populaire est élu secrétaire général du syndicat CGTU des services publics. En 1936, il devient secrétaire général de la fédération CGT (réunifiée et procommuniste) de l'éclairage. Ce syndicaliste réclame alors la nationalisation des compagnies d'électricité et du gaz. Dans quel but ? Tout simplement pour faire de ces entreprises nationalisées des places fortes du PCF et de la CGT. Mission accomplie en 1947. Marcel Paul troque alors son uniforme de ministre communiste contre celle de syndicaliste. Il reprend ses fonctions de secrétaire général de la fédération CGT de l'Éclairage, puis est élu président du comité central des œuvres sociales (CCAS) d'EDF-GDF. On connaît la suite : alimenté par 1 % du chiffre d'affaires d'EDF-GDF, le comité d'entreprise CCAS est le plus riche de France, et la convention collective des gaziers et électriciens reste la plus avantageuse de tous les services publics [15]. Reste que Marcel Paul et ses collègues de la fédération CGT de la Compagnie générale des eaux n'ont jamais levé le petit doigt pour exiger la nationalisation des deux rois de d'eau. Pourquoi ?

La réponse à cette question aurait pu être donnée par Georges Marrane, qui avait l'oreille de Maurice Thorez. En effet, fin 1936, le secrétaire général du PC est venu s'installer à Ivry, dont Georges Marrane était le maire, avec femme, enfants, gardes du corps, sa 15 CV Citroën et la 202 Peugeot de sa seconde femme, Jeannette Vermeersch, rencontrée à Moscou. Sa résidence spacieuse, avec parc s'il vous plaît (devenue depuis l'École centrale du parti), abrite également le local de la section du parti d'Ivry, ce qui permet de mieux assurer la sécurité du secrétaire général. En effet, depuis 1932 jusqu'à sa mort en 1964, le « fils du peuple » sera député de la circonscription d'Ivry avec le soutien constant de « Georges Marrane, dont la fidélité est à toute épreuve »[16]. Ces deux militants professionnels se sont connus au Comité central et au Bureau politique du parti dans les années 1920 à 1930. Aujourd'hui, plus personne ne se souvient des zones d'ombre dans la vie de l'ancien ouvrier horloger Georges Marrane, professionnel de la politique formé durant la Grande Guerre par Marcel Cachin, l'un des anciens ténors de la SFIO et fondateur du Parti communiste.

Dans son ouvrage *Les RG et le Parti communiste*, Frédéric Charpier désigne Georges Marrane comme étant l'un des grands argentiers du PCF : « Dirigée par Georges Marrane, maire communiste d'Ivry, la Banque ouvrière et paysanne (BOP) finance le Parti communiste et ses satellites avec des fonds provenant de Moscou ou de Berlin. En août 1929, quand la police l'investit, la banque serait au bord de la faillite. À voix basse, il se dit qu'à travers elle l'argent russe coule à flots dans les caisses du parti et de la CGTU. [...] Le gouvernement de Tardieu cherche en fait à atteindre *L'Humanité* qui ne pourrait survivre sans l'aide de la banque[17]. » Pour resituer ces quelques lignes, il faut prendre connaissance de la version plus « officielle » du rôle de Marrane dans la nébuleuse communiste. « L'oubli dans un taxi, en octobre 1927, de sa serviette contenant des documents sur la comptabilité du parti eut un retentissement certain, note le *Dictionnaire biographique du mouvement ouvrier français* à propos de Georges Marrane, et contribua peut-être à l'écarter du Bureau politique. [...] En 1929, Marrane quitta ses fonctions d'administrateur de *L'Humanité*, se retrouva simple membre du Comité central. La faillite de la Banque ouvrière et paysanne [coopérative, dont il était administrateur et membre fondateur en 1927], lui valut en 1930 de nombreuses critiques bien qu'il fût jugé tout à fait désintéressé. [...] L'élection de Maurice Thorez, en 1932, comme député de la circonscription pouvait laisser supposer une répartition des tâches entre eux : techniques pour Marrane, politiques pour Thorez[18]. »

L'entourage du maire d'Ivry est au diapason. Ainsi, le premier adjoint de Georges Marrane, Venice Gosnat (dont l'épouse était la concierge de la mairie), est un ancien ouvrier de l'arsenal de Bourges, monté à Paris pour entrer au service de l'appareil clandestin du Komintern, l'Internationale communiste aux ordres de Moscou. C'est chez Venice Gosnat que se rencontrent Maurice Thorez et Eugen Fried, l'agent tchèque envoyé en 1931 par le Parti communiste soviétique pour superviser les réunions du Bureau politique du PCF. Caché derrière le pseudonyme de « camarade Clément », ce stalinien pur jus fut « le véritable chef du Parti communiste français dans les années 1930 », écrivent les deux spécialistes du parti Annie Kriegel et Stéphane Courtois[19]. Venice Gosnat a un fils, Georges, qui sera sous-secrétaire d'État à l'Armement de juin à décembre 1946. Sans le moindre passé de militant et simple aspirant de marine, Georges Gosnat avait été, à l'âge de 21 ans seulement, le directeur administratif de la compagnie maritime France-Navigation, créée en 1937 autant pour faire des affaires que pour assurer aux Soviétiques le monopole du ravitaillement en armes et marchandises des républicains espagnols. Financée après le transfert de 75 % de l'or espagnol en URSS, cette société va permettre à Staline de convaincre le gouvernement républicain espagnol de fermer les yeux sur le massacre des trotskistes, anarchistes et syndicalistes révolutionnaires en lutte contre l'armée franquiste, mais surtout opposés au stalinisme.

Sous la direction de Georges Gosnat, France-Navigation a servi à bien des choses, comme l'achat d'un yacht de milliardaires de 35 mètres battant pavillon canadien[20]. Devenu trésorier du Parti communiste, Georges Gosnat est élu député de la corconscription d'Ivry à la mort de Maurice Thorez, en 1964. Chargé de mission à la Lyonnaise, Jean-François Probst raconte un de ses déjeuners avec Georges Gosnat (décédé en 1982) et le conseiller spécial de Jérôme Monod, Ernest Cazelles, son homologue de la SFIO, ex-secrétaire général adjoint de Guy Mollet : « Chacun d'entre eux ouvrait au café un cahier à spirale et se partageait les commissions pour travaux d'études à toucher sur tel ou tel chantier d'adduction d'eau, d'assainissement ou de travaux publics[21]. » Le fils de Georges, Pierre Gosnat, est aujourd'hui maire d'Ivry. Pour revenir à Georges Marrane, rappelons que le Parti communiste lui a confié, de 1947 à 1954, le poste stratégique de président de la commission de contrôle du financement du PCF. À la Libération, il a également été nommé administrateur du holding commercial et financier du parti, l'Empede, plus connu sous le nom de Société Immobilière de presse d'édition. « Vercingétorix », son nom de chef de réseau dans la Résistance, a emporté beaucoup de ses secrets dans sa tombe en 1976[22].

Reste une question incontournable : pourquoi, à la Libération, les quatre cinquièmes des activités de la Lyonnaise (l'électricité et le gaz) sont-ils nationalisés alors que sa grande sœur la Générale y échappe totalement ? Dans son édition du 3 mars 1946, le quotidien de gauche *Franc-Tireur* apporte un début de réponse : « Le Parti socialiste et le Parti radical-socialiste fournissent depuis de très nombreuses années des administrateurs à nos grandes cités. Ceux-ci ont eu à résoudre d'abord le problème de l'eau, puis celui du gaz, enfin celui de l'électricité. Des relations d'affaires n'ont donc pas manqué de s'établir, en toute honnêteté, entre les maires, les députés-maires et les grandes sociétés en cause. Après les tiraillements inévitables du départ, les uns et les autres finirent par cohabiter paisiblement, par collaborer en quelque sorte, cités et industries se faisant des concessions réciproques et tirant avantage du *modus vivendi* (*sic*) ainsi créé[23]. » Certes, la Lyonnaise n'a pas la chance d'avoir dans ses petits papiers un homme discret, efficace et au bras long à l'image de Georges Marrane.

À l'inverse de la Générale, la Lyonnaise dispose à la Libération d'un patron pour le moins remuant en la personne du petit-fils d'un pasteur de Montbéliard, Ernest Mercier, polytechnicien passé par l'École du génie maritime puis l'armée pendant une dizaine d'années. Beaucoup de communistes dénoncent en ce « roi des années trente » l'hydre des trusts et un partisan actif de mouvements d'extrême droite. Au palmarès des collectionneurs de jetons de présence, le grand magnat de l'électricité pulvérise tous les records : il siège alors dans pas moins de 46 conseils d'administration ! Aussi, Ernest Mercier, le *French technocrat* pour les Américains, qui, pendant la Grande Guerre, a visité les États-Unis à l'invitation de la General Electric, concentre tous les ingrédients pour devenir la cible favorite des communistes. Ses deux gendres ne font qu'aggraver son cas. Sa première fille, Christiane, a épousé Wilfrid Baumgartner, gouverneur de la Banque de France et président du Crédit national, qui sera plus tard ministre de l'Économie et des

Finances (1962) et PDG de Rhône-Poulenc. La seconde joue la même partition. Anne-Marie France Mercier s'est mariée avec le frère du premier, Richard Baumgartner, directeur d'une filiale de la Lyonnaise avant la nationalisation, administrateur de la CFP, puis PDG de la Société alsacienne de constructions mécaniques. Comme l'écrit non sans humour une publication proche du Parti communiste, « Ernest Mercier a assuré sa succession[24] ».

Aux yeux des communistes, deux bons points restent tout de même à son actif. Ernest Mercier a épousé en secondes noces la nièce du capitaine Albert Dreyfus. Il a aussi ouvertement montré son hostilité au régime de Pétain, avant de prêcher l'alliance avec l'URSS contre les nazis. Manque de chance, les archives de la Ligue républicaine nationale, créée en novembre 1924 par l'ex-socialiste Alexandre Millerand, indiquent qu'Ernest Mercier, à l'unisson du gotha du monde industriel, a mis la main à la poche au bénéfice de cette association (son versement d'un chèque de 50 000 francs en témoigne). Objectif de la Ligue : la lutte contre « la politique de spoliation et d'inquisition fiscale du cartel des gauches ». Pour le Parti communiste et la SFIO, Ernest Mercier n'est donc pas un industriel lambda. Cet ancien chef de cabinet (en 1917) du ministre de l'Armement Louis Loucheur avait annoncé, dix ans plus tard, la création du Redressement français. « En dehors et au-dessus des partis », cette association prônait la modernisation de l'économie française pour moraliser la politique, en conviant les Français au travail. « Il faut à la fois réformer les institutions et faire l'éducation du citoyen », préconisait Ernest Mercier.

Le Redressement français visait à rassembler les élites nationales en excluant les « socialistes marxistes ». Siégeaient à son conseil d'administration plusieurs proches du Comité des Forges, la vieille institution du monde patronal. Son programme présidentiel, avant la lettre, faisait peur à beaucoup. Il militait pour un exécutif fort, indépendant du Parlement et confié à des techniciens choisis pour leur compétence. Ultime reproche des communistes : en avril 1927, un avion avait lancé sur Paris des tracts représentant l'araignée bolchevique. *L'Humanité* affirma qu'il s'agissait d'un avion du Comité des forges. Ces tracts avaient été rédigés par la *Vague rouge*, une revue mensuelle antibolchevique dont les locaux se trouvaient au siège du

Redressement Français[25]. À la Libération, Ernest Mercier met la pédale douce. Son nom disparaît des journaux. Mais ce manager de talent en convient : l'électricité est bien un service public. En 1945, il admet à contrecœur que son bébé, les divisions électricité et gaz de la Lyonnaise, devienne l'ossature d'EDF-GDF. Il laisse ses trois principaux collaborateurs négocier les modalités de la nationalisation avec le ministre communiste Marcel Paul et d'autres membres du gouvernement. À l'issue de cinq ans de négociations, les 109 900 actionnaires de la Lyonnaise et de trois autres grandes sociétés de production d'électricité recevront, en 1951, 17 milliards de francs sous forme d'obligations de la Caisse nationale de l'énergie. Soit près de 2,40 milliards d'euros d'aujourd'hui. Une très confortable indemnisation, car la valeur de ces obligations avait doublé entre 1946 à 1951[26].

NOTES

1. Stéphane Courtois et Marc Lazare, *Histoire du Parti communiste français*, PUF, 1995, p. 132-133.

2. Voir « La France et les trusts », *Économie et politique*, revue officielle du PCF, numéro spécial, 1953, p. 21, 61-62, 80-87, 94, 222-223.

3. Déclaration faite à l'auteur, en janvier 2005, par Daniel Caille, directeur de l'eau à la CGE de 1996 à 1999.

4. Voir *L'Humanité* du 8 novembre 2002.

5. *Trident*, n° 124-125, janvier-février 1933, p. 8.

6. Entretien avec l'auteur en novembre 2003.

7. Voir Jean Garrigues, *Les Patrons et la politique de Schneider à Seillière*, Perrin, 2002, p. 27.

8. Voir Pierre Birnbaum, *Le Peuple et les gros, histoire d'un mythe*, Pluriel, 1995, p. 246-248.

9. Voir Stéphane Rials, *Textes politiques français*, PUF, 1983, p. 114-115.

10. Georgette Elgey, *La République des illusions 1945-1951*, Fayard, 1965.

11. Voir Nathalie Viet-Depaule, « Georges Marrane, un communiste gestionnaire », dans *Itinéraires individuels*, p. 141.

12. Voir Renaud Lecadre, « Générale des eaux : une plainte en diffamation », *Libération*, 26 février 2004.

13. Entretien avec l'auteur en novembre 2003 et voir photocopies de feuilles de paie de responsables syndicaux.

14. Voir comptes rendus des séances du bureau du Syndicat de la banlieue de Paris pour les eaux des années 1945 à 1947 ; Nathalie

Viet-Depaule, *Georges Marrane entre les deux guerres : un maire hors pair*, mémoire, CNRS, p. 12.

15. Voir Étienne Gingembre, « Comment les mirifiques œuvres sociales d'EDF profitent à la CGT », *Capital*, mars 2002, p. 100-101.

16. Voir Philippe Robrieux, *Maurice Thorez, vie secrète et vie publique*, Fayard, p. 241 ; Fernand Leriche et Jacques Varin, *Ivry-sur-Seine : le souffle de l'histoire*, Messidor, 1984, p. 199-251.

17. Frédéric Charpier, *Les RG et le Parti communiste*, Plon, 2000.

18. Voir à Georges Marrane dans le *Dictionnaire biographique du mouvement ouvrier français* de Claude Maîtron, Les Éditions ouvrières, p. 345-348.

19. Voir Philippe Robrieux, *Histoire intérieure du Parti communiste français*, Fayard, p. 451 ; Annie Kriegel et Stéphane Courtois, *Eugen Fried, le grand secret du PCF*, quatrième de couverture.

20. Voir Philippe Robrieux, *Histoire intérieure du Parti communiste français*, *op. cit.*, p. 479-480.

21. Entretien avec l'auteur le 15 juillet 2001.

22. Voir à Georges Marrane dans le *Dictionnaire biographique du mouvement ouvrier français*, *op. cit.*, p. 347 ; *Dictionnaire des ministres*, p. 819 ; Michèle Rault, *Georges Marrane*, Association pour l'histoire d'Ivry-sur-Seine, 1988, p. 20.

23. Voir René Gudy, *Et la lumière fut nationalisée, naissance d'EDF-GDF*, Éditions sociales, 1978, p. 94-95.

24. *Ibid.*, p. 203 et Lucette Le Van et Antoine Prost, *Les Nationalisations à la Libération*, Fondation nationale des sciences politiques, p. 263-265.

25. Voir Jean-Pierre Rioux et Jean-François Sirinelli, *La France d'un siècle à l'autre 1914-2000*, Hachette, 1999, p. 493 ; Jean Garrigues, *Les Patrons et la politique de Schneider à Seillière*, *op. cit.*, p. 123-126, 131, 169, 172, 190, 215.

26. Voir les conseils d'administration de la « Lyonnaise » de 1951 et 1952.

VIII

La Lyonnaise repart difficilement de zéro

En 1945, la Lyonnaise compte 309 000 abonnés au gaz, 203 000 à l'électricité et seulement 150 000 à l'eau (dont 50 000 en banlieue parisienne). Pas question pour ce numéro un de l'électricité et du gaz de disputer le leadership de l'eau à sa grande sœur, qui compte trois fois plus de clients avec 500 000 abonnés à l'eau [1]. Un an plus tard, la nationalisation du gaz et de l'électricité contraint la Lyonnaise à se replier sur la monoculture de l'eau. L'une des toutes premières entreprises de l'Hexagone se métamorphose brutalement en PME. Elle quitte son prestigieux siège parisien de l'avenue de Messine, repris par EDF, pour emménager dans un petit hôtel particulier vieillot au 45 de la rue Cortambert, dans le très chic XVIe arrondissement. « Poulidor de l'eau » depuis plus d'un demi-siècle, l'ancienne reine de l'électricité doit grenouiller dans le même bain que la Générale. Un véritable traumatisme pour ses grands directeurs. Certes, son administrateur délégué Jacques Thuillier n'est pas un « bleu ». Cet ingénieur supervise depuis 1927 la branche eau de la Lyonnaise, Albert Petsche et Ernest Mercier s'étant consacrés uniquement à la fée Électricité. Après avoir échappé à la nationalisation de leurs activités eau et assainissement, les deux entreprises sœurs vont reprendre, plus que jamais, leurs « bonnes habitudes ». En économie, on appelle cela un oligopole. La Lyonnaise n'a pas trop le choix... Elle suit son chemin de croix, marquée au fer rouge par le passé. De 1889 à 1954, elle n'a connu que trois présidents, marqués à droite, et même à l'extrême droite *(voir chapitre VI)*. À la Libération, le vent politique ne souffle pas dans cette direction. Amputé, démantelé, le groupe n'est plus en phase avec un État jacobin tout-puissant et avec des communistes bien placés à ses manettes. Le président Ernest Mercier, âgé alors de 67 ans, passe la main à son second, Jacques Thuillier.

En 1949, première embellie. La Lyonnaise ajoute à la banlieue bordelaise le contrat de concession signé avec la capitale de la Gironde (cinquième ville de France). Aujourd'hui, un demi-siècle plus tard, le marché de distribution d'eau potable dans l'agglomération de Bordeaux reste la plus belle affaire du groupe dans l'Hexagone. À l'époque, ce nouveau contrat n'a rien à voir avec un nouveau dynamisme de l'entreprise. C'est la conclusion d'une vieille stratégie ponctuée par la montée en puissance du gaulliste Jacques Chaban-Delmas[2]. À l'exemple de la Compagnie dans les agglomérations de Paris et de Lyon, la Lyonnaise avait appliqué, depuis 1903, une stratégie d'encerclement à partir de la banlieue de Bordeaux. Entre-temps, elle a accru son monopole sur les ressources en eau de la région. Depuis les années 1920, Bordeaux connaissait, chaque été, une pénurie d'eau potable et dépendait déjà des captages de sources de la Lyonnaise. Le fameux contrat de Bordeaux est signé en 1949 par le nouveau maire Jacques Chaban-Delmas, qui a succédé deux ans plus tôt au socialiste Adrien Marquet. Général dans la Résistance, puis président de la Compagnie chérifienne de transport aérien, Jacques Chaban-Delmas avait côtoyé au Maroc des dirigeants de la Lyonnaise qui y alimentaient en eau potable plusieurs villes. Pierre Delmas, père de Jacques, était administrateur de sociétés, dont la firme Delahaye qui vendait des automitrailleuses à l'armée de terre. Sa mère, Georgette Baroin, était issue d'une grande famille de maîtres de forges. Placées ainsi sous les meilleurs auspices, la capitale de l'Aquitaine et les 27 communes de sa banlieue (regroupées en 1968 dans la communauté urbaine de Bordeaux) vont jouer, dès lors, le rôle de porte-drapeau de la Lyonnaise, à l'image de Paris pour la Générale des eaux.

Ce succès inespéré réveille une entreprise tombée dans une profonde somnolence. Certes, ses finances sont saines, à l'exception de quelques canards boiteux. Un seul problème : le conseil d'administration ne recrute qu'au-delà de 60 ans. À l'âge de 68 ans, Jacques Thuillier succède officiellement, en 1954, au président de la Lyonnaise, Ernest Mercier, qui vient de mourir. Et en 1967, le dauphin de Jacques Thuillier, âgé alors de 81 ans,

Maurice Bonfils, le remplace. Le nouveau PDG a 75 ans[3]... Moins marqués à droite que le trio de choc Roche-Petsche-Mercier, ces patrons de l'après-guerre baignent plutôt dans un univers radical et franc-maçon. Ces papys vont développer un portefeuille financier de bon père de famille grâce aux obligations de la Caisse nationale de l'énergie, généreusement distribuées par l'État en 1951 pour indemniser la nationalisation de l'électricité. Mais pas question pour ces deux vénérables chefs d'entreprise de secouer le cocotier. Ils se font très discrets, à l'image du président de la Générale, Robert-André Gérard. Une seule différence, et de taille : ce dernier est secondé par deux jeunes managers particulièrement dynamiques, Georges Huvelin et Guy Dejouany, qui vont asseoir définitivement le leadership de leur maison. Rien de tout cela à la Lyonnaise. Les hommes âgés apprécient rarement le changement. L'histoire des entreprises françaises l'illustre. Il en va des collaborateurs de patrons trop vieux comme des épouses de maris trop âgés : ils vieillissent avant l'âge... L'ancien préfet Maurice Papon sera administrateur de la Lyonnaise durant plusieurs années sans que cela émeuve quiconque. Le mot diversification ne fait pas partie de leur vocabulaire. Tout est en place pour gérer l'immobilisme.

La prétendue « rude compétition » qui oppose la Lyonnaise et la Générale depuis la fin du XIXe siècle peut perdurer tranquillement et discrètement. Le cartel de l'eau est surtout aux ordres de la Compagnie, qui seule peut moissonner sur les terres socialistes et communistes, majoritaires dans le pays à l'époque. Lors de l'assemblée générale de la société en 1957, son président, Robert-André Gérard, revendique la qualité de ses relations à gauche : « Nous vous signalons cependant que nous avons conclu avec la ville d'Arras une nouvelle convention, aux termes de laquelle nous nous sommes engagés à financer les installations concernant un quartier neuf de la ville[4]. » Le député-maire d'Arras à l'époque, Guy Mollet, est secrétaire général de la SFIO depuis une dizaine d'années et l'homme clé de tout gouvernement. Dix ans plus tard, le premier contrat expérimental d'une usine d'incinération d'ordures ménagères sera signé par la Générale avec le district d'Arras. L'auteur de ce coup d'éclat s'appelle Guy Dejouany et occupe à l'époque les fonctions de directeur général adjoint, c'est-à-dire de numéro trois de la Compagnie. Déjà, celle-ci s'affiche comme le leader des services publics délégués dans le département du Pas-de-Calais, l'une des toutes premières fédérations socialistes de France, au beau milieu d'une région de tradition franc-maçonne. De même, le premier client de la Générale, le Syndicat des communes de la banlieue de Paris pour les eaux (rebaptisé depuis Sedif), est retombé dans l'escarcelle de la SFIO après avoir été aux mains des communistes, puis des gaullistes de 1945 à 1953. La Lyonnaise va se nourrir des miettes de ce festin…

Elle signe, en 1961, un armistice avec la Générale en montant à hauteur de 26,8 % dans le capital de la Compagnie des eaux et de l'ozone (CEO). Présente avec ses filiales dans 900 agglomérations, dont Toulon et Aix-en-Provence, cette société de distribution d'eau est contrôlée à plus de 70 % par la Compagnie et comptera, à elle seule, en 1980, 519 450 abonnés. Dissimulées derrière le paravent discret de la CEO (jusqu'en 1990) et de sociétés locales, la Générale et la Lyonnaise se partagent des entreprises communes qui alimentent en eau potable des villes en majorité socialistes : Marseille, Lille, Roubaix, Tourcoing, Dunkerque, Douai, Calais, Metz, Beauvais, Évry, Corbeil, Versailles, Saint-Cloud et en Martinique[5]. Le rapport est toujours de un à trois en faveur de la Générale qui fait la courte échelle à sa vieille rivale et complice dans les agglomérations socialistes… Les deux entreprises mettent ainsi en commun leurs moyens dans une douzaine de villes, agglomérations ou régions. Ces sociétés communes ou paritaires sont des faux nez, des appellations laissant croire qu'il s'agit de petites entreprises à caractère local.

Quelques exemples de ce stratagème : la Bourbonnaise des eaux, la Société des eaux de Douai, la Société des eaux de Sénart… Des filiales parmi les plus rentables des géants de l'eau. Sur cette liste « noire » figurent trois mastodontes : la Société des eaux de Marseille (créée sous Pétain en 1942), la Société des eaux du Nord et la CEO. Parmi ces pépites, la Société des eaux de Marseille deviendra un groupe à part entière, remportant des marchés dans toute la France ainsi qu'à l'étranger, notamment au Panama, en Colombie, en Côte d'Ivoire et au Sénégal. Bernard Guirkinger, président de la Lyonnaise des eaux France, accuse les maires d'être à l'origine de la création de ces sociétés paritaires : « Les élus ont fait jouer une concurrence acharnée entre les différentes entreprises présentes sur le marché français, ont négocié le meilleur de chacune d'entre elles, ont mis l'ensemble dans un pot commun et leur ont demandé ensuite de s'associer[6]. » Les documents financiers et comptables présentés chaque année aux actionnaires ne précisent pas que les deux concurrents ont des entreprises communes. Pour le comprendre il faut comparer les rapports annuels des deux groupes qui officiellement se taillent des croupières. Chacun d'entre eux indique bien toutes ses filiales, mais se garde de préciser à qui appartient le solde du capital. Autre accroc à la concurrence : les durées excessivement longues (jusqu'à soixante ans) des conventions de délégation signées par les géants de l'eau avec les villes.

Troisième entorse : la possibilité pour le titulaire d'une délégation exploitant des installations de captage de refuser de fournir des renseignements à une entreprise souhaitant se porter candidate à une procédure de mise en concurrence. À l'abri de la Générale, la Lyonnaise ne cherche pas à faire des coups. Non, elle investit patiemment et engrange méthodiquement en arrondissant sa pelote, le plus discrètement possible. Un peu à l'image des forestiers qui plantent des chênes pour leurs petits-enfants qui les feront abattre un siècle et demi plus tard. Elle singe la maxime de sa grande sœur : « Pour vivre heureux, vivons cachés »... À l'opposé de l'esprit des trois anciens grands patrons de la Lyonnaise : Roche, Petsche et Mercier. Résultat en 1959 : la Compagnie écrase sa rivale avec le triple d'abonnés, soit 805 992.

À la fin des années 1960, le directeur général adjoint du Crédit Lyonnais, Maurice Schlogel, va secouer cette torpeur. Représentant de la banque nationalisée au conseil d'administration de la Lyonnaise avec 8 % des parts, il veut précipiter les choses. Son plan : marier les canalisations et les plaques d'égout de Pont-à-Mousson (PAM) avec l'eau de la Lyonnaise pour constituer un géant du secteur. L'idée n'est pas stupide, le groupe PAM exploitant quelques sociétés de distribution d'eau sous la marque Sobéa. Actuel actionnaire majoritaire de la Lyonnaise, Suez est à l'époque un partenaire incontournable par sa participation importante dans PAM. Finalement, des négociations difficiles débouchent sur un accord de participations croisées entre le nationalisé Crédit Lyonnais, le privé Suez, PAM et la Lyonnaise. Les deux poids lourds de l'opération,

Suez et le Lyonnais, décident en 1968 de nommer à la tête de la Lyonnaise Roger Martin, PDG de PAM. Les managers de la Lyonnaise manifestent bien évidemment leur peur de se faire croquer tout cru. Témoin privilégié, Roger Martin raconte : « Le bruit de mon éventuelle candidature provoqua la panique dans les rangs de la vieille garde de la Lyonnaise qui fit tout en son pouvoir pour la torpiller. Elle fut ensuite bien obligée d'accepter celle de Pierre Chaussade, à laquelle Georges Picot [président de Suez] s'était très facilement rallié, tandis que Maurice Schlogel, fort obligeamment, se chargeait de la présenter aux autres membres du conseil [7]. » Fin 1969, l'énarque Pierre Chaussade devient président de la Lyonnaise. Une vraie révolution silencieuse.

Son curriculum tranche avec celui de tous ses prédécesseurs, ingénieurs sortis de Polytechnique qui avaient le plus souvent travaillé quelques années dans l'armée ou les services de l'Équipement. Sous-préfet de Brive dès l'âge de 30 ans, ce Corrézien de souche a négocié lui-même la reddition de la garnison allemande en août 1944. Élevé dans la grande tradition de la préfectorale franc-maçonne et radicale, Chaussade sera nommé préfet de la région de Haute-Normandie en 1959. Secrétaire général du gouvernement général à Alger aux temps difficiles de l'OAS, il ne sera pas tout à fait récompensé quelques années plus tard. En 1967, il apprendra dans le journal sa mutation à Metz à l'occasion d'un important mouvement préfectoral. Cette désinvolture de l'administration le conduit quelques mois plus tard à abandonner la haute fonction publique pour embrasser une carrière dans le privé. Il devient directeur général des entreprises Albert Cochery, société spécialisée dans la construction de routes et d'autoroutes. À la tête de ce groupe, Pierre Chaussade ne démérite pas, mais doit consacrer beaucoup de temps aux ambitions mondaines de son président, Albert Cochery. Actionnaire important de ce groupe, PAM et son président Roger Martin vont avoir l'idée de propulser Pierre Chaussade à la tête de la Lyonnaise.

Dès son arrivée, le nouveau président s'emploie à réveiller la Lyonnaise et à l'émanciper de sa grande sœur, la Générale. Sa feuille de route : diversifier la société en surfant sur l'extraordinaire croissance économique des années Pompidou. En marge du partage tranquille de la rente de l'eau, la Lyonnaise se positionne, avec le feu vert de l'État néolibéral pompidolien, comme un véritable groupe industriel spécialisé dans la fourniture de services publics aux collectivités locales. Son activisme tous azimuts le conduit même à racheter les Pompes funèbres générales, leader européen des services funéraires. Il n'y a pas de sot métier… De nombreux élus, de méchantes langues à la Compagnie raillent alors la nouvelle raison sociale de la Lyonnaise : « De l'eau aux os… » En quelque sorte, la Lyonnaise s'occupe de la vie quotidienne des Français de leur naissance jusqu'à leur enterrement… La liste impressionnante des filiales de la Lyonnaise l'atteste. Un vrai catalogue à la Prévert qui regroupe : Cochery, construction et entretien de routes et d'autoroutes ; Trindel et Forclum, équipement électrique des lignes à haute tension, des caténaires du TGV et des centrales nucléaires ; la Sita (Société industrielle des transports automobiles), numéro un en Europe pour la collecte des ordures ménagères et l'élimination des déchets industriels ; la Cofreth (Compagnie française d'exploitation thermique), spécialisée dans le chauffage urbain et la climatisation d'immeubles à partir de la combustion des déchets et ordures ménagères ; le groupe Sicli, qui fabrique des extincteurs et des véhicules spécialisés dans la lutte contre les incendies. Autant de marchés qui dépendent uniquement du bon vouloir de l'État ou des collectivités locales. Ses relations particulières donnent à Pierre Chaussade un accès privilégié à ces marchés publics. Déjà, certains maires, même gaullistes, estiment que le préfet Chaussade en fait trop… Fin politique à cette occasion, son successeur Jérôme Monod décidera d'abandonner l'activité de « collecte des os » en la revendant à un géant américain du secteur.

Lors du départ de Pierre Chaussade, en 1980, le nombre d'abonnés à l'eau potable de la Lyonnaise, toutes filiales confondues, atteint 800 000. Le rapport reste de un à trois en faveur de la Générale des eaux. Sauf que la petite sœur, naguère bien sage, se fait turbulente au point de devenir numéro un du ramassage des ordures ménagères… Sauf qu'un loup est rentré dans la bergerie. À la faveur de la tentative ratée de fusion PAM-Lyonnaise, le financier Suez est finalement resté, depuis 1974, actionnaire de référence de la Lyonnaise. Une vingtaine d'années plus tard, le même Suez deviendra actionnaire principal de la Lyonnaise. Laissons le mot de la fin à Roger Martin :

« Pierre Chaussade sut aussi, le moment venu, accomplir ce qui est sans doute la tâche la plus délicate du métier de patron : préparer et régler sa succession [en 1980] avec Jérôme Monod. Pierre reste pour moi l'exemple le plus réussi d'un haut fonctionnaire reconverti tardivement aux réalités de l'entreprise[8]. »

NOTES

1. Voir rapports du conseil d'administration de la Lyonnaise pour l'exercice 1947 (p. 1-11) et de la CGE dans les années d'après-guerre.
2. Voir René Sédillot, *Histoire de la Lyonnaise des eaux, de l'électricité et du gaz*, 1980, p. 1-175.
3. Voir Roger Martin, *Patron de droit divin*, Gallimard, 1984, p. 262-263.
4. Voir compte rendu de l'assemblée générale de la CGE de 1957.
5. Voir *Mission d'évaluation et de contrôle, de l'opacité à la transparence : le prix de l'eau*, commission des finances de l'Assemblée nationale, 2001, nº 3081, p. 147.
6. *Ibid.*
7. Roger Martin, *Patron de droit divin, op. cit.*, p. 265.
8. *Ibid.*

IX

Un larron s'infiltre dans le pouvoir occulte

Les patrons de la Lyonnaise et de la Compagnie assistent de très loin à la montée en puissance de leur futur rival : Francis Bouygues. Celui-ci ne cultive pas encore le goût du pouvoir occulte. Chez les Bouygues, on est chef d'entreprise ou ingénieur de père en fils. Rien à voir avec les images parfaitement lissées de réussite sociale des présidents successifs des deux champions de l'eau. Autre différence : l'ambition démesurée du clan familial, qui rechigne à courber l'échine devant les pouvoirs. L'histoire du clan Bouygues commence avec le grand-père de Francis, Frédéric, patron d'une petite fonderie et fils de paysans du Cantal. Son goût de l'aventure le pousse à se délocaliser, vers 1860, près de la place de la Bastille à Paris. La famille va s'y embourgeoiser tranquillement. Les deux fils du fondeur sont satellisés pour intégrer les grands corps de l'État. Pour René ce sera Polytechnique, et pour Georges, le père de Francis, l'École centrale. À la Libération, Francis intégrera lui aussi Centrale, réputée pour avoir formé des grands capitaines d'industrie : Gustave Eiffel, Panhard et Levassor, les frères Goudard, créateurs des carburateurs Solex… « Se mettre à son compte, c'était le rêve de ma mère et le mien », racontera-t-il à la journaliste Christine Baudelaire dans *Le Point*[1]. Sa famille lui inculque quelques idées. Il en retient surtout une : l'indépendance, la foi chevillée au corps de ne dépendre de personne. Côté ascension sociale, les Bouygues sont en avance de deux générations sur les polytechniciens ou énarques qui dirigent les deux grands groupes français d'eau. Ces managers se veulent simplement les gardiens d'un pouvoir que leur ont confié des familles richissimes ayant fait fortune sous le Second Empire.

Contrairement à eux, Francis Bouygues ne craint rien ni personne. Grand, le front dégarni, d'épais sourcils, un regard charmeur qui peut tourner très vite au coup d'œil glacial, cet homme fait peur simplement par son physique.

La vraie singularité de Francis Bouygues : il n'a aucune faveur à attendre du pouvoir occulte. Il ne fait pas partie du club. En revanche, une chance extraordinaire lui permet de rencontrer chaque fois, au bon moment, l'individu susceptible de lui donner un coup de pouce décisif[2]. La chance frappe à sa porte dès 1943, lorsque Francis fait connaissance de sa future femme, Monique Tézé, en Mayenne. « Castor bégayeur » (il avait gagné ce surnom chez les scouts en raison de sa très rapide élocution) s'y est réfugié non pas pour entrer dans la Résistance, mais tout simplement pour échapper au STO. Il s'y cache dans la famille d'un de ses camarades du collège Stanislas, Philippe Tézé. Trois ans plus tard, il se marie avec la sœur de son ami, Monique. L'opportunisme chanceux de ce grand débrouillard crève déjà l'écran. Ainsi, Francis noue très vite une grande amitié avec le père de Monique, René Tézé, héritier d'un négoce de vins. Ce père de dix enfants, grand sportif adepte de voile et chasseur, va lui mettre le pied à l'étrier. Un cousin du beau-père, Pierre Dumont, qui préside alors la chambre de commerce et d'industrie de Paris, possède l'importante entreprise de bâtiment Dumont-Besson. Bien évidemment, cette société embauche, en 1947, le jeune ingénieur. Conscient de ses lacunes en comptabilité, ce bosseur va les combler en suivant, pendant trois ans, les cours du soir au centre de perfectionnement des affaires (CPA), une émanation de la chambre de commerce et d'industrie de Paris.

La chance lui sourit encore à l'âge de 29 ans. Un de ses professeurs, Maurice Schlogel, autodidacte, musicien et futur directeur au Crédit Lyonnais, tombe immédiatement sous son charme, bluffé par l'obstination et le baratin de cet élève qui lui demande un prêt bancaire pour créer sa propre entreprise à sa sortie de l'école. Le directeur de l'agence de Paris du Lyonnais, qui sera le plus fidèle soutien de Francis Bouygues pendant trente ans, essaie alors (on est en novembre 1951) de le décourager. Après un premier refus, sans un sou en poche, l'incorrigible têtu se retourne vers son père et son beau-père. Il fait main basse sur leur bas de laine et crée, en janvier 1952, l'Entreprise Francis Bouygues (EFB) – au capital de 14 000 francs de l'époque – qu'il contrôle à 100 %. Le Crédit Lyonnais tergiverse et finalement se porte caution. Sans Maurice Schlogel, entré comme coursier au Crédit Lyonnais à l'âge de 14 ans, Francis Bouygues n'aurait jamais eu son premier prêt de 50 000 francs[3]. L'astucieux jeune chef d'entreprise réussit à fasciner l'un des futurs dirigeants de la première banque nationalisée de l'Hexagone. Comme le souligne un des anciens patrons de l'ingénierie financière au Crédit Lyonnais : « Sans l'aide au départ de notre banque, donc en quelque sorte de l'État, Francis n'aurait jamais pu monter son affaire. » Son amitié avec Maurice Schlogel est stupéfiante. Elle témoigne de la fantastique intuition et du grand pouvoir de séduction de Francis Bouygues.

Grâce à l'incontournable Maurice Schlogel, le futur roi du béton fait une entrée en fanfare dans l'establishment à l'âge de 33 ans. Rien à voir encore avec la tradition de discrétion du pouvoir occulte. Sur l'intervention de son parrain banquier, il intègre le cabinet de Roger Duchet, ministre de la Reconstruction et du Logement d'Edgar Faure, de février 1955 à janvier 1956. Plus précisément, il exerce, pendant près d'un an, les fonctions de conseiller de Michel Junot, chef de cabinet du ministre, tout en continuant à diriger sa propre société. Le rouleau compresseur Francis Bouygues n'y voit aucun conflit d'intérêts. Autre miracle : personne n'y trouve à redire[4]. Ce stage accéléré lui fait vite comprendre les relations incestueuses entre les promoteurs immobiliers, les politiques et les fonctionnaires. Il retient la leçon et la met immédiatement en pratique. Dès sa sortie du cabinet ministériel, il réalise un coup de maître en compagnie de son inséparable compère Maurice Schlogel. Tous les deux se lancent dans une opération de promotion immobilière au 52, avenue Foch à Paris, adresse prestigieuse où Francis construit un immeuble banal dont le financement est entièrement assuré par la banque. Il crée une filiale de promotion immobilière, la Société de technique immobilière (STIM), qui va acheter le terrain à crédit et emprunter aux banques de quoi construire. L'astuce consiste à faire payer les acquéreurs, qui achètent en fait sur plan, avant que les fondations ne soient sorties de terre. Le dirigeant du Crédit Lyonnais disposera d'un logement à cette adresse, l'EFB quelques bureaux pendant un moment[5]. Les appartements de 250 m^2 se vendent comme des petits pains au prix fort (30 millions de francs pièce) à des grands de ce monde :

le chah d'Iran (qui le revendra à Omar Bongo), le comique Fernandel, une princesse iranienne, le PDG d'une grande entreprise et le président d'une banque arabe.

Le roi du béton n'a pas avancé un seul centime, mais il s'est constitué un bas de laine. Il en fera une règle : la promotion immobilière peut rapporter beaucoup plus que la simple construction. Francis Bouygues va exceller dans l'art de gagner la confiance d'un propriétaire foncier, de lui acheter un terrain avec l'argent des banques. La STIM n'injecte pas de capitaux, elle sert seulement de prestataire de services aux SCI de la famille Bouygues. À l'image de la martingale de l'eau, l'ingénieur déniche un pactole fondé sur la croissance démographique fantastique de la région parisienne. Non content de toucher sur la promotion immobilière, il tient à développer le carnet de commandes de son entreprise en lui garantissant des marchés de construction d'immeubles. Cette exigence, il ne peut la remplir qu'avec le soutien constant de Maurice Schlogel. La « peur du banquier » ne l'habite pas. À l'époque, le BTP, moteur d'une croissance à 7 %, repose essentiellement sur des commandes d'État. Il va aussi décrocher la rénovation ou la construction de sièges sociaux (Peugeot, Air France, Philips et BP), de grands équipements comme l'hôpital de Créteil et de HLM. Ses clients apprécient ce patron de combat qui comprime les coûts et livre ses travaux en temps et heure. Autant de résultats qui s'expliquent par une discipline de fer au sein d'une entreprise où les syndicats sont muselés, les concurrents et sous-traitants vampirisés sans le moindre état d'âme [6]. Pour s'implanter au milieu d'une concurrence sévère, Bouygues casse les prix. Il va se battre avec la mafia des ingénieurs des Ponts et Chaussées et des Mines, déjà aux commandes des groupes de BTP. Mais, prudent, il ne veut pas encore les défier sur leur terrain de prédilection, les grands travaux, trop technique à ses yeux. Il choisit le secteur le plus rentable, le bâtiment et la promotion immobilière, certes encore balbutiant, mais où son culot, sa débrouillardise et son sens de l'organisation vont lui permettre de faire un malheur.

Pour damer le pion aux professionnels du secteur, Francis Bouygues tisse un réseau qui ne laisse pas la moindre place au hasard. Comment ? Essentiellement grâce à son poisson pilote Jacques Chirac, devenu son meilleur allié avec Maurice

Schlogel. La naissance d'une réelle solidarité entre les deux quadragénaires, l'énarque vibrionnant et le chef d'entreprise en recherche quasi maladive de nouveaux contrats, n'a rien à voir avec les méthodes feutrées des compagnies d'eau. Dans le sillage de Georges Pompidou devenu, en avril 1962, Premier ministre du général de Gaulle, Jacques Chirac est nommé à Matignon comme chargé de mission pour le logement et l'aviation et restera à ce poste jusqu'en 1967. « Il s'est rapidement transformé en petit empereur régnant sur le logement et l'aviation, raconte Pierre Lelong, futur ministre, qui officiait lui aussi comme conseiller à Matignon. Il s'est mis à tout décider à la place des ministres. Je me souviens qu'il traitait Jacques Maziol, ministre de la Construction, comme le dernier des imbéciles [7]. » Pour se convaincre de la connivence entre l'entrepreneur et le futur président, il suffit d'une petite lecture.

Dans un compte rendu du 25 juin 1972 destiné au ministre de l'Équipement et du Logement, Albin Chalandon, son conseiller technique Gabriel Aranda retranscrit un entretien avec Francis Bouygues. Ce dernier lui a fait part de ses rapports privilégiés avec Jacques Chirac, alors ministre délégué auprès du Premier ministre chargé des Relations avec le Parlement [8] : « Un autre qui a de l'avenir : c'est Chirac. C'est un ami, mais faut pas le dire. Un bon ami. Je lui ai rendu beaucoup de services. Moi, je suis un homme clair, régulier, précis. Je renvoie toujours les ascenseurs. Un jour, Chirac m'a demandé un service pour une entreprise de Corrèze. De Meymac [Jacques Chirac était le député depuis 1967 et le conseiller général depuis 1968 de cette ciconscription]. Une entreprise de menuiserie qui avait besoin de commandes, sinon elle licenciait du personnel. Chirac était secrétaire d'État à l'Emploi [d'avril 1967 à mai 1968]. Il s'est adressé à moi. Je lui ai donné des commandes et je suis même devenu son seul client. Et puis, un jour, elle a subi un incendie et je me suis retrouvé avec quatre chantiers en panne. Or, comme toujours lors d'un incendie, il y a des gens qui mettent leur nez dans la comptabilité. Or, là, il y avait une escroquerie. Pour arranger Chirac, j'ai donc racheté cette menuiserie, et c'est comme ça que je suis devenu le plus important employeur de Corrèze. C'est d'ailleurs une mauvaise affaire, puisque je perds de l'argent. Là aussi, il y a des choses qui pourraient sortir... Vous avez entendu parler du château. »

Ni Francis Bouygues ni Jacques Chirac n'ont entamé depuis la moindre procédure en diffamation contre ces écrits qui font allusion aux services que se sont rendus les deux hommes et à la polémique sur le château de Bity en Corrèze (acquis en 1969 par le futur président de la République). Une polémique qui, par voie de presse, a porté sur les conditions de l'achat du château de Bity et sur son classement comme monument historique, ce qui mettait sa restauration à la charge de l'État. Comme l'écrit fort justement le journaliste du *Canard enchaîné* Henri Deligny : « Si Bouygues dit vrai, si Chirac a apporté les commandes, puis la commandite, puis le rachat de l'entreprise quand l'enquête sur l'incendie fit découvrir l'escroquerie, n'avait-il pas droit à la reconnaissance du PDG de Bouygues [9] ? » Surtout que le magnat du bâtiment s'est apparemment mordu les doigts d'avoir repris cette menuiserie. « Nous avons traîné cette société comme un boulet, raconte un proche de Francis Bouygues, perdant 2 millions de francs par an. Un menuisier d'Aix nous l'a finalement rachetée quelques années plus tard. Francis Bouygues en avait vraiment marre des Menuiseries de Meymac et du service rendu à Chirac. Il le lui a dit carrément [10]. » Rien à voir avec les non-dits des deux champions de l'eau, dont les dirigeants se mettent au garde-à-vous dès qu'un politique ou un élu les croise. Pour la petite histoire, comme le racontent Pierre-Angel Gay et Caroline Monnot, la menuiserie de Meymac en Corrèze sera rachetée, vingt-deux ans après Bouygues, par l'industriel François Pinault. On est en 1981, et Jacques Chirac demande à Michel Giraud, président du conseil régional d'Île-de-France, de lui trouver « quelqu'un pour [le] sortir de là ». L'entreprise et ses vingt salariés sont de nouveau menacés de faillite, et des élections approchent [11]...

Dans son ouvrage *L'État piégé*, Gabriel Aranda explique pourquoi, en tant que conseiller technique du ministre de l'Équipement et du Logement Albin Chalandon, il avait rendu visite, ce 25 juin 1972, à Francis Bouygues, dans son appartement près de la place du Trocadéro. « Partout, dans les milieux politiques ou professionnels, dans la presse ou dans les salons, dans les rangs de l'opposition comme chez les partisans du régime, la rumeur avait pris corps et grandissait aussi vite que la Tour Maine-Montparnasse, écrit "l'Archange", comme l'ont surnommé les journalistes. Entre Albin Chalandon et lui

[Francis Bouygues], il existait des liens privilégiés, et grâce au premier, le second bénéficiait d'office de marchés publics considérables. Dans la France entière, l'ensemble des fonctionnaires de l'Équipement s'en trouvaient paralysés dans leurs rapports avec cette entreprise. Comment, le cas échéant, lui dire "non", s'il suffisait à son patron de décrocher ensuite son téléphone : "Mon cher Albin"... Un tel bruit avait dû naître aux premiers temps du ministère Chalandon. À cette époque, au cabinet, il y avait un conseiller technique qui, lui, était un ami de l'industriel. » Témoin privilégié de ces rumeurs sur le gaullisme immobilier de Francis Bouygues, Gabriel Aranda raconte ainsi la réaction brutale de Francis l'entrepreneur face aux inquiétudes d'Albin Chalandon. Une réaction qui met à nu les secrets de la dynamique Bouygues : « "Voyez-vous, Chalandon, c'est un homme très intelligent, minaude Francis Bouygues avant de se lancer dans un langage trivial. Il a fait des choses remarquables, des actions, au ministère. Je l'admire beaucoup, mais c'est un intellectuel. Il ne voit pas les choses dans la réalité, comme elles sont, comme je les vois, moi qui suis arrivé où je suis. L'argent, j'en ai. Je sais ce que c'est. L'action, je sais ce que c'est : c'est se battre. Toujours se battre. Pas de pitié pour les salopards !" J'opine du bonnet. L'index qui est pointé vers moi me paraît le canon d'un fusil. "Chalandon, reprend-il, il n'ose pas. Il devrait en faire beaucoup plus pour se faire connaître, pour faire connaître la politique du ministère, pour faire connaître sa propre politique. Seulement, tout cela, c'est vrai, ça coûte cher." Nous y voilà ! Je prends l'air intéressé de la chaisière qui passe dans les rangs. Il continue : "Au poste où il est, Chalandon, près du pouvoir, il ne peut pas avoir de l'argent comme il veut. Ça se trouve l'argent ! Il suffit qu'il dise qu'il veut montrer au pays les équipements et les réalisations, les routes, les autoroutes, et alors, il fait clac." Son pouce et son majeur font un clac retentissant. "Il fait clac et, une demi-heure après, il a cent mille francs sur son bureau. Tous les constructeurs donneront. Pour que l'on montre les réalisations. Ce n'est vraiment pas un problème ! Et s'il veut le double, il fait clac, clac. Ou, s'il lui en faut dix fois plus, c'est pareil [12]..." »

À son poste à l'Équipement et au Logement, Albin Chalandon joue alors *Mission impossible*. Il doit concrétiser les desseins présidentiels visant à industrialiser le pays à marches forcées, ne pas trop mécontenter Bouygues et ses « petits camarades », et enfin tenir compte de la nécessité de financer le mouvement gaulliste par les entreprises du BTP. Gabriel Aranda a mis le doigt sur l'interventionnisme incessant de députés, sénateurs ou auprès du ministère.

Dix jours après cette mémorable rencontre entre « l'Archange » Aranda et le maçon Bouygues, le ministre Chalandon quitte ses fonctions, le 5 juillet 1972, balayé par la démission du Premier ministre. Jacques Chaban-Delmas est tombé, victime de sa feuille d'impôts. Albin Chalandon n'a pas eu le temps de montrer au maçon qu'il sait se battre... Mais le chef d'entreprise sait déjà parfaitement à qui il a affaire. Image fausse du « parfait inspecteur-des-finances-qui-a-pantouflé-et-réussi-dans-le-privé », Albin Chalandon a commandé, dès l'âge de 23 ans, 500 maquisards près d'Orléans pendant la guerre. Un vrai caméléon : il sera successivement gaulliste de gauche, banquier, puis chantre du libéralisme le plus exacerbé. En fait, il partage deux passions, l'aéronautique et le gaullisme, avec un des grands financiers du général de Gaulle durant sa traversée du désert, Marcel Dassault. En 1950, ce capitaine d'industrie le nomme directeur général de la Banque commerciale de Paris (BCP), qui sera la banque d'affaires de l'avionneur jusqu'à sa fusion en 1970 avec la banque Vernes. À l'époque, l'adjoint direct d'Albin Chalandon à la BCP (dont le futur ministre sera le PDG de 1964 à 1968) s'appelle Jean Rougier. Celui-ci noue une véritable amitié avec Francis Bouygues : en 1956, il lui ouvre la porte du cercle des honorables banquiers du groupe Suez. Jean Rougier sera administrateur du groupe Bouygues. À Albin Chalandon, banquier du groupe Dassault, l'UDR (Union pour la démocratie dans la Ve République, parti gaulliste de l'époque) confie, en 1958, sa trésorerie déjà bien alimentée par l'avionneur. « Comment voulez-vous qu'il soit honnête, à faire un métier pareil ? » Cette boutade attribuée à Georges Pompidou concernant l'un des trésoriers de l'UDR traduit bien le malaise qui entoure les relations entre le gaullisme et l'argent [13]. Deux ans plus tard, en 1960, le poste clé de secrétaire général du parti est confié au même Albin Chalandon. Au congrès de l'UDR en 1960, cet administrateur de nombreuses sociétés et ex-délégué à l'action ouvrière d'un mouvement gaulliste réclamera très sérieusement la « moralisation du capital » en osant affirmer très sérieusement : « Oui, le capital doit être domestiqué. »

Ces slogans un tantinet provocateurs n'empêcheront nullement Albin Chalandon d'être nommé, en 1964, PDG de la Serdi (Société d'études, de réalisation et de documentation immobilière), qui possède des intérêts dans la Gefic (Société générale financière immobilière et commerciale), une des divisions commerciales du groupe Bouygues. Quel joli coup pour Francis qui voit, le même jour, Albin Chalandon démissionner de la Serdi et quitter Dassault pour devenir, le 4 juin 1968, ministre dans les gouvernements Couve de Murville et Chaban-Delmas, et ce jusqu'en juillet 1972. L'entrepreneur ne peut rêver mieux : Chalandon à l'Équipement et au Logement ; Chirac secrétaire d'État à l'Économie et aux Finances, puis ministre délégué aux Relations avec le Parlement. Les réseaux de l'eau sont enfoncés… À la différence des pays anglo-saxons, l'entreprise et la politique ignorent encore en France la notion de conflit d'intérêts. Poulain à la fois de Marcel Dassault et de Francis Bouygues, le bel Albin donnera plus tard son avis de professionnel sur ce grand concubinage de l'État avec le monde des affaires. « Du temps de De Gaulle, résume ce multi-administrateur de sociétés, l'administration écoutait les industriels. Pendant l'ère pompidolienne, elle commençait à les conseiller. Sous le septennat de VGE, elle donnait des ordres [14]. » La franchise du futur PDG d'Elf (de 1977 à 1983) n'est pas un vain mot, comme le confirme le gaulliste de gauche Philippe de Saint-Robert : « Chalandon a eu le courage de m'avouer qu'il n'y avait que les femmes et l'argent qui l'intéressaient dans la vie [15]. » Mis en cause à l'occasion de plusieurs affaires immobilières liées à Francis Bouygues, le bel Albin en ressortit blanc comme neige avant de voir sa carrière politique stoppée brutalement, une quinzaine d'années plus tard, par la faillite frauduleuse des frères Chaumet. Entre-temps, Francis Bouygues avait construit, à la Défense, la tour Elf, à l'époque où Albin Chalandon présidait ce groupe pétrolier.

Mieux que les patrons des deux vieilles dames de l'eau, l'ingénieur entrepreneur a su ne pas rater les « opportunités » (mot fétiche chez Bouygues) qui se présentaient. Ingénieur général au ministère de l'Équipement, Pierre Point, qui l'a bien connu, compare Francis Bouygues à un génial opportuniste, un intuitif capable de saisir l'air du temps : « Si Bouygues était né au Moyen Âge, il serait sans aucun doute devenu l'un des grands bâtisseurs de cathédrales [16]. » Faute de cathédrales, Francis Bouygues a fait ses premiers pas d'entrepreneur dans une France qui, sous l'effet des destructions de la guerre et du baby-boom, s'enivrait de construction immobilière. « On l'a vu grandir au rythme de la croissance de l'époque, confirme Jean-Claude Boucherat, l'un des dirigeants, dans les années 1980, de la Fédération parisienne du bâtiment. Entre 1950 et 1973, Bouygues a connu vingt ans de bonheur. Grâce aux aides de l'État, on a construit en France, dans les années 1950, près de 550 000 logements par an. C'était le temps béni des entrepreneurs [17]. » Ce train des HLM qui poussent comme des champignons en région parisienne, Francis Bouygues ne va pas le rater. À l'inverse, l'honorable Compagnie et la Lyonnaise l'ont regardé passer pendant plus de vingt ans, assises sur leur tas d'or et leurs petits monopoles. Avant de gagner son surnom de « promoteur gaulliste des années soixante [18] », Francis Bouygues se le joue modeste.

À ses tout débuts, l'entreprise s'installe avec une dizaine d'ouvriers dans l'appartement où sa femme Monique et lui vivent à Montrouge. La 4 CV Renault et le bureau spartiate du patron céderont vite la place à un premier vrai siège social, boulevard de la Gare dans le XIIIe arrondissement, qui déménage en 1960 dans une tour de Clamart, au sud de Paris. Un chiffre prouve déjà la réussite de Francis Bouygues : en un peu moins d'une dizaine d'années depuis sa création en 1952, l'EFB est passée de dix à un millier de salariés. Les sièges sociaux, les équipements collectifs et les HLM, c'est bien, mais un autre eldorado lui semble encore plus prometteur : l'heure a sonné de se faire une place au soleil sur le marché des grands travaux. Le BTP est alors le moteur de la modernisation et de l'industrialisation de l'économie, préconisées au plus haut sommet de l'État par Georges Pompidou, le Guizot du moment.

À l'époque, cinq grands groupes se partagent le gâteau des grands travaux publics : les Grands Travaux de Marseille (filiale alors de la banque Lazard), Spie-Batignolles (Empain-Schneider), Campenon Bernard (Suez, puis Paribas), la Société générale d'entreprise (Compagnie générale d'électricité) et la Screg (Pétrofina). Pour construire routes, autoroutes, ponts, stades, c'est chacun son tour[19]. Le groupe désigné est assuré d'être le moins cher. Un peu comme au loto, mais avec cinq gros joueurs qui se partagent entre eux une mise jouée uniquement par le contribuable ! À l'image du cartel de l'eau, mais en moins systématique, donc plus aléatoire, il existe un cartel des travaux publics contrôlé par des X-Ponts et des X-Mines. Ces ingénieurs forment une sorte de société secrète qu'ils appellent entre eux tout simplement le « Club des Cinq », à l'image sans doute de leurs lectures enfantines, dans la célèbre collection de la « Bibliothèque rose ». Mais les relations de ces adultes avec Francis Bouygues n'ont rien d'enfantin. Ces hommes discrets ont déjà perdu, en une quinzaine d'années, de nombreux chantiers, suite à l'intrusion de cet empêcheur de bétonner. Entrer en guerre contre le « Club des Cinq » n'est pas pour déplaire au « Don Quichotte du béton ». « Francis Bouygues accorde peu d'importance à l'establishment parisien et ne fait rien pour y rentrer, notent les journalistes Alain Barbanel et Jean Menanteau. Il boycotte les instances professionnelles, refuse de se justifier et se paie même le luxe de débaucher à la hussarde les meilleurs cadres de la profession au nez et à la barbe de la concurrence[20]. »

Le roi du béton trustera les succès : le Parc des Princes, le Palais des Congrès de la Porte Maillot, et plus tard les centrales nucléaires, l'Arche de la Défense, la Très Grande Bibliothèque (TGB)... Pour ces grands travaux, les amitiés politiques de Francis vont jouer comme précédemment. Là, ce « tueur » ne nourrit pas seulement sa réputation sulfureuse, mais va carrément se faire des ennemis mortels... Au passage, il fait exploser son chiffre d'affaires dans une extraordinaire ascension. De 1969 à 1975, celui-ci quintuple, grimpant de 500 millions à 2,5 milliards de francs. Pour s'implanter dans le secteur des travaux publics, le franc-tireur doit casser les prix pour détruire le « Club des Cinq ». À une époque où tout Paris bruisse de vilains mots (corruption de fonctionnaires, pots-de-vin et gaullisme immobilier...), qui visent tout particulièrement Francis Bouygues, celui-ci a un coup de génie : il invente le « moins-disant » (la proposition de devis la moins chère), qui devient une exclusivité Bouygues. *A priori*, l'État et les collectivités locales ne peuvent qu'applaudir. Fort de ses appuis politiques (Jacques Chirac et Albin Chalandon) et financiers (Maurice

Schlogel), Francis Bouygues profite de la faiblesse de ses principaux concurrents, terrés dans un consensus mou. Sans langue de bois, ce n'est pas son style, le nouveau chevalier du BTP joue les provocateurs en serinant un nouveau refrain aux maires, préfets et patrons de l'Équipement : « Les autres s'entendent pour vous facturer le prix fort, moi, je vous fais le meilleur prix pour la meilleure qualité. » Son coup d'essai se révèle un coup de maître avec la construction du Parc des Princes. Certes, à l'époque des négociations en 1969, les décideurs, la ville de Paris et l'État, sont au nombre de ses proches amis. Mais l'essentiel n'est pas là. De fait, ce chantier doit revenir aux Grands Travaux de Marseille (GTM), car c'est tout bêtement leur tour devant le suivant, Campenon Bernard. Il suffit à ces deux entreprises de s'entendre sur les prix, avant de soumettre leurs propositions respectives à la commission d'appel d'offres de la ville de Paris, et le tour est joué. GTM, forcément le moins disant, aura la plus grosse part du marché, Campenon Bernard une petite partie, et les trois autres majors de la profession quelques miettes. La routine, quoi… Autre désavantage pour Bouygues : la construction d'un immeuble n'a rien à voir avec celle d'un stade ultramoderne, utilisant les matériaux les plus innovants. Il manque donc à Francis Bouygues les hommes, la compétence et l'expérience nécessaire dans le traitement des matériaux.

Dès lors, il va improviser. Il se tourne vers un pur produit de l'État, Georges Pébereau, que lui présente son poisson pilote, Albin Chalandon. Polytechnicien du corps des Ponts et Chaussées et surtout président de l'amicale très puissante de ce corps, Georges Pébereau a été le directeur de cabinet de quatre ministres de l'Équipement, à savoir Edgar Pisani, François-Xavier Ortoli, Robert Galley et Albin Chalandon. Aussi déniche-t-il facilement pour Francis Bouygues la perle rare en la personne de l'ingénieur Pierre Richard qui avait orchestré, pendant treize ans, des grands travaux à Lyon puis à Paris, notamment l'autoroute du Nord dans sa traversée de la banlieue est. Selon ses propres déclarations, cet ingénieur a joué « tous les rôles de la conception à l'exécution des ponts et d'axes routiers » et il a une « bonne connaissance de l'administration des Ponts et Chaussées [21] ». Cet oiseau rare permet à Francis Bouygues (qui le débauche ainsi à prix d'or, en 1967, sans que cela soulève le moindre conflit d'intérêts) d'entrer de plain-pied dans le monde prestigieux des ouvrages d'art et du génie civil. L'article 175 alinéa 1 du Code pénal stipulait à l'époque : « tout fonctionnaire public, tout agent ou préposé d'une administration publique, chargé, à raison même de sa fonction, de la surveillance ou du contrôle d'une entreprise privée [...] et qui, pendant un délai de cinq ans à compter de la cessation de la fonction, prendra une participation par travail, conseil ou capitaux, dans une quelconque des entreprises visées ci-dessus. Ce délit est puni d'une peine d'emprisonnement de six mois à deux ans au plus et de 360 à 15 000 francs d'amende ».

Le cahier des charges du Parc des Princes prévoit un stade de 50 000 places juché juste au-dessus du périphérique à la Porte d'Auteuil. Les architectes de la ville de Paris imposent une audace architecturale : une couverture du stade, sans point d'appui sur les gradins, soutenue par 50 portiques de béton supportant des fléaux en porte-à-faux [22]. Et contre toute attente, le chantier est attribué à Bouygues pour un prix total de 40 millions de francs, soit 10 % moins cher que ce que proposait GTM qui devait l'emporter. Malgré une cascade de problèmes techniques, le chantier s'achève deux ans plus tard, fin 1971, avec deux mois d'avance. « Et en dépit du coût final passé de 40 à 80 millions de francs pour tenir compte de la hausse des matières premières, de la main-d'œuvre et des aménagements apportés au projet initial, souligne le journaliste financier René Tendron. Le sauvage, le franc-tireur Bouygues a planté sa tente au beau milieu du jardin du "Club des Cinq" [23]. » L'entrepreneur accorde ainsi ses lettres de noblesse à un nouvel habillage des relations entre les grands groupes du BTP et l'État ou les collectivités locales, donneurs d'ordres. Tous les membres du « Club des Cinq » copieront ces pratiques dans les années suivantes, sans le moindre état d'âme. Le système du moins-disant – le prix le moins élevé pour le contribuable –, qui permet de gagner un marché, va se révéler être le plus payant pour l'entrepreneur théoriquement le moins cher ! Cela mérite quelques explications... « Pour être moins disante, l'entreprise rogne sur ses marges ou, plus souvent, oublie certains détails dans l'élaboration du contrat (sur les matériaux utilisés, les délais), détaille le journaliste Thierry Wolton. Il suffit ensuite de combler ces "trous" (volontaires) en déposant des "mémoires en réclamation", qui permettent d'obtenir en cours de travaux de substantielles rallonges au budget initial [24]. »

Dans une enquête sur le BTP parue le 18 décembre 1987, un journaliste de *Libération* explique : « Chacune des grosses entreprises, à l'instar de Bouygues, qui en a eu l'idée le premier, possède son staff de "chercheurs de trous". Ces ingénieurs pointillistes sont payés pour débusquer les oublis de l'architecte dans le dossier d'appel d'offres, le fameux DCE (dossier de consultation de l'entreprise). Plus longue va être la liste des trous, plus basse pourra être la soumission, puisqu'elle sera très vite compensée. L'astuce consiste, n'ayant prévenu ni l'architecte ni le maître d'ouvrage avant de soumissionner, à surévaluer l'importance de ces oublis, une fois le chantier démarré. En position de force pour négocier, puisqu'il est dans la place, l'entrepreneur multiplie alors les "mémoires en réclamation". » Deux ans, plus tard, en 1971, rebelote. Le roi du béton remporte le marché de la construction du Palais des Congrès, à Paris, étant de nouveau 10 % moins cher que le « Club des Cinq ». Pourtant, le donneur d'ordres a lancé une adjudication très largement ouverte. De même, pour la construction de la centrale nucléaire de Bugey, le roi du béton, encore 10 % moins cher, gagne seul contre tous. La coupe déborde pour ses rivaux, dès lors condamnés à copier la méthode des « petits trous », qu'ils jugeaient jusque-là scandaleuse, sous peine de ne plus décrocher un seul des grands marchés parisiens de la fin du siècle. Devenu filiale de la Lyonnaise des eaux, Dumez demandera ainsi 250 millions de francs de « mémoires en réclamation » pour le Grand Louvre et 150 millions pour le ministère des Finances à Bercy. Bouygues battra tous les records en obtenant un supplément de 400 millions de francs pour l'Arche de la Défense [25]. Une seule fois, le « Club des Cinq » va réussir à laisser Bouygues complètement à l'écart d'un appel d'offres. Ce sera pour le Centre Georges-Pompidou à Beaubourg qui reviendra à GTM, devenu filiale de la Lyonnaise des eaux.

Popularisé à partir du milieu des années 1970, ce système de rallonges, de « mémoires en réclamation », bluffe les barons de la Lyonnaise et de la Générale, qui vont l'adopter après avoir racheté trois des sociétés du « Club des Cinq ». Fort des bénéfices plus que flatteurs de son groupe, Bouygues est accepté, dorénavant, comme membre à part entière du « Club des Cinq », devenu le « Club des Quatre », c'est-à-dire Bouygues, la Générale, la Lyonnaise et Eiffage, société issue du regroupement de plusieurs entreprises du BTP. Le système du « Club » pourra encore se perfectionner, comme le juge d'instruction Armand Riberolles l'a mis au jour dans l'affaire des fausses factures d'Île-de-France, examinée de mars à juillet 2005 devant la onzième chambre correctionnelle du tribunal de grande instance de Paris [26]. Une collectivité locale (ville, syndicat de communes, département, région ou l'État) lance ainsi un appel d'offres parsemé d'« oublis » ou de « trous » volontaires pour construire une piscine, un gymnase, un stade, un tramway ou un hôpital. Un entrepreneur ami est mis dans le secret. Sa société soumissionne : elle est moins disante, bien évidemment, et remporte donc le marché, la collectivité locale donneur d'ordres étant souvent complice. L'heureux patron n'a plus qu'à déposer ses « mémoires en réclamation », parfois dès le début des travaux, suivant un calendrier programmé à l'avance. La collectivité locale les accepte ou les refuse, au risque de voir le chantier s'arrêter du jour au lendemain. Un exemple : Toulon, où le chantier du tunnel autoroutier sous la ville (attribué à Campenon Bernard) est tombé dans un sommeil profond pendant plusieurs années, la municipalité refusant de payer. « Voilà pour la partie visible de l'opération, explique Thierry Wolton. En sous-main, le parti auquel appartient le responsable de la collectivité reçoit un pourcentage sur les rallonges accordées. Le tour est joué. Le citoyen lambda n'y a vu que du béton. Quand les contrats (et les rallonges) portent sur des dizaines de millions de francs, c'est extrêmement rentable [27]. » Ce schéma peut se compliquer à dessein. Ainsi, si l'architecte se refuse à « oublier » quelques éléments de son projet, la collectivité locale ou l'État doit alors trouver une astuce pour justifier une rallonge supplémentaire. Le parti politique intéressé à l'affaire peut introduire dans le jeu son bureau d'études. Chaque formation politique a le sien ou les siens attitrés.

NOTES

1. Voir Christine Baudelaire, « Francis Bouygues, un succès en béton », *Le Point*, 28 avril 1986.

2. Voir Vincent Nouzille et Élisabeth Campagnac, *Citizen Bouygues*, Belfond, 1988, p. 21-31.

3. Voir *ibid.*, p. 32-33 ; René Tendron, *F... comme financiers*, Alain Moreau, 1975, p. 97-98.

4. Voir René Tendron, *F... comme financiers*, *op. cit.*, p. 100 ; Vincent Nouzille et Élisabeth Campagnac, *Citizen Bouygues*, *op. cit.*, p. 40 ; Nicolas Fournier et Edmond Legrand, *C... comme combines*, Alain Moreau,1975, p. 10.

5. Voir Vincent Nouzille et Élisabeth Campagnac, *Citizen Bouygues*, *op. cit.*, p. 48-49 ; « La saga : les Bouygues », *Le Nouvel Économiste*, n° 1059-1060, 2 août 1996, p. 15.

6. Voir Alain Barbanel et Jean Menanteau, *Bouygues, l'empire moderne*, Ramsay, 1987, p. 31-32 ; Nicolas Fournier et Edmond Legrand, *C... comme combines*, *op. cit.*, p. 9.

7. Voir Franz-Olivier Giesbert, *Jacques Chirac*, Le Seuil, coll. « Points », 1987, p. 91-93.

8. Voir Thierry Wolton, *Les Écuries de la Ve*, Grasset, 1989, p. 204-206 ; Christian de Brie et Pierre Carpentier, *F... comme fraude fiscale*, Alain Moreau, 1975, p. 437-442 : Henri Deligny, *Chirac ou la Fringale du pouvoir*, Alain Moreau, 1977, réédité en 2002 aux éditions Syllepse sous le titre *Chirac ? On vous avait prévenus...*, p. 253-254.

9. Henri Deligny, *Chirac ou la Fringale du pouvoir*, *op. cit.*, p. 257.

10. Voir Vincent Nouzille et Élisabeth Campagnac, *Citizen Bouygues*, *op. cit.*, p. 71.

11. Voir Pierre-Angel Gay et Caroline Monnot, *François Pinault milliardaire*, Balland, 1999, p. 82-85.

12. Gabriel Aranda *L'État piégé*, Stock, 1972, p. 43-44.

13. Voir Andrew Knapp, *Le Gaullisme après de Gaulle*, Le Seuil, 1996, p. 472 ; Pierre Assouline, *Monsieur Dassault*, Balland, 1983, p. 306-307 ; note du *Who's Who* 1993 sur Albin Chalandon.

14. Voir Gabriel Milesi, *Les Nouvelles 200 familles*, Belfond, 1990, p. 35.

15. Voir « Albin Chalandon, le baron de l'or noir » dans « Elf enquête sur un scandale d'État » (« Les dossiers du *Canard enchaîné* », 1995, p. 39).

16. Voir Alain Barbanel et Jean Menanteau, *Bouygues, l'empire moderne*, *op. cit.*, p. 34.

17. *Ibid.*

18. Voir « Le promoteur gaulliste des années soixante », dans Vincent Nouzille et Élisabeth Campagnac, *Citizen Bouygues*, *op. cit.*, p. 43-61.

19. Voir Alain Barbanel et Jean Menanteau, *Bouygues, l'empire moderne*, *op. cit.*, p. 36-37 ; décision 95-D-76 du Conseil de la concurrence du 29 novembre 1995 (*JO*, 15 mai 1996), arrêt de la cour d'appel de Paris du 14 janvier 2003 et cassation partielle du 13 juillet 2004.

20. Voir Alain Barbanel et Jean Menanteau, *Bouygues, l'empire moderne*, *op. cit.*, p. 36-37 ; Vincent Nouzille et Élisabeth Campagnac, *Citizen Bouygues*, *op. cit.*, p. 79 ; Anne de Caumont, *Un prince des affaires*, Grasset, 1996, p. 84.

21. Voir Vincent Nouzille et Élisabeth Campagnac, *Citizen Bouygues*, *op. cit.*, p. 78-87 ; Alain Barbanel et Jean Menanteau, *Bouygues, l'empire moderne*, *op. cit.*, p. 44-45.

22. Voir Alain Barbanel et Jean Menanteau, *Bouygues, l'empire moderne*, *op. cit.*, p. 43.

23. René Tendron, *F… comme financiers*, p. 103-106.

24. Thierry Wolton, *Les Écuries de la V*^e^, p. 217-218.

25. Voir *ibid.*, p. 218.

26. Voir ordonnance de renvoi du juge Armand Riberolles en date du 11 février 2004.

27. *Ibid.*

X

Deux PME se métamorphosent en multinationales

Durant la montée en puissance du groupe Bouygues dans les années 1960-1970, la Lyonnaise et la Générale n'ont jamais été tentées de s'imposer réellement dans le BTP. Des marchés, certes prometteurs, mais qui ne s'exercent pas à l'abri d'un monopole protégé par l'État. Les deux vieilles dames de l'eau ne savent pas travailler sans un monopole qui leur garantit une clientèle captive. Toutefois, les circonstances vont les conduire à s'intéresser à ce secteur. En 1953, presque par hasard, la Compagnie a déjà mis un petit pied dans le BTP... Elle rachète 20 % de Campenon Bernard, l'un des grands de la profession spécialisé dans le béton précontraint. Cette technique nouvelle sert notamment pour fabriquer de grosses canalisations d'eau ou d'assainissement et à édifier des châteaux d'eau de grande capacité, d'où un certain intérêt de la Compagnie. La vraie raison de cette prise de participation : propriétaires de la majorité des parts de cette entreprise, les patrons de la Banque de l'union parisienne (groupe Suez) ont appelé au secours leur ami le président de la Compagnie. Celui-ci, le baron Robert-André Gérard, X-Mines, richissime et soi-disant dilettante, accepte de prendre 20 % du capital de Campenon Bernard, une « excellente entreprise victime de grosses difficultés financières ». Une trentaine d'années plus tard, la Générale prend le pouvoir (avec 57,2 % des parts) dans cette entreprise tombée, entre-temps, dans l'escarcelle de Paribas. Président de la Compagnie depuis 1976, Guy Dejouany n'a pas du tout l'intention de se lancer sérieusement sur ce créneau, mais plutôt de se battre contre les nationalisations ! « À l'époque où la gauche arrive au pouvoir, la Compagnie se positionne comme l'un des cinq grands du BTP, sans volonté réelle de percer dans ce métier, nouveau pour elle », explique aujourd'hui Jean Blondeau, ancien secrétaire général du groupe [1]. Explication : Campenon Bernard est menacé en 1981 par la nationalisation de Paribas qui sera réalisée un an plus tard. Aussi le patron de l'entreprise de BTP, Jacques Donnedieu de Vabres, demande-t-il au président Guy Dejouany de racheter sa société pour lui éviter de tomber dans le giron des entreprises publiques. Difficile pour celui-ci de ne pas rester fidèle à un ami membre de son conseil d'administration depuis 1965. Comment dire non à ce maître des requêtes au Conseil d'État et ex-secrétaire général de la CEE (Communauté économique européenne) qui appartient, comme Guy Dejouany, à la confrérie de la haute fonction publique ?

À l'époque, juste après l'arrivée de François Mitterrand au pouvoir, Francis Bouygues se frotte les mains. Quatre ans auparavant, le manque de cohérence de la stratégie de la Compagnie dans le BTP était déjà patent. Retour en arrière. Depuis le début des années 1970, la chute des constructions de HLM a libéré un boulevard pour le marché des maisons individuelles bas de gamme. Les chiffres sont là : en 1976, il a été construit 49 % de maisons individuelles dans l'Hexagone contre 74 % en Grande-Bretagne et 58 % en Allemagne. L'État prend des mesures incitatives pour aider les jeunes ménages à s'acheter un pavillon. Aussi, le roi du béton lorgne sur la Maison évolutive (un des grands constructeurs de maisons individuelles), mais se la fait souffler par la Générale. Le président « Guytounet » lui ayant brûlé la politesse, il ne reste plus qu'une seule solution à Francis Bouygues : créer sa propre marque. Ce sera tout simplement Maisons Bouygues, lancé, en 1977, par son fils Martin avec l'aide du principal lieutenant de Francis, Gilbert Simonet. Inquiet des suites de la prospérité brillante, mais à ses yeux fragile, de Maisons Phénix, Saint-Gobain-Pont-à-Mousson vend à la Compagnie, en 1978, sa participation de 36,2 % dans cette entreprise, le numéro un de la vente sur catalogue de la maison individuelle. Jusque-là, rien à dire. Mais de 300 000 maisons en 1977 le marché va dégringoler à 240 000 en 1982 et à 135 000 en 1992. Avec son slogan « la maison de maçons », Bouygues devient, en 1987, numéro un du secteur de la maison individuelle, alors que la Compagnie voit ses pertes grossir d'année en année. La rigueur Bouygues fait sans doute la différence… Sauf que Francis va revendre, en 1992, Maisons Bouygues à l'honorable Compagnie. Le roi du béton s'est aperçu que les artisans locaux fabriquent et vendent directement des maisons à des prix imbattables. En effet, pour vendre un pavillon bas de gamme sous l'étiquette Maisons Phénix ou Maisons Bouygues, il y a environ 30 % de frais incompressibles de marketing et de publicité. Francis et Martin Bouygues passent à autre chose…

À l'inverse, Guy Dejouany s'obstine dans l'erreur. Il a racheté, en 1989, Maisons Phénix au groupe Saint-Gobain, trop heureux de se débarrasser d'une activité en déclin. Ce sera une descente aux enfers pour la Compagnie, peu familiarisée avec les marchés en libre concurrence. Pendant qu'il est encore temps, le président « Guytounet » se refuse à stopper l'hémorragie financière en utilisant la seule porte de sortie possible : revendre à des artisans locaux, région par région, l'activité maison individuelle. À la même époque, Bouygues devient leader mondial du BTP. Le roi du béton donne le spleen à ses concurrents en se livrant au jeu cruel de la comparaison de ses excellents résultats avec les leurs d'« abonnés aux sinistres »[2]. À l'époque patron de la diversification du groupe Bouygues et aujourd'hui PDG de TF1, Patrick Le Lay dénonce leur manque de stratégie : « À l'inverse d'un conglomérat, nous mettons en place un groupe intégré avec une même conception de l'entreprise. Nous n'agissons pas en investisseur financier pour obtenir des strapontins, mais en entrepreneur, avec nos hommes et nos méthodes, pour manager et intégrer au groupe les sociétés que nous rachetons. Mais sans les brusquer[3]. » Ce manque de stratégie clairvoyante de la Compagnie dans le domaine de la maison individuelle se renouvellera dans l'immobilier de bureau *(voir chapitres XVIII et XIX).* « Francis Bouygues n'est pas tombé dans le piège qui s'est refermé sur bon nombre de ses concurrents, explique encore Patrick Le Lay, à savoir que la promotion immobilière devienne vitale pour l'entreprise. Il a pris le risque mesuré, mais le risque tout de même, de se tourner vers d'autres métiers […]. Il voulait hisser la diversification jusqu'à 50 % de la totalité de nos activités[4]. »

Cette arrivée en force de la Compagnie dans le BTP porte la patte du mystérieux Guy Dejouany, qui révolutionne ce groupe de fond en comble sans renoncer à ses bonnes vieilles habitudes du secret. À l'essoufflement d'une certaine forme de capitalisme dans la France pompidolienne ce président de la Générale n'offre qu'une réponse : le perfectionnement de l'outil de gestion. Il n'a pas pour préoccupation première que l'entreprise française soit mieux connue et aimée. Surtout pas la sienne. Une remise en cause de l'image de l'honorable Compagnie toucherait forcément à son rapport très particulier avec l'État, les politiques et les maires des grandes villes. Aussi ne fera-t-il aucun effort de transparence et de pédagogie vis-à-vis du grand public, des journalistes et des universitaires, histoire de sortir de sa bulle de patron charismatique et solitaire. Pourtant, la chirurgie sans anesthésie pratiquée par Guy Dejouany méritait quelques explications, sous peine d'être assimilée à une fuite en avant. La clarté d'esprit et le jugement sûr d'un patron ne frappent pas par leur seule évidence... De sa nomination comme président en 1976 jusqu'à son départ à la retraite en 1996, il a fait quintupler le personnel salarié de 52 000 à 270 000, par rachat d'entreprises essentiellement. Assise sur son tas d'or (les bénéfices explosent), la Générale s'est lancée dans une politique de « foisonnement-développement » d'activités nouvelles, dans le cadre de la « décennie du grand bond en avant », selon les propres mots de son président[5]. En France et à l'étranger, les métiers d'eau ont bien vite laissé la place à un véritable Meccano industriel : communication, téléphone, matériel hospitalier, cliniques privées, transports urbains et ferroviaires, restauration collective, immobilier, travaux publics, transports collectifs, le câble... À l'époque, très peu de responsables connaissent l'étendue de l'usine à gaz qu'est devenue la Compagnie avec près de 3 000 filiales. Un invraisemblable et inextricable empilement de sociétés qui vise, dit-on, à rendre une nationalisation extrêmement difficile à réaliser. La lutte contre les nationalisations se transforme en axe d'une stratégie industrielle.

Lors de son intronisation en 1976, Guy Dejouany aurait pu se contenter de regarder dans son rétroviseur. Que dit la feuille de route rédigée par le pouvoir occulte ? Elle lui demande, comme à ses sept prédécesseurs, de cultiver l'image de l'honorable Compagnie en suivant discrètement les changements politiques. Mener sa barque, sans brusque changement de trajectoire, en bon père de famille et sans éclat. Un père de famille qui fuit l'esbroufe comme la peste et bichonne son patrimoine avec la précision du comptable et l'économie de la ménagère. Il favorise discrètement les maires socialistes ou communistes, qui lui amènent tout bêtement le gros de ses bataillons de clients. L'actionnaire type de la Générale n'a rien à voir avec cette clientèle politique : la « veuve de Carpentras » doit recevoir son dividende sans tambour ni trompette ; elle n'entend rien aux affaires d'eau, mais son mari, avant de mourir, lui a demandé de garder cette valeur sûre. Image d'une médiocrité rassurante et douillette qui, sans s'écarter du canevas, se garde d'être originale ou d'avoir des idées de grand soir. Une vie à petits points... Le pouvoir occulte avait confié à Guy Dejouany une entreprise ni sexy ni moderne, certes, mais une vraie poule aux œufs d'or, comme devait le souligner l'ancien président du Conseil Antoine Pinay : « Un portefeuille sans actions de la Générale des eaux est un mauvais portefeuille[6]... » Le prédécesseur de Guy Dejouany à la tête de la Compagnie confirmait ces dires en racontant l'anecdote suivante : « Certes, le ministère de l'Intérieur nous surnomme la vieille dame poussiéreuse de la rue d'Anjou, mais la Banque de France persiste à dire que nous sommes l'un de ses clients les plus riches. » Et pour cause : à l'ombre de la tutelle protectrice de l'État, la Compagnie bénéficie à l'échelon local d'un monopole de services publics (autour de l'eau, du chauffage urbain et du ramassage des ordures ménagères) par le biais de multiples filiales régionales ou simplement locales. L'incompétence ou la légèreté d'élus faciles à convaincre, grâce à des montages juridiques compliqués mais tout à fait légaux, fait le reste... Bien sûr, l'honorable Compagnie avait investi à l'étranger, mais uniquement là où les retours sur investissements étaient garantis : Espagne, Italie du Nord, Portugal et Amérique du Nord. Pas question, à l'époque, de jouer à l'ONG en Afrique, en Asie et en Amérique latine. Le cauchemar turc reste encore vivace dans les têtes, rue d'Anjou. Mise à la porte, en 1922, par Mustafa Kémal, la Compagnie vient seulement d'y remettre les pieds, en 1974, gagnant deux marchés d'usine d'eau potable. Peu après son arrivée à la tête du groupe, Guy Dejouany tourne la page. Fini de jouer les vieilles dames tranquilles, il veut se hisser au rang de groupe privé numéro un mondial pour la gestion de services publics liés à l'environnement. La Bourse et les analystes financiers, il les ignore superbement. « Dieu » (ses directeurs le surnomment ainsi) se croit à l'abri, protégé par la confiance de ses petits actionnaires et d'un noyau dur de papys administrateurs à la tête, comme lui, de grandes entreprises françaises et de plusieurs banques.

Ce vrai monarque va imposer, au fil des ans, sa méthode très autocratique de management. Il s'attaque à la Compagnie ancienne manière qui, à son avis, ronronnait trop comme un ministère. « Dieu » veut imprimer sa marque… « Vous lui faisiez parvenir une note sur un projet d'acquisition d'une société par exemple, se rappelle un ancien cadre supérieur, il vous renvoyait, le lendemain au plus tard, par fax ou lettre, votre texte annoté de manière très précise. Puis "Dieu" vous accordait audience. Contrairement à ses prédécesseurs, ce machiavel vous obligeait à condenser votre pensée et à prendre vos responsabilités. Ses maîtres mots se répétaient sans cesse : "Puisque c'est vous qui le dites…", "Vous êtes convaincu, bon…", "Ça a du sens…" Il vous lâchait en quelque sorte un timide feu vert… Si le projet tournait mal, c'était toujours de votre faute, jamais de la sienne. Il avait élevé l'art de se défausser au rang d'un principe de gestion vis-à-vis de ses subordonnés. Et ça a été efficace. Ses visiteurs prenaient leurs responsabilités pour montrer au patron qu'ils méritaient sa confiance… » Dans l'ombre, fuyant les mondanités et les voyages (il a horreur de l'avion), le président va refaçonner la Compagnie à son idée. Le duc de Saint-Simon peignait d'un trait Fénelon : « Il veut plaire. » À l'inverse, le « Dieu » de la rue d'Anjou cultive l'art de déplaire, de ne pas croire sur parole ses subordonnés, de les mettre systématiquement en concurrence et de les pousser à se jalouser les uns les autres. Une stratégie qui l'a amené, dit-on, à vérifier le nombre exact des compteurs d'eau au sein d'une filiale. Jusqu'à l'arrivée de Jean-Marie Messier, fin 1994, jamais plus d'un visiteur à la fois ne franchit la porte de son confessionnal.

Le pouvoir façon Dejouany ne se nourrit pas de réunions, de conclaves, de séminaires ou encore de gouvernance d'entreprise. À l'instar de François Mitterrand, le président Dejouany règne et cloisonne, confiant la même mission à des personnes différentes. Sa dizaine de barons responsables de secteurs relativement autonomes ont le doigt sur la couture du pantalon dès que le patron les demande. Un ancien responsable du BTP raconte : « On ne se sent ni très intelligent ni très à l'aise ; durant deux heures, les questions sont méthodiques, les messages plus ou moins codés… Une vraie séance de torture… » Le fautif n'est jamais mis dehors, mais enfermé à vie aux oubliettes, au fond d'un placard doré. Ce petit homme à la silhouette fragile et aux épaules voûtées a fait don de sa vie à la Compagnie. Ce « Dieu » serait aussi puissant que le président de la République. Ne faisait-il pas déplacer, dit-on, les préfets qui se trouvaient en travers de sa route ? Ses trois anciens chauffeurs n'avaient-ils pas pour ordre d'avoir un respect à éclipse pour les couloirs de bus, les feux rouges et les sens uniques ? N'appelait-il pas sur leur ligne directe le Premier ministre ou même le président de la République ? Ce grand patron mérite le détour. Sa notice du *Who's Who*[7] ? Oublieuse et sans intérêt… Pour escamoter ses vérités et ses coups de cœur successifs, l'homme ne rencontre jamais la presse. Il doit beaucoup à la fréquentation des politiques, de droite comme de gauche. Il leur doit de belles réussites, certes, mais aussi ses erreurs…

Parfaite image de l'« humble réussite de gestion », selon ses propres mots, le moine-soldat de la Générale n'est pas devenu président de la Compagnie par hasard. La profession de son père, trésorier-payeur général, lui a fait goûter aux charmes discrets des « hautes privilégiatures administratives ». Cette catégorie de fonctionnaires privilégiés touche de 50 000 à 120 000 francs par mois « grâce à un système qui frôle l'illégalité. Il la dépasse même chaque fois que le TPG perçoit sous forme de rémunérations accessoires une somme supérieure ou égale à son traitement[8] ». Nourri et élevé au lait de la haute fonction publique, Guy Dejouany n'aura de cesse de revêtir les oripeaux d'un grand manitou d'un capitalisme français. Loin de lui l'idée de fonder une dynastie familiale à l'image des Bouygues. Mais il n'a tout de même pas choisi des prénoms de la « France d'en bas » pour ses trois enfants : Melchior, Capucine et Gonzague… Doté d'un physique de clergyman anglican, ce petit homme est né à Paris dans le XIVe arrondissement, puis a fait d'excellentes et très républicaines études au lycée Condorcet. Au moment du déclenchement de la guerre, en 1939, il a tout juste vingt ans. Lui et son ami Ambroise Roux, le défunt parrain français des affaires, intègrent ensemble, en 1940, Polytechnique, transférée à Lyon dans les locaux de l'École de la santé militaire. Puis le duo termine en beauté ses études à l'École nationale des Ponts et Chaussées. On est en 1944. Comment échappent-ils au STO ? Ambroise Roux, grâce à une « complicité médicale [9] ». Pour son compère Guy Dejouany, mystère… Ses biographies officielles restent muettes sur le sujet et il n'a pas jugé utile de nous recevoir… Une seule certitude : Guy Dejouany n'aime pas parler de cette période troublée tant pour lui-même que pour la Compagnie. Ainsi, selon le témoignage d'un de ses anciens directeurs, Daniel Caille [10], « il a refusé de manière hystérique l'accès aux archives 39-45 de la société à Liliane Franck qu'il avait chargée d'écrire une histoire de la Compagnie ». À la Libération, Ambroise Roux est engagé à la première section de l'électricité de Paris, tandis que son copain Guy Dejouany fait ses classes, de 1945 à 1950, au service départemental de l'Équipement de Metz, puis de Paris. À ces deux postes, il exerce son art dans une atmosphère privilégiée, à l'image de son père. « Fonctionnaires travaillant à temps partiel avec une casquette de profession libérale, écrivent les auteurs de *La Nomenklatura française* à propos des hauts fonctionnaires de l'Équipement, ils cumulent donc les avantages : la sécurité de l'emploi et l'avancement à l'ancienneté dans l'administration d'une part, les revenus et la liberté d'horaires – et d'honoraires – des professions libérales d'autre part [11] ! » Dans l'après-guerre, l'État jacobin et colbertiste est tout-puissant, le patronat s'étant discrédité dans sa compromission avec Vichy.

Ce stage initiatique à l'Équipement permet à « Guytounet » (son surnom dès Polytechnique) de remplir son carnet d'adresses avec les noms du personnel politique de la jeune IVe République. Président de la Générale et grand actionnaire de l'entreprise, Robert-André Gérard recrute sans hésiter l'oiseau rare. Âgé de 30 ans, Guy Dejouany, un bosseur déjà réputé pour sa grande finesse d'esprit, ne cache pas son intérêt pour le côté occulte des allées du pouvoir. À l'exemple du directeur général de la Compagnie, Georges Huvelin (X-Ponts), auquel il a été recommandé, Guy Dejouany va observer la règle d'or de la maison : moins on parle de lui dans les journaux, mieux il se porte et plus la Générale signera de contrats… Discret à souhait, Georges Huvelin est connu uniquement comme frère de l'ancien président du CNPF de 1966 à 1972, le patron des patrons français Paul Huvelin, grand résistant et PDG de Kléber-Colombes. Parfaite image de la méritocratie républicaine et de l'osmose privé-public, Guy Dejouany représente les hauts fonctionnaires issus des grands corps de l'État, qui se sont largement substitués aux grandes familles nobles ou bourgeoises et à la haute banque dans la gestion et la direction des grandes affaires françaises. Dans les années 1970, sur les quarante dirigeants des plus importantes entreprises françaises, huit seulement en sont les créateurs, cinq sont des héritiers de dynasties financières ou bancaires, et vingt-sept des managers élevés dans le giron de la haute fonction publique (dont Guy Dejouany). Des oreilles de Mickey autour d'un crâne rond et chauve orné de quelques touffes de cheveux, des yeux perçants, malicieux ou durs, derrière de grosses lunettes cachent le patron le plus remuant qu'ait jamais connu la Compagnie. Un dynamisme qui va se perdre au milieu des années 1980, car ce patron n'a rien d'un industriel. C'est l'antithèse vivante de Francis Bouygues. Un exemple : il n'a jamais éprouvé le besoin de descendre dans un égout. Ce drôle de petit bonhomme tire toute son efficacité de réseaux d'affaires, d'amitiés politiques, de connivences qui passent, un moment ou à un autre, par l'État et les grands partis français.

Le futur président « Guytounet » s'est imposé à la tête de la Compagnie dans les années 1950-1960 comme directeur général adjoint aux côtés de Georges Huvelin, directeur général. Ce duo s'entendait à la perfection. Ensemble, ils ont fait passer la Compagnie du stade de PME à celui d'une des plus importantes entreprises françaises, employant près de 100 000 salariés, à la fin des années 1970. Dans l'ombre du président de la Compagnie, Robert-André Gérard, Huvelin et Dejouany ont remis en état les finances du groupe, un peu chahutées par les dommages de guerre. Ils vont aussi transformer presque toutes les concessions en affermages, plus ou moins copiés sur la régie intéressée développée dans la banlieue parisienne. L'intérêt de cette stratégie offre un double avantage. D'une part, comme dans une concession, le montant des réparations est défalqué directement sur les factures des abonnés, sous forme de provisions ponctionnées en prévision des travaux à venir. D'autre part, la Générale laisse les collectivités locales mettre la main à la poche pour renforcer les équipements de distribution d'eau (conduites, réservoirs, châteaux d'eau et usines de filtration). Or, pour apporter l'eau dans les nouveaux quartiers périphériques des villes qui poussent comme des champignons, les investissements sont colossaux : en banlieue parisienne, la consommation d'eau augmente environ de 6 % par an de 1960 à 1975 en raison du boom de la natalité. D'autant que le duo Huvelin-Dejouany réussit à imposer l'idée de surcapacité de production, de manière à pouvoir faire face à tout incident technique ou de pollution. Mais pas question pour la Compagnie de financer les travaux pharaoniques correspondants, comme les liaisons à haut débit entre les trois usines de traitement d'eau autour de Paris. L'État, les communes et les abonnés feront les frais de ces dépenses d'équipement et de réparation des installations. La Générale dispose ainsi d'une trésorerie florissante qui lui permettra de lancer une triple stratégie : jouer au banquier des communes, se diversifier autour des métiers de l'eau (chauffage urbain et ramassage des poubelles) et enfin s'attaquer au monopole historique des régies municipales dans les communes rurales et les petites villes.

Sur le plan de l'avancée technologique, le duo ne chôme pas non plus. Il met en route des systèmes plus modernes de purification de l'eau (ozonisation, filtration rapide à l'aide de charbons actifs, usines de traitement à étages qui prennent moins de place), testés d'abord dans la banlieue parisienne. « Cette banlieue parisienne, véritable laboratoire à profits de la Compagnie, explique notre « Gorge Profonde », dégage déjà à l'époque un tiers des bénéfices du groupe dans l'Hexagone et va permettre ainsi de lancer cette mode des gigantesques châteaux d'eau, dont le prix de vente était imposé aux élus, qui n'avaient la moindre chance de pouvoir calculer le coût réel de ces réservoirs. Il y en a 53 aujourd'hui, enterrés ou édifiés, dans la banlieue parisienne, et rien que celui de Châtillon a coûté plus de 150 millions de francs. Bien sûr, tous ces châteaux d'eau étaient construits par notre filiale Campenon Bernard qui n'en est pas devenue bénéficiaire pour autant... » Sous la direction du duo, la Compagnie suit la politique très volontariste de développement par l'État des banlieues, via les ZUP (zones d'urbanisation progressive), pour loger les enfants du baby-boom. Ancien secrétaire général de l'entreprise à l'époque, Jean Blondeau raconte aujourd'hui : « Les tuyaux sont toujours des tuyaux où l'on peut faire couler de l'eau potable, de l'eau sale et des matières fécales ou encore de l'eau chaude pour chauffer les immeubles. De même, les camions-poubelles jouent le rôle de sortes de tuyaux mobiles, qui ramassent les ordures ménagères qu'on va brûler pour obtenir de l'eau chaude. Vous avez là les trois vrais métiers de base de la Compagnie (eau, ordures et énergie) qui seront développés par le binôme Huvelin-Dejouany dans les années 1950-1970. Les activités de transports collectifs seront récupérées par hasard dans la corbeille de la CGEA, numéro un français du ramassage des ordures ménagères, rachetée, en 1972, à la Banque de Paris et des Pays-Bas. Une fois seul aux commandes, en 1976, Dejouany va accélérer encore cette stratégie d'acquisition des grandes sociétés de ces secteurs [12]. »

Cette diversification accélérée autour des métiers de l'eau n'est pas la seule révolution apportée par Guy Dejouany dans la culture de l'honorable Compagnie. En effet, à son arrivée comme président en 1976, il ne possède aucune action du groupe et n'est pas membre de son conseil d'administration. Avant lui, seul son prédécesseur et ami Georges Huvelin avait déjà enfreint la règle non écrite selon laquelle tout candidat au poste de PDG devait obligatoirement être membre du conseil d'administration de la société. La qualité de manager, même frappé du sceau de l'excellence, c'est-à-dire X-Ponts ou X-Mines, ne suffisait pas. Cette précaution relevait du bon sens : à l'image d'un Francis Bouygues, un président, également actionnaire de l'entreprise, avait moins de chances qu'un simple ancien haut fonctionnaire, fût-il polytechnicien, de gaspiller l'argent de la société. Le quinquagénaire Guy Dejouany et le sexagénaire Georges Huvelin échappent à cette sacro-sainte règle parce qu'ils se sont rendus incontournables, indispensables dans le boom de l'après-guerre. Et, à l'époque, l'opposition de gauche comme les libéraux leur facilitent le travail. Ils remettent en cause le bon vieux capitalisme à la française face à une concurrence internationale de plus en plus dure. C'est-à-dire la capacité managériale et stratégique d'entreprises importantes, aux mains d'une caste de grands propriétaires qui bloquent la montée en puissance de managers compétents. En 1972, les numéros deux et trois de la Compagnie poussent gentiment dehors un fils de famille septuagénaire, le désormais président d'honneur de la Compagnie, Robert-André Gérard. Le prétexte ? Une récente loi demande aux actionnaires de sociétés anonymes de fixer l'âge de la retraire pour leur président et leurs administrateurs. Robert-André Gérard se laissera mettre à l'écart sans trop résister. Son âge avancé (73 ans à l'époque) ne lui permet plus de mener de front ses nombreuses activités, qui cadrent mal avec l'image de richissime dilettante que certains anciens managers de la Compagnie lui collent encore aujourd'hui. Lauréat de l'Institut pour ses nombreux ouvrages philosophiques, directeur de la collection « Science, langage, connaissance » aux Presses universitaires de France, ce commandeur de la Légion d'honneur truste les responsabilités dans le domaine artistique : président de la Société des amis du musée Guimet, vice-président de la Société des amis du musée Carnavalet, membre du conseil artistique des musées nationaux, membre du comité de la Société asiatique et de la Société des bibliophiles français. Passionné du continent chinois, il ne cesse de s'y rendre pour y découvrir des artistes locaux. Ce grand et fort bel homme (il ne décédera qu'en 1999, à l'âge de 100 ans) cède donc, en 1972, son fauteuil à Georges Huvelin. Pas pour longtemps... Deux ans plus tard, ce dernier tombe gravement malade et meurt brutalement en 1976. La voie est libre pour Guy Dejouany, l'X-Ponts le plus ancien dans le grade le plus élevé. Le dernier carré des grands actionnaires historiques de la Compagnie ne s'oppose pas à sa nomination. Les familles Gérard, Pillet-Will, Hottinguer et Saint-Olive ainsi que les banquiers Stern et Mallet pensent avoir fait le bon choix...

Premier souci du nouveau président : la perspective de l'arrivée de la gauche au pouvoir ne réjouit pas spécialement ce manager qui n'a rien d'un homme de gauche, même si la grande majorité de ses clients affiche cette couleur. Le programme commun de gouvernement conclu en 1972 entre le PC, le PS et les radicaux de gauche prévoit « des prises de participations financières pouvant aller jusqu'à des participations majoritaires » dans la distribution d'eau. Certains au PS, à l'exemple de Michel Rocard, ne voient pas d'un mauvais œil une nationalisation de l'eau. Aux yeux de « Guytounet », le politique garde encore entre ses mains la destinée du groupe, « Bruxelles » et la mondialisation n'ayant pas encore remis en question la fonction régalienne de l'État en matière de services publics et d'intérêt général. Mais pas question pour Guy Dejouany d'accepter d'être nationalisé. Certes, le projet de nationalisation de la distribution de l'eau n'a jamais fait partie des 110 propositions du candidat François Mitterrand. Toutefois, une mesure clé est inscrite dans le programme commun de gouvernement : « la démocratisation et l'extension du secteur public ». Est envisagée notamment la nationalisation « des groupes et entreprises industrielles qui occupent une position stratégique ». Expert en la matière, Jean-Jacques Prompsy, l'un des principaux directeurs de la Lyonnaise à l'époque, raconte la suite : « Un pas en avant, la gauche victorieuse, mais coincée fait voter une grande loi de nationalisation, un programme musclé de mainmise de l'État sur toutes les industries qui, de près ou de loin, peuvent être considérées comme des services publics, parce qu'elles fabriquent des ordinateurs, des voitures, des avions, des téléviseurs ou des contrats d'assurance. Grande victoire annoncée du politique sur l'économie.

Mais ce grand bond en avant ne va toutefois pas jusqu'au terme attendu, il ignore superbement un certain nombre de sociétés répondant pourtant à la définition affichée, parmi lesquels les grands groupes de service public à la française. C'est, disent les mauvaises langues, conclut Jean-Jacques Prompsy avec pudeur, parce qu'ils avaient largement contribué à la victoire en finançant la campagne [13]. » Et le président « Guytounet » garde quelques munitions dans sa musette pour s'opposer à cette mesure : le Premier ministre Pierre Mauroy et les ministres de l'Intérieur, Gaston Defferre, et de la Défense, Charles Hernu figurent parmi les meilleurs « clients » de la Compagnie. Dans chacune des sociétés de distribution d'eau, trois ou quatre discrets chargés de mission jouent un rôle capital : ce sont des sortes de super-représentants de commerce. Membre d'un parti politique, ils n'ont qu'une fonction : « ouvrir » la porte d'une mairie quand elle est tenue par leurs amis politiques. Cela se passe en général lors d'un déjeuner, où ce « médiateur » présente les élus à des commerciaux de l'entreprise désireux de décrocher ou de proposer un marché pour supplanter le plus souvent une régie municipale. Une discrétion qui permet aux maires de se draper dans leur dignité et aux trois géants de l'eau de ne pas se voir traînés devant les tribunaux.

Ironie de l'histoire : « Dieu » va se laisser surprendre, en mars 1981, par Francis Bouygues, prédateur beaucoup plus dangereux que son vieux partenaire, l'État. Obsessionnel, « Guytounet » remâche sans cesse sa peur de voir sa poule aux œufs d'or nationalisée et lui mis à la retraite d'office. L'horreur, alors qu'il n'a que 61 ans... Il en oublie que les excellents résultats de la Compagnie font aussi d'elle une cible de choix pour des raiders. Difficile pour lui de se mettre à la place d'un vrai industriel comme Francis Bouygues qui rêve de posséder la poule aux œufs d'or. Pour une raison évidente : le BTP commence à s'enfoncer dans la crise à la suite du second choc pétrolier. Guy Dejouany a la faiblesse de croire le roi du béton lorsque ce dernier affirme, en avril 1981, à une journaliste : « Notre vocation n'est pas de nous diversifier dans la distribution d'eau. Je ne veux pas relever les compteurs d'eau [14]. » Difficile encore pour lui de se mettre à la place des boursicoteurs ou des analystes financiers, il ne fréquente ni les uns ni les autres. Avec les nationalisations annoncées par la gauche avant sa victoire de mai 1981, l'honorable Compagnie devient virtuellement le groupe privé numéro un en France. À une époque, il est vrai, où une seule tentative d'OPA inamicale a fait couler de l'encre, celle de BSN sur Saint-Gobain, qui devait se conclure par un échec.

Deux mois avant l'arrivée de François Mitterrand à l'Élysée, le ciel va tomber sur la tête de Guy Dejouany. Consterné, il s'aperçoit qu'un ou des inconnus rachètent en Bourse quantité de titres Générale des eaux. Son talon d'Achille : l'actionnariat du groupe trop dispersé le rend très vulnérable en cas d'OPA inamicale. Un vent de panique souffle alors dans les trois étages disjoints et les couloirs sombres du 52, rue d'Anjou. Le président de la Compagnie appelle au secours son camarade de promotion à l'X, Ambroise Roux, le pape du pouvoir d'influence et son « frère en affaires ». « L'establishment, se souvient un grand patron, c'était Ambroise Roux et une cohorte de banquiers et de grands patrons. C'étaient des liaisons étroites et discrètes avec les politiques. Peu voyantes. Des liaisons avec l'administration, pour la dominer, et quand elle ne répondait pas à leurs vœux, ces hommes s'adressaient aux responsables politiques. Ils avaient également une influence sur les médias et toutes sortes de notables, comme les présidents de chambre de commerce. Enfin, il faut ajouter à cela un peu de maçonnerie, pour obtenir le cocktail idéal. Nul n'est en mesure, aujourd'hui, de tirer toutes les ficelles à la manière d'un Ambroise Roux. Il tenait tout[15]. » « Il était lui-même maçon. Comment pourrait-il en être autrement[16] », écrivent deux journalistes spécialisés.

Homme de pouvoir proche de Georges Pompidou, puis de Jacques Chirac, Ambroise Roux, ce roi de l'establishment économique, partage déjà quarante et un ans d'amitié et de vie professionnelle avec le « Dieu » de la rue d'Anjou. Pour sauver « Guytounet », le « prince des affaires » ne lésine pas. La journaliste Anne de Caumont raconte la scène : « Guy, je te comprends... Mais ton titre ne vaut pas cher par rapport à sa valeur intrinsèque... Je te propose de monter une opération dans laquelle la Compagnie générale d'électricité [dont Ambroise Roux sera le PDG jusqu'à sa nationalisation en 1982] et mes amis banquiers, Crédit commercial de France et Rivaud, vont former un pool. Nous rentrerons dans ta Compagnie à un niveau suffisant pour que les autres comprennent qu'il leur faut reculer[17]. » Le parrain des affaires crée en quelque sorte un syndicat de défense regroupant plusieurs actionnaires qui vont détenir 20 % de la Compagnie. Guy Dejouany n'a pas le choix : il accepte. Ambroise Roux va faire le job. Il sauvera Guy Dejouany des griffes de Jean-Luc Gendry, président de la Banque privée de gestion financière, qui agit pour le compte de Francis Bouygues. Le roi du béton aurait racheté 200 millions de francs de titres de la Compagnie juste avant la présidentielle de 1981. La soudaine perspective de nationalisation de la Compagnie et l'intervention d'Ambroise Roux ont très vite conduit Francis Bouygues à revendre ses actions avec une perte de 60 millions de francs[18].

« Guytounet » va tirer trois enseignements de ce premier coup dur. À l'aise dans le théâtre d'ombres et les intrigues, il consacrait sans doute un peu trop d'énergie à étudier la carte électorale française, dont il était l'un des meilleurs connaisseurs. Mais le coup est venu d'ailleurs. Deuxième leçon : il ne s'est jamais trop occupé de ses actionnaires, contrairement aux premiers présidents du groupe issus de la haute banque et à la dynastie des Gérard. Conséquence : sous-évalué, le titre de la Générale peut encore servir un jour ou l'autre de cible pour d'éventuels raiders. Enfin, à l'inverse de ses prédécesseurs, il ne possède pas d'actions de son groupe. Jusque-là, il n'a pas raisonné en termes de puissance financière... Il retiendra la leçon, se rattrapera vite et possédera, en 1996, au moment de son départ à la retraite, près de 2 % des actions du groupe. Son conseil d'administration de papys ne va compter que des PDG amis et adeptes comme lui des participations croisées (les fameuses « barbichettes »). « Et il ressemblera plutôt à une chambre d'enregistrement », ironise un de ses onze anciens membres, encore étonné par la sobriété des comptes rendus devant cette petite assemblée. Jamais un seul mot, aucune allusion ne sera faite à la tentative d'OPA. Le comte Henri Siméon, lord Edward Blount et le baron Rodolphe Hottinguer pratiquaient moins la langue de bois devant le conseil d'administration de la Compagnie, un siècle ou plus auparavant *(voir chapitres III, IV et V)*...

Au moment où le président « Guytounet » consacre beaucoup d'énergie à éviter à son groupe d'être avalé, le tout nouveau patron de la Lyonnaise, le président Jérôme Monod, part à la conquête du monde dans l'espoir de rattraper la Compagnie. L'ex-bras droit de Jacques Chirac à Matignon, puis ancien secrétaire général du RPR renoue avec la tradition « politique » des trois managers historiques du groupe, Jules Roche, Albert Petsche et Ernest Mercier, tous très marqués à droite. Mais plus question de dormir à l'ombre de la Générale, de se reposer sur les lauriers de la diversification. Dès sa nomination en 1980, Jérôme Monod lance ses troupes à l'assaut des cinq continents. Le vrai pouvoir n'est plus seulement politique, mais aussi dans les affaires, selon ce moine-soldat version protestante. Un énarque qui, à la tête de la Lyonnaise, voue sa vie au service public et à l'État. Oubliées les plaies de la nationalisation et de la décolonisation en Afrique noire et au Maghreb, l'éternelle seconde se rebiffe grâce à ses liens avec les principaux leaders gaullistes, et notamment Jacques Chirac, maire de Paris. Monod a alors le culot de s'attaquer, en 1984, au monopole de l'honorable Compagnie dans la capitale. La vieille dame de la rue d'Anjou conservera la rive droite, soit les deux tiers du marché de la distribution d'eau à Paris, mais la Lyonnaise lui subtilise le reste, c'est-à-dire la rive gauche. Deuxième acte : en 1986, Jérôme Monod rachète la société Degrémont, leader mondial de l'assainissement et du traitement de l'eau, dont le président, comme lui, possède des affinités avec la HSP (haute société protestante). Il comprend avant tout le monde que cette discrète société cache la boîte à outils idéale pour gagner des marchés à l'export. Il l'a deviné en lisant attentivement le manuel technique très complet de Degrémont, édité en trois langues : un *Mémento de l'eau* dont chaque édition (depuis son lancement en 1945) est dévorée aux quatre coins du monde. Les techniques et brevets de ce leader mondial en matière de traitement d'eau et d'assainissement ouvrent la porte au groupe dans le Sud-Est asiatique et en Europe, en Italie, puis en Grande-Bretagne après les privatisations décidées par Margaret Thatcher.

Un peu plus tard, l'énarque austère et peu commode enfonce le clou : il va traiter lui-même avec les dirigeants chinois pour la construction d'un énorme barrage sur le fleuve Jaune et décrocher, au nez et à la barbe de la Générale, des contrats d'alimentation en eau potable dans quatre métropoles de l'empire du Milieu, dont Pékin. Son plus beau coup : l'édification, toujours sur le fleuve Jaune, à Ertan, du plus grand barrage du monde pour 5 milliards de francs. Le mérite de ces opérations commandos revient à sa filiale Degrémont qui, en sept ans, a remporté 24 contrats de traitement ou d'épuration de l'eau en Chine. Alain Peyrefitte est passé par là… L'ami personnel du président de la Lyonnaise l'avait persuadé : « Lorsque la Chine s'éveillera, elle deviendra la plus grande puissance du XXIe siècle. » Avant Guy Dejouany, Jérôme Monod devine que, « avec l'eau potable, on travaille à la marge, alors que le marché du traitement des eaux usées est beaucoup plus ouvert ». À l'inverse de sa stratégie dans l'Hexagone fondée sur ses relations avec le RPR, Jérôme Monod veut se soustraire à l'influence de l'État français en se lançant sur les marchés à l'exportation. Pas question pour lui, il est vrai, de surfer sur la vague rose de 1981.

Contrairement à Guy Dejouany, Jérôme Monod va mettre volontairement le pied dans le BTP. Cette stratégie permet à la Lyonnaise de concourir pour les grands barrages hydrauliques et les usines de traitement ou d'épuration d'eau. Elle peut ainsi négocier une offre globale comprenant génie civil, bâtiment, distribution d'eau potable, traitement et épuration. C'est pourquoi le groupe rachète, en 1990, le numéro deux du BTP dans l'Hexagone, Dumez. La crise du BTP des années 1990 sera un coup dur, mais sans commune mesure avec la position hégémonique mondiale qu'a apportée Dumez à la Lyonnaise. Survolté, Jérôme Monod fait feu de tout bois. En 1991, il rachète la SDEI (Société des eaux intercommunale), cinquième distributeur français avec 5 % du marché. Surtout, il hisse le pavillon noir pour s'attaquer à ses seuls vrais concurrents : les régies municipales. Remplacer ces régies, qui ne supposent que peu d'investissements (remboursés de toute façon par les villes), constitue une formidable martingale. Il suffit d'appliquer une recette basique : dégraisser les charges de personnels (50 % du budget communal de la distribution d'eau potable) en ne remplaçant pas les hommes qui partent à la retraite.

NOTES

1. Entretien avec l'auteur en avril 2004.
2. Voir Alain Barbanel et Jean Menanteau, *Bouygues, l'empire moderne*, Ramsay, 1987, p. 80-81.
3. Voir Vincent Nouzille et Élisabeth Campagnac, *Citizen Bouygues*, Belfond, 1988, p. 195-196.
4. Voir Alain Barbanel et Jean Menanteau, *Bouygues, l'empire moderne*, *op. cit.*, p. 76 ; « La reprise de Maisons Bouygues », *Les TroisO* (revue interne de la CGE), n° 49, mars 1993, p. 34.
5. Voir éditorial de Guy Dejouany dans le n° 42 des *TroisO*.
6. Voir Liliane Franck, *Eau à tous les étages*, 1999, p. 387.
7. Notice de Guy Dejouany dans le *Who's Who* 1996, p. 537.
8. Alexandre Wickham et Sophie Coignard, *La Nomenklatura française*, Belfond, 1986, p. 165-166.
9. Voir Anne de Caumont, *Un prince des affaires*, Grasset, 1996 p. 36-37, 168.
10. Entretien avec l'auteur en janvier 2005.
11. Alexandre Wickham et Sophie Coignard, *La Nomenklatura française*, *op. cit.*, p. 164.
12. Entretien avec l'auteur en septembre 2004.
13. Jean-Jacques Prompsy, *La Cour des miracles*, Éditions de la Nerthe, 2000, p. 126-128.
14. Voir Nathalie Seyer, « Bouygues, les aléas de la diversification », dans *Le Moniteur des travaux publics*, 15 avril 1981, cité dans Vincent Nouzille et Élisabeth Campagnac, *Citizen Bouygues*, *op. cit.*, p. 212.
15. Voir Jean Garrigues, *Les Patrons et la politique de Schneider à Seillière*, Perrin, 2002, p. 220.
16. Ghislaine Ottenheimer et Renaud Lecadre, *Les Frères invisibles*, Albin Michel-Pocket, 2001, p. 149.
17. Voir Anne de Caumont, *Un prince des affaires*, *op. cit.*, p. 246-254.
18. Voir Vincent Nouzille et Élisabeth Campagnac, *Citizen Bouygues*, *op. cit.*, p. 213-214 ; Anne de Caumont, *Un prince des affaires*, *op. cit.*, p. 246-247.

XI

Les deux cauchemars de « Dieu »

Le pouvoir d'influence ne peut pas tout savoir, tout prévoir, tout acheter et tout neutraliser. Juste après la première alerte rouge en 1981, l'OPA ratée de Francis Bouygues, Guy Dejouany se démène toujours comme un forcené pour échapper aux nationalisations. Le président « Guytounet » croit remplir la mission sans trop de difficulté. Ses meilleurs clients, les maires socialistes de Lille, de Marseille et de Villeurbanne, ne sont-ils pas à l'époque Premier ministre, ministre de l'Intérieur et ministre de la Défense de François Mitterrand ? Et son client numéro un, le président du Syndicat des communes de la banlieue de Paris pour les eaux, n'est autre que le socialiste plutôt classé à droite Alfred-Marcel Vincent. Un illustre inconnu pour les banlieusards parisiens et les journalistes politiques, mais pourtant un élu que Guy Dejouany chouchoute depuis 1965, date de son arrivée à la tête du Syndicat.

Alfred-Marcel Vincent fêtera, en 1991, ses trente ans de maire de Livry-Gargan en compagnie de ses deux parrains, l'ex-Premier ministre Laurent Fabius et Marcel Debarge, maire fabiusien du Pré-Saint-Gervais. Ex-secrétaire général du syndicat FO des transports en commun de la région parisienne, Alfred-Marcel Vincent a commencé sa vie professionnelle, en 1929, comme receveur de bus, puis sera comptable à la RATP. Responsable du syndicat FO de l'entreprise, il devient à ce titre membre de son conseil d'administration [1]. Parachuté en 1961 par la direction de la SFIO à la tête de la mairie socialiste de Livry-Gargan (dont le maire vient de se faire assassiner) en banlieue est, ce militant violemment anticommuniste sera successivement vice-président du conseil général de Seine-Saint-Denis, puis conseiller régional. Élu en 1965 président du Syndicat des communes de banlieue de Paris pour les eaux, il succède à un autre élu SFIO, l'ex-maire du Pré-Saint-Gervais brutalement décédé, Edmond Pépin, un artisan ébéniste. Dans ses fonctions, il voyage aux quatre coins du monde pour assister à des inaugurations ; souvent avec Guy Dejouany, comme le relate le journal interne de la Compagnie. Ce dernier ne laisse à personne d'autre le soin de faire patte de velours devant Pierre Mauroy, Gaston Defferre, Charles Hernu et Alfred-Marcel Vincent. « J'ai commencé ma carrière, raconte Guy Dejouany, à une époque où les socialistes jouaient un grand rôle. Notre clientèle était surtout constituée de banlieues souvent dirigées par des socialistes modérés. C'est moi, par exemple, qui ai expliqué à Guy Mollet le contrat de concession des eaux d'Arras, dont il était le maire [2]. »

Sa grande complicité avec les grands barons du PS n'empêche pas Guy Dejouany d'emboucher les trompettes de l'opposition. Haut fonctionnaire dans l'âme, il mange aux deux râteliers… Ainsi, le 15 décembre 1982, au salon du premier étage de l'hôtel Crillon, place de la Concorde à Paris, « Guytounet » participe à la fondation de l'Afep (Association française des entreprises privées), qui a pour vocation de « recréer l'establishment mis à mal par les nationalisations ». Créateur de l'association, Ambroise Roux, « prince déchu de la Compagnie générale d'électricité nationalisée », s'est entouré de trente-six patrons, dont son ami de quarante ans Guy Dejouany et Jérôme Monod, PDG de la Lyonnaise [3]. Fixée à 230 000 francs, la cotisation annuelle payée par chacun des membres sert à financer des études, des débats ou des projets de loi. À la différence des ultralibéraux, le président de la Compagnie respecte la légitimité profonde de l'État. Mais, pour lui, l'État colbertiste ne peut mener qu'à la faillite, faute de pensée stratégique en affaires. Il reste un grand serviteur de l'État avec une immense considération pour les ministres, directeurs de cabinet et autres hauts fonctionnaires. Impossible, à ses yeux, d'être un grand patron sans avoir des rapports au plus haut niveau de l'État et des partis politiques. Il n'en reste pas moins que c'est aux grands patrons qu'il revient de conseiller l'État en matière de politique industrielle. Et non l'inverse. Une illustration parfaite du pouvoir d'influence de la Compagnie dans toute sa splendeur… Un peu à l'image de l'énorme influence qu'Ambroise Roux avait exercée sur le Premier ministre, puis président, auvergnat comme lui, Georges Pompidou.

À l'occasion de ses dîners-conférences, l'Afep reçoit les patrons de l'opposition, surtout Chirac et ses amis, mais aussi les socialistes modérés comme Pierre Bérégovoy. Il s'agit d'organiser la résistance au socialisme à la tête des grandes entreprises françaises. « À partir des idées de l'Afep, écrit Jean Garrigues, Édouard Balladur établit le programme de privatisation de l'opposition unie, marqué notamment par le système des "noyaux durs", en vue des élections législatives de 1986. [...] De fait, les privatisations des années 1986-1987, loin d'instaurer le capitalisme populaire prôné par Édouard Balladur, consistent avant tout à remettre les entreprises nationalisées par la gauche sous la tutelle de grands groupes financiers[4]. » Ce qui n'empêchera pas Ambroise Roux (débarqué de la Compagnie générale d'électricité nationalisée) de cultiver toutes les ambiguïtés. Il se flatte alors d'être devenu un interlocuteur privilégié de François Mitterrand, lequel le recevra plusieurs fois à l'Élysée dès février 1983[5]. Un peu comme le président « Guytounet », adepte du double langage, qui vilipende l'interventionnisme de l'État dans l'économie tout en demandant au même État de protéger ses monopoles. Le comble : à l'été 1983, tout occupé à faire du lobbying avec son ami Ambroise Roux, Guy Dejouany va se faire surprendre par une tentative de nationalisation rampante de la Générale.

Pourtant, la loi sur les nationalisations a été votée, puis promulguée le 13 février 1982. La Compagnie croit y avoir échappé définitivement. « Dieu » a fait le nécessaire... Son groupe a soutenu la politique économique des socialistes. Le chef de l'État, François Mitterrand, et son Premier ministre, Pierre Mauroy, ont confié à Jean Le Garrec, secrétaire d'État à l'Emploi, une mission impossible : contenir le chômage avant les municipales de mars 1983. Dès la fin 1981, le président « Guytounet » signe un important contrat de solidarité avec Jean Le Garrec. Le groupe s'engage ainsi à « créer 1 000 emplois, dont 340 emplois directs ». Une disposition prévoit que la Compagnie financera, en 1982 et 1983, 400 millions de francs d'investissements dans le domaine de l'eau et l'assainissement, en concertation avec les collectivités locales[6]. Le président

« Guytounet » doit manger son chapeau en signant ce contrat. En tant que rocardien, Jean Le Garrec est favorable, comme son chef de file, à la nationalisation des grands distributeurs d'eau français. À la même époque, le président Dejouany signe un autre accord avec le ministère de l'Environnement, qui impose au groupe 50 mesures concrètes en matière de lutte contre la pollution. Capable de vendre son âme au diable pour amadouer les socialistes, le président « Guytounet » va tout de même affronter, en juin 1983, une seconde offensive boursière qui durera près de deux ans[7]. Tout juste nationalisé, Roger Fauroux, président de Saint-Gobain, veut marier ses célèbres plaques d'égout et ses tuyaux en fonte ou béton (50 % du marché mondial pour le transport de l'eau sur de longues distances) aux robinets de la Générale.

Et, visionnaire, ce futur ministre de l'Industrie du gouvernement Rocard (en 1988) s'imagine déjà futur privatisé par le jeu de l'alternance politique. L'arrivée de la droite au pouvoir lui permettrait ainsi de se parachuter à la tête d'un empire « aquatique ». À l'époque, sa filiale eau Sobea (rachetée en 1997 par la Saur-Bouygues) porte le dossard numéro quatre, dans la roue des trois majors de l'eau (la Compagnie, la Lyonnaise et la petite troisième la Saur), et possède 6 % du marché. Roger Fauroux et son directeur financier, Alain Minc, passent à l'attaque avec le feu vert du ministre de l'Industrie, Pierre Dreyfus, et l'appui discret de Jean Riboud, ami personnel de François Mitterrand et patron de Schlumberger, actionnaire de la Générale. Ils rachètent en Bourse 20 % du capital de la Compagnie générale des eaux. Pour ramasser un paquet d'actions supplémentaire, le Syndicat de défense des actionnaires de la Générale des eaux doit donner son feu vert. Constitué par Ambroise Roux uniquement pour aider Guy Dejouany à rester majoritaire, ce Syndicat est dirigé par Georges Pebereau, grand ami de Francis Bouygues et ex-président de la puissante Association des ingénieurs des Ponts et Chaussées. Il a succédé à Ambroise Roux comme nouveau patron de la Compagnie générale d'électricité, nationalisée en 1982.

Trahissant le Syndicat, Ambroise Roux et Guy Dejouany, Georges Pebereau va vendre (très cher) un bon paquet d'actions de la Générale à Saint-Gobain qui totalise ainsi 33 % du capital de la Compagnie (40 % selon les dires de Guy Dejouany à la journaliste Anne de Caumont). Au passage, Pebereau en profite pour se débarrasser, à un prix astronomique, de la Société générale d'entreprise (SGE), une de ses filiales de BTP empêtrée dans de graves difficultés financières. Ces deux magnifiques cessions à Saint-Gobain permettent à Georges Pebereau d'afficher un bilan flatteur. Furieux de n'avoir même pas été consulté, Guy Dejouany bat le rappel de tous ses bons amis socialistes, Pierre Mauroy, Gaston Defferre, Charles Hernu, Alfred-Marcel Vincent, et surtout André Rousselet. Celui-ci, ex-directeur de cabinet de François Mitterrand à l'Élysée, a été nommé PDG d'Havas en août 1982. Les cinq montent au créneau et font le siège du président de la République. Pas question de demander de l'aide à Michel Rocard qui, horreur, avait proposé très officiellement, en 1981, la « nationalisation de la Compagnie générale des eaux [8] ». C'est surtout André Rousselet qui va convaincre, en juin 1983, le président de la République. Il est vrai qu'il serait inélégant de voir l'un des principaux bailleurs de fonds des trois campagnes présidentielles de François Mitterrand victime d'une nationalisation déguisée. Résultat : le chef de l'État incite Roger Fauroux, patron du groupe nationalisé Saint-Gobain, à revendre une partie de ses actions pour redescendre de 33 % à 20 % dans le capital de l'empire de l'eau.

Un autre ami du président, Jean Riboud, patron du groupe parapétrolier Schlumberger, se voit alors chargé de porter les titres en trop et rentre donc au conseil d'administration de la Générale. Il a pour consigne de surveiller Roger Fauroux. Ancien sous-préfet, patron des taxis G7 depuis 1960, André Rousselet remercie ainsi le patron de la Générale, « qui n'a jamais mégoté son appui financier à François Mitterrand ». Ce qui a permis à André Rousselet de clamer pendant des années : « J'ai sauvé la tête de Guy Dejouany [9]. » Fort courtoisement, ce dernier renverra l'ascenseur à l'ancien directeur de cabinet de François Mitterrand. En effet, à la même époque, Guy Dejouany fait entrer la Générale à hauteur de plus de 21,6 % dans le capital de Canal Plus, l'enfant chéri d'André Rousselet qu'il doit renflouer au bout de six mois. Sans cette aide décisive, le projet Canal Plus n'aurait peut-être jamais vu le jour. Seul Ambroise Roux soutient alors Guy Dejouany, qui force la main de justesse à son conseil d'administration hostile à cet investissement. L'intérêt stratégique à long terme de créer un nouveau média avec Havas n'apparaît pas évident aux papys de la Compagnie. Surtout que, six mois après avoir investi dans Canal Plus, la Générale doit remettre au pot, le capital ayant déjà été mangé...

Numéro trois de la Compagnie en 1965, le directeur général adjoint Guy Dejouany avait rencontré son futur sauveur à l'occasion de la campagne de la présidentielle, laquelle entraînera la mise en ballottage du général de Gaulle. André Rousselet y occupe un rôle clé. Grand argentier du candidat du PS, il est à la recherche de généreux donateurs dans les rangs des grands patrons. Journaliste au *Monde*, Nicole Vulser raconte : « André Rousselet brasse des sommes énormes pendant toutes ces années. On parle d'un coût d'environ 200 millions de francs de l'époque pour une campagne nationale d'affichage électoral en 1965. [...] André Rousselet reste d'une discrétion absolue sur la liste de ses généreux donateurs. Tout au plus, il acquiesce à l'évocation des compagnies d'eau et des grandes sociétés de distribution [10]. » La journaliste ajoute qu'une valise de 3 millions de francs a été apportée à l'état-major de campagne de François Mitterrand, début 1981. En 2004, André Rousselet confirme : « La valise de la Générale était apparemment très lourde, j'ai dû l'aider à la porter. À l'époque, j'étais un naïf en politique, un défaut de jeunesse. Je croyais que la Générale finançait uniquement ses principaux clients, c'est-à-dire les socialistes. Je ne savais pas que le même Dejouany avait financé tous les autres candidats, c'est-à-dire Giscard, Marchais et Chirac. Je l'ai appris par la suite. Cela explique pourquoi ni le PS ni le PC n'ont jamais voulu réellement nationaliser la Générale des eaux [11]... » André Rousselet reste le seul « politique » français à reconnaître très officiellement que tous les partis politiques ont été financés à l'époque par la Compagnie. Guy Dejouany n'y fait bien sûr jamais allusion, pas plus qu'au coup de main décisif que lui a donné l'ancien argentier de François Mitterrand. Cette tentative de nationalisation rampante de la Compagnie par Saint-Gobain, « Dieu » n'en parlera qu'une seule fois publiquement, lors d'un entretien en 1996 avec la journaliste Anne de Caumont : « Ambroise m'a aidé dans deux circonstances graves : dans les deux attaques – lors de l'arrivée de la gauche au pouvoir – contre le capital de ma compagnie. À chaque fois, il m'a suppléé et obtenu un résultat très supérieur à celui que j'aurais obtenu[12]. » Au titre de président de l'agence Havas, André Rousselet est nommé administrateur de la Générale en 1983.

À l'époque, rien ne filtre de ces événements lors des conseils d'administration ou des comités d'entreprise de la Compagnie et dans *TroisO*, la revue interne d'information du groupe. C'est le black-out total. Les six syndicats (CGT, CFDT, CFTC, CGC, FO et autonomes) resteront toujours étonnamment silencieux face à toutes les attaques contre l'entreprise. Les leaders de ces organisations prétendent aujourd'hui qu'ils étaient soigneusement tenus dans l'ignorance totale de ces menaces. Le président « Guytounet » reçoit alors, seul à seul, les principaux leaders syndicaux, notamment ceux de la CGT, largement majoritaire. Ses trois leaders successifs, André Boulay, Henri Viaud et Marcel Trin règlent les problèmes les plus délicats dans leurs bureaux, en tête à tête... Guy Dejouany reste tout de même réservé vis-à-vis d'une organisation qui prône toujours un « grand service national de l'eau ». L'architecte Villmotte lui a aménagé une entrée secrète, avec double sas en verre blindé et marbre au sol, où ses trois chauffeurs peuvent s'engouffrer avec la lourde Mercedes noire. Cette issue de secours se cache derrière une porte cochère anonyme du 25, rue des Mathurins, qui est parallèle à la rue d'Anjou. La Compagnie possède alors tout le pâté de maisons.

Cette porte dérobée permettra plusieurs fois à Guy Dejouany d'échapper aux grévistes qui scandent, dans la cour pavée du 52, rue d'Anjou, « Guytou des sous », avant d'envahir pacifiquement son bureau au premier étage. Un scénario bien rodé qui intervient avant chaque négociation salariale avec les syndicats. Militant syndical CGT à l'époque, Pascal Simon évoque aujourd'hui les charmes discrets de l'ère Dejouany non sans une certaine nostalgie : « Je faisais partie de l'équipe de maintenance qui assurait tous les travaux de menuiserie, serrurerie et électricité dans les locaux du siège social de la Compagnie au 52, rue d'Anjou. L'une de nos tâches les plus importantes consistait à vérifier le bon état de fonctionnement des coffres-forts installés dans les bureaux de "Guytounet" et de la dizaine de grands directeurs du groupe. Régulièrement, nous allions effectuer aussi de menus travaux aux domiciles personnels et dans les maisons de campagne de tout ce beau monde, ainsi que chez quelques élus ou anciens préfets. Je me souviens d'une anecdote à propos de la femme d'un des dirigeants de la Compagnie, elle s'était plainte du fait que nous lui avions envoyé des agents de couleur. Dans le jargon de la Compagnie, la direction emploie uniquement le mot "agent" pour désigner un membre du personnel [13]... » Selon Pascal Simon, devenu aujourd'hui délégué syndical FO, le service de maintenance du siège de la Compagnie a mis fin à ces pratiques, sur l'ordre de Guy Dejouany, peu avant l'arrivée de son successeur, Jean-Marie Messier.

En plein milieu de la bagarre avec le groupe Saint-Gobain, un drame personnel va bouleverser la vie de Guy Dejouany et révolutionner la Compagnie. Le métier tient une telle place dans la vie de cet homme de pouvoir que des considérations très personnelles et familiales s'en mêlent inévitablement. Son épouse Véronique tombe gravement malade en 1983. « Cette jolie jeune femme brune issue de la bonne bourgeoisie lyonnaise, très mondaine et extravertie à l'inverse de lui, se rappelle Jean Blondeau, secrétaire général et numéro trois à l'époque de la Compagnie, était l'équilibre de la vie, le rayon de soleil de ce grand travailleur. Chaque jour, Guy Dejouany va passer de longues heures à son chevet à l'hôpital pendant les neuf derniers mois de la vie de sa femme. Paul-Louis Girardot, le numéro deux du groupe, dirige la Compagnie en son absence. Pour se mettre à jour dans ses dossiers en retard, Guy va travailler chaque nuit. Sa femme décède le 8 décembre 1985 [14]. » Sans réussir à obtenir l'aval du président Dejouany, son état-major a fondé, un an auparavant, une Association des cadres de la Compagnie générale des eaux, pour partir en guerre contre la tentative de nationalisation rampante. C'est le premier divorce entre « Dieu » et son management le plus proche. Comme à son habitude, il veut gérer ce genre de dossier délicat en solo, dans le plus grand secret. Or aux manettes de l'Association se sont installés ses principaux collaborateurs. Quatre jeunes sexagénaires qui, depuis une dizaine d'années, secondent avec passion « Guytounet » : le directeur général Paul-Louis Girardot, X-Ponts, intello sympathique ; Jean Blondeau, X, secrétaire général et souffre-douleur du président Dejouany ; Jean-Pierre Quiniot, X-génie maritime, gardien discret du trésor de la Compagnie pour la banlieue parisienne ; et Pierre Faisandier, X-Ponts, le grand voyageur ayant autorité sur la province.

Cette bande des quatre a pris l'habitude très britannique de prendre le thé vers 17 heures dans le bureau du patron de l'énergie, Bernard Forterre, histoire d'y faire le point. Lors de ces rencontres informelles est né, en 1984, le projet d'un livre. Et c'est en septembre 1985 que Paul-Louis Girardot fait publier aux éditions Albatros cet ouvrage aujourd'hui introuvable. La « garde noire » du président « Guytounet » veut ainsi dénoncer la tentative de nationalisation rampante de la Compagnie sous un titre peu engageant : *État vend entreprises..., conditions à débattre.* Les dénationalisations balladuriennes sont déjà dans l'air… Fraîchement émoulue de Sciences-Po, la dynamique auteure se cache derrière le pseudonyme de « Danae », nom d'une princesse grecque qui transformait la pluie en or… Collaboratrice de Jean-Marc Oury, puis par la suite d'Henri Proglio, cette jeune femme a pour mission de développer dans son livre une thèse centrale : la reine de l'eau (la Compagnie) et l'empereur des canalisations et plaques d'égout (Saint-Gobain) n'ont rien à faire ensemble. Leur hypothétique mariage ne peut déboucher que sur un divorce. Cet angle polémique sera édulcoré, l'ouvrage n'y consacrant que six pages. L'affaire Saint-Gobain est du ressort de « Dieu », pas de ses collaborateurs et encore moins du grand public… La maxime « Pour vivre heureux, vivons cachés » est encore à l'ordre du jour rue d'Anjou. Prophétique, la quatrième de couverture du livre annonçait les « nouveaux raffinements de l'habillage des comptes » qui allaient frapper la Compagnie au début des années 1990. Aujourd'hui, Danae ne regrette rien. Elle dit s'être beaucoup amusée en jouant au porte-plume de « cerveaux » de la rue d'Anjou… Des cerveaux engagés dans une lutte messianique contre les nationalisations.

« Peu à peu, la mort de son épouse Véronique et son difficile jeu d'influence pour éviter la nationalisation l'ont éloigné de nous, témoigne aujourd'hui Jean Blondeau. Le président s'est isolé de plus en plus. L'être brillant, intelligent, surdoué même et gentil ne nous parlait plus. Atteint de jeunisme aigu, il met ainsi à l'écart son quatuor de managers, c'est-à-dire moi, Girardot, Quiniot et Faisandier, avec lesquels il gouvernait la Compagnie. Il ne nous voit plus, ne communique plus que par notes et nous remplace par quatre quadragénaires parés de toutes les qualités... Je parle des quatre gourous ou princes de Dejouany : le directeur financier, Jean-Marc Espalioux, le normalien, Jean-Marc Oury, le maître de la défense, Christian Pellerin, et l'incontournable complice de ce dernier, Gilbert Simonet, l'ex-bras droit de Francis Bouygues [15]. » Le conflit inévitable éclate. Persuadé qu'il est l'heure pour Guy Dejouany de quitter la barre, Jean Blondeau va demander aux administrateurs de la Compagnie de le convaincre de partir, en raison « de son âge et de sa fatigue ». Liés à leur ami « Guytounet » qui fait partie de leurs propres conseils d'administration, ces administrateurs PDG n'osent pas bouger le petit doigt...

Scandalisé par leur passivité, Jean Blondeau donne sa démission en 1987. Paul-Louis Girardot, seul membre du management à faire partie du conseil d'administration, refuse, lui, de démissionner : il veut y rester, étant l'un des rares, dit-il, à pouvoir encore porter la contradiction à Guy Dejouany auquel il espère aussi succéder. Coupé du réel, celui-ci se tresse alors des lauriers dans l'éditorial du journal interne de la Compagnie : « Notre situation actuelle est fort bonne avec une marge brute et des investissements qui ont plus que doublé en quatre ans [16]. » Puis, usant de son charme, le président « Guytounet » réussit à convaincre Jean Blondeau de rester au poste de secrétaire général de la Compagnie. « Dieu » lui promet : « Je changerai mon comportement [17]. » Malgré une légère amélioration de l'ambiance, Jean Blondeau démissionne définitivement, le 31 août 1992, pour prendre le poste de directeur financier de PSA, dont le PDG Jean Calvet reste le seul empêcheur de tourner en rond au conseil d'administration de la Compagnie.

Au même moment, Guy Dejouany voit sa Compagnie définitivement plombée dans le BTP et l'immobilier *(voir chapitres XVII et XVIII)*. « Notre président est rentré malgré lui dans les métiers du bâtiment et des travaux publics, regrette Jean Blondeau. En effet, les accords de 1987 entre la Compagnie et Saint-Gobain mettent bien fin à la tentative de nationalisation rampante du second groupe sur le premier. Mais ce traité de paix a eu un prix terrible exigé par l'Élysée : le rachat de la SGE par la Compagnie. Un vrai cadeau empoisonné : 50 000 salariés et une gestion en perpétuel déficit pour ce numéro deux du BTP [18]. » Patron de Saint-Gobain et proche des socialistes,

Roger Fauroux réussit ainsi à se débarrasser miraculeusement d'un véritable boulet. Officiellement, le président « Guytounet » se voit bien obligé d'« habiller » le dossier : il réplique ainsi, prétend-il, à Bouygues qui venait d'absorber coup sur coup, en 1984 et 1985, la Saur, numéro trois de la distribution d'eau dans l'Hexagone, et la Screg, numéro un mondial des travaux routiers. La SGE et ses filiales représentent, en 1988, un chiffre d'affaires de 32,8 milliards de francs, soit 42 % de l'activité de la Compagnie contre seulement 22 % pour l'eau. À la même époque, Bouygues fait 42,3 milliards de francs de chiffre d'affaires dans le même secteur, soit 60 % des activités du groupe. La Générale se hisse ainsi, malgré elle, au rang de numéro deux du BTP en France. Devant les actionnaires de la Compagnie, Guy Dejouany sauve les meubles : « Dans ce domaine du BTP, nous avions à faire un choix très important : rester à une échelle moyenne ou devenir l'un des deux ou trois grands, en France, de la profession. Nous avons finalement choisi la seconde solution et opté pour la dimension supérieure par le regroupement de SGE et de Campenon Bernard [19]. » L'année suivante, en 1988, le président « Guytounet » persistera à occulter la réalité : « Il n'y a plus de frontière entre les métiers d'entreprise et les métiers de service. Les travaux tirant souvent les services vers des opérations de maintenance et des opérations d'après-vente, et le contraire étant tout à fait classique ; les grandes entreprises de travaux deviennent progressivement, au moins partiellement, des entreprises de services ; nous assistons au passage de l'époque des bâtisseurs à celle des gestionnaires. Moins de béton, davantage de matière grise [20]. »

Autre exemple de diversification « abracadabrantesque » de la Compagnie : les transports collectifs. Devenue une multinationale, la Compagnie va s'engager sans conviction dans ce secteur, sous la haute protection de l'État. En mars 1989, à l'initiative d'Henri Proglio (l'actuel patron de Veolia Environnement), la Générale acquiert un sous-traitant de la SNCF, la CFTA (Société de chemins de fer et de transports automobiles). Cette entreprise exploite 700 kilomètres de lignes secondaires du réseau SNCF avec son propre personnel qui utilise les voies, les équipements, les autorails, les locomotives et les wagons de fret de la SNCF tout en se conformant à ses propres horaires et tarifs [21]. Un vrai catalogue à la Prévert : le chemin de fer de

Provence, dit « train des Pignes », qui relie Nice à Digne ; une ligne en Bretagne ; une autre près de Narbonne ; une quatrième en Corrèze ; une cinquième en basse Seine ; une sixième en Lorraine ; une septième dans la Nièvre ; enfin, les Chemins de fer corses (CFC) et des lignes d'autocars avec 450 bus. Le clou, la gare en cul-de-sac de Provins et son tronçon ferroviaire à voie unique de 10 kilomètres qui relie Longueville, station située sur la ligne SNCF Paris-Mulhouse. Trois autorails SNCF un peu souffreteux (certaines rames dites « Rio » sont dépourvues d'éclairage) assurent encore aujourd'hui la ligne voyageurs Longueville-Provins dans des conditions de sécurité difficiles, en raison d'un vandalisme incessant, et une locomotive Diesel y tracte les wagons de fret. À l'époque, la Compagnie joue une carte à long terme : ces exploitations peuvent former l'embryon d'une future SNCF privatisée. De plus, les conditions d'exploitation se révèlent pour le moins avantageuses. Plus question d'exploiter en concession comme le chemin de fer ou les compagnies du gaz, d'électricité et d'autocars qui, jusqu'au début du siècle dernier, finançaient eux-mêmes tous les investissements en matériel et personnel. Peu soucieuse d'exploiter elle-même directement ces liaisons jugées non rentables, la SNCF les a concédées à la CFTA qui leur applique la bonne vieille règle de la martingale de l'eau.

Avec l'aide des conseils régionaux, la SNCF rembourse toutes ses charges (salaires et matériel) à cette filiale de la Compagnie dans le cadre d'un « mandat de gestion ». L'exploitant facture, en fin d'année, le service qu'il a effectué, sans être responsable ni des recettes ni des coûts, et se voit accorder une prime de gestion au pourcentage du nombre de passagers transportés. Conclusion : la Compagnie ne peut pas perdre d'argent dans l'affaire, elle ne peut qu'en gagner… Malgré la souplesse de son organisation et la polyvalence de son personnel (le conducteur de train vend les billets et contrôle les titres de transport), la CFTA n'offre pas une vraie alternative économique à la suppression des lignes non rentables de la SNCF. Il s'agit d'une manière originale de réduire le déficit de la société nationalisée en le faisant supporter par les conseils régionaux au bénéfice de la Compagnie. Depuis, celle-ci a vu les CFC sortir de son bas de laine. Leur exploitation est revenue à la SNCF, à la suite d'une décision du ministre communiste des Transports de Lionel

Jospin, Jean-Claude Gayssot. Pour le reste, le fromage de ces quelques lignes ferroviaires peu rentables remplit encore aujourd'hui les caisses de la Connex, filiale de Veolia Environnement.

Une nationalisation à l'envers en quelque sorte… La Compagnie le reconnaît elle-même, en 1990, à propos du train des Pignes : « Le petit train des Pignes ne mourra pas. Au prix d'un investissement de 125 millions de francs financé par l'État et les collectivités locales, la ligne Nice-Digne sera entièrement rénovée et son activité redéployée. Cette liaison régionale qui assure le transport de 300 000 passagers par an dans l'arrière-pays niçois dégageait, jusqu'à présent, un déficit chronique de 20 millions de francs par an. […] » Mandataire de gestion du train des Pignes par l'intermédiaire de la Société nouvelle des chemins de fer de Provence, la CGEA [division transports-propreté de la Compagnie] ne cache pas qu'elle entend s'investir totalement dans l'opération. « Nous devons être les promoteurs du redéploiement touristique de cette ligne », affirme Jean-Claude Turion, directeur général adjoint de la CGEA [22]. Ce dernier avoue qu'il s'agit essentiellement d'un problème de marketing : « Il faut vendre son service aux collectivités locales, mais aussi aux usagers. En fait, il ne suffit pas de gérer un réseau, il faut aussi faire monter les usagers dans le bus. » La Palice n'aurait pas dit autre chose… Mais Jean-Claude Turion se garde bien d'insister sur le mode de rétribution de la Connex pour cette action de marketing…

La diversification à outrance donne tous pouvoirs aux patrons régionaux dans l'Hexagone, aux chefs de zone à l'étranger, ainsi qu'à la dizaine de barons du groupe, tous responsables presque uniquement devant le président « Guytounet » lui-même. Avant de se faire mettre à la porte en 1996 sur décision de Jean-Marie Messier, le grand vizir du secteur énergie, Bernard Forterre, fera ce que bon lui semble. La peur de la nationalisation est aussi passée par là. « Comme tous les décideurs de la Générale, écrit Daniel Fortin, rédacteur en chef du mensuel *Challenges*, Bernard Forterre jouit d'une liberté totale. C'est l'époque où le groupe préconise le "développement biologique". Le principe ? Chaque société est libre de ses investissements. Ainsi l'a voulu Dejouany. Chaque branche doit croître de façon autonome, devenir une petite compagnie à part entière.

À la chauffe, Forterre est maître de son territoire. Et il est vaste. [...] Retranché dans son fief, Forterre s'estime inexpugnable[23]. » Bernard Forterre, ex-numéro trois de la Générale, porte aujourd'hui un jugement sévère sur son président de l'époque : « Guy Dejouany a été un merveilleux patron, intelligent et surdoué, quand il a diversifié avec succès nos activités dans le *core business*, comme disent les Américains, c'est-à-dire autour de l'eau, de l'assainissement, du chauffage urbain, du ramassage et de l'incinération des ordures ménagères. En un mot, tous les métiers où nous avions une clientèle captive : des abonnés ou des utilisateurs, et des élus qui étaient obligés de recourir à nous. Le reste, les transports urbains, les cliniques, le BTP, l'immobilier, Canal Plus, n'était qu'une dérive stratégique lancée malheureusement par le président Dejouany dans des secteurs hautement concurrentiels où nous n'aurions jamais dû mettre les pieds[24]. »

Quelques chiffres illustrent ce virage en épingle à cheveux. En 1971, le chiffre d'affaires de la Compagnie provenait à 75 % de l'eau et à 25 % des activités autour de l'eau (pompes, béton, tuyaux et société de sous-traitance). Quinze ans plus tard, en 1985, l'eau reste maillot jaune de justesse avec 32 %, devant le chauffage urbain (29 %), le BTP (25 %), le ramassage des ordures et déchets (4 %) et la rubrique divers (10 %). Enfin, huit ans plus tard, en 1993, le BTP-immobilier prend la tête avec 36 %, suivi par l'eau (26 %), le chauffage et l'énergie (23 %), la propreté (6 %), la communication (2,7 %) et les divers (6,3 %). Les fondateurs de la Compagnie doivent se retourner dans leurs tombes...

Guy Dejouany s'est donc glissé dans la peau d'un des grands du BTP au moment où Bouygues devenait le numéro un de la profession en France. Et là, stupeur, « Guytounet » et Francis Bouygues se retrouvent avec une énorme affaire sur les bras. Une instruction judiciaire menée contre des pratiques et des méthodes que tous deux croyaient « institutionnalisées » dans le BTP par les politiques de droite comme de gauche[25] sous l'égide d'un certain Étienne Léandri. La SNCF avait lancé les études pour le TGV Nord le 9 octobre 1987, et la SNCF attribuera ces 93 marchés en 1990 et 1991. En fait, le dossier vise les plus gros marchés publics de l'époque : les chantiers de construction du TGV et de quatre grands ponts. Passant outre aux pressions des politiques et des industriels, le ministre de l'Économie, Pierre Bérégovoy, et le secrétaire d'État à l'Industrie, Dominique Strauss-Kahn, tentent de mettre fin à des pratiques anticoncurrentielles. Ainsi, après été pris à partie par deux hiérarques du PS (chargés de collecter des fonds par le parti), « Béré » et « DSK » déclenchent, en 1991, une enquête nationale « relative aux pratiques constatées dans le secteur du génie civil et de la construction ». Jamais de telles investigations n'ont été et ne seront lancées dans le monde des travaux publics ou de la distribution de l'eau. Trente-sept perquisitions et auditions de dirigeants vont être diligentées aux quatre coins de l'Hexagone dans des entreprises, notamment chez les majors de la profession du BTP : Bouygues, Lyonnaise des eaux-Dumez, Compagnie générale des eaux, SAE et Schneider. Résultat : un jugement historique du Conseil de la concurrence, daté du 29 novembre 1995, colle au piquet Bouygues, les deux rois de l'eau et une trentaine de leurs filiales. Au hit-parade des peines, Bouygues (filiales comprises) l'emporte, écopant d'une amende de 162 millions de francs contre seulement 38 millions pour la Générale et 21 millions pour la Lyonnaise. Ces condamnations sont le fruit de quatre années d'enquête[26]. Pour la première fois, une cinquantaine d'entreprises sont déclarées coupables d'avoir cimenté leurs appels d'offres pour bétonner d'avance la répartition entre elles d'un marché de 20 milliards de francs portant sur la construction du TGV Nord, de son interconnexion avec les autres lignes, du TGV Rhône-Alpes et de quatre grands ponts (Gennevilliers, Tancarville, Plougastel et Rochefort).

Pourquoi les majors de la profession ont-elles constitué ce cartel ? Elles qui dégagent des marges extraordinaires sur le dos des sous-traitants (sociétés de terrassement, équipementiers, fournisseurs de main-d'œuvre plus ou moins déclarée…) veulent ainsi maintenir des prix élevés et se partager entre elles le gâteau hors leurs concurrents étrangers. Elles dépendent à 67 % des commandes des collectivités et de l'État pour un chiffre d'affaires de 142 milliards de francs en 1989. L'État, sous la casquette du Conseil de la concurrence, inflige donc une amende historique de 378,8 millions de francs (très légèrement réduites en appel après cassation) à une cinquantaine de sociétés du BTP condamnées pour « entente en vue de l'élimination de la concurrence lors d'importants appels d'offres [27] ». Pierre Joxe, président de la Cour des comptes, a résumé l'affaire de manière assez abrupte. Lors de la présentation du rapport annuel de la Cour, le 7 octobre 1996, l'ancien ministre a parlé de « truandages » devant un parterre de journalistes [28]. Comme le reconnaissait une note saisie dans une filiale de Bouygues, l'objectif de ce groupe était « la mise en œuvre d'une stratégie globale sur l'ensemble du territoire, qui privilégie les études en commun avec les autres majors du BTP en France, au détriment de la compétition plus classique, dite sauvage [29] ». Hervé Martin avait résumé ainsi l'affaire dans *Le Canard enchaîné* du 14 décembre 1994 : « Pour Bouygues et ses collègues, le jeu normal de la concurrence classique, censé faire baisser les prix est d'une insupportable sauvagerie [30]. »

L'erreur de Francis Bouygues et de ses collaborateurs aura été de croire que le développement de la Générale se faisait dans le BTP de manière coordonnée et logique. La gestion très décentralisée du système Dejouany, avec ses petits et ses grands chefs, reste alors mal armée, peu préparée, pour suivre de près la stratégie de ses filiales dans le BTP. Sans s'en rendre compte, Francis Bouygues et le président « Guytounet » se sont tiré une balle dans le pied dans ce dossier du TGV. La vraie histoire est la suivante [31]. Bien évidemment, l'enquête sur les cinq majors du BTP avait été déclenchée, en 1991, par la plainte d'un vilain petit canard qui ne pouvait être qu'un concurrent étranger. En l'occurrence, la société italienne Condotte d'Acqua, reine du BTP en Italie. Celle-ci est alors associée depuis des lustres à la Générale sur l'important chantier du Nouveau Venise et également dans la distribution d'eau potable (Compagnia Generale delle Acque) à l'intérieur de cette ville-musée. Condotte d'Acqua – sorte de mini-réplique italienne de la Compagnie générale des eaux qui appartient à l'époque au Vatican – a refusé de participer au trucage des marchés par les cinq majors du BTP français. Pourtant, le Groupe foncier Anjou (GFA), représentant de Condotte d'Acqua en France, s'est vu proposer un honoraire de désistement de 5 millions de francs, et l'entreprise italienne une sous-traitance de 75 millions de francs pour construire un tunnel dans le sud de la France. Avant de déposer sa plainte le 18 septembre 1990, le groupe italien s'était porté candidat pour le lot 44 de l'interconnexion, le marché le plus juteux du TGV Nord (en raison du grand nombre de ponts et de gares à construire) à réaliser sur 102 kilomètres. C'est-à-dire l'anneau ferroviaire qui évite Paris et relie entre eux les TGV Nord, Sud-Est et Atlantique. Condotte d'Acqua avait fait une offre à 737 millions de francs, et non à 875 millions comme le lui demandait l'entreprise Ballot (une filiale de la Compagnie). Dans sa plainte, le groupe italien fait état de menaces dont il a été l'objet de la part de dirigeants de Ballot, de pressions sur les sous-traitants et de fournisseurs français qui ont invoqué mille prétextes pour ne pas travailler avec l'entreprise transalpine. Diverses « réjouissances » étaient aussi annoncées : grèves sauvages, sabotages et accidents mortels en cascade sur les chantiers de Condotte d'Acqua dans le monde entier[32]. Le plaignant fait notamment allusion à deux réunions, à Rome et à Paris, où le PDG de Ballot, Léon Ballot, et des responsables de groupes français du BTP l'auraient menacé. Les Italiens y seront fermement « invités » à faire une « offre de couverture », de manière à permettre à l'entreprise Ballot d'être la moins disante, c'est-à-dire la moins chère, en accord avec tous les grands du BTP...

Francis Bouygues et « Guytounet » se rendront compte, mais beaucoup trop tard, de leur erreur. Avec le PDG de Condotte d'Acqua, le général Mario De Sena, l'empereur du béton et le roi de l'eau affrontaient quelqu'un de nouveau dans le métier. L'officier ne décolérait pas. Pas question de se laisser faire. Tous les marchés européens devaient s'ouvrir à la concurrence, croyait-il naïvement, en vertu de l'article 85 du traité de Rome et de l'ordonnance de 1986 qui réglementaient le respect de la concurrence en Europe et en France. Cet ex-numéro deux des carabiniers a tenu à s'attaquer aux pratiques anticoncurrentielles du BTP dans l'Hexagone, mais il s'est bien gardé de dénoncer les mêmes pratiques dans le monde de l'eau... Mario De Sena n'était pas un enfant de Marie : il avait été le supérieur direct du général Dalla Chiesa, assassiné par la mafia à Palerme, et avait coordonné l'enquête calamiteuse sur l'enlèvement d'Aldo Moro par les Brigades rouges. Il n'était pas arrivé sur ce marché du TGV par hasard... L'ex-militaire avait été mis sur l'affaire du TGV Nord par son vieil ami, le discret milliardaire français Étienne Léandri (resté jusqu'en 1956 à Naples, en Italie, pour échapper à des poursuites en France pour faits de collaboration avec les nazis), qui avait ses grandes et petites entrées chez les majors du BTP, et tout particulièrement à la Compagnie. Le GFA, représentant de Condotte d'Acqua, aura le courage de déposer plainte et de résister au chant des sirènes de la Compagnie qui lui demandait de la retirer. Curieusement, l'affaire Condotte d'Acqua servira d'épouvantail : à l'exception des Allemands, les grands groupes étrangers de BTP n'essaieront plus de venir soumissionner dans l'Hexagone. À la dernière minute, les majors du BTP (très bien informées) réussirent à éliminer Condotte d'Acqua du marché du TGV[33] en faisant une offre de prix tout juste inférieure à celle qui avait été déposée par Condotte d'Acqua pour l'interconnexion 44 du TGV. Quelques années plus tard, les patrons français du BTP apprendront non sans plaisir que le général Mario De Sena a été inculpé. Un juge italien l'a accusé de collusion avec la mafia camorriste dans ses fonctions de maire d'une petite ville près de Naples.

Entre-temps, en 1995, Condotte d'Acqua (qui a changé de PDG) et les grands du BTP français ont signé un accord à l'amiable secret, sous l'égide d'Étienne Léandri. Cet armistice a permis aux Italiens proches de la loge P2 de toucher un « dédommagement » d'environ 350 millions de francs. Viré d'abord sur le compte d'un géant du BTP sud-coréen, ce magot a atterri dans une société off-shore située sur une île grecque. Le but officiel de cette paix des braves : Condotte d'Acqua a pris l'engagement de mettre fin à toute poursuite pénale en France et à l'étranger. Une partie du pactole issu de cette transaction a servi pour une campagne présidentielle en France. Quelques mois après la conclusion de cet accord, Étienne Léandri est mort à Paris au retour de son dernier voyage en Corée du Sud... Aujourd'hui, la Brigade financière enquête dans ce dossier sur instructions du juge Philippe Courroye, qui a mis plusieurs personnes en examen, en 2004 et 2005, pour blanchiment d'argent.

Au début des années 1990, la Lyonnaise de Jérôme Monod n'est plus le « Poulidor de l'eau ». Celui-ci ne consacre pas son énergie à la lutte contre une hypothétique nationalisation de l'eau. L'essentiel, pour lui, reste de combler une bonne partie de son retard sur la Compagnie. Son nouveau slogan : « Plutôt Macao que Bamako. » L'ancien bras droit de Chirac se désintéresse du pré carré français, y compris l'Afrique, pas assez peuplée à son goût et trop liée à Bouygues. Il préfère l'Asie, l'Europe de l'Est et l'Amérique du Sud. La Lyonnaise fournit alors de l'eau potable à 13 millions de Français, soit 23 % du marché, mais compte autant de clients à l'étranger, notamment avec les concessions de Sydney, Buenos Aires, Rostock, Indianapolis... En un peu plus d'une dizaine d'années, le groupe s'est élevé au sixième rang des entreprises françaises avec un chiffre d'affaires passé de 7 milliards de francs en 1980 à 100 milliards en 1993 (avec 145 000 salariés). Durant la même période, la Générale des eaux a hissé son chiffre d'affaires de 13 milliards à 150 milliards de francs (200 000 salariés). La Lyonnaise se classe numéro trois des employeurs privés français derrière Alcatel-Alstom et la Générale. En 1993, la droite gagne les législatives et Édouard Balladur s'installe à Matignon. Les liens du groupe avec l'État se resserrent d'un cran. La commissaire des RG spécialisée dans la délinquance financière, Brigitte Henri, va l'apprendre à ses dépens. Sa mission, il est vrai, n'est pas de tout repos.

Rattachée directement au grand patron des RG, Yves Bertrand (elle occupe le bureau juste à côté du sien au ministère de l'Intérieur), elle doit se pencher sur les sales affaires politico-financières. Ses « clients » les plus fidèles se recrutent dans le ménage à trois (Générale, Lyonnaise et Bouygues). En novembre 1994, elle rédige un « blanc », c'est-à-dire une note non signée. Destinée à son patron, cette information fait allusion à la prochaine promotion d'un des dirigeants de la Lyonnaise. Quelques jours plus tard, son informateur rencontre la commissaire pour lui annoncer son propre licenciement. La source a été facilement identifiée. L'entourage du ministre de l'Intérieur de l'époque, Charles Pasqua, suit avec attention le travail prémonitoire de cette commissaire qui avait annoncé le scandale des HLM de Paris et l'affaire Carignon [34]. Cette fonctionnaire de police détecte en moyenne avec deux ans d'avance les scandales financiers qui frapperont des élus ou des ministres RPR. Un peu naïve, intègre jusqu'au bout des ongles, la commissaire Brigitte Henri n'aurait jamais imaginé qui seraient ses « lecteurs » les plus assidus. Elle ignore sans doute les liens complexes entre la haute hiérarchie policière, les compagnies d'eau et certains politiques gaullistes. Elle ignore, tout comme Jérôme Monod, qu'une filiale immobilière de la Lyonnaise, la SSIMI a payé, entre 1988 et 1994, la moitié du loyer des somptueux locaux occupés par un ancien Premier ministre et son staff boulevard Saint-Germain à Paris [35]. Certains de ces liens allaient conduire à la mise en cause de Brigitte Henri par de mystérieux corbeaux.

Ces relations avec l'État, les compagnies d'eau les cultivent depuis plus d'un siècle et demi. Ainsi, vu son intérêt pour les procédés haut de gamme de filtration de l'eau, Jérôme Monod recrute le meilleur « sachant » en la matière, Thierry Chambolle [36]. Cet ingénieur des Mines a travaillé dix ans dans la haute administration, où il a dirigé au ministère de l'Environnement la direction de l'Eau et de la Prévention des pollutions et des risques. « Ce pantouflage, peu orthodoxe au plan légal, écrira un spécialiste du dossier, a permis à la Lyonnaise de mieux articuler ses recherches sur les projets gouvernementaux et législatifs, en particulier la loi sur l'eau de 1992 et les directives européennes. Et aussi d'affiner son lobbying à Paris ou Bruxelles pour pousser vers une sévérisation des normes. » De même, Jérôme Monod engage aussi Philippe Brongniart, ancien conseiller technique du président Giscard d'Estaing à l'Élysée. Patron de la filiale déchets du groupe, cet énarque deviendra numéro quatre de l'entreprise. Ces deux nominations n'ont choqué personne.

NOTES

1. Voir journal *L'Écho 93* de décembre 1991 et curriculum vitæ officiel d'Alfred-Marcel Vincent.

2. Voir Gabriel Milesi, *Les Nouvelles 200 familles*, Belfond, 1990 p. 186-187.

3. Voir Anne de Caumont, *Un prince des affaires*, Grasset, 1996, p. 114-117.

4. Jean Garrigues, *Les Patrons et la politique de Schneider à Seillière*, Perrin, 2002, p. 247, 250-251.

5. Voir *ibid.*, p. 241 ; Anne de Caumont, *Un prince des affaires*, *op. cit.*, p. 228.

6. Voir rubrique « Panorama » dans *Les TroisO* (revue interne de la CGE), p. 1.

7. Voir Jean-Michel Quatrepoint, *Histoire secrète des dossiers noirs de la gauche*, Alain Moreau, 1986, p. 74-76.

8. Voir Frédérique d'Andrimont, *Fortunes de pierre : la corruption et la crise dans l'immobilier*, Calmann-Lévy, 1993, p. 93.

9. Voir Nicole Vulser, *André Rousselet, les trois vies d'un homme d'influence*, Calmann-Lévy, 2001, p. 39-40, 58-59, 207 ; entretien avec l'auteur en novembre 2004.

10. *Ibid.*, p. 39-40, 58-59, 207.

11. Entretien avec l'auteur en novembre 2004.

12. Voir Anne de Caumont, *Un prince des affaires*, *op. cit.*, p. 254.

13. Entretien avec l'auteur en juin 2004.

14. Entretien avec l'auteur en avril 2004.

15. Entretien avec l'auteur en avril 2004.

16. Voir éditorial de Guy Dejouany, « Une nouvelle et importante étape du développement », *Les TroisO*, n° 33.

17. Entretien avec l'auteur en avril 2004.

18. Entretien avec l'auteur en avril 2004.

19. Voir discours de Guy Dejouany devant l'assemblée générale de la CGE pour l'exercice 1987.

20. Voir discours de Guy Dejouany devant l'assemblée générale de la CGE, pour l'exercice 1988, p. 14.

21. Voir « Enquête : transports des voyageurs l'alternative aux embouteillages », *TroisO*, n° 42, septembre 1990, p. 7, 9 ; « Les nouveaux concessionnaires », *TroisO*, n° 52-53, septembre 1994, p. 69-70.

22. *Ibid.*

23. Daniel Fortin, *Comment Jean-Marie Messier est devenu le patron le plus puissant de France*, Assouline, 1999, p. 57-58.

24. Entretien avec l'auteur en avril 2004.

25. Voir Julien Caumer, *Les Requins, un réseau au cœur des affaires*, Flammarion, 1999, p. 161.

26. Voir rapport public de la Cour des comptes de 1996, référence 4315, et conclusions du Conseil de la concurrence, réf. BOCCRF, du 15 mai 1996, p. 349.

27. Voir décision 95-D-76 du Conseil de la concurrence du 29 novembre 1995 (*JO*, 15 mai 1996), arrêt de la cour d'appel de Paris du 14 janvier 2003 et cassation partielle du 13 juillet 2004.

28. Voir Julien Caumer, *Les Requins, un réseau au cœur des affaires*, *op. cit.*, p. 161.

29. Voir conclusions du Conseil de la concurrence, réf. BOCCRF, du 15 mai 1996, p. 301.

30. Voir Hervé Martin, « Comment l'organisation secrète des bétonneurs se partageait des milliards de travaux. Quatre ans d'enquête du Conseil de la concurrence pour prendre Bouygues, la Générale, la Lyonnaise et les autres la main dans le sac. Réunions clandestines, ententes sur les prix, menaces sur les récalcitrants, tout est bon pour truquer les marchés », *Le Canard enchaîné*, 14 décembre 1994 ; Franck Bouaziz, « Travaux Publics : les tricheurs », *Le Nouvel Économiste*, 16 février 1996.

31. Voir Julien Caumer, *Les Requins, un réseau au cœur des affaires*, *op. cit.*, p. 150-184 ; conclusions du Conseil de la concurrence, réf.

BOCCRF, du 15 mai 1996 à propos de la section 44 de l'interconnexion du TGV Nord, p. 296, 318, 319-321 ; une lettre manuscrite d'Étienne Léandri.

32. Voir décision 95-D-76 du Conseil de la concurrence du 29 novembre 1995 (*JO*, 15 mai 1996), p. 296, 318, 319, 320-321.

33. Brigitte Henri, *Au cœur de la corruption par une commissaire des RG*, Éditions nº 1, 2000, p. 277, 278-279.

34. Entretien avec l'auteur en mai 1995 ; voir Éric Merlen et Frédéric Ploquin, *La Commissaire et le Corbeau*, Le Seuil, 1998, p. 90-92.

35. Voir Olivier Toscer, *Argent public, fortunes privées, histoire secrète du favoritisme d'État*, Denoël, 2002, p. 223.

36. Voir Roger Cans, *La Bataille de l'eau, Le Monde* Éditions, 1994, p. 82-83.

XII

Jacques Chirac invite deux requins d'eau douce à Paris

Profitant de la faiblesse passagère de Guy Dejouany englué dans sa croisade contre les menaces de nationalisation, Jérôme Monod, nouveau patron de la Lyonnaise, décide de frapper un grand coup : obtenir la privatisation de la distribution de l'eau dans la capitale. À l'époque, Jérôme Monod en négocie le principe directement avec son ami Jacques Chirac, maire de Paris depuis 1977, afin de contourner les deux alliés naturels de la Générale à l'Hôtel de Ville : Camille Cabana, le secrétaire général, et Michel Roussin, chargé de mission au cabinet du maire de Paris et ex-conseiller de Guy Dejouany. Chirac n'a rien à refuser à Monod, secrétaire général du RPR de 1976 à 1978 et directeur de cabinet du même Chirac à Matignon, deux ans plus tôt.

Bras droit de Jérôme Monod à la direction du parti gaulliste, puis chargé de mission de 1981 à 1983 à la Lyonnaise, Jean-François Probst se souvient de cette époque : « Le maire de Paris a besoin de faire plaisir surtout à Jérôme Monod, à la tête de la Lyonnaise, et à trois autres grands groupes de service : Bouygues, la Générale des eaux et Decaux. [...] L'Hôtel de Ville entretient quelques monopoles au niveau de sa commission d'appel d'offres. À partir de 1981-1982, le trio Cabana-Chirac-Monod y joue en solo, sans aucun intermédiaire. Jérôme Monod traite directement avec le secrétaire général de la mairie de Paris, Camille Cabana. Il reste très prudent au téléphone. Chaque fois, il me dit : j'ai vu "petite cabane" ou "petite maison", nom de code du secrétaire général de la ville de Paris. Monod a dû commencer à amorcer, dès 1980, les négociations dans le plus grand secret. [...] De toute façon, à partir de mars

1983, j'ai la certitude que Monod et Chirac ont fait un deal sur la privatisation de certaines activités de la ville de Paris. Monod veut développer la Lyonnaise grâce à la politique [1]. » Le maire de Paris n'oublie pas l'extraordinaire efficacité de Jérôme Monod. Il la regrette même.

Les deux hommes ont bien des choses en commun : la même impatience convulsive qui leur donne alors cet œil étincelant, cette expression farouche et pressée, et leur appartenance au club des « tapeurs de pieds » ; du matin au soir, leurs jambes sont prises d'un mouvement saccadé. Franz-Olivier Giesbert dépeint cette gémellité dans sa biographie de Jacques Chirac : « Le député de la Corrèze ne pardonnera jamais à ses deux conseillers, le tandem Juillet-Garaud, d'avoir fait partir Jérôme Monod, cet alter ego, ce miroir fidèle, ce franc camarade [2]. » Une vieille complicité unit les deux énarques. Aux côtés de Jacques Friedmann, Marie-France Garaud et Pierre Juillet, Jérôme Monod fait partie, dès le début des années 1970, du premier cercle des intimes de Jacques Chirac. « Avec Jacques Chirac, reconnaît Jérôme Monod face à Franz-Olivier Giesbert, on se comprend sans se parler. En me voyant entrer dans son bureau, il lui est souvent arrivé de rigoler comme un fou. Il savait ce que j'allais dire. Je me marrais aussi. Je savais exactement ce qu'il allait me répondre. Vérifications faites, on ne s'était trompé ni l'un ni l'autre [3]. »

À la fin des années 1980, le président de la Lyonnaise était devenu un gros pourvoyeur de fonds du RPR [4]. Jean-François Probst enfonce le clou : « Entre son départ de Matignon avec Chirac le 26 août 1976 et la fondation du RPR le 5 décembre suivant, Jérôme Monod, libre de toute obligation, va effectuer un petit tour du monde organisé par trois anciens conseillers diplomatiques de Chirac à Matignon. À savoir Serge Boidevay qui deviendra directeur pour l'Afrique et le Moyen-Orient au ministère des Affaires étrangères, aujourd'hui président de la chambre de commerce franco-arabe ; Michel de Bonnecorse, ambassadeur à Madagascar, à Dakar, au Maroc et en Suisse, conseiller spécial Afrique à l'Élysée depuis 2002 ; et enfin Maurice Courage qui sera ambassadeur à Bagdad pendant la guerre Iran-Irak. Ce voyage conduira Monod en compagnie de son épouse à Pékin, dans plusieurs capitales du Moyen-Orient, dont Bagdad, en Amérique du Sud et en Suisse. Il y rencontrera toutes sortes d'hommes d'État soucieux d'influer sur la vie politique française. À la même époque, Charles Pasqua fait la même tournée des popotes en Afrique[5]... » Éternel représentant de commerce de la « chiraquie », Jérôme Monod développera la Lyonnaise sur le même axe au Moyen-Orient, en Asie, en Amérique du Sud et un peu en Afrique. Une illustration parfaite du pouvoir occulte.

Un an après son départ précipité, en avril 1978, du secrétariat général du RPR, Jérôme Monod se recase, l'année suivante, comme chargé de mission à la Lyonnaise grâce à sa femme, Françoise, et à ses amis radicaux-socialistes. En effet, l'énarque Pierre Chaussade, avant de présider la Lyonnaise, avait été un collaborateur d'Henri Queuille, ancien président du Conseil sous la IVe République, un des papes du radicalisme, dont Françoise Monod est la petite-fille. Ex-numéro deux du RPR, Jérôme va donc devenir chef d'entreprise grâce à la filière radicale qui ne porte pas les gaullistes dans son cœur. Il a ainsi damé le pion à un bataillon d'X-Mines et d'X-Ponts qui rêvaient de revêtir l'habit de lumière du préfet Chaussade. Certes, il n'a jamais été militant, ni même encarté au RPR avant d'en être son secrétaire général et ne s'est jamais présenté à une élection. Un bon point a plaidé en sa faveur : de 1964 à 1975, le délégué à l'aménagement du territoire Jérôme Monod a couvert le « désert français » d'équipements. Aussi, tous les maires de France et de Navarre le connaissent. Fatigué d'être l'éminence grise de Jacques Chirac, Jérôme Monod aspire à jouer dans la cour des grands patrons. Nommé chargé de mission en 1979, il « vend » à la Lyonnaise son carnet d'adresses siglé RPR, un véritable bottin mondain d'élus et de décideurs, remportant ainsi des contrats d'eau et d'assainissement dans quelques petites villes. Son activisme hors normes irrite ses collègues, mais son goût du pouvoir et de l'argent bluffe le radical-socialiste Chaussade, qui avait été son préfet de stage à l'ENA. Un énarque tranquille qui préfère échapper au lobby des X-Mines et X-Ponts pour se choisir un successeur atypique, même si ce dernier n'a pas que des qualités : austère, ferme, dur et un peu trop proche du maire RPR de Paris à une époque où Valéry Giscard d'Estaing semble assuré de remporter la présidentielle de 1981. Aux antipodes du préfet Chaussade et de la vieille tradition d'un État marqué par des traditions radicales et franc-maçonnes, Jérôme Monod n'est pas venu pantoufler à la tête de la Lyonnaise.

Avec l'obstination d'un paysan huguenot, il lance ses *missi dominici* à l'assaut des cinq continents. Lui-même n'hésite pas à se transformer en « PDG volant », notamment en Afrique et en Asie. L'ancien secrétaire général du RPR y rencontre tous les chefs d'État de la Francafrique. Lors de ses visites, il n'oublie jamais son sésame : une lettre manuscrite d'amitié et d'introduction signée du maire de Paris destinée à chacun des présidents [6]. Son ami Jacques Chirac est également président de l'AIMF (Association internationale des maires francophones), un autre tremplin pour le président de la Lyonnaise. Son groupe est surtout présent alors en Afrique par sa filiale d'assainissement Degrémont, des contrats de distribution d'eau ou de travaux routiers n'ayant été signés qu'au Maroc et au Cameroun. Monod ne cultive aucun complexe pour embaucher toutes sortes de compétences afin de conquérir ce qui reste un désert pour la Lyonnaise : le continent noir. Lors de ces tournées africaines, trois hommes de l'ombre, dont Jean-François Probst (protégé de Jacques Chirac et de Jacques Foccart), l'accompagnent systématiquement [7].

Parmi eux, le représentant du groupe en Afrique, Jacques Baranger, honorable correspondant de la DGSE (Direction générale de la sécurité extérieure, services secrets français) et ami personnel d'Alain Gaigneron de Marolles, patron du service Action de la « Piscine ». Jacques Baranger n'est pas fou de joie à l'idée de côtoyer Ernest Cazelles, un socialiste. Ancien secrétaire général adjoint de la SFIO du temps de Guy Mollet, Ernest Cazelles n'est pas directeur à la Lyonnaise par hasard. L'ex-PDG Chaussade l'a recruté en raison de son excellente connaissance des anciennes sections africaines de la SFIO, relancées depuis sous le nom d'Association démocratique des Français de l'étranger [8]. Il nage également comme un poisson dans l'eau parmi les loges maçonniques de l'ancien empire colonial français, et il est l'ami de Félix Houphouët-Boigny, le doyen de l'Afrique. La plupart des chefs d'État de l'Afrique francophone sont initiés en maçonnerie [9]. Résultat de ces tournées des popotes en Afrique, le groupe gagne des contrats d'alimentation en eau potable. Il plante son drapeau au Burkina, au Mali, au Niger, au Togo, au Gabon et au Congo. Parrainé par Jacques Chirac et Houphouët-Boigny, Jean-François Probst opère avec les réseaux Foccart, encore puissants en Afrique. Un continent que Jean-François Probst parcourt et aime depuis déjà plus d'une dizaine d'années. Mais pas question de décrocher un contrat en Côte d'Ivoire et au Sénégal, où une PME française, la Saur, excelle. Elle s'est assuré, depuis 1960, un monopole de la distribution de l'eau potable grâce à la médiation des mêmes réseaux Foccart [10]. À l'époque, l'éminence grise du général de Gaulle a déjà œuvré en faveur d'un quasi-monopole du BTP au profit de Bouygues (qui ne rachètera la Saur qu'en 1984) en Côte d'Ivoire, au Cameroun et au Gabon. Impossible de s'y implanter pour la Lyonnaise qui n'a pas à l'époque de filiale de BTP. Mais Jérôme Monod veut réveiller sa vieille dame. « Savoir faire, c'est bien, mais le faire savoir à l'étranger, c'est encore mieux »... Les premiers fruits de cette politique de commandos en Afrique, mais aussi au Moyen-Orient (où il réussit l'exploit de travailler en Israël et dans les territoires palestiniens), en Amérique du Sud et en Asie seront précédés par un succès très personnel de Jérôme Monod dans la capitale.

Aux élections législatives de 1986, Jacques Chirac lance son célèbre slogan : « Ce que l'on a fait pour Paris, nous le ferons pour la France. » En somme, ce qui est bon pour Paris est bon pour la France... Devenu thatchérien ou reaganien, le maire de la capitale s'est brusquement converti à la baisse des impôts et aux privatisations. Tout ce qui relève du service public peut être confié au privé. Seront ainsi privatisés la distribution de l'eau, l'assainissement, les usines de fabrication des cercueils, l'organisation des convois mortuaires, la gestion du crématorium du cimetière du Père-Lachaise, la moitié du ramassage des ordures, l'imprimerie municipale, l'élagage des arbres, le nettoyage des crèches, l'entretien des logements de fonction et des jardins dans les écoles... Autant de secteurs où le taux de syndicalisation des personnels était parmi les plus élevés de tous les services municipaux. Officiellement, c'est au nom de la lutte contre la « socialisation des pertes » qu'Alain Juppé, adjoint au maire de Paris chargé des finances, invite, à partir de 1984, des entreprises privées à venir ainsi butiner dans le jardin municipal. Mais n'est pas abeille qui veut... Au nom du libéralisme, « des pans entiers de la ville sont confiés à des amis sûrs [11] ». La Lyonnaise va évidemment s'y tailler la part du lion... Jérôme Monod surfe sur un vent de libéralisme exacerbé, qui souffle sur la capitale comme sous le second Empire. Un exemple : fin

1984, l'atelier municipal de fabrication des cercueils brûle à la Porte d'Aubervilliers. Il ne sera jamais reconstruit. Désormais, plusieurs usines des Pompes funèbres générales vont fournir les 20 000 cercueils dont la ville a besoin annuellement. Filiale de la Lyonnaise (revendue depuis à des Américains), cette entreprise a ensuite installé deux de ses fabriques en Corrèze, dont le député du cru n'était autre que Jacques Chirac. Plus précisément, l'un de ces deux établissements se parachute à Corrèze (un village de 1 100 habitants), dont le conseiller général s'appelle Bernadette Chirac [12].

Pour profiter de la privatisation de l'eau dans la capitale, Jérôme Monod n'a pas une seconde à perdre. Le numéro trois de l'eau, la Saur, essaie, depuis plus de vingt ans, de briser le monopole de la Générale. Or, en mars 1984, Bouygues vient d'« avaler » ce troisième larron. Jérôme Monod n'ignore rien des affinités entre Francis Bouygues et le maire de Paris *(voir chapitre IX).* Pas question de partager le gâteau en trois. Le président de la Lyonnaise va trouver un allié inattendu en la personne de Guy Dejouany, qui ne porte pas Francis Bouygues dans son cœur. Aussi le président « Guytounet » fait-il contre mauvaise fortune bon cœur. Le 20 décembre 1984, il appose sa signature au bas du contrat à côté de Camille Cabana, qui représente la mairie de Paris, et de Jérôme Monod. À partir du 1er janvier 1985, Jacques Chirac confie ainsi, sans le moindre appel d'offres, la distribution de l'eau en affermage à la Générale et à sa vieille rivale, la Lyonnaise, pour un contrat de vingt-cinq ans. La première se nomme Compagnie des eaux de Paris sur la rive droite (les deux tiers des 90 000 abonnés), et la seconde Société parisienne eaux et force sur la rive gauche (un tiers des clients).

Guy Dejouany concède ainsi une partie du gâteau parisien à la Lyonnaise. Mais la Compagnie conserve son rôle de garçon de course dans toute la capitale : dresser les factures de tous les abonnés parisiens, les encaisser et louer les compteurs. Le baron Haussmann doit s'en retourner dans sa tombe. Les requins d'eau douce sont entrés dans Paris… La Générale et la Lyonnaise ont désormais pour mission d'acheminer l'eau des cinq réservoirs parisiens jusqu'au domicile des abonnés. À ce titre, elles sont chargées du renouvellement et de la rénovation du réseau de 1 800 kilomètres de tuyaux enfouis dans le sous-sol. Les deux larrons décident des travaux et les confient exclusivement à leurs filiales respectives. Les petites sœurs de la Compagnie s'appellent, sur la rive droite, Sade, Sarp, Scetha, Travaux parisiens et Paridro. Les filiales de la Lyonnaise, CEM et Sanitra, assurent le même monopole sur la rive gauche. La municipalité ne dispose que d'un droit de regard très théorique sur ce contrat en or.

Le 1er février 1987, Jacques Chirac délègue le reste de cette concession à la Sagep. Celle-ci va gérer les trois usines qui pompent les eaux de la Seine et de la Marne, le captage de 94 prélèvements d'eau souterraine jusqu'à 150 kilomètres de Paris, le traitement et l'acheminement de toutes ces eaux vers cinq réservoirs parisiens et l'entretien de toutes ces installations. Actionnaire majoritaire de cette société d'économie mixte qu'est la Sagep avec 70 % du capital, la ville est représentée à son conseil d'administration par sept élus du conseil de Paris qui siègent aux côtés d'un représentant d'une société HLM, de deux membres de la Lyonnaise et de deux administrateurs défendant les intérêts de la Compagnie. La Générale et la Lyonnaise, via leurs quatre administrateurs, sont donc chargées de surveiller leur propre activité de distributeurs d'eau [13]. La messe est dite... Les conseillers de Paris, *a fortiori* le contribuable parisien, n'ont aucune idée du bénéfice réel des deux compagnies. Les embryons de bilans fournis à la municipalité, sur une simple page, ne parlent que de charges, comme si toute notion de profit ou de bénéfice leur était inconnue. Mieux : il est hors de question de comparer les frais et les coûts réels de l'entretien des deux réseaux, rive gauche et rive droite, leurs modes de gestion et de comptabilité étant différents [14].

Signe qu'elle reste le vrai patron de l'eau à Paris, la Compagnie s'installe aux manettes de la Sagep. De 1987 à 1993, son premier directeur, Georges Mercadal, est un pur produit du 52, rue d'Anjou ; il a été, de 1984 à 1986, PDG de deux filiales de la Compagnie, la Sogelerg et la Compagnie générale de productique [15]. Le conseiller UDF de Paris Louis Finel, maire adjoint chargé de l'eau, restera président de la Sagep depuis sa création en 1987 jusqu'en 2001. À l'inverse de son mentor en politique, le premier adjoint au maire, Jacques Dominati, Louis Finel a joué un rôle très effacé au sein du Yalta parisien de l'eau. Ce vieux monsieur ne cessera, durant ses treize ans de mandat, de louer le « service irréprochable de la Sagep », ses installations ultramodernes, la bonne qualité de son eau et ses énormes capacités de production, deux fois supérieures à la demande des consommateurs. Un genre de félicitations que Louis Finel se gardera bien d'adresser publiquement aux deux majors. Une pudeur bien compréhensible quand il existe certains « petits arrangements entre amis ». Or, contre toute attente, le successeur de Jacques Chirac à la mairie, Jean Tiberi, va remettre en cause ce consensus, devenant ainsi une sorte d'imprécateur…

Voici l'histoire. Tout va bien jusqu'en 1997, année où Jérôme Monod est évincé de la Lyonnaise. Le plus gros actionnaire du nouveau groupe créé par la fusion de Suez avec la Lyonnaise des eaux, le milliardaire belge Albert Frère (7 % des parts), lui a préféré le plus souple Gérard Mestrallet. Dès l'année suivante, les rapports entre le président de la République et son successeur à la mairie de Paris virent à l'aigre. Les deux hommes se voient de plus en plus rarement. Le 17 juin 1999, Jean Tiberi annonce sa candidature aux municipales de 2001. Philippe Séguin est désigné candidat du RPR, dont Tiberi sera exclu. Conséquence : la Lyonnaise est mise hors circuit à l'hôtel de ville de Paris, où l'on apprécie modérément le rôle de Jérôme Monod (redevenu conseiller de Jacques Chirac à l'Élysée). La Générale n'est guère plus en cour : Jean-Marie Messier refuse de bouger le petit doigt pour que *Les Guignols* de Canal Plus cessent d'éreinter Xavière.

Directeur général de l'information et de la communication de la mairie de Paris jusqu'à la victoire des socialistes en mai 2001, Jean-François Probst témoigne : « En 1998 et 1999, les amis politiques de Jean Tiberi se conduisent comme des voyous. Il est humilié, raillé et rejeté [16]. » Cette atmosphère empoisonnée pousse, on le devine, le maire de Paris (empêtré dans l'affaire des HLM et celle des faux électeurs) à sortir ses griffes… Ainsi, le 9 mars 2000, il déclenche une enquête interne sur le rôle des deux géants de l'eau dans la capitale. Comme disait le psychanalyste Lacan, quand on pose une question, on connaît souvent la réponse… Au même moment, Jean Tiberi entretient d'excellentes relations avec le groupe Bouygues. Le marché du nettoyage antigraffitis (60 millions de francs sur six ans) est attribué, le 29 juillet 2000, à un outsider moins disant, le groupement Coved-Nicollin-Ourry. Filiale de Bouygues spécialisée dans la propreté et majoritaire dans ce groupement, la Coved n'avait obtenu jusque-là que des miettes dans la collecte des ordures ménagères monopolisée par la Lyonnaise et la Générale. À la même époque, la ville met gratuitement à la disposition de TF1 (filiale de Bouygues) le Champ-de-Mars, pour un concert de Johnny Hallyday retransmis en direct par cette chaîne…

À l'issue de plus d'un an d'enquête, l'Inspection générale de la ville remet, en juin 2001, un rapport sur « le contrôle par la ville de Paris de sa filière eau (production-distribution)[17] ». Jean Tiberi n'étant plus alors que simple conseiller de Paris, la bombe à retardement atterrit sur le bureau du nouveau maire socialiste, Bertrand Delanoë, qui a d'autres tâches plus urgentes. Les conclusions de ce pavé de 155 pages, agrémenté d'une vingtaine d'annexes, sont terribles : « … absence de tout état des lieux réalisé par la ville sur son réseau de distribution intra-muros qui aurait permis de fixer des objectifs d'entretien et de travaux précis et mesurables, et d'évaluer en fin de contrat l'état de ce réseau […]. La ville est dépendante des informations que veulent bien lui donner les distributeurs […] pour connaître l'état précis de son réseau, la mesure des travaux réalisés et ceux qu'il reste à entreprendre, suivant le bilan patrimonial réclamé par le maire de Paris […]. L'état des lieux stipulé dans le contrat à la charge des deux distributeurs dans la première année d'exploitation n'a pas été réalisé, ni vraiment réclamé par la direction de la protection de l'environnement [de la municipalité]. Cette évaluation indispensable de l'état de son réseau par la ville dépend donc du bon vouloir des deux distributeurs à délivrer des informations précises sur la nature et la localisation des travaux effectués depuis seize ans. Les chiffres donnés dans les rapports annuels, jamais accompagnés d'indications géographiques précises, ne permettent pas cet état des lieux[18]. » En réalité, la ville a donné un chèque en blanc aux deux groupes privés. L'absence d'état des lieux des canalisations interdit toute vérification des travaux de renouvellement ou d'entretien effectués, depuis 1984, par la Générale et la Lyonnaise.

Le conseiller socialiste Daniel Marcovitch avait déjà dénoncé, en décembre 1999, le formidable cadeau fait, quinze ans plus tôt, à la Lyonnaise et à la Générale : « Sans appel d'offres, la Lyonnaise et la Générale se sont vu offrir des contrats de vingt-cinq ans sans qu'il y ait un centime d'investissement au départ[19]. » Dans une privatisation classique, le privé verse au public la valeur marchande de la société cédée. À l'inverse, les deux distributeurs ont, depuis 1984, la jouissance, sans bourse délier, d'un réseau de canalisations estimé aujourd'hui à une vingtaine de milliards de francs… Reste une question incontournable : pour quelle raison Jacques Chirac a-t-il privatisé la distribution de l'eau dans la capitale cette année-là ? En réalité, les plus lourdes charges restent à payer par la ville, via la Sagep, qui doit financer l'entretien, le renouvellement et l'extension du réseau d'eau allant des sources jusqu'aux portes de Paris. Certes, l'entretien et le renouvellement dans Paris intra-muros des 1 800 kilomètres de conduites d'eau zigzaguant sous le bitume supposent des investissements, moins importants, qui sont assurés par la Compagnie et la Lyonnaise. Or il est électoralement plus payant d'édifier des crèches ou des écoles que d'entretenir ou de remplacer des canalisations souterraines qui, par définition, ne se voient pas et fuiront un jour ou l'autre. Jacques Chirac soutient, à l'époque, qu'il transfère au privé le coût des canalisations malades. Le même argument sera avancé, à partir de 1986, pour justifier la privatisation des ordures ménagères, toujours au bénéfice de filiales de la Lyonnaise et de la Générale.

Dans son ouvrage *Les Paris de Chirac*, Hervé Liffran raconte comment la Lyonnaise et la Générale ont refusé, en décembre 1984, d'assurer la rénovation des grosses canalisations ayant des diamètres compris entre 30 cm et 2,5 mètres : « Cet investissement a été jugé trop lourd par le privé. La ville [en l'occurrence la Sagep] se charge de régler la note à leur place avec l'argent des consommateurs. […] Le privé n'a accepté de prendre que la partie rentable de l'affaire. Il a signé avec la mairie un contrat en or massif. […] En 1984, au temps de la régie municipale, la direction de l'eau avait dépensé 57 millions de francs pour la remise en état du réseau de distribution enfoui dans les égouts parisiens et géré aujourd'hui par le privé. Aujourd'hui, avec 60 millions investis au total chaque année, la Parisienne des eaux (première appellation de la Société parisienne eaux et force) et la Compagnie des eaux de Paris engagent une somme équivalente, inférieure si l'on tient compte de l'inflation[20]. » Ces 60 millions de francs de 1988 sont devenus, onze ans plus tard, 72,6 millions en 1999, c'est-à-dire moins en francs constants, alors que la Sagep a investi, elle, 416 millions de francs durant la même année[21]. Mieux : depuis 1984, les deux distributeurs ont provisionné des garanties annuelles de travaux (collectées sur les factures de chaque abonné) supérieures d'un tiers environ aux montants réellement affectés par la suite. Ce surprovisionnement (à raison de 15 % pour la Générale et 20 % pour la Lyonnaise) a perduré jusqu'en 2003. Il donne aux deux entreprises une trésorerie « invisible » et légale qui n'est pas prise en compte dans le calcul de leur impôt sur les sociétés, établi sur la base de 50 % du bénéfice[22].

Dans son rapport d'avril 2000, la chambre régionale des comptes d'Île-de-France prend bonne note de l'attitude de la Sagep, « qui ne fait que constater que ces sociétés réduisent leurs travaux de renouvellement pour compenser la baisse de la consommation[23] ». Ces constats sans appel n'empêcheront pas Antoine Frérot, directeur général de Veolia Water (appellation mondiale de la Compagnie générale des eaux), de déclarer dans le *JDD* du 28 décembre 2003 : « Nos réseaux sont parfaitement entretenus. Ils sont parmi les meilleurs au monde. Il n'y aura pas plus d'investissement de renouvellement à faire demain. » Antoine Frérot, patron du pôle eau, peut difficilement plaider l'erreur ou l'oubli : il est le signataire, le 21 décembre 2003, aux côtés de Bertrand Delanoë, du nouvel avenant au contrat avec la ville de Paris, lequel précise notamment dans son préambule : « Les programmes de travaux doivent être renforcés pour maintenir et améliorer l'état du patrimoine confié en délégation à la Compagnie[24]. » Frérot a également eu communication du rapport de l'Inspection générale de la ville, au moins en le consultant comme tout un chacun sur Internet.

Une annexe stupéfiante de ce rapport reproduit une lettre adressée, le 19 juillet 2000, au secrétaire général de la ville de Paris par Louis Sanchez, à l'époque directeur de la Protection de l'environnement. Dans cette missive, quatre petites lignes montrent qu'Antoine Frérot a, pour le moins, la mémoire courte… « L'analyse des récapitulatifs présentés par les distributeurs sur le montant des travaux qui auront été réalisés à la fin des contrats, écrit Louis Sanchez, met en évidence pour les deux sociétés : un rythme de travaux incompatible avec un maintien en état du patrimoine en ce qui concerne les conduites de diamètres supérieures à 300 mm. Ce rythme correspond, en effet, à un renouvellement de cette catégorie de conduites de cent cinquante ans pour la Compagnie des eaux de Paris et de deux cent quatre-vingts ans pour la Société eaux et force-Parisienne des eaux, ce qui est inacceptable[25]. »

Pourtant, contrairement à la banlieue et à la plupart des villes françaises, 95 % des canalisations d'eau potable installées dans les égouts parisiens sont facilement visitables, grâce à des galeries d'accès remarquablement aménagées par Haussmann. Les travaux d'entretien et de rénovation sont donc beaucoup plus faciles à réaliser tout en étant d'un coût nettement moins inférieur. Plus que centenaires, ces canalisations en fonte sont largement amorties. Le bon sens nous rappelle toutefois que tous les réseaux d'alimentation en eau du monde sont victimes de fuites. Elles se multiplient non seulement dans les joints des conduites, mais aussi dans les pompes et les usines, sans compter les erreurs dues aux compteurs mal réglés. Estimé officiellement à 30 % en 1965, le taux de fuite dans la capitale avait été réduit de moitié, en 1983, par le service des eaux et égouts de la ville, comme il est écrit dans la brochure *Six années de progrès* publiée par la mairie à l'occasion des municipales. « Le rendement du réseau d'eau potable est de l'ordre de 85 % (rapport de la consommation à la production), y est-il précisé, il est comparable à celui de réseaux beaucoup plus récents que celui de la ville de Paris. Ce résultat est le fruit des efforts financiers et de l'action municipale des services de la ville de Paris[26]. » Soit donc un taux de fuite de 15 %. Un pourcentage tout à fait honorable pour un aussi vieux réseau, estiment les professionnels.

Deux ans plus tard, patatras : la même mairie chiraquienne annonce que le taux de rendement du réseau tourne désormais autour de 75 %, ce qui suppose une remontée brutale du taux de fuite à 25 % ! Le service des eaux de la ville est-il devenu subitement un nid d'incapables ? Faudrait-il le privatiser ? Depuis, les documents officiels de la mairie affirment qu'en 1985 le rendement du réseau ne dépassait pas 78 %[27]. Même son de cloche dans les prospectus de la Générale, qui donne aujourd'hui le même chiffre de 78 % pour 1985. Mais la bataille de chiffres perdure. Le rapport de l'inspection générale de la ville estime que le taux de rendement serait retombé, en 2000, à 86 %, après avoir atteint 90 % en 1997[28]. Désormais, la Compagnie des eaux de Paris juge qu'il est revenu à près de 90 % sur la rive droite. Pour le délégué parisien du syndicat Unsa de la Lyonnaise, Jean Laurence, le taux de rendement sur la rive gauche se chiffrait, en 2003, à seulement 82,45 %, soit donc un taux de fuite de 17,55 % [29].

Derrière cette bataille de chiffres se cachent à l'évidence des fuites, dont certaines perdurent. Et pour cause : les deux sociétés privées ont gardé au fond de leur poche, une bonne partie des provisions pour travaux payés par les abonnés sur leurs factures. Mais d'autres données brouillent un peu plus les cartes afin que l'abonné n'y comprenne goutte : la prise en compte ou non de l'eau livrée gratuitement aux pompiers, ainsi qu'à toutes sortes d'institutions comme le Centre des écoutes téléphonique (GIC) géré par le ministère de la Défense aux Invalides ! La chambre régionale des comptes d'Île-de-France dénonce ces gaspillages dans ses observations pour l'année 2000 [30]. Mieux : la ville de Paris aurait aménagé des branchements pirates sur plusieurs fontaines de monuments. Un exemple de ce flou artistique : selon Pierre Biteur, secrétaire général du syndicat CGT de l'établissement Île-de-France de l'UES Générale des eaux, la mairie ne paie que depuis 2002 l'alimentation en eau de la fontaine des Innocents aux Halles [31]. Les Parisiens seraient-ils de bonnes poires ? En effet, suivant la loi et le principe comptable, « l'eau doit payer l'eau », les abonnés de la capitale ou d'ailleurs ne doivent pas voir leurs factures dépensées en faveur d'autres clients. Enfin, un système ubuesque hypothèque tous les calculs sur les taux de rendement et de fuites. Ainsi, les deux distributeurs ont isolé, en 1985, leur secteur respectif en installant des compteurs et des vannes sur chaque pont de la Seine où passent les conduites d'eau. L'eau achetée à la Sagep coule d'abord sur la rive gauche, d'où elle passe sur l'autre rive. Des compteurs, qui ont coûté 10 millions de francs aux abonnés [32], ont été installés pour chiffrer les quantités d'eau livrées par la Sagep. Une fois par an, ces compteurs sont remis à zéro. Mais ces petites boîtes semblent mal vieillir ! Les deux sociétés ont annoncé qu'elles allaient les remplacer par des modèles plus performants. Déjà, les compteurs numériques mis en place, en 1989, à la sortie des réservoirs de la Sagep et à l'entrée dans les immeubles des abonnés n'ont plus rien à voir avec leurs prédécesseurs. Bourrés d'électronique, ils seraient beaucoup plus fiables. Vraiment ?

1. Jean-François Probst, *Chirac et dépendances*, Ramsay, 2001, p. 95-97.

2. Franz-Olivier Giesbert, *Jacques Chirac*, Le Seuil, 1987, édition de poche « Points », p. 368.

3. Voir *ibid.*, p. 340-341.

4. Voir Emmanuel Hecht et François Vey, *Chirac de A à Z*, Albin Michel, 1995, p. 173-174.

5. Entretien avec l'auteur en décembre 2003.

6. Voir Jean-François Probst, *Chirac et dépendances*, *op. cit.*, p. 95.

7. Entretien avec l'auteur en décembre 2002 ; voir Jean-François Probst, *Chirac et dépendances*, *op. cit.*, p. 83-84.

8. Entretien avec l'auteur en décembre 2002 ; voir Jean-François Probst, *Chirac et dépendances*, *op. cit.*, p. 83-84.

9. Voir Ghislaine Ottenheimer et Renaud Lecadre, *Les Frères invisibles*, Albin Michel-Pocket, 2001, édition de poche, p. 216.

10. Voir *Foccart parle : entretiens avec Philippe Gaillard*, vol. II, Fayard-Jeune Afrique, 1997, p. 232.

11. Voir Hervé Liffran, *Les Paris de Chirac*, Ramsay, 1988, p. 177-178, 188.

12. Voir Georges Quémar, *Paris Mafia*, Fayard, 1998, p. 223-234 ; Hervé Liffran, *Les Paris de Chirac*, Ramsay, *op. cit.*, p. 179-180, 189.

13. Voir « En direct du conseil d'administration », *Eau de Paris*, revue d'information interne du personnel de la Sagep, n° 2, 15 mai 1987, p. 2 ; Stéphane Duroy, *La Distribution d'eau potable en France*, LGDJ, p. 258-265.

14. Voir compte rendu des débats du conseil de Paris du 19 janvier 1998, p. 412-413.

15. Voir *Eau de Paris*, n° 1, mars-avril 1987, p. 1, et n° 2, p. 3.

16. Jean-François Probst, *Chirac et dépendances*, *op. cit.*, p. 205.

17. Rapport mis le 20 octobre 2002 sur le site Internet de la mairie de Paris.

18. Rapport de l'inspection générale de la ville de Paris sur l'eau, p. 29-30, 63.

19. Voir intervention de Daniel Marcovitch au conseil de Paris le 13 décembre 1999.

20. Hervé Liffran, *Les Paris de Chirac*, Ramsay, *op. cit.*, p. 180-181 ; voir rapport de l'inspection générale de la ville de Paris, p. 113.

21. Voir *Rapport 1999 sur le prix et la qualité de l'eau à Paris*, direction de la protection de l'environnement de la ville de Paris, p. 8-9.

22. Voir *Rapport 1996 de la Sagep sur l'examen des comptes rendus d'exploitation des sociétés gestionnaires*, p. 17-18 ; rapport de l'inspection générale de la ville, p. 100-103.

23. Voir rapport d'avril 2000 de la chambre régionale des comptes d'Île-de-France sur l'eau à Paris, p. 43.

24. Voir avenant n° 3 du contrat signé le 21 décembre 2003.

25. Voir lettre du 19 juillet 2000 de Louis Sanchez dans le rapport de l'inspection générale de la ville de Paris mis en ligne sur Internet.

26. *Six années de progrès, des engagements tenus – un bilan*, brochure de la ville de Paris 1977-1983, p. 141.

27. Voir *Rapport 1999 sur le prix et la qualité de l'eau à Paris*, direction de la protection de l'environnement de la ville de Paris, p. 7.

28. Voir rapport de l'inspection générale de la ville de Paris, p. 14.

29. Entretien avec l'auteur en janvier 2004.

30. Voir rapport d'avril 2000 de la chambre régionale des comptes d'Île-de-France sur l'eau à Paris, p. 43.

31. Entretien avec l'auteur en décembre 2003.

32. Voir Hervé Liffran, *Les Paris de Chirac*, Ramsay, *op. cit.*, p. 181.

XIII

« Dédé », le mécano de la Générale

« Le service de la banlieue [de Paris] constitue pour la Générale des eaux un banc d'essai incomparable, qu'il s'agisse de gestion des abonnés, de technologie (nanofiltration), ou de vitrine commerciale, permettant un transfert d'expérience vers les autres contrats de la Générale, et au-delà de l'entité Vivendi Water. Or la diffusion des meilleures pratiques n'est pas valorisée au bénéfice du Syndicat[1]. » Ces écrits ne sont pas dus à la plume d'un opposant farouche à la Compagnie générale des eaux, style Attac, mais extraits des observations pour 2002 de la chambre régionale des comptes d'Île-de-France sur le Sedif (Syndicat des eaux d'Île-de-France). Depuis 1923 et jusqu'en 2010, la Générale jouit d'une sorte de bail à perpétuité dans ce sanctuaire pour y perfectionner tranquillement sa martingale de l'eau grâce à des innovations techniques, juridiques et fiscales.

En 1999, le PDG de Vivendi, Jean-Marie Messier, le reconnaît du bout des lèvres : « Si nous sommes parvenus au leadership mondial, avec Vivendi Water dont la responsabilité opérationnelle est confiée depuis septembre à Henri Proglio, c'est d'abord et avant tout grâce aux liens solides qui nous unissent à nos partenaires historiques, et je pense avant tout au Syndicat des eaux d'Île-de-France[2]. » Autrement dit, l'efficacité du service public de l'eau offert par la compagnie se nourrit depuis près d'un siècle de l'exercice d'un monopole régional au profit exclusif d'une société privée. D'où l'existence d'une certaine connivence entre la Compagnie (rebaptisée Veolia) et le Sedif, comme l'illustre une condamnation prononcée, le 20 janvier 2003, par le tribunal correctionnel du Mans (Sarthe). À cette date, l'ex-directeur général du Syndicat, Roland Gerval, se voit infliger six mois de prison avec sursis et 40 000 euros d'amende, pour recel d'abus de confiance[3].

À l'époque des faits, en 1988, Roland Gerval avait fait restaurer sa maison de campagne sarthoise, dans le bourg de Lavare, à moitié du prix coûtant, par Campenon Bernard Construction (CBC). Filiale de BTP de la Compagnie, ce groupe dirigé par Gilbert Simonet (l'ex-numéro deux de Bouygues) fait alors sa pelote sur le chantier de la Défense, en osmose parfaite avec le promoteur vedette Christian Pellerin *(voir chapitre XVIII)*. Par ailleurs, CBC et ses filiales œuvrent aussi régulièrement pour le Sedif. « Soucieux de pas déplaire à un client important de l'entreprise », ce groupe a ainsi fait, en 1988, un cadeau de 305 226,29 francs à Roland Gerval. Dans les attendus de son jugement, le tribunal correctionnel du Mans évoque les charmes discrets des relations entre le riche Sedif et l'honorable Compagnie : « Celui-ci [Roland Gerval] ne peut valablement soutenir qu'il ignorait qu'il existait un surcoût, et ce d'autant plus qu'il était en contact régulier avec les conducteurs de travaux lors des réunions hebdomadaires de chantier et par des courriers, ni qu'il ignorait qu'il lui était fait cadeau d'une partie importante des surcoûts qui ne pouvaient être pris en charge que par Heulin, filiale de CBC, entreprise avec laquelle le Syndicat des eaux travaillait régulièrement[4]. »

Certes, dans l'ambiance volontiers virile des travaux publics, on peut accepter quelques « accommodements avec le ciel »... Mais Roland Gerval, qui a toujours affirmé n'avoir jamais été au courant de cette sous-facturation de 305 226,29 francs, a eu, il est vrai, la malchance de tomber sur Thierry Jean-Pierre. Ce juge d'instruction du Mans traque alors les financements illicites du PS et des proches de François Mitterrand. L'affaire a débuté classiquement, fin 1991, avec le licenciement pour « mauvaise gestion » du directeur général de la société Heulin. Le 31 janvier 1992, ce cadre supérieur porte plainte « pour des faits d'établissement de fausses attestations » et dénonce ainsi au juge Thierry Jean-Pierre, entre autres, Roland Gerval. Ce dossier à tiroirs prend une énorme dimension avec l'enquête sur une commission destinée à feu Patrice Pelat. CBC devait rémunérer discrètement l'intervention que ce proche de François Mitterrand aurait faite en vue d'obtenir pour une entreprise la construction d'un hôtel en Corée du Sud...

Successeur de Roland Gerval comme directeur général du Sedif, Philippe Knusman minimise l'affaire : « Roland Gerval s'est cru tout permis avec la Générale des eaux [5] »... Cette sorte d'aveu mérite quelques éclaircissements... Au début des années 1920, 132 communes (elles sont aujourd'hui 144) de la banlieue parisienne se sont regroupées sous la bannière du Sedif, qui s'appelle alors Syndicat des communes de la banlieue de Paris pour les eaux. Ce Syndicat est propriétaire de ses installations, décide de ses investissements, y affecte les fonds nécessaires et assure la totalité des dépenses. Et depuis quatre-vingts ans il confie à la Compagnie, presque sans aucun appel d'offres, les travaux d'investissement, d'entretien et de gestion de ses installations, mais aussi la production et la distribution d'eau. Cette gestion se fait en régie intéressée, laquelle s'apparente à une sorte de contrat d'affermage. Dans la plus belle tradition de la martingale de l'eau, cette régie intéressée permet au régisseur, la Générale, de percevoir un pourcentage lié à ses charges et aux ventes d'eau, tout en ayant ses dépenses d'exploitation déjà intégralement remboursées. Sur le papier, ce système donne théoriquement aux élus un réel contrôle des dépenses à l'inverse d'un contrat de concession, où le concessionnaire construit les ouvrages nécessaires à ses frais, les exploite à ses risques et périls, et perçoit directement sa redevance sur les factures des abonnés. En pratique, comme on va le voir, le directeur général du Sedif, c'est-à-dire son vrai patron au quotidien, doit contrôler le travail de la Compagnie. Ce qui n'est pas une sinécure. Certes, à l'inverse de ses interlocuteurs de la Compagnie, ce directeur général n'est plus aujourd'hui un ingénieur, comme le voulait la tradition, mais un politique, par force plus indépendant de la Générale.

Fonctionnaire territorial, Philippe Knusman est ainsi le premier directeur général du Syndicat des eaux qui ne soit pas un ingénieur, mais un élu. Et il est difficile de passer une feuille de papier à cigarette entre Philippe Knusman et le président du Sedif, André Santini, 63 ans. En effet, le premier occupe la délégation de septième adjoint (chargé de la vie scolaire) du maire UDF d'Issy-les-Moulineaux. Philippe Knusman est l'antithèse du très médiatique André Santini, dont l'humour ravageur fait depuis des années les délices des journalistes politiques. Glissé dans le costume gris clair d'un bon faiseur, Philippe Knusman doit se pincer pour sourire à un de ses visiteurs ou électeurs, rit les années bissextiles, et il ne faut pas compter sur ce grand bonhomme sec pour absorber force apéros lors des campagnes électorales… Tout sauf un homme de terrain. Mais la nomination de Philippe Knusman pour remplacer Roland Gerval n'est pas due à un coup de tête. Elle illustre la grande méfiance d'André Santini vis-à-vis des ingénieurs : « L'ingénieur au fond aime la déraison. Il est vrai que ses responsabilités sont énormes, ce qui justifie l'immensité de son talent. Un élu qui rencontre une difficulté dans ce domaine s'adresse à l'ingénieur ; l'ingénieur ne peut s'adresser qu'au Saint-Esprit… Il y a trois façons certaines de faire faillite : les femmes, le jeu et l'ingénieur satisfait de lui-même[6]. » André Santini n'est pas allé jusqu'au bout de sa logique. En vingt-deux ans de présidence du Sedif, il n'a jamais essayé de se passer des ingénieurs de la Compagnie, pour les remplacer par ceux d'une régie directe ou d'une autre société privée, histoire de mieux les contrôler. Certes, « Dédé » a l'honnêteté de le reconnaître. Et de jouer les faux modestes, comme il sait si bien le faire : « Très vite, cependant, je dus me rendre à l'évidence : j'étais un personnage secondaire. Incurable pitre, doué d'un physique ingrat, je devais me contenter d'être le valet de pique. De hauts personnages m'ont en fait relégué dans un coin de banlieue en me recommandant de ne toucher à rien[7]. » Dont acte : le pauvre « Dédé » veut bien, mais ne peut point…

Un système comptable, fiscal et juridique sophistiqué verrouille tout à fait légalement la fantastique trésorerie que constitue le Syndicat des eaux de la banlieue parisienne pour la Compagnie depuis une quarantaine d'années. Dans les années 1960, Georges Huvelin, directeur général de la Compagnie, et son adjoint, Guy Dejouany, vont mettre en place cette « trésorerie » légale dans les comptes de la Compagnie des eaux de banlieue. Ces deux managers appliquent en fait tout bêtement une jurisprudence du Conseil d'État et une réglementation des services fiscaux qui viennent d'entrer en vigueur. Ce coup de main décisif du Conseil d'État (toujours hostile aux régies municipales au nom du libéralisme) va donner une énorme puissance financière aux rois de l'eau. Des astuces purement comptables et fiscales permettront aux sociétés de distribution d'eau de payer beaucoup moins d'impôts, tout en gonflant leur trésorerie. La déductivité fiscale s'applique aux provisions pour l'entretien et le renouvellement des installations, des sommes payées sur leurs factures par les abonnés à l'eau.

Selon Daniel Caille, ancien directeur de l'eau à la Compagnie, « cette déductivité fiscale a permis à la Générale de se constituer, en une quarantaine d'années jusqu'à la fin des années 1990, une “trésorerie invisible” de 7 milliards de francs pour l'eau et de 2 milliards pour le chauffage urbain [8] ». Facturées aux abonnés, les provisions pour garantie de travaux dans l'eau ou le chauffage urbain ne sont pas toujours intégralement utilisées. L'argent finalement trop perçu n'est jamais rendu aux abonnés ou aux communes et retombe dans la poche de la Compagnie. Ce qui apparemment est tout à fait légal sur le plan comptable, tout en permettant à la Compagnie de déduire ces provisions de ses impôts. Autre décision du Conseil d'État prise aussi dans les années 1960 : le Syndicat des eaux de la banlieue parisienne peut continuer de passer des contrats avec la Compagnie sans employer de procédure d'appel d'offres. C'est le système de l'*intuitae personnae*, qui reste légal uniquement dans le cadre d'une régie personnalisée. Cette deuxième réglementation a sauvé la Compagnie qui garde son plus important client depuis quatre-vingts ans. Pour les contrats en concession, en majorité signés avec la Lyonnaise dans l'Hexagone ou à l'étranger avec les trois rois de l'eau, le Conseil d'État a également édicté, dans les années 1960, une jurisprudence qui permet de constituer une trésorerie invisible. Un système qui assure, là encore, une déductivité fiscale accrue grâce à une augmentation des amortissements pris en compte à cette fin.

En homme courageux sûr de son bon droit mais un peu naïf, Pierre Crussard a bien essayé, en 1960, de briser ce consensus en faveur du monopole de l'honorable Compagnie sur le Syndicat de la banlieue parisienne pour les eaux. Fondateur en 1933 et premier président de la Saur, cet ingénieur des Mines croit alors manifestement au Père Noël. Certes, il n'ignore pas que la Générale et la Lyonnaise possèdent un monopole de fait dans les grandes villes et leurs banlieues. Le patron de la Saur en est la première victime. Ses abonnés, Pierre Crussard les pêche uniquement dans les zones rurales, notamment dans l'ouest de la France et en Côte d'Ivoire, où la société vient de s'installer grâce à la bénédiction de Jacques Foccart. Mais l'occasion fait le larron : le contrat de régie intéressée entre la Compagnie et le Syndicat arrive à échéance le 31 décembre 1960. À cette date, celui-ci doit le renouveler, le confier à une autre société ou créer une régie directe de gestion de l'eau.

Aussi, le 27 avril 1960, dans une longue lettre réquisitoire de 16 pages adressée à Edmond Pépin, président SFIO du Syndicat, le patron de la Saur trempe sa plume dans du vinaigre. Il explique à cet élu comment le Syndicat se fait rouler dans la farine par l'honorable Compagnie : « Nous ne reviendrons pas sur la régie intéressée. Nous espérons en avoir suffisamment montré l'apparence alléchante et trompeuse, la collectivité payant fort cher un régisseur dont l'intervention est inopérante [9]. » Une condamnation sans appel et historique des méthodes de calcul de la rémunération de la Compagnie, au nom de la défense des consommateurs et de leurs élus. Une rémunération de la Compagnie qui, selon Pierre Crussard, « représente un bénéfice net dépassant 10 à 15 % des recettes pour un régisseur qui n'assume aucune responsabilité [10] ». Le beurre et l'argent du beurre... Circonstance aggravante sans doute : Pierre Crussard envoie copie de cette missive à la dizaine de vice-présidents du Syndicat et au préfet de la Seine.

Une belle panique s'installe parmi les élus de la banlieue parisienne, toutes étiquettes politiques confondues. S'attaquer au monopole de l'honorable Compagnie s'apparente à un crime de lèse-majesté pour les communistes, les socialistes, les gaullistes et les centristes. Difficile à comprendre... La Saur ne propose-t-elle pas alors un contrat financièrement plus avantageux que celui qu'a signé le Syndicat avec la Compagnie ? Une chose est sûre : le Syndicat et le préfet de la Seine rejettent en chœur la proposition de Pierre Crussard. Pas gêné le moins du monde, le représentant de l'État justifie sa protection du monopole de la Générale dans une lettre envoyée au PDG de la Saur : « Il n'est pas douteux que l'indispensable continuité du service public à assurer doive être sérieusement prise en considération dans les études en cours [11]. » Le gouvernement gaulliste accorde très officiellement à la Compagnie un monopole à vie, en quelque sorte, sur un syndicat intercommunal présidé par un socialiste, au nom du service public à la française... Cerise sur le gâteau de cet œcuménisme politique : l'ingénieur en chef du Syndicat, Alain Vivier, dénonce dans un rapport incendiaire de 21 pages la façon dont la « Saur a cru bon de s'immiscer dans les affaires du Syndicat [12] » ! Touche pas à ma Compagnie...

La menace de ce concurrent une fois balayée, le socialiste Edmond Pépin, président du Syndicat, n'a plus qu'à éliminer l'autre alternative : la régie municipale. Dans sa délibération du 28 mars 1962 (soit avec deux ans de retard), l'assemblée générale du Syndicat trouve de bonnes raisons pour prolonger de quinze ans le contrat de régie intéressée avec sa chère Compagnie. À la page 3 de sa délibération [13], le comité du Syndicat manie la langue de bois : « les dispositions législatives et réglementaires actuelles rendraient très lourde une exploitation du service public en régie directe » ; « le régime de la régie directe exige des moyens financiers ou matériels que le Syndicat n'a pas » ; « le régime actuel, par le truchement de la Compagnie générale des eaux, a prouvé son efficacité »... Fermez le ban. Circulez, il n'y a rien à voir. Cette décision ne donnera lieu à aucun débat et passera complètement inaperçue dans la presse au beau milieu de la fin de la guerre d'Algérie.

Aujourd'hui, quarante-deux ans plus tard, la Générale et sa filiale la Sade règnent toujours en monarques absolus, au nom du Syndicat, rebaptisé Sedif. Et la banlieue parisienne reste maillot jaune pour les bénéfices : la société d'expertise Sogex Cube estime la marge nette de la Compagnie à 12,3 % du chiffre d'affaires pour l'exercice 2002, soit un bénéfice de 39,9 millions d'euros [14]. Seul élément nouveau depuis 1960 : les socialistes ont perdu le contrôle du Syndicat des eaux de la banlieue parisienne. Le maire d'Issy-les-Moulineaux, André Santini, s'est installé, en 1983, dans le fauteuil de président de ce Syndicat. Une vraie révolution. Cette élection marque le basculement à droite de la région parisienne aux municipales de 1983 et la fin de plus de quarante ans de domination sur le Syndicat de l'aile droite de la SFIO, puis du PS. Une parenthèse de huit ans s'était déjà ouverte, à la Libération, pour les socialistes, supplantés en nombre par les maires communistes, puis gaullistes de la région parisienne. À la tête du Syndicat, le maire communiste d'Ivry et grand manitou des finances du parti, Georges Maranne, prend alors le relais des socialistes de 1945 à 1947 *(voir chapitre VII).*

Après l'expulsion des ministres communistes du gouvernement par le président du Conseil, Gaston Ramadier, les maires socialistes laissent tomber Georges Maranne et apportent leurs suffrages au cinquième président du Syndicat, le sénateur-maire de Vanves et gaulliste de gauche René Plazanet. Ce dernier est un élu de la « troisième force », née de l'alliance entre socialistes, radicaux, MRP et gaullistes contre les communistes et certains gaullistes. Violemment attaqué dans la presse communiste en raison de ses relations professionnelles avec la Compagnie, René Plazanet, un industriel en chauffage, se démène comme un beau diable pour rester président en 1953. Mais rien n'y fait. Cette année-là, les gaullistes essuient une véritable déroute aux municipales. En région parisienne, le Syndicat des eaux retourne dans le giron de la SFIO, celui du gaz est réservé au MRP, et celui de l'électricité donné aux communistes. Un subtil équilibre… Ainsi, en 1953, le maire SFIO du Pré-Saint-Gervais, Edmond Pépin, un artisan ébéniste, est élu sixième président du Syndicat. Lui succède à sa mort, de 1965 à 1983, le septième président du Syndicat, un autre SFIO, Alfred-Marcel Vincent, maire de Livry-Gargan et ancien receveur d'autobus. Le huitième président, toujours en fonction aujourd'hui, est le député-maire UDF d'Issy-les-Moulineaux, André Santini, fils d'un bistrotier de Courbevoie et d'une prof, qui a aussi commencé sa carrière politique à l'aile droite de la mouvance socialiste.

La Compagnie a réussi, en quatre-vingts ans, à garder son client en or. Le Syndicat est passé d'1,5 à plus de 4 millions d'usagers, tandis que la capitale, berceau originel de la martingale de l'eau, perdait 500 000 habitants. Seul problème pour la Compagnie : ce super-client reste instable au plan politique. Les partis radical, socialiste, communiste, gaulliste, socialiste à nouveau, puis enfin centriste ont pris tour à tour les commandes du Syndicat. Chacun des huit présidents successifs a toujours expliqué que la politique s'arrêtait aux portes du Syndicat et que les chiffres étaient têtus. Vérifions… Prenons le cas d'André Santini. Pourquoi ce Corse éclectique, venu relativement tard à la politique (à l'âge de 31 ans) et au passé universitaire brillant, est-il devenu soudain, en 1983, le roi des tuyaux en France et le numéro trois en Europe après les agglomérations de Londres et de Moscou ? Mystère… Sur lui-même, « Dédé » est capable de parler et d'écrire beaucoup. Mais il ne dit jamais rien ! Certes, il fait s'esclaffer de rire chacun de ses visiteurs, dans sa mairie d'Issy-les-Moules, un vrai bunker où l'on ne rigole pas avec la sécurité... Toutes les cinq minutes, il lance une blague. Au bout d'une heure, il vous met dehors comme convenu. Dans le meilleur des cas, vous avez seulement posé la moitié de vos questions tellement vous avez ri aux éclats... De toute façon, sur son passé, sa famille, sa mère (on apprend dans *Le Monde* qu'elle vient de décéder), son enfance, ses deux frères, ses amis corses et ses méthodes politiques, c'est « secret défense »... L'animal consent à vous lâcher du bout des lèvres : « Mon père était bistrotier à Courbevoie et ma mère enseignante [15]. » Comme dit son patron à l'UDF, François Bayrou : « André Santini dissimule ses pudeurs et sa timidité derrière son humour dévastateur [16]. » Son ancien chef de cabinet, Pierre-Christophe Baguet, député UDF de Boulogne-Billancourt, donne la vraie raison de cette discrétion qu'il faut aller chercher du côté d'une atmosphère à la Zola : « À 12 ans, il servait des coups de rouge et ramassait les mecs bourrés dans le bistrot de son père [17]. » Le très secret patron de l'eau en Île-de-France a pourtant publié une dizaine de livres. Mais « Dédé » ne cultive pas le genre autobiographique... En revanche, cet amuseur public ne peut résister au plaisir de se faire inviter sans cesse sur les plateaux de télévision. Pas du tout pour parler de lui ou du Sedif.

Son humour, son charme et sa gentillesse sont ses meilleurs remparts pour protéger ce qu'il veut occulter. Il reconnaît facilement avoir fait de longues études. Outre son droit (doctorat), il est également diplômé de Sciences-Po (DES de sciences politiques à l'IEP Paris) et de l'École nationale des langues orientales (japonais). Une petite visite aux archives de la municipalité de Courbevoie permet d'en savoir plus. Officiellement, comme l'indiquent toutes ses biographies officielles, André Santini est entré en politique, en 1971, comme conseiller municipal de Courbevoie, sa ville natale, sur la liste de droite du député Charles Deprez, un marchand de Solex rescapé du marché noir, des camps de la mort et maire de la ville depuis 1959. Sur les listes électorales, André Santini se dit alors étudiant et domicilié boulevard de la Paix à Courbevoie. Déjà facétieux, le même indique sur la profession de foi de sa liste qu'il est universitaire, médaillé de la Jeunesse et des Sports et directeur de centre aéré. Dans un ouvrage écrit en 1986 à quatre mains avec son compère Jean-Pierre Pierre-Bloch, le « shérif de la Goutte-d'Or », il se prétend le « juge d'Issy-les-Moulineaux [18] ».

Pourquoi s'invente-t-il cette qualité ? Son curriculum vitæ apporte un début de réponse : il est juriste de formation. Malgré ces mensonges un peu grossiers, l'extrême finesse et l'intelligence d'André Santini ne correspondent absolument pas à son image de gros « beauf », à sa bedaine de vieux politique blanchi sous le harnais et à sa gueule de joyeux drille. Il l'avoue lui-même : « La technocratie avait en quelque sorte buté en chemin sur un homme dont elle ne cessa de se gausser. André Santini, disait la population : gros yeux, gros traits, gros ventre, figure boursouflée, tout est tendu vers le dehors, ce qui n'est pas désobligeant pour un homme de mon âge [19]. » L'animal politique « Dédé » cultive ces images, il en use et en abuse, lui, l'hypersensible...

Un architecte de Rueil-Malmaison, Denis Plain, dresse un portrait moins médiatique du créateur opportuniste et discret de l'Ifac (Institut français des animateurs de colonies de vacances) qui se cache derrière l'amuseur public André Santini. Président d'honneur d'Environnement 92, militant écolo à Rueil depuis 1977, Denis Plain a participé à la création, à l'animation et au soutien de nombreuses associations locales, dont les Amis de la Terre. Particulièrement engagé contre les ZAC (zones d'aménagement concerté), la densification de la ville, et l'A86, défenseur du tramway et des vélos, cet ancien conseiller municipal Vert de Rueil-Malmaison (de 1989 à 1995) ne garde pas un mauvais souvenir de « Dédé » : « Nous l'appelions Dédé, c'était un moniteur de colonie de vacances super-sympa, qui s'est fait aspirer par la politique grâce à ses remarquables talents d'organisateur. Je l'ai rencontré, pour la première fois, dans une colonie de vacances de la ville de Courbevoie. J'avais 13 ans. Mon moniteur, âgé de 18 ans, s'appelait André Santini. Un super-organisateur, efficace, compétent, qui va me convaincre de devenir, moi aussi, moniteur de colonies de vacances. Santini, c'était la filière catho et scout. Un vrai bosseur qui, jusqu'à l'âge de 30 ans, va mener de front ses études universitaires et son job à la mairie de Courbevoie. En effet, au milieu des années 1960, il est devenu directeur des centres aérés et colonies de vacances de la ville. C'est tout à fait logiquement que le maire de Courbevoie, Charles Deprez, lui a demandé, en 1971, de venir sur sa liste. Et là, il y a certainement eu problème. André voulait toujours être le chef, un rien autoritaire.

Ses fonctions de maire adjoint chargé des sports ne lui suffisaient pas [20]. »

Dans la bouche de Corinne Bord, aujourd'hui conseillère municipale socialiste à Issy-les-Moulineaux, le côté « un rien autoritaire » du maire André Santini est devenu carrément « autoritaire et méprisant », et elle se souvient d'avoir été traitée de « morveuse [21] ». « Dédé » jouerait-il quelquefois à l'autocrate qui règne sans partage ? Certes, le parcours politique de cet élu sans étiquette est celui d'un vrai tueur, caché derrière sa grosse bouille de chauve sympa. Il commence en politique en 1971, année du congrès d'Épinay, qui scelle l'alliance des Partis socialiste et communiste. Cette alliance choque profondément André Santini. Ses deux amis corses Charles Ceccaldi-Reynaud, maire de Puteaux, et Henri Antona sont respectivement secrétaire fédéral et trésorier de la SFIO des Hauts-de-Seine. Hostiles au programme commun avec le Parti communiste, tous deux passent avec armes et bagages au service de Pasqua qui vient d'être élu, en 1970, conseiller général du canton sud de Levallois-Perret, ville communiste. André Santini leur emboîte le pas.

L'ancien moniteur de colonie de vacances se fait aspirer par l'ex-vendeur d'anisette, qui sera président du conseil général des Hauts-de-Seine de 1973 à 1976. Le pagnolesque patron de ce département en or tombe sous le charme du roi de la contrepèterie, connu pour son humour ravageur et caustique. Le double sésame de « Dédé » auprès de Charles : il le fait rire et lui montre ses talents d'organisateur-né. L'amuseur public se voit confier une mission de confiance aux municipales de 1977 : piquer son fauteuil au tranquille maire de Courbevoie, Charles Deprez. Brillant universitaire adoré par tous les parents d'élèves des écoles de la ville et âgé de seulement 37 ans, André Santini se voit très bien prendre la place du calife. Sexagénaire, le maire de Courbevoie est un ancien partisan de l'Algérie française, donc violemment antigaulliste… Malheureusement, le projet de Pasqua tourne court : des tracts orduriers s'attaquant à la vie privée d'André Santini sont généreusement distribués dans les rues de la ville. « Dédé » est tombé sur un os : Charles Deprez est un rescapé des camps de la mort nazis. Le maire et ses proches n'ont pas été très regardants sur les moyens employés pour chasser l'ex-moniteur de « colo ». Charles Deprez restera maire jusqu'en 1995, sous l'étiquette UDF et la haute protection de Christian Pellerin, le promoteur de la Défense. Au nom de la solidarité corse, André Santini se réfugie alors sous l'aile protectrice de Charles Pasqua, lui aussi en plein passage à vide : les communistes viennent de lui infliger une défaite cuisante aux cantonales de 1976 à Clichy-Levallois.

Bombardé sénateur et délégué à l'organisation de l'UDR, Charles Pasqua jette les fondations de son fief politique des Hauts-de-Seine, sur les ruines du Parti communiste et avec l'aide des anciens SFIO qui refusent le programme commun. Faute de pouvoir le laisser tenter sa chance à Courbevoie, il parachute son compatriote corse, André Santini, aux municipales de 1977 à Issy-les-Moulineaux. Une banlieue en or : la ville est tenue par des transfuges de la SFIO et des centristes. Au revoir et merci Courbevoie ! La filière corse facilite les choses dans un univers socialiste où « l'on bouffe du coco matin, midi et soir ». Une minorité corse de 1 500 personnes résidant à Issy-les-Moulineaux a donné à la ville trois de ses maires : de 1939 à 1940 le Dr Jean Alessandri, puis jusqu'en 1973 Bonaventure Leca, et enfin de 1980 à nos jours André Santini, qui était entouré, il y a quelques années, de cinq adjoints également d'origine corse. Anticommuniste viscéral et maire SFIO, Bonaventure Leca (qui a refusé l'alliance avec les communistes) est décédé en 1973. Il avait adhéré, en 1972, au PSD (Parti socialiste démocrate), créé par le maire de Mulhouse, Émile Muller, sur les décombres de l'ancienne aile droite de la SFIO. Le premier adjoint, le centriste et conseiller régional Raymond Menand, reprend alors le flambeau comme maire d'Issy-les-Moulineaux et accueille sur sa liste, en 1977, André Santini, à la demande de Charles Pasqua. La liste divers droite dirigée par Raymond Menand passe, en 1977, avec 40 voix d'avance sur celle du député communiste Guy Ducoloné allié au PS. La situation irrégulière sur la liste Menand de l'ancienne championne olympique de natation Kiki Caron provoque de nouvelles élections et une large victoire, cette fois, de Raymond Menand.

Dès lors, « Dédé » se sent sur un nuage. Cinquième adjoint chargé des sports en 1977, il est élu premier adjoint en 1978 (il adhère au PSD), puis maire (il a tout juste 40 ans) à la place de Raymond Menand, qui décède brutalement d'un cancer du larynx en 1980. À chaque fois, André Santini doit se battre pour monter en grade. « Mais il possède un avantage sur ses concurrents, explique Maurice Karagossian, un de ses anciens adjoints, ex-SFIO et patron de la communauté arménienne d'Issy-les-Moulineaux, forte de 5 000 personnes. Il n'est pas marié, il n'a pas d'enfants et il couche avec la politique : c'est sa maîtresse[22]. » Pour expliquer son coup de maître, signé Pasqua, à Issy-les-Moulineaux, « Dédé » joue les faux modestes : « J'aurais souhaité que la providence se penche sur moi avec plus d'attention. Je voulais être beau, je suis assez vilain. Je voulais être Lawrence d'Arabie, je suis maire d'Issy. Je voulais être svelte, je suis un peu massif, chauve qui plus est, et maladroit de mes mains à toutes choses. Convenez qu'avec un tel retard j'ai du mérite à me trouver si haut[23]. »

Et André Santini de réécrire l'histoire. À l'écouter, il a été élu président du Sedif, en 1983, un peu par hasard : « Michel Giraud, c'est lui qui était le président de la région, m'a demandé d'être candidat. Tu t'y colles, m'a-t-il dit, on n'a personne à droite. J'ai eu beau dire que je ne connaissais rien à l'eau, étant juriste de droit fiscal. Michel Giraud n'a rien voulu savoir. Et les mésententes entre communistes et socialistes m'ont permis d'être élu dans un fauteuil[24]. » C'est du « Dédé » tout craché ! Il adore jouer les faux modestes pour mieux cacher ses réseaux. Hier Pasqua, aujourd'hui Sarkozy…

Ex-bras droit de Charles Pasqua au Sénat dans les années 1980, ancien maire de Bois-Colombes et conseiller régional d'Île-de-France, Jean-François Probst ne garde pas du tout les mêmes souvenirs du parachutage d'André Santini à la tête du Sedif : « Son arrivée comme président du Sedif sera scellée entre Charles Pasqua et Guy Dejouany, lors d'un déjeuner, le 23 novembre 1983, chez *Laurent* [l'établissement est exploité par la Compagnie] en ma présence et celle de Michel Roussin, conseiller à l'époque du président de la Compagnie générale des eaux[25]. » Dans son ouvrage *La Maison Pasqua*, le journaliste du *Canard enchaîné* Nicolas Beau restitue un dialogue savoureux de ce déjeuner entre Charles Pasqua et Guy Dejouany :

« – Cher monsieur Pasqua, commence Dejouany, c'est un grand plaisir pour moi de vous présenter notre compagnie, une vieille dame encore vaillante et le numéro un français en matière de distribution de l'eau.

– Mais nous nous connaissons, lui répond Pasqua, nous sommes même très amis.

– C'est sûr, nous nous sommes parfois croisés, reprend un Dejouany embarrassé.

– Mais non, l'interrompt l'autre, nous sommes vraiment amis. L'eau n'a-t-elle pas toujours été le meilleur ami du Ricard[26] ? »

Jean-François Probst affirme que Charles Pasqua a lancé cette boutade au président Dejouany : « Ricard, Ricard, enfin Dejouany ? Ricard, le meilleur ami de l'eau[27]... » Une manière pour Charles Pasqua de rappeler au patron de la Générale des eaux, très marqué par ses clients de gauche, que lui, l'ancien roi de l'anisette, est devenu le patron d'un des plus puissants réseaux du régime. Après Achille Peretti, l'ancien maire de Neuilly, et René Tomasini, l'ancien ministre de Pompidou et secrétaire général du mouvement gaulliste, Pasqua, fils d'un brigadier de police, est devenu l'émir du 92, le Koweït français. Il tisse sa toile « corse » en France et outre-mer, jusque dans les fructueuses brousses africaines et au Moyen-Orient, au carrefour du développement de toutes les pistes de la droite, du SAC, du paléogaullisme, des casinos et du prétendu renseignement. Et Guy Dejouany est avant toute chose un homme de réseaux. Les deux hommes sont faits pour s'entendre par l'intermédiaire d'André Santini.

Cette alliance sera officialisée par la publication, en 1993, des dons versés par les entreprises à l'occasion des législatives. Deux filiales de la Générale, la Compagnie générale de chauffe et Sogepark, donnent alors respectivement 10 000 et 40 000 francs à André Santini pour financer sa campagne électorale[28]. « Sous la houlette d'André Santini, le truculent maire d'Issy-les Moulineaux, note en 1995 le journaliste Daniel Carton, l'UDF n'existe [dans les Hauts-de-Seine] que comme camarade d'entraînement de l'équipe Pasqua. Quand André Santini devient maire de cette ville en 1980, il le doit à son parachutage téléguidé par Charles Pasqua. Et quand il est propulsé patron de l'intéressant Syndicat des eaux d'Île-de-France, le plus gros syndicat intercommunal de France, M. Santini ne peut guère oublier qui lui a donné le coup de pouce décisif[29]. » Le département des Hauts-de-Seine pourrait s'appeler département Vivendi ou Veolia, le dernier nouveau nom de la Compagnie. Peu de marchés lui échappent. Si ce n'est quelques communes dans la boucle de la Seine autour de

Gennevilliers qui font confiance, depuis les années 1920, à la Lyonnaise pour s'alimenter en eau potable. Entre-temps, le sénateur Charles Pasqua est redevenu, en 1989, président du conseil général des Hauts-de-Seine, le département le plus riche de France. Ce dernier avait promis à « Dédé » de lui chauffer la place de président du conseil général des Hauts-de-Seine, en 2001, avant de se raviser. André Santini n'a pas oublié...

Dans son ouvrage *Ces imbéciles qui nous gouvernent, manuel lucide et autocritique à l'usage des hommes politiques*, André Santini se croit obligé, entre deux contrepèteries, de se justifier, d'expliquer pourquoi le Sedif a choisi la régie intéressée. Il récite son credo : « Ce mode de gestion permet aux élus d'exercer un réel pouvoir de décision et de contrôle sur la gestion du service public de l'eau [30]. » « Dédé » pousse le bouchon un peu loin... Depuis une dizaine d'années, les tribunaux administratifs ne cessent de coller au Sédif des cartons jaunes pour dénoncer ce mode de gestion en régie intéressée qui n'assure pas « l'équilibre entre les intérêts de la Compagnie et ceux du Syndicat [31] ». « La présence aux appels d'offres, dont la Compagnie assure la préparation, de sociétés dans lesquelles elle détient des intérêts, note la Cour des comptes en 1995, crée un doute sur la rigueur de la procédure et l'impartialité des décisions. » Pour appuyer ses dires, la Cour cite le marché des charbons actifs (un procédé de filtrage de l'eau) fourni aux trois usines du Sédif par une filiale de la Générale. « Cette situation expliquerait, poursuit le même rapport, que la filiale ait pu augmenter ses prix de 69 % entre 1983 et 1992 [32]. »

Dans ses dernières observations sur le Sedif, en 2002, la chambre régionale des comptes d'Île-de-France persiste et signe : « L'analyse des dépenses d'exploitation ventilées par fournisseur montre que les missions confiées par le régisseur [la Compagnie générale des eaux) en 2000 ont apporté à la seule entreprise Sade, filiale du groupe, un chiffre d'affaires de 90,71 millions d'euros, soit 62,28 % des dépenses totales des comptes généraux du régisseur. » Conclusion : la Générale des eaux garde sa double casquette solidement vissée sur sa tête : tout à la fois régisseur des installations du Syndicat et maître d'œuvre de ses investissements dans les usines, réservoirs, conduites et liaisons à grande capacité. Double avantage pour la Compagnie : elle choisit les sous-traitants du Syndicat en totalité parmi ses filiales et organise aussi les achats de matériel de ces mêmes filiales. Cette situation « crée à tout le moins un doute sur la rigueur de la procédure et l'impartialité des décisions[33] ».

Et derrière le sous-traitant favori du Syndicat, l'entreprise Sade, se cache une arme secrète et géniale, le joyau de la Compagnie. Chef du service des travaux neufs ou d'entretien sur les réseaux d'eau concédés à la Générale, Emmanuel Taillefer crée, en 1918, la Société auxiliaire de distribution d'eau (Sade). Peu à peu, ce visionnaire transforme la Sade « en une grande entreprise de travaux publics ayant des activités étendues et diversifiées dans les domaines touchant à l'eau et à l'assainissement ». Selon les propres mots de la Compagnie, « la société Sade s'est équipée progressivement pour exécuter elle-même ces divers travaux au lieu de les sous-traiter[34] ». À l'époque, de telles entreprises n'existaient pas en France. Depuis 1918, il s'agit non seulement de monopoliser la distribution de l'eau et l'assainissement dans les communes, mais aussi de vampiriser tous les travaux de sous-traitance liés à ces concessions ou affermages.

Interrogé sur ce non-respect des lois sur la concurrence en matière de marchés publics, André Santini troque sa tenue d'amuseur public contre celle de juriste. Le docteur en droit réagit aujourd'hui comme en 1995. « Nous avons consulté les meilleurs juristes, explique-t-il alors au *Parisien* sans rire le moins du monde, ils nous donnent raison. Le Syndicat des eaux est une régie intéressée, et nous ne sommes pas soumis aux lois sur les marchés publics. Il n'y a aucun problème avec la CGE[35]. » Le président du Sedif n'a pas tort : la jurisprudence du Conseil d'État (30 juin 1999) reste très floue sur la régie intéressée, qui n'est pas une délégation de service public au sens strict. Par conséquent, le Sedif ne serait pas soumis à la loi Sapin du 29 janvier 1993, qui prévoit l'obligation d'organiser un appel d'offres, la réduction de la durée des contrats et l'aménagement des procédures de renouvellement. À l'inverse, si la loi Sapin s'appliquait, le Sedif devrait revoir toutes ses procédures d'attribution de marchés et remettre en cause le principe de l'unicité et de la globalité du contrat confié à la Compagnie, rebaptisée aujourd'hui Veolia. Une bataille juridique d'importance…

Aucun autre contrat de la Compagnie n'a provoqué une telle rafale d'audits, d'expertises et de contrôles officiels de la Cour des comptes et de ses chambres régionales que celui signé avec le Sedif. André Santini en profite régulièrement pour renégocier en rognant sans cesse sur les avantages accordés à son régisseur. Les deux partenaires pratiquent une sorte de jeu du chat et de la souris. Ce monopole en or massif fait l'objet des rapports 1983 et 1997 de la Cour des comptes, ainsi que des rapports 1995, 1998 et 2002 de la chambre régionale des comptes d'Île-de-France. Ces études traquent, sans effort, les dérapages incessants du mariage entre le Sedif et l'honorable Compagnie. Un exemple : en 1997, la chambre régionale des comptes estime que la Compagnie facture au prix fort ses services à ce Syndicat de 144 communes. À la suite de longues et difficiles négociations, le Sedif signe, en décembre 1997, un nouvel avenant au contrat qui le lie à la Générale jusqu'en 2010. Premier résultat : le Syndicat engage à cette époque six ingénieurs pour tenter de contrebalancer l'« expertise » de la Compagnie, dans l'espoir de mieux contrôler l'activité de celle-ci. Second résultat : la Compagnie accepte de baisser le prix de l'eau (fixé tous les cinq ans) de 0,50 franc par mètre cube.

Mais, à l'automne 1998, plusieurs vice-présidents du Syndicat jugent cette baisse insuffisante et arrachent à André Santini la commande d'un audit à une société d'audit indépendante, Service public 2000. « Il a fallu persévérer dans nos discussions pour obtenir un accord du bureau [les onze élus qui forment l'exécutif du Sedif) sur le choix de cette étude confiée à Service public 2000, explique Jean-Pierre Brard, député-maire apparenté communiste de Montreuil et vice-président du Syndicat. Mais l'avis du bureau n'est que consultatif et, en dernier ressort, c'est le président qui décide. Quand André Santini a découvert les résultats, il a donné l'ordre de ne pas aller plus loin. De toute façon, il n'y avait pas de majorité pour poursuivre les investigations[36]. » Les conclusions de cet audit : la bonne vieille martingale de l'eau inventée à Paris en 1860 fait encore recette. La rémunération de la Générale prévue par une convention avec le Sedif la fixe essentiellement à hauteur de 18,7 % des charges d'exploitation (remboursées rubis sur l'ongle à la Générale), soit la meilleure marge bénéficiaire de l'Hexagone en matière de distribution d'eau. Ce pourcentage de 18,7 % est très supérieur à celui que la Compagnie perçoit en tant que fermier de la communauté urbaine de Lyon (16,2 %) ou de concessionnaire de l'agglomération de Marseille (17,2 %), où ses risques sont pourtant beaucoup plus élevés. La distribution de l'eau dans ces deux métropoles est gérée par des contrats qui, à l'inverse du Sedif, font supporter un risque financier à la Générale qui assure les investissements, en partie ou totalement, à ses frais. « Un niveau [de rémunération] de 10 à 13 % des charges d'exploitation apparaîtrait plus justifié, précise Service public 2000. À 10 % la rémunération [de la Compagnie] passerait à 122 millions, à 13 % elle devrait être de 159 millions de francs, contre 228 millions de francs actuellement [37]. » Faussement bonhomme, l'amuseur public va discrètement jeter aux oubliettes cette expertise : « une parmi d'autres [38] », dit-il.

On comprend l'agacement d'André Santini… Non content de dénoncer le taux de profit exceptionnel de la Compagnie pour un service où elle ne risque pas de perdre un seul centime, Service public 2000 avance plusieurs solutions pratiques pour réduire cette marge de rémunération extraordinaire. La première cible : la surévaluation injustifiée (70,3 millions de francs) du remplacement des compteurs des abonnés par la société Sade, filiale de la Compagnie. Le rapport de l'expert estime que 40 millions pourraient être économisés sur ces « compteurs de luxe » en alignant leur coût sur celui des compteurs de Marseille. Au passage, l'auditeur dénonce le rôle de « l'entreprise Sade qui réalise 660 millions de francs de prestations par l'intermédiaire du régisseur et […] a refusé, en accord avec Vivendi, de justifier ses charges, portant atteinte à la transparence du contrat de délégation ». « En faisant cause commune à ce sujet avec cette entreprise de son groupe, le régisseur [la Compagnie] qui est réputé agir pour le compte du Sedif ne respecte pas l'esprit d'un contrat de régie intéressée : il défend les intérêts de son groupe et non ceux de la collectivité qui l'a mandaté [39]. »

Service public 2000 note également que l'alignement des frais de personnel et d'administration centrale sur ceux de la Société des eaux de Marseille, une filiale d'importance comparable, se traduirait par une économie de 23 et 33 millions de francs [40]. Au total, l'impact d'une opération vérité sur les charges d'exploitation devait permettre, selon Service public 2000, de proposer une baisse supplémentaire du prix du mètre cube d'eau autour de 0,75 franc, dès 1999 [41]. En fait, le 1er janvier 1999, le

Sedif augmentera son prix de l'eau d'1,9 %. Questionné sur cet audit, André Santini, visiblement agacé, tire à fond sur sa Gitane et s'emporte : « Cette filiale d'EDF, Service public 2000, c'est une aimable plaisanterie, d'ailleurs ils ont explosé [cette société d'expertise se porte comme un charme]. Et Service public 2000 n'a jamais rien produit de positif. Enfin, je dois reconnaître que Jean-Pierre Brard, vice-président du Syndicat et député-maire de Montreuil, doit exister politiquement [42]... »

Même sévère, l'audit de Service public 2000 a la pudeur de ne pas pointer les fantastiques gains de productivité engrangés par la Compagnie, depuis plus de soixante-dix ans, dans la banlieue parisienne. Pourtant, les chiffres sont là. En 1923, 625 salariés de la Générale assurent les missions du Syndicat des eaux de la banlieue parisienne qui dessert 1,5 million d'habitants. En 1939, ce personnel a presque quadruplé pour atteindre 2 234 employés, alors que la population desservie n'a même pas doublé, s'élevant à 2,3 millions. Cinquante-neuf ans plus tard, en 1998, le nombre de salariés est retombé à 1 300, tandis que la population est de 4 millions. Le ratio du nombre d'abonnés par employé est donc passé de 49 en 1923 à 395 en 1998. La mesure de ce fantastique gain de productivité n'est pas contestable. Elle a été établie, en mars 2000, par Christophe Defeuilley, chercheur au Cired (Centre international de recherche sur l'environnement et le développement) dans le cadre d'un programme financé par l'agence de l'eau Seine-Normandie et le CNRS [43].

Le même Christophe Defeuilly note : « Le Sedif [a été] l'un des terrains d'exploitation des innovations développées ou acquises par la Générale des eaux : amélioration des bassins filtrants dans les années 1930, mise au point de la technique de filtration rapide à la fin des années 1960, application des propriétés de l'ozone au traitement de l'eau, développement de la première filière biologique dans l'unité de Méry-sur-Oise en 1980, utilisation de la nanofiltration à grande échelle en 1999. » Il est bien évident que tous ces brevets ont ensuite été exploités en France et à l'étranger après avoir vu leurs mises au point financées par le Sedif. Mais André Santini n'accorde pas plus d'attention à ce rapport du Cired qu'à celui de Service public 2000. Explication : le président du Sedif a préféré placer sa confiance dans la société d'audit Barbier et Frinault, qu'il a chargée, en 1999, d'auditer, discrètement, les comptes du

Syndicat. Barbier et Frinault a depuis repris l'auditeur Andersen (à la suite du scandale Enron), devenant ainsi à la fois commissaire aux comptes du Sedif et de Veolia Environnement, dont la Compagnie générale des eaux constitue aujourd'hui la branche eau[44]. Tout le monde il est beau, tout le monde il est gentil…

Dans la foulée de Service public 2000, la chambre régionale des comptes d'Île-de-France, dans son rapport 2002, dénonce la manière dont la Compagnie joue au banquier fantôme. En effet, l'ex-Générale place une partie du fonds de roulement du Syndicat, sans en souffler mot. Elle profite ainsi du décalage entre la perception, chaque semestre, des factures auprès des 520 000 abonnés (281,27 millions d'euros en 2000) et l'utilisation de ces sommes, plusieurs mois plus tard, dans le financement des investissements ou l'alimentation de la trésorerie du Syndicat. « Les produits financiers issus de la trésorerie des comptes d'exploitation et de réserve d'exploitation du régisseur, calculent les juges administratifs, ont été évalués par la chambre, sur la base d'un taux de 4,95 %, à 2,74 millions d'euros en 2000[45]. » Soit un montant qui pourrait réduire d'autant les emprunts du Syndicat. « La convention de régie [conclue entre le Sedif et la Compagnie] est muette sur ces produits financiers, remarque la chambre. Le régisseur s'est refusé à indiquer son besoin en fonds de roulement depuis 1998, qui aurait permis d'appréhender plus facilement la trésorerie disponible. Si l'on considère que ces sommes devraient atteindre dans des délais plus raisonnables les caisses de leur bénéficiaire, il appartient alors prioritairement à ceux-ci [les 144 communes] de renégocier les échéanciers de versement des redevances. La collecte de ces fonds donne par ailleurs lieu à rémunération du régisseur, ce dernier inscrivant, en 2000, 1,13 million d'euros en produits du compte d'exploitation au titre de cette prestation[46]. » En fait, en contravention avec la loi, la Compagnie, estime la chambre, « retranscrit de manière incomplète et insuffisante son activité de gestionnaire dans les comptes du syndicat, et plus particulièrement l'état de la trésorerie générée par l'exploitation[47] ».

Un flou artistique qui profite des règles différentes entre comptabilités publique et privée. Nul doute que Philippe Knusman et son patron, André Santini, négocieront peu à peu le reversement plus rapide, par la Compagnie au Syndicat, des factures d'eau payées par les abonnés au Sedif. Ces produits financiers ne font pas partie de la fameuse martingale de l'eau parisienne. La convention signée en 1860 entre la Compagnie et la ville de Paris prévoyait que les factures encaissées par le régisseur devaient être remises dans les caisses de la ville dès la semaine suivant leur encaissement. Puis la Compagnie a obtenu qu'aucune date butoir ne soit donnée pour l'encaissement des factures devenues trimestrielles. Comment les conseillers municipaux parisiens, puis ceux des 141 communes du Sedif ont-ils pu accepter de faire cadeau d'une telle tirelire à la Compagnie ? Il n'y a que deux réponses possibles : l'incompétence ou la trop grande bienveillance... Le très enjoué maire d'Issy-les-Moulineaux, « intarissable bavard, savetier littéraire à ses moments perdus », selon ses propres dires, n'élude pas, lui, l'hypothèse de la corruption d'une manière générale : « L'exploitation des marchés publics évoque, ici ou là, l'administration des provinces de l'Empire romain pour quelques proconsuls dénués de tous scrupules. Des réseaux de complicités sont mis en place. [...] Je passais le plus clair de mon temps à défaire les intrigues de mes adjoints. [...] Je passe ainsi ma vie à faire l'équilibriste sur un fil[48]. »

La confiance d'André Santini en la Compagnie générale des eaux ne se limite pas, depuis vingt ans, à sa présidence du Sedif. Maire d'Issy-les-Moulineaux et président de l'Office HLM de cette ville, il a choisi, en 1996, la société Tecni comme gestionnaire du chauffage et de la fourniture d'eau chaude à 95 logements sociaux dits « climatiques » de la résidence La Ferme. Tecni, filiale aujourd'hui de Dalkia (elle-même filiale à 70 % de Veolia Environnement et à 30 % d'EDF), gère donc un système original qui allie deux sources d'énergie (le solaire passif et le gaz) dans un immeuble de sept étages. Or l'ingénieur-conseil et énergéticien maître d'œuvre de cette opération, Olivier Sidler, juge ce contrat « scandaleux ». Dans une lettre adressée le 8 décembre 1997 à l'Office HLM d'Issy-les-Moulineaux, il ne mâche pas ses mots : « Le coût de la maintenance annuelle de l'installation de chauffage [au gaz] et de production d'ECS [eau chaude et sanitaire] est supérieur à celui du chauffage et de l'ECS : il s'est élevé à 111 826 francs. C'est la première fois de ma carrière que j'observe une situation de la sorte. Tous les efforts faits laborieusement sur la conception du bâtiment sont anéantis par un contrat de maintenance P2 que je n'hésite pas à qualifier de scandaleux. » Et Olivier Sidler d'enfoncer le clou : « Je suis d'autant plus amer de cette situation que l'entreprise Tecni s'est fait remarquer durant tout le chantier par son niveau d'incompétence notoire et son incapacité à assurer dans des conditions normales le déroulement d'une opération de cette importance. Elle a été très gravement mise en cause plusieurs fois au cours du chantier. Je vous avais suggéré de faire un appel d'offres pour avoir des conditions meilleures (le coût d'un P2 se situe entre 250 et 350 francs par logement et pas à 1 177 francs comme pour Tecni). » En conclusion de sa lettre, Olivier Sidler demande à l'office HLM de mettre un terme au contrat de maintenance avec Tecni et de lancer un nouvel appel d'offres. À l'appui de ses dires, cet expert cite un document officiel pour prouver la surfacturation de la maintenance par la filiale de la Générale des eaux : l'avenant nº 12 du contrat sur le marché d'exploitation de chauffage des HLM d'Issy-les-Moulineaux avec Tecni. À la page 8 de ce document, il est précisé que les 108 logements dits de la mairie coûtent en maintenance de chauffage 28 426 francs à l'année, contre 67 530 francs pour les 95 logements de la résidence La Ferme. Soit plus du double pour 13 logements de moins !

« Cette surfacturation apparaît dans toute sa splendeur au soleil, déclare Daniel Hervo, conseiller municipal Vert d'Issy-les-Moulineaux. On dira après que le solaire, c'est trop cher ! Ce projet était (est) l'unique occasion de faire éclater le scandale Tecni avec des preuves. Les boîtes comme Tecni et les élus qui les cautionnent sont des obstacles au développement des énergies renouvelables et de l'efficacité énergétique[49]. » À la suite des observations d'Olivier Sidler, la commission d'appel d'offres de l'Office HLM des Hauts-de-Seine a choisi à nouveau, pour la maintenance dite P2, Tecni, qui baissera cette fois son offre de 50 francs. Maire du village de Coti-Chiavari en Corse et PDG alors de Tecni, Henri Antona, ancien trésorier de la SFIO dans les Hauts-de-Seine, est un grand ami d'André Santini depuis le début des années 1970. Tecni, son entreprise filiale de chauffage de la Générale des eaux, a raflé quelques jolis contrats : les HLM des Hauts-de-Seine (dirigés alors par Didier Schuller), les collèges du même département, le siège du conseil général, puis en 1990 les collèges de l'Essonne. Henri

Antona a été mis en examen à plusieurs reprises dans le dossier des HLM de Paris. Le juge Halphen avait découvert, entre autres, que Tecni avait versé un salaire régulier et fictif (au total, près d'1,5 million de francs) à la secrétaire de Jean-Claude Méry, promoteur et homme d'affaires proche du RPR, décédé depuis [50]. Aujourd'hui, Henri Antona n'est plus PDG de Tecni.

Interrogé sur le contrat de maintenance de chauffage de ces 95 logements HLM dits « climatiques », André Santini nous a répondu que pas un seul locataire ne s'était plaint du caractère trop élevé des charges de maintenance pour le chauffage [51]. Enfin, dernier témoignage des bonnes relations d'André Santini avec les trois champions de l'eau : les directions pour l'Île-de-France de Dalkia et de sa concurrente à la Lyonnaise, Elyo, ainsi que le siège social de Bouygues Telecom ont choisi de s'installer dans sa bonne ville d'Issy-les-Moulineaux. La collecte des ordures ménagères et des déchets, des objets encombrants et du verre est assurée dans la ville par Onyx-Otus, filiale de Veolia Environnement, ex-Générale. Le monopole local exercé par ce groupe est illustré par le *Guide pratique de la ville d'Issy-les-Moulineaux* dans son édition 2002-2003. Seul des trois champions de l'eau, Veolia Environnement y a payé deux encarts, l'un pour Onyx-Otus, l'autre pour la Sade, qui exécute pratiquement tous les travaux de sous-traitance du Sedif.

Pour André Santini, « l'amour de l'eau est une affaire de famille », comme l'a résumé joliment le journaliste Renaud Lecadre dans un article de *Libération* paru le 10 juillet 1998. Cette passerelle « familiale » avec la Compagnie le relie à son sulfureux frère Dominique Santini, responsable au sein du pôle immobilier du même groupe, il y a une dizaine d'années. Ancien administrateur de BAII Gestion [52] (une banque arabe rachetée par la BNP), passé à Alter Banque, une filiale du Crédit Lyonnais, cet homme d'affaires est devenu, en 1990, l'un des conseillers les plus écoutés de Jean-Marc Oury, dauphin à l'époque de Guy Dejouany. Dominique Santini présente alors Jean-François Bourdaloue, ex-directeur dans une filiale de BTP de la Compagnie, à Jean-Marc Oury. C'est le début de la descente aux enfers pour Jean-Marc Oury qui va faire perdre plusieurs milliards de francs à la Compagnie, rien que dans l'immobilier de la région de Cannes et du Var [53]. À l'époque, les deux frères Santini sont indirectement mêlés à la vente par Elf d'un terrain à Issy-les-Moulineaux, une opération qui a donné lieu à des commissions occultes. L'affaire sera évoquée les 19 et 20 mai 2003, à l'occasion du procès de l'affaire Elf devant le tribunal correctionnel de Paris. Tout commence en décembre 1990 lorsque la société Elf signe une promesse de vente de l'un de ses terrains au bénéfice du groupe Thinet. Le monde est petit. Dominique Santini est l'un des dirigeants de ce groupe de BTP et d'immobilier qui, dans les années 1980, a été une filiale de la Compagnie. Le prix convenu est de 200 millions de francs pour ces 28 300 m^2 de terrains situés à Issy-les-Moulineaux. Six mois plus tard, la vente est exécutée comme prévu. Et six jours après cette cession, le groupe Thinet revend le même terrain 293 millions de francs à la société d'économie mixte des Hauts-de-Seine (SEM 92), présidée par Charles Pasqua en tant que patron de ce département.

Le président du tribunal, Michel Desplan, s'est étonné que la valeur du terrain ait pu augmenter de 50 % en l'espace de six jours seulement, alors qu'aucun champ pétrolifère n'avait été découvert à Issy-les-Moulineaux. À la veille de la vente définitive, le conseil municipal de la ville, présidé par son maire André Santini, autorise sur ce terrain la création d'une ZAC et en confie la gestion à la SEM 92. Grâce au coup de baguette magique d'André Santini, les 30 000 m^2 de bureaux autorisés à la construction sur le terrain se sont transformés en un gisement de 90 000 m^2, toujours de bureaux. Devant le tribunal, l'un des dirigeants du groupe Thinet a admis que 59 des 93 millions de plus-value sur la vente ont bénéficié à des dirigeants du groupe Elf[54].

Dans son nº 29 du jeudi 24 février 2005, le bimensuel satirique africain *Le Gri-Gri International* raconte avoir recueilli les confidences de l'ex-numéro 2 d'Elf à l'époque, Alfred Sirven, à propos de ces plus-values ou commissions. Quelques jours avant de mourir le 12 février, Alfred Sirven déclare à ce journal : « J'étais dans le clan Pasqua. Sarko, pour nous, c'était un traître, celui qui avait battu Charles à la mairie de Neuilly, je ne l'aimais pas. Mais le temps est passé, faut reconnaître qu'il bosse. Pasqua, je l'appelais chef. Il avait fait acheter par Elf le terrain d'Issy-les-Moulineaux. Il y a eu une lettre de dénonciation sur la répartition des commissions avec les noms de Fred et

Carlo. Alors, en première instance, le président du tribunal me demande : “C’est qui, Fred ?” J’aurais eu mauvaise grâce à ne pas lui dire que c’était moi (rires). “Et Carlo ?” il me demande. “Voyons, je ne vois pas”, ai-je répondu (rires encore). “Non, lui ai-je dit, je ne vois vraiment pas” (rires toujours)… »

Le groupe Thinet a bien été le destinataire officiel de ces commissions, ce qui ne l’empêchera pas de déposer le bilan en 1997, à la suite de la faillite de sa filiale Europavie. Créée par des courtiers en 1987 et reprise en 1994 par le groupe Thinet, cette société s’était spécialisée dans les contrats d’assurance vie adossés à des placements immobiliers. L’effondrement du marché de la pierre l’a mise en difficulté. La plupart des dirigeants de Thinet ont échappé à toute condamnation, notamment dans le cadre d’une faillite d’une autre de leurs filiales, la banque allemande Bvh (achetée 50 millions de francs par la Compagnie). L’ancien dirigeant de Thinet, Dominique Santini, vit aujourd’hui au Danemark, fabrique des éoliennes qui sont vendues jusqu’en Corse, mais pas encore à Issy-les-Moulineaux… Aujourd’hui, André Santini se dit fier d’avoir dans sa bonne ville 60 000 emplois (presque uniquement de bureau) pour 55 000 habitants. Un pourcentage record en France. Et si les PDG de la Compagnie, rebaptisée Vivendi, puis Veolia, passent – Guy Dejouany, Jean-Marie Messier et aujourd’hui Henri Proglio –, André Santini reste lui solidement accroché, depuis vingt-deux ans, à son fauteuil de président du Sedif.

NOTES

1. Voir observations pour 2002 sur le Sedif de la chambre régionale des comptes d’Île-de-France.
2. Discours de Jean-Messier, le 8 novembre 1999, à l’occasion de l’inauguration de l’usine de nanofiltration de Méry-sur-Oise, p. 11.
3. Voir attendus du jugement du tribunal correctionnel du Mans en date du 20 janvier 2003, p. 18.
4. *Ibid.*, p. 11, 13.
5. Entretien avec l’auteur en juillet 2003.
6. André Santini, *Ces imbéciles qui nous gouvernent*, Éditions n° 1, 1998, p. 137 et 138.
7. *Ibid.*, p. 79.
8. Entretien avec l’auteur en janvier 2005.

9. Lettre du 27 avril 1960 de Pierre Crussard, PDG de la Saur, sur « l'exploitation des services de la distribution d'eau dans la banlieue de Paris », à Edmond Pépin, président du Syndicat des communes de la banlieue de Paris pour les eaux (rebaptisé depuis Sedif), p. 12.

10. *Ibid.*

11. Voir lettre du préfet au PDG de la Saur du 14 août 1960.

12. Voir rapport du 24 novembre 1960 de l'ingénieur en chef du Syndicat, Alain Vivier.

13. Séance du comité syndical du 28 mars 1962 : extrait du registre des délibérations, annexe n° 11 au procès-verbal.

14. Voir rapport de la Sogex Cube au comité d'établissement de l'UES Générale des eaux pour la banlieue de Paris, exercice 2002, paragraphes 5-4.

15. Entretien avec l'auteur en septembre 2004.

16. Voir déclaration de François Bayrou au *Vingt heures* de France 2, 5 novembre 2003.

17. Voir Thomas Lebègue et Paul Quinio, « Santini le cousin flingueur », *Libération*, 20 février 2004, p. 38-39.

18. Voir Jean-Pierre Pierre-Bloch et André Santini, *Sécurité, enjeu public n° 1*, Carrère-Michel Lafon, 1986, p. 11 et quatrième de couverture.

19. Voir André Santini, *Ces imbéciles qui nous gouvernent*, *op. cit.*, p. 23.

20. Entretien avec l'auteur en septembre 2003.

21. Voir Thomas Lebègue et Paul Quinio, « Santini le cousin flingueur », *op. cit.*, p. 38-39.

22. Entretien avec l'auteur en septembre 2003.

23. André Santini, *Ces imbéciles qui nous gouvernent*, *op. cit.*, p. 75.

24. Entretien avec l'auteur en septembre 2003.

25. Entretien avec l'auteur en octobre 2003.

26. Nicolas Beau, *La Maison Pasqua*, Plon, 2002, p. 59-60.

27. Entretien avec l'auteur en octobre 2003.

28. Voir comptes de la campagne législative 1993 d'André Santini.

29. Daniel Carton, *La Deuxième Vie de Charles Pasqua*, Flammarion, 1995, p. 13, 44.

30. André Santini, *Ces imbéciles qui nous gouvernent*, *op. cit.*, p. 76.

31. Voir rapport 1983 de la Cour des comptes.

32. Voir rapport 1995 de la Cour des comptes.

33. Voir rapport 2002 de la chambre régionale des comptes d'Île-de-France.

34. Voir « Historique de la société Sade », *TroisO* (revue interne de la CGE).

35. Voir « Carton jaune pour le Syndicat des eaux », *Le Parisien-Île-de-France*, 5 octobre 1995.

36. Voir déclaration de Jean-Pierre Brard à *Marianne*, 30 avril 2001 ; Marc Laimé, *Le Dossier de l'eau*, Le Seuil, 2003, p. 185-186.

37. *Sedif : étude des possibilités d'une baisse de prix supplémentaire*, audit réalisé par Service public 2000, novembre 1998, p. 20.

38. Entretien avec l'auteur en octobre 2003.

39. *Sedif : étude des possibilités d'une baisse de prix supplémentaire*, p. 4, 12.

40. *Ibid.*, p. 14.

41. Voir *ibid.*, p. 22 ; Élisabeth Chesnais « De l'eau qui vaut de l'or », *Que choisir*, septembre 2000, p. 42-43.

42. Entretien avec l'auteur en octobre 2003.

43. Voir *Le Syndicat des eaux d'Île-de-France, cent cinquante ans d'histoire contractuelle*, rapport de Christophe Defeuilley du Cired, p. 8, 20, 22. Document établi à la demande de l'agence de l'eau Seine-Normandie et du programme « Environnement, vie et sociétés » du CNRS.

44. Voir *ibid.* et rapport 2003 de la chambre régionale des comptes d'Île-de-France.

45. Voir observations pour 2002 sur le Sedif de la chambre régionale des comptes d'Île-de-France.

46. *Ibid.*

47. *Ibid.*

48. André Santini, *Ces imbéciles qui nous gouvernent*, *op. cit.*, p. 90, 93, 96.

49. Entretien avec l'auteur ; voir lettre de Daniel Hervo, conseiller municipal Vert d'Issy-les-Moulineaux, au maire de cette ville, André Santini.

50. Voir Nicolas Beau, *La Maison Pasqua*, *op. cit.*, p. 203-204 ; *Le Monde*, 1er octobre 1994 ; Alain Guédé et Hervé Liffran, *Péril sur la chiraquie*, Stock, 1996, p. 169-170.

51. Entretien avec l'auteur en octobre 2003.

52. La BAII fut liée à la BCCI, puisque l'un de ses actionnaires a été la First Arabian Corp. Les autorités fédérales américaines ont montré en 1991 que la First Arabian Corp était un paravent de la BCCI dans le rachat frauduleux de la banque américaine Financial General Bankshare par un groupe d'investisseurs saoudiens liés à la BCCI. Par ailleurs, le président de la BAII, Christian Lamarche, était l'un des directeurs et membres du conseil d'administration de la BCCI. La BCCI, banque arabo-pakistanaise fortement liée aux services spéciaux, a été mise en cause dans le blanchiment des revenus de la cocaïne colombienne. Elle a été à l'origine d'une des plus grosses faillites frauduleuses de l'histoire bancaire. Références : Jean-Charles Brisard et Guillaume Dasquié, *Ben Laden, la vérité interdite*, Folio Documents, 2002, p. 165-166 ; Senator John Kerry and Senator Hank Brown, *The BCCI affair. Report of the Committee on Foreign Relations*, United States Senate, décembre 2002.

53. Voir Vincent Nouzille, « L'homme qui a fait déraper la Générale », *Le Nouvel Économiste*, n° 1021, 3 novembre 1995, p. 53.

54. Voir *Le Monde* du 21 mai 2003, p. 12.

XIV

Des liaisons dangereuses

Ses amis influents, Francis Bouygues va les chercher parmi les gaullistes et chiraquiens à la mairie de Paris, mais aussi dans les rangs de la police et des services de renseignement. Encore une tare familiale ? Pas si sûr… Certes, le père de Francis, le commandant Georges Bouygues, a fait Centrale comme son fils et a été ingénieur général de l'armement, donc militaire, pendant une bonne partie de sa vie avant d'embrasser une carrière dans le privé. Jérôme Monod, Guy Dejouany, Jean-Marie Messier et tous les grands patrons de la Lyonnaise ou de la Générale ont flirté, eux aussi, avec toutes sortes d'uniformes. Ancien directeur de cabinet du patron du Sdece (les services secrets français, rebaptisés DGSE en 1982), le gendarme Michel Roussin sera, de 1981 à 1983, chargé de mission auprès du président Guy Dejouany. Les chantiers et installations à l'étranger de la Lyonnaise et de la Générale, comme ceux de Bouygues, offrent un triple intérêt pour le renseignement français.

D'une part, il s'agit souvent de la seule couverture possible pour un agent en mission. D'autre part, les expatriés de ces trois groupes sont souvent les yeux et les oreilles de la DGSE qui, en contrepartie, peut aider à décrocher un marché. Enfin, nos barbouzes sont souvent la seule aide dont le triumvirat de l'eau peut bénéficier à l'étranger en cas de coup dur. L'exemple de l'affaire kazakhe, qui commence comme un conte de fées, et va tourner au cauchemar dans ce Koweït du XXIe siècle, l'illustre bien. Grand comme l'Europe occidentale, le Kazakhstan est riche d'énormes réserves pétrolières encore largement inexploitées. En juin 1996, Tractebel, filiale énergie de Suez-Lyonnaise, décroche le contrat de privatisation d'Almaty Power

Consolidated (APC), la société kazakhe qui produit, transporte et distribue l'électricité dans cette ancienne République soviétique. Dans la foulée, l'année suivante, Tractebel a l'assurance de signer le contrat du siècle avec la République du Kazakhstan, présidée par l'autocrate Noursoultan Nazarbaev, élu, en 1995, avec 95 % des voix sur 91 % de votants (il sera réélu en 2000) ! À la barbe du groupe franco-américain Gaz de France-Enron et d'un autre groupe russo-argentin Gaspex-Bridas, la société belge veut ainsi obtenir, pour vingt ans, la gestion en concession exclusive des 8 000 kilomètres de gazoducs de cette République.

Une sorte de contrat du siècle dans une zone stratégique proche de la Tchétchénie et qui reste enclavée entre la Russie, la Chine, l'Iran et la Turquie [1]. En effet, le gaz turkmène et ouzbek doit passer par ces pipelines pour être vendu en Russie et en Europe. L'espoir d'une vraie mine d'or pour laquelle la filiale de Suez-Lyonnaise débourse 85 millions de dollars. Comme prévu, 30 millions atterrissent dans les caisses de la République du Kazakhstan, et 55 millions entre les mains de trois intermédiaires, sous forme d'honoraires de consultance. Lequel trio, qui a ses entrées auprès du président kazakh, se fait fort de remporter l'affaire. Certes, le contrat est signé, mais les « trois enfants de chœur », en réalité liés à la mafia russe, disparaissent avec les 55 millions de dollars, dont une partie aurait refait surface en Belgique. Depuis 1996, la justice belge soupçonne les trois hommes d'escroqueries et de détournements de fonds. Tractebel, qui s'est donné depuis un nouveau PDG, n'a jamais déposé plainte contre le trio kazakh, mais a poursuivi un de ses hauts cadres spécialisés à l'export avant de se séparer de lui.

Véritable institution en Belgique, la société ne risque pas grand-chose, même si le fisc belge estime que les 55 millions de dollars disparus sont des commissions secrètes qui pourraient être imposées à 300 % [2]. Dépêché sur place, « Fifi », un agent français de la DGSE marié à une Moscovite, a essayé sans succès d'arranger les choses. Rien à faire. Malgré de nombreux voyages et ses contacts avec les services secrets russes, ce spécialiste s'est heurté à une économie kazakhe complètement infiltrée par des réseaux mafieux. Un pays où le président de la République, Noursoultan Nazarbaev, contrôle la télévision et la presse, tout en ayant évincé son seul concurrent potentiel à la présidentielle de 1999, l'ancien Premier ministre

Kajegueldine. Lequel ne pourra même pas enregistrer sa candidature. Il sera accusé de détournement de fonds avant d'être victime d'une tentative d'assassinat. Sans tambour ni trompette, Tractebel, devenu prudent, a préféré rompre tous ses contrats pour quitter définitivement la scène kazakhe, le 26 juin 2000. Une société locale l'a immédiatement remplacé. L'affaire n'a pas fait trop de bruit, mis à part quelques articles dans *Le Monde*, *Le Soir* et dans des hebdomadaires belges et suisses.

Une affaire mettant en cause Electrabel, filiale belge de Suède, et la nébuleuse du renseignement français va, elle, défrayer la chronique. Suez-Lyonnaise des eaux avait mis en place un audit de sécurisation informatique, suite, dit-on, à de sérieux soupçons de fuites d'informations dans le cadre d'un projet de raid hostile d'un groupe espagnol sur Electrabel. Sollicité par Patrick Ouart, secrétaire général de Suez-Lyonnaise des eaux et ex-magistrat, Olivier Foll, ancien directeur de la police judiciaire de Paris reconverti dans les enquêtes et la sécurité depuis 1998 (O'Foll Consultants), a fourni les prestataires informatiques nécessaires à cette opération. Le 19 février 2000 au soir, le président du conseil d'administration d'Electrabel, Jean-Pierre Hansen, muni de son badge, ouvre, à Bruxelles, les portes du siège d'Electrabel à trois spécialistes (Richard Guillet de la DGSE, actuellement gérant de la société ICS, et deux informaticiens). Dans les jours suivants, le service informatique d'Electrabel détecte qu'une intrusion a été commise et qu'un logiciel espion a été placé sur le PC du responsable des relations investisseurs. À la mi-mars, le bureau de ce même responsable fait l'objet d'une effraction, et le disque dur de son ordinateur est détruit. La police belge est avertie. Le juge d'instruction Lutgen est désigné pour l'enquête et ordonne en avril 2000 une perquisition aux domiciles d'Olivier Foll, de Patrick Ouart et de Richard Guillet. Lors d'un conseil d'administration d'Electrabel qui a eu lieu fin avril 2000, Jean-Pierre Hansen a, semble-t-il, reconnu que le travail des sous-traitants n'avait pas été bien fait[3]. On n'en sait pas plus. Sauf que, deux ans plus tard, le patron opérationnel d'Electrabel, accusé de ne pas avoir appliqué strictement les ordres de la maison mère Suez-Lyonnaise des eaux, est mis au placard. Le président du conseil d'administration d'Electrabel, Jean-Pierre Hansen, le remplace tout en gardant ses anciennes fonctions.

Autre exemple de la collaboration entre services secrets et majors de l'eau : fin mai 2003, trois ingénieurs de la Seureca, filiale de Veolia spécialisée dans la gestion des réseaux de distribution d'eau ou d'assainissement, jouent au Rambo dans le nord de l'Irak, quelques jours seulement après l'arrivée de l'armée américaine à Bagdad. Encadrés de militaires des forces spéciales américaines, ces *frenchies* en kaki, mais sans armes, se déplacent à toute vitesse dans d'énormes 4 × 4, à la demande expresse de Washington. Ils sont chargés d'aider les Américains à remettre en état les canalisations d'eau potable détruites par les bombardements. Pourquoi ? Tout simplement parce que la Compagnie générale des eaux a fait d'excellentes affaires avec le régime de Saddam Hussein. Pendant plus de vingt-cinq ans, elle a aidé les Irakiens à construire une bonne partie de leur réseau d'eau potable et d'assainissement dans le cadre des bonnes relations entre Paris et Bagdad. Aussi les ingénieurs de Veolia sont-ils les seuls à posséder une cartographie détaillée de ces canalisations. L'ancienne Compagnie travaillait presque en situation de monopole au pays de Saddam Hussein, dans les valises de la diplomatie chiraquienne, puis socialiste. L'armée américaine s'est donc vue obligée de signer un contrat d'assistance avec la Seureca, malgré les mauvaises relations entre Washington et Paris [4].

Officiellement, Francis et Martin Bouygues ne se sont jamais lancés dans des opérations aussi hasardeuses. Cependant, Bouygues Offshore (BOS, initiales qui sont aussi celles des services spéciaux sud-africains...) a bâti son succès à l'ombre du renseignement français et de certains pays africains. Créée après le premier choc pétrolier en 1975, cette filiale fait 577 millions de chiffre d'affaires en 1980, grâce à de petits contrats dans des ports français et étrangers. Dragage, construction de quais, de pipe-lines et mise en place de tuyauteries suffisent à la faire vivre... Après le second choc pétrolier à la fin des années 1970, Francis Bouygues ambitionne de devenir un grand du parapétrolier. Son rêve : fédérer les grandes sociétés françaises du secteur (Amrep, ETPM et Doris) avec BOS pour donner naissance à un géant d'un milliard de dollars de chiffre d'affaires. Tout l'establishment (les giscardiens au pouvoir et les polytechniciens dans les grands groupes du BTP) va faire capoter son projet, tout juste avant l'arrivée de François

Mitterrand à l'Élysée. Furieux, Francis se tourne alors vers son ami Albin Chalandon, PDG d'Elf, dont le groupe à capitaux d'État monte aussitôt à hauteur de 34 % dans le capital de BOS et lui confie la construction de la tour Elf à la Défense. Déjà implanté au Nigeria avec une filiale de BTP, BOS prend l'uniforme de bras séculier de la compagnie pétrolière dans l'ancienne Afrique noire française. Ainsi, en 1985, c'est un homme d'Elf, Henri Martial, qui devient PDG de BOS. Or les liens entre les services secrets français et ceux d'Elf, le « service de sécurité et de protection administrative », sont un secret de polichinelle[5].

Le patron de ce service est toujours un ancien de la DGSE, au mieux avec l'ancien grand manitou des services secrets en Afrique, Jacques Foccart, lequel a introduit, au début des années 1980, Francis Bouygues en Afrique de l'Ouest. Au grand dam de ses concurrents français, BOS va truster les marchés de plates-formes pétrolières dans le pré carré d'Elf au Congo, au Cameroun, au Cabinda et en Angola. À l'écouter, Pierre Dezellus (qui a quitté Bouygues depuis) a gagné le premier marché de construction d'une plate-forme pétrolière à Pointe-Noire au Congo uniquement sur sa bonne mine : « Le président N'Guesso m'a longuement regardé avant de me répondre : "Vous m'êtes sympathique. Vous aurez toutes les autorisations nécessaires"[6]... » Principal employeur de la région à Pointe-Noire, BOS (qui sera revendu, en 2002, 347 millions d'euros à un concurrent italien pour améliorer le résultat du groupe Bouygues) travaille non seulement pour Elf, mais aussi pour Agip et Chevron au large des côtes congolaises, gabonaises, zaïroises et angolaises.

Les relations privilégiées entre Francis Bouygues et le futur PDG d'Elf, Albin Chalandon, avaient failli mal tourner une dizaine d'années auparavant. En juin 1972, l'entrepreneur avait demandé à rencontrer au plus vite l'« Archange », surnom de Gabriel Aranda, conseiller du ministre de l'Équipement et du Logement, Albin Chalandon. Il s'agissait de se concerter pour faire face aux ragots qui se multipliaient : le ministre était accusé de faire bénéficier l'entrepreneur de marchés publics très juteux. Pour son ministre, l'« Archange » a retranscrit par écrit son entrevue avec le roi du béton qu'il appelle le « Maçon ». Cela donne un monologue un rien théâtral. Francis Bouygues regarde Gabriel Aranda droit dans les yeux et emploie des mots qui fusent comme des balles : « Ce que Chalandon doit faire quand on l'attaque – *Le Canard enchaîné*, *L'Humanité* ou *Minute* –, c'est envoyer à ces gars-là des Nègres ou des Chinois. C'est comme cela qu'il faut se battre. En douce. Discrètement. Avec des couteaux comme celui-là… Quelques bons coups de couteau, ou bien vous leur en coupez une sur deux, et puis après vous leur glissez à l'oreille : “de la part de Chalandon”. Moi, j'ai des Nègres et des Chinois. Je ne sais pas si Chalandon en a, lui, mais s'il veut faire quelque chose contre les attaques, il n'a qu'à aller au ministère de l'Intérieur. Vous avez des moyens, vous, avec la DST et tout cela. En cherchant bien dans les escaliers et les bureaux, il finira bien par trouver un commissaire de quelque chose qui lui arrangera cela. Moi, récemment, j'ai dit à un type : “Si vous dites un mot de trop, je vous fais couper les couilles. J'ai des types pour ça.” Depuis, il est à ma botte. Voilà comment il faut faire… Des Nègres et des Chinois [7] ! »

Le chef d'entreprise en rajoute sans doute un peu… Pourtant, deux mois avant sa rencontre avec l'« Archange », le « Maçon » est mêlé avec la DST (Direction de la surveillance du territoire), le contre-espionnage français, à une affaire particulièrement tordue. Nous avons rencontré, en 1976, le principal témoin à charge dans ce dossier, le commissaire principal Pierre Queffféléant. Après avoir été muté en police urbaine à Pontoise, ce policier se morfondait dans un placard suite à l'attentat commis par le FLB (Front de libération de la Bretagne), dans la nuit du 12 au 13 avril 1972, contre la villa de l'entrepreneur à Rothéneuf-en-Saint-Coulomb. À l'époque, le commissaire officiait à la DST, plus exactement à l'antenne de Rennes. Et, à Pontoise, ce fonctionnaire d'origine bretonne garde dans sa chair les traces d'un terrible et bizarre accident de la circulation : il boite et surtout il a peur… Il raconte une histoire folle. À croire le commissaire, l'accident de la circulation dont il a été victime en 1970 n'est pas le fait du hasard. Bloquée par deux véhicules inconnus, l'un devant, l'autre derrière lui, sa voiture de service a été broyée par un camion du groupe Bouygues qui, accélérateur bloqué, sortait d'un chantier [8]. Il s'en sortira après des mois d'hôpital. En fait, selon la presse nationale, Pierre Quefféléant s'oppose alors à la politique de manipulation du FLB par un officier de réserve, un droguiste de profession que l'on fait chanter. Le FLB est une petite organisation secrète d'irrédentistes qui plastique, depuis 1966, des symboles de l'État, notamment des perceptions et des gendarmeries. Par mimétisme avec l'IRA, l'aile militaire du FLB s'appelle Armée révolutionnaire bretonne (ARB). Drôle de clone des Irlandais que cette ARB qui n'a jamais blessé ni tué, mais simplement provoqué des dégâts matériels et immobiliers. Justement, l'immobilier c'est le royaume de Francis Bouygues, image caricaturale en Bretagne du remembrement des terres rurales et des bulldozers lancés à l'assaut des forêts. Le roi du béton, sans le savoir, représente la cible idéale pour le FLB, une proie médiatique choisie apparemment à l'instigation de la DST. La villa de l'entrepreneur, près de Saint-Malo, est parfaite comme objectif et son propriétaire entretient les meilleurs rapports au plus haut niveau de l'État.

Interrogé à propos de l'attentat contre la maison de Francis Bouygues dans *Le Télégramme de Brest* du 14 février 1999, un ancien chef de la DST de Rennes (ex-patron du contre-espionnage en Algérie), le commissaire divisionnaire Jean Baklouti, a admis depuis : « Oui, Saint-Malo c'est nous, ça c'est vrai [9]. » Le ministre de l'Intérieur de l'époque, Raymond Marcellin, un obsédé de la subversion, aurait donné carte blanche au directeur de la DST, le préfet Rochet (qui dément, lui, toute manipulation et également d'avoir procuré l'explosif), pour mettre rapidement fin aux agissements de l'ARB, qui pourtant faisait plus de bruit que de mal. Résultat : le détonateur a été fourni par le Sdece et le reste par la DST, à savoir un cordon détonant, un allumeur électrique et un lieu de stockage pour entreposer les explosifs (15 kilos volés par l'ARB dans une carrière). Un ancien inspecteur de la police judiciaire de Rennes a également témoigné : « Quand je pense que j'ai eu cette bombe entre les mains et qu'elle a été entreposée chez nous à la PJ de Rennes, la nuit du 11 au 12 avril qui a précédé l'attentat ! Heureusement, la famille Bouygues a été prévenue par nous, et on l'a envoyée au cinéma, si ma mémoire est bonne. De même, nous avons provoqué un faux accident de voiture pour détourner la circulation du lieu de l'attentat [10]. » Un faux accident de voiture qui devait permettre à la DST de protéger ses plastiqueurs. En effet, le montage policier n'excluait pas l'impensable : des badauds auraient pu essayer de rattraper les drôles de plastiqueurs…

Un fâcheux contretemps, survenu juste avant l'attentat, va provoquer une colère noire de Francis Bouygues. En effet, dans les heures précédant l'explosion, il est convoqué d'urgence, comme un vulgaire quidam, au ministère de l'Intérieur. Le grand patron fait comprendre au directeur de la DST, le préfet Rochet, qu'il n'apprécie pas du tout ses manières… Sous-entendu, le roi du béton n'a pas de temps à perdre avec un gradé de la police : le surlendemain, dit-il, il déjeune avec le président de la République, Georges Pompidou (qui verra lui aussi, une nuit, sa résidence bretonne de Fouesnant ravagée par l'ARB). Un peu calmé, l'industriel suit les conseils du préfet Rochet et demande à sa famille de quitter la maison de Rothéneuf-en-Saint-Coulomb. Nullement expert en contre-terrorisme, il a tout de même deviné que la DST avait posé elle-même ou laissé mettre une bombe dans sa villa… Il ne faut pas être sorti de Polytechnique pour le pressentir. Sa famille était arrivée à la villa le 12 avril en fin d'après-midi, avant de partir d'urgence dans la soirée, à la demande de la police. Quelques heures plus tard, l'explosion réveille tout le village… Le 13 avril, dès 6 heures du matin, Francis Bouygues agonit d'injures au téléphone le préfet Rochet. Sa villa est dévastée. Et, surtout, son yacht (l'industriel est fou de régates) a été réduit en miettes, fracassé par une Jeep soulevée par l'explosion. Certes, la DST était aux petits soins, mais son artificier semble avoir eu la main un peu trop lourde dans le dosage de l'explosif.

Revenu miraculeusement à de meilleurs sentiments, l'entrepreneur se fend, quatre jours plus tard, d'une lettre de remerciements au préfet Rochet qui « a évité de faire couler le sang » (*sic*). Il ajoute : « J'aurai l'occasion prochainement de remercier personnellement vos collaborateurs de Rennes, mais je vous serais reconnaissant d'être dès maintenant mon interprète auprès d'eux [11]. » La manipulation de la DST et le silence demandé à l'entrepreneur visaient un double objectif : discréditer le FLB grâce aux rapides arrestations de quinze de ses militants et glaner des renseignements sur cette organisation au moyen d'écoutes téléphoniques. Le commissaire Pierre Queffféléant, aujourd'hui à la retraite dans son village natal près de Brest, se demande toujours ce que Francis Bouygues a obtenu pour avoir fermé les yeux sur ce vrai-faux attentat. À l'exemple de Gabriel Aranda condamné à s'exiler pour s'être épanché devant des journalistes et des magistrats, le commissaire et trois de ses collègues ne se sont pas tus, ce qui leur a coûté leur carrière. Avant l'attentat, ils ont même tenté de raisonner leurs supérieurs. Peine perdue. Les huit « terroristes » seront condamnés seulement à des peines de prison avec sursis. Quant à la DST, elle a obtenu l'effet inverse du but officiellement recherché : la manipulation de la villa Bouygues a donné un coup de fouet aux autonomistes violents, qui ont multiplié les attentats. L'enfer est pavé de bonnes intentions… Au grand déplaisir de ses collègues et sur la demande du nouveau ministre de l'Intérieur Gaston Defferre, le commissaire Queffféléant (syndiqué à la CFDT) sera entendu par Roger Saunier, inspecteur général de la police nationale en retraite. Mais même sous la gauche, la chape de plomb retombera vite sur les relations étranges entre le roi du béton gaulliste et ses amis du service de contre-espionnage de la rue Nélaton.

À la fin des années 1980, Bouygues renforce encore ses relations avec la DGSE, que l'entreprise côtoie déjà en Afrique dans le BTP et par le biais de sa filiale BOS. Le groupe engage l'ex-colonel François Lubart, nommé patron du service de sécurité du groupe. Au Sdece, cet officier aviateur était l'un des patrons du groupe aérien mixte 56, la division aérienne du service Action, basée principalement sur l'aéroport d'Évreux. À ce titre, ce pilote de Transall a convoyé des commandos à Bangui lors de l'opération *Barracuda* mise sur pied, fin 1979, pour déposer l'empereur Bokassa Ier (qui avait offert les fameux diamants au président Valéry Giscard d'Estaing) et installer à sa place David Dacko, comme chef de l'État centrafricain. Les conditions d'exécution de ce coup de force ont été critiquées par l'ancienne éminence grise du Général et de Georges Pompidou, Jacques Foccart : « Barracuda est d'autant plus scandaleux que des agents du Sdece qui ont participé avaient pour mission de récupérer des documents concernant les relations personnelles entre Giscard et Bokassa […] et qu'ils sont tombés sur des stocks de diamants que Bokassa avait empilés dans des vases. Or les documents ont disparu, et les diamants aussi [12]. »

À l'époque, le futur employé de Bouygues travaille sous les ordres d'un colonel à l'excellente réputation, Alain Gaigneron de Marolles, patron du service Action. Cette unité spéciale regroupe 800 clandestins environ, dans une sorte d'immeuble de huit étages enfouis dans le sous-sol de la banlieue est de Paris. Uniquement signalée par deux antennes d'une centaine de mètres de haut, cette petite ville invisible est enterrée sous une colline surmontée par le vieux fort militaire de Noisy-le-Sec, en guise de cache-sexe. En face d'un foyer de travailleurs immigrés, des civils et des militaires y sont chargés de préparer des opérations, en principe à l'étranger, au nom de l'État français. L'ancien aviateur a été à bonne école... Ses collègues ont notamment fait sauter, en 1985, le bateau de Greenpeace dans le port d'Auckland en Nouvelle-Zélande. L'ex-officier du service Action a conçu Challenger, le siège social et centre nerveux du groupe à Saint-Quentin-en-Yvelines, et notamment son bunker souterrain *(voir chapitre XVI)*, un peu à l'image du fort de Noisy-le-Sec. Puis le même a participé à la conception de l'immeuble de TF1 à Boulogne-Billancourt, inauguré en 1992. « François Lubart est rapidement devenu un proche de la famille Bouygues, habile à régler les problèmes délicats, écrit Pierre Péan. Un ancien salarié qui le connaît bien – et qui le trouve d'ailleurs sympathique – note que c'est souvent à lui qu'on fait appel en cas de coup dur[13]... »

Autre passerelle avec les services secrets français, feu le chef rebelle de l'Angola, Jonas Savimbi, resté toujours très ami avec Francis Bouygues (puis avec son fils Martin qui le recevra à Challenger en juin 1991), qui lui a été présenté par ses deux parrains, Houphouët-Boigny et le roi du Maroc Hassan II. Soucieux d'avoir deux fers au feu, le roi du béton entretenait également d'excellentes relations avec le président Eduardo Dos Santos, le chef de l'État angolais, qui lui a donné les autorisations nécessaires pour construire les plates-formes pétrolières d'Elf, édifier le port de pêche de Luanda et participer avec Thomson et Alcatel à l'importante installation de télécommunications Angosat[14]. Enfin, l'ancien gorille du Général, Raymond Sasia, ami de Jacques Foccart et ex-contrôleur général de la police nationale, a longtemps réservé ses bons tuyaux au groupe. « Pour Bouygues, toujours prompt à tirer la moindre ficelle maçonnique, le résultat fut probant, écrivent les journalistes Renaud Lecadre et Ghislaine Ottenheimer. Le frère Sasia aidait les dirigeants du groupe, alors cerné par les procédures judiciaires, à mieux évaluer l'imminence de certaines perquisitions à venir. Proche de Charles Pasqua, responsable occasionnel de la sécurité du roi Hassan II, Sasia est toujours patron du club de tir de l'Étoile à Paris. Il y a de nombreux policiers parmi les habitués de cet établissement, un point d'observation et d'échanges privilégiés où on discute de tout et on fait sauter les PV [15]. »

Le roi du béton sera aussi le porte-drapeau de la diplomatie marchande chiraquienne, puis giscardienne, qui lui fait miroiter tour à tour de fabuleux contrats de pétrodollars. La logistique de l'État se met en place au bénéfice de Bouygues, de la Lyonnaise, de la Compagnie et de quelques autres gros exportateurs. À cette époque, le Premier ministre Jacques Chirac vient de participer à la mise en place des mécanismes d'aide au commerce extérieur qui font payer au contribuable les biens et services vendus à des pays insolvables. En fait, l'État permet à Bouygues et à quelques autres grands groupes d'obtenir des taux d'intérêt bonifiés et de faire bénéficier leurs clients de taux de crédit en dessous des tarifs du marché. L'État garantit aussi à ces groupes le paiement de toutes leurs opérations menées en dehors de l'Hexagone. Cette garantie est gérée par un organisme de crédit qui s'appelle la Coface et dépend du ministère de l'Économie et des Finances. À l'alinéa 13 d'une demande d'assurance crédit, on peut lire la formule « commissions payables à l'étranger », qui désigne les commissions et pots-de-vin payés à des intermédiaires. Grâce à ce mécanisme, les grosses entreprises, dont Bouygues, peuvent disposer de cash presque à leur guise.

Les deux vieilles dames de l'eau ne prendront le train des pétrodollars dans le BTP qu'à partir des années 1980. Bouygues ne perdra pas un centime en Iran, pas plus qu'en Irak, comme l'explique le journaliste du *Canard enchaîné*, Henri Deligny : « Poussons les choses au noir : Bouygues joue de malchance dans l'un ou l'autre de ces pays. Il bâtit sur du sable. Qu'importe ! C'est le contribuable français qui réglera la facture. Bouygues sera payé. Il paiera des impôts sur les bénéfices… si la procédure d'agrément l'a prévu. Ses actionnaires toucheront leurs dividendes et bénéficieront de l'avoir fiscal. Les contribuables paieront une deuxième fois. Et Bouygues n'aura évidemment aucune raison de se plaindre de son "ami" Chirac, non [16] ? » Secrétaire d'État à l'Économie et aux Finances en 1968 et 1969, Jacques Chirac a supervisé la « procédure d'agrément », une législation dérogatoire dont peuvent bénéficier des groupes industriels. Quand une entreprise convainc « son ministre » ou le délégué de celui-ci qu'elle est plus « méritante » ou plus « utile » que d'autres, le montant de son impôt sur les bénéfices est négocié à l'amiable. La procédure, entièrement à l'initiative de Jacques Chirac à l'époque, est couverte par le secret fiscal. Dans le droit fil de ses réseaux d'influence, Francis Bouygues se met à l'abri de la concurrence internationale, dans le pré carré du Moyen-Orient et africain, au service des pouvoirs en place, des dynasties ou des dictateurs. L'aide des puissants VRP chiraquiens alliée au professionnalisme du groupe finissent par payer : en 1977, l'export décolle chez Bouygues, passant à un milliard de francs du chiffre d'affaires (soit 25 %) contre seulement 177 millions de francs deux ans plus tôt (7 % de l'activité).

La révolution iranienne va donner un coup d'arrêt à la progression de l'export, qui tombe d'1,9 milliard de francs (1978) à 1,1 milliard (1980). Le chiffre d'affaires grimpe irrésistiblement de 7,6 milliards de francs en 1980 à 26 milliards cinq ans plus tard. Les activités à l'export représentent déjà, en 1985, 44 % du chiffre d'affaires du groupe. Cette nouvelle donne ne s'est pas développée sans contreparties. « Tout au long des années 1980-1990, les grands contrats internationaux concernant le pétrole, le BTP, l'armement ou les technologies civiles ou militaires, écrit la commissaire divisionnaire des RG Brigitte Henri, ont donné lieu à ce type de jeux d'influence entre des acteurs publics et privés permettant le versement de commissions et de rétrocommissions considérables. L'affaire Elf est un cas d'école en la matière [17]. » Ainsi, les plus gros contrats de Bouygues à l'export, comme l'université de Riyad en Arabie Saoudite (8,77 milliards de francs en 1981) et la ville nouvelle de 5 000 logements à Chiraz en Iran (1,3 milliard de francs en 1975), ont probablement profité à certains politiques français, notamment socialistes et chiraquiens.

Bouygues va aussi tirer parti du flirt de Jacques Chirac avec le numéro deux irakien de l'époque, Saddam Hussein. Le Premier ministre français déclare officiellement, à plusieurs reprises, son « estime », sa « considération », mieux son « affection », au moment d'accueillir en France le « boucher de

Bagdad », son « ami personnel[18] ». L'idylle entre les deux hommes est née le 1er décembre 1974, lors de la visite officielle de Chirac à Bagdad. Leur lune de miel se nourrit des 30 millions de tonnes de pétrole que l'Irak livre chaque année à la France. Pour le président Valéry Giscard d'Estaing et son Premier ministre Jacques Chirac, le rééquilibrage de la balance des paiements passe inévitablement par l'obtention de gros contrats de BTP et d'armement. La connexion Chirac-Saddam repose aussi sur l'embargo militaire décrété par de Gaulle envers Israël, suite à la guerre des Six Jours, en juin 1967. À Bagdad, le « chevalier de Gaulle », comme l'appelle Saddam Hussein, reste plus que jamais un héros de l'Islam… L'un des bras droits de Francis Bouygues, Jean Dezellus, participe à une opération ultrasecrète décidée lors de la visite officielle en France de Saddam Hussein, du 5 au 9 septembre 1975. En compagnie du Premier ministre Jacques Chirac, le numéro deux irakien était allé admirer discrètement, au centre de recherche nucléaire de Cadarache, le surgénérateur Rhapsodie qui produit du plutonium pouvant servir à fabriquer des bombes atomiques[19]. Résultat de cette escapade en Provence, la France acceptait de fournir un réacteur expérimental, Osiris.

En deux années de fonctionnement avec de l'uranium enrichi à 93 % fourni par Paris, ce réacteur devait fournir du plutonium pour fabriquer plusieurs bombes de la taille de celle d'Hiroshima. Dans cet environnement un peu particulier, qui mêle experts, espions israéliens, agents secrets français du Sdece et irakiens du Mukhabarat, Bouygues (peu expérimenté dans le domaine atomique) se voit chargé, en catimini, de réaliser pour 376 millions de francs le génie civil et les infrastructures de la centrale nucléaire Osirak, unité soi-disant à usage uniquement civil. Le réacteur devait commencer à fonctionner le 1er juillet 1981. Le 7 juin 1981, vers 17 h 30, une douzaine de F15 et de F16 israéliens détruisirent le réacteur nucléaire d'Osirak (surnommé « Ochirac » par les « Bouygues boys »). Pas un seul technicien de Bouygues ne fut blessé ou tué lors de ce raid, ces 80 expatriés étaient tous repartis une fois leur travail terminé. En revanche, un agent du Sdece y a perdu la vie : il était monté sur le centre du dôme (construit par Bouygues) qui protégeait le réacteur pour y guider le tir des pilotes israéliens à l'aide d'une balise[20]. Bouygues sera l'une des rares entreprises françaises qui, malgré huit longues années de guerre Iran-Irak, continuera à travailler pour Saddam, lequel lui commandera la construction de 2 000 logements, plusieurs ponts et six barrages hydroélectriques sur l'Euphrate. L'entreprise se met au service du tout État, de droite comme de gauche, qui, sous prétexte de lutter contre l'extrémisme des dirigeants iraniens, n'a cessé d'alimenter le dictateur en armes françaises les plus modernes et sophistiquées. La classe politique française en prend un sacré coup au vu des révélations de l'après-Saddam sur la pratique systématique de la torture et l'assassinat de dizaines de milliers d'Irakiens et de Kurdes. Francis Bouygues et ses boys se sont sali les mains en Irak, au nom de la réduction de la dette pétrolière française… L'embargo décrété après la première guerre du Golfe, en 1990, les a tenus éloignés de Saddam. Aujourd'hui, le groupe brûle d'y retourner dans les traces des soldats américains…

L'arrivée de François Mitterrand à l'Élysée, en 1981, ne va pas gêner le moins du monde Francis Bouygues. Le groupe emploie 18 000 personnes (dont 8 000 à l'étranger) et se porte mieux que bien après la défaite de Giscard d'Estaing. Le chiffre d'affaires grimpe de 38 % par rapport à 1980, pour se fixer à 10,5 milliards de francs. À la différence encore de Jérôme Monod ou de Guy Dejouany, Francis agit d'abord en tant que plus gros actionnaire de son groupe (il en possède 7 %). Contrairement à eux, il se pense comme un pouvoir, et il a effectivement du pouvoir, indépendamment de l'État et du gouvernement. Quoique très lié aux gaullistes, aux chiraquiens, puis aux giscardiens, Francis Bouygues n'a jamais fait l'impasse sur les socialistes. Au début des années 1960, le roi du BTP, prudent, a engagé un certain Georges Jouvent qui lui sert de *go-between* pour « acheminer de l'argent dans l'entourage de Pierre Bérégovoy [21] ». Georges Jouvent avait figuré en seconde position sur la liste du Front républicain menée par Charles Hernu aux législatives de 1956, à Saint-Denis près de Paris. C'est dans l'entourage de Pierre Mendès France que Georges Jouvent se lie à cette époque avec Pierre Bérégovoy. Une fois de plus, Francis Bouygues a eu un flair inouï doublé d'une chance incroyable quand il a engagé Georges Jouvent, vingt ans avant que celui-ci puisse lui renvoyer l'ascenseur…

Le 11 mai 1981, l'entrepreneur a un long entretien avec Pierre

Bérégovoy dans un appartement prêté par la FEN (Fédération de l'Éducation nationale) au 6, rue de Solférino, à côté du siège du PS, situé au 10 de la même rue. Désigné le matin même comme responsable de l'équipe présidentielle qui préparera les premières mesures, le futur secrétaire général de la présidence de la République officie dans l'improvisation la plus totale en compagnie d'une douzaine de conseillers, dont Nicole Questiaux, Michel Vauzelle, Jean Glavany et Hubert Védrine. Chance insolente pour Francis Bouygues : il n'a pas à circuler au siège du PS parmi les militants socialistes qui voient toujours en lui le diable en personne, l'affairiste brocardé pour sa collaboration avec l'État RPR [22]. En un plus d'un an seulement, ce comédien hors pair va effectuer le grand écart et faire disparaître, d'un coup de bonneteau, ses vingt ans de lobbying à droite. François Mitterrand et les socialistes sont prêts à beaucoup, beaucoup de choses pour se faire aimer des industriels...

François Mitterrand comprendra trop tard, à la fin de son second septennat, qu'il s'est trompé en pratiquant le pardon des offenses avec le roi du BTP. En 1987, il a donné son feu vert au rachat par Bouygues de TF1, une chaîne qui sera ouvertement antisocialiste et balladurienne au début des années 1990. De fait, Francis Bouygues réussira à vamper le président qui lui fera la part belle dans les grands travaux de ses deux septennats : le Louvre, le musée d'Orsay, la Grande Arche et la TGB. Ainsi le protégé de Chirac deviendra-t-il le patron préféré des socialistes, chargés de mettre en musique cette volonté monarchique du président de laisser sa trace sur les monuments de la capitale. Le pouvoir occulte des deux rois de l'eau sera, lui, le plus souvent balayé. Leurs filiales de BTP ne recueilleront que des miettes du festin. Émile Biasini, le grand chef du chantier du Louvre, puis secrétaire d'État aux Grands Travaux à partir de 1988, décide de confier la construction de la TGB à Bouygues, officiellement pour des raisons techniques. Robert Lion, ex-directeur de cabinet de Pierre Mauroy à Matignon et maître d'ouvrage du chantier de la Grande Arche, choisit Bouygues lui aussi, « parce que c'est le meilleur ». Le président de la République et le chef d'entreprise se rendront à plusieurs reprises sur ce chantier de la Grande Arche. « J'ai seulement veillé à ce que le président ne se retrouve pas coiffé d'un casque orange, explique Robert Lion à Pierre Péan, mais d'un casque blanc, moins compromettant. Francis Bouygues semblait admirer le président, et le président se montrait affable avec l'entrepreneur. » Un Robert Lion, énarque et spécialiste du logement social, qui « n'exclut pas que les bonnes relations nouées entre les deux hommes autour de ce chantier, si important à leurs yeux, aient pesé sur l'attitude du président vis-à-vis de Francis Bouygues, lors de sa candidature à la reprise de TF1 [23] ».

Au début des années 1980, la conjoncture mondiale s'infléchit, les grands chantiers se raréfient, et les centurions au casque orange reprennent peu à peu le chemin de l'Hexagone. Assis sur une trésorerie de pétrodollars de près de 4 milliards de francs, Francis Bouygues va jouer la carte de la diversification. Avec un culot incroyable, il tente plusieurs raids boursiers successifs sur la Générale *(voir chapitre X)*. Finalement, son paquet d'actions sous le coude, il va déjeuner avec Guy Dejouany pour essayer de trouver un terrain d'entente. Résultat : les deux patrons se fâchent à mort [24]. Il ne reste plus à Francis Bouygues qu'à se rabattre sur la Saur, numéro trois de l'eau en France. La Générale essaie bien de s'y opposer, mais heureusement pour le roi du béton, des cadavres réapparaissent à la surface. En effet, la Saur n'a jamais eu beaucoup d'atomes crochus avec la Générale et la Lyonnaise, qui l'avaient pratiquement déclarée interdite de séjour, depuis sa création en 1933, dans toutes les grandes villes de l'Hexagone. Citizen Bouygues la rachète donc, le 13 juin 1984, pour une bouchée de pain : 450 millions de francs.

L'industriel va faire une cour effrénée aux deux héritières du fondateur de la Saur, Pierre Crussard, et d'un ancien directeur de cette firme, M. Mascencier, qui, à l'époque, possèdent encore une bonne partie de la société. Chacune reçoit un chèque de 100 millions de francs [25]. Peu de chose transpire sur ces familles bourgeoises discrètes où, comme chez les Bouygues, on est ingénieur de père en fils. Rien ou presque rien au *Who's who*. Le grand-père, Louis Crussard, né en 1876, a eu trois enfants. Ingénieur diplômé de l'École supérieure des mines, il a fait carrière comme ingénieur en chef des Mines à Nancy, avant de devenir vice-président du Conseil général des mines. Rien sur son fils Pierre, fondateur en 1933 de la Saur, sinon qu'il sortit ingénieur de l'École des mines de Saint-Étienne. Un capitalisme patrimonial qui, à la différence des Bouygues, n'a pas réussi à damer le pion à ses deux concurrents, trop protégés par le pouvoir occulte…

À la fin des années 1960, la Saur alimente en eau les villes de Brive, Cahors, Chalon-sur-Saône, Angoulême, Nîmes, Châteaudun, Honfleur, Manosque, Pau et Nemours. Mais son 1,2 million de clients en France se recrute surtout à la campagne dans le Grand Ouest, le Nord et le Sud-Ouest, c'est-à-dire là où les deux vieilles dames l'ont autorisé à jouer aux billes. En 1984, lors de son rachat par Bouygues, ce petit bijou fait 50 millions de bénéfice net pour 2,1 milliards de francs de chiffre d'affaires, dont un tiers à l'étranger, en Afrique (Côte d'Ivoire, Sénégal), au Canada et en Espagne (à Barcelone en association avec la Lyonnaise). Quelques années auparavant, la Saur a fondé la Sodeci (Société de distribution d'eau de la Côte d'Ivoire). Avec 5 000 salariés, la Saur-Sodeci est l'un des premiers employeurs de la Côte d'Ivoire. Or le roi du béton est entré, vers 1975, sur le marché ivoirien du BTP, comme le raconte l'éminence du général de Gaulle, Jacques Foccart, dans ses Mémoires : « Houphouët [Houphouët-Boigny était président à l'époque de la Côte d'Ivoire et grand ami de Foccart] m'a demandé de lui obtenir le concours de Francis Bouygues. C'est ainsi que mon entreprise [la Safiex] a joué un rôle pour introduire Bouygues sur les chantiers de travaux publics en Côte d'Ivoire. Mais c'est resté ponctuel : les affaires de Bouygues ont pris une énorme extension dans ce pays par la suite, sans que j'y aie aucune part [26]. » Selon les souvenirs officiels de l'ancien grand vizir officiel de la politique africaine de la France, Francis Bouygues n'appartenait pas à la galaxie gaulliste et n'était pas une de ses relations d'affaires.

Dans son ouvrage *TF1, un pouvoir*, le journaliste Pierre Péan affirme le contraire : « L'ancienne éminence grise du général de Gaulle a introduit Francis Bouygues auprès de trois présidents africains : Félix Houphouët-Boigny (Côte d'Ivoire), Ahmadou Ahidjo (Cameroun) et Omar Bongo (Gabon). Les chantiers se succéderont dans ces trois pays, dégageant de confortables marges [27]. » Mais c'est en Côte d'Ivoire que le roi du béton bénéficiera d'une chance insolente : il a véritablement tiré le gros lot. Le président Houphouët-Boigny est la plus importante fortune française à l'époque avec 60 milliards de francs français, soit devant Liliane Bettencourt. La méthode du

« vieux sage africain » bluffe Bouygues. Un seul exemple parmi d'autres : Houphouët encaisse les bénéfices tirés de la production et de la vente de plus de 30 000 tonnes d'ananas par an, un tiers de la production ivoirienne, grâce à des ouvriers payés par l'État [28].

Pris d'un grain de folie, le « vieux sage africain » demande à l'entrepreneur de lui édifier, à 250 kilomètres au nord d'Abidjan, une nouvelle capitale politique et économique dans son village natal de Yamoussoukro. Francis lui construira sa Grande Mosquée, son palais présidentiel, la maison du parti du président, l'École nationale des travaux publics... Le grand ami de Jacques Foccart a perdu la tête au bénéfice presque exclusif du groupe Bouygues (Dumez-Lyonnaise des eaux récolte quelques miettes, dont la cathédrale basilique), et aussi sans doute de partis politiques français grâce aux fameuses « rétrocommissions [29] ». Le brave Houphouët n'a jamais rien refusé à Francis, qui n'avait qu'une seule photo dans son bureau de Clamart, puis à Challenger, celle du « vieux sage africain ». La légende veut que le roi du béton ait réalisé son premier chantier à l'étranger en Côte d'Ivoire, attiré dans ce pays par la grande chasse. Peu de chantiers de travaux publics échappent en Côte d'Ivoire aux centurions aux casques orange, qui ont également le monopole de l'eau et de l'électricité (depuis 1990). Martin Bouygues a repris le masque africain de son père en Côte d'Ivoire, où il supervise une sorte de super-ministère de l'Économie.

À propos de l'extraordinaire percée de Bouygues en Afrique de l'Ouest, Pierre Péan donne une clé : « Bongo, maître du Gabon, imposé par Paris depuis 1967, est le meilleur connaisseur des réseaux politico-affairistes français, de leurs pratiques, des faiblesses et du "prix" de tel ou tel dirigeant. Il parle aujourd'hui encore avec étonnement de la première visite que lui rendit Francis Bouygues en son palais présidentiel au début des années 1980. "Voilà, monsieur le président, lui dit-il, je ne sais pas encore exactement ce que je vais faire dans votre pays, mais je suis sûr que je vais y réaliser de grandes choses. Je suis sûr que nous entretiendrons de bons rapports"... » D'après Omar Bongo, Francis Bouygues se serait alors levé pour déposer sur le large bureau une valise contenant un milliard de francs CFA [30]. Dernier clin d'œil. En avril 1981, c'est à Yamoussoukro que Francis Bouygues invite 150 journalistes financiers et analystes pour présenter ses comptes annuels. Les Bouygues, du temps du patriarche comme aujourd'hui avec Martin, se rendent chaque année en famille, avec femmes et enfants, chez leur représentant en Côte d'Ivoire, Marcel Zadi Kessy, grand patron de l'eau et de l'électricité dans ce pays.

Même après son renvoi en 1974 par Giscard d'Estaing et l'arrivée de Mitterrand à l'Élysée, Jacques Foccart, personnage énigmatique, avait encore la haute main sur les services secrets français en Afrique. Une chose est sûre : aussi mystérieux l'un que l'autre, Francis Bouygues et Jacques Foccart étaient faits pour s'entendre comme larrons en foire, au carrefour de réseaux d'influence et d'amitiés gaullistes. On sait peu de chose sur le parcours de ces deux personnalités qui se sont croisées pendant la guerre. Si ce n'est cela : « Francis Bouygues quitte les siens pour se réfugier en Mayenne [et échapper au STO] dans la famille de Philippe Tézé, un ami de classe originaire d'Ambrières-le-Grand, bourg du nord du département qui a la particularité d'avoir été la "patrie" de Jacques Foccart. Le père de Philippe Tézé [futur beau-père de Francis Bouygues qui épousera sa fille Monique] est d'ailleurs un des successeurs du père du fidèle conseiller de De Gaulle à la mairie d'Ambrières[31]. »

Autre bizarrerie : le pacte féodal entre Francis et ses ouvriers s'est forgé autour d'Yves Gilmas, un employé du groupe originaire d'Ambrières-le-Grand et engagé sur recommandation des beaux-parents du maçon, les Tézé, proches eux-mêmes de l'Opus Dei. Yves Gilmas sera le premier vice-président de l'ordre des compagnons du Minorange, créé en septembre 1963 pour soi-disant prendre la hiérarchie en tenaille. Le président en sera bien entendu Francis Bouygues, et ses vice-présidents seront tous originaires d'Ambrières. Comme le roi du BTP, les dirigeants de la Saur n'ont jamais caché leurs amitiés à droite. L'un de ses administrateurs sera André Armengaud, ingénieur-conseil en propriété industrielle et ancien de l'École nationale des ponts et chaussées. Sénateur républicain indépendant de 1949 à 1959, il représentait les Français de l'étranger et rédigea un rapport parlementaire sur les ententes ! Il savait de quoi il parlait…

Avec la Saur-Bouygues, Francis a enfin trouvé une activité

stable dégageant 600 millions de francs de trésorerie par an, ce qui contrebalance les risques du bâtiment. Et dans la corbeille de la mariée Saur se cache ETDE (Entreprise de transport et de distribution d'électricité), société spécialisée dans la pose des réseaux et des installations électriques et téléphoniques. Dans les campagnes, la Saur distribue donc l'eau et pose les lignes de téléphone ou d'électricité. En 1987, Francis Bouygues rachète le maillon qui lui manque, la CGCT, l'ancienne filiale téléphonie de l'américain ITT nationalisée en 1982. Une fois encore, Jacques Chirac, alors Premier ministre, a appuyé son « ami Francis » contre l'avis d'Alain Madelin et Gérard Longuet, ministres respectivement des PTT et de l'Industrie, qui ne ménageaient pas leur peine en faveur de l'anglo-saxon ATT [32]. L'enjeu de cette privatisation : la CGCT détient une bonne partie du marché français des centraux téléphoniques et des cabines publiques. Par ce rachat fait au sein d'un groupement comprenant Matra, le suédois Ericsson et la banque Indosuez, la Saur (présidée par le futur patron du groupe, le fils cadet Martin Bouygues) souhaitait devenir le deuxième opérateur du téléphone mobile en France. S'associer avec ces fabricants de la technologie analogique et numérique (que Bouygues n'avait pas) était indispensable. En contrepartie, Matra et Ericsson laissaient à la Saur l'exclusivité de leur licence pour concourir à l'appel d'offres pour le deuxième téléphone mobile.

Les trois champions de l'eau se retrouvent en concurrence pour cette compétition acharnée. Mais, le 16 décembre 1987, le groupe Bouygues perd cette bataille au profit de Cegétel. Les réseaux de Guy Dejouany se sont montrés plus efficaces. Dix ans plus tard, Martin Bouygues se rattrapera en décrochant la licence pour devenir le troisième opérateur de téléphonie mobile, derrière la Générale et France Télécom. À partir de l'année 2003, le pari de Martin Bouygues sur le mobile commencera à rapporter des bénéfices, cinq ans après sa mise en route. Les énormes investissements faits dans Bouygues Télécom proviennent essentiellement de commandes publiques de l'État ou des grandes collectivités (le BTP et la distribution de l'eau via la Saur) et de TF1. Moins franc-tireur que son père mort en 1993 (qui lui avait passé le témoin dès 1989), moins grande gueule, Martin Bouygues, qui a commencé comme conducteur de travaux au fond du trou des Halles, comme son défunt papa investit dans la communication le pactole gagné sur des marchés publics. Question de savoir-faire ou de savoir-vivre pour le patron du plus puissant média de France, qui est devenu la coqueluche de l'État et de beaucoup de maires de grandes villes dans leurs commissions d'appel d'offres.

Clef de voûte du système de verrouillage financier de la famille Bouygues dans le groupe, la Saur (jusqu'à sa vente fin 2004) joue le rôle d'une sorte de vase communicant entre le holding familial et le groupe coté en Bourse. En septembre 1988, le milliardaire britannique Maxwell (associé dans TF1 avec Bouygues) essaie de dépouiller en Bourse Francis Bouygues et ses enfants. Contre toute attente, ces achats et ventes massifs de titres vont cesser au lendemain de l'invitation du président de la République dans l'hôtel particulier du magnat du béton. « Francis Bouygues pose ce soir-là une chemise cartonnée sur la table, écrit Olivier Toscer du *Nouvel Observateur*. Sur le dossier, un sobre intitulé : “Mitterrand”. “Monsieur le président, je suis attaqué en Bourse. Je vous saurais gré de faire cesser cette tentative de déstabilisation du groupe”, aurait alors demandé le maître de maison. “Je vais voir ce que je peux faire”, aurait répondu le président sans ciller[33]. » L'attaque boursière cesse aussitôt, mais la tentation ne disparaît pas. Francis Bouygues et sa famille n'ont jamais détenu plus de 7 % du groupe. Le reste du capital reste entre les mains de petits porteurs et d'investisseurs institutionnels (Crédit Lyonnais, UAP, Indosuez et Nippon Life). Et le roi du BTP ne dispose pas de la surface financière pour monter en puissance dans le capital de son groupe. Alors, faute de pouvoir se retourner vers l'État, le magnat du BTP va obtenir de la COB (Commission des opérations de Bourse) qu'elle ferme les yeux. Opportuniste comme à son habitude, Francis Bouygues va aller chercher l'aide de ses petits actionnaires, sans que ces derniers s'en rendent compte.

On s'en apercevra dix ans plus tard, en 1998, lorsqu'un vrai raider, Vincent Bolloré, lancera un assaut à la Bourse contre l'empire Bouygues. L'« ange blond des affaires » confie alors des études sur le groupe de BTP à deux sociétés d'audit chargées de rechercher des anomalies de gestion ou des illégalités. Toujours selon Olivier Toscer, ces études démontrent comment, en quelques opérations financières habiles réalisées sur deux ans seulement, il est possible pour « un favori de d'État de progresser dans le capital de son entreprise de 7 à 16 % ». « Sans bourse délier mais, au contraire, en s'enrichissant – légalement – d'environ 150 millions d'euros (un milliard de francs) ! [...] Une série de filiales liées au groupe de BTP, mais contrôlées par la famille Bouygues [Mabinvest, Saur et Copifex entre 1988 et 1991], se sont soudain mises à acheter, en toute légalité bien entendu, des dizaines de milliers de titres du groupe. Lesquels ont ensuite été rachetés par la famille. Comment ? Grâce à des emprunts contractés personnellement auprès d'autres filiales du groupe. Ce qui laisse, à ce stade, en suspens, conclut Olivier Toscer, la question du remboursement de ces dettes à la famille[34]. » En quelque sorte, la « petite fée des robinets », la Saur, rapporte non seulement beaucoup d'argent, mais sert en outre de pont-levis à la famille Bouygues pour protéger sa forteresse familiale de l'assaut d'éventuels raiders. Actionnaire important du groupe, le Crédit Lyonnais, nationalisé à l'époque, a-t-il donné un coup de main à cette famille qui reste l'une des rares en France à sauvegarder à tout prix le capitalisme familial ? Probablement... Sans le soutien apporté au groupe par Clinvest, la banque d'ingénierie financière du Crédit Lyonnais, Bouygues aurait déjà été absorbé par un de ses concurrents français ou étrangers. Ce bras financier de l'État à l'époque n'avait pas pour habitude de marchander son soutien à deux des trois champions français de l'eau. La banque a toujours eu au moins un représentant au conseil d'administration de Bouygues et à celui de la Lyonnaise depuis respectivement cinquante et cent vingt-trois ans.

NOTES

1. Voir Patrick Karam, *Asie Centrale, le nouveau Grand Jeu*, L'Harmattan, 2002, p. 282-288.

2. Voir Jean-Pierre Stroobants, « Tractebel est soupçonnée d'irrégularités financières », *Le Monde*, 5 février 2002.

3. Voir *JDD* du 19 décembre 2004.

4. Voir Gilles Fontaine, « Danone et Veolia pionniers en terre d'Islam », *L'Expansion*, n° 690, octobre 2004, p. 60-64.

5. Voir *Elf : l'empire d'essence*, n° 67 des dossiers noirs du *Canard enchaîné*, p. 22-23 ; Antoine Glaser et Stephen Smith, *Ces Messieurs*

Afrique, Calmann-Lévy, 1992, p. 74-75 ; Vincent Nouzille et Élisabeth Campagnac, *Citizen Bouygues*, Belfond, 1988, p. 201-206 ; François-Xavier Verschave, *La Francafrique*, Stock, 1999, p. 309.

6. Voir Vincent Nouzille et Élisabeth Campagnac, *Citizen Bouygues*, *op. cit.*, p. 199-200.

7. Voir Christian de Brie et Pierre Carpentier, *F... comme fraude fiscale*, Alain Moreau, 1975, p. 438-439 ; Thierry Wolton, *Les Écuries de la Ve*, Grasset, 1989 p. 204-205.

8. Voir « Face au FLB et à Carlos : la brigade des manipulations », dans Roger Faligot et Pascal Krop, *DST police secrète*, Flammarion, 1999, p. 277-286 ; entretien avec l'auteur en 1976.

9. Voir « Face au FLB et à Carlos : la brigade des manipulations », dans Roger Faligot et Pascal Krop, *DST police secrète*, *op. cit.*, p. 286.

10. Voir *ibid.*, p. 280-281.

11. Voir *ibid.*, p. 282-283 ; lettre du préfet Jean Rochet, ex-directeur de la DST, au ministre de l'Intérieur Raymond Marcellin et fac-similé lettre de Francis Bouygues à Jean Rochet.

12. *Foccart parle : entretiens avec Philippe Gaillard*, vol. II, Fayard-Jeune Afrique, 1997, p. 256.

13. Pierre Péan et Christophe Nick, *TF1, un pouvoir*, Fayard, 1997, p. 281-282.

14. Voir Antoine Glaser et Stephen Smith, *Ces Messieurs Afrique*, *op. cit.*, p. 60-61.

15. Ghislaine Ottenheimer et Renaud Lecadre, *Les Frères invisibles*, Albin Michel-Pocket, 2001, p. 327-328.

16. Henri Deligny, *Chirac ou la Fringale du pouvoir*, Alain Moreau, 1977, réédité en 2002 aux éditions Syllepse sous le titre *Chirac ? On vous avait prévenu...*, p. 192.

17. Brigitte Henri, *Au cœur de la corruption par une commissaire des RG*, Éditions n° 1, 2000, p. 130.

18. Voir Claude Angeli et Stéphanie Mesnier, *Notre allié Saddam*, Olivier Orban, 1992, p. 53 ; Thierry Wolton, *Les Écuries de la Ve*, *op. cit.*, p. 290 ; Kenneth Timmerman *Le Lobby de la mort : comment l'Occident a armé l'Irak*, Calmann-Lévy, 1991, p. 49-53, 61.

19. Voir Vincent Nouzille et Élisabeth Campagnac, *Citizen Bouygues*, *op. cit.*, p. 102-103.

20. Voir Kenneth Timmerman, *Le Lobby de la mort : comment l'Occident a armé l'Irak*, *op. cit.*, p. 116-117.

21. Voir Pierre Péan et Christophe Nick, *TF1, un pouvoir*, *op. cit.*, p. 150-151.

22. Voir Pierre Favier et Michel Martin-Roland, *La Décennie Mitterrand, les ruptures, 1981-1984*, Le Seuil, 1990, p. 53-54 ; Pierre Péan et Christophe Nick, *TF1, un pouvoir*, *op. cit.*, p. 151.

23. Voir Pierre Péan et Christophe Nick, *TF1, un pouvoir*, *op. cit.*, p. 154-157.

24. Voir Vincent Nouzille et Élisabeth Campagnac, *Citizen Bouygues*, *op. cit.*, p. 214.

25. Voir *ibid.*, p. 215.

26. *Foccart parle : entretiens avec Philippe Gaillard*, *op. cit.*, p. 232.

27. Pierre Péan et Christophe Nick, *TF1, un pouvoir*, *op. cit.*, p. 105-106.

28. Voir François-Xavier Verschave, *La Francafrique*, Stock, 1999, p. 131.

29. Voir Antoine Glaser et Stephen Smith, *L'Afrique sans Africains*, Stock, 1994, p. 117-119, 163-164 ; Antoine Glaser et Stephen Smith, *Ces Messieurs Afrique*, *op. cit.*, p. 43-62.

30. Pierre Péan et Christophe Nick, *TF1, un pouvoir*, *op. cit.*

31. Pierre Péan et Christophe Nick, *TF1, un pouvoir*, *op. cit.*, p. 56.

32. Voir « La privatisation de la CGCT », *Le Monde*, 24 avril 1987 ; Vincent Nouzille et Élisabeth Campagnac, *Citizen Bouygues*, *op. cit.*, p. 218-219.

33. Olivier Toscer, *Argent public, fortunes privées, histoire secrète du favoritisme d'État*, Denoël, 2002, p. 114 et 115 ; *Le Nouvel Économiste*, 20 août 1996, p. 16.

34. *Ibid.*, p. 112-113.

XV

Jérôme Monod, le « prédateur » RPR des régies municipales

L'ancien député-maire de Grenoble, Alain Carignon, n'a pas envoyé de message de soutien à Alain Juppé, l'ex-président de l'UMP, à l'occasion de sa condamnation, le 30 janvier 2003, à dix-huit mois de prison avec sursis et à dix ans d'inéligibilité pour prise illégale d'intérêts (des peines réduites en appel à 14 mois de prison avec sursis et un an d'inéligibilité). En tant que président de l'UMP de l'Isère (élu le 12 avril 2003 par 153 voix contre 51 voix à son seul concurrent), l'ex-ministre de la Communication n'a donc pas suivi les instructions de la direction nationale de son parti. On peut le comprendre... Durant ses deux ans et dix mois de prison, il a attendu en vain un petit mot de réconfort d'Alain Juppé, à l'époque secrétaire général et président par intérim du RPR. Même le président de la République de l'époque, François Mitterrand, lui avait fait parvenir un message de soutien. En 1994, au moment où Alain Carignon a sauté directement de la case ministérielle à la case prison, Jérôme Monod était le PDG de la Lyonnaise des eaux. Or l'ancien maire de Grenoble a été condamné pour avoir privatisé la distribution de l'eau à Grenoble au bénéfice de la Lyonnaise en échange d'avantages matériels fournis par cette société. Depuis, le même Jérôme Monod a barré la route des élections régionales de mars 2004 à Alain Carignon. Certes, c'est le président de l'UMP, Alain Juppé, qui a fait savoir à la fédération de l'Isère de ce parti qu'un ancien élu qui avait fait de la prison ne pouvait être investi par l'UMP.

À l'époque, une telle décision n'a pu être prise qu'avec l'aval de la « sainte trinité » élyséenne, c'est-à-dire Alain Juppé, Jacques Chirac, et son bras droit et complice de presque quarante ans, Jérôme Monod, sorte de super-Premier ministre trônant dans le salon Argent qui donne sur les jardins de la Présidence... Après la condamnation du maire de Bordeaux et l'élection de Nicolas Sarkozy comme président de l'UMP, Alain Carignon va-t-il rester à l'écart du jeu politique ? L'ancien maire de Grenoble garde bon espoir de voir son ami Nicolas Sarkozy faire un geste en sa faveur. D'autant plus que Jérôme Monod (« J1M ») et l'UMP dans son ensemble n'ont jamais eu à se plaindre des déclarations d'Alain Carignon, hier comme aujourd'hui. Il n'a jamais accusé le président de la Lyonnaise des eaux ou cette entreprise de quoi que ce soit. Il s'est toujours tu, à l'inverse du secrétaire général de la mairie de Grenoble, Patrick Thull, qui l'a accusé d'avoir donné la distribution de l'eau à la Lyonnaise en échange notamment du renflouement par celle-ci, à hauteur de 5 millions de francs, des journaux électoraux publiés sur décision d'Alain Carignon à l'occasion des municipales de 1989 [1]. Ce que la cour d'appel de Lyon reprend dans les attendus de son arrêt du 9 juillet 1996 condamnant Alain Carignon qui « n'a pas hésité à trahir la confiance que ses électeurs lui ont manifestée, en monnayant le pouvoir du maire qu'il tenait du suffrage universel, afin de bénéficier d'avantages matériels qui se sont élevés à 19 073 150 francs et de satisfaire ses ambitions personnelles ».

Dans son message écrit de manière télégraphique, en 1992, à la police judiciaire de Lyon, le corbeau qui a déclenché l'affaire judiciaire dénonçait en tout premier lieu Jérôme Monod : « Suite à l'affaire Botton l'homme de main dans le Sud-Est et d'ailleurs, le fusible du président Jérôme Monod est probablement Prompsy, directeur général, Prompsy se sert de Michel Merlin, un homme d'affaires lyonnais, pour arroser les élus – par exemple en 1989, la Lyonnaise et la famille Merlin ont obtenu la concession de l'eau de Grenoble en effaçant les ardoises du maire Carignon – en juillet 1989 le cabinet d'ingénieurs Marc Merlin a recommandé au conseil municipal la privatisation de l'eau et dans les jours suivants Carignon a fait aussitôt voter à la hussarde la concession de l'eau à la Cogese, société commune Merlin-Lyonnaise, en échange Prompsy a fait racheter par la Lyonnaise deux sociétés d'édition au bord de la faillite, ces deux sociétés grenobloises Holding Dauphiné News et Dauphiné News fabriquaient les journaux municipaux et du département pour Carignon et probablement d'autres communications – Carignon avait vidé leurs caisses à hauteur d'un milliard de centimes – pour racheter les deux sociétés sur demande de Carignon, Prompsy a créé à Lyon une société bidon, la Serecom, filiale de la Serepi, filiale de la Lyonnaise – le personnel de Dauphiné News a été licencié et les deux moribondes ont été transférées à Paris pour y mourir un jour ou l'autre – elles sont au 1 rue de Stockholm 8° RCS B347788721 et B350460192 – que font à Paris des sociétés grenobloises filiales d'une société Lyonnaise inactive[2] ? »

En seize ans d'affilée à la tête de la Lyonnaise (de 1981 à 1997), le conseiller numéro un de Jacques Chirac a surfé non seulement sur l'affaire Carignon, mais aussi sur les plus gros scandales politico-financiers de l'époque : Urba, Gifco, HLM de Paris, les lycées de la région parisienne, Botton-Michel Noir et Maillard et Duclos. Contrairement à Guy Dejouany, « J2M » et Martin Bouygues, « J1M » l'intouchable, l'inoxydable, est passé à travers toutes les gouttes. Parmi les patrons du triumvirat de l'eau à la fin du siècle dernier, Jérôme Monod reste le seul à n'avoir jamais été mis en examen. En revanche, Bernard Prades, son vieux complice (ancien de la Datar comme lui et connaissant à ce titre tous les élus de France et Navarre) et directeur délégué de la Lyonnaise, à ses côtés depuis 1974, André Kamel, patron de sa filiale de travaux publics Dumez-International, Jean-Jacques Prompsy, son ancien directeur commercial chargé de l'eau devenu ensuite grand manitou du secteur propreté (*sic*), et Marc-Michel Merlin, PDG de la filiale eau de la région Rhône-Alpes, ont tous plongé. Les trois derniers ont même pris pension un temps derrière les barreaux[3].

Le fondateur et premier secrétaire général du RPR s'en est sorti chaque fois en brandissant la même baguette magique : il n'était pas au courant de tout ce qui se passait dans son entreprise et dans ses centaines de filiales. « On avait dissimulé à ce miraculé des affaires les multiples dossiers de financement politique de la Lyonnaise des eaux qu'il présida presque un quart de siècle[4] », écrit le journaliste Nicolas Beau dans *Le Canard enchaîné*, hebdomadaire qui le décorera de la médaille du « PDG le moins informé de France ». Pierre Botton résume la situation : « Tout se serait fait dans son dos [de Jérôme Monod]. Pourtant, il n'y a que deux solutions : soit il était informé et il a participé à un système (n'oublions pas son passé politique), soit il ignorait tout et il aurait dû quitter la direction de son entreprise car la situation le dépassait[5]. » Voler au secours d'Alain Carignon ne coulait pas de source. À l'époque, le conseiller technique chargé de la justice au cabinet du Premier ministre est un magistrat du nom de Patrick Ouart. La mise en cause judiciaire d'un ministre en exercice ne pouvait que concerner de très près ce juge très politique, en détachement dans les cabinets ministériels de droite ou à la ville de Paris depuis alors une dizaine d'années. Curieusement, Patrick Ouart a été littéralement aspiré, en 1998, comme directeur au secrétariat général de la Lyonnaise, dont le président du conseil de surveillance était alors Jérôme Monod. L'ex-maire de Grenoble se pose des questions... Une certitude : aucun réseau n'a fonctionné en sa faveur. Il est d'origine modeste et n'a pas fait l'Ena. Les charmes discrets du pouvoir du monde de l'eau, de l'*establishment* et de ses collègues ministres, l'ancien journaliste Alain Carignon ne connaît pas. Il s'est fait tout seul. De plus, bien que sollicité de manière très directe, le ministre de l'Intérieur, Charles Pasqua, ne lèvera pas le petit doigt pour sauver son collègue du gouvernement, dès que l'affairc menace d'éclater en 1993. Il suffisait pourtant de donner une super-promotion à l'inspecteur Philippe Lombard qui enquêtait seul sur l'affaire en compagnie du juge Philippe Courroye. L'enquête devenait aveugle, ce policier étant la mémoire, l'homme clé de ce dossier.

Comme l'annonçait la lettre du corbeau, deux personnages clés pouvaient mettre en cause Jérôme Monod : Alain Carignon et Jean-Jacques Prompsy. Cet ingénieur civil des Mines, âgé aujourd'hui de 66 ans, était « marié », en quelque sorte, à la Lyonnaise des eaux, où il a débuté à l'âge de 33 ans, et à Jérôme Monod. En novembre 1995, pour corruption active et abus de biens sociaux aux yeux de la justice, ou « raison d'entreprise » selon ses propres mots, ce directeur commercial chargé du secteur eau a été condamné par le tribunal correctionnel de Lyon à quatre ans de prison avec sursis et 400 000 francs d'amende dans le dossier Carignon. Ce petit barbu à lunettes, jeune retraité, nous rencontre, en juillet 2002, devant l'église Saint-Ambroise dans le XIe arrondissement de Paris. L'œil rieur, le verbe facile, ressemblant plus à un clergyman qu'à un des anciens grands directeurs de la Lyonnaise, Jean-Jacques

Prompsy se confesse mollement : « À la Lyonnaise, on a financé tous les partis politiques, le PS, le PC le RPR et l'UDF, mais ce sont de vieilles lunes, c'est fini [6]. »

Jouant au timide, ce sympathique pince-sans-rire renvoie à la lecture de son roman autobiographique, *La Cour des cadres*. Au dos de la couverture, la présentation de l'ouvrage en donne la clé sans la moindre ambiguïté : « Ce roman est une première. Il décrit dans leur intimité, dans leur nudité parfois, les grands groupes de services, souvent au cœur de l'actualité, très souvent décriés, toujours épiés, jamais percés à jour. Un jour cruel pourtant, celui que décrit Jean-Jacques Prompsy : le ballet des présidents et des directeurs, des chefs et des sous-chefs, des secrétaires et des conseillers, des maires et des adjoints, des ministres et des ministrables. On l'aura compris, derrière le personnage de Jean-Pierre Seules, le président, ou de François Pierron, le héros, s'anime une comédie humaine qui puise dans la réalité… Jusque dans les prétoires où l'auteur revit, drapés dans la fiction, ses propres déboires qui, en leur temps, ont défrayé la chronique et effrayé quelques puissants. *La Cour des cadres* est le premier roman de Jean-Jacques Prompsy qui fut pendant vingt ans l'un des principaux dirigeants de la Lyonnaise des eaux, ce qui le conduisit à effectuer plusieurs séjours en prison entre 1996 et 1998, pour raison d'entreprise [7] ».

Derrière quelques changements de noms et de lieux, les employés de la Lyonnaise peuvent faire le lien avec leur groupe qui ressemble beaucoup à la Société mondiale de services publics, installée à Boulogne-Billancourt et non à Nanterre. En Jean-Pierre Seules, les militants du RPR des années 1970, les cadres supérieurs de la Lyonnaise et les fonctionnaires aujourd'hui en poste à l'Élysée peuvent reconnaître Jérôme Monod. À propos de ce personnage, Jean-Jacques Prompsy trempe sa plume dans du vinaigre : « Ses lèvres sont minces et les commissures tombent. Cela lui donne l'air triste, un peu méchant, l'air de quelqu'un à qui il ne faut pas se fier. L'apparence générale de son visage est celle d'un oiseau, non pas d'un siffleur mais persifleur. En fait, c'est un rapace toujours à l'affût d'une proie. Hélas, dans cette salle, elles ne sont pas bien grosses, pas trop vivantes, pas trop capables de se défendre, déjà vaincues, déjà convaincues de leur incapacité à résister, de leur perte, et cela l'attriste [8]. » Ce portrait colle à celui que dresse très officiellement Jean-François Probst [9], qui, de 1974 à 1983, a passé six années aux côtés de Jérôme Monod à Matignon, au secrétariat du RPR, puis à la Lyonnaise : « L'image médiatique de Jérôme Monod, l'énarque austère, rigoureux et intègre est inversement proportionnelle à la réalité. Jérôme Monod symbolise la traduction de l'arrogance française, du clientélisme radical-socialiste, de l'hypocrisie protestante et de l'âpreté au gain. Un seul exemple pour illustrer ces qualités : en 2004, il faisait toujours payer à son ancien employeur Suez-Lyonnaise des eaux les déjeuners qu'il offre régulièrement à des journalistes rue de Solférino. Enfin, il reste fâché aujourd'hui avec la quasi-totalité de ses anciens collaborateurs à l'exception de Bernard Prades, son servant de messe, qui lui rend visite tous les jours à l'Élysée[9]. »

Devenu, en 2002, le fondateur de l'UMP et le grand artisan de la victoire de Jacques Chirac à la présidentielle la même année, Jérôme Monod ne s'est jamais expliqué sur le fond de l'affaire Carignon, autrement qu'en prétendant ne rien savoir. Pourtant, c'est la seule fois sous la Ve République qu'un ministre est passé sans transition de ses fonctions à la prison. C'est également la seule fois qu'un des trois champions de l'eau a contribué, par une imprudence certaine, à envoyer un ministre un peu téméraire derrière les barreaux. Pourquoi Jérôme Monod a-t-il pris le risque de couvrir le rachat de deux feuilles électorales en faillite lancées par des proches du maire de Grenoble, un de ses amis politiques ? Parce que la Lyonnaise devait jouer au super-Père Noël pour l'emporter sur son vrai concurrent, une régie municipale florissante et donc moins chère que les champions de l'eau. Apparemment, elle était prête à bafouer les règles d'une saine gestion pour bénéficier d'un pactole lucratif. Principal acteur de ce dossier, Jérôme Monod a répété à longueur d'années qu'il serait « le seul à ne pas violer le secret de l'instruction », préférant s'en prendre aux journalistes. Interrogé sur les affaires Carignon et Botton par le juge Philippe Courroye, le 23 février 1994, l'ex-directeur de cabinet du Premier ministre Jacques Chirac lui répond, serein : « Selon moi, il n'y a pas eu d'opérations politiques de la part de notre groupe. Il n'y a pas eu de support financier d'un homme ou de deux hommes dans la région. D'ailleurs, nous n'avons pas obtenu de contrat à ma connaissance avec la municipalité lyonnaise[10] »...

Le juge Philippe Courroye se contente de ces déclarations et clôt l'audition. Jérôme Monod a la baraka, dira-t-on. Lors d'un colloque sur l'eau en novembre 1994 (Alain Carignon est en prison depuis le 12 octobre précédent), « J1M », grand acteur, crie haro sur les journalistes : « Quand j'entends décrire les activités de Monod et de Dejouany passant leur temps à se partager des petits marchés français, j'ai l'impression de lire *Zig et Puce*. Enfin, on croirait lire *Tintin* en 1945... Nos activités sont tout de même d'un autre ordre. [...] Nos clients étrangers craignent que ces affaires françaises ne grèvent nos bénéfices, et que notre entreprise soit moins performante. » Rappelant avec justesse les excellentes performances des trois champions de l'eau à l'étranger (la Lyonnaise y réalise alors 45 % de son chiffre d'affaires de 145 milliards de francs), Jérôme Monod se fait menaçant : « Attention, il ne faut pas tuer le bébé [11] »... Dans une lettre publiée à la même époque, le jeudi 10 novembre, par le quotidien *La Tribune-Desfossés*, « J1M » amorce un virage à 180 degrés. Il annonce avec fracas sa « décision de suspendre tout financement aux partis politiques ou aux candidats aux élections, dans l'attente des nouvelles mesures législatives qui pourraient être prises pour clarifier les conditions de financement de la vie politique [12] ». Le PDG de la Lyonnaise reconnaît ainsi, en jouant sur les mots, l'existence de « dysfonctionnements », un mot à la mode qui ne veut rien dire. Et l'ancien secrétaire général du RPR de créer dans la foulée un code d'éthique à la Lyonnaise, de signer une charte anticorruption, de s'entourer de magistrats et de rendre public son salaire annuel (5 millions de francs).

Malgré les silences de Jean-Jacques Prompsy et d'Alain Carignon et la réserve de Jérôme Monod, la justice a réussi à établir que la Lyonnaise avait gagné, en 1989, à Grenoble, les deux contrats d'alimentation en eau potable et d'assainissement (d'une durée de vingt-cinq ans) avec des moyens peu orthodoxes. Dès l'automne 1989, soit six mois seulement après la signature du contrat d'eau, le directeur commercial chargé de l'eau à la Lyonnaise, Jean-Jacques Prompsy, franchit le Rubicon. Il escamote la dette de trois sociétés ayant édité des journaux gratuits électoraux pro-Carignon pour les municipales de 1989. Ce brave homme, qui est loin d'être un chef d'orchestre de l'ingénierie financière, ne se pose pas trop de questions. Il rachète les gratuits du groupe Dauphiné News et éponge leurs dettes de 5,4 millions de francs. À travers le mince écran de deux sous-filiales à Paris et dans sa banlieue, l'argent sort des coffres de la Lyonnaise pour fleurir à la Serepi, la Société d'exploitation des réseaux d'eau intercommunaux, actionnaire à 49 % de la Cogese (Compagnie de gestion des eaux du Sud-Est), qui distribue l'eau à Grenoble. Le 20 décembre 1989, les dirigeants de la Serepi enfantent un cache-sexe, la Serecom, qui s'empare aussitôt de 91 % des actions du holding Dauphiné News pour le modique prix de zéro franc. Roulez jeunesse ! La Serepi libère intégralement son capital social de 5,4 millions de francs qui atterrit à la Serecom. Heureux hasard, ce capital correspond à un peu plus du solde du déficit des journaux gratuits : il est injecté en six versements successifs de la Serecom sur le compte courant du holding Dauphiné News. Ultime signature du « crime » : ce holding est mis peu après en liquidation judiciaire, alors qu'il est déjà domicilié à Nanterre, au siège de la Lyonnaise !

Jouant à la perfection son rôle de bouc émissaire, Jean-Jacques Prompsy n'a jamais varié dans ses déclarations : il voulait ainsi s'attacher les services d'une équipe de professionnels de la communication afin d'attaquer le marché des publications municipales [13]. Cette recapitalisation du holding Dauphiné News par la Lyonnaise apparaît, dans l'arrêt du 9 juillet 1996 de la cour d'appel de Lyon, comme une contrepartie au marché de l'eau accordée par la ville de Grenoble à ce même distributeur d'eau. Les ciments Vicat (pour 600 000 francs) et une filiale de Bouygues (11 869 480 francs) ont joué eux aussi au sponsor des gratuits de Dauphiné News. Ces deux groupes n'ont pas été poursuivis, car ces gratuits existaient encore à l'époque de ces « cadeaux ». À l'inverse, la Lyonnaise a renfloué le déficit creusé par ces gratuits qui ne paraissaient plus depuis neuf mois…

Jérôme Monod et Jean-Jacques Prompsy ont nié l'évidence : le lien entre le renflouement des journaux électoraux de Carignon et l'attribution à la Lyonnaise de la privatisation de la distribution de l'eau potable et de l'exploitation de l'assainissement à Grenoble. Dans le jugement le condamnant à quatre ans de prison avec sursis pour corruption et complicité d'abus de biens sociaux, les magistrats reprochent à Jean-Jacques Prompsy d'avoir renfloué, à hauteur de 5,4 millions de francs, les « city magazines » de Carignon. Dans leurs attendus, les juges écrivent : « Ces avantages ne peuvent s'analyser qu'en la volonté de Jean-Jacques Prompsy d'aider Alain Carignon dans le but d'obtenir le marché de l'eau [14]. »

Le dossier judiciaire va mettre en évidence le « pacte » pour la privatisation de l'eau conclu entre Alain Carignon et la Lyonnaise. Dans les attendus de l'arrêt de la Cour de cassation du 8 avril 1999 sur ce dossier, on peut lire : « La concession du service de l'eau de la ville de Grenoble a été effectuée non après mise en concours de plusieurs candidats, mais uniquement parce que la Cogese, via le groupe Merlin et la société Lyonnaise des eaux, était en mesure de procurer au maire les dons et avantages à usage personnel tels que mise à disposition privée d'un appartement situé boulevard Saint-Germain à Paris, prise en charge des collaborateurs de l'équipe parisienne, versements au profit d'un journal régional pour promouvoir son image et celle de la ville de Grenoble, utilisation gratuite de taxis aériens, croisières familiales et leçons d'anglais [15]... » Au procès, un témoignage a pesé lourd : Marc-Michel Merlin avoue qu'il a soutenu financièrement à bout de bras la carrière politique d'Alain Carignon. Ce chef d'entreprise reconnaît avoir payé au maire de Grenoble des voyages en avion, une croisière, un appartement de 250 m^2 boulevard Saint-Germain à Paris et des factures pour le lancement des deux gratuits du groupe Dauphiné News [16]. Face aux juges du tribunal correctionnel de Lyon, il déclare que l'attribution du marché de la privatisation de l'eau à Grenoble était une contrepartie à toutes ces dépenses. En tant que PDG des sociétés Merlin et de la Cogese, il a signé ce contrat d'affermage (c'est la ville, propriétaire des usines et conduites d'eau, qui paie les investissements) aux côtés de la Lyonnaise. Il est resté PDG de ces deux entreprises après leur absorption par la Lyonnaise en 1990.

Le « pacte » a été scellé définitivement lors d'un déjeuner d'affaires tenu, le samedi 3 octobre 1987, au pavillon du conseil général de l'Isère à Grenoble. Y ont pris part Alain Carignon, Jérôme Monod, Jean-Jacques Prompsy, Marc-Michel Merlin, Patrick Thull et l'homme de confiance de Carignon, l'avocat d'affaires Jean-Louis Dutaret. Face au juge Courroye, tous les protagonistes de ce repas reconnaîtront que ce repas a bien eu lieu, sauf Alain Carignon qui se referme comme une huître. Il persistera à nier son existence avant de l'admettre sans vouloir en dire plus. De son côté, la Lyonnaise des eaux a reconnu l'existence de ce déjeuner, tout en démentant formellement toute conclusion d'un pacte, d'« un quelconque accord ou échange d'intention concernant la concession du service des eaux : il est normal et habituel que des contacts soient organisés avec les responsables des collectivités. Le déjeuner et la réunion datant de 1987 évoqués par la presse s'inscrivent dans ce cadre [17] ». Cette position officielle du groupe, tant Jérôme Monod que Jean-Jacques Prompsy n'en dévieront pas d'un iota.

En trente-trois ans de carrière à la Lyonnaise (dont seize sous la férule de Jérôme Monod), Jean-Jacques Prompsy, l'ingénieur modèle et le « négociateur courtois gardant toujours le sens des affaires », a toujours été un bon petit soldat pour le groupe. L'ancien directeur commercial chargé du pôle eau était en première ligne. Entre 1982, date de la décentralisation qui a ôté aux préfets tous leurs pouvoirs pour les donner aux maires, et les lois des années 1990 sur le financement des campagnes électorales, les relations entre les sociétés privées de services aux collectivités locales et les élus ont été particulièrement troubles. Pour obtenir des marchés, les trois champions de l'eau vont financer de manière occulte les campagnes électorales des seconds. « Chez nous, les trois grands de l'eau et du BTP, le poste de directeur commercial est de loin le plus exposé, explique le dirigeant d'une société concurrente. C'est celui qui reste en contact direct avec les clients et se charge du sale boulot. C'est lui qui se retrouve toujours mis en examen. Pas les ingénieurs, ni le PDG… »

Pour comprendre comment le soldat Jean-Jacques Prompsy s'est sacrifié pour sauver son patron, il suffit de se procurer les attendus des décisions de justice qui ont condamné Alain Carignon. Sous le paragraphe intitulé « La corruption active et passive Prompsy/Carignon », le jugement du 16 novembre 1995 du correctionnel de Lyon précise : « Il reste, à ce stade, à faire état des hypothèses développées lors de leurs plaidoiries par Me Zelmati, pour Marc-Michel Merlin, et par le bâtonnier Danet, pour Alain Carignon. Me Zelmati émet l'hypothèse que le corrupteur principal est M. Monod, PDG de la Lyonnaise des eaux, qui s'est servi de Marc-Michel Merlin comme d'un "cheval de Troie » pour pénétrer à Grenoble et obtenir le marché de l'eau et qui s'est servi d'Alain Carignon pour l'obtention de ce marché. Me Danet s'étonne de ce que, si pacte de corruption il y a eu le 3 octobre 1987, Jérôme Monod ne soit pas poursuivi pour le délit de corruption puisqu'il était présent à ce déjeuner. Le tribunal ne peut que s'interroger sur ces hypothèses qui se complètent sans apporter de réponse définitive, étant donné que Jérôme Monod a été entendu en qualité de témoin à l'audience, cité par la défense de Jean-Jacques Prompsy et Louis Béra, et, pour le tribunal, son rôle ne peut pas dépasser celui d'un témoin [18] ».

Dans l'article annonçant la condamnation d'Alain Carignon devant le tribunal correctionnel de Grenoble, *Le Monde* traduit le même malaise : « Les juges s'interrogent sur le rôle de Jérôme Monod, président de la Lyonnaise des eaux, en relevant avec une nuance de regret qu'il n'a été entendu qu'en qualité de témoin. La loi leur [aux juges] permettait pourtant d'aller jusqu'au bout de leur pensée. Certes, un supplément d'information ordonné par le tribunal se serait peut-être heurté à des obstacles juridiques, qui n'étaient cependant peut-être pas infranchissables. En tout cas, il aurait eu le mérite de montrer que les juges ne se contentaient pas de faire part de leur frustration devant un dossier d'instruction implicitement considéré comme incomplet [19]. » Même question sans réponse dans le compte rendu du procès fait par *La Tribune* : « Le tribunal s'interroge, en effet, sur le fait de savoir si Jean-Jacques Prompsy n'est que l'exécutant d'une politique de corruption définie à un autre niveau par la Lyonnaise des eaux ? Est-il le corrupteur unique au sein de la Lyonnaise [20] ? »

Quelques mois plus tard, en février 1996, la Lyonnaise des eaux décide de redorer son blason en lançant une campagne de publicité de 22 millions de francs [21]. La tonalité des messages choisie pour la presse quotidienne (« Il faut être exemplaire pour encourager un monde qui veut l'être ») indique que le groupe veut gommer une image ternie par les affaires. Image d'une société plus pure que l'eau qu'elle veut nous faire boire… Image d'un homme blessé par les accusations à son encontre, Jérôme Monod affiche dès lors la volonté d'un PDG qui veut laver plus blanc. Enfin, le 9 juillet 1996, la cour d'appel de Lyon rend son arrêt dans l'affaire Carignon. Cette décision montre comment Alain Carignon s'est piégé lui-même en se refusant à mettre officiellement en cause Jérôme Monod lors du procès en première instance devant le tribunal correctionnel de Lyon. La cour d'appel de Lyon signale à propos de la demande d'Alain Carignon d'audition de témoins, dont Jérôme Monod : « Jérôme Monod a été entendu, en qualité de témoin, au cours de l'information et devant le tribunal correctionnel, à la requête non d'Alain Carignon, mais de Jean-Jacques Prompsy et de Louis Béra ; à la lecture des notes d'audience, il n'apparaît pas qu'Alain Carignon ou ses conseils lui aient posé de questions ; une nouvelle audition de ce témoin n'apparaît pas utile à la manifestation de la vérité[22]. »

Contrairement à ce qu'a établi difficilement la justice, le déjeuner conspiratif du 3 octobre 1987 au conseil général de l'Isère n'était pas le premier du genre. En fait, selon le témoignage de Jean-François Probst (ancien proche collaborateur de Jérôme Monod, à Matignon et à la Lyonnaise, et son directeur de cabinet au secrétariat général du RPR, à la demande de Jacques Chirac), l'affaire de Grenoble commence quatre ans plus tôt, le 7 juin 1983, lors d'un déjeuner au domicile de Jérôme Monod, rue du Bac à Paris. Un repas dont n'a jamais entendu parler la justice, mais qui est attesté par l'agenda 1983 de Jean-François Probst. Y assistent le maître des lieux, sa femme, Françoise, Alain Carignon et Jean-François Probst[23]. Ce dernier, « un peu fatigué d'être taillable et corvéable à merci », a quitté la Lyonnaise, le 17 janvier 1983, pour devenir secrétaire général du groupe RPR du Sénat, dont le président est Charles Pasqua. Pourtant, Jérôme Monod lui téléphone un beau jour, comme si de rien n'était, et lui lance sa phrase choc : « Probst, j'ai besoin de vous. » « J1M » a le culot de demander à son ancien collaborateur d'inviter spécialement à un repas, chez lui, le tout nouveau maire de Grenoble qui vient de battre, à la surprise générale en mars 1983, l'indéboulonnable maire sortant socialiste, Hubert Dubedout.

Malgré lui, Jean-François Probst s'exécute, fasciné par l'aplomb de son ex-patron. Jean-François Probst et Alain Carignon avaient tous deux organisé, aux législatives de 1978, le meeting de Grenoble qui avait rassemblé 8 000 personnes pour la venue de Jacques Chirac. Tous deux se retrouveront encore aux assises du RPR à Grenoble, les 17 et 18 novembre 1984, où 50 000 militants du parti gaulliste seront invités gracieusement.

Avant cette grand-messe gaulliste, Jean-François Probst et Alain Carignon étaient restés en contact, se téléphonant souvent. Jérôme Monod n'invite pas facilement chez lui. S'il veut voir Alain Carignon à sa table, c'est par souci de discrétion. « Deux raisons motivent cette invitation, se souvient Jean-François Probst. Françoise Monod, responsable dans une banque d'affaires, recherche pour l'un de ses clients un terrain industriel dans la banlieue de Grenoble. Facile... Plus délicat, son mari traque des municipalités RPR susceptibles de faire hara-kiri à leur régie municipale d'eau potable. Grenoble et Dijon sont dans la lunette de tir. Paris, c'est pratiquement dans la poche[24]. » Cette stratégie reste la seule susceptible d'accroître la part du gâteau de la Lyonnaise dans l'Hexagone, le groupe étant trop lié à l'honorable Compagnie (notamment à Marseille, Lille, Nice et Toulon) pour la déloger de l'un de ses fiefs. Lors du déjeuner, Alain Carignon prend bonne note des souhaits du couple Monod.

Tout va s'accélérer trois ans plus tard. En 1986, le patron de la Lyonnaise, fou de rage, apprend que son vieux rival et complice Guy Dejouany vient de lui souffler sous le nez l'un des plus beaux contrats de l'Hexagone, celui de la privatisation de d'alimentation en eau de la ville de Lyon (plus d'un million d'habitants). Une douche froide pour Jérôme Monod qui « marche sur l'eau » depuis décembre 1984, après avoir gagné la privatisation de la distribution d'eau sur la rive gauche de la capitale. Il y a bousculé la Générale qui exerçait un monopole commercial dans la capitale depuis cent vingt-quatre ans (*voir chapitre XII*). L'échec de Lyon fait rire sous cape la direction de la Lyonnaise. La plupart de ces ingénieurs n'ont jamais digéré le parachutage du bras droit de Chirac, marqué au fer rouge par son étiquette ENA-RPR, dans une entreprise de tradition X plutôt radicale et franc-maçonne. Avoir un ancien ministre, élu ou homme politique à la tête du groupe était passé de mode depuis les années 1920. Et surtout Jérôme Monod avait empêché un X-Ponts ou X-Mines de s'asseoir dans le fauteuil de PDG du groupe. Son coup de maître dans la capitale, il l'a réussi surtout grâce à son amitié avec Jacques Chirac et à ses anciennes fonctions de secrétaire général du RPR.

Alors, deux ans plus tard, pourquoi ne pas répliquer à l'arrivée de la Générale à Lyon en obtenant la privatisation de l'eau potable à Grenoble ? Le maire RPR de la ville, Alain Carignon, est aussi un ami. Devenu ministre de l'Environnement, ne décorera-t-il pas Jérôme Monod de la Légion d'honneur, en 1988 ? Cette conception très RPR du marché de l'eau dans l'Hexagone n'a rien à voir avec la victoire de la Compagnie à Lyon. Le contrat d'affermage de la capitale des Gaules et de sa banlieue a été remporté par la Générale à l'issue d'une bagarre homérique de quatre-vingt-sept ans. Un fantastique combat qui relève plus du jeu de go que de l'intervention brutale d'un parti politique. Une victoire qui s'explique par les difficultés de la régie municipale de Lyon et par la patience ou plutôt l'acharnement thérapeutique, peut-on dire, de la Générale.

Retour en arrière[25]. Au début du siècle dernier, le maire de Lyon, Édouard Herriot, met en place une gestion municipale de l'eau potable plus rentable et plus sociale que la gestion privée. De lourds investissements (22 millions de francs) sont faits dans les années 1920, mais ils ne résolvent pas le problème de la pénurie d'eau. Maire de 1905 à 1957, Édouard Herriot va fracasser le rêve d'une eau presque gratuite et abondante contre la crise de 1929 et son inflation endémique. Dès lors, faute de crédits, la régie municipale de Lyon végétera durant une trentaine d'années. C'est seulement à l'hiver 1963 que la municipalité de Lyon se réveille enfin, découvrant avec effarement le triste état de son réseau. Les canalisations sont à sec, la principale usine de pompage de l'eau étant bloquée par le gel. L'horreur…

Le nouveau maire, Louis Pradel, lance alors des investissements pharaoniques pour rattraper plus de trente ans d'incurie. Cet énorme endettement sera repris en 1969 par la communauté urbaine de Lyon (Courly) qui regroupe alors la ville de Lyon et une bonne partie de sa banlieue. Or, 28 de ces communes de banlieue sont rassemblées, depuis 1928, dans le Syndicat intercommunal de la banlieue de Lyon. La Générale croit avoir partie gagnée : elle exerce déjà un monopole de production et de distribution de l'eau potable dans la banlieue lyonnaise comme fermier de ce Syndicat. C'est l'inverse qui se produit : l'honorable Compagnie reçoit une gifle magistrale. En effet, le service des eaux de la ville de Lyon va naturellement prendre les manettes de son frère jumeau créé à la Courly. Résultat : en 1970, la Courly décide de laisser la ville de Lyon en régie municipale et de confier uniquement la distribution de l'eau à la Compagnie sur le territoire du Syndicat intercommunal de la banlieue de Lyon. Les installations créées par le Syndicat (usines, champs de captage et réservoirs) sont rachetées à la Générale. Dès lors, celle-ci va jouer profil bas, dans le sillage du Syndicat qui retire tout le bénéfice de l'amélioration du service. Toutefois, de fil en aiguille, le patron régional du groupe, Antoine Zacharias, va s'imposer comme un partenaire incontournable de la Courly.

Et, en 1986, c'est la victoire sur toute la ligne pour la Compagnie. Elle gagne de haute lutte l'affermage de l'alimentation en eau potable pour la quasi-totalité de l'agglomération, dont la ville de Lyon. Le sénateur-maire centriste Francisque Colomb et ses relations au Grand Orient, dont l'adjoint chargé des finances, Charles Béraudier, grand ami d'Antoine Zacharias, ne sont pas étrangers à ce choix. Dans ce contexte maçonnique et à partir de la distribution de l'eau potable, la Compagnie va vite s'arroger un monopole sur la région lyonnaise : celui d'un prestataire à la carte de services publics. D'autres contrats suivront dans la foulée de ce contrat du siècle : le câblage de Lyon et de Villeurbanne, les cantines scolaires de l'agglomération, le ramassage des ordures ménagères, les réseaux de chauffage urbain et le nouveau quartier d'affaires de la Cité internationale de Lyon, lancé avec Christian Pellerin, promoteur jugé plein d'avenir juste avant la crise de l'immobilier. Contrairement à la Lyonnaise à Grenoble, la Compagnie aura largement le temps de toucher les plus que confortables royalties de son contrat lyonnais. Un exemple : les provisions pour l'entretien et le renouvellement des conduites d'eau (collectées sur les factures de chaque abonné) se sont élevées entre 1987 et 1995 à 575 millions de francs. Durant ces mêmes huit années, le montant des travaux réellement effectués par la Générale n'a pas dépassé 153 millions[26]. La différence, plus de 400 millions de francs, est allée sans doute gonfler la poche de l'honorable Compagnie, comme s'en indigne Jean-Louis Linossier, membre de l'Acer (Association des consommateurs d'eau du Rhône).

Impossible de contrer ce coup de maître préparé de longue date et orchestré par Antoine Zacharias, le directeur régional de la Compagnie surnommé le « Préfet bis », un « homme modèle » selon Guy Dejouany[27]. Pas pour Jérôme Monod.

« J1M » n'aura alors de cesse d'avaler, une à une, les petites compagnies d'eau encore indépendantes autour de Lyon. Puis, le 13 juillet 1989, commence son flirt avec la ligne jaune. Sur proposition de son maire RPR, Alain Carignon, le conseil municipal de Grenoble vote la privatisation de l'alimentation en eau potable et de l'assainissement de la ville au bénéfice de la Cogese. Cette société est le fruit d'un partenariat entre la Lyonnaise (à 49 %) et le distributeur d'eau régional, le groupe Merlin (à 51 %), qui fournit déjà l'eau d'une partie de l'agglomération lyonnaise. Première question : pourquoi la municipalité veut-elle privatiser un service municipal centenaire de qualité exceptionnelle et qui rapporte 7 millions de francs par an en moyenne à la commune toutes charges déduites ? L'eau distribuée à Grenoble ne subit à l'époque aucun traitement, étant bactériologiquement pure : de l'eau minérale à la sortie du robinet... L'ancien maire socialiste, Hubert Dubedout, ingénieur de formation, avait fait financer par la ville tous les travaux d'investissement pour recueillir cette eau à sa sortie du château d'eau des Alpes[28].

À défaut d'études comparatives officielles, les raisons cachées de cet affermage apparaissent à la lumière d'une enquête rendue publique en novembre 1994 par les écologistes. Une certitude : le service privatisé rapporte moins à la ville que la régie municipale. « La Cogese, qui dégage une marge brute de 14 % pour un chiffre d'affaires de 100 millions de francs, explique le conseiller municipal écologiste de Grenoble Raymond Avrillier, est bénéficiaire dès la cinquième année et pour les vingt ans qui restent au contrat. De plus, la ville garde dans son budget des sommes issues des redevances des usagers de l'eau que ceux-ci paient une seconde fois en impôts du Syndicat intercommunal. Cette double facturation, qui est en fait un impôt déguisé, correspond à plus de 3 millions de francs. Enfin, dans le contrat d'assainissement de la Cogese, des sommes sont reversées à la ville correspondant à des annuités d'emprunts que la ville ne paie pas et équivalant à 8 millions de francs sur les dernières années. Quant à l'affectation du droit d'entrée de la Cogese en recettes du budget principal de la commune, il s'agit là encore d'un impôt déguisé [...]. Tous les intervenants peuvent être satisfaits de cette privatisation : la Lyonnaise des eaux qui va faire des bénéfices pendant vingt ans, le maire qui a réussi à renflouer le budget communal par un impôt qui ne s'est pas vu et le Syndicat intercommunal qui a prélevé sous forme d'impôt ce que la ville aurait dû lui verser. Depuis la privatisation, la facture d'eau a plus que doublé [29] ».

Dans son rapport de 1997, la Cour des comptes confirme cette analyse : « Le chiffre d'affaires global de la Cogese a crû de 40 % entre 1991 et 1995 sous l'effet de l'augmentation des prix (+ 53 %) et de la diminution du volume distribué (- 13 %) [30]. » Contacté par le biais de son avocat, Me Jacques Boedels, Alain Carignon n'a pas souhaité s'exprimer directement sur ce sujet. Il nous a fait savoir notamment que la privatisation de l'eau répondait à l'époque à Grenoble à un seul objectif : « faire diminuer sans recourir à l'impôt, grâce au droit d'entrée payée par la Lyonnaise, l'endettement de la ville creusé par son prédécesseur, le maire socialiste Hubert Dubedout [31] ». Raymond Avrillier, le « tombeur de Carignon », dénonce aujourd'hui cette version : « Avancer que la ville de Grenoble était endettée par Dubedout est un mensonge : la ville est l'une des moins endettées de France en 1983 quand M. Carignon s'en empare. En revanche, la ville est si endettée en fin de mandat de Carignon que les budgets 1989 et 1990 ne peuvent être bouclés (les comptes administratifs 1990 et 1991 seront jugés irréguliers… mais bien plus tard). La ville de Grenoble est en 1989 l'une des plus endettées de France [32]. »

Quoi qu'il en soit, les majors de l'eau ont inventé le « droit d'entrée », au début des années 1950, dans l'espoir de décrocher plus facilement des marchés de distribution de l'eau dans les grandes agglomérations. Les portes du paradis s'ouvrent pour les maires grâce à la magie de ce ticket d'entrée. Tous leurs rêves voient le jour : construction de piscine, de stade, financement de l'équipe de foot et de mille et une activités communales… Peu d'entre eux résistent, dans les années 1980, à un tel paquet cadeau. Chacun des rois de l'eau se rembourse alors du montant des droits d'entrée sur les abonnés, en vingt-cinq ans minimum, par des augmentations incessantes du prix de l'eau et en automatisant au maximum les installations grâce au progrès de l'informatique et des systèmes experts. L'entrée en vigueur, en 1982, des lois Defferre (qui donnent tous pouvoirs aux maires) et la libéralisation du prix de l'eau, en 1987, vont inciter les municipalités à accepter ce genre de marché de dupes.

Les lois Sapin et Barnier interdiront, en 1993 et 1995, cette pratique des droits d'entrée. Ces cadeaux des trois Pères Noël de l'eau sont aujourd'hui camouflés sous le nom de « redevance d'occupation du domaine public ». À Grenoble, ce droit d'entrée ou « contribution spéciale » s'est élevé à 120 millions de francs. La justification de la privatisation de l'eau par le désendettement de la ville n'était qu'un rideau de fumée. À la fin du premier mandat d'Alain Carignon en 1989, la dette totale de la ville avec ses satellites a presque doublé en francs constants, atteignant 1,7 milliard de francs. En principe, la vie est belle à l'époque, car le crédit des collectivités locales s'ouvre aux banques privées. Pourtant, au cours du second mandat d'Alain Carignon, la dette augmente encore de 20 % en francs constants. Les dépenses d'équipement sont divisées par deux, celles de fonctionnement baissent de 10 %, le maire supprime 16 % des postes de salariés, la charge fiscale croît de 65 % (avec la fiscalisation intercommunale), et les deux tiers des impôts sont mangés par l'annuité de la dette. Où est passé l'argent ? Mystère... La chambre régionale des comptes n'arrête pas à l'époque de pointer les irrégularités dans les comptes de la ville et les nombreuses nullités de marchés publics.

Le procureur de Grenoble, Michel Albarède, justifiera curieusement l'inaction du parquet par ces mots : « Je ne souhaite pas que la justice soit mêlée à un combat politique[33]. » De son côté, l'autre major de l'eau ne va pas se gêner pour tailler des croupières à Jérôme Monod dans le secteur de Grenoble. Le préfet de la Compagnie à Lyon, Antoine Zacharias, n'est pas manchot. Il rend coup pour coup à l'« envahisseur ». Au moment de l'incarcération du maire de Grenoble, la Générale règne dans cette préfecture, via des sociétés d'économie mixte, sur la restauration municipale, le réseau câblé, le chauffage urbain, les parkings, la gestion des déchets, le centre de tri, l'usine d'incinération, et le centre de compostage. Sa concurrente, la Lyonnaise, étend son empire grâce à la transformation des régies municipales du gaz et de l'électricité en sociétés d'économie mixte qu'elle contrôle. Avec la distribution de l'eau, la Lyonnaise possède certes une des missions de service public les plus rentables de la commune.

La baraka de Jérôme Monod se cache sans doute derrière le dossier Aquapole. Ce nom de parc aquatique camoufle un financement de partis politiques dans le département de l'Isère. RPR-UDF, PCF et PS s'y sont partagé le gâteau. Un financement dont Alain Carignon attribue la paternité à son prédécesseur, le député-maire socialiste Hubert Dubedout : « ... le financement occulte des partis politiques était de règle sous son autorité reconnue[34]. » À l'occasion du procès Urba devant le tribunal correctionnel de Saint-Brieuc en 1985, le procureur de la République Yves Boivin rapporte que les cahiers Delcroix « révélaient un système organisé des deux côtés et apportaient, par exemple, pour Grenoble, la clé de la répartition entre le PS, le PCF et le RPR[35] ». Dans ses cahiers, Joseph Delcroix, directeur administratif d'Urba, avait enregistré scrupuleusement, tel un notaire, les comptes rendus des réunions internes de cette officine de financement occulte du PS. Aquapole désigne en fait le projet de construction et de gestion d'une usine de retraitement des eaux usées du Syndicat intercommunal d'études et de programmation de la région grenobloise (Sieparg). Porté à la présidence de cet organisme peu après son élection comme maire de Grenoble en 1983, Alain Carignon, consensuel, décide d'accorder ce contrat de vingt-cinq ans conjointement à la Générale et à la Lyonnaise. Le 12 octobre 1984, la majorité RPR-UDF du Sieparg entérine la décision du maire. Les communistes à la tête des trois villes principales aux environs de Grenoble votent eux aussi la privatisation de l'assainissement dans l'agglomération, en lieu et place des services techniques de la capitale du département. Les socialistes, meilleurs clients de la Générale dans l'Hexagone, préfèrent se réfugier dans l'abstention.

L'entente sacrée RPR-UDF-PCF-PS est ainsi née, sans le moindre appel d'offres, au bénéfice de deux des trois champions de l'eau pour un marché total de 600 millions de francs, prévu pour 209 millions de francs à l'origine[36]. Dans leur ouvrage *Le Système Carignon*, le conseiller municipal écologiste de Grenoble, Raymond Avrillier, et le journaliste, Philippe Descamps, affirment, témoignage à l'appui, qu'une partie du surcoût des travaux d'Aquapole sera répartie entre les différentes composantes politiques de l'agglomération grenobloise, sauf bien sûr les écologistes : « [Guy Nevache, ex-adjoint du maire socialiste Hubert Dubedout passé au service d'Alain Carignon en 1983] fournit même un ordre de grandeur de cette répartition. Le montant des sommes paraît faramineux : 70 millions seraient destinés au groupe RPR-UDF, 30 millions au Parti communiste et 30 millions au Parti socialiste[37]. » Aucune plainte n'a été déposée pour ces faits, ni contre ces écrits. Aucune lettre anonyme n'a été envoyée aux autorités judiciaires comme dans le cas de l'affaire Carignon. Conclusion : mettre en cause Jérôme Monod dans l'affaire Carignon revenait à ouvrir la boîte de Pandore. Les écologistes ont essayé, mais ils se sont retrouvés bien seuls…

Si Jérôme Monod est descendu, de manière peu discrète, dans la fosse aux lions à Grenoble, il le fera de manière moins voyante, à Dijon. Une seule différence, et de taille : la Lyonnaise a gardé le contrat d'affermage de la distribution d'eau à Dijon alors qu'elle l'a perdu à Grenoble. Dans la capitale de la Bourgogne, l'affaire tient de l'histoire d'amour entre deux institutions liées au RPR : la mairie de Dijon et la Lyonnaise. Ancien ministre de l'Environnement (de 1973 à 1974) comme Alain Carignon, Robert Poujade, député-maire RPR de Dijon, rêve d'installer un parc d'attractions dans sa bonne ville, mais n'a pas le sou pour le construire. Le vice-président de la très gaulliste Association des maires de France se tourne vers la Lyonnaise. Dans une lettre du 6 juillet 1987, une chargée de mission du groupe écrit à son président Jérôme Monod à propos du projet d'investissement à perte dans ce parc de loisirs : « Ces pertes ne peuvent être rattrapées que sur un contrat d'eau et d'assainissement avec la ville de Dijon. La direction de l'eau estime pouvoir limiter, voire amortir, ce risque sur un contrat d'une durée minimale de vingt-cinq ans. […] Pour le parc à thèmes, l'équilibre semble très difficile à réaliser et laisse prévoir un déficit important. L'opération pourra être équilibrée dans un ensemble qui regrouperait le parc à thèmes et la distribution d'eau. Pour apprécier exactement dans quelles conditions, il faudrait que le maire nous autorise à faire l'étude[38]. »

Traduit en bon français, ce langage technocratique veut dire : « D'accord pour financer la construction du parc, mais en contrepartie l'alimentation en eau et l'assainissement de la ville de Dijon doivent être privatisés à notre bénéfice. » Quatre mois plus tard, le bon petit soldat Jean-Jacques Prompsy est parachuté à Dijon. Dans une lettre du 29 octobre 1987 adressée à Jérôme Monod, ce directeur commercial du pôle eau fait le point sur « Dijon-Aquacenter et le parc à thèmes la Toison d'or » : « Enfin, il faut que vous sachiez, comme convenu et en plein accord avec le maire, que nous sommes avec O. Stasse en train d'effectuer, discrètement, une étude des services d'eau et d'assainissement de la ville [39]. » Interrogé depuis, Jean-Jacques Prompsy affirme : « [Je n'ai pas] le souvenir précis d'avoir signé cette note. Mais si vous me dites qu'elle porte ma signature, je ne conteste pas... Vous savez, on en a trop construit des parcs d'attractions. Les maires veulent tout : ils ont voulu des piscines, des patinoires, des golfs, des parcs... Mais ça remonte à 1987, c'est une très vieille histoire [40]. » Le contrat définitif pour le parc de loisirs la Toison d'or est signé le 18 avril 1988 entre la municipalité de Dijon et la Lyonnaise : la ville met la main à la poche pour 19 millions de francs, et le groupe de Jérôme Monod pour 50 millions de francs. Le parc ouvre deux ans après. En mars 1991, Robert Poujade donne, sans le moindre appel d'offres, au groupe de Jérôme Monod (il l'appelle « Mon cher Jérôme » dans ses lettres) la concession sur trente ans de la distribution de l'eau et de l'assainissement à Dijon [41].

Comme à Grenoble avant sa privatisation par Alain Carignon, la distribution de l'eau était bien gérée à Dijon. « Quand un service est efficace, je le répète, souligne alors le conseiller municipal PS François Rebsamen (devenu en 2001 maire de Dijon), on ne le vend pas au privé, on se le garde. » Résultat choc de cette privatisation : le prix du mètre cube d'eau à Dijon a grimpé de 220 % entre1989 et 2001. En 1993, après que le parc de la Toison d'or a déposé son bilan, la Lyonnaise récupère ses 15 manèges et les revend. Restructuré en jardin public, le parc est aujourd'hui souvent désert [42].

À Grenoble, le nouveau maire socialiste, Michel Destot, a attendu mars 2000 pour remunicipaliser l'eau, sous la pression des élus Verts, écologistes et de l'association des usagers Eau-Secours. La ville a dû verser à la Lyonnaise d'importantes indemnités (qui relèvent du secret défense : on parle de 86 millions de francs) pour rupture d'un contrat qui prenait fin en 2013. Une capitulation dénoncée par Raymond Avrillier : « La ville de Grenoble n'était absolument pas obligée de verser une indemnité de fin de contrat pour remunicipaliser le service de l'eau et de l'assainissement de Grenoble : il suffisait que la nouvelle majorité élue en 1995 remunicipalise, dès 1995, en mettant fin au contrat pour faute du contractant privé (la Cogese-Lyonnaise des eaux), la faute de corruption étant démontrée par les tribunaux. C'est la voie de l'arrangement qui a été choisie par le PS et le PC à Grenoble, contre la position des écologistes[43]. »

Le nouveau maire socialiste de Dijon depuis les municipales de 2002, François Rebsamen, n'a pas, lui, remunicipalisé les services de l'eau. Avec l'aide d'une société d'audit, il a réussi à trouver des « loups », c'est-à-dire des augmentations abusives. N'ayant manifestement pas envie de partir en guerre contre la Compagnie, cet ami des francs-maçons du Grand Orient a préféré renégocier le contrat. Ainsi, en 2002, la facture d'eau des Dijonnais a-t-elle diminué en moyenne de 10 %. Perché dans le village de Villanova, à une vingtaine de kilomètres au nord d'Ajaccio, le retraité Jean-Jacques Prompsy s'est réfugié dans l'écriture de romans et l'animation de l'association Mialet, un groupe d'anciens détenus VIP. Mais le bon petit soldat ne « digère » toujours pas d'avoir fait six mois de détention provisoire pour rien. Il a été condamné uniquement à de la prison avec sursis. Ses six mois de prison visaient à le faire craquer, aux fins de confirmer le pacte de corruption entre la Lyonnaise et le maire de Grenoble. Homme de parole, Jean-Jacques Prompsy, bien que sympathisant socialiste et antichiraquien notoire, a joué son rôle de coupe-circuit pour sauver le chabano-giscardo-chiraquien Jérôme Monod. Il fallait épargner « J1M », à l'instar du soldat Jean-Dominique Deschamps qui, lui, a sauvé le général Guy Dejouany *(voir chapitre XVI).*

Aujourd'hui, Jérôme Monod continue à préférer sa « vieille maîtresse la politique » aux affaires, à fumer modérément et à se contenter de biscottes pour accompagner ses repas. Il roule toujours, depuis la fin des années 1990, dans sa Volvo gris clair et non dans une Safrane. Une seule note discordante chez cet homme au regard bleu, toujours maître de lui-même, mais aussi insondable que les statues d'Angkor, « J1M » ne cache pas sa répugnance pour les chiens. À l'automne 2003, l'UMP a lancé sous l'égide de « J1M » une Fondation pour l'innovation politique qui ne s'interdira pas, selon *Les Échos*[44], de recourir aux dons des entreprises pour financer… ses travaux. À Grenoble et au Maroc, où il se rend régulièrement pour gagner sa vie, Alain

Carignon ronge son frein dans l'espoir de réaliser son rêve : reprendre la mairie en 2007. Juré, craché, la gestion de l'eau potable restera en régie municipale... Juré, craché, il ne mettra jamais en cause Jérôme Monod. Il n'a pas touché de pactole pour se taire (« ce n'est pas le genre de la maison de l'ouvrir », dit-il). Seul Raymond Avrillier accable encore aujourd'hui Alain Carignon, car il estime qu'il est loin d'être une victime.

NOTES

1. Voir jugement du tribunal correctionnel de Lyon rendu le 16 novembre 1995, p. 41-42 ; arrêt de la 7e chambre de la cour d'appel de Lyon en date du 9 juillet 1996, p. 67-68.

2. Voir attendus du jugement rendu le 16 novembre 1995 par le TGI de Lyon, p. 25-26.

3. Voir organigramme de la Lyonnaise pour 1994.

4. Voir article de Nicolas Beau dans *Le Canard enchaîné* du 18 février 2004, p. 7.

5. Pierre Botton, *Mes chers amis*, J'ai lu, 2000, p. 217.

6. Entretien avec l'auteur en juillet 2002.

7. Voir Jacques Prompsy, *La Cour des cadres*, Éditions de la Nerthe, 2000, quatrième de couverture.

8. *Ibid.*, p. 21.

9. Jean-François Probst, *Chirac et dépendances*, Ramsay, 2002 ; entretiens avec l'auteur en décembre 2003 et en novembre 2004.

10. Voir Pierre Botton, *Mes chers amis*, *op. cit.*, p. 203-215.

11. Voir Hélène Crié, « Un débat “pollué” par les affaires et le prix de l'eau », *Libération*, 19 et 20 novembre 1994, p. 5.

12. Voir Claude Leyrit, *Les Partis politiques et l'argent*, *Le Monde*-Marabout, 1995, p. 234-236 ; « De plus en plus d'entreprises adoptent des codes de déontologie », *Le Monde*, 17 septembre 1994, p. 20.

13. Voir Philippe Madelin, *La France mafieuse*, Éditions du Rocher, 1994, p. 274-275 ; Raymond Avrillier et Philippe Descamps, *Le Système Carignon*, La Découverte, 1995, p. 301-304 ; attendus de l'arrêt de la cour d'appel de Lyon en date du 9 juillet 1996, p. 52, et ceux du jugement du tribunal correctionnel de Lyon du 16 novembre 1995, p. 40-41.

14. Voir jugement du tribunal correctionnel de Lyon du 16 novembre 1995, p. 124.

15. Voir arrêt n° 1438 de la Cour de cassation du 8 avril 1999, p. 7.

16. Voir arrêt de la 7e chambre de la cour d'appel de Lyon du 9 juillet 1996, p. 61-63.

17. Voir Raymond Avrillier et Philippe Descamps, *Le Système Carignon*, *op. cit.*, p. 322.

18. Voir jugement du tribunal correctionnel de Lyon du 16 novembre 1995, p. 125.

19. Maurice Peyrot, « Alain Carignon a été reconnu coupable de corruption », *Le Monde*, 18 novembre 1995, p. 12.

20. Julie Chauveau et Sophie Seroussi, « Par cette condamnation sévère, les pratiques du distributeur d'eau sont mises en cause pour l'attribution du marché de Grenoble », *La Tribune*, 17 novembre 1995.

21. Voir « La Lyonnaise des eaux veut redorer son image », *Le Nouvel Économiste*, n° 1033, 2 février 1996.

22. Voir arrêt de la 7e chambre de la cour d'appel de Lyon du 9 juillet 1996, note p. 19.

23. Entretien avec l'auteur en septembre 2003.

24. Entretien avec l'auteur en septembre 2003.

25. Voir Dominique Lorrain, *Gestions urbaines de l'eau*, Economica, 1995, p. 43-56.

26. Voir Marc Laimé, *Le Dossier de l'eau*, Le Seuil, 2003, p. 156, 269.

27. Voir compte rendu de la cérémonie du départ d'Antoine Zacharias de Lyon dans *TroisO* (revue interne de la CGE), n° 44, juin 1991.

28. Voir Raymond Avrillier et Philippe Descamps, *Le Système Carignon*, *op. cit.*, p. 204-205.

29. *Ibid.*, p. 218-219.

30. Voir deuxième partie du rapport du 4 janvier 1997 de la Cour des comptes, *La Gestion diversifiée des services*. III. *Le Contrôle insuffisant de la gestion déléguée*.

31. Entretien de Me Jacques Boedels avec l'auteur en décembre 2003.

32. Entretien avec l'auteur en novembre 2004.

33. Voir Raymond Avrillier et Philippe Descamps, *Le Système Carignon*, *op. cit.*, p. 221, 229-230, 234.

34. Alain Carignon, *Une saison dans la nuit*, Grasset, 1995, p. 190.

35. Voir Robert Belleret, « Deux ans de prison avec sursis ont été requis contre Henri Emmanuelli et Gérard Monate. Dans le dossier Urba-Sages, le procureur fait appel à une certaine idée de la morale et de la République », *Le Monde*, 16 mars 1995.

36. Voir Raymond Avrillier et Philippe Descamps, *Le Système Carignon*, *op. cit.*, p. 167-182.

37. Voir *ibid.*, p. 181.

38. Lettre du 6 juillet 1987 de Mme Christine Morin-Postel à Jérôme Monod.

39. Lettre du 29 octobre 1987 de Jean-Jacques Prompsy à Jérôme Monod.

40. Entretien avec l'auteur en juillet 2002.

41. Voir lettre du 26 octobre 1987 de Robert Poujade à Jérôme Monod.

42. Voir compte rendu du conseil municipal de Dijon de mars 1991 et lettre d'observation de la chambre régionale des comptes de Bourgogne sur le parc de la Toison d'or à Dijon (23 mars 2000), p. 5-6.

43. Entretien avec l'auteur en novembre 2004.

44. Voir *Les Échos* du 16 octobre 2003, p. 2.

XVI

Une justice soluble dans l'eau

« Le groupe Bouygues, avec son "état d'esprit", ses multiples signes identitaires, notent les journalistes Pierre Péan et Christophe Nick dans leur ouvrage *TF1, un pouvoir*, fonctionne en fait comme un État dont Challenger serait le palais ducal ou... l'Élysée. Comme il existe une raison d'État, il y a donc une "raison Bouygues". [...] Le numéro un mondial du BTP possède ses propres services de renseignement, son système d'écoutes, contrôlant aussi bien ses propres cadres en contact avec l'ennemi (la concurrence) que ceux qui appellent des numéros sensibles [1]. » Des affirmations toujours démenties par le groupe. La mise hors de cause de Bouygues dans presque toutes les affaires judiciaires semble donner raison aux deux journalistes. À l'inverse, les condamnations sont tombées comme à Gravelotte sur la Lyonnaise et à la Générale. Le dossier le plus dangereux pour Bouygues, la procédure dite du logiciel Drapo, qui permettait de truquer les appels d'offres, a été annulée purement et simplement, le 26 novembre 2002, pour vice de procédure. Huit cadres supérieurs du groupe avaient été, en 1995, mis en examen, dont deux emprisonnés, pour pratiques anticoncurrentielles ou complicité de pratiques anticoncurrentielles. Parmi eux, l'as des as, le directeur scientifique, Pierre Richard, qui avait été nommé vice-président de Bouygues SA dans les années 1970. Cet ancien fonctionnaire avait été recruté à l'origine par le roi du béton spécialement pour édifier le Parc des Princes *(voir chapitre IX)*. Comme le rapporte l'édition du *Canard enchaîné* du 6 décembre 1995, l'affaire du logiciel Drapo a déjà été enterrée une première fois, en 1995, par la police et la justice [2].

Tout commence le 19 avril 1993 : le chef du service information et recherche au sein de la direction scientifique de Bouygues, Phan Van Quan, 50 ans, est licencié brutalement à l'issue de dix-huit ans de bons et loyaux services. Selon l'entreprise, pour refus de mutation, et selon ses dires, parce qu'il refusait de mettre au point une nouvelle version du logiciel Drapo (destinée aux ordinateurs portables du groupe) sans prime supplémentaire. Juste après son licenciement, l'épouse de l'ancien ingénieur modèle se bat pour que son mari retrouve un emploi dans le groupe. Une lettre à la veuve de Francis Bouygues, Monique, et trois entrevues avec son ex-supérieur Pierre Richard ne donnent rien. Une missive adressée directement à l'Élysée, à François Mitterrand, rencontre, elle, plus de succès. Le 27 décembre 1994, l'ingénieur en informatique est interrogé, sur procès-verbal, à la brigade financière. Il décide alors d'entrer en guerre contre son ancien employeur et raconte la mise au point du logiciel Drapo pour truquer les appels d'offres dans le BTP. Le 17 janvier 1995, le cabinet de la présidence de la République annonce dans une lettre adressée au couple que la justice est saisie. Phan Van Quan va vite déchanter… Première déception : il perd son avocat engagé par une filiale de Bouygues. Deuxième coup dur : l'enquête préliminaire pour ententes sur les prix, ouverte au parquet de Paris grâce aux déclarations de Phan Van Quan, est mise sous le boisseau. À l'époque, Édouard Balladur, alors Premier ministre, est le favori de Bouygues et de TF1 pour l'élection présidentielle de mai 1995, à la grande colère de Jacques Chirac. Le garde des Sceaux, Pierre Méhaignerie, et le procureur de la République de Paris n'ont donc pas grand-chose à refuser au « duché de Minorange »… Que se passe-t-il ? Mystère… « Au terme d'une brève information préliminaire menée par la brigade financière, écrit *Le Canard enchaîné* du 6 décembre 1995, la section économique du parquet de Paris indique le 21 mars 1995 que l'affaire a été classée sans suite le 31 janvier. Un étouffement qui en surprend plus d'un. Ils ont raison de s'étonner car le dossier, en fait, n'a pas été classé, mais transmis au tribunal de Versailles le 23 janvier. Où *Le Canard* l'a déniché le 10 mai suivant. Alors qu'il n'avait pas été enregistré par le parquet. Depuis, les magistrats versaillais ont semble-t-il, conclut *Le Canard enchaîné* un peu trop optimiste, rattrapé le temps perdu[3]. »

Une certitude : la victoire de Jacques Chirac à la présidentielle de mai 1995 relance l'affaire sur les chapeaux de roue. Les locaux de Challenger, le siège de Bouygues à Saint-Quentin-en-Yvelines, seront « visités » à trois reprises par le juge Yves Madre et les policiers de la PJ de Versailles. Après avoir cassé les codes d'une quarantaine d'ordinateurs, les enquêteurs réussissent à mettre en évidence l'utilisation du logiciel Drapo pour truquer, de manière indétectable, les appels d'offres. Comme son nom ne l'indique pas à un esprit non averti, Drapo est la contraction de « DRAP de lit » et d'« Offres de prix ». Ce logiciel informatique miraculeux réalisait des « offres de couverture » (d'où le mot drap) pour permettre aux grands du BTP de faire des propositions de prix similaires, tout en surestimant le coût des chantiers de 5 à 10 %. Utilisé depuis la fin des années 1980, ce logiciel d'entente permettait de désigner à tour de rôle le groupe qui allait remporter un marché. Les plus importants, ceux de la TGB, du Stade de France et de la ligne de métro Éole, auraient profité de ce tour de passe-passe. Bouygues tenait apparemment la baguette d'un orchestre que Pierre Péan et Christophe Nick décrivent dans leur ouvrage *TF1, un pouvoir* : « Celui qui obtient un lot ou un projet doit en préparer, en sus de son offre normale, toutes les offres dites "de couverture" pour ses faux concurrents [...] la version des Bouygues ne peut être qu'à mille lieues de celle de Phan Van Quan. Nous la lui avons demandée ; le groupe ne nous l'avait toujours pas livrée à l'époque où ce livre était sous presse. D'après notre "Gorge profonde", Francis Bouygues n'était pas personnellement favorable au développement du projet Drapo ; c'était une idée de Pierre Richard que le groupe a endossée. Francis a laissé faire, mais il n'aimait pas ce qui laisse des traces[4] ».

Les charges à l'encontre de Bouygues sont rapidement établies. Mais la chance va frapper à la porte du groupe. En charge de l'instruction du dossier Drapo à Versailles de 1995 à 2001, Yves Madre joue de malchance... Chargé du dernier volet de l'affaire des Irlandais de Vincennes visant l'ex-capitaine Barril[5], le juge Yves Madre avait déjà vu toute cette procédure annulée. La cour d'appel de Versailles devait déclarer, en 2002, ce juge d'instruction « incompétent » pour instruire le dossier et annuler la mise en examen pour atteinte aux libertés individuelles de l'ancien officier de gendarmerie. Comment

Yves Madre, magistrat expérimenté, s'est-il aussi emmêlé les pinceaux dans le dossier Drapo ? Premièrement, depuis le démarrage de l'affaire à l'été 1995, il n'a jamais entendu l'ancien employé de Bouygues à l'origine de toute l'affaire, Phan Van Quan. Deuxièmement, le dépouillement systématique de tous les scellés, c'est-à-dire de 12 000 fichiers informatiques saisis à Challenger, n'a jamais été fait. Ce qui représente, il est vrai, un travail long et fastidieux. Personne ne s'en est plaint, ni le parquet, ni le ministre de la Justice à l'époque, Jacques Toubon, ni son successeur socialiste, Élisabeth Guigou. Jacques Toubon qui n'hésita pas, on s'en souvient, à envoyer un hélicoptère dans l'Himalaya pour retrouver le procureur d'Évry et contrecarrer les initiatives de son adjoint qui menaçaient le RPR dans l'affaire des HLM de Paris. Promu premier juge d'instruction à Paris, Yves Madre, ce magistrat un brin autoritaire, voire cassant, pensait avoir bouclé, depuis 1997, l'essentiel de l'instruction du dossier Drapo.

Sans s'en rendre compte, il avait commis l'erreur cardinale qui, à elle seule, entraîne obligatoirement l'annulation automatique de toute une procédure. C'est-à-dire l'enregistrement, dans une procédure, de pièces qui n'ont pas été mises sous scellés sans l'indication de la date, de l'heure, des tampons officiels et de la signature du ou des témoins de la perquisition. Tous les actes diligentés, dès lors, par le juge sont nuls. De plus, les actes d'instruction précédents sont prescrits lorsqu'ils remontent à plus de trois ans. Aussi, le successeur d'Yves Madre, le juge Laurent Lassale, a dû rendre, le 26 novembre 2002, une ordonnance annulant toute la procédure pénale devenue prescrite [6]. Spécialiste de la traque de l'erreur de procédure, l'avocat du groupe, Me Olivier Metzner, a joué la montre, attendant patiemment la faute… Bouygues a choisi, selon sa règle, de ne pas communiquer sur cette affaire, tout comme Yves Madre qui s'est réfugié dans le silence, laissant ses collègues le défendre en arguant qu'il croulait à l'époque sous les dossiers. Responsable, mais pas coupable…

Le juge Yves Madre s'attaquera une autre fois, sans plus de succès, au roi du béton. Sa cible : la société Master Build installée sur une péniche à Boulogne-Billancourt. Cette petite entreprise avait réalisé, en 1993 et 1994, des travaux très discrets aux domiciles d'une dizaine de dirigeants de Bouygues.

Officiellement, le patron de Master Build, un ancien conducteur de travaux du groupe, facturait ces rénovations à Challenger, le siège social. En 1997, Martin Bouygues et Patrick Le Lay étaient mis en examen pour abus de biens sociaux et recel. En septembre 2002, ces deux derniers bénéficiaient de non-lieux. Le tribunal de Versailles, compétent pour la majorité des dossiers Bouygues, étant donné la localisation de Challenger dans les Yvelines, a estimé que « ce système de gratifications des cadres soulevait finalement plus un problème fiscal que pénal [7] ». Point barre. Pourtant, Pierre Suard, patron d'Alcatel Alstom, un proche d'Édouard Balladur, a été condamné pour les mêmes faits. Son groupe avait payé 440 000 francs pour des travaux dits de sécurité réalisés dans l'hôtel particulier de Pierre Suard à Neuilly-sur-Seine. La bonne fée Justice a également relaxé, en décembre 2002, neuf prévenus sur dix dans un procès pour fausses factures mettant en cause une filiale de Bouygues et le groupe Gifco, un bureau d'études proche du Parti communiste. Enfin, le juge Jean-Marie Charpier a mis en examen, en 1997, Martin Bouygues et Patrick Le Lay pour abus de bien sociaux dans le cadre de fausses factures réglées par la Saur au bureau d'études le Cérail.

Quelques autres dossiers menacent encore Challenger, notamment celui des HLM des Hauts-de-Seine. Le « duché de Minorange » utilisera toutes les voies de recours possibles. Autre exemple de la baraka du groupe : le 14 novembre 2003, Martin Bouygues a été relaxé des fins de poursuite pour abus de biens sociaux par le tribunal correctionnel de Lyon. Le fils du roi du BTP (mort le 27 juillet 1993) avait reconnu à l'audience que Bouygues Nigeria avait versé, de 1988 à 1990, 2,6 millions de francs destinés à Michel Noir, maire de Lyon, sur les comptes de Belette Agencies, une société écran panaméenne. Pierre Botton, gendre de Michel Noir, a déclaré avoir ouvert ces comptes dans une banque de Genève à la demande de l'ancien maire de Lyon. « J'en ai eu connaissance mais tout était consommé, a précisé Martin Bouygues au tribunal. Mon père m'a expliqué qu'il avait considéré que Noir était un homme politique brillant, d'avenir et qu'il avait souhaité soutenir son action politique [8]. » Hasard ou contrepartie ? Maison mère de Bouygues Nigeria, Bouygues SA, a obtenu, à la même époque, la construction du périphérique nord de Lyon, énorme chantier de 6 milliards de francs. Une seule exception à cette mansuétude de la justice envers le groupe : le 14 janvier 2003, la cour d'appel de Paris (avant qu'un pourvoi en cassation soit rejeté) a condamné Bouygues et les grands du BTP pour ententes illicites sur les marchés du TGV Nord et de quatre grands ponts. Le groupe s'est vu contraint de payer 23,7 millions d'euros d'amendes (environ 160 millions de francs), soit à peu de chose près la même amende à laquelle il avait été condamné par le Conseil de la concurrence le 29 janvier 1995 *(voir chapitre XI)*. Entre cette date et 2003, l'entreprise avait utilisé toutes les voies de recours, notamment devant la Cour de cassation.

Autre affaire exemplaire : celle de la Très Grande Bibliothèque, où le groupe Bouygues va encore réussir à échapper à toutes les poursuites. Toutefois, l'enquête policière rapide et efficace va mettre au jour des méthodes particulières n'ayant rien à envier à celle d'un service secret d'une démocratie moderne. L'affaire débute en septembre 1991. Le groupement d'entreprises mené par Bouygues remporte l'un des plus beaux marchés de la fin du siècle dernier : 1,6 milliard de francs pour la construction de la TGB, rebaptisée depuis Bibliothèque François-Mitterrand. Le patron de TF1 est parti favori pour cet appel d'offres face à CBC, filiale de la Compagnie. Certes Jacques Chirac est redevenu simple maire de Paris, mais l'ami Francis a plus d'un tour dans son sac. Qui décide ? Un trio composé de l'architecte Dominique Perrault, du futur directeur de la TGB, Dominique Jamet, et du secrétaire d'État aux Grands Travaux, Émile Biasini. C'est ce dernier, franc-maçon très officiel, qui va emporter la décision en faveur de Bouygues. Ulcéré par la campagne antisocialiste de TF1, Michel Charasse et la majorité des conseillers de l'Élysée veulent que le chef de l'État rende la monnaie de sa pièce au roi du béton. De son côté, le patron de CBC, Gilbert Simonet (l'ancien bras droit de Francis qui s'est fâché avec lui en 1982), porte plainte, fait rarissime, pour infraction à la législation sur les marchés publics. Le climat s'alourdit entre Bouygues et CBC, qui se disputent le leadership de la profession.

Le Canard enchaîné du 13 décembre 1995 va en faire ses choux gras[9]. « Dans l'affaire des fausses factures du BTP d'Île-de-France, un certain Noël Girault va expliquer, en 1994, au juge Jean-Marie Charpier de Versailles, écrivent Alain Guédé et

Hervé Liffran dans l'hebdomadaire satirique, qu'il s'était procuré grâce à un ami dans la place (avant l'appel d'offres) les devis et chiffrages effectués par les techniciens de la TGB, qu'il communique alors – dit-il – à Bouygues. Avec de tels documents, qui indiquent le montant exact que le client est prêt à payer, bétonner devient un jeu d'enfant. [...] Ancien résistant et gaulliste de toujours, Noël Girault ne possède ni bureau, ni siège social. Sa petite société est immatriculée sous le nom de sa femme. Mais depuis 1989 [et jusqu'en 1994], cette boîte fantomatique n'en a pas moins réalisé un chiffre d'affaires de 54 millions de francs : une partie pour lui, une autre en tant qu'intermédiaire, notamment pour des politiques. [...] Et il raconte sur procès-verbal que le million et demi qu'il a touché en Suisse le récompensait pour son rôle dans l'obtention par Bouygues d'une grosse partie (1,6 milliard de francs sur un total de 7,8 milliards) du chantier de la Très Grande Bibliothèque. Résultat : le très occupé patron de la division grands travaux de Bouygues, Jean Coignard, va prendre pension pendant un mois à la prison de Bois-d'Arcy. Jean Coignard possède l'un des répertoires téléphoniques les plus chics de Paris, notent les deux journalistes du *Canard enchaîné*. On y trouve aussi bien les numéros personnels de Chirac, Toubon et Juppé que ceux de grands patrons de l'industrie et de la finance. » *Le Monde* du 20 janvier 1996 précise que ce *Who's Who* comporte aussi les numéros de Charles Pasqua au ministère de l'Intérieur, de Guy Drut à l'Assemblée nationale, de Jacques Dominati, premier adjoint au maire de Paris, patron des parkings et des usines d'incinération d'ordures de la ville, de Gérard Longuet, président du PR, de Patrick Balkany à la présidence de l'Office HLM des Hauts-de-Seine... La version de Noël Girault sera toujours contestée en bloc par les avocats de Bouygues. Chargé d'instruire la plainte de CBC contre Bouygues dans l'affaire de la TGB, le juge d'instruction Jean-Luc Delahaye (devenu depuis conseiller de l'homme d'affaires Vincent Bolloré) a classé le dossier sans suite... Le groupe Bouygues est né sous une bonne étoile.

Bouygues sait y faire pour nouer des amitiés chez des concurrents, percer à l'avance les secrets d'un appel d'offres de l'administration, circonvenir ou se passer des puissants, ou mieux encore affronter son seul vrai ennemi, le pouvoir de l'État. Les techniques du « duché de Minorange » pour gagner des marchés publics sont multiples et variées. Les deux principales en sont le financement classique de partis politiques, comme le groupe l'a reconnu (notamment à l'occasion du procès Noir-Botton), ou l'utilisation du joker TF1. Mais le système Bouygues reste surtout organisé à partir d'un outil informatique extraordinaire, qui a fait ses premiers pas, en 1969, lors du chantier du Parc de Princes. Tout a commencé quand Francis Bouygues est devenu l'ami de Jacques Maisonneuve, PDG d'IBM France. Une trentaine d'années plus tard, le 4 janvier 1988, Francis Bouygues inaugure son nouvel instrument de pouvoir, Challenger, à Saint-Quentin-en-Yvelines, à l'ouest de la capitale. Sorte de palais de Versailles du « duché de Minorange », cette cathédrale de béton blanc, virginale, exalte la puissance du groupe et de son créateur. Mais ce château féodal cache aussi un côté obscur, c'est-à-dire « Big Brother Francis Bouygues ». Tout a été écrit sur la silhouette majestueuse de ce siège social de 62 000 m^2 de bureaux pour 3 000 personnes, symbole des liens forts qui unissent les compagnons du Minorange, sorte de syndicat maison créé en 1963. Ce pacte féodal, un rien maçonnique et paternaliste, vise à nouer une relation directe entre Francis Bouygues, aujourd'hui Martin Bouygues, et la base, afin d'échapper au verrou de la hiérarchie... En fait, « Big Brother Bouygues » joue tous les jours *Mélodie en sous-sol* sous les pieds de ses 3 000 salariés du siège social. À l'image de ce que sera plus tard l'immeuble de TF1 en 1992, Challenger est un des immeubles les plus « intelligents » du monde. Orfèvre en la matière, le magazine *01 Informatique* de juillet 1987 donne un aperçu de ce réseau informatique de 250 kilomètres : « Dans le faux plancher circulent trois énergies : câbles informatiques, électriques et téléphoniques. Toutes trois aboutissent à une prise commune fabriquée spécialement pour Bouygues, disposée en attente sur le plancher. [...] Trois immeubles de ce type (entièrement câblés) existent dans le monde : à Atlanta (Coca-Cola), à New York (American Express) et en Allemagne (Mercedes). L'immeuble de Bouygues, élaboré avec des labos d'IBM et de Raleigh, aux États-Unis, est probablement celui qui pousse le plus loin le concept en intégrant totalement le câblage à conception de l'immeuble et des bureaux [10]. »

Ce côté obscur d'un Big Brother à la pointe en matière

informatique cadre avec la « morale de l'entreprise » qui n'a rien à voir avec la morale personnelle de chaque employé de la société. C'est en spécialiste que Jean-Jacques Prompsy, l'ancien lieutenant de Jérôme Monod à la Lyonnaise, explique le casse-tête de ce genre de personnel : « Il faut qu'ils s'habituent à l'idée qu'ils livrent une véritable guerre économique, que cela les oblige à enfreindre les règles habituelles, mais que leur conscience ne doit pas en être troublée, la morale de l'entreprise n'étant pas celle des individus [11]. » En fait, l'outil informatique se marie avec un système tourné vers l'espionnage à l'intérieur du groupe, mais aussi vers l'extérieur. En enquêtant sur le marché de la TGB, le juge Jean-Marie Charpier a découvert le Bunker lors d'une de ses perquisitions à Challenger. Il s'agit d'une salle aménagée sous l'entrée principale du siège social, où peuvent être reproduits très rapidement des documents extrêmement confidentiels.

Mis en examen pour avoir fourni à Bouygues, avant l'appel d'offres, les chiffrages et les devis pour la construction de la TGB, Noël Girault décrit ainsi le Bunker au juge Charpier : « J'ai visité cette salle de reprographie. C'est inimaginable. Il y a là les machines les plus sophistiquées. Un jour, je leur ai amené un dossier que j'avais "emprunté" pour quelques heures. J'ai eu très peur quand une personne a commencé à dépiauter le document. Très rapidement, on m'a restitué ce document qui ne présentait aucune trace décelable du traitement que les spécialistes lui avaient fait subir… Ils sont capables de faire de faux documents et, s'ils le souhaitaient, ils pourraient même fabriquer des faux billets de banque [12] ! » Des rumeurs font état de l'existence dans une salle voisine du Bunker d'un espace réservé à l'écoute des portables grâce à des scanners très performants. Rumeurs formellement démenties par la direction de l'entreprise. « Mon métier, c'est le renseignement, explique aussi Noël Girault au juge. Nous devions être une dizaine d'agents extérieurs à chercher le genre de renseignements qui servent à emporter des marchés. Dans les adjudications, le trucage est la règle et il faut beaucoup de complicités. C'est par l'intermédiaire de Georges Beauchamp, m'a raconté Jean Coignard (alors directeur commercial pour l'Île-de-France et les travaux spéciaux), que Bouygues a obtenu le marché de l'Arche de la Défense, dont la Caisse des dépôts était le maître d'ouvrage.

Bouygues devait faire parvenir 10 millions de francs en liquide pour aider *Le Matin de Paris* et il devait également investir dans les jambes de l'Arche [13]. »

Selon Pierre Péan, Francis Bouygues a bien investi cette somme dans *Le Matin*, dont Paul Quilès, ancien ministre de l'Urbanisme, du Logement, et des Transports de 1983 à 1985, aurait dû prendre la direction [14]. Sans commentaires... Sinon que, sans le moindre état d'âme, le roi du BTP devient l'ami de l'État socialiste, après trente ans de mariage avec les gaullistes pompidoliens, puis chiraquiens. Mais la clé de la réussite de Bouygues, de son obsession de l'indépendance, en un mot de sa puissance, se cache sans doute derrière sa grande pratique de l'espionnage industriel. Admis un temps au comité stratégique de Bouygues, le journaliste de TF1 Yves Mourousi l'a avoué sans détour à Pierre Péan et Christophe Nick : « Bouygues a été la première grosse entreprise française à comprendre la portée de l'espionnage industriel. S'ils ont pu racheter tant de boîtes, c'est bien parce qu'ils avaient des informations internes. La base informatique située sous les lacs de Challenger relie tous les ordinateurs, tous les fax et tous les téléphones du groupe à des centres de données très sophistiqués. Elle est là, la force de Bouygues [15]. »

Quittons les palais de justice pour rechercher l'odeur de l'argent « propre » des rois de l'eau. Au hit-parade du financement des partis politiques, Bouygues n'occupe que la deuxième place en France. La seule photographie qui existe sur le financement de la démocratie en France remonte aux législatives de 1993. À l'époque, les lois de 1990 et 1993 avaient autorisé (c'est totalement interdit depuis, car pris en charge par l'État) ces dons d'entreprise à une hauteur maximale de 500 000 francs par candidat député. Le rapport officiel de la Commission des comptes de campagne a publié ces chiffres, en avril 1993, sur 580 pages [16]. Privilège de l'âge, la vénérable Générale des eaux porte le maillot jaune (13,9 millions de francs), laissant la deuxième place à Bouygues (10,7 millions) et la troisième à la Lyonnaise (7,7 millions). À l'époque, les trois champions de l'eau et leurs filiales font du PS le principal bénéficiaire de ces dons avec 11,3 millions de francs, contre 8,6 millions pour le RPR, 7,8 millions pour l'UDF et 2,1 millions pour le PCF. Mais le total des dons reçus par le RPR et l'UDF (16,4 millions de francs) dépasse nettement ceux donnés à la gauche (13,4 millions). Ces trois groupes sont alors à la fois les financiers des élus et leurs principaux interlocuteurs lorsque ces candidats, sous leur casquette de maire, de président de communauté urbaine, de conseiller général ou régional, font construire des salles des fêtes, des routes, des terrains de sports ou doivent gérer la distribution d'eau, l'assainissement, les transports urbains, la collecte des ordures ménagères, la télévision locale. À la même époque, les grandes surfaces avaient ainsi versé seulement 6 millions de francs au PS et 3 millions au PRG (Parti radical de gauche). L'argent va à l'argent en quelque sorte…

Dans une lettre adressée, le 14 juin 1994, à Pierre Méhaignerie, ministre de la Justice, Guy Dejouany va regretter ouvertement cette publication des comptes de campagne : « Leur publication a eu un impact désastreux, qui a relancé la campagne que l'on connaît sur la corruption […]. Cette situation est de nature à porter un grave préjudice à notre groupe […]. Elle ne peut durer. Il faut certainement repenser la loi et, après réflexion, s'efforcer de la modifier […]. Peut-être faudra-t-il alors aller jusqu'à ne plus permettre aux partis et aux candidats aux élections locales et nationales de recevoir des dons de personnes morales publiques ou privées [17]. » La Compagnie avait octroyé 50 000 francs à Pierre Méhaignerie pour sa campagne électorale dans la cinquième circonscription d'Ille-et-Vilaine à l'occasion des législatives de mars 1993 [18]. Les souhaits de Guy Dejouany sont des ordres… Ils seront vite exaucés le plus légalement du monde. Jamais plus de comptes sur les financement des élus par les entreprises ne seront publiés, la loi ayant interdit en 1995 la prise en charge pécuniaire des partis politiques par des sociétés privées.

À l'époque, Guy Dejouany a de quoi se faire du mouron : pas moins de neuf juges d'instruction cherchent des poux dans la tête à sa chère Compagnie. Parmi eux, un magistrat de l'île de la Réunion, Jean-Michel Prêtre, met les bouchées doubles. Certes, le ministre de la Justice de l'époque, Pierre Méhaignerie, a affirmé très officiellement qu'il n'intervenait plus dans les affaires. « Lui peut-être… mais c'est un secret de polichinelle que le gouvernement de l'époque a donné en réalité des instructions à la Réunion et ailleurs pour faire tomber le "Vieux" [Guy Dejouany], prétend notre "Gorge Profonde" à la Générale.

Le scénario était imparable. On lui a fait comprendre : vous allez être mis en examen à la Réunion. À vous de choisir la suite. Soit vous acceptez toujours Jean-Marie Messier comme successeur, dès lors un non-lieu sera rendu en votre faveur et vous partirez dans l'honneur. Soit vous ne l'installez pas dans votre fauteuil et vous êtes sûr d'être condamné par le tribunal correctionnel de la Réunion, à l'issue d'un procès public largement couvert par la presse et les télés… » Malgré toutes nos relances, Guy Dejouany a préféré ne pas s'exprimer sur ce sujet. Il est vrai que le ciel lui est tombé sur la tête, le 13 mars 1994. Accompagnés de gendarmes de la section de recherches de Paris, un juge de l'île de la Réunion va fouiller le « sanctuaire » du premier étage au 52, rue d'Anjou. Prévenu de justesse, « Dieu » a eu le temps de quitter son bureau pour aller se réfugier chez un ami. Les militaires passeront également au peigne fin plusieurs autres bureaux de directeurs, situés au deuxième étage… Une première stupéfiante dans cette maison de réseaux : les « bons contacts » de la rue d'Anjou avaient évité, depuis cent quarante et un ans, ce genre de visite jamais agréable. Sept mois plus tard, le président « Guytounet » va boire le calice jusqu'à la lie [19]. Le 21 septembre 1994 restera à jamais un jour maudit dans sa mémoire. Jamais un « petit juge » n'avait osé… Comme d'habitude, le juge Jean-Michel Prêtre arrive ce jour-là au tribunal de grande instance de Saint-Denis de la Réunion sur sa motocyclette de 125 cm^3. Très vite, le président de la Compagnie est mis en examen pour corruption. Durant toute la journée et les deux jours suivants, le « Dieu » de la rue d'Anjou va être interrogé par le juge. Mais ce n'est pas le plus grave…

Le matin même, « Dieu » avait débarqué à bord d'un Falcon 900 d'Aeroservice Executive (filiale de la Compagnie qui facture ce « petit voyage » 700 000 francs). À l'époque, il est l'un des rares privilégiés en France, avec le président François Mitterrand, l'avionneur Serge Dassault et le patron d'Elf Loïc Le Floch-Prigent, à disposer d'un Falcon 900, la Rolls des avions d'affaires. Guy Dejouany n'aime pas l'avion : « Je préfère voyager dans mon salon en regardant des westerns en cassette vidéo. » En fait, le président « Guytounet » n'a pas pris d'avion de ligne pour éviter toute publicité. Dès son arrivée dans l'île après seize longues heures de voyage, le patron de la Compagnie veut la jouer discrète. C'est raté. Sur ordre probablement du gouvernement (Balladur est Premier ministre et Pasqua ministre de l'Intérieur), le préfet lui a préparé un comité d'accueil soigné aux petits oignons. Dix armoires à glace du GIPN (Groupe d'intervention de la Police nationale) ne le quittent pas d'une semelle, officiellement pour le protéger, pendant ses trois jours de tourisme forcé dans l'île, entre sa suite à l'hôtel Créolia et le palais de justice. Un véritable cauchemar pour « Dieu », plus habitué à faire sauter les préfets qu'à se retrouver cerné de policiers armés jusqu'aux dents, de caméras et d'appareils photo. Ni Francis Bouygues, déjà décédé, ni Jérôme Monod n'avaient eu droit à ce « traitement de faveur ». Pourtant, à Grenoble, à la même époque, la Lyonnaise s'est bien fait prendre elle aussi les doigts dans le pot de confiture *(voir chapitre XV)* ; et l'ancien ministre Alain Carignon trompe son ennui en prison depuis déjà huit mois...

À la Réunion, certes, aucun ministre n'est mis en cause. Dénoncés par des lettres anonymes, deux lieutenants de Dejouany, Jean-Dominique Deschamps et Jean-Pierre Tardieu, reconnaissent avoir fait remettre en liquide, de 1990 à 1993, 4 millions de francs à un intermédiaire, René Gastaldi (via des comptes bancaires à Jersey, Djibouti et en Suisse). Selon leurs déclarations, cet homme était un simple apporteur d'affaires. À lui de se débrouiller pour gagner le contrat de distribution d'eau potable de la ville de Saint-Denis de la Réunion. Jules Raux, un cacique du PS âgé de 65 ans qui exerce alors également les fonctions de président de la commission d'appel d'offres de cette ville, et le député-maire PS Gilbert Annette avouent qu'ils avaient besoin de ces 4 millions de francs pour payer le reliquat de dettes de la campagne électorale municipale de 1989. Ils reconnaissent avoir utilisé un porteur de valises, René Gastaldi, pour récupérer l'argent de la Compagnie. À partir de ces aveux circonstanciés, le juge ne se pose plus qu'une seule question : comment Guy Dejouany, qui est l'un des seuls à s'y retrouver dans l'organigramme des plus de 2 700 sociétés de son groupe, pourrait-il ignorer que certains de ses collaborateurs versent des pots-de-vin à des élus ? Surtout que les deux commerciaux de la Compagnie poursuivis dans cette affaire, Jean-Dominique Deschamps et Jean-Pierre Tardieu, voient régulièrement leur président lors de longs tête-à-tête.

La relaxe finale du président « Guytounet » (qui a répété inlassablement qu'il n'était au courant de rien) dans cette affaire tropicale s'est déroulée suivant un vrai cérémonial. Le 29 mai 1996, le conseil des ministres nomme le juge Jean-Michel Prêtre sous-préfet de Langres, dans la Marne, en détachement et sur sa demande. Comme le dit avec sobriété un magistrat de Nanterre bon connaisseur du dossier, « le juge Prêtre une fois parti, l'affaire n'existait plus : il était le seul à la connaître ». Une promotion inespérée pour ce fonctionnaire de 38 ans qui, au bout de dix années de magistrature, était simple juge d'instance à Villeurbanne jusqu'à la fin de l'année 1993 [20]. Dix jours avant de faire ses valises pour Langres, le magistrat boucle son dossier Générale des eaux-Parti socialiste. Étourdi, il « oublie » de signer l'ordonnance de renvoi des 36 mis en examen devant le tribunal correctionnel de Saint-Denis de la Réunion. Le 19 juillet suivant, le président du tribunal Saint-Denis de la Réunion, Jacques Lameyre (en accord avec le procureur Bernard Legras), renvoie tous les mis en examen devant le tribunal correctionnel. À l'exception de Dejouany, car il estime ne pas avoir assez d'éléments probants contre lui [21]. À l'époque, Alain Juppé est Premier ministre, et le fidèle chiraquien Jacques Toubon ministre de la Justice. Ancien procureur général à Bastia, Bernard Legras (surnommé alors le « Mexicain » en raison de ses magnifiques moustaches) coule des jours plus tranquilles, aujourd'hui, au tribunal de grande instance de Colmar. Jacques Lamayre, l'ex-président du tribunal de Saint-Denis de la Réunion, a eu une belle promotion en étant nommé président du tribunal de Grasse, un poste hors hiérarchie.

Quant à Jean-Michel Prêtre, il n'a pas été récompensé : il est revenu à ses premières amours, comme président du tribunal correctionnel de Vesoul, en Haute-Saône. Déjà placé sur orbite, depuis novembre 1994, comme administrateur directeur général de la Générale des eaux, Jean-Marie Messier est nommé PDG le 27 juin 1996. Soit vingt-quatre jours avant la mise hors de cause de Guy Dejouany dans le dossier de la Réunion. Principaux accusés de ces tribulations exotiques de l'honorable Compagnie, Jean-Dominique Deschamps, directeur général adjoint à la Compagnie, et son adjoint Jean-Pierre Tardieu joueront les coupe-circuits lors du procès de l'affaire, en octobre 1996. Ils seront condamnés à dix-huit mois de prison avec sursis. Sous la pression de leur nouveau président, Jean-Marie Messier, ils passent aux aveux en pleine audience. Ils reconnaissent avoir fait remettre en liquide, de 1990 à 1993, 4 millions de francs au trésorier local du PS à Saint-Denis de la Réunion, Jules Raux, via l'intermédiaire, René Gastaldi, pour gagner le marché de 600 millions de francs de la distribution d'eau potable dans cette localité. C'est une première. Jamais, jusque-là, des cadres supérieurs ou dirigeants du triumvirat de l'eau n'avaient reconnu avoir financé un parti politique pour obtenir un marché public. Auparavant, ces responsables s'arcboutaient sur un système de défense classique et ridicule : l'intermédiaire (qui lui passait très vite aux aveux) était un apporteur d'affaires rémunéré à cette seule fin. Pour assurer un « départ dans l'honneur » au « Dieu » de la rue d'Anjou, Jean-Dominique Deschamps et Jean-Pierre Tardieu ont sauvé le général Dejouany à l'exemple du soldat Prompsy avec le général Monod.

Bon petit soldat de la Compagnie et chargé de superviser les nouveaux contrats passés avec les collectivités locales, Jean-Dominique Deschamps se retrouve à nouveau, en octobre 2000, puis en juin 2001, sous les feux de l'actualité dans l'affaire Gifco, un bureau d'études lié au Parti communiste. Cette procédure résulte de deux dossiers différents. D'une part, 61 scellés de documents qui ont été récupérés rue d'Anjou dans le cadre d'une perquisition relative à l'affaire de la Réunion. D'autre part, une dénonciation fiscale contre la Générale et l'un de ses partenaires en affaires la Sicopar, filiale du Gifco, spécialisée dans la distribution d'eau. Le volet fiscal de ce dossier sera mis sur les rails par Michel Charasse, ministre socialiste délégué au Budget, puis communiqué au parquet par son successeur RPR, Nicolas Sarkozy. Gaullistes et socialistes souhaitent à l'évidence que la justice s'attaque aux finances du Parti communiste. Encore accusé numéro un, Jean-Dominique Deschamps a tenu bon, pendant quatre ans, face à la juge d'instruction Laurence Vichnievsky. Elle voulait lui faire avouer une seule chose : il payait le Gifco tout en connaissant parfaitement les liens de ce bureau d'études avec le Parti communiste. Le directeur adjoint devra s'expliquer sur les liens entre le Parti communiste et la Générale successivement devant la onzième puis la trente et unième chambre du tribunal correctionnel de Paris, suite à l'interruption du premier procès pour vice de forme. Jean-Dominique Deschamps reconnaît avoir versé, de 1990 à 1994, 19 millions de francs au Gifco chargé de prêcher la bonne parole en faveur de la Compagnie auprès d'élus locaux. Il prend tout sur lui (ses neuf directeurs régionaux ont bénéficié de non-lieux), mais souligne perfidement que « d'autres entreprises concernées [la Saur-Bouygues et la Lyonnaise ont travaillé aussi avec le Gifco] n'ont pas été prises dans la tourmente judiciaire ». « J'avais besoin d'un messager, déclare-t-il, pour expliquer que la Générale des eaux n'était pas l'ogre dépeint à l'époque. [...] Aucune grande municipalité communiste n'a jamais privatisé la distribution d'eau. J'ai fait des efforts à Bourges, Le Havre, Montluçon, Amiens. En vain [22]. »

En fait, Jean-Dominique Deschamps oublie l'exception qui confirme la règle. En 1969, la municipalité communiste de Nîmes, un fief de gauche à l'époque, a privatisé la distribution d'eau dans la ville, l'attribuant en affermage à la Saur. Intérêt des communistes : dès son arrivée, ce numéro trois du triumvirat de l'eau a pris à sa charge un énorme effort d'investissement. Bénéfice pour la Saur : ouvrir une brèche dans le monopole exercé par la Lyonnaise et la Générale dans les grandes villes. Nîmes avec ses 30 000 abonnés comptait à l'époque, à elle seule, un quart des abonnés de l'entreprise en zone urbaine. Aujourd'hui encore, la préfecture du Gard reste la seule grande ville de France qui lui ait confié son alimentation en eau.

Jean-Dominique Deschamps se garde bien de parler du cas de Nîmes devant le tribunal. Certains lui en veulent encore à la Compagnie d'avoir essuyé cet échec historique face à la Saur. En revanche, il va livrer aux juges quelques « petits secrets de fabrication »... À partir des années 1980, le Gifco lui sera souvent d'un grand secours, sauf dans les villes à direction communiste. Explication. Ce bureau d'études intervient uniquement dans un contexte politique bien précis – la municipalité doit avoir une majorité de droite avec une « minorité agissante » de gauche –, c'est-à-dire là où l'opposition communiste peut menacer de soutenir une grève des agents communaux qui se refuseraient à passer sous la tutelle de la Compagnie. Devant Robert Hue, lui aussi poursuivi en tant que secrétaire général du PCF, Jean-Dominique Deschamps prend un exemple pour illustrer son propos. En juillet 1989, le maire PS de Montpellier

Georges Frêche concède la distribution d'eau (jusque-là en régie municipale) à la Compagnie. La majorité socialiste du conseil municipal approuve et les communistes s'abstiennent. Jean-Dominique Deschamps verse alors 8 millions de francs au Gifco pour avoir « traité » le syndicat CGT des agents municipaux de Montpellier. Quelques mois plus tard, en septembre 1989, le Gifco lui demande un million de francs pour intervenir à Toulouse, où la municipalité de droite doit également accorder le marché d'alimentation d'eau de la ville à la Générale. Bien inspiré, l'homme de la Compagnie verse seulement 250 000 francs au Gifco, sans que cela puisse se savoir à Toulouse, puisque l'affaire a été imputée sur le compte du dossier Montpellier. En fait, les élus communistes vont faire un baroud d'honneur en votant contre la privatisation de la distribution de l'eau potable proposée par le maire de Toulouse (qui percevra 437 millions de francs de droit d'entrée de la Générale). Il est arrivé à Jean-Dominique Deschamps de nourrir de sérieux doutes sur l'efficacité du Gifco, comme il l'avoue sans détour au tribunal : « Mon angoisse permanente était de savoir s'ils n'étaient pas aussi en relation avec la Lyonnaise des eaux. M'ont-ils fait le coup du pompier pyromane ? Était-ce alors du simple racket ? » Il se pose encore la question. D'après ses propres termes, il s'agissait « de lobbying, et non pas de l'achat de votes[23] ».

Le hic de ce procès : jamais les policiers de la brigade financière n'ont retrouvé la moindre trace d'un mouvement de fonds du Gifco au profit du Parti communiste. Certes, l'honorable Compagnie a bien versé 19 millions de francs à ce bureau d'études en récompense de ses multiples interventions auprès d'élus communistes. Mais, aux yeux de la justice, pas un seul centime de ce magot n'est allé grossir les caisses du PCF. Mettant les rieurs de son côté, le secrétaire général du PCF, Robert Hue, peut affirmer aux juges, le plus sérieusement du monde, que les finances de son parti reposaient presque uniquement sur la vente militante de muguet… Une vente qui rapporte à l'époque 10 millions de francs au parti par an, selon ses dires. À l'audience du tribunal correctionnel de Paris planent les ombres de Maurice Thorez, leader du parti et député d'Ivry-sur-Seine, de son successeur à l'Assemblée nationale et trésorier du PCF, Georges Gosnat, et de leur vieil ami Georges Marrane, maire communiste d'Ivry-sur-Seine de 1935 à 1965 *(voir chapitre VI)*. Celui-ci fut, de 1944 à 1947, président du Syndicat des eaux pour la banlieue de Paris, premier client déjà de la Générale des eaux avec ses 144 communes adhérentes. Patron du communisme municipal, ce président de la commission de contrôle du financement du Parti communiste avait fondé avant guerre la Banque ouvrière et paysanne *(voir chapitre VI)*.

Le portrait de Georges Marrane, ancien chef de la Résistance communiste en zone Sud, aujourd'hui disparu, correspond en tout point à celui des responsables du Gifco. Patrick Garcia de Herreros, un des délégués commerciaux du Gifco, décrit ainsi le bureau d'études au procès : « Le groupe Gifco est issu de la Résistance, et ses responsables fondateurs, notamment Jacques Grosman [décédé depuis], étaient des responsables politiques du PCF Le fonds de commerce du groupe Gifco s'appuyait sur des relations privilégiées avec les élus communistes [24]. » Au procès Gifco, Georges Marrane aurait pu tenir exactement les mêmes propos que Robert Hue, l'ex-secrétaire général du Parti communiste, pour se justifier : « Dans cette affaire, les élus communistes et le premier d'entre eux ont résisté à la privatisation des services publics, se sont battus contre la mainmise de la Générale ou de la Lyonnaise des eaux sur les collectivités. Un marché de 500 milliards (*sic*), ce n'était pas facile de résister […] Je combats la CGE, mais je ne la critique pas, elle fait son boulot [25]. » Interrogé sur sa rencontre prouvée du 3 janvier 1991 avec des responsables du Gifco, le secrétaire général du PCF répond : « J'étais confronté en permanence à la pression de sociétés privées comme la Générale des eaux [26]. »

Pour tenter d'établir le lien entre le Gifco et le PCF, le procès fait un détour par la Fête de *L'Huma*. Le militant ou le sympathisant peuvent y patauger dans la boue de septembre, mais sont interdits de séjour à l'Espaces collectivités, ouvert uniquement aux décideurs communistes. La Générale y a longtemps tenu son stand, à un tarif qui n'était pas donné… Outre la Compagnie, ses concurrents et les différentes entités du Gifco s'y donnaient rendez-vous. Sur cinq ans, l'Espace collectivités rapportera 76 millions de francs à *L'Humanité*, dont 3,9 versés par la Générale [27]. Reste à établir le lien entre le PCF et *L'Humanité*… La belle aventure entre la Compagnie et le Gifco s'est terminée brutalement en 1994. L'adoption de la loi Sapin sur les marchés publics oblige la Générale à demander au Gifco des rapports écrits en vue de justifier ses honoraires. « Ils étaient indigents », admet devant le tribunal Jean-Dominique Deschamps, qui travaille encore à l'époque comme conseiller de « J2M », avec un salaire de 80 000 francs par mois. Jean-Marie Messier lui a maintenu sa confiance. Le 15 novembre 2001, Robert Hue et tous les prévenus sont relaxés, sauf Jean-Dominique Deschamps, condamné à dix-huit mois de prison avec sursis. Coupe-circuit idéal et homme de parole, le bon petit soldat de la Générale sauve ainsi à l'époque neuf directeurs régionaux de son groupe.

Depuis ce procès Gifco, les vieilles « affaires » mettant en cause les trois champions de l'eau arrivent au compte-gouttes devant les tribunaux. Henri Proglio, Gérard Mestrallet et Martin Bouygues s'affirment soucieux de tirer un trait définitif sur ce passé judiciaire. Rien de plus normal. Pourtant, le premier vient curieusement de donner une « prime à la casserole » à l'un de ses cadres supérieurs. Condamné à six mois de prison avec sursis dans l'affaire Juppé, le 30 janvier 2004, M. X [la condamnation ayant été amnistiée, nous ne pouvons pas indiquer son nom] est promu le mois suivant délégué régional de la région X pour Veolia Environnement. Il « aura pour responsabilité de représenter Veolia Environnement et de diffuser l'image du groupe [28] ». Embauché à la Compagnie en 1990, ce cadre supérieur avait été successivement directeur général d'une filiale de nettoyage, puis directeur adjoint d'une compagnie d'eau dans la banlieue d'une grande ville.

Dans l'affaire des salaires fictifs du RPR, le tribunal correctionnel de Nanterre condamnera également à six mois de prison avec sursis le patron d'une autre filiale, M. Y. L'organisatrice présumée du système des emplois fictifs au RPR, Louise-Yvonne Casetta, avait été salariée par M. Y, patron d'une entreprise de chauffage urbain, puis par M. X, à l'époque directeur général d'une filiale de nettoyage. Lors du procès en appel de l'affaire des salaires fictifs du RPR, le 13 octobre 2004 à Versailles, l'ancienne intendante du RPR a ouvert le parapluie : « J'ai exécuté des ordres. Les hommes politiques arrivaient, demandaient à ce qu'on prenne en charge leur secrétaire. Le directeur juridique du RPR, Jérôme Grand d'Esnon, dont le propre salaire était pris en charge par une entreprise, avait expliqué dans une note que cela pouvait s'assimiler à un don fait par une entreprise[29]. » Cette permanente du RPR avait elle-même été rémunérée par deux filiales de la Compagnie (les sociétés W et Z) de 1986 à 1994, avec un salaire de 15 000 francs par mois, passé ensuite à 27 000, puis à 36 000 francs mensuels.

Les patrons des deux filiales, M. X et M. Y, qui ont payé ses salaires de 1986 à 1994, ont admis à la barre que Louise-Yvonne Casetta n'avait jamais mis les pieds dans leur entreprise. M. Y, premier employeur de la « banquière » présumée du RPR, a expliqué avoir acheté un carnet d'adresses en la rémunérant. « J'ai effectivement embauché Mme Casetta, son intelligence, son charisme. Elle avait un sens commercial inné[30] », a-t-il expliqué. Louise-Yvonne Casetta a affirmé qu'elle lui aurait permis de décrocher des marchés publics, notamment « à Neuilly, chez Nicolas Sarkozy ». De son côté, M. X a précisé avoir attendu un an que Louise-Yvonne Casetta quitte le RPR, en vain, tout en la payant sans qu'elle travaille chez lui. Le patron de cette filiale de la Compagnie a expliqué au tribunal qu'il imaginait réorienter ses activités dans l'agroalimentaire grâce aux connaissances de Mme Casetta dans ce domaine. Laquelle avait en fait simplement tenu un magasin bio dans les années 1980… Après avoir demandé en vain à M. X de s'expliquer, le tribunal a fait valoir que son entreprise de nettoyage avait au même moment remporté d'importants contrats pour l'immeuble du RPR rue de Lille, à Paris, dont un marché de 720 000 francs en 1995[31].

À l'époque, Guy Dejouany est toujours président de la Compagnie, Jean-Marie Messier est son numéro deux, et Henri Proglio supervise les activités collecte de déchets et transports collectifs. Aucun d'entre eux n'a été inquiété ni même entendu par un juge dans l'affaire Casetta. MM. X et Y ont joué les coupe-circuits. Surprise, deux heures après leur déposition, le directeur du développement durable à Veolia Environnement, Yves Cabana, va tuer leur défense qui consistait à répéter que l'emploi de Mme Casetta dans leurs deux filiales de la Compagnie était bien réel. Ayant bénéficié d'un non-lieu dans l'affaire des salaires fictifs du RPR, en raison de la prescription des faits, ce conseiller personnel d'Henri Proglio a été cité comme témoin par Louise-Yvonne Casetta.

Les déclarations de l'ancien directeur de cabinet d'Alain Juppé, secrétaire général du RPR à l'époque, vont tétaniser l'ambiance au tribunal correctionnel de Nanterre, à l'audience du 2 octobre 2003 : « Je vais être franc… Je savais que Mame Casetta n'était pas rémunérée par le RPR… Je l'ai su, euh… incidemment par M. Y, qui est très honorable [32]… » Ambiance… Aujourd'hui, Louise-Yvonne Casetta, M. X et Yves Cabana sont tous les trois salariés du groupe Veolia ! Et Yves Cabana d'enfoncer le clou : « Tout le monde savait que cette situation juridique existait [la prise en charge de permanents du RPR depuis 1988 par des entreprises privées]. Personne ne croyait que par l'enchantement d'une loi cela allait disparaître ! Comment imaginer que le vote d'une loi puisse d'un coup de baguette magique modifier les choses [33] ? » Un seul des dix-huit chefs d'entreprise ne sera pas gêné par les « aveux » d'Yves Cabana. Ex-directeur général jusqu'en 1996 de CGEA-Onyx, filiale de la Compagnie regroupant les activités collecte de déchets et transports collectifs, Yann Le Doré avoue d'entrée au tribunal sans qu'on lui pose de question : « J'ai fait cela par conviction, c'est tout [34]… » L'ex-joueur de ballon ovale et ex-président du club de rugby du PUC prend tout sur ses épaules : sans mettre en cause qui que ce soit, il reconnaît avoir salarié fictivement une standardiste du siège du RPR. L'ancien trois quarts n'a jamais perdu l'habitude de prendre ses responsabilités. C'était lui le patron des 90 000 salariés de la division déchets et propreté de la Générale. Lui seul avait le pouvoir d'engager une secrétaire.

Témoin très privilégié à l'époque des faits (la CGEA dont il était le président depuis 1990 avait pour filiale la société dirigée par M. X), Henri Proglio s'entoure aujourd'hui d'anciens responsables du RPR qui ont bénéficié de non-lieux en raison de la prescription, à l'exemple d'Yves Cabana. Ainsi, Raymond-Max Aubert, ancien député RPR de Tulle en Corrèze, a été nommé, début 2004, vice-président délégué de la fondation d'entreprise Veolia Environnement [35]. Il est vrai que l'homme dispose d'un extraordinaire carnet d'adresses en matière de collectivités locales. En effet, comme Jérôme Monod, Raymond-Max Aubert a été, de 1995 à 1997, délégué général de la Datar (Délégation à l'aménagement du territoire). Cet énarque avait été mis en examen, le 28 mars 2003, pour recel de détournement de fonds publics dans l'affaire des chargés de mission fictifs de la ville de Paris, avant de bénéficier le 6 décembre suivant d'un non-lieu. Il se voyait reprocher d'avoir disposé, de 1988 à 1991, d'un collaborateur affecté en Corrèze, alors que lui-même était directeur adjoint de cabinet de Jacques Chirac, maire de Paris. La cour d'appel a estimé que la majorité des faits étaient prescrits. Âgé de 56 ans, maire de Tulle (1995-2001) et conseiller général de Tulle Urbain Nord, ce notable corrézien avait occupé les fonctions de secrétaire d'État au développement rural dans le premier gouvernement Juppé. Depuis son entrée en fonction en 2000 à la tête de Vivendi Environnement, puis de Veolia Environnement, ni Henri Proglio ni aucun de ses collaborateurs n'ont été mis en cause ou condamnés dans une affaire politico-financière, à part M. X et M. Y.

Il n'en reste pas moins que les rois de l'eau pouvaient nourrir quelques inquiétudes face à l'imminence de trois procès sur fond de lotisation des marchés publics. Fin juin 2004, devant le tribunal correctionnel de Lyon, le premier a soldé discrètement en trois jours les affaires politico-financières lyonnaises. Avant de déboucher sur un fiasco judiciaire, l'enquête avait traîné en longueur, durant huit ans, et usé quatre juge d'instruction (dont Philippe Courroye), sous l'œil vigilant du procureur de Lyon, Christian Hassenfratz[36], de 1998 à 2003. En effet, la vedette américaine du procès, l'ex-chef de cabinet de Michel Noir, Bernard Sarroca (qui a fait sept mois de prison en détention provisoire), a été relaxé, de même que la quasi totalité des dix-neuf autres prévenus (dont sept dirigeants de la Lyonnaise et de la Compagnie).

Étienne Léandri (*voir chapitre XI*), l'intermédiaire incontournable entre les rois de l'eau et du BTP et les politiques montrait le bout du nez pour la première fois dans un prétoire. En l'occurrence, ce parrain français des affaires, décédé en janvier 1995, avait téléguidé la création en 1975 de la société International Trading Corporation (ITECO), sise 212, rue Saint-Jacques à Paris. De 1992 à 1995, celle-ci avait émis 679 613 euros (4,45 millions de francs) de fausses factures qui seront payées par douze sociétés, dont huit filiales de la Lyonnaise et de la Générale. Celles-ci avaient signé des contrats avec ITECO pour réaliser des projets de distribution ou d'épuration d'eau, de chauffage urbain, de collecte ou de traitement d'ordures ménagères et de construction. Deux des plus proches collaborateurs d'Étienne Léandri, sa fidèle secrétaire et un de ses vieux amis, qui avaient leur bureau au 212, rue Saint-Jacques, avaient été entendus par les juges chargés de l'affaire. Policier de formation, Bernard Sarroca avait été engagé, en 1991, comme directeur commercial d'ITECO, après avoir démissionné de son poste à la mairie de Lyon, à la suite de son rôle trouble dans le cambriolage de la permanence électorale du gendre du maire de Lyon, Pierre Botton. À l'audience comme durant toute l'instruction, Bernard Sarroca, 58 ans, a nié avoir établi des factures pour rémunérer des politiques. Il se présentait uniquement comme un apporteur d'affaires capable de mettre des personnes en relation et était rémunéré en échange de cette prestation d'assistance commerciale.

Visiblement, le tribunal correctionnel de Lyon a préféré retenir cette conception un peu angélique du dossier qui laisse les politiques en ombre chinoise et sauve le soldat Sarroca. Envolés les soupçons de trucage des marchés publics et de financement politique... Le même Bernard Sarroca n'avait pas manqué d'assister aux obsèques d'Étienne Léandri, le 27 janvier 1995 au cimetière Montparnasse. Toutes les sociétés mises en cause dans l'affaire appartiennent aujourd'hui aux groupes Veolia, Suez-Lyonnaise des eaux, Vinci, et travaillent toujours dans la région lyonnaise. Le Président de Vinci, Raymond Zacharias, dit « Zachs », conserve une réputation d'excellent professionnel dans cette métropole, où il a dirigé avec brio l'ensemble des activités de la Générale des eaux jusqu'en 1991, avant de présider le pôle BTP de la même Compagnie. Il n'a jamais été entendu par la justice dans cette affaire.

Le second procès, dit des marchés d'Île-de-France, a démarré en mars 2005 et devait prendre fin en juillet suivant. Cette fois, les héritiers de l'honorable Compagnie et de la Lyonnaise, leurs « cousins » de Vinci, et Bouygues nourrissent plus que des inquiétudes : le voile risque de se lever sur les charmes discrets de leurs relations avec les balladuriens, pasquaïens, chiraquiens, communistes et socialistes. En effet, quatre mois de débats devraient permettre de plonger dans la plus énorme affaire de corruption politique jamais jugée en France avec, dans le méchant rôle de corrupteur, les trois rois de l'eau et leur seul vrai concurrent, le groupe de BTP Eiffage, sans oublier quelques PME. Dans son ordonnance de renvoi [37] devant le tribunal, le 11 février 2004, le juge d'instruction Armand Riberolles décrit « un vaste système d'entente horizontale organisé entre les entreprises du bâtiment entériné par la commission d'appel d'offres du Conseil régional (entente verticale) ». Sur les vingt-cinq responsables d'entreprises poursuivis, douze sont des dirigeants de Bouygues, de Suez-Lyonnaise des eaux et de Vivendi (dont sept pour l'ex-Compagnie à elle toute seule). Les activités dans le BTP de ces deux derniers groupes ont été reprises, depuis 2000, par leur cousin Vinci devenu le n° 1 mondial du secteur du Bâtiment et des Travaux publics. « En violation du code des marchés publics, poursuit le magistrat, ce dispositif d'entente anticoncurrentiel et de favoritisme a fonctionné à la faveur de pratiques corruptrices sous-jacentes : 2 % du montant des marchés devaient être versés par les entreprises attributaires aux différents partis politiques. Ces commissions étaient accordées, soit sous la forme d'une contribution officielle au financement officiel des partis autorisé par la loi de 1990 à hauteur du plafond de 500 000 francs par entreprise (procédure totalement interdite depuis par une loi de 1995), soit de façon occulte avec des versements en espèces ou l'octroi de salaires fictifs. »

Pour le juge Riberolles, ce financement apparaît triplement irrégulier. Il résulte de marchés truqués. Deuxièmement : chaque groupe dépasse allégrement le plafond des 500 000 francs par parti en ventilant l'argent sur plusieurs filiales. Enfin, les 2 % ristournés aux entreprises sont intégrés au départ dans le calcul du prix du marché hors taxe. Conclusion : le cochon de contribuable est passé à la caisse pour 30 millions d'euros. Les trois rois de l'eau ont distribué les deux tiers de ces 30 millions d'euros de commissions tombés dans la trésorerie des quatre grands partis français : le PC, le PS, le PR et le RPR. En échange, ces trois groupes ont décroché, de 1990 à 1995, les trois quarts des marchés (sur un pactole total de 12 milliards de francs) attribués par le Conseil régional d'Île-de-France pour rénover 471 lycées.

Est-ce un hasard si, dans son ordonnance de renvoi, le juge Riberolles accorde la place la plus importante (des pages 131 à 145) à Michel Roussin parmi les politiques poursuivis pour

« complicité et recel de corruption passive des trésoriers et mandataires des partis politiques » ? À l'époque des faits, Michel Roussin est directeur de cabinet de Jacques Chirac maire de Paris après avoir été chargé de mission auprès du président de la Générale, Guy Dejouany, de 1981 à 1983. L'ancien officier a toujours refusé de répondre aux questions du juge Riberolles se bornant à déclarer qu'il avait toujours été dans ses différentes fonctions : « rigoureux, particulièrement honnête et animé d'un sens aigu de ce qu'il avait à faire ». Or, le magistrat relève qu'une quinzaine de témoins (élus, dont le président du Conseil régional, le RPR Michel Giraud, trésoriers de partis, fonctionnaires, mandataires des politiques servant à collecter les commissions et chefs d'entreprises) décrivent en Michel Roussin le chef d'orchestre clandestin de ce « pacte de corruption » conclu entre les partis et les grands groupes de l'eau et un du BTP.

À l'époque, secrétaire général du groupe RPR au Sénat, Jean-François Probst, se dit persuadé aujourd'hui que « Michel Giraud, le président du Conseil régional, et Michel Roussin roulaient déjà pour Charles Pasqua et Édouard Balladur qui, une fois Premier ministre, les nommera, en remerciement, tous deux ministres en mars 1993. Sur les 200 millions de francs (30 millions d'euros) de commissions donnés par les entreprises aux partis, la part du RPR n'est pas entièrement revenue dans les caisses de ce parti. Un premier tiers est allé du RPF de Pasqua, sous l'étroit contrôle de son ami l'énigmatique milliardaire Étienne Léandri, notamment pour les lycées des Hauts-de-Seine. Un deuxième tiers a servi à la campagne présidentielle de Balladur en 1995. Et le troisième et dernier tiers seulement est bien tombé dans l'escarcelle du trésorier du RPR. Cette ventilation des fonds s'explique tout simplement parce qu'à l'époque Balladur et Pasqua se voient tous deux présidents de la République, persuadés que Chirac est un homme fini après sa défaite de 1988. À l'époque, Michel Roussin participait, peut-on dire, à la loge P4 qui, par analogie avec la P2 italienne, rassemblait la Générale, la Lyonnaise, Bouygues et Eiffage. La preuve : après être passé par la case prison en 1994, Michel Roussin abandonne la politique et se fait engager par Eiffage en 1995 [38]... ».

Deux faits militent en faveur de ce détournement de trésorerie du RPR en faveur de Balladur. La nomination dès fin 1994, sous la cohabitation Balladur, d'un de ses anciens collaborateurs Jean-Marie Messier comme dauphin officiel de Guy Dejouany à la tête de la Compagnie. Par ailleurs, la présidente de la commission d'appel d'offres du Conseil régional (de 1994 à 1996), Claude-Annick Tissot, a dénoncé le scandale du pacte de corruption et sera donc à l'origine des poursuites judiciaires. À l'époque, son mari Alain Devaquet est chargé de mission à la présidence de la République. Claude-Annick Tissot pouvait difficilement partir en guerre contre Michel Giraud, Michel Roussin, Édouard Balladur et Charles Pasqua, sans le feu vert de l'Élysée...

Le troisième procès qui fait trembler aussi les rois de l'eau, celui des HLM, se déroulera, début 2006, également dans la capitale. Le système de lotisation des marchés par le politique a encore servi pour attribuer, en 1992, les marchés d'entretien et de rénovation, sur quinze ans, des ascenseurs de l'OPAC HLM de la capitale. Complètement novices en matière d'ascenseurs, la Lyonnaise et la Générale se sont alliées pour ne pas rater un gros fromage. CG2A-Somatem (regroupement de deux filiales des champions l'eau) a ainsi gagné ce marché du siècle de 1,6 milliard de francs, laissant quelques miettes à Otis (596 millions de francs), connu pour être l'un des tous premiers ascensoristes du monde. Dans son ordonnance de renvoi de l'affaire devant le tribunal correctionnel de Paris, le juge d'instruction Armand Riberolles écrit, le 12 janvier 2005, que les deux bénéficiaires principaux de ce marché d'ascenseurs « s'étaient acquittés du paiement d'importantes commissions à l'étranger pour rémunérer notamment deux intermédiaires, Jean-Claude Méry et Jacky Chaisaz[39] ». « L'instruction a établi, précise également la même ordonnance de renvoi, que Jean-Claude Méry (N.d.A. : le faux facturier du RPR) a recueilli des fonds importants sur un compte ouvert à l'UBS en Suisse au nom d'une coquille offshore, la société panaméenne FARCO. Il est également rapporté que la société fiduciaire suisse Gestoval, gestionnaire de ce compte, gérait également ceux d'au moins deux sociétés écrans utilisées par la Lyonnaise des eaux pour faire transiter clandestinement des fonds destinés au paiement de commissions occultes. » La gestion du compte FARCO avait été confiée à la société Gestoval « sur recommandation de Raymond Roux, directeur d'Elyo-Cofreth (filiale énergie de la Lyonnaise) en vue de faciliter le dépôt de commissions occultes, à l'occasion notamment du marché des ascenseurs de l'OPAC des HLM de Paris ». Les commissions versées à des partis politiques auraient atteint 16 millions de francs. Pour complicité d'abus de biens sociaux, Raymond Roux, directeur d'Elyo-Cofreth, Jean-Louis Bonino, directeur commercial à la Cofreth, Maurice Morin, directeur commercial de CG2A, et Alain Béguin, directeur général de cette entreprise, comparaîtront, début 2006, devant le tribunal correctionnel de Paris.

À l'occasion de ce procès des HLM de Paris et de celui des marchés publics d'Île-de-France, la justice devra répondre à trois questions récurrentes. Comment un tel système de lotisation des marchés publics par les politiques, notamment par le biais des rois de l'eau, a-t-il pu prospérer en toute impunité ? Qui en étaient les maîtres d'œuvre et les bénéficiaires ? Cette lotisation des marchés publics perdure-t-elle toujours aujourd'hui au profit des grands du BTP qui n'ont plus d'activité dans le secteur de l'eau et de l'assainissement ?

En dehors des financements politiques, le triumvirat de l'eau se livre à des « pratiques commerciales courantes » qui cachent des échanges amicaux ou des cadeaux pré- ou post-électoraux, préliminaires incontournables à la signature d'un contrat. Elles donnent lieu régulièrement à de petits scandales rarement médiatisés et encore moins livrés à la justice. Une seule affaire a défrayé la chronique il y a plus d'une dizaine d'années. André Fougerousse, vice-président de la communauté urbaine de Strasbourg (CUS), chargé de l'écologie urbaine et de l'eau, sera obligé de démissionner de ses fonctions le 23 mai 1991, faute d'avoir été assez prudent dans ses relations avec deux des trois géants de l'eau. Au début de cette année-là, la CUS se pose la question de savoir si elle va laisser son service de l'eau et d'assainissement en régie municipale. Si ce docteur es sciences nie s'être laissé corrompre, il reconnaît avoir été courtisé par le triumvirat de l'eau. Sans en informer Catherine Trautmann, présidente socialiste de la CUS, le maire PS d'Ostwald (Bas-Rhin) va multiplier en quelque mois les voyages d'agrément et de détente aux quatre coins du monde en compagnie de plusieurs autres élus. En janvier 1989, une filiale de la

Lyonnaise lui sort le grand jeu. Il séjourne au Canada, puis à Las Vegas, survole en hélicoptère le Grand Canyon du Colorado, visite Hollywood et termine par un petit voyage d'agrément à New York. En avril de la même année, ce globe-trotter découvre l'île de la Réunion et l'île Maurice grâce, cette fois, à une filiale de la Compagnie. En août suivant, il remet le couvert en compagnie de sa femme et part se balader à Singapour, en Indonésie et à Hong Kong grâce encore à la même filiale de la Lyonnaise. André Fougerousse se voit tellement pris par ses voyages d'affaires qu'il en oublie de payer le treizième mois des employés municipaux (en tout 500 000 francs) que l'on retrouvera sur son compte personnel.

Finalement, il sera dénoncé par sa propre femme aux services de police, et *Le Canard enchaîné* se fera l'écho de l'affaire. Il rendra les 500 000 francs. Mais, trop, c'est trop. Catherine Trautmann obtient sa démission de tous ses mandats, mais il ne sera jamais poursuivi par la justice dans ce dossier[40]. Ce dérapage n'entamera pas l'optimisme de l'actuel Premier ministre bis, Jérôme Monod, président de la Lyonnaise à l'époque et grand avaleur de régies municipales de l'eau devant l'éternel. « Pour réussir à l'étranger, claironne-t-il en 1993, il nous faut des références éclatantes. Strasbourg en serait une[41]... » Dix ans plus tard, les services de l'eau et de l'assainissement de la CUS restent toujours en régie municipale, malgré la victoire d'une coalition RPR-UDF aux municipales de 2001 à Strasbourg. La raison : l'existence à Strasbourg d'une régie efficace, rentable qui, avec celle de Grenoble, présente l'un des prix de l'eau les moins chers de France. Une raison qui n'a jamais paru suffisante à l'actuel bras droit du président de la République.

NOTES

1. Pierre Péan et Christophe Nick, *TF1, un pouvoir*, Fayard, 1997, p. 280-281.

2. Voir *Le Monde* du 2 décembre1995, p. 10 ; *JDD* du 19 janvier 2003, p. 11 ; « Bouygues victime d'un miracle judiciaire », *Le Canard enchaîné*, 6 décembre 1995 p. 4.

3. Voir *Le Canard enchaîné* du 6 décembre 1995, p. 4.

4. Pierre Péan et Christophe Nick, *TF1, un pouvoir*, *op. cit.*, p. 287-288.

5. Au titre de la cellule antiterroriste de l'Élysée dirigé par le colonel Prouteau, son supérieur au GIGN (Groupe d'intervention de la Gendarmerie nationale), le capitaine Paul Barril avait caché des armes et des explosifs au domicile au domicile de trois Irlandais à Vincennes dans la banlieue est de Paris. Paul Barril n'a jamais été confronté par le juge Yves Madre au seul « témoin » qui permettait de le confondre, Bernard Jegat, mort d'un cancer en 1996. L'ancien capitaine de gendarmerie et son indicateur Bernard Jegat (qui lui avait remis armes et explosifs laissés soi-disant chez lui par les Irlandais) s'étaient fait manipuler par des officiers des services secrets français, désireux de discréditer la peu professionnelle cellule antiterroristes des gendarmes de l'Élysée. Mission accomplie, la cellule ne s'occupera plus, dès lors, que de la protection de « Mazarine », la fille du président de la République.

6. Voir Fabrice Tassel, « Un bug procédural fait planter un dossier Bouygues », *Libération*, 27 janvier 2003, p. 17 ; Ariane Chemin, « Le groupe Bouygues échappe aux poursuites sur le logiciel Drapo », *Le Monde*, 29 janvier 2003, p. 14 ; « Une affaire de pratiques anticoncurrentielles chez Bouygues prescrite », dépêche AFP, 20 janvier 2003.

7. Voir Karl Laske, « Bouygues, entrepreneur de travaux privés », *Libération*, 14 juin 1996, p. 10.

8. Voir Sophie Landrin, « Martin Bouygues attribue à son père, décédé, les versements sur les comptes suisses de Pierre Botton », *Le Monde*, 16 octobre 2003, p. 11 ; « Les comptes suisses, dernier volet de l'affrontement entre M. Noir et M. Botton, *Le Monde*, 20 octobre 2003 ; « À Lyon, Bouygues n'est pas sorti du tunnel », *Le Canard enchaîné*, 27 décembre 1995, p. 2.

9. Voir Alain Guédé et Hervé Liffran, « La tirelire de Bouygues repérée, dix chefs du groupe déjà mis en examen », *Le Canard enchaîné*, 13 décembre 1995, p. 4 ; Jean-Claude Pierrette, « Deux hauts responsables de Bouygues mis en examen », *Le Monde*, 7 décembre 1995, p. 15 ; « La justice s'interroge sur les relations politiques d'un directeur commercial de Bouygues », *Le Monde*, 20 janvier 1996, p. 11.

10. Article repris dans Pierre Péan et Christophe Nick, *TF1, un pouvoir*, *op. cit.*, p. 275-276.

11. Entretien avec l'auteur en juin 2002 ; voir Jean-Jacques Prompsy, *La Cour des cadres*, Éditions de la Nerthe, 2000, p. 64.

12. Voir Pierre Péan et Christophe Nick, *TF1, un pouvoir*, *op. cit.*, p. 283.

13. *Ibid.*

14. *Ibid.*

15. *Ibid.*

16. Voir rapport de la Commission des comptes de campagne (n° 37-R) publié au *JO* du 27 avril 1994 ; Thierry Philippon et Elisabeth Tiedeman, « L'odeur de l'argent propre », *Le Nouvel Observateur*, 6 octobre 1994, p. 26-28 ; article de Pierre-Angel Gay paru dans *Le Monde* du 20-21 novembre 1994 et repris dans Claude Leyrit, *Les Politiques et l'argent*,

Le Monde-Marabout, 1995, p. 133-134 ; Renaud Lecadre, « Comptes et contes d'un ex-porte-parole du PS », *Libération*, 31 janvier 2005, p. 17.

17. Voir lettre de Guy Dejouany à Pierre Méhaignerie dans *Le Nouvel Économiste* du 2 décembre 1994, p. 71.

18. Voir la publication des comptes de campagne des législatives du 21 mars 1983 dans la 5e circonscription d'Ille-et-Vilaine, *JO*, 12 avril 1994, p. 69.

19. Voir *Le Nouvel Économiste* du 31 octobre 1996, p. 126-127, du 30 septembre 1994, p. 40, et du 17 juin 1994, p. 60-62.

20. Voir *Annuaire de la magistrature* 1993, Sofia Édition, 1993, p. 718, au nom de Jean-Michel Prêtre.

21. Voir Renaud Lecadre, « Pour Robert Hue, l'important c'est le muguet », *Libération*, 12 octobre 2000, p. 23.

22. Voir Renaud Lecadre, « Du lobbying, pas de l'achat de vote », *Libération*, 3 octobre 2000, p. 25.

23. *Ibid.*

24. Voir Renaud Lecadre, « Classé secret PCF », *Libération*, 2 octobre 2000, p. 17.

25. Voir Renaud Lecadre, « Financement du PCF : Hue passe entre les gouttes », *Libération*, 28 février 2001, p. 19 ; « Pour Robert Hue, l'important c'est le muguet », *op. cit.*, p. 23.

26. *Ibid.*

27. Voir Renaud Lecadre, « Pour le procureur, Hue est "M. Gifco" », *Libération*, 24 octobre 2000, p. 20.

28. Voir *Lettre no 25* de Veolia Environnement, février 2004, à la rubrique « Nominations ».

29. Voir Fabrice Tassel, « Emplois fictifs du RPR : le procès en appel », *Libération*, 14 octobre 2004, p. 16.

30. Voir Sophie Coignard, *Le Rapport omerta 2004*, Albin Michel, 2004, p. 135.

31. *Ibid.*

32. Voir Fabrice Tassel, « Les aveux de Cabana, l'homme de Juppé », *Libération*, 3 octobre 2003, p. 15 ; Sophie Coignard, *Le Rapport omerta 2004*, *op. cit.*, p. 138.

33. Voir Fabrice Tassel, « Les aveux de Cabana, l'homme de Juppé », *op. cit.*, p. 15.

34. Voir Sophie Coignard, *Le Rapport omerta 2004*, *op. cit.*, p. 128.

35. Voir *Lettre no 25* de Veolia Environnement, février 2004 ; article d'Hervé Gattegno et Fabrice Lhomme paru dans *Le Monde* du 31 mars 2003.

36. Voir ordonnance de renvoi devant le tribunal correctionnel de Lyon du 17 novembre 2003 par Annick Corona, vice-présidente chargée de l'instruction, ainsi que les articles de Yves Allègre, *Progrès de Lyon*, 22, 23 et 24 juin 2004.

37. Voir ordonnance de renvoi devant le tribunal correctionnel de Paris du juge d'instruction Armand Riberolles (11 février 2004).

38. Entretien avec l'auteur en mars 2005.

39. Voir ordonnance de renvoi devant le tribunal correctionnel de Paris du juge d'instruction Armand Riberolles (12 février 2005).

40. Voir Gilles Gaetner, *Les Épinglés de la République*, Jean-Claude Lattès, 1995, p. 126-128.

41. Voir Louisette Gouverne, *Histoires d'eau*, 1994, Calmann-Lévy, p. 188-189 ; Bruno Fay et Laurent Olivier, *Le Casier judiciaire de la République*, Ramsay, 2002, p. 18.

XVII

Le génie des mathématiques voulait sauver « Dieu » et la Compagnie

Loin de jouer du pouvoir d'influence d'une chaîne de télévision à l'image de TF1, la Compagnie se veut, à partir des années 1980, une « Madame Je-sais-tout-faire-et-je-fais-tout ». Rien de moins que de réaliser et livrer aux municipalités des quartiers clés en main. De la construction de pavillons, de HLM ou de tours de bureaux à celle de la voirie en passant par le chauffage urbain, le câble, le ramassage des ordures ménagères, leur incinération, la station d'épuration, les cliniques privées, les maisons de retraite, les blanchisseries industrielles, la restauration et les transports scolaires… « C'est tout juste, galège notre "Gorge Profonde", si nous ne fabriquions pas des missiles et des chars d'assaut. » Cette politique de développement tous azimuts a mené indirectement la Générale à la ruine, la crise de l'immobilier l'ayant frappé de plein fouet à partir de 1991-1992. Sur ordre (il ne savait pas dire non), Jean-Marc Oury masque cette descente aux enfers pendant quelques années. « Bouboule », le « Petit » ou le « Bonzaï », surnoms donnés à Jean-Marc Oury en raison de son aspect rondouillard et de sa petite taille, va jouer au pyromane jusqu'au début de l'année 1993. Il y avait le feu. Pendant la seule année 1992, la valeur des actifs immobiliers du groupe va chuter de moitié. Un vrai traumatisme : l'or bleu n'a jamais fait perdre d'argent à la Compagnie à l'échelon de tout l'Hexagone. Une belle claque et un singulier retour de bâton pour une dame plus que centenaire. Quelques exemples d'une folie des grandeurs qui a dû faire se retourner dans leurs tombes les fondateurs de la Compagnie : dans le fief historique de la Lyonnaise à Cannes, la Compagnie se fait racketter à hauteur de 4 milliards de francs ; à Nice, où la Générale monopolise le contrat d'eau et les métiers annexes depuis plus d'un siècle, le même scénario a été rejoué pour un milliard de francs. Explication : d'après les témoignages de proches de Guy Dejouany, il semble que la planche à billets au bénéfice des élus et de certains as de la grande délinquance financière soit devenue incontrôlable dans le secteur de l'immobilier.

À l'époque, l'extraordinaire intelligence de Jean-Marc Oury séduit toujours Guy Dejouany, qui l'a engagé en 1981. Ce normalien et ingénieur des Mines voit à la fin des années 1980 l'immobilier tomber dans son escarcelle. Auréolé à tort d'une étiquette de docteur miracle, il avait auparavant étendu sans cesse son territoire. Son domaine s'étendra successivement au puissant Sedif d'André Santini, client numéro un de la Compagnie, aux divisions d'assainissement et d'épuration de la filiale OTV, et au BTP. Ce « brillant de chez brillant » gagne ainsi rapidement ses galons de serviteur préféré de « Dieu » qui lui laisse croire qu'il va lui succéder… Mais ce faux dauphin du président « Guytounet » ne joue pas dans la même cour que les vrais princes, gourous quadragénaires de « Dieu ». C'est-à-dire Christian Pellerin et son complice Gilbert Simonet, l'ex-numéro deux de Bouygues, devenus les grands animateurs des entreprises de BTP et de l'immobilier du groupe, ainsi que le directeur financier, le discret Jean-Marc Espalioux (patron aujourd'hui du groupe Accor). Véritable homme orchestre, le « Bonzaï » cultive son image de superman. « Il ne se sent bien que dans l'urgence », témoigne l'une de ses principales collaboratrices de l'époque, encore sous le charme… Ce vrai génie (premier à Normale Sup et à l'École des Mines) travaille de seize à dix-sept heures par jour, prenant quatre à cinq petits déjeuners en même temps. Lorsque son téléphone noir, réservé uniquement aux appels de « Guytounet », sonne sur son bureau, au deuxième étage de la rue d'Anjou. Jean-Marc Oury saute de son fauteuil pour se mettre au garde-à-vous. Il opine sans cesse du bonnet en répétant : « Oui, président », « Bien président », « J'arrive président »… Puis, en un clin d'œil, le petit homme s'évanouit dans les couloirs sans aucune explication. Après avoir été rassurés par son assistante Micheline, les visiteurs sont condamnés à attendre le retour du « cerveau » de la rue d'Anjou. Quelquefois pendant des heures… Lorsqu'un de ses interlocuteurs ose mettre en cause la stratégie financière de

« Bouboule », le président Dejouany laisse tomber : « Je n'ai jamais rencontré quelqu'un d'aussi intelligent. Et quel diplômé ! Non, vous verrez, il ne peut pas se tromper… » Il faut reconnaître que le « Bonzaï » ne sait pas dire non à « Dieu », à la différence de quelques barons de la Compagnie comme Bernard Forterre. Pour sa défense, Jean-Marc Oury nous répétera sans cesse : « J'ai toujours servi et protégé la Compagnie [1]… »

Notre « Gorge Profonde » autopsie la descente aux enfers du « Bonzaï » : « Le brave "Bouboule" n'a pas que des qualités. Son défaut numéro un : son manque de méfiance pour des personnages, certes très séduisants et charmants, mais qui devraient plutôt dormir en prison. Contrairement à bien d'autres, il n'a jamais cherché vraiment à s'enrichir, mais à sauver son "Dieu" Guy Dejouany. Veut-il alors lui succéder au début des années 1990 ? Pas sûr… Certes, il a le goût du pouvoir et des belles femmes. Petit souci : il manie trop bien l'art de la "comptabilité créative". Ce qui vaut 10 grimpe à 30 d'un coup de baguette magique. Jean-Marc Oury appelle cela l'"intelligence des comptes". En réalité, il s'agit d'une méthode de cavalerie généralisée, systématique. » Si l'on oublie cette comptabilité en yo-yo, le pauvre « Bonzaï » s'est aussi beaucoup trompé en matière de stratégie industrielle. Notre « Gorge Profonde » en rigole encore : « En 1987, le "Vieux" lui confie les Maisons Phénix, une vraie pépite inventée par le groupe Saint-Gobain-Pont-à-Mousson. L'affaire consiste à livrer les pavillons individuels les moins chers du marché. La stratégie est simple : on trouve un terrain au client, on assume toutes les formalités et on lui colle dessus une maison presque déjà toute faite de manière industrielle… Plus besoin de faire appel à des corps de métiers comme les charpentiers et les menuisiers. Certes, les murs, de simples cloisons, ne sont pas très larges, mais les smicards peuvent ainsi accéder à la propriété. Malheureusement, "Bouboule" commet deux erreurs magistrales : il confie l'affaire à des polytechniciens et leur demande de vendre les maisons un peu plus cher. Et les patrons de Maisons Phénix d'aller signer des contrats avec des smicards en descendant des Falcon 50 d'Aeroservice Executive, filiale de la Compagnie. Et les petits vendeurs, payés à la commission, d'inventer des ventes qui n'existent que sur le papier. Dès lors, "Bouboule", malgré toute sa bonne volonté, carbonise les Maisons Phénix qui ne s'en relèveront jamais.

Et plutôt que d'arrêter les frais à l'exemple du numéro un du secteur, Bouygues *(voir chapitre XI)*, Jean-Marc Oury rachète tous les concurrents sur ce vrai-faux créneau des maisons de smicards : Bruno Petit, Maisons familiales, Maisons Bouygues... Autant d'argent jeté par les fenêtres face à des petits artisans forcément plus compétitifs, car n'ayant pas à supporter des frais très élevés de publicité et de marketing. Aussi les ventes s'effondrent-elles. Tous les vendeurs prennent le large peu à peu. Même en situation de quasi-monopole au plan national, les Maisons Phénix et leurs filiales sont en état de mort clinique. Explication : la culture de la Compagnie ignore le jeu de la libre concurrence. Et Jean-Marc Oury, même s'il est génial, n'a jamais été à la barre d'une autre entreprise que la Générale. Se battre contre la concurrence, il ne sait pas faire. C'est biologique... Ainsi, le grand maquillage des comptes va commencer dans tout l'immobilier. On "swape" *a volo* : "Ton immeuble vaut 100 millions de francs, je te le rachète 200. À la condition que tu me rachètes 200 millions de francs mon immeuble qui n'en vaut pas plus de 100." Il s'agit de compenser dans l'immobilier classique les pertes des Maisons Phénix et celles de Christian Pellerin. En fait, ces ventes fictives vont gonfler les bilans de manière tout à fait artificielle, mais pas les pertes. L'heure de vérité arrivera, en 1996 et 1997, lorsque Jean-Marie Messier, soucieux avant tout de récupérer du cash, bradera quantité de ces immeubles et de ces activités. Là, on enregistrera des pertes, conclut notre "Gorge Profonde", qui n'ont rien à voir avec la cavalerie systématisée par Bouboule. »
Face à ces critiques, Jean-Marc Oury reste de marbre. Il affirme : « Il fallait attendre 2001-2004 en payant les frais financiers et non pas brader 600 000 m^2 dans les tours de la Défense comme Messier l'a fait en 1996 et 1997. En 2001-2004, on aurait gagné de l'argent... Pour le marché des maisons individuelles, j'ai recherché l'"effet de masse". J'avais racheté tous les spécialistes de la maison individuelle. Il fallait accepter de perdre de l'argent pendant cinq à six ans. Après, le marché une fois reparti comme aujourd'hui, nous aurions eu les investisseurs et les banques à nos pieds[2]... »

Ce n'est pas Jean-Marie Messier qui a mis au jour et stoppé cette folle dérive « monopolistique ». Dès février 1993, c'est-à-dire un peu plus d'un an et demi avant l'arrivée de « J2M » comme administrateur-directeur général de la Compagnie, le président « Guytounet » se pose des questions sur la stratégie du génie des mathématiques. « Dieu » ne peut plus faire semblant de ne pas savoir. Et, surtout, le représentant de la puissance invisible ne veut surtout pas être éclaboussé par la crise de l'immobilier. Sans même parler des folies de Christian Pellerin à la Défense, le danger menace : l'argent de l'eau s'évapore sous le soleil de la Côte d'Azur, à Berlin et dans les pavillons des smicards… Pour radiographier les filiales immobilières, Guy Dejouany mandate un de ses partenaires en affaires, Christian Guilbert. Ce discret fils de gendarme, né à Vienne en Autriche, qui a commencé dans les affaires comme patron de dockers et d'une agence d'intérim sur les quais de Saint-Nazaire, est un fin psychologue doublé d'un comédien hors pair. Devenu l'homme fort de ce port dans les années 1970, il a réussi notamment à y faire plier les dockers CGT avant d'émigrer dans la capitale. Connu pour ne pas s'embarrasser de trop de scrupules en affaires (la loi, mais rien que la loi…), ce brillant industriel bénéficie de multiples appuis politiques et financiers. Son carnet d'adresses n'a rien à voir avec la France d'en bas. Ses bons amis s'appellent Alain Chenard, le député-maire PS de Nantes, puis son successeur, Claude Evin, Michel Rocard, le financier Francis Lagarde, Bernard Tapie, Georges Salomon, le patron des boucheries Bernard, René Thomas, le PDG de la BNP, le président du tribunal de commerce de Paris, Jean-Pierre Mattéi, Alain Jausselme, le rédacteur de la loi sur les faillites en 1985, et Patrice Pelat, le confident de François Mitterrand. Soucieux d'obtenir un audit honnête, Guy Dejouany donne carte blanche à ce « Bernard Tapie du froid » par un mandat écrit et signé de sa main. Christian Guilbert[3] reconnaît aujourd'hui que son groupe Stef-Tfe est devenu l'un des grands en matière frigorifique du transport routier, ferroviaire et naval grâce à l'aide de la Compagnie. Rebaptisée aujourd'hui Veolia, cette dernière possède toujours plusieurs administrateurs au sein de Stef-Tfe. Passionné d'aviation (il pilote son avion pour transporter ses amis) et de cuisine légère (il fait son marché rue Clerc à Paris une fois par semaine), Christian Guilbert ne connaît alors pas grand-chose à l'immobilier. Mais l'autodidacte va apprendre vite…

De sa voix rocailleuse, ce sosie de Jack Nicholson raconte volontiers son voyage extraordinaire jusqu'au bout des folies de la Compagnie, sur la Côte d'Azur : « Dejouany n'a pas attendu Messier, il s'est bien rendu compte qu'il y avait un problème. La spirale infernale des pertes grossissait sans cesse. Et ce que j'ai découvert l'a séché… Lorsque j'ai convaincu Guy Dejouany d'arrêter les frais en mars 1993, la note se montait en réalité déjà à 4 ou 5 milliards de francs, rien que pour la région de Cannes, le Var et Nice. Plus personne ne contrôlait quoi que ce soit. Dans la grande tradition de la Compagnie, il fallait plaire au brillant Michel Mouillot, maire de Cannes, qui pouvait, il est vrai, parfaitement devenir ministre s'il n'était pas rattrapé par les "affaires". J'ai ainsi découvert le système Mouillot : une vraie boîte à outils pour couler d'abord la CIP [Compagnie immobilière Phénix], holding de tête du pôle immobilier, puis toute la Générale. En un mot, "Bouboule" et "Dents de la Mer" [surnom de Christian Pellerin] ont bien failli tuer la poule aux œufs d'or. Au début, Guy Dejouany n'a pas cru à mes "mauvaises nouvelles". À chacun de mes retours de Cannes, Je rentrais toujours dans le bureau du "Vieux" avec un dossier en béton sous le bras. Un dossicr qui bluffait systématiquement ce patron qui était loin d'être une oie blanche. Il tombait de l'armoire… Pourtant, en manière de financement politique, on ne pouvait pas lui apprendre grand-chose, au «"Vieux"… J'ai d'abord découvert la principale source d'évaporation de l'argent de l'eau dans l'entourage de Mouillot : 185 salariés fictifs que la Compagnie payait au tarif syndical – 50 000 francs par mois. Puis les 130 hectares de la vallée de la Siagne, à l'ouest de Nice, à la limite du Var et des Alpes-Maritimes, où la Sari de Christian Pellerin a réussi à claquer 2 milliards de francs en pure perte. Il a acheté ces terrains qui étaient classés inondables depuis des lustres. Au passage, des promoteurs et une cascade d'intermédiaires marrons se sont régalés… Les terrains de la Siagne seront revendus pour seulement 39 millions de francs ! Autre folie : la Compagnie sponsorisait le club de foot l'AS Cannes pour une somme annuelle de 25 millions de francs. Mais pas question que les maillots des joueurs ou les panneaux publicitaires s'ornent du nom du sponsor. Hallucinant ! Le "Vieux" croyait avoir débarqué sur la planète Mars… Les lieutenants de Jean-Marc Oury ne mollissaient pas pour jeter l'argent par la fenêtre. Leur explication était un peu courte. C'étaient les élus qui commandaient : Mouillot, Léotard ou Baillet, le nouveau maire de Nice. Le "Vieux" est venu à deux reprises sur place, à Cannes. Papy "Guytounet" caressait un secret espoir : j'exagérais... Son intuition l'a tout de même conduit à toujours refuser de monter dans la longue berline noire de Michel Mouillot. Il préférait se plier en quatre dans ma petite voiture de sport. J'ai fait le sale boulot : relever les "compteurs fous" entre Cannes et Nice durant un peu plus d'un an et demi. Dès que je trouvais un robinet à dollars (parce que ces messieurs ne parlaient qu'en dollars, bien évidemment !), je le fermais définitivement. Bien avant l'arrivée de Jean-Marie Messier en novembre 1994, j'avais pratiquement terminé le nettoyage en France et à l'étranger. La gestion de Jean-Marc Oury avait entraîné environ 8 milliards de francs de pertes dans l'immobilier de la Compagnie en France et à Berlin. Le jour du parachutage de Messier, le "Vieux", visiblement désolé, m'a alors expliqué que "J2M" exigeait que mon contrat de "nettoyage" soit résilié. Messier voulait prendre la tête de la Compagnie immobilière Phénix, jouer au "Monsieur Propre" et surfer sur mon tableau de chasse pour stigmatiser la gestion dispendieuse de Jean-Marc Oury. Ce jour-là, conclut Christian Guilbert, j'ai compris que le "Vieux" était pris à la gorge : il ne tenait plus toutes les manettes[4]. »

Successeur à la mairie de Cannes du « Kennedy de la Croisette », le publicitaire et député maire UMP Bernard Brochand partage la même vision du système Mouillot : « Cannes allait tout droit vers la faillite morale. J'étais choqué par l'opacité du système. J'entendais parler de chantage sur les employés municipaux ; les patrons de grosses sociétés qui étaient mes clients se plaignaient de réseaux occultes très actifs ; on ne pouvait pas changer une ampoule sur la Croisette sans passer par un système parallèle. Des rumeurs inquiétantes faisaient état de versements de pots-de-vin en liquide : on parlait de 900 000 francs pour avoir le droit d'exploiter un kiosque à sandwichs aux abords de la plage, d'1,2 million de francs pour un kiosque à journaux, de 3 millions pour obtenir la concession d'une plage privée... Les sociétés qui décrochaient les marchés de nettoyage des immeubles publics devaient reverser 10 % de leur chiffre d'affaires. On disait qu'il fallait payer 500 000 francs pour devenir président de l'AS Cannes, le club de foot[5]... » Michel Mouillot confirme lui-même que l'honorable Compagnie faisait partie de ce système clientéliste : « J'ai pris beaucoup d'argent à la Compagnie générale des eaux, mais cela a toujours été pour le donner à la ville de Cannes[6]. » Hasard du calendrier : trois semaines après la nomination de Jean-Marie Messier, le 27 juin 1996, comme PDG de la Compagnie, Michel Mouillot est mis en examen et emprisonné, le 19 juillet 1996, pour prise illégale d'intérêt, trafic d'influence, corruption passive, recel d'abus de biens sociaux et recel d'abus de confiance. Le système Mouillot connaît ainsi son acte de décès officiel avec le placement en détention provisoire pendant quinze mois du député-maire de Cannes. Des affaires de pots-de-vin dans deux casinos ont provoqué sa chute. Par deux fois, l'ancien élu s'est fait prendre les doigts dans le pot de confiture à l'occasion de négociations avec la municipalité pour augmenter le parc de machines à sous au Carlton Club et au Cannes Riviera[7]. Il ne démissionnera de tous ses mandats que le 13 février 1997. Peu après, les charmes discrets de sa relation « immobilière » avec l'honorable Compagnie vont apparaître au grand jour, notamment dans le dossier du casino du Palm Beach.

Exemplaire, l'histoire du Palm Beach braque les projecteurs sur les arrière-cuisines du 52 rue d'Anjou. Aux fourneaux, Jean-Marc Oury, qui cherche désespérément à se « refaire ». Octobre 1990, il vient de racheter le palace cannois le *Gray d'Albion*, mais les chiffres sont têtus. En deux ans d'existence seulement la CIP voit ses comptes virer au rouge. Une seule solution : la fuite en avant... En mars 1991, Jean-Marc Oury rachète au groupe Barrière la société hôtelière gérante du casino du Palm Beach, Cannes Balnéaire. Le magicien de la comptabilité nomme alors Jean-François Bourdaloue directeur général d'une filiale *ad hoc*, la CID (Compagnie internationale de développement), chargée d'investir 2 milliards de francs sur la Croisette. Celui-ci, ex-directeur du développement de Campenon Bernard Construction, filiale de BTP de la Compagnie, et le patron de la CIP savent-ils qu'ils jouent *Mission impossible* ? La mission a pourtant le mérite d'être claire : installer un complexe hôtelier de 36 000 m^2 tout autour du casino du Palm Beach (qui existe déjà), avec en prime des dizaines de boutiques, une plage privée et un institut de thalassothérapie. Le rêve : Las Vegas à

Cannes… Le complexe hôtelier sera édifié sur la parcelle BY14, qui abrite une zone pavillonnaire. Petit souci : les propriétaires de cette parcelle, au bail valable jusqu'en 2026, refusent de partir. Pas de problème… Michel Mouillot va faire voter une ZAC par son conseil municipal, afin d'expulser les propriétaires et récupérer leurs terrains pour la CIP. Jean-Marc Oury et Michel Mouillot se rencontrent à cette fin. En fait, l'affaire ne se fera jamais [8]. Le grain de sable s'appelle Georges Lux. Il va transformer le rêve en château de sable. Ce petit inspecteur principal du Trésor établit qu'une filiale de la CIP, Service et Développement, a imposé à Cannes Balnéaire, société du casino du Palm Beach, de lui régler 175 millions de factures hors taxes en vertu d'une « convention d'assistance générale ». Aussi, dans un courrier adressé le 3 mars 1995 au procureur de la République de Grasse, le trésorier-payeur général des Alpes-Maritimes, Laurent Blanc, dénonce ces factures fictives « représentant un montant total de 175 millions de francs, hors taxes, pour prix de prestations relatives au projet Palm Beach » : « Vous constaterez que sur les factures ci jointes les travaux rémunérés sont décrits de façon extrêmement sommaire. 25 millions de francs pour l'agrément du programme par la ville de Cannes, 12,5 millions de francs pour la poursuite des relations avec la ville de Cannes. Le receveur municipal de Cannes n'ayant trouvé aucun versement fait à la commune à ces titres, j'ignore la nature des dépenses qui correspondent à ces intitulés [9]. » Problème : l'agrément par une municipalité du programme d'une ZAC est gratuit. Les bonnes « relations » avec la mairie cachent sous un intitulé maladroit, *dixit* Jean-Marc Oury, le soutien au club de foot de la ville, l'AS Cannes [10]. Le simple contrôle fiscal va marquer le début de petits, puis de grands, et finalement d'énormes soucis pour la Compagnie. Le magicien de la comptabilité est tombé sur un os…

Deux ans après la curieuse découverte de l'inspecteur du Trésor, un arrêt de la chambre d'accusation de la cour d'appel d'Aix-en-Provence met à nu, le 14 mai 1997, le système de corruption Mouillot-Compagnie générale des eaux. L'ancien maire de Cannes voit ainsi sa demande de mise en liberté rejetée. Dans ses attendus, le président de la chambre d'accusation, Yves Le Bourdon, écarte d'entrée les dénégations de Michel Mouillot qui conteste « avoir reçu des sommes d'argent de la part de M. Oury » : « Il n'en demeure pas moins que, dès à présent, une corrélation peut être établie entre l'édition des factures et les décisions du conseil municipal tendant à favoriser le projet du Palm Beach. Devant le juge d'instruction, Jean-François Bourdaloue, ex-partenaire de la Compagnie générale des eaux, a affirmé que la même Compagnie avait remis des fonds à Michel Mouillot. De plus, Bourdaloue a reconnu avoir "prêté" 150 000 francs à Mouillot, somme qui ne lui a jamais été rendue. La remise des fonds s'est faite en espèces [11]. » La chambre d'accusation stigmatise aussi les multiples petits cadeaux qui ont permis à la Compagnie d'entretenir de « bonnes relations » avec le maire de Cannes, notamment à l'occasion de son mariage, le 30 octobre 1993. Au casino du Palm Beach, Jean-Marc Oury et ses lieutenants ont mis, ce jour-là, les petits plats dans les grands : déjeuner avec 400 invités, puis cocktail dînatoire pour un millier de convives, et enfin un banquet six jours plus tard. Ces prestations seront facturées au maire 102 000 francs par Cannes Balnéaire, « alors que la réalité du prix aurait dû être de 202 000 francs ». Et le magistrat d'expliquer cette générosité : « En octobre 1993 [à la même époque que ces largesses], M. Mouillot prenait, dans ses fonctions de maire, des décisions au sein du conseil municipal tendant à la création du complexe touristique sis sur la pointe du Palm Beach au profit de la société Cannes Balnéaire, du groupe CGE. » Et le président Yves Le Bourdon de donner le coup de grâce à Michel Mouillot : « Il est établi qu'à plusieurs reprises Le Porhiel [chauffeur de Michel Mouillot] a reçu des enveloppes de l'assistante de M. Oury qui ont immédiatement été portées à M. Mouillot. Les circonstances des remises des paquets et leur acheminement à Cannes constituent des charges graves et concordantes tendant à prouver qu'ils contenaient des espèces qui étaient la contrepartie d'avantages que pouvait avoir la CGE sur le site de Cannes [12]. » L'arrêt de la cour d'appel considère que la remise d'argent a eu lieu à plusieurs reprises. Plus précisément, le chauffeur de Michel Mouillot s'est fait remettre, en 1993 et 1994, des sacs en plastique par l'assistante de Jean-Marc Oury, Micheline, à la brasserie *Arcades Haussmann* à Paris. Micheline a nié, puis fait vingt et un jours en détention provisoire avant de se voir réintégrée comme secrétaire particulière par Jean-Marie Messier. Jean-Marc Oury nie lui aussi. Pour lui, les enveloppes (des « cartes postales » dans le jargon de la Compagnie) ne contenaient pas d'argent [13]. Notre « Gorge Profonde » parle, elle, d'une somme de 30 millions de francs en petites coupures…

Reste une question incontournable : où sont passés les 175 millions de francs de prestations plus ou moins fictives payées à une filiale de la CIP par la société du casino du Palm Beach ? L'homme d'affaires André Guelfi, un proche tout à la fois de Charles Pasqua, de Loïc Le Floch-Prigent et d'Alfred Sirven, connaît un bout de cette histoire. Et pour cause : il a acheté 5 % du capital de la CIP ainsi que des parts dans le projet du Palm Beach. En mai 1998, il fait des confidences sur 30 de ces 175 millions de francs au juge d'instruction Jean-Paul Murciano, au tribunal de Grasse [14]. Il affirme en avoir dépensé 7 pour rendre service à la CIP. Selon son témoignage, 2,5 millions de francs ont été utilisés pour louer un avion d'affaires à Genève, sur un vol à destination de l'Égypte et de la Réunion, à l'occasion des fêtes de fin de l'année 1993. À bord du Lear Jet ont pris place des grands directeurs du 52 rue d'Anjou, des vedettes de la jet-set cannoise, deux hommes politiques du Sud-Est (il donne les noms) d'envergure nationale accompagnées de leurs femmes et un célèbre journaliste de TF1 (il ne s'agit pas de PPDA). Le logement et les frais repas de tous ces VIP auraient coûté 4,5 millions. Pour les 23 millions de francs restants, André Guelfi explique au juge qu'ils ont servi à financer, en 1993, *Le Quotidien du maire*, un journal des Hauts-de-Seine publié à l'époque sous la houlette de Charles Pasqua. Député RPR des Hauts-de-Seine et vieux compagnon de lutte du ministre de l'Intérieur d'Édouard Balladur, Jean-Jacques Guillet préside alors ce magazine destiné aux élus locaux, qui vit en grande partie grâce aux dons d'un discret milliardaire, Étienne Léandri *(voir chapitre XI)*. Ici, Jean-Marc Oury croise la route de Coopération 92, une société d'économie mixte des Hauts-de-Seine chargée officiellement, comme son nom l'indique, de favoriser une politique de coopération avec des pays africains, de l'Europe de l'Est et du Proche-Orient. Créée par le conseil général des Hauts-de-Seine (présidé par Charles Pasqua), cette société d'économie mixte possède un capital de 5 millions de francs et un budget annuel d'investissement de 40 millions de francs.

Derrière les « bonnes œuvres de "Monsieur Charles" », le journaliste Daniel Carton pense que « l'envers de ce décor humanitaire est plus compliqué et un tantinet malsain ». « Coopération 92 a réussi à regrouper dans son sillage de grandes entreprises qui ont leurs bureaux dans les Hauts-de-Seine et des intérêts importants dans les pays où les missionnaires de Charles Pasqua interviennent. Parmi celles-ci : Elf-Aquitaine, Bouygues, la Compagnie générale des eaux, la Lyonnaise des eaux [15]... » Parallèlement à ces financements politiques à partir de la Côte d'Azur, Jean-Marc Oury va passer à la vitesse supérieure. Impatient de briller aux yeux de son maître, le président Dejouany, que les royalties de l'eau n'amusent plus beaucoup... Les scrupules du « Bonzaï » s'envolent, la tête lui tourne à force de fréquenter des princes de sang, des milliardaires saoudiens et des individus un peu moins recommandables qui lui flanquent aussi la trouille... Pour séduire de nouveaux actionnaires prêts à entrer dans le tour de table de la CIP, il vend à perte les murs d'une trentaine d'hôtels parisiens : des établissements inexplicablement rachetés auparavant à prix d'or (avec le *Gray d'Albion*, à Cannes) à son ami le flamboyant promoteur homosexuel Pascal Jeandet (décédé depuis), puis regroupés dans l'Immobilière Cidotel-Libertel (ICL). L'identité des acheteurs, qui injectent de l'argent frais, est soigneusement dissimulée grâce à un montage bancaire. Une ingénierie financière qui est mise sur pied dans une filiale du Crédit Lyonnais, Alter Banque, animée par le frère du député-maire d'Issy-les-Moulineaux, Dominique Santini. Le principal acheteur est le milliardaire saoudien Mouafak al-Midani. Jean-Marc Oury lui aura permis de gagner d'un trait de plume 125 millions de francs. Explication : six mois après lui avoir vendu 50 % du *Gray d'Albion* pour 239 millions de francs, le « Bonzaï » les lui rachète 364 millions. Appâté par son profit sur le *Gray d'Albion*, le milliardaire saoudien achète 51 % de l'ICL.

Ce tour de passe-passe permet à la Compagnie de ne plus prendre en compte les pertes des hôtels parisiens de la CIP, qui présente ainsi en 1991 un bénéfice net de 254 millions de francs. Mais, en 1994, la sortie des acheteurs des murs de l'ICL (entraînée par la mort de Mouafak al-Midani) va obliger la CIP et la Générale des eaux à renflouer l'affaire [16]. Au même moment, la descente aux enfers de « Bouboule » s'amorce. Elle est née de son flirt poussé avec trois personnages que « Dieu » ne recevra jamais dans son bureau : Jean-François Bourdaloue, Marc Francelet et Dominique Santini. Ce trio va acquérir un poids considérable auprès de Jean-Marc Oury, un peu à l'image de son grand ami le promoteur Pascal Jeandet, qui lui vendait tout et n'importe quoi jusqu'à la fin des années 1980. En 1993, le déficit s'envole grâce à quelques acquisitions payées à prix d'or sans aucune raison : achat des studios de cinéma Babelsberg (qui fermeront) à Berlin-Est ; de 30 000 m^2 de bureaux à la porte de Pantin à Paris (coût : 1,8 milliard de francs, dans une tour qui restera vide pendant quatre ans et sera revendue six fois moins cher en 2003, soit 300 millions de francs) ; d'une banque allemande de Düsseldorf, la Bvh (qui fera faillite), au prix de 50 millions de francs. Plus on est fou, plus on rit… La CIP recevra des soutiens prestigieux (dont Jacques Attali pour les studios Babelsberg à Berlin) et s'associera avec le faux facturier du RPR, Jean-Claude Méry, pour créer la marina de Port-Vendres qui, heureusement, ne verra jamais le jour. Enfin, la Compagnie sponsorise l'écurie de voitures de course du fils de Jean-Paul Belmondo, par le biais de son ami l'ancien photographe de *Paris-Match* Marc Francelet, dans l'espoir de faire tourner la vedette dans un de ses studios (espoir déçu)…

Voilà un petit échantillon non exhaustif des foyers de pertes de la CIP. Il faudra, comme dit l'autre, « beaucoup de bénéfices dans l'eau pour écluser ces pertes abyssales dans la pierre ». Paradant dans une Mercedes noire de la CIP avec chauffeur garde du corps, Marc Francelet, son éternel Havane aux lèvres, nous confie à l'époque, lors d'une rencontre sur les Champs-Élysées, ses petites et grandes entrées à la Générale [17]. Ce proche des frères Nat va alors s'envoler pour l'Ouzbékistan dans l'avion de Guelfi, en vue d'y implanter des hôtels pour le compte de la CIP. Mais Marc Francelet a plus d'une corde à son arc. Il convoie en même temps dans ce pays une cohorte de journalistes pour les faire assister à la rencontre entre le chef de l'État ouzbek et le PDG d'Elf à l'époque, Loïc le Floch-Prigent. Détail piquant : Marc Francelet, qui habite en face de chez Guy Dejouany dans le XVIe arrondissement, s'est fait photographier devant le patron de la Générale au moment où celui-ci attendait son chauffeur sur le trottoir. L'ancien photographe de

Paris-Match prétendra qu'il connaissait très bien Guy Dejouany. En fait, Marc Francelet promenait son chien et n'a jamais adressé la parole à Guy Dejouany… Ces relations de Jean-Marc Oury ont bien failli, à l'époque, aspirer la Compagnie dans le scandale de l'affaire Falcone. En effet, certains proches de Jean-Marc Oury avaient envisagé, avec Pierre Falcone, initié aux affaires par Étienne Léandri, de vendre du matériel militaire russe, notamment des camions, à l'Angola. Averti *in extremis*, le patron de la Générale avait mis son veto à ce projet.

Avant de laisser son fauteuil à Jean-Marie Messier, Guy Dejouany décide de neutraliser le principal poisson pilote de « Bouboule » sur la Côte d'Azur, en l'occurrence Jean-François Bourdaloue, ancien chargé de mission au cabinet du ministre de la Communication François Léotard. Plus facile à dire qu'à faire, Jean-Marc Oury étant tout à la fois littéralement fasciné par ce genre de personnage et en ayant peur. C'est pourquoi le patron de la Générale fait appel à une sorte de juge de paix des affaires, le milliardaire discret par excellence Étienne Léandri [décédé le 22 janvier 1995 à l'âge de 79 ans), pour négocier le départ de Jean-François Bourdaloue [18]. Étienne Léandri avait déjà conseillé à Guy Dejouany, en 1993, d'engager un de ses amis, le commissaire divisionnaire Georges Nicolaï, un compatriote corse chef de l'OCRB (Office central de répression du banditisme). Ce policier est alors chargé de mener des enquêtes confidentielles pour le compte de Jean-Marc Oury. Le même déménage son trésor personnel, une collection de gravures de bandits corses, pour les accrocher aux murs de son bureau, au rez-de-chaussée du 8, rue du général Foy, siège de la CIP. Sans doute trop occupé par ses affaires qui le retiennent souvent dans sa magnifique résidence d'Algajola au sud d'Île-Rousse en Corse, ce grand connaisseur du petit monde des braqueurs de banques n'est pas d'un grand secours pour Guy Dejouany. La crise immobilière et les drôles de partenaires de Jean-Marc Oury, le commissaire Nicolaï n'y entend pas grand-chose. Ce n'est pas son monde… En fait, il suffira de donner 10 millions de francs à Jean-François Bourdaloue pour qu'il laisse tranquille Jean-Marc Oury. Ce qui fut négocié avec brio par le grand ami du commissaire Nikolaï, Étienne Léandri [19]. Guy Dejouany aurait eu recours, depuis une trentaine d'années, à ses services pour toutes sortes d'opérations financières ou délicates, toujours très secrètes. Avantage d'Étienne Léandri : ce grand manitou du dossier Elf, disent certains, ouvrait toutes grandes les portes des journaux qui comptent, notamment du *Monde* et du *Canard enchaîné*, où il était l'informateur attitré de deux grandes plumes.

Spécialiste des montages parallèles, des contrats d'armement, des paradis fiscaux, et destinataire de mégacommissions (dont on retrouve aujourd'hui la trace dans la plupart des affaires politico-financières), feu Étienne Léandri représentait à l'étranger Elf, Thomson et Dumez, filiale de la Lyonnaise. Il avait également l'oreille des plus gros investisseurs saoudiens, vivant une partie de l'année dans un pavillon installé au beau milieu du palais des *Mille et Une Nuits* du roi Fahd à Marbella. Et « Étienne » imposait le respect : non seulement par sa proximité avec Charles Pasqua, mais aussi parce que son nom avait été prononcé à l'occasion de l'assassinat de plusieurs personnalités, notamment de Roland Francisi. Grâce à l'entremise d'Étienne Léandri et de Christian Guilbert, Guy Dejouany a pu fermer définitivement les robinets à dollars de la Compagnie, sur la Côte d'Azur, à Paris et à Berlin, à la fin de l'année 1994. Les « aventures » de « Bouboule » sur la Côte d'Azur et à Berlin, ainsi que sa fréquentation de personnages douteux, pour certains au casier judiciaire chargé, n'expliquent pas à elles seules son exécution quelques mois après l'arrivée de Jean-Marie Messier, en novembre 1994. En fait, elles ont servi de prétexte pour l'éliminer. Il fallait liquider Jean-Marc Oury, qui devait jouer le rôle de bouc émissaire en bon serviteur de Guy Dejouany, pour mieux sauver le soldat Pellerin. Aujourd'hui, en haut des Champs-Élysées, « Bouboule », vêtu d'un pull en V et d'un pantalon de velours, vous ouvre lui-même la porte de son agence de conseil, où bourdonne une pléiade de jeunes et brillants talents. Presque caché derrière une gigantesque table en verre envahie d'ouvrages de statistiques, de mathématiques et d'économie, le normalien Jean-Marc Oury joue au Pr Nimbus. De sa petite voix fluette, cette grosse tête – il est professeur agrégé de mathématiques – se justifie mollement. L'homme n'est pour le moins pas rancunier. Le « Bonzaï » vit manifestement sur une autre planète. Une seule chose compte à ses yeux : l'estime et le respect de ses pairs, les anciens de l'École des mines, notamment d'une grande dame, sa marraine, qui dirige une multinationale française. Il l'a… Devant tant de fair-play, de savoir-vivre et d'élégance, le visiteur peut difficilement lui reprocher de n'avoir pas relu un livre paru en 1983 chez Calmann-Lévy. Son titre : *Économie politique de la vigilance*. Son auteur ? Un certain Jean-Marc Oury… Un ouvrage aujourd'hui introuvable, mais qu'on peut lire à la Bibliothèque François-Mitterrand.

NOTES

1. Entretien avec l'auteur en septembre 2003.
2. *Ibid.*
3. Entretien avec l'auteur en septembre 2003.
4. *Ibid.*
5. Voir interview de Bernard Brochand dans « Les étonnantes découvertes d'un maire », *L'Express*, n° 2626, 1er novembre 2001, p. 8.
6. Voir interview de Michel Mouillot dans « Michel Mouillot règle ses comptes », *Le Parisien*, 29 juin 2000.
7. Voir Fabrice Lhomme, « Mouillot perdu par les casinos », *Le Monde*, 8 avril 2002, p. 17.
8. Voir Julien Caumer, *Les Requins, un réseau au cœur des affaires*, Flammarion, 1999, p. 304-307.
9. Lettre du 3 mars 1995 adressée au procureur de la République de Grasse par le trésorier-payeur général des Alpes-Maritimes.
10. Entretien avec l'auteur en avril 2004.
11. Voir copie des minutes du greffe, arrêt n° 544/97, p. 1-16.
12. *Ibid.*
13. Entretien avec l'auteur en avril 2004.
14. Voir Julien Caumer, *Les Requins, un réseau au cœur des affaires*, *op. cit.*, p. 312-313.
15. Daniel Carton, *La Deuxième Vie de Charles Pasqua*, Flammarion, 1995, p. 181-182.
16. Voir Vincent Nouzille, « L'homme qui a fait déraper la Générale », Le *Nouvel Économiste*, n° 1021, 3 novembre 1995, p. 54.
17. Entretien avec l'auteur en juin 1991.
18. Entretiens avec l'auteur en mars et avril 2004.
19. Voir Julien Caumer, *Les Requins, un réseau au cœur des affaires*, *op. cit.*, p. 313-314.

XVIII

« Dents de la Mer », l'homme qui a failli couler la Compagnie

Avant de s'intéresser au pouvoir d'influence de TF1, Francis Bouygues tente, en 1982, de faire main basse sur le quartier de la Défense à un moment où la manne des pétrodollars menace de disparaître. Le roi du béton salive d'avance à la pensée d'être l'acteur principal de la construction et de la promotion de cet ensemble architectural de tours et d'immeubles qui, aujourd'hui en voie d'achèvement, totalise plus de 3 millions de mètres carrés de bureaux. Seulement, il y a un hic : la place est déjà prise dans cet univers impitoyable. En effet, depuis 1978, un promoteur privé, Christian Pellerin, s'est imposé comme incontournable à la Défense. Rien ne résiste à l'appétit de pouvoir de ce quadragénaire flamboyant, remarquable et imaginatif, que ses adversaires à la Compagnie surnommeront « Dents de la Mer », en raison de sa prodigieuse habileté à triompher de ses concurrents ou adversaires. La Défense, c'est sa chasse gardée, son fief au début des années 1980. Il a fait de l'Epad (l'Établissement public d'aménagement de la Défense) son instrument, son jouet. Explication : l'Epad (où l'État avait à l'époque la majorité des sièges d'administrateurs) achetait les terrains convoités, faisait partir les occupants, viabilisait les surfaces, construisait la dalle sur de gigantesques parkings et finançait le tout en revendant à des promoteurs le droit de construire des immeubles de bureaux. « Par ses relations étroites avec les maires des communes [Courbevoie et Puteaux] et le ministre de l'Équipement, explique Gérard de Senneville, ancien directeur de l'Epad, Christian Pellerin avait su prendre l'Epad en tenaille. [...] Dans un périmètre d'opération nationale, jamais un promoteur n'aurait pu acquérir une telle position sans l'appui direct du ministre de l'Équipement. Or, quel que soit le titulaire du poste, Christian Pellerin avait su nouer avec lui des liens privilégiés lui permettant de court-circuiter l'Epad. Pellerin travaillait directement avec le ministre qui imposait ensuite ses décisions à l'aménageur public de la Défense [1]. »

Épouse aujourd'hui séparée de Christian Pellerin, Valérie Pellerin-Muller confirme la qualité exceptionnelle des relations du promoteur avec les maires de Courbevoie et de Puteaux : « Lors de notre mariage, en 1991, le maire de Courbevoie, Charles Deprez, nous a mariés en présence du député-maire de Puteaux et président de l'Epad, Charles Ceccaldi-Reynaud [2]. » Chauffeur et pilote d'hélicoptère personnel de Christian Pellerin de 1977 à 2000, Jean-Pierre Cottret corrobore les excellentes relations du promoteur de la Défense avec un ministre qui avait son mot à dire à la Défense : « Paul Quilès est venu à plusieurs reprises passer une semaine avec sa petite famille dans le chalet-château de mon patron à Méribel. À l'époque, Paul Quilès était ministre de l'Urbanisme, du Logement et des Transports [de 1983 à 1985] et était invité tous frais payés par mon patron, qui mettait tout son personnel à sa disposition. Je m'en souviens très bien parce que j'étais chargé de prévenir la gendarmerie de Méribel de l'arrivée du ministre chez Pellerin. Dès que le même Quilès a été nommé ministre de la Défense, il n'a plus jamais été invité [3]... » Autre exemple de ces liens incestueux entre privé et public : l'actuel député PS du Gers et président du conseil général de ce département, Philippe Martin. Chef de cabinet de Paul Quilès de 1983 à 1985, il a ensuite été employé, pendant trois ans, comme conseiller à la Sari avant de devenir, en 1988, chef de cabinet de Michel Charasse, ministre délégué délégué au Budget [4].

Au fil des années 1980 le patron de la Sari va s'attirer la sympathie du Gotha des politiques français. Il reçoit le tout-Paris aux deux grandes tables de la Défense : *La Safranée* (où il possède une part du capital) et *Le Fouquet's Europe*. Ses hôtes seront notamment des Premiers ministres, de Raymond Barre à Pierre Bérégovoy, et des ministres de l'Équipement et du Logement, de Paul Quilès à Pierre Méhaignerie en passant par Louis Besson, Jean-Louis Bianco et Roger Quilliot. Pas besoin de faire un dessin à Francis Bouygues qui apprécie en connaisseur le pouvoir d'influence du maître de la Défense, lequel avait même rêvé d'être ministre de l'Équipement de Raymond Barre ! Christian Pellerin présente plus que bien : talent professionnel, entregent politique et art de la communication… Le roi du béton comprend vite que ce promoteur mitonne une recette d'avenir. Aussi Bouygues achète-t-il, le 4 février 1982, 66,5 % du groupe Drouot (septième assureur français à l'époque), ce qui lui donne au passage une participation de 26 % dans la Sari, l'entreprise de Christian Pellerin. Parallèlement, Francis Bouygues et Gilbert Simonet, son bras droit, tentent de séduire le promoteur. Mais, le 28 juin 1982, le tribunal de commerce de Paris ruine tous leurs espoirs. En effet, il annule la vente à Bouygues, suite à une violente bagarre entre les trois principaux actionnaires de Drouot. Parmi eux – le hasard fait bien choses – figure l'un des actionnaires historiques de la Générale des eaux, la banque Hottinguer, qui se montre hostile à l'arrivée du roi du béton dans la société d'assurances. Finalement, celle-ci sera cédée à Claude Bébéar et à ses Mutuelles de Normandie[5]. « À partir de là, Bouygues se débrouille, raconte son entourage, pour ne pas être en concurrence avec Pellerin à la Défense. La construction et la vente d'immeubles de bureaux et de standing à Boulogne, Levallois-Perret, Neuilly-sur-Seine et Rueil-Malmaison nous suffiront… »

Le maître de la Défense échappe donc à la poigne de fer du roi du béton, mais court toujours après un partenaire financier et industriel. « J'aimais trop mon indépendance pour tomber sous l'emprise d'un Francis Bouygues, explique-t-il aujourd'hui, mais Claude Bébéar, le patron d'Axa, m'avait demandé de trouver d'autres appuis financiers que lui, estimant être trop engagé dans l'immobilier de bureau[6]. » Pour garder les mains libres tout en se mettant définitivement à l'abri d'une OPA, Christian Pellerin va dénicher le mouton à cinq pattes. Il lui faut s'adosser à une structure industrielle solide, capable de lui donner l'impossible : chéquier ouvert, carte blanche et pratiquement aucun compte à rendre. Son savoir-faire professionnel, son sens de l'innovation et sa capacité de mener à bien des programmes complexes méritent, à ses yeux, cette confiance aveugle. Et l'occasion fait le larron. Fin 1982, Gilbert Simonet (décédé en 1997) se fâche avec Francis Bouygues et passe à l'ennemi avec plusieurs dizaines de collaborateurs. Cette grande gueule du BTP débarque donc au 52, rue d'Anjou dans les bagages de Christian Pellerin. Tous les deux tombent à pic. Le président « Guytounet » broie du noir. Les menaces d'une nationalisation sont toujours suspendues au-dessus de sa tête, et Francis Bouygues multiplie les OPA sur la Compagnie depuis une première tentative en mars 1981 *(voir chapitre XI).* Aussi le président, à l'âge de 62 ans, n'a-t-il plus qu'une idée en tête : muscler l'honorable Compagnie pour en faire un gigantesque conglomérat difficile à nationaliser ou à prendre d'assaut en Bourse. Sans trop se faire prier, Christian Pellerin va donc accepter de vendre 54 %, puis 64,2 % des actions de son groupe Sari (dont il reste PDG) à la Générale. De son côté, le « rugueux » Gilbert Simonet est nommé PDG de Campenon Bernard Construction, une filiale de Campenon Bernard créée spécialement pour l'ancien lieutenant de Francis Bouygues.

La sainte alliance Dejouany-Pellerin-Simonet va redonner une seconde jeunesse au yo-yo du cartel de l'eau et des monopoles. En effet, CBC (filiale à 80 % de la Compagnie) construit tours, immeubles de bureaux et logements, à la Défense et ailleurs, pour la Sari, filiale elle-même à 64,2 % de la Compagnie, qui revend ces réalisations uniquement à la Compagnie… Certes, « Dents de la Mer » avait bétonné son affaire… Grâce à des informations extrêmement précises collationnées auprès de politiques, Christian Pellerin avait pu racheter, dans les années 1970, des terrains alors inconstructibles et vendus donc pour une bouchée de pain. En un rien de temps, « Dents de la Mer » possède un patrimoine de près de 150 000 m^2 à la Défense ainsi que sur les docks de la Joliette à Marseille, à Saclay et dans un certain nombre de villes de province. D'un coup de baguette magique, les maires vont rendre tous ces terrains constructibles… Tant que la machine Pellerin ronronne, tout va bien, mais en cas de crise, ses actionnaires (Axa, la Compagnie générale des eaux, la Société générale, Paribas, Indosuez et la BNP) gardent en main une arme absolue : le promoteur devra rembourser ses dettes… Plus grave encore pour « Dents de la Mer » : au moment où la crise arrive, début 1990, il reste avec des dizaines de milliers de mètres carrés de bureaux et de logements sur les bras. Il n'a pas eu le temps de les vendre à la Compagnie. Comme le rapporte *Libération* du 27 août 1999, « sa folie des grandeurs [de Christian Pellerin] se serait soldée par une perte de près de 15 milliards de francs pour la

Compagnie générale des eaux[7] ». Ces 15 milliards de francs (chiffre confirmé par plusieurs sources) ont été épongés par des royalties de l'eau amassées sagement au cours de la décennie précédente. Pour le compte de Christian Pellerin, la Compagnie fonctionnait comme une banque à laquelle il n'avait aucun compte réel à rendre. Jouer de la calculette, c'est si facile tant que tours ou immeubles de bureaux et logements de standing sont remplis de locataires… D'autant plus que l'astucieux Christian Pellerin calcule son prix de vente au mètre carré à la Compagnie en fixant de manière totalement arbitraire un taux de rentabilité. Celui-ci se définit uniquement à partir des loyers escomptés sur neuf ans, des loyers lancés dans une irrésistible ascension. En fait, le maître de la Défense fixe le prix de vente du mètre carré de bureau à la Compagnie sans la moindre justification réelle. De plus, son client unique, la Compagnie, ne discute pas ce prix. Au passage, son ami Gilbert Simonet et lui touchent le pactole. Après, la Générale n'a plus qu'à louer ces mètres carrés de bureaux à des prix de plus en plus élevés.

Comment, pendant près de dix ans, Christian Pellerin va-t-il réussir à faire payer à la Compagnie les prix les plus fous du mètre carré de bureau à la Défense ? Il est tout simplement devenu le confident de papy Dejouany, de vingt-quatre ans son aîné. Toujours vêtu d'un costume impeccablement coupé, qui cache sa carrure de costaud mondain, le prince de la Défense n'a pas besoin de prendre rendez-vous avec le président « Guytounet ». Sa porte au premier étage du 52 rue d'Anjou reste toujours ouverte pour celui qu'il appelle tout simplement « Christian ». « Quand Christian parle, avoue un jour le “Vieux”, j'ai l'impression de rajeunir de vingt ans[8]. » Une relation père-fils s'établit en quelque sorte entre le sexagénaire un peu fatigué et le promoteur qui n'a de cesse de le séduire, de le charmer de ses yeux gris-vert vifs et très attentifs. À l'époque, âgés d'une vingtaine d'années, les trois enfants Dejouany ne s'intéressent pas beaucoup à la Compagnie et au vieux monsieur qui la dirige : Gonzague se voit paysagiste, son frère Melchior veut déjà travailler dans le cinéma, et leur sœur Capucine est mère de famille nombreuse… Aussi, pour « Guytounet », « Christian » reste le principal artisan du démarrage de la Défense, l'un des plus prestigieux quartiers d'affaires d'Europe, notamment par son architecture de qualité. Depuis 1978, sa société de promotion immobilière de bureau, la Sari, avait pris le risque financier de s'y impliquer à un moment où l'immobilier de bureau était en crise. Sans la main de « Dents de la Mer », la Défense n'aurait peut-être jamais démarré. Le petit protégé de « Dieu » a revêtu l'habit de lumière de la fonction publique, certes au service de son enrichissement personnel, mais dans le cadre d'un fantastique outil privé d'aménagement du territoire. Complètement bluffé, sous le charme comme une midinette, le président « Guytounet » est aux anges. Pour lui, une seule chose compte : à la Défense, rien n'échappe à Christian Pellerin qui y dispose d'un véritable monopole. Le directeur de l'Epad, Gérard de Senneville, le constate un peu amer en 1992 : « La Sari a construit durant les dix dernières années environ un tiers des surfaces de bureaux existant à la Défense. Cela s'explique par un quasi-monopole, durant cette période, dans l'attribution des droits de construire dans le quartier d'affaires[9]. » Pour comprendre l'irrésistible ascension du maître de la Défense, sa chute et les protections de toutes sortes dont il a bénéficié, le mieux est de donner la parole à son ange gardien, Guy Dejouany.

À l'assemblée générale réunie pour l'exercice 1984, le président « Guytounet » lui tresse déjà des lauriers en annonçant un bénéfice consolidé en augmentation de 18 % à 495 millions de francs : « La moitié presque exactement de cette augmentation provient de la constatation des premiers profits du quartier Michelet [livraison du premier immeuble de bureaux du quartier Michelet à la Défense] et de l'élargissement du cercle de consolidation de Montenay [filiale de chauffage urbain]. » Abordant les perspectives pour l'année 1985, « Dieu » en oublie qu'il est avant tout un marchand d'eau : « L'aménagement du quartier de la Défense avec la Sari constitue un élément de solidité face à l'effondrement du marché du BTP en France et de la maison individuelle[10]. » Lors de l'assemblée générale suivante, il n'hésite pas à en remettre une couche sur « le développement, très imaginatif et original, de nos opérations de promotion et d'aménagement immobilier sur le site de la Défense ». Pour les perspectives 1986, papy Dejouany pète complètement les plombs : « Un de nos principaux centres d'intérêt et de satisfaction est le bon développement de l'activité de la Sari et notamment des opérations de promotion initiées par Christian Pellerin pour la réalisation de grands immeubles modernes de bureaux, en particulier dans la zone de la Défense [11] »… Trois ans après l'arrivée de « Dents de la Mer » dans le giron de la Compagnie, son président s'enflamme en public pour son « petit prince ». Une première dans ce groupe où Guy Dejouany pas plus que ses sept prédécesseurs n'avaient jamais mis l'un de leurs barons ou partenaires en affaires sur un tel piédestal. Mieux, le président Guytounet salue, le 29 juin 1989, le « talent créateur de Christian Pellerin [12] ». Ce sera la dernière fois. Le début de la crise de l'immobilier n'entame pas l'incorrigible optimisme de Guy Dejouany dans son discours devant les actionnaires le 28 juin 1991 : « La récession de l'immobilier en France ne semble pas susceptible de peser sur nos comptes de 1991 et 1992, ni probablement sur ceux des années suivantes [13]. » Le plus terrible pour la Compagnie : Christian Pellerin a conseillé à Guy Dejouany de rester propriétaire des immeubles et tours de bureaux pour profiter de la hausse incessante des loyers ! Le « petit prince » ne peut pas se tromper…

Partenaire privilégié des collectivités locales qui attendent de lui une manne permanente, le fils spirituel de « Dieu » a revêtu la livrée d'ambassadeur de la Compagnie. Il a ses entrées plus à gauche qu'à droite (le ministre socialiste de l'Équipement, Paul Quilès, l'a fait décorer de la Légion d'honneur). Profitant de la démission des pouvoirs publics (en 1985, le gouvernement Fabius a supprimé l'agrément préfectoral pour construire des bureaux), Christian Pellerin est peu à peu devenu un État dans l'État, notamment à la Défense. Quelle meilleure carte de visite auprès des banques, pour un promoteur, que le chéquier de la Générale des eaux, puis de Vivendi ? Tout le monde y trouve son compte. À partir des immeubles de bureaux, la Sari se médiatise en jouant le rôle de vitrine pour la vaste palette de services publics que la Compagnie offre aux communes. Normal, la Compagnie sait faire… Enfant chérie de la Générale, la Sari va en profiter pour gagner ses titres de noblesse dans tout l'Hexagone avec le carnet de chèques de la Compagnie… Mais ses études souvent trop optimistes – elle est à la fois juge et partie avec son partenaire unique, la Générale – ont poussé beaucoup de villes à s'endetter plus que de raison : Bordeaux (Cité mondiale du vin), Belfort, Roubaix, Châtellerault, Marseille (réhabilitation des docks), Lyon (zone de commerce internationale), Cannes-Mandelieu, Saint-Étienne et Angoulême. Les maires réclament des bureaux, des logements de standing et des équipements luxueux qui doivent leur rapporter une manne financière. Ces nouveaux quartiers ne correspondent pas forcément aux besoins des habitants et sont financés à crédit au profit de propriétaires fonciers et de Christian Pellerin. Rassurés par le blason de la Compagnie accroché à la veste du promoteur, les maires voient alors en lui un magicien capable de transformer leur cité en eldorado grâce à la taxe professionnelle et aux droits à la construction frappant les mètres carrés de bureaux, ainsi qu'aux droits de mutation liés à toute transaction immobilière. Est-ce vraiment le rôle d'un promoteur privé, même associé à la Compagnie, certes au mieux avec les politiques, que de profiter de la démission de l'État en matière d'urbanisme ? Un exemple : prévoir l'arrivée du métro, du RER à la Défense ou fêter, en grande pompe, les étapes importantes du développement de ce quartier d'affaires, Christian Pellerin l'a fait, revêtu de l'habit de lumière d'une fonction publique trop contente de voir un privé se substituer à elle. En fait, le maître de la Défense et le président « Guytounet » ont aménagé le territoire national au nom d'une seule exigence : le yo-yo des monopoles et ses prix fous complètement déconnectés de la réalité. L'emballement de l'immobilier de bureau, au début des années 1990, est né de cette stratégie qui poussait à l'effondrement du marché.

Le « petit prince » va casser sa baguette magique lors du grand audit organisé au printemps 1992, par la Compagnie dans les locaux impériaux de la Sari au beau milieu du palais du Cnit à la Défense. Effaré, le président « Guytounet » découvre que les actifs immobiliers du groupe à la Défense ont vu leur valeur divisée par deux ! Dans son discours du 26 juin 1992 devant l'assemblée des actionnaires du groupe, il n'en souffle mot. Son beau rêve vient de se fracasser à la Défense et menace la Compagnie... Papy Dejouany (il a alors 72 ans) pique une grosse colère contre « Christian », qui devient séance tenante interdit de séjour au 52 rue d'Anjou. Pendant plusieurs mois, furieux, le président « Guytounet » refuse de le prendre au téléphone. « Jamais, s'emporte-t-il, Pellerin ne remettra les pieds dans mon bureau [14]. » Puis, à l'automne, la colère de « Dieu » retombe miraculeusement. Que s'est-il passé ? Mystère... Faut-il y voir la main des dirigeants d'Axa qui laissent aussi quelques plumes dans le krach de la Compagnie à la Défense. « L'effet médiatique et psychologique de la chute de Pellerin serait désastreux pour le secteur immobilier dans son ensemble [15] », tempère Claude Bébéar qui juge donc « Dents de la Mer » incontournable. Début 1993, le maître de la Défense sauve les meubles, mais perd son principal instrument de pouvoir : le carnet de chèques de la Compagnie. Placé à sa propre demande sous le contrôle de l'administrateur judiciaire Gouttlequer, Christian Pellerin n'a plus accès au chéquier de la Compagnie. Et décision du monarque Guy Dejouany : Jean-Marc Oury est alors chargé de marquer à la culotte le roi déchu de la Défense et de renflouer la Sari, son groupe de promotion immobilière *(voir chapitre XVII)*. Il se souvient : « Christian Pellerin me détestait, voyant en moi un rival dans sa course au pouvoir, mais vu sa situation, il s'est montré d'une excessive politesse avec moi, attendant pendant des heures dans le couloir de mon bureau pour être reçu. J'ai fait le boulot sans états d'âme bien que je n'aie rien de commun avec ce monsieur… Mais, pour moi, l'intérêt de la Compagnie passait avant tout [16]. »

De peur du scandale qui pourrait la mettre en difficulté, la Compagnie renfloue discrètement toutes les affaires du prince de la Défense. Notre « Gorge Profonde » explique : « Il fallait sauver le soldat Pellerin qui nous avait collé pour plus de 15 milliards de francs de dettes. L'avenir de la Compagnie était en jeu… Il semble bien que Jean-Marie Messier n'ait pas obtenu d'explications très claires à ce sujet. En échange, celui-ci a exigé de "tuer" Jean-Marc Oury pour lui faire porter le chapeau de toutes les dettes immobilières et avoir ainsi les mains libres. Or "Bouboule" n'avait coûté que 8 milliards de francs, et Gilbert Simonet, patron de CBC, 2 milliards. Messier pouvait claironner partout qu'il ne revenait pas sur le passé… Une exigence bien compréhensible : Messier cultive avec soin son image de chevalier qui lave plus blanc que blanc en annonçant, mais en 2000 seulement, des pertes immobilières de 37,8 milliards de francs constatées à son arrivée en 1995. Ce sont des pertes comptables, assorties de crédits d'impôt, à hauteur de 32 % des pertes sur cinq ans, et non les pertes réelles qu'on peut estimer à seulement 25 milliards de francs environ. » Dans *Le Nouvel Économiste*, Franck Bouaziz résumera le dilemme de Guy Dejouany : « Aujourd'hui, les nouveaux hommes forts de la Générale des eaux lui ont confisqué son pouvoir [à Christian Pellerin], mais ils ont bien du mal à se dispenser de son savoir. À l'est de la Défense, sur la commune de Courbevoie, la ZAC Danton attend son heure. La Sari y a acquis des terrains pour au moins 3 milliards de francs et 180 000 m^2 de droits à construire, pour y édifier des bureaux. Même si le marché n'est pas bon, il n'est pas question de revenir en arrière [17]… »

La Compagnie ne ménagera pas non plus ses efforts pour sauver le soldat Pellerin sur le plan de ses affaires privées, durant sa traversée du désert de 1993 à 1995. Déjà nettoyeur des filiales de Jean-Marc Oury sur la Côte d'Azur, l'homme d'affaires Christian Guilbert et d'autres, toujours à la demande de « Guytounet », vont aider en sous-main le « petit prince » déchu de la Défense. Il s'agit cette fois d'empêcher la ruine totale du promoteur vedette de la Compagnie et aussi d'éviter, par ricochet, de gros ennuis pour celle-ci. Le plan secret consiste à racheter les créances frappant d'hypothèques et menaçant donc les biens personnels de Christian Pellerin, qui ne doit pas être jeté en pâture aux journaux et caméras. La Compagnie ne peut intervenir officiellement. Question de discrétion… Christian Guilbert va participer à un des épisodes les plus cocasses de ces opérations de portage au bénéfice de « Dents de la Mer » : « Au matin du 29 juillet 1994, Guy Dejouany me téléphone, complètement retourné. La veille, sous l'œil des caméras de télévision, les meubles et les tableaux de Bernard Tapie avaient été saisis, sur ordre du Crédit Lyonnais, dans son hôtel particulier du 52 rue des Saints-Pères. Ça a fait tilt dans la tête du "Vieux". Ce numéro lui rappelait le 52 de la rue d'Anjou, siège de la Compagnie. En fait, le "Guytounet" tremblait à l'idée de voir ce genre de "soldes médiatiques" se produire dans les différentes propriétés de Christian Pellerin. À titre personnel, celui-ci devait près de 2 milliards de francs de l'époque à la BNP. Et le "Vieux" vivait un cauchemar : selon ses informations, les huissiers de la banque risquaient d'organiser dès le lendemain une "opération portes ouvertes" dans l'immense hôtel particulier de "Dents de la Mer", au 27 de la rue Molitor. À l'issue d'une longue nuit de négociation avec la BNP, j'ai réussi à racheter une créance de 500 millions sur tous les meubles et tableaux de Pellerin pour 70 millions de francs cash. En cas de saisie rue Molitor, le "Vieux" avait bien peur que pas un micro et pas une caméra ne manquent à l'appel. À ses yeux, cela ruinerait le peu de crédit qui restait à la Compagnie à un moment, où elle risquait de déclarer des pertes pour la première fois de son histoire. On a organisé des opérations de portage pour racheter toutes les créances frappant les propriétés de "Dents de la Mer" : le chalet de Méribel, le palais-troglodyte d'Antibes et le domaine de la Pallardière. Elles lui ont toutes été revendues pour un franc. Tout le monde l'aime, notre "Dents de la Mer" ! Sur l'intervention du fils d'un ancien Premier ministre, le secrétaire d'État au Budget, Nicolas Sarkozy, a réduit au même moment la dette fiscale du promoteur de 300 à 50 millions de francs [18]. »

Christian Pellerin peut aujourd'hui dire un grand merci à Guy Dejouany, à Christian Guilbert et à la Compagnie. La revente à des Saoudiens de son hôtel particulier de la rue Molitor à Paris lui a rapporté 80 millions de francs. Son chalet de Méribel lui a été racheté 40 millions de francs par la famille Mulliez (propriétaire des hypermarchés Auchan). Enfin, en 2003, l'inoxydable promoteur a mis en vente le domaine de la Pallardière pour 47 millions de francs. Trois ans après avoir virtuellement fait faillite, ce phénix affichera, en 1998, un patrimoine personnel d'environ 160 millions de francs [19]. Qui a payé les frais de ce sauvetage ? Vous et moi au travers de l'argent qui avait été récolté sur nos factures d'eau par l'honorable Compagnie… Interrogé, Christian Pellerin s'inscrit en faux : « Même si, grâce à des portages astucieux, la Compagnie avait renfloué mon patrimoine personnel, cela relèverait de l'abus de bien social ! » Comment a-t-il réussi à sauver ce patrimoine ? « J'ai eu la sagesse de faire le gros dos comme un chat en me mettant sous la protection d'un administrateur provisoire, de 1992 à 1995, dans l'espoir de jours meilleurs. Les Nouveaux Constructeurs et bien d'autres promoteurs, pris dans la tourmente immobilière des années 1990, ont fait comme moi. Le reste appartient à ma vie privée et ne regarde personne. Et une chose est sûre : je n'ai jamais rien fait de malhonnête dans ma vie et je ne dois rien à personne [20]. »

Pour assurer la survie du phénix de l'immobilier, Jean-Marie Messier mettra lui aussi la main à la pâte. En décembre 1995, à six mois de succéder à Guy Dejouany comme PDG de la Compagnie, « J2M » donne des gages à Christian Pellerin. En contrepartie, ce dernier se voit obligé de passer la présidence de son groupe Sari à Stéphane Richard, le numéro deux du pôle immobilier de la Générale. Jean-Marie Messier claironne alors *urbi et orbi* qu'il ne couvrira pas les « affaires », mais il protégera le promoteur en délicatesse, par ailleurs, avec la justice pénale à l'époque. On a beau collationner toutes les déclarations de « J2M », aucune allusion désagréable n'y figure dans sa bouche à l'encontre de « Dents de la Mer ». Mieux, dans ses deux ouvrages, *J6M.com* et *Mon vrai journal*, Jean-Marie Messier réussit l'exploit de ne pas citer une seule fois le nom de Christian Pellerin. En revanche, il se montre impitoyable avec Jean-Marc Oury : « Au cours des missions que j'avais remplies à la Générale des eaux, au temps de Lazard, je m'étais rendu compte que sa branche, l'immobilier, prenait eau de toutes parts. Pour masquer la catastrophe, Jean-Marc Oury était prêt à se lancer dans des opérations de plus en plus risquées. Le couperet devait tomber. J'ai proposé à Guy Dejouany d'exécuter moi-même la sentence, moins de quinze jours après ma nomination comme directeur général. Je décidais de prendre la présidence de l'Immobilière Phénix. C'était le seul moyen de connaître exactement la situation[21]. »

Le 8 décembre 1995, le « chevalier blanc » de la Générale se voit contraint d'avaler la « couleuvre Pellerin ». Il remet le pied à l'étrier au promoteur déchu, condition obligatoire pour s'installer, le 27 juin suivant, dans le fauteuil de « Dieu ». Les désirs du président « Guytounet » sont des ordres… En tant que patron du pôle immobilier de la Compagnie, Jean-Marie Messier signe un contrat de 16 pages avec Christian Pellerin, un document qui restera, un an durant, inconnu de la majorité des hauts responsables du groupe. Une bouée de sauvetage inespérée pour le promoteur qui est virtuellement ruiné. Cette convention lui accorde personnellement, ainsi qu'à IED (Investissement Études et Diversifications), la seule société qui lui reste, un quasi-monopole de la gestion du pôle immobilier de bureau de la Compagnie à la Défense. Sont visés notamment « le développement des grandes opérations, et notamment les ZAC, la conception et le montage de ces mêmes opérations portant sur des bureaux, y compris dans les aspects techniques et l'assistance à la définition et à la mise en œuvre de la commercialisation d'opérations immobilières du groupe CGE[22] ». En « rémunération » de ces « missions d'assistance », l'article 6 du contrat stipule que Christian Pellerin percevra, à titre d'honoraires, au minimum 22 millions de francs la première année, puis 15 millions les années suivantes jusqu'à la fin de la convention en 2000. À force de faire jouer habilement des clauses particulières du contrat, le promoteur touchera en réalité la bagatelle de 237,6 millions de francs de 1995 à 2000, comme l'atteste un document officiel de Vivendi [23]. Depuis, plus aucun nouveau contrat n'a été signé entre l'ancienne branche immobilière de la Compagnie, devenue le groupe indépendant Nexity et le maître de la Défense.

Cette disgrâce en trompe l'œil de Christian Pellerin conduira la Compagnie à lui laisser malgré tout, à partir de juin 1991, la maîtrise de sa plus importante opération à la Défense, la construction du nouveau siège social de la Société générale. Guy Dejouany et Marc Viénot, PDG de cette banque (le plus gros actionnaire de la Compagnie à l'époque) « conjuguent leurs talents » pour réaliser ensemble cette affaire de 7 milliards de francs. En tant que PDG, puis directeur de la Sari, le promoteur maître d'œuvre Christian Pellerin est chargé de faire construire, à partir de 1992, les nouvelles « Twin Tours » de la banque, Chassagne et Alicante. Très naturellement, « Dents de la Mer » choisit son complice Gilbert Simonet, PDG de CBC (filiale à 80 % de la Compagnie), pour édifier Chassagne, et l'enfant chéri du président « Guytounet », la société Campenon Bernard, pour réaliser Alicante. Le « petit prince » supervisera aussi, en 1994, le rachat par la Compagnie de l'ancienne tour de la Société générale à la Défense et l'achat par celle-ci, en 1995, des deux nouvelles « Twin Tours ». Jean-Marc Oury, Christian Pellerin et Jean Blondeau, secrétaire général de la Compagnie jusqu'en 1992, déclarent en chœur que tout est clean dans cette affaire à tiroirs [24]. On peut en douter… Première question : pourquoi les deux grands patrons, Viénot et Dejouany, ont-ils choisi Christian Pellerin ? Stupéfiant à première vue quand on sait que ce promoteur a été, en 1988, l'un des principaux organisateurs du raid boursier sur la Société générale, présidée alors par Marc Viénot, en engageant 15 millions de francs à titre personnel. « S'il est discutable sur le plan déontologique, Christian Pellerin est un formidable patron », pardonne-t-on Boulevard Haussmann [le siège alors de la Société générale]. » En fait, « Dents de la Mer » serait incontournable parce qu'il possède une partie des terrains de la Défense, dans le quartier Valmy à Puteaux, où les « Twin Tours » seront construites. Un rôle clé a été donné, pour des raisons obscures, à ce promoteur pourtant déjà quasiment en faillite et englué dans nombre d'affaires judiciaires. Christian Pellerin restera bien aux manettes pour monter cette énorme opération, comme il nous le confirmera lui-même.

La double opération démarre officiellement le 30 décembre 1994 : la Compagnie rachète à la banque la tour Société générale qui abrite alors, à la Défense, une partie de la direction centrale de cet établissement financier. Publié dans des communiqués de presse, le prix officiel est de 2 milliards de francs pour 40 000 m^2[25]. Armé de sa simple calculette, un écolier en déduit facilement qu'il y a un os dans le potage. En 1991 (Jean Blondeau confirme la date), au début de la crise de l'immobilier de bureau, cette transaction a donc été négociée autour d'un prix officiel au mètre carré de 50 000 francs alors qu'en 2004 (aujourd'hui, les bureaux se vendent comme des petits pains à la Défense) le prix du mètre carré en neuf tourne autour de 8 000 euros (soit 45 000 francs). Comprenne qui pourra… Pour les professionnels, le prix du mètre carré neuf à la Défense a enregistré son plafond historique à 60 000 francs en septembre 2001, juste avant l'attentat de New York contre les tours jumelles du World Trade Center. En 1994, selon toutes les études officielles, la valeur réelle de la tour de la Société générale, alors aux trois quarts vide, faute de locataires, s'élève à un milliard de francs au prix maximal de 25 000 francs le mètre carré. Ce n'est pas qu'un prix d'ami, mais un véritable cadeau fait à la banque. En fait, cette tour est invendable en l'état à cette époque de dépression immobilière, seule la Compagnie pouvait la « porter » sur ses fonds propres. Rebaptisée depuis Ariane, cette tour a déjà presque vingt ans d'âge en 1994 et doit être remise à neuf, c'est-à-dire mise en conformité avec les nouvelles réglementations sur l'amiante, l'électricité, l'électronique… À la Défense, toutes les tours ont été ainsi rénovées au bout d'une vingtaine d'années après le premier choc pétrolier qui a changé la donne énergétique. Or remettre à neuf une tour de grande hauteur coûte déjà, à l'époque, 10 000 francs le mètre carré, soulignent les professionnels. Un rapport interne de Vivendi détaille aujourd'hui la vente : elle a été conclue à travers la SNC-Défense Gallieni, la coquille financière de Yann James aux îles Jersey, et la SNC Ariane. Après avoir remis à neuf la tour pour près de 400 millions de francs, la Compagnie la revendra, le 1er janvier 1999, à la société Unibail pour un milliard de francs. À ce moment, l'immobilier reprend du poil de la bête et la tour est entièrement louée. Question de simple bon sens et non d'expert immobilier : comment la même tour de bureaux à la Défense, une fois rénovée et remplie de locataires, peut-elle valoir, en 1999, moitié moins que cinq ans plus tôt, en pleine crise immobilière, vide d'occupants et devant être remise aux normes ? Réponse : Guy Dejouany a fait cadeau d'un milliard de francs à son vieil ami et partenaire Marc Viénot... À l'époque, celui-ci est non seulement PDG de la Société générale, mais aussi administrateur de la Générale des eaux, en tant que plus gros actionnaire au nom de sa banque avec 8 % des parts sociales. Inséparables complices depuis plus d'un siècle, les deux entreprises ont même eu, à la fin du XIXe siècle, le même président, lord Edward Blount *(voir chapitre IV).*

En 1995, la banque et la Compagnie vont refaire exactement la même opération que celle qui a été réalisée le 30 décembre 1994, mais en sens inverse. En 1991, la Société générale a demandé à la Compagnie de lui construire les « Twin Tours ». Elle veut y installer son siège social à la Défense, dans le quartier Valmy. Coût officiel, comme le rapporte le quotidien *Les Échos* dans son édition du 26 octobre 1995 à l'occasion de l'inauguration de ces deux tours : 5 milliards de francs [26] pour 125 000 m^2 de surface utile brute locative, soit 40 000 francs le mètre carré. Muni d'une simple calculatrice, le même écolier peut démontrer que ce prix est aussi surévalué d'un milliard de francs environ. Le raisonnement se fonde sur le prix de vente maximal du mètre carré de bureau neuf à l'époque à la Défense, soit 32 000 francs. Le prix total pour ces 125 000 m^2 avoisine donc les 4 milliards de francs et non pas 5. La Société générale et la Compagnie vont ainsi s'échanger, par l'intermédiaire de Christian Pellerin, des plus-values fictives de l'ordre d'un milliard de francs pour leur exercice respectif de 1994 et 1995. Rappelons que pour l'exercice 1995 la Compagnie va déclarer pour la première fois de son histoire une perte de 3,5 milliards de francs [27]. Les travaux de construction des « Twin Tours » ont commencé en 1992 pour se terminer en 1995. Conclusion : la Société générale et la Compagnie ont réalisé ce tour de passe-passe grâce à la discrétion de Christian Pellerin. Dès lors, ces deux groupes ne peuvent plus refuser grand-chose au maître de la Défense… Cette double opération porte l'imprimatur de « Dents de la Mer » qui, une fois de plus, a convaincu un « pigeon » (une grande entreprise) d'abandonner sa tour, histoire de lui en construire une nouvelle. Il avait déjà réalisé la même opération avec les sociétés IBM et Bull. Chaque fois, le promoteur vedette utilise un argumentaire imparable : « Je vous installe dans une plus belle tour et je vous rachète l'ancienne à un prix d'ami. » Tout roule puisque c'est la Compagnie (et non Christian Pellerin) qui rachète l'ancienne tour et lui qui construit la nouvelle. L'astuce : il fixe chaque fois le prix de ces anciennes tours tout autant que celui des nouvelles de manière discrétionnaire dans les comptes de la Compagnie. Des prix qui sont fondés sur des loyers complètement hypertrophiés. Le masque tombe, en 1995, lorsque Jean-Marie Messier met son nez dans les comptes…

Contrairement à ses difficultés financières soigneusement occultées par la Compagnie, les ennuis judiciaires de « Dents de la Mer » vont défrayer la chronique, notamment sa participation au raid sur la Société générale et la sulfureuse affaire de la tour BP. Miraculeusement, il bénéficiera de non-lieux dans tous ses dossiers. Questionné à ce sujet, il nous répond qu'il a été « victime dans ces deux affaires d'un complot des pasquaïens des Hauts-de-Seine furieux de ne pas toucher leur part sur le magot sur la Défense [28] ». En revanche, il sera condamné à de la prison dans deux autres affaires à caractère privé, après avoir multiplié sans succès les appels, recours en cassation et requête en révision de jugement. Pour avoir construit illégalement, sur un terrain de 17 hectares en bord de mer, sa somptueuse villa du cap d'Antibes, baptisée *L'Islette*, il se verra infliger, en juin 2000, un an de prison ferme par la cour d'appel d'Aix-en-Provence [29]. Pour réaliser le gros œuvre de ce petit palais, le concepteur du quartier de la Défense avait fait appel à son vieux complice, l'autre prince favori de Dejouany, Gilbert Simonet, patron de CBC. Estimés au départ à 50 millions de francs, le total des travaux va se traduire par une facture finale de 147 millions de francs au début des années 1990. Dans la baie des milliardaires à Antibes, les 2 650 m² de souterrains illégaux creusés en sous-sol par « Dents de la Mer », au lieu des

72 m^2 autorisés en surface par le permis de construire, constituent toujours un record du monde en la matière. Ce palais-bunker dort à présent enfoui sous des tonnes de débris, l'arrêt de la cour d'appel d'Aix-en-Provence ayant ordonné sa destruction. Les attendus de l'arrêt de la cour d'appel d'Aix-en-Provence ne sont pas, eux, partis en fumée. Ils attribuent au propriétaire de la villa le « mépris affiché des lois » et des « méthodes du type de celles que l'on rencontre en matière de grand banditisme [30] ». À partir de fin 2002, Christian Pellerin purgera trois mois de sa peine en « régime de détention aménagé » : quartier libre le jour et le week-end. Il passe quatre nuits par semaine au centre de semi-liberté de Villejuif au sud de Paris avec deux téléphones portables, comme son ex-femme Valérie Muller-Pellerin l'a fait établir par constat d'huissier [31]. Mais « Dents de la Mer » se fera aussi rattraper par une autre affaire. À l'origine, un dossier tentaculaire de fausses factures qui avait été instruit, au Mans, par le juge Thierry Jean-Pierre dans l'entourage de Patrice Pelat, un proche de François Mitterrand très ami avec le promoteur.

En janvier 2003, le tribunal de grande instance du Mans condamne Christian Pellerin à un an de prison avec sursis et 200 000 euros d'amende pour avoir fait réaliser des travaux sans factures sur le domaine de la Paillardière, un autre de ses palais des *Mille et Une Nuits*, à Neuvy près de Gien, en Sologne [32]. Entre 1986 et 1990, 150 millions de francs de travaux d'aménagements y ont été dépensés pour réaliser une fabuleuse rénovation. Caché au milieu d'une forêt, ce domaine d'une centaine d'hectares n'est visible que d'avion ou d'hélicoptère. Pour y recevoir ses hôtes de marque, « Dents de la Mer » n'a pas lésiné sur les moyens : château avec piscine, manège olympique, écuries équipées de l'air conditionné, pavillon de chasse fermé par de gigantesques vitres noires comme les tours de la Défense et piste d'hélicoptère avec balisage spécial pour atterrissage de nuit. Les juges lui reprochent d'avoir profité de 216 965,44 euros (1 423 200 francs) de travaux exécutés gratuitement par CBC, l'entreprise de son ami Gilbert Simonet [33]. Après avoir « déploré l'inertie qui a suivi le départ du premier magistrat instructeur dans cette affaire », le tribunal ne se montre pas dupe dans les attendus de son jugement des dénégations du promoteur qui a prétendu n'être au courant de rien : « Il n'est pas sans incidence que Christian Pellerin ait été administrateur, puis membre du conseil de surveillance de Campenon Bernard Construction de 1986 jusqu'en 1992 et que la Compagnie générale des eaux ait été actionnaire à plus de 54 % de la Sari, société dirigée par Christian Pellerin qui a réalisé une partie du programme immobilier de la Défense, et qu'une partie du gros œuvre des tours a été exécutée par CBC ou ses filiales[34]. »

Restent quelques questions à propos de l'irrésistible réussite du maître de la Défense Christian Pellerin. Ancien directeur de l'Epad, Gérard de Senneville s'interroge : « Comment Christian Pellerin a-t-il pu lier des liens si étroits avec les communes. Je l'ignore. Je les ai constatés. À Courbevoie des facteurs affectifs ont certainement joué : Pellerin a des attaches familiales dans la commune et Deprez, le maire, lui fait confiance. À Puteaux, il n'existe aucun facteur de cet ordre. J'ai pourtant constaté que toutes les opérations réalisées directement par la ville de Puteaux aux dépens de l'Epad aboutissaient à un programme réalisé par la Sari[35]. » Un seul élu déclare officiellement avoir été menacé par le promoteur de la Défense. Maire RPR de Bois-Colombes de 1986 à 1989, Jean-François Probst reçoit en mairie, un beau jour de 1987, Christian Pellerin. « Sans faire de chichi, raconte l'ancien bras droit de Charles Pasqua, Christian Pellerin a été droit au but. Il voulait construire une énorme tour de bureaux à la limite de Courbevoie et de Bois-Colombes sur le terrain de l'ancienne usine d'aviation Hispano-Suiza. L'endroit est idéalement placé. À cinq minutes de la Défense en voiture et à sept minutes de la gare Saint-Lazare. Je lui ai aussitôt fait part de mon refus, la zone étant réservée à de l'immobilier de standing, de l'activité commerciale, du logement social, des crèches et des écoles. Il m'a alors fait comprendre que j'aurais de sérieux ennuis si je ne changeais pas d'avis. Je l'ai aussitôt raccompagné, sereinement, à la porte de mon bureau et je n'ai plus jamais eu de nouvelles directes de lui. Christian Pellerin a sans doute été très surpris de mon attitude. Mon prédécesseur dans le fauteuil de maire, Émile Tricon, était dans les meilleurs termes avec lui. En fait, Émile Tricon, président de la commission des finances du conseil général des Hauts-de-Seine, Francis Siffredi, secrétaire de la même assemblée, Charles Ceccaldi-Reynaud, maire de Puteaux et président de l'Epad, ainsi que Charles Deprez, maire de Courbevoie, étaient tous des fidèles de Charles Pasqua. Mon ami Charles, ex-président du groupe RPR au Sénat, ministre de l'Intérieur, et bientôt président du conseil général des Hauts-de-Seine, n'avait probablement rien à refuser, lui, à Guy Dejouany et Christian Pellerin. Pour ma part, je n'avais pas de raison de copiner avec ce Pellerin-là… Ce n'est sans doute pas un hasard si je n'ai pas eu l'investiture RPR-UDF aux législatives de 1988 à Bois-Colombes et si l'année suivante Jean-Yves Haby et Roger Blinières ont été les poulains du carré d'as : Pasqua-Pellerin-Deprez-Tricon [36]… »

Un seul homme d'affaires tient très officiellement le même langage : Christian Guilbert. Un homme blessé dans son honneur qui a déposé 17 plaintes à Paris, au tribunal de commerce, au civil et au pénal, depuis le début 2003, contre Christian Pellerin. Après avoir participé au sauvetage du promoteur, Christian Guilbert sympathise en 1995 avec lui. Tous les deux font des affaires ensemble dans l'immobilier. « Tout s'est bien passé entre nous, raconte Christian Guilbert, visiblement très remonté contre son ancien partenaire favori, jusqu'au jour où ce promoteur d'apparence charmant et réglo a jeté le masque : il n'a pas respecté un contrat conclu par écrit entre nous et m'a fait perdre presque 15 millions de d'euros. Puis il a essayé de me faire chanter, mon groupe étant coté en Bourse. M. Christian Pellerin, je pèse mes mots, est un maître chanteur qui, pendant toute sa vie professionnelle, a fait du chantage sur les dirigeants de la Compagnie générale des eaux et sur beaucoup d'autres de ses partenaires en affaires. Et je m'étonne que cette même Compagnie ait fait pratiquement cadeau de plusieurs immeubles de bureaux à Christian Pellerin, qui lui assurent aujourd'hui environ 80 millions de francs de loyers par an. Heureusement, depuis la fin 2001, Vivendi Universal et Nexity [qui regroupe l'ancien pôle immobilier de la Compagnie] n'ont plus engagé d'opération immobilière avec l'assistance de Christian Pellerin ou d'une de ses sociétés [37]. »

D'après son ouvrage *J6M.com*, « J2M » dresse un terrible constat dès octobre 1995. Après avoir épluché les comptes de la Compagnie durant presque un an, il présente l'addition à Guy Dejouany : 37,8 milliards de francs de pertes mis au jour dans l'immobilier pour 30 milliards de fonds propres [38]. Ce chiffre de 37,8 milliards de francs de pertes avait l'avantage de donner légalement à la Compagnie un crédit d'impôt sur cinq ans d'un peu moins de 10 milliards de francs. D'où la tentation de gonfler ce chiffre des pertes immobilières pour disposer d'un levier fiscal permettant d'augmenter artificiellement les bénéfices. La Compagnie déclare officiellement alors une perte de 3,5 milliards de francs pour l'exercice 1995. C'est tout. « Je découvrais que la Compagnie n'était pas seulement une vieille dame endormie, affirme Jean-Marie Messier en 2000, mais une vieille dame au bord de l'apoplexie [39]. » Sur le moment, en effet, « J2M » ne s'en vante pas. Il s'agit de ne pas affoler les actionnaires et les marchés, donc de protéger Christian Pellerin, une sorte de bombe à retardement. Jean-Marc Oury, un « microbe », nous dira-t-on, à l'échelle de la Compagnie, les actionnaires s'en moquent comme de leur chemise. Sa mise à la porte passera presque inaperçue dans la presse, sauf de Franck Bouaziz et de Vincent Nouzille, auteurs d'un dossier de six pages dans *Le Nouvel Économiste*. L'hebdomadaire ne lésine pas. Il en fait sa une à la manière d'un avis mortuaire, caractères blancs sur fond noir : « L'enquête : révélations sur l'homme qui a fait déraper la Générale des eaux Jean-Marc Oury, l'acrobate de l'immobilier, est tombé du trapèze. Victime de la crise ? Pas seulement. Artisan, avec Christian Pellerin, du trou de la Générale, il a multiplié les erreurs. Gestion dispendieuse, jongleries financières, fréquentations risquées… La dérive d'un surdoué [40]. »

L'éviction de Christian Pellerin, « faussement désavoué », c'est une autre paire de manches, comme l'écrit Franck Bouaziz : « Même assis sur un strapontin, Christian Pellerin demeure au premier rang [de la Compagnie] [41]. » Et éponger, selon les dires de « J2M », 37,8 milliards de francs de dettes (25 milliards en fait) sur 30 milliards de fonds propres (34 milliards en réalité) semble un défi impossible à relever si les actionnaires sont affolés par la mise en cause et la ruine du promoteur de la Défense. Pour sortir de cette lente asphyxie financière, il n'y a que deux remèdes : le temps, avec une stratégie recadrée sur les métiers de l'eau, ou une fuite en avant problématique dans la communication que Jean-Marie Messier semble avoir préférée. À l'époque, pour mieux asseoir son pouvoir à la veille de succéder à Guy Dejouany, « J2M » distille des informations à la presse sur les pratiques occultes de la Compagnie et les acrobaties comptables de Jean-Marc Oury.

En 1995, pas question d'en dire plus, de charger la barque, et notamment de prononcer le nom de Christian Pellerin. Cinq ans plus tard, en 2000, il peut avancer le chiffre de 37,8 milliards de pertes dans l'immobilier. Toute la division immobilière de la Compagnie a été rachetée, en 2000, par Nexity, une société qui se porte aujourd'hui comme un charme. Numéro un de l'immobilier de bureau et de logement dans l'Hexagone, ce groupe a été bien conseillé. Après la défaite de son candidat Édouard Balladur à la présidentielle de 1995, le député-maire RPR de Neuilly, Nicolas Sarkozy, reprend sa robe d'avocat. Son cabinet s'attache rapidement comme client régulier la filiale immobilière de Vivendi, la CGIS (Compagnie générale immobilière et de services). Nicolas Sarkozy conseillera toujours cette société, même lorsqu'elle sera vendue, en 2000, pour pas cher par « J2M ». Les acheteurs ? L'ex-patron de la CGIS (ex-CIP), Stéphane Richard, un inspecteur des finances ancien collaborateur de « DSK », et des cadres de l'entreprise, alliés à la Caisse des dépôts et consignations, qui sont tous devenus « multimillionnaires » d'après le journal *Le Monde*[42]. Les locaux de Nexity, au 8, rue du Général-Foy, et le cabinet d'avocats « Nicolas Sarkozy », 52, boulevard Malesherbes, ne sont éloignés que de quelques centaines de mètres. L'ancien secrétaire général du RPR et ex-ministre du Budget a mis fin à cette collaboration une quinzaine de jours avant sa nomination comme ministre de l'Intérieur, à l'été 2002.

Que répond Christian Pellerin à ceux qui l'accusent d'avoir coulé la Compagnie avec d'énormes pertes immobilières ? Un charme fou, les yeux gris-vert pétillants de malice, Christian Pellerin reçoit dans son repaire perché au treizième étage d'un petit immeuble de la Défense, échoué au pied des majestueuses « Twin Tours » de la Société générale. Fini le temps de la splendeur des années 1980, le maître de la Défense est passé de 3 000 employés à une dizaine aujourd'hui : « Messier s'en foutait de l'immobilier, ça ne l'intéressait pas, et bien avant le départ de Dejouany j'avais compris qu'il allait tout bazarder. Aussi, il a fabriqué les énormes pertes immobilières de la Compagnie. À son arrivée, mon groupe Sari avait en patrimoine 600 000 m² de bureaux. Dès 1996-1997, il a bradé à des vautours américains les 500 000 m² à la Défense et les 100 000 m² en province. Or notre métier, c'est le long terme...

À l'époque, peu de tours n'étaient pas louées. Il suffisait d'attendre deux à trois ans. Messier a tout vendu, au pire moment de la crise, avec une décote de 15 000 francs au mètre carré. Prenez une calculette et faites la multiplication. Cela a coûté 7,5 milliards de francs à la Compagnie pour 500 000 m^2 à la Défense seulement, et 9 milliards de francs au total avec la province. À l'époque, les taux d'intérêt tournaient autour de 12 à 13 %, il suffisait d'attendre qu'ils baissent. Un exemple : la tour Descartes (72 000 m^2) qui était louée à IBM. Son prix de revient pour la Compagnie avait été de 100. Messier l'inscrit pour 150 dans les comptes, puis la vend 100. Perte 50. Et l'acheteur américain Blackstone la revend 200, deux ans après. Enfin, s'il y a eu des pertes réelles en province, notamment à Bordeaux, Lyon, Marseille et dans la vallée de la Siagne, je n'y suis pour rien. En effet, Dejouany m'y avait envoyé en service commandé pour la Compagnie, qui en profitait pour décrocher dans mon sillage toutes sortes de marchés autour de l'eau et des activités classiques de son groupe[43]. »

Début avril 2005, commence la brutale descente aux enfers : le roi de la Défense est mis en examen pour escroquerie au jugement et placé pour la première fois de sa vie en détention provisoire. Explication : pour mieux contrôler ses flux d'argent, l'ancien protégé de Guy Dejouany a toujours placé ses enfants et ses femmes au sein d'une kyrielle de SCI (Sociétés civiles immobilières). Son épouse, à présent séparée, Valérie Pellerin-Muller, était donc à la tête de deux d'entre elles, qui louaient un immeuble à la société Otis. Christian Pellerin gérait ces SCI à la bonne franquette, encaissant lui-même le loyer (un million d'euros par an), dont il réclame aujourd'hui sept ans d'arriérés à sa femme. Mais celle-ci prétend ne pas avoir touché un centime et décide de porter plainte contre lui. Christian Pellerin riposte : pour obtenir par jugement la saisie de tous les biens de sa femme, il fait truquer grossièrement une partie de sa comptabilité des années 1990 : elle fut rédigée en euros et non pas en francs !

Résultat : Guy Dejouany nourrit aujourd'hui quelques inquiétudes. Christian Pellerin avait tourné la tête au président « Guytounet », qui en avait fait son confident et son chef d'orchestre d'opérations immobilières, quelquefois pas très catholiques, à la Défense… Au tribunal de grande instance de

Nanterre, l'ancien petit prince de la Défense est aujourd'hui cerné par les procédures judiciaires déposées par son ancien associé Christian Guilbert et par sa femme Valérie Pellerin-Muller. Plusieurs instructions sont ouvertes, notamment à la suite du dépassement de plusieurs dizaines de milliers de mètres carrés de la surface de bureaux par rapport au permis de construire. L'ancien Dieu de la rue d'Anjou a compris que la bienveillance des pouvoirs publics vis-à-vis du roi de la Défense n'est plus ce qu'elle était.

NOTES

1. Gérard de Senneville, *La Défense, le pouvoir et l'argent*, Albin Michel, 1992, p. 33.
2. Entretien avec l'auteur en mars 2004.
3. Entretien avec l'auteur en septembre 2004.
4. Voir Gérard de Senneville, *La Défense, le pouvoir et l'argent*, *op. cit.*, p. 17, 212.
5. Voir Élisabeth Campagnac et Vincent Nouzille, *Citizen Bouygues*, Belfond, 1988, p. 207-209.
6. Entretien avec l'auteur en mars 2004.
7. Nathalie Bensahel, « Christian Pellerin. On croyait le promoteur de la Défense enterré. Erreur, il construit toujours pour Vivendi », *Libération,* 27 août 1999 (cahier spécial *Un été 99. Que sont-ils devenus ?*, p. v).
8. Voir Frédérique d'Andrimont, *Fortunes de pierre : la corruption et la crise dans l'immobilier*, Calmann-Lévy, 1993, p. 83.
9. Voir Gérard de Senneville, *La Défense, le pouvoir et l'argent*, *op. cit.*, p. 35.
10. Voir assemblée générale pour l'exercice 1984 de la CGE.
11. Voir assemblée générale pour l'exercice 1985 de la CGE.
12. Voir assemblée générale pour l'exercice 1988 de la CGE.
13. Voir discours de Guy Dejouany à l'assemblée générale du 28 juin 1991 reproduit dans *TroisO* (revue interne de la CGE).
14. Voir Frédérique d'Andrimont, *Fortunes de pierre : la corruption et la crise dans l'immobilier*, *op. cit.*, p. 85.
15. *Ibid.*
16. Entretien avec l'auteur en avril 2004.
17. Voir *Le Nouvel Économiste* du 3 novembre 1995, p. 55.
18. Entretien avec l'auteur en décembre 2003.
19. Voir la déclaration d'ISF de Christian Pellerin pour 1998.
20. Entretien avec l'auteur en mars 2004.
21. Jean-Marie Messier, *J6M.com : faut-il avoir peur de la nouvelle économie ?*, Hachette Littératures, 2000, p. 96-97.

22. Voir contrat CGIS-IED.

23. Tableau récapitulatif des honoraires accordés par CGIS à IED (années 1995-2000).

24. Entretien avec l'auteur en mars et avril 2004.

25. Voir *Les Échos* du 1er juin et du 26 octobre 1995.

26. *Ibid.*

27. Voir Jean-Marie Messier, *J6M.com : faut-il avoir peur de la nouvelle économie ?*, *op. cit.*, p. 98.

28. Entretien avec l'auteur en mars 2004.

29. Voir arrêt de la cour d'appel d'Aix-en-Provence du 13 juin 2000.

30. *Ibid.*

31. Entretien avec l'auteur en mai 2004.

32. Voir jugement du tribunal correctionnel du Mans en date du 20 janvier 2003, p. 18.

33. *Ibid.*

34. *Ibid.*

35. Gérard de Senneville, *La Défense, le pouvoir et l'argent*, *op. cit.*, p. 35.

36. Entretien avec l'auteur en décembre 2003.

37. Entretien avec l'auteur en janvier 2004.

38. Voir Jean-Marie Messier, *J6M.com : faut-il avoir peur de la nouvelle économie ?*, *op. cit.*, p. 97.

39. *Ibid.*

40. Voir *Le Nouvel Économiste* du 3 novembre 1995, couverture et p. 54-55.

41. *Ibid.*

42. Voir Isabelle Roy-Lefebvre, « Nexity, filiale délaissée par Vivendi, prend sa revanche en Bourse », *Le Monde*, 13 octobre 2004, p. 17.

43. Entretien avec l'auteur en novembre 2003.

XIX

Des blessés du suffrage universel nourris, logés et blanchis

Comme ses rivaux Guy Dejouany et Francis Bouygues, Jérôme Monod ne dérogera jamais à une règle d'or : rendre service aux politiques de droite comme de gauche. Premier exemple : à la fin de 1992, Monique Lang est engagée par la Compagnie auxiliaire de services et de participations (Caspar), filiale de la Lyonnaise. Doute-t-elle déjà des capacités de la gauche à gagner les législatives ? Une chose est sûre : elle perdra, en mars 1993, son poste de chargée de mission au cabinet du ministre de l'Éducation nationale, son époux, Jack Lang, étant redevenu simple député PS de Loir-et-Cher, suite à la victoire de la droite. De janvier 1993 à mars 1994, la société Caspar rétribuera au salaire de 25 000 francs net par mois [1] cette épouse d'un « blessé du suffrage universel ». Son contrat d'embauche précise sa mission : favoriser le « développement des activités commerciales des pôles énergie-chaleur et propreté » en utilisant son carnet d'adresses international. En fait, l'entreprise n'a jamais gagné le plus petit contrat à l'exportation, ni avant, ni pendant et pas davantage après l'embauche de Monique Lang. La conseillère en relations internationales a précisé au *Canard enchaîné*, le 14 avril 1997, qu'à la Lyonnaise elle travaillait pour des marchés plus vastes que ceux de la société Caspar. Monique Lang a ainsi affirmé à Jean-François Julliard n'avoir « jamais mis les pieds au siège de la société Caspar à Nanterre et [n'avoir] pas la moindre trace écrite de ses prestations, car tout se passait par téléphone ». Résultat de ses coups de fil ? « Secret industriel, répond sans rire Monique Lang, qui évoque tout de même des contacts pris par la Lyonnaise avec des hommes politiques grecs, à l'occasion de la construction de l'aéroport d'Athènes. Vertigineux [2]. » Contactée par *Le Canard enchaîné*, la Lyonnaise n'a pas voulu commenter les services rendus par cette conseillère internationale. Quant au maire PS de Blois à l'époque, Jack Lang, il s'indigne du rapprochement fait par certains entre le « travail » de son épouse à la Lyonnaise et les marchés obtenus à Blois par des filiales de la Lyonnaise. Ainsi, la construction du troisième pont sur la Loire et celle d'une antenne universitaire, toutes deux assurées par la filiale Dumez, n'auraient rien à voir avec le fait que Mme Jack Lang faisait des ronds dans l'eau à la Lyonnaise. « J1M » est avare de détails sur le sujet.

En 1992, le groupe a également renoncé à s'expliquer sur les salaires (fictifs) versés à Remy Halbwax, collaborateur de l'ex-ministre Robert Pandraud et mis en examen dans le dossier des HLM de Paris. Même réserve de la Lyonnaise, à l'époque, sur l'embauche d'un conseiller municipal de Dijon, proche du maire RPR Robert Poujade, et sur les fins de mois assurées aux secrétaires de Michel Noir et de Jean-Michel Dubernard, élus RPR lyonnais [3]. En revanche, l'engagement comme attachée commerciale, en juin 1992 et pour dix-neuf mois, de Marie-José Carignon, sœur du maire de Grenoble, a suscité une réaction savoureuse de la Lyonnaise. « Cette attachée commerciale au salaire de 27 200 francs, écrit *Le Canard enchaîné*, avait vocation d'enquêter sur le "potentiel de développement commercial de la région Rhône-Alpes". Et son travail n'a débouché sur aucun rapport écrit à cause de la concurrence, qui risquait de s'en emparer. Mais – pas de chance –, la direction de la Lyonnaise n'a pu retrouver la moindre trace de cette étude. » Voilà qui coule de source. Une seule certitude, martelée par la direction du groupe : son PDG, Jérôme Monod, n'est jamais tenu au courant de ces contrats signés avec des secrétaires, des proches, des parents de ministres ou d'élus. Odieuse rétention d'informations alors que ces notabilités sont souvent d'excellents clients du second prestataire de services aux collectivités françaises ! « Pas de doute, conclut l'hebdomadaire satirique, soit Jérôme Monod, patron du groupe, est très mal informé, soit il est très masochiste [4]. »

Par un beau matin de février 1993, peu après 8 heures, Jérôme Monod ne juge pas utile de prendre son petit déjeuner avec Dominique Strauss-Kahn qui « vend », ce jour-là, un club très sélect, son Cercle de l'industrie, à 35 patrons. Cet organisme deviendra l'un des plus puissants lobbies de France, fort de 1 500 milliards de francs de chiffre d'affaires. Le patron de la Lyonnaise décline l'invitation : « Je n'avais pas le temps. Raymond Lévy est venu me voir. Il a insisté, et il fut même un peu pénible[5]. » À l'époque, le ministre de l'Économie et des Finances désespère des chances de la gauche aux législatives de mars qui amèneront, en fait, Édouard Balladur à l'hôtel Matignon. C'est pourquoi il crée le Cercle de l'industrie avec en vitrine Raymond Lévy, polytechnicien et patron du puissant corps des Mines. À l'inverse de Jérôme Monod, Guy Dejouany ne se fait pas prier : il est l'un des membres du conseil d'administration de l'association, qui se veut un outil de lobbying à Bruxelles. Une vingtaine de patrons français acceptent de payer chacun 200 000 francs de cotisation annuelle. Budget : 4 millions de francs. Tous les deux mois, une vingtaine de membres du Cercle de l'industrie dînent sur le restaurant-terrasse de Publicis ou chez *Ledoyen*, un établissement peu rentable situé au bas des Champs-Élysées et appartenant à la Générale. Avant de quitter ses fonctions ministérielles au printemps 1993, « DSK » a reclassé la plupart de ses collaborateurs dans le privé. Le zèle du ministre trouve une oreille très complaisante auprès de Guy Dejouany. Stéphane Richard, en charge du financement des entreprises à Bercy, et Alain Bentejac, aux relations internationales, atterrissent au 52 de la rue d'Anjou. Jacqueline Franjou, ex-collaboratrice du ministre à Bercy, actionnaire à titre symbolique du cabinet DSK Consultants et salariée à mi-temps à Air Inter, participe à la création du Cercle de l'industrie. Cette femme « multipiste » préside aussi, depuis le milieu des années 1980, le festival de Ramatuelle avec Jean-Claude Brialy.

Parmi les mécènes de cet événement, la Générale ne manque évidemment pas à l'appel. Cette traditionnelle « récréation » des membres du Cercle de l'industrie réunit chaque été, sur la Côte, la jet-set et des grands patrons. Cerise sur le gâteau : en décembre 1996, le successeur de Guy Dejouany, Jean-Marie Messier, recrute Jacqueline Franjou comme chargée de mission, avant de la nommer directrice des ressources humaines de Maeva, une filiale d'hôtellerie et de loisirs. À l'époque, la famille « DSK » skie l'hiver aux Arcs à l'hôtel du Golf, racheté par Maeva[6]. Enfin, l'ancien patron de Bercy a gardé des liens avec Henri Proglio, patron de la CGEA (branche déchets, propreté et transports collectifs de la Compagnie) et son ancien camarade à HEC en 1971. À la demande de son ami Jean-Marie Le Guen, député PS de Paris et ancien dirigeant de la Mnef (Mutuelle nationale des étudiants de France), l'avocat « DSK » contacte, en 1995, Henri Proglio. Depuis le début des années 1990, de sérieux problèmes de fin de mois menacent une filiale de la Mnef, qui gère la Sécurité sociale étudiante et la mutuelle complémentaire de 800 000 jeunes (1,2 milliard de francs de prestations par an). Réservoir à militants en culottes courtes pour le PS, la Mnef nourrit alors des ambitions d'hommes d'affaires avec sa filiale RPD (Raspail Participations et Développement), qui est à l'époque en difficulté. Son plan marketing : offrir de l'« économie sociale » (une sorte de porte d'accès aux services les plus variés) aux étudiants : centre de vacances, gestion de résidences universitaires, cafétérias, restauration. À la suite de nombreuses réunions plus ou moins secrètes, la Compagnie, via la CGEA, prend, en 1997, une participation de 35 % dans le capital de RPD, soit une somme de 21 millions de francs. Une peccadille pour la rue d'Anjou – cela représente l'achat d'une vingtaine de bennes à ordures –, mais un ballon d'oxygène indispensable à la Mnef[7]. Le syndicat étudiant va donner à l'avocat « DSK » des honoraires de 603 000 francs pour sa prestation. L'affaire entraînera sa mise en examen pour faux et usage de faux et sa démission du gouvernement le 2 novembre 1999. Finalement, ce dossier très médiatique se soldera par une relaxe pure et simple de l'ancien ministre, faute de charges suffisantes. « DSK » ne laissera jamais tomber son ami Henri Proglio, devenu le grand patron de Vivendi Environnement, puis de Veolia. Avec l'aide de Jacques Chirac, de Laurent Fabius et d'André Santini, il le défendra avec succès, début 2002, contre Jean-Marie Messier qui voulait se débarrasser de lui.

Négocié par l'entremise de « DSK », l'investissement dans RPD, peu rentable pour la Compagnie, avait été décidé sous la présidence du balladurien Jean-Marie Messier. Dès son arrivée rue d'Anjou en novembre 1994, l'« intelligent de chez intelligent » se met en quatre pour rentrer dans les bonnes grâces des politiques, de droite comme de gauche. Le tout nouveau directeur général peuple le groupe d'énarques passés par les cabinets ministériels, Matignon ou l'Élysée. Rien de plus normal… Le dauphin officiel marche dans les pas de son maître papy Guy Dejouany, qui cultivait avec soin l'art de recruter des chargés de mission détachés de la haute fonction publique. Le meilleur exemple : l'ex-officier de gendarmerie Michel Roussin a occupé cette fonction de 1981 à 1983 auprès du patron de la Compagnie. Un excellent choix qui témoigne d'une grande connaissance de l'État et de ses réseaux de la part de Guy Dejouany. À l'époque, les états de service du futur ministre de la Coopération, en 1993, restent encore modestes. Ancien commandant militaire de l'hôtel Matignon de 1972 à 1976, il passe déjà pour être un sympathisant de Jacques Chirac, qui a fait nommer sous-préfet celui qu'il surnomme son « mameluk ». Cet ex-officier d'artillerie né à Rabat au Maroc, où il a passé toute sa jeunesse, intéresse aussi Guy Dejouany pour d'autres raisons. Face à l'arrivée en 1980 de Jérôme Monod à la tête de la Lyonnaise des eaux et au dynamisme de Francis Bouygues, la route de l'Afrique devient problématique pour la Générale.

En tant que président de l'Association des maires francophones, le maire de Paris y sert alors de sésame à son ami Jérôme Monod et à Francis Bouygues. « Quand on est franc-maçon en Afrique, les portes vous sont ouvertes, car il n'y a pas de loi », souligne un « frère » africain[8]. Tout le monde croit que Michel Roussin l'est et lui dit qu'il laisse dire… La franc-maçonnerie reste incontournable en Afrique pour tous les grands groupes français. Et le même Michel Roussin nourrit les fantasmes de certains : il possède déjà bien des stigmates francs-maçons. Et sa carrière révèle un sens de l'opportunisme exemplaire qui fait des jaloux… Officier chargé des relations avec la presse à la direction de la gendarmerie, commandant militaire de Matignon, puis d'un seul coup préfet, il a été, de 1977 à 1981, directeur de cabinet du directeur général du Sdece, le comte Alexandre de Marenches. À ce titre, il a effectué de nombreux voyages en Afrique, notamment dans les zones les plus sensibles. En outre, le profil d'un officier des services secrets ne peut qu'intéresser la Compagnie qui, seule avec quelques autres multinationales françaises, peut fournir une couverture discrète à des agents en mission. Exemple : le porte-conteneurs d'une compagnie maritime française et son vrai-faux équipage de la DGSE, formé de dix-sept clandestins du service Action, dont deux hommes-grenouilles, qui aurait pu faire sauter le bateau d'une association antinucléaire à l'autre bout de la terre. Aucun journaliste et aucun policier anglo-saxon n'ont eu le loisir de s'intéresser à cette « quatrième équipe ». Fermons la parenthèse…

Familier des coups de billard à trois ou quatre bandes, Guy Dejouany sera bien vite récompensé d'avoir engagé Michel Roussin. Juste après son pantouflage rue d'Anjou, l'officier de gendarmerie exercera, de 1984 à 1993, les fonctions de chef de cabinet, puis de directeur de cabinet du maire de Paris, Jacques Chirac. Il est vrai que ces responsabilités lui vaudront trois mises en examen successives à Créteil, Nanterre et Paris, sans compter quelques jours de prison, puis des non-lieux dans la plupart de ces dossiers[9]. Des mises en examen prononcées dans le cadre des emplois fictifs accordés par la mairie de Paris au bénéfice de permanents du RPR, et pour complicité et recel de corruption dans l'affaire des marchés publics des lycées d'Île-de-France. L'intuition de Guy Dejouany ne sera pas démentie par la suite. Michel Roussin sera nommé, en 1995, président de SAE International (une filiale de l'entreprise de BTP Eiffage), puis, en 1999, responsable pour l'Afrique du groupe Bolloré.

Le recrutement de Michel Roussin, de Guy Drut (adjoint aux sports de Jacques Chirac à la mairie de Paris) par la Sicra et de Jérôme Grand d'Esnon (secrétaire national du RPR aux questions juridiques de 1988 à 1996) par Campenon Bernard n'empêche pas la gauche d'être surreprésentée à la Compagnie après l'arrivée de François Mitterrand à l'Élysée. La peur d'une nationalisation étant définitivement exorcisée, Guy Dejouany retrouve peu à peu ses yeux de Chimène pour les socialistes. L'Élysée n'est pas oublié : « Papa m'a dit », c'est-à-dire Jean-Christophe Mitterrand, le fils du président, sera consultant de la Sages, puis conseiller à partir de 1992 du président Guy Dejouany. Marc Boudier est nommé conseiller international, et Jean-Michel Gaillard se voit parachuté à la tête de la branche immobilière. En 1991, José Bidegain, proche de Jacques Delors et de Michel Rocard, rejoint la rue d'Anjou à la direction des ressources humaines. Ancien bras droit du ministre de la Défense jusqu'en 1985, Charles Hernu, et spécialiste des ventes d'armes, Jean-François Dubos devient, en 1989, chargé de mission du président Guy Dejouany, puis secrétaire général du groupe. L'engagement de cette éminence grise de Charles Hernu s'explique par la volonté de s'opposer à la loi anticorruption qui sera finalement votée le 29 janvier 1993 [10]. Malgré le lobbying du conseiller d'État Jean-François Dubos, cette loi imposera la publication de la liste complète des personnes morales qui font des dons aux partis ainsi que le montant de ces dons. Une catastrophe pour la Générale qui préfère qu'on ne sache pas qu'elle gardait alors sur ses épaules, depuis très longtemps, le maillot jaune du financement des partis en France [11].

Guy Dejouany supervise, mais toujours de loin, des tâches moins nobles, c'est-à-dire le contrôle direct du staff commercial de Jean-Dominique Deschamps qui récompense les élus méritants ou fidèles par une embauche. Ainsi, José Rossi, ministre de l'Industrie du gouvernement d'Édouard Balladur de 1994 à 1995, a été salarié de 1981 à 1988 d'une filiale de la Générale, la société Tecni, révèle *Le Canard enchaîné* début 1995 [12]. Ancien trésorier de la SFIO dans les Hauts-de-Seine, le PDG de Tecni, Henri Antona, a été mis en examen dans le dossier des HML de Paris pour avoir versé un salaire régulier (1,5 million de francs en tout) à la secrétaire de feu Jean-Claude Méry, promoteur et homme d'affaires lié au RPR, et à l'ancien policier Charles Halbwax, collaborateur de l'ancien ministre RPR Robert Pandraud. Membre du RPR et maire du village Corse de Coti-Chiavari, Henri Antona fut vice-président de l'Assemblée régionale de Corse à partir de 1982. L'activité de José Rossi, président de l'Assemblée territoriale de Corse depuis 1986 et député UDF-PR de Corse-du-Sud, consistait, auprès de Tecni, à rédiger des « études économiques et des analyses de conjoncture », indique au *Monde*, en 1995, le cabinet du ministre, estimant les émoluments perçus par M. Rossi à « un peu moins de 20 000 francs par mois » durant sept ans [13]. « Le rôle de M. Rossi auprès de Tecni était clair, et ses salaires déclarés », déclare à l'époque son cabinet. Sollicitée par *Le Canard enchaîné*, la société aurait pour sa part refusé d'en dire davantage sur les travaux effectués par M. Rossi, qualifiant de « confidentielles » ses études [14]. Dans les années 1980, Tecni a gagné de juteux marchés de chauffage : les HLM des Hauts-de-Seine, les collèges et le siège du conseil général de ce département présidé par Charles Pasqua et une partie des HLM de la capitale. « Les blessés du suffrage universel et leurs anciens collaborateurs sont aujourd'hui une espèce en voie de disparition dans ce qui reste de l'ancienne Compagnie générale des eaux au sein de Veolia Environnement, affirme un ancien qui souhaite garder l'anonymat. Presque tout le deuxième étage du 52 rue d'Anjou était réservé, du temps de Dejouany, à une quarantaine d'anciens élus. Des parachutes en or avec pour chacun une voiture de fonction, un chauffeur et une secrétaire. Ils étaient récompensés pour leur action passée en faveur de la Compagnie, et on attendait patiemment qu'ils reviennent aux manettes. »

Ont ainsi été engagés par la Générale l'ancien directeur de cabinet du président du conseil général des Bouches-du-Rhône, le socialiste Michel Blachon, le maire centriste de Trouville, Christian Cardon (direction juridique), ancien collaborateur du candidat à la présidentielle de 1965 Jean Lecanuet, puis de Alain Poher, et le maire UDF de Rouen, François Gautier (qui fut salarié de la Compagnie). L'assistante parlementaire de ce dernier, Sabine Duval-Somveille, a été longtemps chargée des relations de la Compagnie avec le Parlement. De véritables salariés de la Compagnie se sont aussi lancés dans la politique avec succès, avec le feu vert de Guy Dejouany, puis de Jean-Marie Messier et d'Henri Proglio. Les plus connus : Jean-Noël Guérini, président PS du conseil général des Bouches-du-Rhône et parent de feu le parrain de Marseille « Mémé » Guérini ; Paul-Louis Tenaillon, président UDF du conseil général des Yvelines ; enfin, le maire UMP de Saint-Thibault-des-Vignes depuis décembre 2003, Sinclair Vouriot, patron du secteur Brie de la Compagnie en Seine-et-Marne.

Cette intimité entre une grande entreprise (où l'État ne possède pas un sou de capital), la République et ses élus locaux (qui enracinent la Compagnie dans les campagnes, villes, conseils généraux et régionaux) a été illustrée jusqu'à la caricature. Les mauvaises langues disent qu'à une certaine époque les deux tiers des députés français étaient salariés de la Générale. Guy Dejouany a ainsi passé sa vie à lutter contre l'impartialité de l'État au nom de sa Compagnie. Avec beaucoup d'énergie, d'intelligence, de vision à long terme, ainsi qu'avec tact, modération et discrétion. Son obsession : la bonne vieille Compagnie ne serait plus rien sans la bienveillance de l'État et des politiques. Un parapluie que le président Guy Dejouany s'évertuera à ne pas fermer ou à jeter aux orties, malgré le poids des affaires de corruption qui vont s'abattre dans les années 1990 sur lui-même et ses principaux collaborateurs. En un mot, il ne jettera jamais le bébé avec l'eau du bain, même quand l'entreprise ou lui-même se verront traînés devant les tribunaux et désignés à la vindicte publique. Le groupe, c'est sa famille, sa vie. Aussi, même face aux coups bas, voire au chantage, il s'est toujours refusé à utiliser le « disque dur de son ordinateur personnel ». Un disque dur qui concerne toute la classe politique française et que les policiers n'ont jamais trouvé lors de leurs perquisitions au 52, rue d'Anjou. Mais un disque dur que Jean-Marie Messier possède en partie sans doute…

Les ennuis judiciaires du président « Guytounet », en 1994, vont le conduire à supprimer l'institution des « blessés du suffrage universel ». Aujourd'hui, Veolia ne peut plus se permettre d'entretenir une cour de blessés du suffrage universel. Financièrement et sur le plan de l'éthique de l'entreprise. Le discours moralisateur de Messier est passé par là, avec ses menaces à peine voilées de se constituer partie civile contre des employés mis en examen pour corruption. Et les temps ont changé suite à une cascade d'affaires judiciaires… Il faut « faire pauvre »… À la différence des deux vieilles dames de l'eau, Bouygues s'est montré beaucoup plus prudent sur la question des salaires fictifs attribués à des politiques. Et le procès Juppé a permis de comprendre que les « blessés du suffrage universel » ont cédé la place à une institution plus discrète : des salaires plus ou moins fictifs accordés aux militants des partis politiques. Le 1er octobre 2003, à la barre du tribunal correctionnel de Nanterre, tiré à quatre épingles, le prévenu Philippe Jung, directeur administratif de la branche bâtiment de Bouygues, est l'un des dix-neuf patrons poursuivis pour avoir salarié des employés fictifs, tous militants au RPR. Il se met à table : « Un collaborateur direct de Francis Bouygues me téléphone un jour et me demande de recevoir quelqu'un pour une embauche. Il m'a demandé de n'en parler à personne et de faire cela avec discrétion dans l'intérêt du groupe Bouygues [15]. » Secrétaire national du RPR aux questions juridiques, Jérôme Grand d'Esnon va être payé 17 000 francs par mois en 1989 et

1990 par le roi du BTP, puis par Campenon Bernard, filiale de la Compagnie, pendant les deux années suivantes. Philippe Jung passe des aveux qui sonnent juste : « L'ordre venait d'une personne respectée dans le groupe. Il m'a dit que c'était important pour le groupe et il m'a demandé d'être discret. J'étais un peu interloqué. J'ai obéi. On ne m'avait pas parlé du RPR, c'est en parlant avec M. Grand d'Esnon, le jour où il est venu signer son contrat, que j'ai compris qu'il était permanent au RPR. J'ai bien compris que cette personne ne travaillerait pas directement pour Bouygues. J'ai imaginé qu'elle rendait des services [16]. »

Sorte de grand échalas sanglé dans un impeccable costume anthracite, Jérôme Grand d'Esnon est aussi soupçonné par le tribunal d'avoir été un chargé de mission fictif du maire de Paris au début des années 1990. Dans l'ombre de Jacques Chirac, ce militant RPR modèle va ensuite obtenir un poste très officiel, celui de directeur des affaires juridiques du maire de Paris, Jean Tiberi. À l'époque, le « fictif » Jérôme Grand d'Esnon était conseiller au cabinet du secrétaire général du RPR, Alain Juppé, chargé des questions de financement des campagnes électorales. Ça ne s'invente pas ! Aujourd'hui, patron des services juridiques de Bercy et auteur à ce titre de la nouvelle loi qui supprime la plupart des obligations en matière de passation des marchés publics sur appel d'offres, Jérôme Grand d'Esnon va voler devant le tribunal au secours de Bouygues et de la Compagnie : « Je considère que ce mode de financement d'un parti politique par des entreprises était légal. La loi de 1988 concerne le financement des partis politiques, qu'elle interdit, elle ne dit pas un mot sur le financement privé des partis politiques [17]. » Auteur de plusieurs ouvrages sur le droit du financement des campagnes électorales, Jérôme Grand d'Esnon donne un cours magistral au tribunal. Il considère que les entreprises faisaient des dons au RPR en donnant des salaires fictifs à des permanents de son parti. Questionné par la présidente Catherine Pierce, « Monsieur Je-sais-tout-mieux-que-tout-le-monde » ne peut pas expliquer pourquoi le RPR n'a jamais rédigé de reçus pour ces dons, comme le veut la loi, et pourquoi les trésoriers successifs de ce parti étaient dans l'ignorance totale de ces dons. Penaud, Jérôme Grand d'Esnon ne sait que répondre, se frotte machinalement les mèches platine qui ornent son crâne et quitte le tribunal à grandes enjambées… L'attitude de ce témoin semble d'autant plus incompréhensible qu'il n'a jamais été mis en examen pour avoir largement profité de ce système des salaires fictifs payés par les rois de l'eau. Les chefs d'entreprise de Bouygues et de la Compagnie ont modérément apprécié ce théâtre sorti tout droit de Grand Guignol… M. le professeur n'a pas l'habitude, dit-on, d'être contredit.

NOTES

1. Voir article de Jean-François Juillard dans *Le Canard enchaîné* du 16 avril 1997.
2. Voir *ibid.*
3. Voir *ibid.*
4. Voir *ibid.*
5. Voir Vincent Giret et Véronique Le Billon, *Les Vies cachées de DSK*, Le Seuil, 2000, p. 132 à 134.
6. Voir *ibid.*, p. 140-141.
7. Voir *ibid.*, p. 157-160.
8. Voir Ghislaine Ottenheimer et Renaud Lecadre, *Les Frères invisibles*, Albin Michel-Pocket, 2001, p. 216-220.
9. Voir Bruno Fay et Laurent Ollivier, *Le Casier judiciaire de la République*, Ramsay, 2001, p. 240-241.
10. Voir *Le Nouvel Économiste* du 14 janvier 1994, p. 50.
11. Voir rapport officiel de la Commission des comptes de campagne des candidats aux législatives de 1993 (n° 37-R), publié au *JO* du 27 avril 1994 ; Thierry Philippon et Élisabeth Tiedeman, « L'odeur de l'argent propre », *Le Nouvel Observateur*, 6 octobre 1994, p. 26-28. La Compagnie générale des eaux a versé à cette occasion aux politiques 13,9 millions de francs, Bouygues 10,7 millions, la Lyonnaise 7,7 millions, et Eiffage 5,8 millions.
12. Voir *Le Canard enchaîné* du 11 janvier 1995.
13. Voir *Le Monde* du 11 janvier 1995.
14. Voir *Le Canard enchaîné* du 11 janvier 1995.
15. Voir Sophie Coignard, *Le Rapport omerta 2004*, Albin Michel, 2004, p. 131, 159-162.
16. Voir *ibid.* ; Pascale Robert-Diard « Financement RPR : absent, Alain Juppé est au cœur des débats », *Le Monde*, 3 octobre 2003, p. 12.
17. Voir *ibid.*

XX

L'« honnête homme » déshabille la compagnie

Produit incestueux lui aussi, s'il en est, du mariage très franco-français entre l'entreprise privée, l'État et les politiques, Jean-Marie Messier n'assumera pas cet héritage qui l'avait fait roi. Ce fonctionnaire dans l'âme préférera jouer avec Internet, son actrice préférée Julia Roberts et *Les Guignols de l'info*... Son parachutage comme président de la Compagnie, le 27 juin 1996, n'est pourtant que le fruit de cette consanguinité public-privé. Enfant d'un système féodal, « J2M » est le fils spirituel tout à la fois de son parrain politique, Édouard Balladur, dont il a été l'ingénieur ès privatisations, et de son parrain en affaires, le maçon Ambroise Roux. Tous les deux l'ont fait roi. Ivre de pouvoir et de puissance, le bon élève Messier semble avoir dépassé ses deux maîtres. Résultat : Jean-Marie Messier, le « séducteur de vieux [1] », n'admire plus que lui-même en son miroir, après avoir charmé sans peine le président « Guytounet », atteint de « jeunisme aigu » à presque 80 ans. Son mépris pour les métiers historiques de la compagnie se nourrit des « affaires », sources inépuisables d'ennuis judiciaires. Le cauchemar de « J2M » : se retrouver mis en examen, comme Guy Dejouany. Peu après sa prise de fonction comme numéro deux du groupe en novembre 1994, « J2M » clame qu'il ne couvrira pas les « affaires » qui cernent de plus en plus la Générale, et notamment à la Réunion, son président âgé de 76 ans. Jean-Marie Messier joue au « Monsieur Propre » : « Entre la perte d'un marché et un financement illégal, notre choix est clair : mieux vaut perdre un marché, tel est l'intérêt du groupe [2]. » « Messier a géré cette question [de la corruption], écrit le rédacteur en chef de *Challenges*, Daniel Fortin, à la façon d'un Ponce Pilate. Il s'en lave les mains [3]. » Son but : recycler l'argent de l'eau, des poubelles, du chauffage et des transports dans la communication. Plus question pour lui de dépendre des politiques au travers de l'attribution de marchés publics qui ne sont plus une source inépuisable de profit.

Les marges de l'eau se dégradent. Directeur du développement dans les années 1980, Jean-Marc Oury avait fait la même constatation, notamment en négociant pied à pied avec André Santini, le patron du Sedif, qui représente 30 % des bénéfices de la Compagnie. Tirant la leçon des difficultés de l'ancien dauphin de Guy Dejouany, « Narcisse Messier » fera tout pour sortir du BTP et de l'immobilier, pour mieux se jeter à corps perdu dans la communication, son miroir à fantasmes à lui... Cette stratégie d'abandon de la distribution de l'eau, du chauffage urbain, du ramassage et de la valorisation des ordures et des transports collectifs ne peut laisser les politiques indifférents. Quoi de pire pour les maires des grandes villes et un gouvernement de droite ou de gauche que de voir le premier distributeur de l'eau en France passer probablement sous le contrôle d'une multinationale étrangère. Ce serait tout simplement le générique de fin, le divorce du vieux couple unissant la Compagnie et les élus. Derrière cette stratégie se profile l'espoir fou de Jean-Marie Messier : les politiques vont venir lui manger dans la main, éblouis par sa réussite sur le plan international. Premier employeur privé français en 2002 avec 270 000 salariés (dont plus de 100 000 à l'étranger), Vivendi Universal ne joue plus dans l'Hexagone. Comme le susurre malicieusement l'un de ses avocats : « Les politiques ont eu peur de lui. Ils le voyaient réussir en patron mondial d'un monstre planétaire de la communication et revenir plus tard pour se lancer dans la course à l'Élysée. Ils n'avaient pas tort. Messier a bien failli réussir. Toutes les portes lui auraient alors été ouvertes »...

Juste après le départ en retraite de « Dieu », en juin 1996, « J2M » va la jouer fine pendant environ une année. Ce vrai-faux chef d'entreprise sait s'y prendre pour faire rêver la troupe des sans-grade. À ses 270 000 salariés, « Messier High-Tech » offre un ordinateur Hewlett-Packard avec imprimante, d'une valeur de 1 220 euros, pour environ neuf fois moins cher, c'est-à-dire 144 euros. Ultime cadeau : cette somme est retenue sur la fiche de paie de chacun à raison de 3 euros par mois de 2001 à

2004. Qui dit mieux ? Messier les incite à prendre des plans d'épargne actions qui existaient avant son arrivée. 80 000 d'entre eux vont croire aux promesses de leur grand patron et perdre, plus tard, une bonne partie de leurs économies. Chaque fontainier ou secrétaire va ainsi investir dans ces plans encore plus que par le passé, soit environ 150 000 francs pour chaque petit salarié. Au plus haut de sa valeur, en 1999, ce magot des « petits » agents de la Compagnie culminera à 1,5 million pour retomber aujourd'hui à 50 000 francs ! Mais à l'époque, en 1997, c'est la première fois qu'un patron de la Compagnie ne s'adresse pas uniquement à l'élite de l'entreprise, mais aussi à ses agents. Dès son installation dans le fauteuil de président, il jette aux oubliettes la raison sociale de l'honorable Compagnie : « Pour vivre heureux, vivons cachés »... Encore une révolution... Contrairement à ses huit prédécesseurs, l'« intelligent de chez intelligent » se veut un homme abordable, honnête. L'énarque veut révolutionner la culture de l'entreprise, une culture fondée sur le secret et inventée il y a cent quarante ans par des polytechniciens prudents, discrets, sévères. Sous le charme de l'alchimiste Messier, les fontainiers prennent des vessies pour des lanternes pour mieux rêver à un formidable renouveau de l'honorable Compagnie. Vis-à-vis de l'extérieur, les 270 000 salariés relèvent la tête, fiers d'appartenir à une entreprise uniquement connue jusque-là pour ses affaires de corruption. Bien que polytechnicien à l'image des fondateurs tristes et secrets de la Compagnie, « J2M » va bousculer la culture impersonnelle des ingénieurs maison. Logique : il n'est qu'un financier, à l'image du normalien Jean-Marc Oury. Mais « Bouboule », mathématicien génial, n'a jamais eu le culot, l'abattage de « J2M ». Ce dernier laisse sa porte ouverte à qui veut le voir, dès 7 h 30 du matin, et lance habilement la vogue des séminaires pour gagner l'adhésion de ses troupes.

La révolution culturelle commence à La Baule, en juin 1995. 180 « gardes rouges », l'élite de l'élite du groupe, vont ripailler et boire, cinq jours durant, la bonne parole de Messier. Celui-ci a convié la patronne de la CFDT, Nicole Notat, en guest star. Nouveau coup de canif dans une culture du silence, il publie, à partir de 1997, un annuaire annuel téléphonique des cadres du groupe. Une première ! Un bottin qui ne contient pas seulement des numéros de téléphone, mais aussi un curriculum vitae de quelques lignes sur chacun de ces 5 000 et quelques salariés, y compris les dates de naissance et d'entrée dans l'entreprise. Une bouffée d'air frais pour un groupe qui vit depuis plus d'un siècle et demi sans le moindre organigramme, cultive avec soin le flou dans les responsabilités et bannit toute réunion à plus de deux personnes. Personne ne sait exactement ce que fait son voisin, des équipes travaillent sur les mêmes dossiers sans le savoir, et les petits chefs « sauce Dejouany » règnent encore souvent sans le moindre contrôle. À l'ombre de monopoles protégés par l'État, l'antithèse des valeurs Bouygues (rigueur, motivation, goût du challenge, remise en question perpétuelle…) vampirise toujours le groupe au moment de l'arrivée de « J2M ». Le nouveau venu ne se contente pas de consulter sa dizaine de généraux et son armée de 150 et quelques colonels, tous confortablement installés au 52 de la rue d'Anjou ou dans des bureaux des rues avoisinantes, qui hébergent nombre de filiales. Terriblement méfiant de nature derrière le charme de son visage poupin, il instrumentalise papy Dejouany pour virer, sans tambour ni trompette, la moitié de ses colonels et deux de ses généraux, qui rechignent à jouer aux « gardes rouges ». Il obtient deux exécutions en place publique pour mieux frapper les esprits. Jean-Marc Oury, magicien des comptes de la Compagnie, est exécuté, bouc émissaire idéal pour les pertes immobilières, et Bernard Forterre, grand chef du pôle énergie, paie pour son image d'opposant numéro un.

Un rapide examen des comptes permet à « J2M » de découvrir la manie de l'élite de l'entreprise : gaspiller les royalties de l'eau. Ses « colonels » arrivent au bureau conduits par leur chauffeur au volant de berlines de fonction, uniquement des 605 ou des Safrane. Rien à redire. Mais ce n'est que la partie visible de l'iceberg. Certaines berlines de la Compagnie n'ont jamais roulé sur l'asphalte de la rue d'Anjou. Ce sont les épouses, compagnes, amies ou maîtresses de ces messieurs qui sont au volant d'Austin ou de Jeep. À la campagne, au bord de la mer ou à la montagne se cachent de puissantes Jaguar, Mercedes, Audi ou BMW, propriétés elles aussi de la Générale. Le clou : le curé d'un village perdu utilise une voiture de la Compagnie. « J2M » supprime une bonne partie de ces passe-droits qui n'ont jamais perduré à un niveau aussi démentiel chez Bouygues, à la Lyonnaise ou dans toute autre entreprise de l'Hexagone. Cette dérive colle à la culture du secret depuis un siècle et demi. L'élite de l'entreprise se croit intouchable, aussi bien à l'intérieur du groupe qu'à l'extérieur, protégée par ses réseaux politiques. « J2M » ne veut pas manger de ce pain-là, de peur de se retrouver les mains liées. Il le fait savoir et va gagner le soutien indéfectible de la quasi-totalité du personnel qui ne veut plus de ces méthodes…

Mais la folie des grandeurs le guette. En 1997, elle va le rattraper et l'enfermer au beau milieu d'un monde de courtisans : une trentaine de collaborateurs qu'il vient d'engager, quelques banquiers d'affaires et des avocats. Rien ne sera trop beau pour lui et ses nouveaux admirateurs, qui vont coûter bonbon à la Compagnie. « Ils vont apprendre à péter uniquement dans la soie, et l'honnête homme, "J2M", plus vite que tous », résume notre « Gorge Profonde ». Un exemple illustre cette dérive : « J2M » se fait installer, dans son nouveau bureau avenue de Friedland, des toilettes de luxe destinées à connaître uniquement ses augustes fesses. L'un des principaux architectes de l'isolement progressif de Jean-Marie Messier, son grand chambellan, s'appelle Jean-François Dubos. Cet homme des ténèbres fera une carrière prodigieuse dans le sillage de l'ancien ministre de la Défense, Charles Hernu, puis dans les pas de trois PDG successifs de la Compagnie, Guy Dejouany, Jean-Marie Messier et Jean-René Fourtou. « Dieu » a engagé ce conseiller d'État comme chargé de mission, en 1989, à la demande d'Hubert Védrine, alors ministre des Affaires étrangères de François Mitterrand. Ce spécialiste en matière d'armement (auteur de *Ventes d'armes : une politique* publié en 1974 chez Gallimard) est-il venu pantoufler à la Compagnie ?

En fait, ce quadragénaire n'arrive pas par hasard rue d'Anjou. Il va nouer plus que des affinités avec le monde de la puissance invisible… Derrière ses modestes titres d'assistant de droit public à l'université Paris-X-Nanterre, puis d'attaché parlementaire de Charles Hernu, député PS de Villeurbanne, se cache un acteur important du monde du renseignement. Dès 1977, dans l'ombre du bon docteur lyonnais François de Grossouvre (qui s'est suicidé depuis), confident et futur conseiller à l'Élysée de François Mitterrand en matière de services secrets, Jean-François Dubos participe à une petite cellule de réflexion sur le monde du renseignement. Y prennent part également Charles

Hernu et Louis Mouchon, un ancien du Sdece, chargé d'infiltrer celui-ci pour le compte du Parti socialiste [4]. Aujourd'hui, en lisière de ses relais maçonniques, Jean-François Dubos représente l'un des derniers maillons du pouvoir ou de la puissance invisible de Vivendi Universal, au carrefour de ses amis directeurs à la police nationale, officiers supérieurs de gendarmerie, de l'armée ou encore des services secrets. Ancien bras droit de 1981 à 1985 de son ami Charles Hernu, ministre de la Défense, il était notamment chargé à son cabinet des affaires réservées et de contacts approfondis avec les journalistes spécialisés. Un seul petit accident dans sa discrète carrière : il sera accusé d'avoir couvert, de 1983 à 1985, l'exportation illicite de 400 000 obus 155 mm de la société Luchaire vers l'Iran. Jean-François Dubos sera donc inculpé par le juge d'instruction chargé de l'affaire, Michel Legrand. S'étant vu opposer l'inoxydable secret défense, ce magistrat délivrera en sa faveur un non-lieu, le 16 juin 1989, comme pour ses deux coïnculpés : Guy Dewavrin, président de Luchaire, et Guy Motais de Narbonne, membre du directoire de cette entreprise [5].

« Selon la rumeur et la presse, Jean-François Dubos régnait en maître au ministère de la Défense au point de se rendre insupportable à certains dignitaires de l'armée, écrit Jean-Pierre Lenoir, ancien numéro deux du service 7 au Sdece, dans *L'État trafiquant*. À la lecture de son audition par le général Barba [qui l'a entendu dans le cadre de l'affaire Luchaire], on croit comprendre que, tenu à l'écart des grands débats, il jouait au ministère de la Défense le rôle d'une “Cosette” affectée par les Thénardier de la rue Saint-Dominique aux tâches les plus obscures [6]. » Appelé le « mauvais génie d'Hernu » au ministère de la Défense, Jean-François Dubos sera très vite surnommé, rue d'Anjou, « Bateau coulé », par allusion au navire de Greenpeace détruit, le 10 juillet 1985, par les services secrets français. Deux mois après cet attentat, Jean-François Dubos s'était retrouvé sans le moindre pouvoir, à la suite de la démission forcée du ministre de la Défense, Charles Hernu, qui venait de l'envoyer pantoufler au Conseil d'État. Successeur de Jean Blondeau (qui n'avait pu obtenir la mise à la retraite d'office de Guy Dejouany pour cause d'incompétence), « Bateau coulé » exerce, depuis douze ans, les fonctions de secrétaire général de la Compagnie, de Vivendi, puis aujourd'hui de Vivendi Universal. Effacé au point de se rendre insignifiant, mais inamovible, inoxydable, Jean-François Dubos reste l'un des rares dirigeants à avoir survécu à tous les grands patrons du groupe : de Dejouany à Fourtou en passant par Messier. Prototype de l'éminence grise, l'ancien protégé de feu Hernu opère toujours en coulisse, fuyant comme la peste les cérémonies officielles, la tribune des assemblées ou des congrès, les interviews, les forêts de micros ou de caméras.

Les présidents de la Compagnie passent, le secrétaire général de la Compagnie reste. Comment ? Un ex-policier et ancien du service de sécurité du groupe avance une explication : « Nous l'avons vu à la manœuvre avec le château de la Compagnie en Belgique, celui de Méry-sur-Oise, au nord de Paris et les deux palais à Venise, le Contarini et le Pisani. Beaucoup de leaders politiques français (notamment François Mitterrand dans ses Falcon 900 de l'État immatriculés FM01 et FM02) se sont rendus à bord d'avions de notre filiale Aeroservice Executive dans ces hauts lieux de la Compagnie, comme à Venise. Fort de son contrôle sur toute cette logistique, "Bateau coulé" s'est occupé de la protection de la vie privée de Jean-Marie Messier. Sous prétexte de menaces d'attentats, il met un an pour persuader "J2M" de ne plus prendre d'avions de ligne ou de voitures de location. Et le pompon : il pousse Messier à faire installer des vitres pare-balles à son bureau, au nouveau siège social du groupe, avenue de Friedland. Conséquence : aux cinquième et sixième étages, chaque vitre fabriquée par Saint-Gobain avec du verre spécial pèse la bagatelle de 260 kilos ! Bien que spécialiste reconnu en matière d'armes, "Bateau coulé" a simplement oublié de faire blinder les murs. Conséquence : la roquette d'un système antichar pouvait parfaitement vitrifier Jean-Marie Messier, et aujourd'hui Jean-René Fourtou. »

Ce train de vie monarchique tranche sur la solitude monacale de Guy Dejouany et de ses prédécesseurs. Ceux-ci recevaient, un par un, les barons et chefs de service. Sans témoins. Et aucun journaliste ne franchissait la porte de leurs bureaux. La puissance invisible gouvernait au bout d'un stylo-plume, avec des notes qui remontaient de la base pour y redescendre un peu comme dans un ministère. À l'inverse, le « révérend Messier » (comme le surnomme ironiquement Guy Dejouany) organise de grand-messes « financières » appelées séminaires, où il prend la parole à la manière d'une vedette de la chanson. Il règne avec des journalistes spécialisés, qui campent à sa porte, et sa cour, l'œil rivé sur la Bourse et non sur ses performances industrielles. Revêtu de son uniforme de nettoyeur des activités sales et dangereuses, le « chevalier blanc » veut aussi veut se refaire une virginité aux yeux des socialistes. Son image de concepteur des « noyaux durs » des privatisations de 1986 lui colle à la peau. Aussi le séducteur de Balladur s'entoure-t-il d'une garde rapprochée couleur rose bonbon ! Dès son arrivée en 1994 jusqu'à l'installation de Lionel Jospin à Matignon en 1997, Jean-Marie Messier impose un casting où dominent mitterrandiens et rocardiens, suivis des balladuriens et, fermant la marche, des chiraquiens. Le super-manager, soi-disant à l'américaine, en rajoute sans le moindre état d'âme dans le traditionnel renvoi d'ascenseur « made in rue d'Anjou » qui impose de tenir la balance égale entre les grands partis. Les conflits d'intérêts, ce « socialiste qui s'ignore » ne connaît pas... Dûment estampillée entreprise « amie », la Compagnie engage comme directeur financier Guillaume Hannezo, ex-conseiller industriel de Pierre Beregovoy et de François Mitterrand. Un bras droit choisi à gauche... Normalien, sorti major de l'ENA, ce magicien de la comptabilité et de l'endettement massif va réussir l'exploit d'imputer les risques et dettes de la communication sur les vieux métiers de la Générale. Collaborateur de Michel Delebarre puis de François Mitterrand, Jean-François Colin, déjà dans le groupe à l'arrivée de « J2M », est promu par celui-ci directeur des ressources humaines. Sous l'influence de cet ancien directeur de l'ANPE, « J2M » signe avec les syndicats, le 12 septembre 1997, un accord qui va faire passer les salariés de Vivendi aux 35 heures. Le vote de la loi Aubry n'interviendra que le mois suivant. Entre-temps, la « merveilleuse mécanique intellectuelle » s'est mis à dos tout l'état-major du CNPF, les patrons des patrons français, qui l'accuseront de vouloir se ménager les faveurs du gouvernement socialiste.

Dès 1995, Jean-Marie Messier recrute comme conseiller personnel Éric Besson, ex-secrétaire général de la Face (Fondation pour agir contre l'exclusion) de Martine Aubry. L'ancien chasseur de têtes est vite catapulté à la tête d'une fondation Vivendi et y restera curieusement malgré son élection aux législatives de 1997 dans la Drôme et sa nomination comme secrétaire national du PS chargé de l'emploi. La Fondation Vivendi sert à financer les projets de création d'entreprise des salariés du groupe, notamment dans les banlieues à risques. Plusieurs milliers d'emplois auraient ainsi été créés ou sauvés par cet outil de mécénat qui sert, bien entendu, à la promotion d'un des rares grands groupes français à être créateur net d'emplois dans l'Hexagone. Le même ordonnateur des œuvres sociales de « J2M », Éric Besson, s'était offert un placard publicitaire dans *Le Monde* intitulé « J'ai échoué à l'ENA ». Il avait fondé, en 1991, le Club des Quarante. Trois conditions permettent alors de faire partie de cette nouvelle méritocratie : avoir moins de 40 ans, être très ambitieux, plutôt de gauche, et suivre une carrière ascensionnelle tout en étant en rupture avec les papys du patronat. « J2M » remplit toutes ces conditions, surtout la dernière. Une belle brochette de sexagénaires ont été à l'origine de son irrésistible ascension avant de se fâcher presque tous avec lui. La liste des victimes de cet énarque au visage de premier communiant est longue : Jacques Friedmann (un proche de Chirac), Édouard Balladur, Michel David-Weill (patron de la banque Lazard), feu Ambroise Roux et enfin Guy Dejouany. Le « séducteur de vieux » s'est ainsi glissé dans la peau de grand chef du Club des Quarante, fort d'une cinquantaine de membres, tous des quadras managers.

Mais le tropisme de gauche de « J2M » ne s'arrête pas là. Ancien conseiller technique de Jacques Delors à Bruxelles, Fabrice Fries est nommé chargé de mission auprès de Jean-Marie Messier. Catapulté directeur adjoint de la Compagnie en 1996, il doit conseiller son patron sur les choix stratégiques à long terme. Épouse du directeur de cabinet d'Hubert Védrine, le ministre des Affaires étrangères, Sylvie Forbin, dirige, elle, depuis Bruxelles, le lobbying communautaire du président de la Générale. Autre soldat de la galaxie socialiste, Bernard Spitz, ex-conseiller de Michel Rocard, se parachute directeur de la stratégie de la Compagnie pour l'Europe. Ancien élève de l'ENA lui aussi, Thierry de Beaucé, retrouve les lustres du Quai d'Orsay en s'installant, en juillet 1997, rue d'Anjou, dans un bureau directorial. Chargé des affaires internationales de la Compagnie, il y gagne des frais de représentation somptueux. Son prodigieux job : parcourir le monde à la recherche d'opportunités de rachat d'entreprises... Son travail officieux :

s'arranger pour que « J2M » soit reçu en grande pompe dans chaque ambassade de France. Son curriculum vitæ plaide en sa faveur pour ce rôle de l'ombre : il avait été directeur d'Elf aux affaires internationales de 1981 à 1986, puis secrétaire d'État aux Affaires étrangères de 1987 à 1991. Il sera recasé, après la chute du gouvernement Rocard en 1991, comme chargé de mission à la cellule africaine de l'Élysée. Officiellement conseiller pour la « liaison entre l'Afrique noire et le Maghreb », Thierry de Beaucé est alors investi d'une mission de confiance par le président de la République : marginaliser en douceur son propre fils, Jean-Christophe Mitterrand, devenu indésirable à la tête des affaires africaines et malgaches à l'Élysée [7]. L'année suivante, en 1992, « Papa m'a dit » quitte la cellule africaine pour atterrir, comme chargé de mission, à la Compagnie. Entre-temps, Thierry de Beaucé avait été nommé ambassadeur en Indonésie.

À la première alternance politique, la victoire des socialistes aux législatives de mars 1997, « J2M » débauche les conseillers techniques des ministères sortants pour tenter de se mettre dans la poche ses anciens amis balladuriens et les chiraquiens. Il suit en cela les traditions, les bons usages, le savoir-vivre de la Compagnie. Il engage donc Jacques Pilhan, conseiller du président de la République Jacques Chirac et de François Mitterrand, qui devient son conseiller personnel. Conséquence : ses amis balladuriens l'évitent de plus en plus... Petit problème : l'« intelligent de chez intelligent » promet la lune à beaucoup d'énarques. Ainsi, en délicatesse avec son patron, le secrétaire général en chef Dominique de Villepin, Jean-Pierre Denis, secrétaire général adjoint de l'Élysée, se verrait bien à la tête du pôle presse-édition de la Générale ou à la présidence d'Havas. Première fausse note : ce chiraquien, ancien directeur de cabinet adjoint au maire de Paris, doit se contenter de manager le secteur énergie, et notamment la filiale Dalkia. Deuxième imprudence : « J2M » va structurer son service communication sur les restes du gouvernement Balladur. En grande prêtresse de cette division de 40 personnes, il intronise Christine Delavennat, ex-directrice des relations presse de Nicolas Sarkozy, ministre délégué au Budget. Cette ancienne journaliste économique à la *Tribune de Genève*, à *L'Express* et au *Point* s'entoure de l'attaché de presse d'Yves Galland et de celui de Charles Millon, ministre de la Défense. Pour ce poste de directrice de la communication du groupe, « J2M » avait bien pensé à Valérie Bernis, ancienne chargée de mission pour la presse au cabinet du Premier ministre, Édouard Balladur. Réflexion faite, notre manager modèle et indépendant prend peur à l'idée de voir les réseaux balladuriens convoqués au pied des berceaux... Explication : comme parrain et marraine de ses deux derniers enfants, des jumeaux nés un 31 décembre, Messier le provincial, pétri de valeurs traditionnelles, a pris l'ancien directeur de cabinet d'Édouard Balladur à Matignon, Nicolas Bazire, et Valérie Bernis. La nomination de cette balladurienne pur sucre aurait fait jaser à la fois dans le landernau socialiste et chiraquien. Pourtant, au moment de sa démission forcée de la présidence de Vivendi Universal en juin 2002, le réseau Balladur sera le seul à ne pas laisser tomber « J2M ». Marc Viénot, beau-frère d'Édouard Balladur et président honoraire de la Société générale, l'a défendu jusqu'à la dernière limite au sein du conseil d'administration de Vivendi Universal.

Dans la grande tradition de la Compagnie, Messier recrute aussi un « blessé du suffrage universel » en la personne de l'ancien député RPR de Limoges, Alain Marsaud, défait aux législatives de 1997. Il espère ainsi s'attirer les bonnes grâces du clan Pasqua, par l'entremise d'André Santini, président du Sedif et premier client de la Générale des eaux. Ironie du sort : le même Santini sera, en 2002, l'un des principaux exécuteurs de « J2M » aux côtés de Laurent Fabius et de Jacques Chirac ! Ancien chef du parquet antiterroriste de Paris, Alain Marsaud va s'occuper officieusement du contre-espionnage économique avec le titre de directeur de la prospective. De même que Sylvie d'Arvisenet, une ancienne substitut du parquet financier engagée, elle, pour surveiller l'application de la charte idéologique du groupe, Alain Marsaud doit discrètement se tenir au courant des procédures judiciaires visant la Compagnie. L'UDF n'est pas oubliée avec l'ingénieur Agnès Audier, ex-conseillère de Simone Veil, travaillant aujourd'hui auprès de l'actuel Premier ministre Jean-Pierre Raffarin, qui prendra la tête d'un océan de pertes : la division Internet de Vivendi Universal. Enfin, les gaullistes reçoivent un petit hochet avec la nomination de l'ex-sénateur Camille Cabana comme représentant de Vivendi au conseil d'administration de FCC, le numéro un du

BTP espagnol des sœurs Koplowitz. Jean-Marie Messier se devait d'accorder cette retraite dorée au ministre délégué aux Privatisations, dont il avait été le jeune directeur de cabinet en 1986. Le microcosme parisien peut imaginer avec perfidie que le tout État est encore à l'origine de ce renvoi d'ascenseur. Primo : le fils de Camille Cabana, l'énarque Yves Cabana, a été le camarade de « J2M » à l'Inspection des finances. Deuxio : Jacques Friedmann, proche de Jacques Chirac et conseiller spécial du Premier ministre Édouard Balladur, tombe sous le charme, à l'époque, de Jean-Marie Messier, qui anime un cercle d'études de l'Inspection des finances sur l'expérience des privatisations en Grande-Bretagne. Tertio : Jacques Friedmann recommande le jeune Messier à Camille Cabana qui en fait son directeur de cabinet. Quarto : au bout de six mois, Jacques Friedmann lui proposera d'entrer au cabinet de Balladur. Sans la connivence de l'État et des politiques, « J2M » n'aurait jamais accompli l'irrésistible ascension qui allait le conduire à la banque d'affaires Lazard, puis à la Générale des eaux. Cette connivence peu discrète, matérialisée à travers le recrutement massif de politiques, n'empêche nullement Jean-Marie Messier de prétendre le contraire : « Je n'ai pas pris la peine de cultiver le système politique bien français consistant à rendre mes hommages respectueux aux gouvernements qui se succèdent. J'ai eu tort ! Quand des difficultés sont arrivées, “ils” me l'ont fait payer en sortant les fusils à lunettes [8]. »

Dès le début de son règne, le nouveau PDG choisit une stratégie très difficile et aléatoire. Pas question de réduire la voilure, de ralentir le rythme des acquisitions dans la communication. Mais il doit impérativement éponger les 25 milliards et quelques de pertes du groupe dans l'immobilier et le BTP. Certes, la Compagnie avait affiché une première fois une perte, en 1995, mais elle devait servir à enterrer l'époque Dejouany. Depuis, il est impossible pour « J2M » d'avouer que la Compagnie plonge encore dans le rouge à cause du boulet de l'immobilier… Le reconnaître en 1997, c'est s'attirer les foudres du marché, qui devinerait qu'on lui a caché l'étendue du désastre. Or si le cours de l'action baisse, le chemin de la croissance externe vers la communication est barré. Explication : Jean-Marie Messier veut payer ces acquisitions grâce à des titres surévalués de la Compagnie. Pour éponger les folies de Jean-Marc Oury et de

Christian Pellerin, « J2M » et son directeur financier, Guillaume Hannezo, jouent les prestidigitateurs. Ils vont réaliser une sorte de hold-up tout à fait légal sur les réserves pour travaux concernant les canalisations d'eau qui dorment dans les coffres-forts des 48 filiales d'eau du groupe en France. En franchise fiscale, ce cash, cette trésorerie invisible (inventée dans les années 1960 par Guy Dejouany avec l'aval du Conseil d'État) y attend sagement d'être dépensée pour assurer l'entretien et le renouvellement de conduites d'eau, ou d'être ponctionnée, secrètement mais légalement, par la Compagnie à la fin de chaque contrat. Prélevé au fil des années sur les factures de chaque abonné, le magot légal est rapatrié d'un seul coup à la Compagnie, en 1997, puis disparaît dans l'usine à gaz qu'est la comptabilité du groupe. Les deux prestidigitateurs, « J2M » et Guillaume Hannezo, vont réussir à cacher le montant de leur butin et le nom de celui à qui ils ont volé cette idée extraordinaire. « C'est Dominique Gibert, directeur des financements et de la trésorerie à la Compagnie qui a découvert cette ingénierie financière, explique Daniel Caille, directeur de l'eau à la Générale de 1996 à 1999. Avec mes collaborateurs, j'ai planché pendant plusieurs jours pour trouver une faille dans le système. Malheureusement, tout était légal. C'était une catastrophe. Je ne pouvais pas m'y opposer [9]. » Cette cagnotte est alors de l'ordre de 25 milliards de francs (20 pour l'eau et 5 pour les réserves liées au chauffage urbain), soit 3,81 milliards d'euros, selon les calculs de Bernard Forterre, numéro trois de la Compagnie jusqu'en 1996 [10].

Interrogé en 2002 par la commission des finances de l'Assemblée nationale, Jacques Espinasse, directeur général adjoint et directeur financier de Vivendi Universal (il a succédé à Guillaume Hannezo), minimise : « S'agissant de Vivendi Environnement, le dispositif date de 1997. Les provisions sont externalisées. Elles ont été transférées sur une société de réassurance irlandaise et portent sur un milliard d'euros. L'engagement implique le versement, échelonné dans le temps, de 224 millions d'euros, par tranches de 15 millions. Ces engagements seront tenus. La société est solide grâce à ses fonds propres. Les inquiétudes n'ont pas lieu d'être [11]. » Pour un cadre du groupe, il faut appeler un chat un chat : « Derrière cette affaire, il y a une formidable opération de récupération des provisions constituées par nos filiales. L'explication est simple.

Pour bâtir Vivendi, il a fallu en passer par la fusion de plusieurs sociétés. La défunte Compagnie n'en comptait pas moins de 2 700. À chaque contrat de distribution d'eau signé avec une ville correspondait une structure commerciale. Chacune, comme l'exigent les concessions, provisionnait ses risques. Or tous les contrats n'étaient pas foireux, loin de là, raconte ce cadre. En regroupant la plupart des sociétés, on a mutualisé les provisions. Près de 10 milliards de francs ont ainsi été récupérés [12]. » La journaliste du *Monde* Martine Orange se rapproche, elle, du chiffre de 25 milliards de francs estimé par Bernard Forterre : « Le montant total, dispersé dans toutes les sociétés d'eau en France, est impressionnant : 3,66 milliards d'euros (24 milliards de francs). Tout est rapatrié vers la maison mère. [...] Les commissaires aux comptes mettent quand même en garde les actionnaires sur le changement substantiel et discutable intervenu dans la société. Ils seront les seuls [13]. » Le journaliste et sociologue Marc Laimé donne un chiffre encore plus important : « Le 26 septembre 2002, le syndicat FO de Vivendi écrivait à Jean-René Fourtou et lui demandait de répondre clairement à ses questions sur les provisions pour renouvellement. Avec copie d'un précédent courrier adressé à Jean-Marie Messier, le 1er octobre 2001, auquel celui-ci n'a jamais répondu. Courrier dans lequel le syndicat estimait à 35 milliards de francs (5,3 milliards d'euros) le montant des provisions transférées par Vivendi dans sa captive offshore irlandaise [14]. » Où est passé cet argent ? De même que notre « Gorge Profonde », Marc Laimé a sa petite idée : « Pour éponger ce nouveau déficit [25 milliards de francs perdus dans l'immobilier], et se donner les moyens de poursuivre ses investissements dans la communication, notre futur "roi du monde" va oser ce que personne n'avait imaginé avant lui. S'emparer de la colossale cagnotte accumulée dans chacune des sociétés de distribution d'eau du groupe, destinée en principe aux réparations et à la modernisation du réseau. Nos fameuses "provisions pour renouvellement ». [...] Puis les réintégrer dans les comptes de la maison mère. Montant de ce butin légal : plusieurs milliards de francs. [...] L'affaire est si rémunératrice qu'elle sera rééditée l'année suivante avec la filiale Dalkia, spécialisée dans le chauffage urbain. Butin : encore des milliards de francs. C'est fort de ce trésor de guerre que "J6M" va concrétiser ses ambitions [15]. »

Le rapatriement de cette trésorerie invisible suppose un habillage juridique, technique et fiscal : les 48 sociétés d'eau et leurs dizaines de « sœurs » spécialisées dans le chauffage urbain doivent se transformer en société de commandite par action. En novembre 1996, lors d'un comité central d'entreprise, « J2M » « vend » ce grand retour du cash à la maison mère, bien caché derrière un choix soi-disant stratégique. Les 48 sociétés d'eau sont unifiées sous un nom facilement identifiable en France, Compagnie générale des eaux, filiale de Vivendi, et à l'international Vivendi Water (devenu depuis Veolia Water). L'image de corruption qui colle aux basques de l'entreprise disparaît grâce à ce tour de magie. Surfant une fois de plus sur son image d'honnête homme, le « chevalier blanc » Messier fait passer son plan de restructuration comme une lettre à la poste. Sous le charme du nouveau patron, aucun syndicat ne peut ou ne veut discuter ses choix. Et « J2M », très fin, astucieux, de s'enfoncer dans la brèche pour casser toute forme de contestation à venir. Il met en place son outil de paix sociale : six représentants nationaux de chaque syndicat (CGT, Unsa, CFDT, CFTC, FO et CGC) deviennent les seuls interlocuteurs du PDG de la Compagnie rebaptisée Vivendi dès 1998. Ces « Six » remplacent 288 syndicalistes qui, par groupe de six, représentaient les salariés au sein des 48 sociétés filiales de la Compagnie, rebaptisée Vivendi en 1998.

À cette fin, « J2M » regroupe les 48 filiales françaises de la Générale (qui composaient les 48 sociétés du pôle eau) dans une unité économique et sociale (UES). Clin d'œil malicieux à un siècle et demi d'histoire du pouvoir invisible, cette société unique reprend le nom historique de Compagnie générale des eaux. But officiel de cette fusion : la réduction massive des coûts salariaux, notamment des cadres, et le développement de la mobilité du personnel. Les « Six » délégués centraux des syndicats, n° 1 de chaque organisation, deviennent tout-puissants. Ils auront tous pouvoirs de signer les accords nationaux et désigneront les quinze délégués régionaux de chaque syndicat. Sont ainsi mis hors jeu les maires qui, via les renégociations de contrats dans les 48 filiales, mettaient leur nez dans les affaires de la Compagnie. Jean-Marie Messier s'immisce ainsi dans la vie interne des syndicats. Mais bien vite tout va déraper. Contre toute attente, la restructuration des 48 filiales en une UES se voit remise en cause par une seule organisation, le syndicat maison depuis l'après-guerre : FO. Toutes les autres organisations signent. À l'époque, Raymond Lacoste, secrétaire général du syndicat FO Vivendi, perd le pouvoir au profit d'un pur et dur, Christophe Mongermont. Entre ce syndicaliste et « J2M » commence une véritable guerre de tranchées. Une bagarre entre deux fortes personnalités.

Ceinture noire de karaté, une gueule et une musculature de para, Christophe Mongermont n'a pas peur de grand-chose dans la vie : surtout pas de Messier, ni aujourd'hui d'Henri Proglio qui continue le combat de son prédécesseur contre FO. Le dirigeant de FO Vivendi ira jusqu'à réclamer publiquement, en septembre 2001, la démission de Jean-Marie Messier qui « envoie le groupe droit dans le mur ». Les responsables de ce syndicat refusant toute carotte, « J2M » va prendre son bâton. Les avocats du groupe soumettent FO à un véritable matraquage juridique. À partir de 2002, pas moins d'une centaine de procédures judiciaires visent des syndicalistes FO devant les tribunaux, coûtant au bas mot 240 000 euros d'honoraires d'avocats au groupe. Excellent juriste, Christophe Montgermont sera l'avocat de ses camarades dans la quasi-totalité de ces dossiers. Un exemple de cet acharnement judiciaire : la révocation de tous les mandats des délégués syndicaux FO a été plaidée par le groupe qui a perdu presque tous ses procès. Les « bons » syndicats témoigneront à plusieurs reprises en justice contre FO et refuseront, en juillet 2003, de s'associer à la plainte des petits actionnaires du groupe demandant le gel des 20,5 millions d'euros d'indemnités et des 30 millions d'euros de stock-options de l'ex-président de Vivendi Universal. Incorrigible empêcheur de tourner en rond, Jean-Luc Touly, délégué syndical CGT eau pour l'Île-de-France, s'associera à cette procédure qui vise à indemniser les salariés actionnaires et à obtenir une modeste contribution au renflouement de la dette laissée à la branche eau, aujourd'hui intégrée dans le groupe Veolia Environnement. En comparaison, le silence de l'Association des salariés actionnaires de Vivendi (ADSAV) est d'or. Celle-ci a été mise sur pied par les « bons » syndicats.

Le nouveau président de Veolia Environnement, Henri Proglio, a engagé une procédure de licenciement contre Jean-Luc Touly pour comportement déloyal à l'égard de son entreprise [16]. En comité d'entreprise, la CGT de Veolia a donné un avis favorable au licenciement du leader de FO, Christophe Mongermont, que la direction ne considère plus comme un représentant syndical. L'inspection du travail s'est opposée à ces deux licenciements. Le ministre du Travail a finalement autorisé le licenciement de Christophe Mongermont et s'est opposé à celui de Jean-Luc Touly. Dans la droite ligne de la politique prônée par Messier, Veolia Environnement retiendra 70 % de la rémunération de Christophe Mongermont pendant plus de neuf mois, avant d'être condamné, en 2004, à rembourser les heures de délégation syndicale indûment prélevées. Ambiance… « La réforme de Messier a été acceptée par toutes les organisations syndicales sauf Force ouvrière, explique Christophe Mongermont (licencié en novembre 2004), toujours secrétaire général de FO pour Veolia Environnement. Messier a ainsi supprimé 42 comités d'entreprise sur ce groupe, soit 1 100 représentants du personnel. Une occasion idéale de remettre en cause discrètement certains acquis sociaux gagnés par les syndicats historiques de la Compagnie depuis un siècle et demi [17]. » Des centaines d'accords au sein de ces sociétés et des conventions collectives, assimilant le plus souvent les fontainiers du groupe à des fonctionnaires des collectivités, avaient été obtenus grâce à la médiation des élus. Dans la renégociation des contrats avec les trois géants de l'eau, les municipalités se montraient rarement insensibles aux appels du pied des syndicats de fontainiers. Et souvent, comme dans la capitale en 1910, les élus ont financé au départ ces augmentations de salaire sur leur cassette municipale. Ces avantages seront dans le collimateur de Messier, puis d'Henri Proglio, son successeur aujourd'hui à la tête des métiers historiques de la Compagnie, regroupés dans Veolia.

« J2M » va se transformer en Père Noël pour une quarantaine de « bons » représentants syndicaux, dont certains sont en place depuis vingt-cinq ans. C'est-à-dire les principaux membres de l'intersyndicale de l'eau CGT-UNSA-CFDT-CFTC-CGC du groupe Vivendi. La liste des petits et gros cadeaux est longue. De leur propre aveu, une petite quarantaine de syndicalistes élus et ayant des responsabilités nationales ont droit (c'est toujours le cas aujourd'hui au sein de Veolia Environnement, malgré la séparation avec Vivendi Universal) au minimum à cent cinquante minutes gratuites sur leur téléphone SFR (FO, syndicat contestataire, se verra couper ses lignes du jour au lendemain). Roger Lenglet, journaliste, et Jean Luc Touly, agent de maîtrise à la Générale des eaux depuis vingt-neuf ans, ont dressé l'inventaire de cette liste dans leur ouvrage *L'Eau de Vivendi, les vérités inavouables*. Maintenu depuis par Henri Proglio (patron de Veolia Environnement), ce « maternage » des syndicalistes du groupe par « J2M » explique sans doute leur très grande discrétion tout au long des crises successives de Vivendi Universal. « Les salariés sont bien gardés, expliquent Roger Lenglet et Jean-Luc Touly. Quand un syndicaliste passe délégué syndical central, il se voit gratifié au minimum de dix-huit ans d'ancienneté, voire trente ans. C'est ainsi près de 10 000 euros de primes par an qui tombent en plus sur son compte. Certains syndicalistes parviennent à doubler le montant de leur salaire annuel. [...] Comment comprendre qu'un délégué syndical central puisse bénéficier, par exemple, de 3 300 francs d'heures supplémentaires mensuelles forfaitaires (le forfait d'heures supplémentaires est illicite), s'interrogent les deux auteurs, quand, dans le même temps, l'accord des 35 heures appliqué dans les entreprises du groupe a supprimé le paiement de telles heures supplémentaires. Dès lors, comment ne pas regarder d'un œil amusé le voyage en Concorde Paris-New York offert aux délégués, fin 2001, pour qu'ils puissent contempler les locaux américains de Vivendi Universal et les appartements du PDG [18] ? » « J2M » se dit, à l'époque, fort de la neutralité bienveillante de Bernard Thibaut, secrétaire général national de la CGT. Il est vrai que Veolia Environnement passe régulièrement un encart publicitaire dans *La Vie ouvrière*, organe de ce syndicat. À ce propos, Franck Le Roux, secrétaire général des syndicats CGT du secteur eau de Vivendi Universal, écrit en mars 2002 à un journaliste du mensuel *Capital* : « Si la CGT a empoché une somme d'argent (d'après vous 120 000 euros), nous n'en avons rien su. Cela pose pourtant une nouvelle fois la question du financement des organisations syndicales, pour laquelle la CGT a des positions que vous connaissez. [19]. » « J2M » se sent aussi fort proche de Nicole Notat de la CFDT, « qui fait preuve d'un modernisme et d'un dynamisme qu['il] admire [20] ».

Après avoir récupéré en 1997 la trésorerie invisible des abonnés à l'eau, puis en 1998 celle des clients du chauffage urbain toujours sous l'œil bienveillant de l'État, « J2M » va placer la barre encore plus haut. Il s'attaquera à l'ensemble des contribuables français. Dans son ouvrage *Argent public, fortunes privées*, Olivier Toscer raconte comment le gouvernement Jospin n'a cessé de céder aux demandes les plus extravagantes de Jean-Marie Messier. Aidé par un haut fonctionnaire de Bercy, le journaliste du *Nouvel Observateur* a calculé que de 1999 à 2001 « Jean-Marie Messier Moi-Même Maître du Monde » a obtenu à l'État français 16 milliards d'euros de rabais[21]. Ce manque à gagner, il a bien fallu aller le ponctionner dans la poche des 17 millions de foyers fiscaux français, dont une bonne partie voyait déjà plusieurs milliards d'euros de réserves pour travaux sur leurs canalisations d'eau recyclés dans les médias et les télécommunications. Soit la somme de 311 euros par foyer fiscal pendant trois ans, en lieu et place de Vivendi Universal. « Nationaliser les pertes et privatiser les bénéfices » ne demande pas une qualification de chef d'entreprise, mais un savoir-faire en matière d'ingénierie financière que l'ex-président de Vivendi Universal possède à la perfection. Ces trois affaires, deux faveurs fiscales et une super-ristourne sur le prix de la licence de téléphone mobile de troisième génération (UMTS), ont été décidées par deux ministres socialistes de l'Économie et des Finances. Question incontournable : qu'ont-ils obtenu en échange ? La première a été initiée par Christian Sautter, successeur à Bercy de « DSK » (démissionnaire pour cause de mise en examen), et les deux autres par Laurent Fabius. En ce qui concerne l'UMTS, Laurent Fabius, ministre de l'Économie et des Finances à l'époque, en 2001, tient à cette cagnotte miracle pour renflouer le fonds de garantie des retraites. Indifférent à l'idée de fragiliser les pensions par répartition des retraités de demain, le président nabab se contente alors de son salaire annuel de 5,12 millions d'euros, soit 33,5 millions de francs, plus du double de celui de son prédécesseur, Guy Dejouany. Et il vit dans un duplex de 500 m^2 à New York qui a coûté la bagatelle de 17,5 millions de dollars (près de 120 millions de francs) à Vivendi.

« J2M » engage un bras de fer public avec Fabius sous le prétexte que le prix demandé pour la licence UMTS (4,85 milliards d'euros, soit 26,7 milliards de francs) n'a « plus aucune validité économique au plus haut de la bulle spéculative sur les télécoms ». « Dès le dimanche 30 septembre, écrit « J2M », avant la publication de notre communiqué de refus de paiement, la voie de sortie de crise avait été définie, ensemble, et actée avec les équipes de Matignon [22]. » Et le 17 octobre 2001 (soit trois semaines seulement après le « niet » de Jean-Marie Messier), devant l'Assemblée nationale, Laurent Fabius annonce officiellement qu'il brade à 619 millions d'euros (4,06 milliards de francs) le prix de la licence, le divisant ainsi par huit. Alors que les gouvernements allemand et anglais avaient vendu la même licence respectivement 8,4 milliards d'euros et entre 6,6 et 9,9 milliards d'euros. Comment « J2M » a-t-il réussi à forcer la main au gouvernement ? Dans son ouvrage, Olivier Toscer parle d'« intimidation juridique », de prix qualifié d'« illégal » et de « chantage à l'emploi » dans le secteur des télécommunications [23]. Il fait allusion à une conversation téléphonique, le 24 septembre 2001, entre Laurent Fabius et « J2M ». Une conversation qui aurait été retranscrite par écrit dans un courrier livré, dès le lendemain, par porteur au ministère de l'Économie et des Finances. « J2M » n'a jamais démenti ces affirmations, aussi bien dans ses interviews que dans son livre *Mon vrai journal*. Pour Olivier Toscer, Jean-Marie Messier a dicté sa loi au politique. Traduite dans le langage « J2M », cette décision « courageuse » favorise le développement de l'UMTS et permet à Bouygues d'acheter cette licence : « Le gouvernement avait pris une décision sage. Je l'ai saluée malgré le prix médiatique qu'il m'en a coûté. ». Préparons-nous à sortir nos mouchoirs à la lecture de la morale de l'histoire vue par « J2M » : « Cet épisode a marqué le début de la dégradation de mes rapports avec l'environnement politique français [24]. » Sauf que la « belle mécanique intellectuelle » oublie de rappeler l'essentiel : Bouygues avait refusé, début 2001, d'acheter la licence, la jugeant trop chère ; à l'époque, Jean-Marie Messier est le seul opérateur téléphonique à accepter le prix. Mais, neuf mois plus tard, il inventera un prétexte pour refuser de payer les 4,85 milliards d'euros convenus. Un subterfuge qui n'en est pas un : entre le moment où il donne son accord et celui où il exige une réduction, le cours en Bourse de Vivendi Universal a chuté de plus de 30 %. Était-ce une raison pour Laurent Fabius de diviser le prix de la licence par huit et d'allonger sa validité de quinze à vingt ans ? Une chose est sûre : « J2M » a exercé une pression…

L'homme qui valait des milliards d'euros a roulé l'État dans la farine, et il voudrait sans doute qu'on l'applaudisse… Un baume au cœur des actionnaires qui ont perdu 72 milliards d'euros de valeur boursière, de 1999 à 2002, selon les calculs de l'hebdomadaire *Le Point*. Deux énormes dérogations fiscales accordées à « J2M » leur ont-elles redonné le sourire ? Seule certitude : elles prouvent que « J2M » obtenait ce qu'il voulait au plus haut niveau de l'État. C'est encore Olivier Toscer qui a déniché ces deux scandales « légaux ». En 1999, premier acte de sa nouvelle stratégie d'abandon des métiers historiques de la Générale, le président de Vivendi fait coter en Bourse les activités les plus rentables du groupe, c'est-à-dire les divisions eau, propreté, énergie et transports. Il crée à cette fin la nouvelle entité Vivendi Environnement. Messier peut ainsi lever de l'argent frais en Bourse qui va servir en partie à désendetter les activités de communication. Mais cela est une autre histoire… La scission du groupe Vivendi Environnement doit donner lieu théoriquement à une ponction fiscale sur les plus-values latentes, avec un taux d'imposition de 20 à 35 % ». « J2M » a obtenu un agrément fiscal pour être dispensé de cet impôt. Rien de plus légal, sauf que ce coup de pouce est à la discrétion du ministre de l'Économie et des Finances, Christian Sautter. Ce dernier accorde sans rechigner à son camarade énarque une ristourne fiscale de 3,8 milliards d'euros [25]. Aujourd'hui, le même Christian Sautter, adjoint aux Finances de Bertrand Delanoë, maire de Paris, s'est figé depuis deux ans dans la statue du commandeur de la rigueur et de l'orthodoxie budgétaire. L'année suivante, en 2000, Jean-Marie Messier va faire encore plus fort à l'occasion de la fusion de Vivendi avec l'américain Seagram-Universal. Cette fois, c'est Laurent Fabius qui fait une croix sur 8,8 milliards de recettes fiscales liées aux plus-values entraînées par la constitution de Vivendi Universal. Le ministre de l'Économie et des Finances a assorti cette faveur d'une clause ridicule. Avant d'apposer sa signature au bas de la dérogation, il exige que soit notifiée par écrit la contrepartie suivante : le siège social de Vivendi Universal ne pourra pas quitter la France avant 2004. On peut en rire… Légalement, il s'agit de simples reports d'imposition pour 3,8 milliards d'euros (mise en Bourse de Vivendi Environnement) et 8,8 milliards (création de Vivendi Universal). Des reports qui seraient annulés si Vivendi Universal revendait Vivendi Environnement et sa division américaine Universal Music et Studios moins de trois ans après la dispense d'impôt. Pour Vivendi Environnement, la dérogation fiscale est devenue définitive. Pour la division américaine, il suffit à Jean-René Fourtou d'avoir la patience d'attendre 2005 pour la revendre.

Haut fonctionnaire dans l'âme, Jean-Marie Messier connaît par cœur toutes les ficelles des avantages ou passe-droits qu'un ministre de l'Économie et des Finances peut accorder à un particulier ou à une entreprise. Avant de se retrouver acculé à la démission, l'ancien membre du cabinet d'Édouard Balladur n'avait presque qu'à lever le petit doigt pour obtenir des faveurs qu'aucun autre chef d'entreprise n'a obtenues. L'homme, en trois ans, a coûté 16 milliards d'euros de manque à gagner à l'État. La puissance invisible, c'est aussi ça... Laurent Fabius, par deux fois, Christian Sautter, une fois, sont tombés dans le piège, au nom d'une seule des grandes entreprises françaises à créer des emplois. Tous les deux n'ont plus qu'à s'en mordre les doigts aujourd'hui. La Générale des eaux, Vivendi, puis Vivendi Universal ont bradé, de 1997 à 2001, la plupart des métiers du groupe. En quatre ans, 10 milliards d'euros (150 milliards de francs) d'actifs ont été soldés, au rythme presque d'une vente par jour. Les plus beaux trésors de la Compagnie redeviendront très vite des groupes florissants : Nexity (immobilier), Avenance (restauration collective), Vinci (travaux publics, parkings, aéroports et autoroutes), Générale de santé (cliniques privées). À part, Vivendi Environnement qui, rebaptisé Veolia, va recevoir un joli cadeau de départ de « J2M » : ses 17 milliards d'euros de dettes dans la communication ! Presque tous les actifs monnayables ont été bazardés, des syndics aux sociétés d'entretien de jardins en passant par les blanchisseries industrielles. De cette course implacable vers l'abîme, il ne reste aujourd'hui qu'un rescapé qui rapporte du cash à Vivendi Universal : SFR. Le mérite d'avoir développé, à partir de 1987, le téléphone mobile SFR revient au « Vieux », Guy Dejouany, et à son numéro deux, le directeur général Paul-Louis Girardot, l'intellectuel qui n'avait, dit-on, pas assez de poigne pour prendre la tête de la Compagnie. « J2M » n'y est pour rien...

1. L'expression a été inventée à propos de « J2M » par la journaliste Nazanine Ravaï dans son ouvrage *La République des vanités, petits et grands secrets du capitalisme français*, Grasset, 1997. Sous le titre « Le séducteur de vieux », le chapitre 40 de cet ouvrage raconte des pages 310 à 322 comment Jean-Marie Messier a passé son temps à séduire des personnes âgées qui ont pour nom : Jacques Friedmann, Édouard Balladur, Guy Dejouany, Didier Pineau-Valencienne et Henri Lachmann. L'ancien président de Vivendi Universal n'a jamais pardonné la description de son « art consommé pour séduire les vieux »....

2. Jean-Marie Messier, *J6M.com*, Hachette Littératures, 2000, p. 105.

3. Daniel Fortin, *Comment Jean-Marie Messier est devenu le patron le plus puissant de France*, Assouline, 1999, p. 35.

4. Voir Roger Faligot et Pascal Krop, *La Piscine*, Le Seuil, 1986, p. 351-352 ; Pierre Favier et Michel Martin-Roland, *La Décennie Mitterrand, les ruptures, 1981-1984*, Le Seuil, 1990, p. 878-880.

5. Voir Jean-Pierre Lenoir, *L'État trafiquant*, Robert Laffont, 1992, p. 61, 67, 75.

6. Voir *ibid.,* p. 74.

7. Voir Antoine Glaser et Stephen Smith, *Ces Messieurs Afrique*, Calmann-Lévy, 1992, p. 235.

8. Jean-Marie Messier, *Mon vrai journal*, Balland, 2002, p. 207.

9. Entretien avec l'auteur en janvier 2005.

10. Entretien avec l'auteur en avril 2004.

11. Voir rapport de la commission des finances de l'Assemblée nationale sur l'audition de Jacques Espinasse, directeur financier de Vivendi Universal, le 26 septembre 2002.

12. Voir Daniel Fortin, *Comment Jean-Marie Messier est devenu le patron le plus puissant de France, op. cit.*, p. 67.

13. Martine Orange, *Une faillite française*, Albin Michel, 2003.

14. Pascal Laimé, *Le Dossier de l'eau*, Le Seuil, 2003, p. 159.

15. *Ibid.*, p. 157-158.

16. Voir *Libération* du 8 mars 2004, p. 20.

17. Intervention de Patrick Mongermont, le 3 février 2004, devant le congrès national de FO.

18. Roger Lenglet et Jean-Luc Touly, *L'Eau de Vivendi, les vérités inavouables*, Alias, 2003, p. 133-134, 136 ; voir photocopies de fiches de paie de syndicalistes.

19. Lettre du 12 mars 2002 envoyée par Franck Leroux à Christophe David, journaliste à *Capital.*

20. Jean-Marie Messier, *J6M.com, op. cit.*, p. 156.

21. Voir Olivier Toscer, *Argent public, fortunes privées, histoire secrète du favoritisme d'État*, Denoël, 2002, p. 21-28.

22. Jean-Marie Messier, *Mon vrai journal, op. cit.*, p. 205-206.

23. Voir Olivier Toscer, *Argent public, fortunes privées, histoire secrète du favoritisme d'État, op. cit.*, p. 21-28.

24. Jean-Marie Messier, *Mon vrai journal, op. cit.*, p. 206.

25. Voir Olivier Toscer, *Argent public, fortunes privées, histoire secrète du favoritisme d'État, op. cit.*, p. 21-28.

XXI

Les caves se rebiffent

Au début du siècle dernier, le mensuel *L'Eau* dénonce ici ou là l'eau vendue comme potable et qui ne l'est pas. Cette gazette fait le lien notamment entre la mauvaise qualité de l'eau du robinet dans certaines banlieues et le déclenchement d'épidémies de typhoïde. Publiée depuis 1913, par un organisme indépendant, l'Association générale des hygiénistes et techniciens municipaux, cette revue a manifestement perdu son indépendance. À son comité de rédaction siègent aujourd'hui des dirigeants de la Compagnie, de la Lyonnaise, du ministère de l'Environnement et des services techniques de la ville de Paris [1]. Le ton a changé, il est moins polémique, plus technique… Dans ce mensuel sur papier glacé pullulent les publicités pour les trois champions de l'eau… Hasard ? À l'adresse de cette association, rue de Phalsbourg à Paris, est installé le Cercle français de l'eau, créé en 1990 et présidé par le sénateur RPR de Vendée Jacques Oudin. Cet ex-trésorier du RPR (de 1993 à 1995) entretient les meilleures relations avec les trois majors français de l'eau, dont il rencontre régulièrement les dirigeants à l'occasion de colloques internationaux à Paris ou à l'étranger. Jacques Oudin a été mis en examen à Nanterre, à deux reprises, dans des affaires de salaires fictifs au profit de militants du RPR avant de bénéficier chaque fois d'un non-lieu [2]. Aujourd'hui le mensuel *L'Eau* n'a donc plus rien à voir avec le « robinet de la colère », le surnom que ce modeste magazine, imprimé sur du simple papier journal, avait gagné au début du siècle dernier. Ce journal s'insurgeait alors, bien seul, contre le prix de l'eau, souvent jugé excessif, et sa qualité, notamment en banlieue parisienne. En fait, jusqu'au début des années 1950, les caves (les consommateurs) se rebiffent rarement. Seules quelques municipalités osent porter en justice leurs différends avec les trois majors de l'eau. Sauf une, Nantes, qui sera un vrai cauchemar pour la Compagnie...

La ville de Nantes s'est ainsi permis d'attaquer la Générale qui, à sa demande, avait posé dans la ville des canalisations dites « Clamecy », en schiste bitumineux (nettement moins cher), et non en fonte. Très rapidement, les fuites se sont multipliées. En 1866, la Compagnie commence à remplacer les conduites défaillantes par d'autres en fonte et demande la révision du contrat d'avril 1854 signé pour soixante ans avec la ville. Celle-ci attaque la Compagnie devant le Conseil d'État. L'argument de la municipalité : elle s'est fait rouler dans la farine, ne sachant pas que seuls des tuyaux en fonte tiendraient le coup. Le Conseil d'État lui a donné raison le 27 décembre 1878. En effet, le système de la concession entraîne juridiquement une obligation de résultat pour la Compagnie. Conclusion : celle-ci ne jouera plus jamais avec cette obligation de résultat. En revanche, la Compagnie, à Nantes et ailleurs, essaiera toujours de faire « sauter la maudite clause de rachat » : elle veut bien investir plus, mais avec l'assurance que son client, la municipalité, ne pourra pas ruiner tous ses efforts financiers en remunicipalisant la distribution d'eau. C'est ce que la ville de Nantes va pourtant décider en 1895. Ce coup dur pour la Compagnie traduit le mécontentement des élus face à la mauvaise qualité de l'eau potable puisée dans la Loire, une rivière où les matières fécales sont abondantes, quoique diluées. À l'époque, il est vrai, la filtration de l'eau est une science balbutiante. « On se contente de laisser l'eau reposer quelques jours dans des réservoirs et on la distribue à demi trouble », écrit Liliane Franck dans son ouvrage *Eau à tous les étages, l'aventure de l'eau à domicile à travers l'histoire de la Compagnie générale des eaux*. Et, surtout, ni la ville de Nantes, ni la Compagnie ne veulent payer la mise en place d'un véritable filtrage artificiel des eaux. Par la suite, très peu de villes ont osé traîner la Lyonnaise et la Générale devant les tribunaux. Pourquoi ? La puissance des réseaux d'influence des deux majors et la qualité exceptionnelle de leurs juristes et avocats expliquent cet état de fait. Les docteurs en droit de ces groupes avaient (et ont toujours) l'art et la manière de prévoir les contentieux lors de la rédaction des contrats sur l'alimentation en eau potable, l'assainissement ou le BTP. Bouygues pousse aujourd'hui le bouchon encore plus loin : il se dit que ce groupe ouvre un dossier de contentieux dès la signature d'un contrat. Le slogan a fait recette : un contrat, un contentieux…

Le premier vrai procès médiatique aura lieu à Lyon en mai et juin 1930. Près de quatre-vingts ans après sa création, l'honorable Compagnie se voit gravement mise en cause, accusée d'avoir provoqué par sa négligence la mort de 300 de ses clients. Une petite association de sinistrés de la fièvre typhoïde ose s'en prendre à la toute-puissante Compagnie. Trois des responsables locaux du groupe comparaissent ainsi devant la cinquième chambre du tribunal correctionnel de Lyon. À l'origine de toute l'affaire, une épidémie avait fait, en novembre 1928, plus de 3 000 victimes, dont 300 morts, dans la banlieue ouest de cette ville. Jugé responsable, M. Mercier, le directeur régional du groupe, se voit infliger, le 12 juin 1930, un an de prison avec sursis. Son adjoint, l'ingénieur Allemand, et le mécanicien-chef Robin sont relaxés. Ce jugement sera confirmé par la cour d'appel de Lyon le 11 décembre 1930 [3]. Le bon petit soldat Mercier a sauvé le PDG de la Compagnie, Alphonse Gérard, et son directeur général, Édouard Glasser. Pas plus comme prévenus que comme témoins, les numéros un et deux du groupe de la rue d'Anjou n'ont eu à s'expliquer sur le décès de 300 de leurs abonnés. La thèse du procureur de la République de Lyon présent à l'audience, M. Beaubrun, est claire et limpide (*sic*) : « Les préposés de la Compagnie sont coupables de négligences pour avoir laissé subsister, sous l'aqueduc-égout du Pauvre-Diable, des fissures qui ont pollué l'eau des puits filtrants de la Compagnie [4]. » En fait, l'accusation dénonce le lieu mal choisi pour l'installation des puits filtrants chargés d'alimenter en eau potable la banlieue de Lyon. Ces puits filtrants ont été disposés juste à côté de l'arrivée des égouts se déversant dans le Rhône et les champs d'épandage. Thèse de la défense : « C'est pas moi ou pas nous, c'est l'autre… » Son argumentation : l'aqueduc-égout se déverse tranquillement dans le Rhône vers l'aval et y laisse écouler ses eaux contaminées. Ces eaux polluées du fleuve peuvent être parfaitement aspirées par les puits de captage filtrants situés, en profondeur, sur la berge du Rhône. La Compagnie n'y est pour rien. La preuve : la contamination a persisté malgré l'obturation des fissures de l'aqueduc-égout qui, en fait, n'a joué aucun rôle. Et l'eau des puits filtrants, soi-disant potable, continuerait à être polluée, si on n'avait pas pris la précaution de la javelliser depuis la catastrophe.

À la barre du tribunal, la ville de Paris vole au secours de la Compagnie. Rien de plus normal, toutes les deux vivant en parfaite connivence depuis soixante-dix ans. Chef du service de surveillance des eaux de la ville de Paris, M. Dienert réfute le travail des experts de l'accusation et épouse la thèse de la défense. Pour lui, la canalisation d'égout, en débouchant dans le Rhône, laisse écouler ses eaux polluées vers l'aval. Les eaux ainsi contaminées peuvent être aspirées par les puits de captage dans le Rhône. Les fissures de l'aqueduc-égout n'ont joué aucun rôle. Les débats tournent autour d'une question récurrente : le principe de précaution. À l'époque, la ville de Lyon analyse chaque jour la qualité de ses eaux potables produites et distribuées par sa régie municipale, les services de la ville de Paris toutes les deux heures, et la Compagnie, qui dessert la banlieue lyonnaise, seulement une fois par mois. La messe est dite… Le président du tribunal donne alors la parole aux sinistrés. Dans son ouvrage *Les Grands Procès de l'année 1930*, le journaliste Géo London retrace en quelques mots le calvaire de ces victimes : « On fait défiler à la barre des sinistrés. Triste cortège de mères endeuillées, de veuves et d'orphelins. Il impressionnerait les jurés, si nous étions devant la justice populaire[5]. » Puis une bataille s'ensuit entre les avocats de la Compagnie et celui du maire de Lyon, le radical Édouard Herriot, convoqué comme témoin. Fidèle au programme de son parti en faveur des régies municipales de l'eau, le pape du radicalisme n'entretient pas les meilleurs rapports avec la Compagnie, chassée de la ville en 1899. Aussi la préfecture comme la municipalité de Lyon ont-elles refusé, dans un premier temps, de fournir, lors de l'instruction de cette affaire, les documents et renseignements relatifs à l'épidémie de typhoïde de 1928. C'est-à-dire les résultats d'enquêtes comparatives qui avaient été réalisées sur la qualité des eaux de la ville de Lyon et de la Compagnie (dans la banlieue lyonnaise) avant et après l'épidémie. Armés de ces expertises, les avocats de la Compagnie voulaient démontrer leur idée-force : « Les eaux de la ville de Lyon ont été polluées avant les nôtres. » Le Dr Vigne, directeur du bureau d'hygiène de la ville de Lyon, attaque cette thèse à la barre des témoins : « Il y a bien recrudescence, à Lyon même, en novembre 1928, des cas de typhoïde d'origine hydrique, mais tous les cas concernaient des habitants de Lyon ayant villégiaturé dans la banlieue ouest de la ville. Par conséquent, les eaux de la ville de Lyon ne sont pas en cause. Ce sont celles [les eaux polluées] de la banlieue ouest distribuées par la Compagnie générale des eaux [6]. » Pour en terminer avec cette bataille d'experts, le président du tribunal donne alors la parole à un habitant de la banlieue lyonnaise, M. Poumayrol, qui s'est livré, dit-il, à une enquête personnelle. Dans le quartier Saint-Clair, il a pu constater qu'une seule maison était desservie par la Compagnie. Les seuls cas de typhoïde recensés l'ont été dans cette habitation.

À l'issue des plaidoiries, le directeur régional de la Compagnie, M. Mercier, déclare, très sûr de lui : « Je proteste contre mon inculpation. Nous ne sommes pas responsables de la catastrophe. Je m'incline devant les victimes, mais je ne veux pas être confondu avec un coupable sollicitant son pardon [7]. » Le bon soldat Mercier couvre ses grands patrons et ses deux subordonnés qui, eux, soulignent que l'attention de la Compagnie n'a jamais été attirée sur les fissures de l'aqueduc-égout. En fait, la responsabilité indirecte de la Compagnie est aujourd'hui établie. Celle-ci avait simplement endigué un petit ruisseau qui traversait le champ de captage d'eau, en bordure du Rhône. Le fantastique et un peu anarchique développement de la banlieue lyonnaise (à l'image de celle de Paris) va vite transformer ce ruisseau en égout naturel. Et cet égout contaminait la nappe d'eau [8]. L'honorable Compagnie est-elle coupable ou non coupable ? Le chroniqueur judiciaire Géo London met la puissance du pouvoir invisible en pleine lumière en un temps où les associations de consommateurs n'existent pas : « Cette vérité, nous la connaissons mieux encore par la déposition de l'architecte expert, M. Decœur, obligé, pour l'édification des magistrats, à entrer dans des particularités d'ordre scatologiques idoines à enlever à jamais le goût de boire de l'eau [9]. » À l'époque, la Compagnie aurait été également condamnée au civil à payer de lourdes indemnités aux victimes de cette épidémie. L'ancien numéro trois de la Compagnie à l'arrivée de

Jean-Marie Messier, Bernard Forterre, et l'ex-secrétaire général du groupe, Jean Blondeau [10], nous l'ont assuré. Nous n'avons pas retrouvé trace de ce jugement. Selon leurs dires, le groupe avait dû lancer un emprunt pour régler ces indemnités. La Compagnie aurait fini de le rembourser dans les années 1950.

Soixante-quatre ans après le jugement de Lyon, la Compagnie est à nouveau dans le collimateur de la justice, à Paris, devant la onzième chambre du tribunal correctionnel. Jean-Michel Boucheron, l'ancien secrétaire d'État aux Collectivités locales et ex-député maire PS d'Angoulême, doit y comparaître, en juin 1994, pour avoir mis sa ville en coupe réglée à son seul profit. En fait, il a pris le large en Argentine et ne sera condamné que le 1er juillet 1997 à deux ans de prison ferme. L'histoire d'amour entre l'ex-maire et la Compagnie est la première du genre à être déballée devant la justice. À partir du milieu des années 1980, le beau « Jean-Mi » pète les plombs [11]. Ce proche de François Mitterrand roule carrosse aux frais du contribuable, confondant les caisses de la ville avec son portefeuille. Résultat : la dette totale d'Angoulême s'élève alors à plus d'un milliard et demi de francs. La chambre régionale des comptes découvre aussi un trou inexplicable dans lcs caisses de la ville de 164 millions de francs. Personne n'a rien vu ou n'a voulu voir… En juin 1994, à la barre de la onzième chambre, le nouveau maire UDF d'Angoulême depuis 1989, Georges Chavannes, se rebiffe et montre du doigt l'un des principaux bénéficiaires du système Boucheron : l'honorable Compagnie [12]. L'élu qualifie de léonin le contrat signé du temps de Jean-Michel Boucheron entre une filiale de la Compagnie et la Semea, une société d'économie mixte de la ville dont ce champion de l'eau détenait également une partie du capital. Le fait d'avoir sous-traité à la Compagnie l'alimentation en eau potable de la ville s'est traduit par une « augmentation de 70 % du prix de l'eau pour les contribuables », rappelle Georges Chavannes aux juges. Constatant, selon ses propres dires, les « conditions extravagantes » de ce contrat, Georges Chavannes a voulu en obtenir l'annulation dès son installation dans le fauteuil de maire d'Angoulême. Son entrevue avec Guy Dejouany a tourné en eau de boudin (*sic*), se souvient-il à la barre. Face à sa menace de porter l'affaire en justice, le PDG de la Générale cédera un peu plus tard. Il est vrai que le nouveau maire n'avait pas les mains vides… En dehors de l'énorme commission « accordée à deux bureaux d'études », l'enquête policière a révélé qu'une facture de 236 000 francs, destinée à régler à une agence de voyages un déplacement de Jean-Michel Boucheron aux Antilles, avait été découverte lors d'une perquisition à la Compagnie [13]. À l'audience, Me Jean-Claude Guillard, avocat de la Semea, s'est interrogé sur les conditions dans lesquelles la Compagnie avait remporté le contrat d'alimentation en eau potable d'Angoulême.

Quelques mois après le coup de gueule de Georges Chavannes, l'incarcération d'Alain Carignon, en octobre 1994, va lever l'étendard de la révolte contre la martingale de l'eau. L'âge d'or prend fin. Les chiffres sont parlants : le cartel de l'eau avait 31 % des abonnés à l'eau en France en 1954, 60 % en 1980, et 75 % en 1990. Sous la pression des associations de défense des consommateurs, la boîte de Pandore va s'ouvrir, révélant quelques-uns des mille petits secrets des distributeurs d'eau. Le mensuel économique *Capital* d'octobre 2002 [14] ira même jusqu'à recenser ces bonnes vieilles recettes qui reposent sur des mécanismes financiers le plus embrouillés possible, pour être à coup sûr incompréhensibles. Sortes de vieux grimoires médiévaux illisibles, les comptes rendus financiers rédigés par les rois de l'eau pour leurs clients, c'est-à-dire les élus, cachent six bottes restées secrètes pendant plus d'un siècle. La première concerne les « provisions pour les travaux de renouvellement », c'est-à-dire l'argent avancé par les abonnés, sur chacune de leurs factures, au concessionnaire ou au fermier afin que celui-ci répare ou remplace les conduites d'eau (*voir chapitre II*). Ici, on joue tous les jours *Mélodie en sous-sol*, les travaux, souvent surévalués, restant extrêmement difficiles à vérifier sur le terrain. Aussi une partie des provisions correspondant au renouvellement (non utilisées) retombe-t-elle souvent dans la poche du triumvirat. Pas vu, pas pris… La deuxième astuce : des compteurs d'eau facturés en location jusqu'à cinq fois leur prix par des filiales spécialisées. Le troisième attrape-nigaud consiste à cacher les frais de personnel du siège social d'un des trois champions de l'eau au beau milieu des charges d'un contrat avec un syndicat intercommunal ou une ville. Le meilleur exemple : jusqu'en 1910, la Compagnie faisait payer une bonne partie du loyer de la rue d'Anjou par la ville de Paris *(voir chapitre V)*. Quatrième artifice pour charger encore la mule : les trois majors proposent des prêts à taux variable aux collectivités qui cherchent à financer leurs équipements, notamment les coûteuses stations d'épuration. Leur remboursement peut se révéler prohibitif par rapport aux conditions des banques. Cinquième ruse avec le règlement des factures d'eau : les sommes ne sont reversées à leur bénéficiaire, la mairie ou un syndicat intercommunal, que six mois à un an plus tard. Entre-temps, les trois champions de l'eau placent cet argent qui leur rapporte des intérêts. Sixième et dernier stratagème : l'utilisation de paramètres souvent incompréhensibles pour justifier des hausses de prix de l'eau décidées librement, depuis 1987, par les maires.

Mais, aujourd'hui, le prix de l'eau, justement, est devenu une préoccupation majeure des Français. Ainsi, en 2001, le mensuel *Capital* a réalisé une enquête discrète pour savoir comment doper ses ventes dans l'Hexagone. Au hit-parade des préoccupations de ses lecteurs, le « scandale du prix de l'eau » porte le maillot jaune. Étonnée, la rédaction en chef du magazine a depuis largement couvert ce sujet, lui consacrant plusieurs couvertures et enquêtes. Chose qui paraissait impensable il y a une dizaine d'années. Sous la bannière de l'UFC-Que choisir et du mensuel *60 millions de consommateurs*, des pinailleurs et des empêcheurs de tourner en rond poussent, depuis une dizaine d'années, leurs élus à ouvrir les yeux. Et, surtout, le triumvirat de la flotte a dû justifier une incroyable flambée du prix de l'or bleu. Un seul chiffre donne le tournis : selon les calculs de la direction de la Concurrence, de la Consommation et de la Répression des fraudes, le prix du mètre cube d'eau a bondi de 66 % entre 1992 à 2002, soit presque quatre fois plus que l'inflation ! L'enquête d'octobre 2000 de *Capital* dans 60 villes confirme cette irrésistible ascension, où Paris ne dépare pas dans le tableau avec une augmentation de 89 % du « château-tiberi ».

Pour dénoncer cette flambée du prix de l'eau, quelques maires ont carrément déclaré la guerre à leur régisseur. Voilà neuf ans que le député-maire UMP de Saint-Dizier, François Cornut-Gentille, se bat pour obtenir des comptes lisibles de la part de la Compagnie. L'affaire commence, en 1995, avec un contrôle de la chambre régionale des comptes qui se voit refuser l'accès au siège de la filiale locale de la Générale pour vérifier les comptes concernant la commune de Saint-Dizier. S'ensuit une guérilla judiciaire devant les tribunaux administratifs et le Conseil d'État, où la Compagnie poursuit la chambre régionale des comptes, coupable, à ses yeux, d'avoir outrepassé ses droits. Une bataille qui n'est pas près de se terminer. « Chaque ligne de ce que nous avons pu contrôler est contestable, proteste le maire en 2002. La marge déclarée sur contrat, qui court jusqu'en 2010, est dix fois inférieure à la réalité. C'est stupéfiant [15]. » Membre du groupe sur l'eau à l'Assemblée nationale, le député-maire y continue sa croisade pour un juste prix. Persuadé lui aussi que la CEO (filiale de Vivendi et de la Lyonnaise) le roule dans la farine, Jacques Drapier, maire de Neufchâteau (Vosges), rompt unilatéralement son contrat, le 1er février 2001, avant que celui-ci n'arrive à son terme. Curieusement, la Générale n'a engagé aucune poursuite judiciaire. À l'entendre, Jacques Drapier n'attend que ça, les poches pleines de grenades : « Dès la reprise de la gestion par la municipalité, le prix moyen du mètre cube d'eau a baissé de un euro. De plus, cette première année a fait apparaître un résultat positif de 300 000 euros, malgré un investissement lourd de 1 100 000 euros et un fonctionnement de 1 400 000 euros [16]. »

Situation inverse à Châtellerault, où le maire Joël Tondusson est traîné devant les tribunaux par Vivendi. Cet élu a commis un crime de lèse-majesté. À l'expiration du contrat de vingt-deux ans signé pour l'assainissement de sa ville avec la Compagnie, le maire a préféré changer de cheval et confier ce travail à un syndicat intercommunal, autrement dit à un service public et non plus au privé. En effet, la municipalité de Châtellerault reproche à la Compagnie de se faire de l'argent sur son dos en lui transférant avec retard la TVA collectée, en son nom, auprès des abonnés [17]. La collectivité fait les mêmes griefs à cette entreprise pour le contrat d'alimentation en eau potable, qui arrive à échéance en 2004. Ambiance… La Compagnie joue sur du velours, la jurisprudence du Conseil d'État étant en sa faveur. Une façon comme une autre de punir un élu trop indépendant. En effet, quitter le privé pour une régie municipale de l'eau a tout pour un maire du saut dans une fosse aux lions. Un exemple l'illustre parfaitement : celui de Grenoble. Juste après la chute d'Alain Carignon, le nouveau maire socialiste, Michel Destot, annonce mollement son intention de remunicipaliser la gestion des services de l'eau et de l'assainissement de la ville. Aiguillonné par les élus Verts, il commence alors un parcours du combattant qui va durer sept ans. Le service des eaux de la ville reste sous la houlette de la Lyonnaise des eaux par le biais de sa filiale SGEA, retenue comme sous-traitant de la nouvelle société d'économie mixte, la SEG (Société des eaux de Grenoble). Malgré cela, le miracle s'accomplit. Le prix de l'eau, qui avait bondi de 53 % entre 1991 et 1994, chute. De 13,04 francs (1,99 euro) en 1995, ce prix tombe à 12 francs (1,83 euro) dès l'année suivante. Mais tout n'est pas rose pour autant, comme l'écrit non sans diplomatie, en avril 2003, la chambre régionale des comptes de Rhône-Alpes dans son rapport sur l'eau à Grenoble : « Cette régie assure effectivement la gestion du service de l'eau à Grenoble depuis 2001. La remunicipalisation des services de l'eau et de l'assainissement, souhaitée par la nouvelle municipalité élue en 1995, s'est donc faite en plusieurs étapes, après intervention du juge administratif, aux termes d'un accord financier complexe entre la Lyonnaise des eaux et la ville de Grenoble[18]. » Bonjour la langue de bois ! Explication : la mairie de Grenoble a dû payer 13,14 millions d'euros indemnités à la Lyonnaise, les contrats d'eau et d'assainissement, signés en 1989, ayant été dénoncés avant leur terme fixé à 2014.

Une chose est sûre : il reste beaucoup plus facile juridiquement de privatiser la distribution de l'eau potable que de la municipaliser. Mais le résultat est là, comme le revendique fièrement le vice-président Vert de la communauté d'agglomération de Grenoble, Raymond Avrillier : « La ville de Grenoble a désormais le prix de l'eau potable le moins cher de toutes les villes de plus de 100 000 habitants, pour une eau distribuée au robinet qui est naturellement pure, sans traitement, et une ressource durablement renouvelable[19]. » L'exemple de Grenoble ajouté à d'autres moins connus, les municipalités l'agitent comme un chiffon rouge, à l'exception du maire socialiste Bertrand Delanoë à Paris (*voir chapitre I*). C'est « retenez-moi ou je fais un malheur : je vais remunicipaliser mon service d'eau potable si vous n'acceptez pas de baisser le prix de l'eau ». Et ça marche. Ces dernières années, les maires ont ainsi obtenu des baisses du prix de l'eau : la députée-maire RPR d'Avignon Marie-José Roig, moins 13 % ; le député-maire du Croisic Christophe Priou, moins 34 % pour sa station d'épuration ; le député-maire RPR de Nice Jacques Peyrat, moins 10 % ; le député-maire PS de Quimper Bernard Poignant, moins 24 %. La martingale de l'eau en a pris un sacré coup derrière les oreilles. Au niveau national, lors des renégociations, le prix baisse en moyenne de 10 %, à la ville comme à la campagne. Rien à voir avec la gestion d'avant, où les trois champions de l'eau régnaient en rois fainéants. Un exemple.

Dans un rapport au président de la République sur « la gestion des services publics locaux d'eau et d'assainissement », la Cour des comptes a dénoncé, en janvier 1997, le caractère scandaleux du contrat liant, depuis octobre 1973, la ville de Metz et la Société mosellane de service des eaux : « Au plan technique et financier, la ville de Metz, dont l'effectif du service des eaux ne comprenait, jusqu'à une date récente, qu'un seul fonctionnaire pour un réseau de plus de 770 kilomètres, n'a pas exercé pendant plus de vingt ans les contrôles minimaux sur l'activité de son fermier[20]. »

Ancien ministre et maire de Metz, l'UDF Jean-Marie Rausch a reçu pour la première fois, en 1995, un compte rendu financier (pas plus d'une page !) de la Société mosellane de service des eaux, filiale à la fois de la Générale et de la Lyonnaise. Celles-ci peuvent difficilement plaider l'erreur… Elles ont appliqué la recette de la martingale : « Pour vivre heureux, vivons cachés »… Premier maire en France à avoir câblé sa ville avec la Générale, Jean-Marie Rausch n'y voyait pas malice… Pourtant, ce brave homme ne disposait d'aucun élément sérieux pour fixer le prix de l'eau dans sa commune. Manque de curiosité de la part d'un maire qui a été trois fois ministre des PTT et du Commerce !

Réaction inverse de la part de 132 habitants (sur 180 concernés) de Malancourt-la-Montagne, toujours en Moselle, qui refusent, depuis 1998, de payer une surtaxe d'assainissement collectée par la Compagnie pour le compte du syndicat intercommunal chargé de ce service. Facturée à hauteur de 0,20 euro par mètre cube pour améliorer une station d'épuration qui n'a jamais vu le jour, cette surtaxe s'ajoute à la redevance d'assainissement déjà perçue par la Compagnie. À l'issue de plusieurs jugements, le tribunal d'instance de Metz a donné raison, le 4 mai 2002, à ces 132 irréductibles[21]. Dans les attendus de son jugement, le juge considère que la surtaxe, contrairement à la redevance, ne présente pas un caractère fiscal en contrepartie d'un service rendu. La Compagnie a envisagé, à l'époque, de se pourvoir en cassation…

Pour expliquer la flambée du prix de l'eau, le triumvirat de l'eau en est réduit à botter en touche en invoquant « trois facteurs indépendants de [sa] volonté qui se cachent au beau milieu de [n]otre facture d'eau ». Tout de même, la production et la distribution d'eau constituent 42 % de la « douloureuse » du consommateur. Son prix a grimpé de 29 % depuis 1992. Deux raisons, il est vrai, justifient en partie cette hausse : les prélèvements fiscaux et les travaux à effectuer en application des directives européennes sur l'amélioration de la qualité de l'eau, notamment la lutte contre les nitrates et le plomb. Une augmentation dont profitent bien (ils ne s'en vantent pas) les trois champions de l'eau, qui sont les seuls à pouvoir réaliser ces travaux. Le coût de l'assainissement (collecte et traitement des eaux usées) représente le deuxième poste de cette facture d'eau (31 % du total) qui a connu, de 1992 à 1998, une irrésistible ascension de 72 % avant de se stabiliser. Cette explosion correspond aux travaux provoqués par la loi de 1990 qui impose un système de collecte et de retraitement des eaux usées pour nos villes et villages. Qui fabrique et gère ces installations ? Encore et toujours les trois majors de l'eau. Aujourd'hui, seules 15 000 petites communes et leurs 4 millions d'habitants rejettent directement leurs eaux usées dans la nature, voire dans des rivières ou la mer.

Enfin, le dernier poste de la facture (27 % du total) contraint le consommateur à payer des redevances aux agences de l'eau. C'est-à-dire les établissements publics régionaux qui conçoivent les aménagements à long terme et aident les communes à financer ces travaux. Encore des chiffres qui donnent le tournis : 198 % d'augmentation de 1991 à 1996 pour cette redevance aux agences de l'eau, puis 26 % entre 1996 et 2000. Ces financements assurent l'arrivée d'eau potable dans les régions peu peuplées, l'entretien des voies navigables et surtout le coût de la dépollution de l'eau (plus 50 % à elle seule de 1992 à 1998). Ici apparaît un autre serpent de mer : les citadins paient 84 % de la facture antipollution, et les agriculteurs 1 à 2 %, alors que ces derniers sont responsables du tiers de la pollution par matière organique et des trois quarts par l'azote. Pour ne pas avaler tout et n'importe quoi, sur la foi de ces chiffres et pourcentages que les industriels de l'eau mettent en avant pour justifier l'augmentation du prix de l'eau, les maires doivent requérir l'aide de spécialistes. Des experts capables de dénicher les charges indues ou gonflées au milieu d'un océan de chiffres qui restent à dessein incompréhensibles, tant pour un élu que pour le commun des mortels. Ce genre d'oiseau rare ne court pas les rues. En fait, ces auditeurs très spéciaux ne peuvent qu'avoir été nourris au sein maternel de la Générale, de la Lyonnaise ou de la Saur-Bouygues. Assurément, ce sont d'anciens cadres de ces groupes qui ont rédigé ce genre de contrat et sont passés, depuis, de l'autre côté de la barricade…

Ainsi, le directeur de Service public 2000, Antoine Grand d'Esnon (cousin de Jérôme Grand d'Esnon, ex-responsable national du RPR, ancien salarié de Bouygues et de la compagnie, et actuellement directeur juridique à Bercy), a été à bonne école comme il le raconte lui-même : « J'ai démarré par un stage initiatique à la Générale des eaux, où j'ai appris beaucoup de ficelles et de technique. J'ai appris à lire des comptes rendus financiers… » Face à une multitude de sociétés américaines ou liées au triumvirat de l'eau, il dirige la principale société spécialisée dans l'audit des services publics. Interrogé le 8 février 2001 par la Mission d'évaluation et de contrôle de l'Assemblée nationale sur le financement et la gestion de l'eau, cet expert déclare : « La crise de 1995 a poussé un certain nombre d'élus à changer de mode de gestion et à revenir à la régie. Que ce soit passé dans les actes ou que ce soit une menace crédible, c'est aujourd'hui le principal facteur de concurrence, et, dans cette mesure, nous sommes extrêmement favorables à avoir des régies en bon état (les régies françaises travaillent bien) et à rétablir un équilibre entre les deux systèmes, comme l'école publique et l'école privée, les cliniques privées et l'hôpital public. Je crois que c'est une bonne chose aujourd'hui[22]. » Le directeur de Service public 2000 n'anime pas un noyau de révolutionnaires anticapitalistes, mais les trois géants de l'eau n'apprécient guère qu'on vienne mettre le nez dans leurs affaires. Cette association a été créée en 1996 par l'Association des maires de France (AMF) et la Fédération nationale des collectivités concédantes et régies (FNCCR) pour aider les collectivités à gérer leur service de l'eau ou à contrôler la délégation au privé. Œcuménique en diable, Service public 2000 recouvre tout l'échiquier politique à part les communistes. Deux coprésidents sont à sa tête à l'époque : Josy Moinet, président de la FNCCR, et le sénateur-maire UMP-RPR de Bapaume, Jean-Paul Delevoye (ministre de la Fonction publique dans les gouvernements Raffarin I et II), président de l'AMF. Elle a aussi un trésorier, le sénateur socialiste Michel Charasse, et un secrétaire, le député UMP-UDF Christian Martin.

Pour eux, l'objectif reste de mieux comprendre combien coûte le service de l'eau, et ensuite d'animer la négociation, puisqu'elle seule peut faire apparaître un prix qui soit le plus près possible du coût réel de l'eau. Ainsi, lors de la renégociation du renouvellement du contrat d'affermage de la ville de Quimper, en 2000, Antoine Grand d'Esnon et sa dizaine de collaborateurs ont réussi à faire baisser les prétentions de la Compagnie de 24 % sur le prix du mètre cube d'eau. Histoire de donner une idée de l'ambiance de travail, l'expert souligne : « Nous travaillons dans un secteur du conseil qui est une jungle dans laquelle il n'y a pas de déontologie, de charte de qualité ou de définition des missions. À partir d'une proposition, n'importe qui peut dire n'importe quoi et c'est très difficile »… Il explique ce jeu du chat et de la souris : « Nous déplaisons parce que nous connaissons bien les coûts d'exploitation des entreprises ayant des missions de service public[23]. » Véritable contre-pouvoir au service des élus, l'homme se montre avare de détails et soucieux d'éviter toute médiatisation de son rôle. Son marché est immense : sur les 12 000 contrats d'eau et d'assainissement dans l'Hexagone, 6 000 seront renégociés d'ici quatre à cinq ans. À part quelques cas scandaleux ou « protégés », cette renégociation doit en principe s'accompagner d'une mise en concurrence des candidats, conformément à la loi Sapin du 29 janvier 1993. En réalité, l'expertise d'Antoine Grand d'Esnon permet à un maire de se servir efficacement de la seule arme à sa disposition : le chantage à la régie municipale qui permet d'obtenir des rabais de 10 à 30 % sur le prix du mètre cube d'eau. À la communauté urbaine de Cherbourg (CUC), le chantage a tourné vinaigre pour la Compagnie qui a perdu, à dater du 1er janvier 2005, le contrat d'affermage sur la production de l'eau (70 % de l'agglomération) et la distribution dans le centre-ville. Le conseil de la CUC a voté la remunicipalisation par 47 voix sur 53, avec les voix de toute la gauche plurielle et six de droite sur douze. Tous ces élus ont été convaincus par un audit qui prouvait que la gestion municipale serait moins chère que la Compagnie, aujourd'hui filiale de Veolia Environnement.

La Lyonnaise a perdu Grenoble, et la Générale Cherbourg, grâce au dynamisme des élus Verts qui ont su convaincre leurs collègues socialistes. D'autres villes vont tomber. Mais cette renaissance des régies municipales ne peut se faire sans les audits d'Antoine Grand d'Esnon et de quelques autres « Lucky Luke ». Des sortes de chasseurs de primes qui, aujourd'hui, font plus que grincer des dents… Quelquefois, même, excédé, l'un des champions de l'eau perd la tête. Un exemple. Dans la matinée du 1er septembre 1994, place Clichy, dans le nord de la capitale, des policiers de la BRB (Brigade de répression du banditisme) prennent en filature deux malfrats, repérés grâce à une écoute téléphonique. À en croire les « zonzons », les deux individus sont sur le point de « monter au braquage » dans la région de Béziers. Sur le quai de la gare de Lyon, les enquêteurs cassent la « filoche » au moment où les deux voyous s'apprêtent à sauter dans le TGV. Dans leurs sacs de voyage, les fonctionnaires découvrent l'attirail complet du parfait petit braqueur de banques : un pistolet d'alarme, un fusil à canon scié, deux grenades (une lacrymogène et une fumigène), des cartouches de calibre 12, une matraque, deux jeux de fausses plaques d'immatriculation, deux paires de gants, une perruque, un coup-de-poing américain et deux billets aller-retour Paris-Béziers en TGV. Au domicile de l'un d'eux, les policiers continuent leur marché et tombent sur un revolver Smith et Wesson 357 magnum et deux fusils à pompe Mossberg, quantité de munitions pour ces armes, sept petits postes émetteurs-récepteurs, deux perruques et une paire de menottes.

Placés en garde à vue, Hervé Jaubert, 38 ans, ancien sous-officier à la DGSE devenu détective « musclé », et Stéphane Pommier, 28 ans, sans profession, passent aux aveux sans se faire prier[24]. Pour 40 000 francs, tous les deux avaient accepté une « action d'intimidation » contre un empêcheur de tourner en rond. L'objectif ou la cible était l'une des bêtes noires des trois majors de l'eau : Jacques Michel, 73 ans, ex-directeur régional de la Lyonnaise des eaux dans le sud de la France, passé dès sa retraite à l'« ennemi » avec armes et bagages. Leur commanditaire n'est autre que la société Export Trading Service (ETS). Selon son argumentaire publicitaire publié à l'occasion du salon Milipol, cette société fournit des « équipements spécialisés aux ministères de l'Intérieur et de la Défense, notamment aux groupes d'intervention, parachutistes et commandos [25] ». Elle vend des « matériaux anticompromission audio-vidéo », des « explosifs » et des « systèmes discrets ». Bonne cliente d'ETS, la Générale lui avait demandé, en juin 1994, de détecter un système d'écoutes dans les bureaux de Guy Dejouany au 52 rue d'Anjou. Officiellement, ces orfèvres des « zonzons » n'avaient rien trouvé.

Difficile de rencontrer ou d'avoir au téléphone Jacques Michel qui, aujourd'hui encore, vit dans la peur entre Béziers et Cannes, caché derrière l'écran de son avocat. Les clients du cartel de l'eau, syndicats intercommunaux ou interdépartementaux, villes ou agglomérations, sont devenus ses meilleurs clients. À la tête du bureau d'études Assistance Contrôle Services Publics (ACSP), ce retraité propose son programme dans sa « fiche de renseignements » distribuée aux communes intéressées : « Venir en aide aux collectivités locales qui n'ont pas souvent la capacité pour analyser, contrôler les prestations des sociétés délégataires, exiger les prestations dues, permettre aux collectivités d'obtenir des tarifs honnêtes [26]. » Réduire le prix de l'eau : une mission facile pour ce « sachant » qui, totalisant trente et un ans de carrière à la Lyonnaise, connaît toutes les ficelles du métier permettant de présenter un tarif souvent incompréhensible pour le profane ou l'élu. L'une de ses expertises a fait tourner le sang aux patrons de la Compagnie méditerranéenne des services d'eau (Cmese), une filiale à 82 % de la Générale des eaux qui réalisait, au début des années 1990, un bénéfice net de l'ordre de 20 millions de francs principalement dans le département du Var et en Corse. L'audit a démontré que la Cmese gonflait sa facture, sans justification réelle, de 6 millions de francs par an à Sainte-Maxime dans le Var. Fort des résultats de l'audit, le maire a obligé la société à réduire sa facture annuelle d'autant et à lui restituer le trop-perçu sur ce contrat de vingt ans. Soit un manque à gagner de plus de 100 millions de francs pour la filiale de la Compagnie [27].

De quoi broyer du noir pour les patrons de la rue d'Anjou,

peu habitués à ce qu'un troisième larron vienne troubler le jeu entre eux et les collectivités locales. La Cmese prend alors langue avec ETS, domicilié dans le XVe arrondissement à Paris. Bernard Cayron, gérant de cette société, 51 ans, et Régis Calmels, un ingénieur de 38 ans, PDG de la Cmese, avouent seulement avoir ordonné une mission sur le train de vie et les activités de Jacques Michel. Régis Calmels avait fait la connaissance de Jacques Michel lors de la révision du contrat entre la Cmese et la commune de Sainte-Maxime. Il reconnaîtra s'être rendu au domicile de Jacques Michel afin de lui remettre des documents. Les deux hommes de main, Stéphane Pommier et Hervé Jaubert, maintiendront qu'il s'agissait d'une mission d'intimidation. Finalement, le 6 novembre 1997, Régis Calmels, Stéphane Pommier, Hervé Jaubert et Bernard Cayron ont été condamnés chacun pour association de malfaiteurs à deux ans d'emprisonnement par le tribunal correctionnel de Paris [28], dont quatre mois ferme pour les trois derniers. Ces peines seront confirmées en appel à Paris, puis à Versailles, le 16 janvier 2001, après cassation uniquement par Régis Calmels et Bernard Cayron. Me Christophe Bigot, l'un des avocats de Veolia, nous a affirmé que Régis Calmels avait été relaxé par la cour d'appel de Versailles, en 2002, après un nouveau pourvoi. Pourtant, Me Christophe Bigot ne nous a pas communiqué cet arrêt qui semble bizarrement introuvable [29]. En revanche, un arrêt de la Cour de cassation du 28 novembre 2001 a rejeté le nouveau pourvoi de Bernard Cayron.

Incarcéré pendant plusieurs mois dans le dossier des fausses factures d'Île-de-France à Versailles [30], Régis Calmels n'aura fait que six semaines de détention provisoire dans l'affaire Jacques Michel contre quatre mois environ pour ses trois coaccusés. La Compagnie ne lui en tient pas rigueur puisqu'elle l'a bombardé depuis à la tête de sa filiale philippine, comme le révèle l'annuaire Vivendi des cadres supérieurs participant au séminaire d'Opio du 19 au 22 mai 1999. Trois ans avant les faits, l'ingénieur Régis Calmels était un des jeunes éléments (il a seulement 35 ans) les plus brillants de l'entreprise. Chef du secteur Brie en Seine-et-Marne, il avait comme principal interlocuteur l'ancien ministre et député-maire RPR de Provins, Alain Peyrefitte. Consécration suprême : *TroisO* lui avait consacré un article, en octobre 1991 : « Pour lui, l'efficacité sur le terrain s'obtient en devenant un interlocuteur incontournable dans sa région. Le "relationnel" occupe largement ses journées, bien remplies, même s'il essaye d'éviter toutes les manifestations qui ne le concernent pas directement : "Nous ne sommes pas des notables..., dit-il. Nous représentons une grande entreprise, pas une institution[31]. » » Et on ne peut pas dire que les juges aient vraiment cherché des poux dans la tête de la Générale. Dans les attendus de son jugement, la dixième chambre du tribunal correctionnel de Paris se contente de noter d'une manière peu compréhensible le manque de curiosité du juge d'instruction : « La mise en cause de Calmels par M. Cunnac, chargé de mission à la CGE [Compagnie générale des eaux], qui déclarait lui avoir fourni les coordonnées de Cayron pour effectuer une enquête sur Michel et avoir indiqué à Cayron que la décision viendrait de Calmels, lui-même n'ayant pas le pouvoir de la prendre[32]. »

En fait, l'« affaire Jacques Michel » n'a jamais menacé la haute direction, la maison mère du 52 rue d'Anjou à Paris. Michel Cunnac, aujourd'hui responsable de la gestion des contrats à la CEO, a été entendu une seule fois par le juge d'instruction, qui n'a pas songé une seconde à le mettre en examen. L'enquête de police est bien remontée jusqu'à lui, mais sans pouvoir le mettre en cause judiciairement. Le même magistrat a également interrogé le futur grand patron de Veolia Environnement, Henri Proglio, directeur à l'époque à la Compagnie, société mère de la Cmese et de la CEO. Il l'a entendu uniquement à titre de témoin. Malgré cet épisode, Jacques Michel continue ses missions. Depuis, il a réussi l'exploit de se faire attaquer en diffamation à la fois par la Lyonnaise et son vrai-faux concurrent, la Générale. En effet, la CEO (ancienne filiale à 30 % de la Lyonnaise et à 70 % de la Générale jusqu'au début des années 1990) a réclamé 300 000 euros à Jacques Michel, gérant d'ACSP. Il faut reconnaître que l'ancien directeur régional de la Lyonnaise n'a pas sa langue dans sa poche. Dans le cadre d'une mission d'analyse des contrats de distribution d'eau et de la station d'épuration de Port-Vendres conclus entre la CEO et le district de la Côte Vermeille, ce retraité de choc avait démontré une surfacturation annuelle de 10 millions de francs. Grâce à cet audit, Jean Marti, président du district de la Côte Vermeille, dit avoir obtenu une « réduction des tarifs de la CEO de 38 % [33] ».

Arguant de la « volonté délibérée de nuire à la société CEO en rendant ses conclusions publiques », cette dernière a attaqué une conclusion diffamatoire à ses yeux de Jacques Michel : « Il ne faut pas permettre une démarche mafieuse du pouvoir des sociétés, quelle que soit leur puissance financière ou politique. » Dans un jugement du tribunal de grande instance de Béziers (la CEO n'a pas fait appel), les juges ont débouté la filiale de la Générale. Pour eux, l'expert n'a fait que « rappeler ce qui est connu de l'opinion publique depuis plusieurs années au travers des médias, en ce qui concerne la distribution de l'eau en France, et les quelques sociétés ou groupe privés français assurant la gestion de l'eau et mis en cause à l'occasion d'un certain nombre d'affaires judiciaires, concernant notamment les conditions d'attribution des contrats ou concession de distribution d'eau et d'assainissement [34] ». Les mastodontes de l'eau craignent Jacques Michel qui affirme haut et fort sa détermination : « Ma force, c'est mon indépendance. Les compagnies ne peuvent rien contre moi. » Ses plus beaux lièvres, Jacques Michel les revendique après avoir obtenu des maires concernés un certificat d'authentification de ses résultats. Le département du Var semble être un gisement de premier choix pour lui avec six communes qui ont déjà allégé leur facture d'eau grâce à ses services. Un « collègue » de Jacques Michel, M. P., suscite aussi bien des soucis au groupe Veolia et à son PDG, Henri Proglio. Ingénieur de formation, ce retraité a travaillé plus de trente ans aux côtés de Guy Dejouany. Ses anciennes fonctions en font un homme de l'art : il supervisait la rédaction des nouveaux contrats. Grand résistant durant la dernière guerre, cet honnête homme a lui aussi retourné sa veste depuis quelques années. Aujourd'hui, il conseille très discrètement des municipalités soucieuses de renégocier au mieux leur contrat avec Veolia. Au dernier moment, M. P. a préféré annuler notre rendez-vous à son bureau dans la banlieue parisienne…

Le triumvirat de l'eau n'a pas besoin de recourir à des gros bras dans la France profonde. Antoine Grand d'Esnon et ses collègues auditeurs, ainsi que les associations de consommateurs y font encore figure de martiens. Le meilleur allié des rois de l'eau reste toujours l'incompétence manifeste de nombreux élus en matière de passation de marchés publics. Certes, quelques groupements d'usagers[35], sortes de Robin des bois modernes, se battent dans nos campagnes verdoyantes contre le ménage à trois : Accro à la Réunion, comité de défense à Castres, ACF en Ardèche, Eau 26, Eau Pression et plus de 70 associations dans le Vaucluse (Saur et Compagnie), Syndicat Rhône-Ventoux à Carpentras-Bollène (Lyonnaise), ACE-Arconce, Histoire d'eau, Seans, A.B.U.S., Eau, *Réveaulution*, Saurdide (La Saur a déposé plainte pour usage malveillant de son nom)... Réunies dans la Coordination nationale des associations de consommateurs d'eau (Cace), ces associations se bagarrent au quotidien avec les rois de l'eau pour les obliger à respecter la transparence des contrats. Pourtant, à l'ombre du clocher et du café-tabac-loto-dépôt de journaux, dans nos petites villes et villages, les trois majors de l'or bleu règnent bien souvent sans partage. Un gigantesque fromage se cache derrière des boulots dits sales et mal payés : la fourniture et le lavage des poubelles, la collecte des déchets hospitaliers, des ordures ménagères ou industrielles, du verre, du papier et des cartons, la gestion d'usines d'incinération, de déchetteries et de centres d'enfouissement, les transports scolaires et publics. Le marché des stations d'épuration, la valorisation des déchets et la disparition des décharges sauvages s'annoncent comme le nouvel eldorado du cartel de l'eau. D'ici à la fin 2005, toutes les villes de plus de 10 000 habitants devront être dotées d'une station d'épuration à laquelle les communes de plus de 2 000 âmes devront être reliées. Coût : 165 milliards de francs d'investissement entre 1990 et 2005. Et dans le cadre de la loi de 1992 sur l'élimination des décharges à l'horizon 2002, des plans départementaux d'élimination par incinération ou enfouissement et de valorisation des déchets sont mis en place depuis 1975. Des projets qui ne peuvent échapper au trio de l'eau.

Mais personne ne prend le temps d'écouter les associations de consommateurs d'eau. Prenons un exemple parmi d'autres : le sud-est du Loiret. Ce petit bout d'Hexagone illustre à merveille les charmes discrets du yo-yo des monopoles dans la France profonde. La mise en route laborieuse (huit ans de réglage) d'une unité d'incinération ultramoderne d'ordures ménagères et de déchets y a rempli les poches de deux des trois champions de l'eau et vidé celles des contribuables. L'usine d'incinération d'Arrabloy a coûté plus de 236 millions de francs (contre 200 millions prévus au départ), et son coût d'exploitation annuel tourne autour de 3,9 millions de francs [36]. Ici, à 150 kilomètres au sud de Paris, la gestion de cette unité ne pouvait échapper au triumvirat qui, depuis plus d'un demi-siècle, quadrille le terrain sans tambour ni trompette. Ici, Suez-Lyonnaise des eaux règne sans partage sur la distribution d'eau potable et sur la construction de stations d'épuration. Ici, Bouygues et Veolia Environnement font mine de se bagarrer pour mieux se réserver le reste : essentiellement la collecte et l'incinération des ordures ou déchets. « Un ou deux de ces groupes au maximum répondent aux appels d'offres, mais rarement dans les conditions légales, explique la vice-présidente du Comité de défense des usagers des services publics de la région de Gien, Sylvie Vauvilliers, conseillère municipale communiste de Gien. Nous avons bombardé de lettres les politiques et les autorités administratives ou judiciaires. Nous n'avons pas pu les tirer de leur profonde léthargie.

Pourtant, il y a de quoi faire avec la cascade d'irrégularités et l'absence de concurrence liées à la construction de l'usine d'Arrabloy et au fonctionnement du centre d'enfouissement connexe. Et quand le procureur de la République compétent, celui de Montargis, enquête sur ces gaspillages financiers au préjudice du contribuable, il joue systématiquement à l'arlésienne. Sans se presser à l'exemple de Zorro, ce brave homme arrive, mais toujours trop tard. Et la prescription judiciaire joue [37]. » Avec huit ans de retard, l'usine de conception japonaise fonctionne à Arrabloy depuis le 17 mai 2003, avec ses deux chaînes de fours « à lits fluidisés », prévus pour traiter 80 000 tonnes de déchets par an. Un petit bijou unique en France qui brûle les déchets au milieu d'une nappe de sable en mouvement. Cette nouvelle technologie utilisée à l'usine d'Arrabloy, joliment dite « du four à lits fluidisés rotatif », a connu un accouchement pour le moins difficile. Ce système utilise du sable chaud en mouvement, qui doit embraser toutes les ordures, y compris les déchets industriels ou hospitaliers. Cette technique permet de moins recourir, dit-on, à l'enfouissement, qui coûte très cher. Et elle brûle notamment les boues en provenance des stations d'épuration des eaux, impossibles à traiter dans les fours classiques. L'incinération produit de la chaleur, donc de l'électricité, qui sera revendue à EDF. Le plus gros des résidus, des mâchefers, sont eux aussi revendus pour être employés dans le sous-sol des autoroutes. Le rêve quoi... Mais un rêve, dont la réalisation va vite tourner au cauchemar...

Pourtant, un élu décédé depuis, en juillet 2003, d'une longue maladie, Jean-François Soupplisson, adjoint au maire RPR de Gien, avait mis en garde les autorités locales dès 1996. Rien ne prédisposait ce tranquille agent d'assurances à lancer une croisade contre les ratés de l'usine d'incinération d'Arrabloy et sur la passation irrégulière de marchés publics. D'autant que ce notable ne veut pas contrarier la carrière de son fils Franck, un énarque adjoint RPR au maire de Montargis, qui se voit déjà député de cette région de vieille tradition communiste. Cependant, son dossier complet des ratés de l'usine d'incinération d'Arrabloy sous le bras, Jean-François Soupplisson va confier son « écœurement » et ses « inquiétudes » à toutes les autorités administratives et judiciaires de la région. Personne ne l'écoute vraiment... Certains l'éconduisent poliment. De guerre lasse, l'honnête homme va démissionner de ses fonctions d'adjoint au maire de Gien[38]. Prend alors le relais, en 1998, Annic Aubert, la secrétaire générale du Syndicat mixte central de collecte et de traitement des ordures de Gien et de Châteauneuf-sur-Loire. À force de dénoncer les irrégularités dans la construction de l'usine d'incinération, cette turbulente jeune femme est rapidement mise à l'écart, tout en conservant officiellement ses fonctions[39]. Lui succède dans le rôle d'agitateur le Comité de défense des usagers des services publics de la région de Gien, Châtillon-Coligny, Châtillon-sur-Loire et Briare (55 000 habitants), qui se crée en 1999, en réponse à l'explosion de la taxe d'enlèvement des ordures ménagères : plus 300 % en un an. Un record provoqué par la difficile mise au point de l'usine d'Arrabloy qui plombe les finances des communes locales.

En découvrant les irrégularités liées à la construction et à la gestion de cette usine, ce comité provoque un beau remue-ménage. Ses dirigeants s'aperçoivent que l'une des deux sociétés chargées de la collecte des ordures et de leur traitement, la Soccoim-Onyx, a montré un talent certain pour faire fructifier ses rémunérations. En 1995 et 1996, cette filiale de la Compagnie, rebaptisée aujourd'hui Veolia Environnement, en a profité pour rouler dans la farine un de ses clients, de manière quasiment légale. L'affaire mérite le détour. Le syndicat des communes de Gien s'était adressé à cette filiale de l'honorable Compagnie pour enfouir au centre de Saint-Aignan-des-Gués la fraction de déchets non incinérables à l'usine d'Arrabloy, celle-ci ne fonctionnant pas encore correctement. Tarif imposé par cette société à la tête du client : 150 francs la tonne. Pour exactement le même service, le frère jumeau de cette première collectivité locale, le syndicat des communes de Châteauneuf-sur-Loire, payait 56 francs la tonne [40]. La « manip » a duré deux ans. La Compagnie a donc encaissé un trop-perçu de 2,8 millions de francs hors taxes. Les deux syndicats jumeaux, celui de Gien (55 000 habitants) et celui de Châteauneuf-sur-Loire (65 000 habitants), forment le syndicat mixte central (Smictom) qui a financé la nouvelle usine d'incinération d'Arrabloy. Ces deux syndicats de communes vivent une nouvelle application de la martingale de l'eau.

Le président du Smictom et maire divers droite de Gien, Jean-Pierre Hurtiger, puis son successeur, le maire RPR de Sully-sur-Loire, Jacques Garnier [41], sont pieds et poings liés face à la toute-puissance de Veolia Environnement. Ils exigent, depuis l'année 2000, le remboursement par la Soccoim-Onyx des 2,8 millions de francs hors taxes de factures « payées en dehors de tout cadre contractuel légal ». Réponse du berger à la bergère : la Soccoim-Onyx demande au tribunal administratif d'Orléans que soient déclarées non fondées les requêtes du Smictom. Incroyable, mais vrai. La justice suit son cours, sans se presser... Résultat : pour l'instant, la taxe d'enlèvement des ordures ménagères de Gien et de sa région semble, depuis 1998, l'une des plus élevées de France avec un chiffre de 710 francs hors taxes par habitant contre 500 à 580 francs, toujours hors taxes, dans le reste du pays [42]. Gien s'embourbe ainsi dans ses ordures à la suite des ratés de son usine d'incinération des déchets qui, prévue pour fonctionner en 1996, n'a été vraiment mise en route que le 17 mai 2003. La « machine à cash », le centre technique d'enfouissement de Saint-Aignan-des-Gués, fonctionne encore, mais plus au bénéfice de Veolia Environnement. Tant va la cruche à l'eau qu'elle se casse... Furieux de s'être fait surtaxés de 2,8 millions de francs, les élus du Smictom de Gien et de Châteauneuf-sur-Loire ont réussi à évincer la Soccoim-Onyx. Propriétaires de la décharge, les syndicats intercommunaux ont attribué, en 2000, la concession de son exploitation à une filiale de Bouygues, la Coved[43]. Les caves se sont vengés… Mais, trois ans plus tard, Henri Proglio fait un joli pied de nez à tous ces élus… En effet, début 2003, au moment où les deux chaînes de fours de l'usine d'Arrabloy commencent à fonctionner, enfin, en régime normal (80 000 tonnes d'ordures par an), son exploitant, la Cideme, est vendu. Celle-ci est rachetée par la société Tiru, filiale à 50 % d'EDF et à 25 % respectivement de la Lyonnaise et de Vivendi Environnement (Veolia Environnement). Ce géant français numéro un en Europe dans sa spécialité exploite trois usines d'incinération d'ordures ménagères pour les 5 millions d'habitants de Paris et de sa banlieue. En un mot, chassé de l'usine d'enfouissement de Saint-Aignan-des-Gués, le groupe Vivendi (devenu Veolia Environnement en 2003) rentre par la fenêtre pour être chargé de l'exploitation de l'usine d'Arrabloy. Les élus du syndicat mixte ne décolèrent pas, persuadés d'être les dindons de la farce dans cette affaire[44]. Version officielle : le « process » d'Arrabloy, hautement rentable à terme, dit-on, intéresse fortement les dirigeants de la société Tiru, qui n'auront pas à essuyer les plâtres de sa mise en route. Le contribuable giennois est passé par là… Utilisé soi-disant avec succès aux États-Unis, en Suède et au Japon, ce procédé éviterait aux collectivités locales de recourir aux décharges d'enfouissement, très coûteuses et polluantes.

Les trois majors se frottent les mains. Les caves se sont rebiffés, certes, mais sans grand succès. Il est vrai que les représentants locaux de l'État ont dormi, quand ils n'avaient pas le pied sur le frein. Les lettres du conseiller régional socialiste Jean-Marc Rousseau, de l'ancien ministre et député RPR Xavier Deniau et du Comité de défense des usagers des services publics de la région de Gien se sont multipliées. En pure perte… Dans leurs réponses successives, la chambre régionale des comptes d'Orléans, le procureur de la République de Montargis, le préfet du Loiret, les services fiscaux et la direction de la Concurrence de la Consommation et de la Répression des fraudes du département n'ont cessé d'écrire qu'ils suivaient le dossier[45]. Ils l'ont suivi, en fait, au bénéfice du triumvirat de l'eau. Aucune procédure fiscale, judiciaire ou administrative n'a abouti au bout de sept ans… Incompétence ou volonté de masquer la responsabilité de l'administration qui n'a jamais dénoncé les multiples irrégularités aux procédures de passage de marchés publics ? La chambre régionale des comptes Centre s'est-elle tranquillement endormie sur le bébé ? Cinq ans plus tard, elle reprendra les critiques de Jean-François Soupplisson, d'Annic Aubert et du Comité de défense des usagers des services publics de la région de Gien. Trop tard, la prescription joue. La chambre peut faire de belles et jolies phrases pour stigmatiser les erreurs de gestion des trois syndicats de ramassage des ordures ménagères et de traitement des déchets de la région de Gien et de Châteauneuf-sur-Loire (120 000 habitants). Les magistrats pointent quantité d'« irrégularités », « soulignent le défaut de concurrence lors des appels d'offres », s'étonnent que chaque syndicat n'ait à son service qu'« un seul employé » pour contrôler le travail de plusieurs sociétés privées… La liste est longue : un véritable catalogue des irrégularités commerciales à ne pas faire en matière de passation de marchés publics au profit exclusif de Bouygues, de Veolia et, à un moindre titre, de Suez-Lyonnaise des eaux[46]. Explication : sous ces ordures se cache un océan de profits…

NOTES

1. Voir fac-similé de l'ours du mensuel *L'Eau* en 1924 et de son successeur aujourd'hui.

2. Voir Bruno Fay et Laurent Olivier, *Le Casier judiciaire de la République*, Ramsay, 2001, p. 214.

3. Voir Géo London, *Les Grands Procès de l'année 1930*, Les Éditions de France, 1931, p. 147.

4. *Ibid.*, p. 133.

5. *Ibid.*, p. 137.

6. *Ibid.*, p. 138.

7. *Ibid.*, p. 146.

8. Voir Dominique Lorrain, *Gestions urbaines de l'eau*, Economica, 1995, p. 49.

9. Géo London, *Les Grands Procès de l'année 1930*, *op. cit.*, p. 136.

10. Entretiens avec l'auteur en avril et mai 2004.

11. Voir Bruno Fay et Laurent Olivier, *Le Casier judiciaire de la République*, *op. cit.*, p. 54-55.

12. Voir Claude Leyrit, *Les Partis politiques et l'argent*, *Le Monde*-Marabout, 1995, p. 164-166.

13. *Ibid.*

14. Voir *Capital* d'octobre 2002, p. 110-111, et *Le Revenu français* du 15 mai 1998, p. 11.

15. Voir interview de François Cornut-Gentille, maire de Saint-Dizier, dans *Capital* d'octobre 2002.

16. Voir interview de Jacques Drapier, maire de Neufchâteau, dans *Capital* d'octobre 2002.

17. Voir observations de la chambre régionale des comptes de Poitou-Charentes sur la gestion de la ville de Châtellerault (sur l'eau et l'assainissement, p. 10-12) ; *Capital* d'octobre 2002, p. 118.

18. Voir rapport de la chambre régionale des comptes de Rhône-Alpes, en date du 16 avril 2003, sur la gestion de l'eau et l'assainissement à Grenoble ; *Le Monde* du 22 mars 2000.

19. Entretien avec l'auteur en décembre 2004.

20. Voir paragraphe sur Metz dans le rapport de la Cour des comptes au président de la République de janvier 1997.

21. Voir journal *L'Alsace* du 5 mai 2002.

22. Voir audition d'Antoine Grand d'Esnon par la Mission d'évaluation et de contrôle de l'Assemblée nationale sur le financement et la gestion de l'eau dans rapport d'information, 22 mai 2001, p. 78, 89.

23. *Ibid.*

24. Voir « Quand le prix de l'eau baisse, les privés sortent leurs flingues », *Le Canard enchaîné* ; « L'homme qui fait trembler les grands groupes », *Vie publique*, juin 1995, p. 59 ; « L'expert qui a fait réduire les factures d'eau », *La Croix*, 5 janvier 1999.

25. Voir catalogue 1997 du salon Milipol, p. 181.

26. Fiche de renseignements d'ACSP, p. 1.

27. *Ibid.*, p. 2 ; voir « Le justicier a encore frappé », *L'Événement du jeudi*, 5-11 octobre 1995, p. 58.

28. Voir jugement du 6 novembre 1997 du TGI de Paris, p. 1-14 ; Olivier Toscer, *Argent public et fortunes privées, histoire secrète du favoritisme d'État*, Denoël, 2002, p. 257-260.

29. Entretien avec l'auteur en novembre 2004.

30. Voir article de Renaud Lecadre dans *Libération* du 22 janvier 2003.

31. Voir « Régis Calmels », *TroisO* (revue interne de la CGE), n° 45, p. 10-11.

32. Voir jugement du 6 novembre 1997 du TGI de Paris, p. 11.

33. Voir certificat délivré à l'expert Jacques Michel par le président du district de la Côte Vermeille, Jean Marti, le 1er octobre 1997.

34. Voir jugement du tribunal du TGI de Béziers du 1er mars 1999.

35. Voir documentation officielle des associations de défense des usagers d'eau potable.

36. Entretien de l'auteur en août 2003 avec Laurent Mosnier, secrétaire

du Syndicat mixte central de traitement des déchets des régions de Gien et de Châteauneuf-sur-Loire, et Serge Hurtiger, président du même Syndicat.

37. Entretien avec l'auteur en juin 2002.

38. Entretien avec l'auteur en août 2002.

39. Entretien avec l'auteur en juin 2002.

40. Voir Christel Métais, « Les monstres et les encombrants… devant la justice », *Le Journal de Gien*, 1er mars 2001 ; Laurent Camin, « Ordures ménagères : la taxe va encore augmenter », *La République du Centre*, 23 février 2001.

41. *Ibid.* et entretien avec l'auteur en août 2003.

42. Voir Laurent Camin, « Ordures ménagères : la taxe va encore augmenter », *op. cit.* ; « Les ordures ménagères hors de prix », *Le Figaro*, 15 octobre 1998 ; Didier Berneau, « Gien : l'usine d'incinération pollue la campagne », *L'Humanité*, 28 février 2001.

43. Voir documents du Smictom.

44. *Ibid.*

45. Voir courrier du Comité de défense des usagers des services publics de la région de Gien au procureur de Montargis, réponse du sous-préfet de Montargis au député RPR Xavier Deniau, et lettres (avec réponses) du conseiller régional PS Jean-Marc Rousseau au préfet du Loiret, au procureur de la République de Montargis, au directeur de la DDCCRF du Loiret et à la chambre régionale des comptes Centre.

46. Voir observations de la chambre régionale des comptes Centre sur les quatre syndicats de collecte et de traitement des ordures ménagères de la région de Gien et de Châteauneuf-sur-Loire, juin 2001.

XXII

Le vétérinaire « super-Proglio » tente de sauver la poule aux œufs d'or

Le dernier papa encore en vie de la poule aux œufs d'or, Guy Dejouany, travaille aujourd'hui « bénévolement » au 52 rue d'Anjou, siège désormais du pôle eau de Veolia Environnement. Officiellement, « Dieu » lit le journal… En fait, le président « Guytounet », véritable stakhanoviste du boulot, garde au premier étage du « 52 » tous les attributs du pouvoir malgré ses 84 ans : secrétaire, fax, téléphone, cuisinier, maître d'hôtel, chauffeur, son immense Mercedes noire de fonction, sa salle à manger, son bureau et « ses habitudes ». A-t-il réellement perdu son pouvoir sur les métiers traditionnels de l'ex-Compagnie ? À ses yeux, le temps s'est arrêté, il y a huit ans, à son départ à la retraite en juin 1996. Même Jean-Marie Messier n'a pas osé toucher aux appartements de « Dieu » lorsqu'il a redistribué les trois étages du « 52 » pour s'aménager son bureau de président. « Aujourd'hui, Guy Dejouany reste profondément meurtri par son choix en faveur de Messier, rapporte le promoteur Christian Pellerin qui le voit régulièrement. La culpabilité le ronge : il a installé le loup dans la bergerie. Dejouany aimait bien les personnages atypiques comme moi, mon ami Gilbert Simonet et Jean-Marie Messier. À son arrivée rue d'Anjou, fin 1994, le Messier nous a fait une impression extraordinaire. Un an plus tard, Dejouany avait déjà perdu confiance dans son dauphin. Question d'intuition… Mais, fidèle à la parole donnée, il n'a rien fait pour rompre son accord avec lui. Mieux, il a même sauvé Messier menacé par le clan franc-maçon de la Compagnie. Je vois toujours Dejouany que j'apprécie pour sa finesse d'esprit. Messier, c'est l'horreur et l'erreur de sa vie. Il ne se le pardonnera jamais [1]… »

Son chauffeur le dépose à 8 h 30 et le ramène, vers 20 heures, chez lui, dans le quartier du Ranelagh, en plein XVIe arrondissement. Certes, ce retraité en or n'émarge plus à son salaire annuel de 15 millions de francs, mais Veolia assure son train de vie professionnel. La parenthèse Messier est bel et bien refermée. Ici, au 52 rue d'Anjou, rien n'a vraiment changé autour du discret petit jet d'eau qui rythme le temps au milieu de la cour pavée, située juste à l'entrée de cet ancien hôtel particulier de trois étages. Les gouttes d'eau retombent discrètement en pluie dans un bassin si petit que « Narcisse Messier » n'a jamais pu s'en servir de miroir… Image d'une eau claire et propre qui cache pourtant la violence feutrée du pouvoir invisible. Dans les trois étages, les tiroirs sont encore pleins de balles perdues… Jean-Marie Messier, éphémère successeur, y a commis deux crimes impardonnables. Le président honoraire de Vivendi Universal ne se lasse pas de le raconter à ses visiteurs : « Messier m'a fait perdre près de 500 millions d'euros avec ses c… » Guy Dejouany a été un gros actionnaire de Vivendi Universal, dont il a possédé jusqu'à environ 2 % du capital social. Et sa recherche frénétique de cash a conduit « J2M », entre autres, à vendre le berceau historique de la Compagnie, c'est-à-dire l'immeuble du 52 rue d'Anjou et ses annexes, à la Caisse des Dépôts du Québec. Résultat : « Dieu » a piqué une colère mémorable, mais a dû manger son chapeau. « J2M » avait vendu sa propre maison… « Guytounet » continue d'y donner audience, comme si la mondialisation n'avait pas diminué le pouvoir de l'État sur les missions de service public au profit de Bruxelles. Il est vrai que l'ancien président possède encore des intérêts discrets dans un certain nombre de filiales de Veolia. Aussi sa porte reste-t-elle toujours grande ouverte pour ses anciens collaborateurs, qui n'ont pas besoin de prendre rendez-vous pour le tenir au courant de l'activité de ces sociétés.

À l'image de certains gaullistes qui, après la démission du Général en 1969, faisaient le pèlerinage de Colombey-les-Deux-Églises jusqu'à la mort du « Grand » l'année suivante, les ex-subordonnés du président « Guytounet » vont ainsi régulièrement lui rendre visite. Parmi eux, son héritier très officiel, le peu charismatique vétérinaire en chef président de Veolia, Henri Proglio, 55 ans, qui règne aujourd'hui sur 215 000 salariés travaillant dans plus d'une centaine de pays. Comme au bon vieux temps, « Dieu » reçoit, presque caché, entre plusieurs piles de dossiers qui escaladent encore son bureau jusqu'à un mètre de hauteur. Cet homme toujours aussi intuitif, presque féminin, cultive avec soin ses marottes : l'homéopathie, les westerns, les peintres modernes américains (Sam Francis et Louise Moris), dont les tableaux ornent son bureau, et le festival wagnérien de Bayreuth auquel il se rend chaque année en compagnie de sa seconde épouse, une comtesse autrichienne. Seule nouveauté : depuis deux ans, il descend au rez-de-chaussée pour assister aux vœux du personnel.

Quant aux six principaux lieutenants d'Henri Proglio, ces jeunes quinquagénaires ne se hasardent guère jusqu'à la tanière de « Dieu » au premier étage du « 52 ». Ils sont beaucoup trop jeunes. Trois d'entre eux ont fait leurs premières armes, au début des années 1990, sous les ordres d'Henri Proglio au sein de la CGEA qui rassemblait alors les activités propreté et transports collectifs. Ce premier cercle de fidèles parmi les fidèles regroupe le patron de Veolia Water (numéro un mondial de l'eau), Antoine Frérot (X-Ponts), 46 ans ; celui d'Onyx (numéro trois mondial de la collecte et du traitement des déchets), Denis Gasquet (X-Eaux et Forêts), 51 ans ; et le directeur général adjoint de Veolia, Éric Marie de Ficquelmont, dit le « baron noir » ou « Raspoutine », le bras droit d'« Henri ». Véritable œil du maître, ce quadragénaire est jalousé et craint par toute la haute hiérarchie de Veolia qui voit en lui une sorte de Big Brother. Quand il ne séjourne pas dans son magnifique château restauré à grands frais en Creuse, l'éminence grise reçoit, au sixième étage du 36-38, avenue Kléber, dans une salle de restaurant discrète. Les trois autres lieutenants ont été engagés directement par Henri Proglio. Ainsi, le grand chef de Dalkia (leader européen des services énergétiques), Olivier Barbaroux (X-Ponts), 49 ans, a rejoint le groupe en 1999 pour s'y occuper d'abord de la division eau. Le directeur général délégué et financier, le très souple Jérôme Contamine (X-Ena), 47 ans, un ancien d'Elf, a été embauché en 2000.

Exception parmi tous ces hommes liges d'Henri Proglio : le patron de la Connex (numéro un privé du transport public en Europe), le très politique Stéphane Richard, 43 ans. Cet énarque inspecteur des finances, ami de « DSK », mais au mieux avec Nicolas Sarkozy, a quitté en mars 2003 la présidence de Nexity, ex-division immobilière de Vivendi vendue pour un prix d'ami à ses propres dirigeants par « J2M ». Très riche (ses parts sociales dans Nexity sont estimées à 50 millions d'euros), Stéphane Richard n'atterrit pas à Veolia uniquement pour retrouver Henri Proglio qu'il avait côtoyé à partir de 1993 à la Compagnie. Mais, surtout, parce que Veolia reste un haut lieu de la vie politique française. Et cet administrateur de France Télécom est le directeur général de Veolia. Le bras droit d'Henri Proglio colle parfaitement à la culture de l'ex-Compagnie. L'ancien conseiller du socialiste DSK au ministère de l'Industrie se dit ami personnel de Nicolas Sarkozy, qui lui a demandé, en mars 2005, de coordonner la rédaction d'un programme politique pour la section UMP de Paris. L'objectif : battre Bertrand Delanoë aux municipales de 2007 avec Bernard Debré comme tête de liste. Le client n° 1 de Veolia, le même Bertrand Delanoë en tant que maire de Paris, ne peut que s'indigner de ce genre de connivence qu'il se garde bien de dénoncer publiquement.

Purs produits Proglio plus que de l'ancienne Compagnie (à l'exception donc de Stéphane Richard), ces six moines-soldats ont pris leurs quartiers à un jet de pierre de l'Arc de Triomphe, dans le siège social flambant neuf de Veolia, au 36-38, avenue Kléber, un immeuble loué à l'assureur GMF. Même le samedi matin, ils s'y rendent comme à la « messe », à quelques centaines de mètres du siège de l'ancienne maison mère, Vivendi Universal, qui, de l'autre côté de la place de l'Étoile, au 42, avenue de Friedland, baisse le rideau de fer le week-end. À l'image de la dream team de « J2M », tous ces brillants sujets doivent leur place à Henri Proglio, qui a installé son bureau au troisième étage du 36-38, avenue Kléber. Comment imaginer une seule seconde que l'un d'entre eux puisse faire part de son désaccord avec une décision du président de Veolia ?

Henri Proglio et ses six cardinaux ont repris le flambeau de la Compagnie. La reprise en main du groupe s'affiche sans complexe : la mode du consensus mou à la Dejouany est bel et bien morte, et avec elle l'époque des placards dorés. On est pour ou contre Henri Proglio, comme on était pour ou contre Messier… Ainsi, l'ancien secrétaire général adjoint de l'Élysée sous Juppé, Jean-Pierre Denis, ex-patron du pôle énergie de Veolia, sera mis à la porte fin 2002, car jugé coupable d'avoir un peu trop joué la carte Messier. Et pas question pour Henri

Proglio et ses six lieutenants de jouer la rock star aux chaussettes trouées, façon « J2M », dans *Paris-Match*, ni de publier leur biographie autorisée, genre *J6M.com*, sous forme d'un polar à la gloire de la nouvelle économie et d'un « mec simple » devenu le héros d'une success story à l'américaine... Choqués par le show permanent de Jean-Marie Messier, ces six moines-soldats ont repris les « bonnes habitudes » créées par les pionniers de l'entreprise. La maxime de la Compagnie règne à nouveau : « Pour vivre heureux, vivons cachés. » On ne solde pas un siècle et demi de concubinage avec les politiques, en changeant d'adresse, pour faire plaisir aux analystes financiers, à deux grandes banques françaises et aux fonds de pension américains qui tiennent l'avenir du groupe entre leurs mains.

Autre héritage de la Compagnie : on ne se mélange pas entre direction, cadres supérieurs et petit personnel. Chacun à sa place. À son arrivée, « J2M » avait voulu mélanger les gens entre eux, casser la hiérarchie, pour « faire peuple ».... Une époque révolue aujourd'hui. Certes, chacun des hommes de confiance d'Henri Proglio garde un bureau dans le même immeuble que ses subordonnés : que ce soit les fontainiers (Veolia Water) au 52 rue d'Anjou, les ripeurs des poubelles (Onyx), les chauffeurs des transports publics routiers et ferroviaires (Connex) tous à Nanterre, ou encore les soldats énergéticiens de Dalkia à la Défense. Mais ces grands patrons ne se rendent que rarement dans les directions de ces filiales peuplées de plus en plus par des polytechniciens et des énarques, beaucoup d'hommes de terrain étant partis vers d'autres cieux. Les vrais bureaux des six grands chefs sont installés au 36-38 avenue Kléber, à côté de celui d'Henri Proglio, au troisième étage.

Certes, il est vrai que celui-ci a dirigé, le 7 février 2003, une grand-messe devant 4 000 cadres à la Porte de Versailles pour regonfler le moral de ses troupes encore sous le coup de l'épisode Messier. Trois heures durant, avec l'aide du journaliste Patrick de Carolis, ce « Mazarin de l'eau », aussi éloquent au micro qu'un moine reclus du mont Athos, leur a parlé sur une estrade les mains dans les poches et sans jamais les regarder. Il leur a demandé de le considérer comme le sauveur du groupe. C'est-à-dire le leader mondial des métiers de services dans l'environnement, héritier d'une Compagnie qui fêtait, cette année-là, son cent cinquième anniversaire. Jamais aucun des huit présidents de la Compagnie (avant Jean-Marie Messier) n'aurait osé provoquer une telle réunion et encore moins l'animer ! Un meeting qui s'imposait, pourtant. Henri Proglio devait fédérer ses troupes. À l'époque, certains journaux et la rumeur publique laissent entendre qu'il n'est que de passage à la tête de ce qui s'appelle encore Vivendi Environnement. Il doit remettre les pendules à l'heure… Se disant anti-Messier depuis l'arrivée de celui-ci dans l'entreprise, il affirme qu'il a attendu son heure pour reprendre le flambeau de la Compagnie. Beaucoup de salariés l'ont mauvaise, échaudés par les sept années du rocambolesque feuilleton Messier. On les devine depuis un peu sceptiques… Un exemple parmi d'autres : ils gardent en travers de la gorge les belles promesses de Jean-Marie Messier qui avaient conduit beaucoup d'entre eux à placer leurs économies dans les plans d'épargne de Vivendi Universal. Une perte sèche pour l'ensemble des salariés actionnaires à la suite de la dégringolade du titre Vivendi Universal : de l'ordre de 700 millions d'euros selon la journaliste des *Échos* Anne Bauer[2] !

À notre époque mondialiste à tous crins, où une concurrence effrénée sert de credo aux multinationales, les patrons de Veolia réussissent le tour de force de rester fidèles à la tradition de la Compagnie en s'opposant à tout empiétement sur leurs monopoles. Le modèle tricolore de gestion de services publics s'oppose avec succès à l'arrivée des groupes étrangers dans l'Hexagone, sur un marché devenu figé. Avec la complicité des beaux restes d'un État monarchique, ces zélateurs du mondialisme hors de nos frontières sont plus que jamais à la tête d'une maison de réseaux, pas d'une entreprise industrielle. Pas de culture de métier chez eux, mais toujours l'obsession de la recherche de marchés monopolistiques, à l'abri d'un État ou d'une grande ville. Certes, Henri Proglio a réussi à imposer une gestion plus intégrée à un groupe dont les ingénieurs et commerciaux avaient été habitués à fonctionner sur un mode décentralisé par Guy Dejouany, dans sa course éperdue au développement tous azimuts. Aujourd'hui, ces ingénieurs et ces commerciaux reviennent aux bons usages de la Compagnie : ils ne font que mettre en musique des décisions prises par les patrons parisiens qui obtiennent, en France et dans le monde

(45 % du chiffre d'affaires se fait à l'étranger), des contrats d'eau ou autres missions de service public parce qu'ils sont malins et « relationnés »... Un exemple : le marché australien, où Onyx emploie 1 700 personnes. Selon la documentation fournie à la presse par Veolia, l'ingénieur Mike Willamson, directeur général des services commerciaux et techniques d'Onyx en Australie, occupe également les fonctions de « conseiller technique sur des projets de privatisation auprès d'institutions financières et du secteur public ». Mike Willamson est actuellement « président d'Environment Business Australia, importante association environnementale australienne, directeur et membre du conseil de nombre de comités consultatifs et d'associations [3] ». Où il y a de la gêne, il n'y a pas de plaisir...

En France, la même machine bien huilée tourne aussi : un politique discret met en contact les commerciaux de la poule aux œufs d'or (qui ont flairé la bonne affaire) avec le ou les politiques qui prennent la décision d'attribution du marché. Ces politiques (il y en a au moins un pour chaque grand parti) qui jouent les intermédiaires discrets ne voient jamais leur nom fleurir dans la presse en tant que salariés d'une entreprise privée. Toutefois, l'annuaire 1998 de Vivendi mentionne imprudemment qu'Henri Proglio a engagé, en février 1997, un ancien collaborateur de François Bayrou au ministère de l'Éducation nationale, Jean-Pierre Frémont, comme chargé de mission pour les affaires de transports publics et de déchets [4]. Aujourd'hui directeur des collectivités publiques à Veolia Water, Jean-Pierre Frémont se contente d'indiquer dans son curriculum vitæ officiel de la mairie de Paris qu'il est cadre d'entreprise. Il a été élu conseiller de Paris UDF en 2001 sur la liste de droite présentée dans le XVe arrondissement, après avoir été simple conseiller d'arrondissement du XVIe arrondissement depuis 1995 (*voir chapitre I*).

De même, l'énarque Yves Cabana, ancien directeur de cabinet puis conseiller du secrétaire général du RPR (de 1988 à 1993), Alain Juppé, est devenu le conseiller personnel d'Henri Proglio. À une certaine époque, Louise-Yvonne Casetta sera employée par la Comatec, une filiale d'Onyx chargée de nettoyer les couloirs du métro à Paris. Aujourd'hui, l'ex-intendante du RPR organise les séminaires pour les cadres de Veolia Environnement. Enfin, « JJL », le discret et « relationné » Jean-Jacques

Laurent, l'éminence grise de Laurent Fabius, reste plus que jamais le joker d'Henri Proglio pour approcher les élus du PS[5] (*voir chapitre I*). La puissance et le secret de Veolia Environnement en France : le groupe joue avec l'argent des collectivités locales. Pour négocier ces contrats, il suffit toujours d'avoir de « bonnes bêtes comptables » et une armée d'avocats.

Le boulot des moines-soldats de Veolia consiste à se balader dans les couloirs où l'on rencontre des politiques : à l'Assemblée nationale, au Sénat, dans les conseils généraux et régionaux, à Bruxelles (qui réglemente l'ouverture des marchés à la concurrence) et au Parlement de Strasbourg. La même politique officielle de lobbying est appliquée au niveau de chaque pays européen. La méthode est toute simple : un représentant de Veolia ou le grand patron d'une des quatre branches du groupe invite un élu à déjeuner ou à dîner, à suivre les déplacements du XV de France, à assister à de grands matchs de foot... La feuille de route est toujours la même depuis un siècle et demi : rendre service, nouer des sympathies et faire le job... Un exemple de la puissance de ce réseau issu de la Compagnie : Gérard Longuet, ministre de l'Industrie, des PTT et du Commerce extérieur, signera, en 1987, la licence d'attribution du deuxième opérateur de mobile (SFR) à la Générale, le dernier jour de ses fonctions ministérielles, juste avant de démissionner. Aujourd'hui, cette activité de téléphonie mobile représente 60 % des bénéfices de Vivendi Universal !

L'essentiel se cache donc derrière l'influence que peut avoir Veolia sur un élu ou sur un parti politique. Pour amener un client à signer ou à resigner, il faut avoir de l'influence sur lui. *Quid* des « valises » et des « cartes postales » données aux politiques ? Difficile d'aborder ce sujet, où il est quasiment impossible d'avoir la moindre preuve par essence. *Le Canard enchaîné* du 30 avril 2003 l'affirme : « Henri Proglio a toujours su passer entre les gouttes dans les affaires de financement politique[6]. » À l'âge aujourd'hui de 55 ans, l'« as du cash flotte », comme le surnomme l'hebdomadaire satirique dans son titre a bien été entendu par plusieurs juges d'instruction, mais il n'a jamais été mis en examen, alors que certains de ses subordonnés l'ont été. Il applique les recettes de « Dieu » : « des réseaux entretenus comme de précieuses orchidées ; une discrétion légendaire ; des coups à deux ou trois bandes, jamais moins, et, hérité de Dejouany, un art consommé du borborygme[7] ». Pourtant, ce fils d'un épicier d'Antibes, né à Saint-Laurent-du-Var et issu d'une vieille famille de l'immigration italienne originaire d'Alba près de Venise, n'a rien à voir, *a priori*, avec le président « Guytounet » et ses sept prédécesseurs à la tête de la Compagnie. Face à ces sénateurs, banquiers ou richissimes fils de famille dilettantes, tous X-Ponts ou X-Mines, cet ancien d'HEC (où il a rencontré « DSK ») joue presque à l'autodidacte, à l'image du mystérieux Jean Labbé, président de la Compagnie de 1939 à 1946. Lequel, un obsédé du secret, n'était même pas dans le *Who's Who* à l'époque, de même qu'aujourd'hui Henri Proglio.

Cet homme d'action bétonne son passé, qui révèle un cursus peu ordinaire pour un PDG du CAC 40. Remarié à l'ancienne secrétaire de son frère jumeau, père de deux jeunes filles et d'un garçonnet, prénommé Henri comme lui, il a été prof d'allemand pour payer ses études et aime raconter aux journalistes qu'il se levait tôt, pendant les vacances scolaires, pour aider ses parents à la boutique. Curieusement, cet homme plutôt timide et réservé a toujours aimé enseigner. Jusqu'en 1983, il sera professeur de droit à la faculté de Nanterre. On ne lui connaît que trois passions : la formule 1, la politique et le tennis qu'il pratique régulièrement une fois par semaine à Saint-Cloud, non loin de sa magnifique résidence.

Apparemment, ce personnage habile, roublard et plein d'humour ne porte pas les stigmates du pouvoir invisible, étant simplement diplômé d'HEC. Le secret de son irrésistible ascension : il a sans doute le profil d'un homme de couloir très ambitieux, d'un Levantin, d'un touche-à-tout toujours disponible plus que d'un manager de terrain ou d'un industriel. « Le monde de l'intrigue, il adore ça, explique Bernard Forterre, son premier patron à la Compagnie, et il a copié les subtils travers de Dejouany, laissant les autres prendre des responsabilités à sa place. C'est le roi de l'esquive[8]... » Il va suivre un apprentissage aux réseaux de l'ombre avant de frapper à la porte du « 52 ». Comme enseigne de vaisseau, il effectue, à sa demande, son service militaire au deuxième bureau de la Marine nationale, place de la Concorde à Paris. Cette sorte de services secrets de la « Royale » essaie de vendre des vedettes rapides dans les pays du Golfe et s'intéresse, à l'époque, presque exclusivement à la marine de guerre soviétique et aux ports où celle-ci est basée ou relâche. Appelé à être en contact avec la CIA américaine et le MI6 britannique, tout membre du deuxième bureau Marine est soumis à enquête avant son affectation, histoire de rejeter la candidature d'éventuels sympathisants de gauche. Une simple formalité pour le jeune Henri Proglio qui avait milité au mouvement d'extrême droite Occident, tout en menant de brillantes études à HEC. Puis il entre par la petite porte à la Compagnie à l'âge de 22 ans, dès sa sortie de cette école de commerce, se souvient-il, « complètement par hasard en répondant à une petite annonce dans un journal[9] ». Bernard Forterre confirme.

Engagé comme simple stagiaire, il y a trente-deux ans, l'ancien apprenti espion va gravir tous les premiers échelons de l'entreprise dans l'ombre de son mentor et patron direct, Bernard Forterre, un X-Génie maritime familier, lui aussi, du monde du renseignement. Il s'est occupé dix ans durant des satellites militaires espions au ministère de la Défense avant de rejoindre la Compagnie, où, embauché en 1971, il deviendra le tout-puissant baron du secteur énergie, au début des années 1980. Et Bernard Forterre va donner la chance de sa vie à Henri Proglio. Il le met, en 1976, dans la roue de Yann Le Doré, l'homme qui crée à l'époque le pôle collecte et traitement des déchets urbains et industriels. Ce rugbyman du PUC, un fort en gueule, apporte ses réseaux du ballon ovale à la Compagnie. Un entraîneur d'hommes qui va former, vingt années durant, un couple indissociable avec Henri Proglio, personnage plus secret et renfermé. Au premier les postes de directeur général en prise avec le terrain et la technique, au second les responsabilités d'administrateur ou de président, sans oublier les négociations des contrats les plus politiquement délicats. En effet, Henri Proglio devient l'homme des missions confidentielles de Guy Dejouany. Chaque fois qu'un problème surgit avec un maire, « Henri » s'y colle avec zèle : « Je m'en occupe, monsieur le président[10]... »

Les succès de Yann le Doré à la tête de la division déchets et la confiance exceptionnelle de Guy Dejouany lui permettent de décrocher la timbale en 1990 : « Henri » est nommé président de la CGEA, la filiale regroupant les activités déchets et transports. C'est à partir de ce bastion (cette filiale est cotée en Bourse) qu'il va pouvoir résister, une dizaine d'années plus tard, à Jean-Marie Messier. Entre-temps, son ami Yann Le Doré quittera le groupe, en 1996. Henri Proglio a brûlé la politesse à quantité d'X-Ponts et d'X-Mines, encore très critiques sur son irrésistible ascension. Son côté très secret en intrigue plus d'un : ainsi, il a toujours refusé d'avoir un chauffeur jusqu'à l'automne 2003. À cette époque, il en récupère un et une 607 de fonction. Jusque-là, il conduisait toujours lui-même ses voitures de société : une 106, puis une 205 GTI, toutes deux de couleur noire. Il faisait peuple à côté de ses collaborateurs qui roulaient au volant de puissantes berlines. Sauf que chez lui l'attendait sa deuxième voiture de fonction : une BMW M3 noire et aujourd'hui une Audi A8 grise.

Henri Proglio adore conduire lui-même, tout seul, personne ne peut écouter les conversations téléphoniques de ce maniaque de l'espionnite. Cette réserve, cette pudeur, ce côté secret met quelquefois mal à l'aise ses collaborateurs. Il leur parle d'une manière saccadée et les regarde rarement, préférant fixer ses chaussures ou le sol. Sans doute l'obsession du secret, la méfiance ne le lâchent-elles pas, même et surtout à l'égard de beaucoup de ses subordonnés... Petit, solitaire, sec, nerveux, « autoritaire timide », le sourire rare et le regard d'aigle mâtiné d'un faux air à la Al Pacino, « Henri » ressemble comme deux gouttes d'eau à son frère jumeau, René (un des anciens patrons d'Andersen France), qu'il voit presque chaque jour. Celui-ci travaille aujourd'hui chez Morgan Stanley France à Paris. Henri Proglio possède aussi un autre sosie en la personne de l'acteur Charles Denner qui a joué dans *L'Homme qui aimait les femmes*.

Sauf que le PDG de Veolia ne poursuit pas les femmes, dit-on, de manière obsessionnelle, mais les politiques. Et impossible de le voir porter un blouson comme Charles Denner, car il se glisse toujours dans le même uniforme, les mains dans les poches : costume classique foncé de chez Hartwood, chemise Oxford blanche et cravate Hermès bleue. Derrière ce PDG qui n'est pas là pour plaire, caricature vivante de l'anti-Messier, se cache l'un des plus beaux carnets d'adresses politiques de l'Hexagone. Ces relations de haut niveau avec tous les responsables des grands partis, Nicolas Beau du *Canard enchaîné* les explique ainsi : « L'as du cash flotte aura été une espèce de Père Noël pour la classe politique [11]. » « Bon petit soldat de Messier » chargé de gérer à l'économie les métiers historiques de la Compagnie, Henri Proglio a toujours été, mais dans l'ombre, son plus féroce adversaire. Plus que prudent, il laissera les patrons de l'eau, Daniel Caille, un honnête homme, et de l'énergie, le pasquaïen Bernard Forterre, mener seuls la révolte anti-Messier. Daniel Caille et Bernard Forterre paieront seuls la note en étant virés sans ménagement par « J2M ». « Proglio préfère se soumettre au nouveau maître, écrit le journaliste Olivier Toscer. En guise d'allégeance, il apporte même à Messier les preuves d'un complot. Proglio sera le seul "baron" de l'ère Dejouany à sauver sa tête et à entrer dans le comité exécutif. Mais Messier ne l'a jamais fait rentrer dans sa dream team, note un collaborateur. Il s'en méfiait et n'a jamais réussi à le faire rentrer dans le rang[12]. » Bernard Forterre confirme ces faits, étant persuadé d'avoir été mis sur écoute téléphonique. « Sorte de Brutus, Henri Proglio chaque fois qu'il détectait un concurrent potentiel, affirme-t-il, tuait en quelque sorte le père[13]... » Persuadé à juste titre que le temps joue pour lui, Henri Proglio avale ainsi des couleuvres pendant sept longues années, qu'il mettra à profit pour mettre la main sur toutes les activités historiques de la Compagnie. Il est vrai que « J2M » lui a fait place nette.

Mais, fin 2001, début 2002, super-Proglio doit jeter le masque, car le feu couve dans la maison. Pour désendetter Vivendi Universal de manière radicale, « J2M » veut alors fourguer le « jouet de Proglio », Vivendi Environnement, aux « casques à pointes », c'est-à-dire aux Allemands de RWE (numéro trois mondial de l'eau et des services publics depuis le rachat en 2001 du Britannique Thames Water). Prix de vente : 30 milliards de francs[14]. *Casus belli* supplémentaire : Jean-Marie Messier, provocateur en diable, lui demande la peau de son père spirituel, Paul-Louis Girardot, et de son éminence grise, Éric-Marie de Ficquelmont. Paul-Louis Girardot, un des derniers grognards de l'école Dejouany, ex-numéro deux de l'entreprise, est à l'origine du pari gagné avec le téléphone mobile SFR. Quant à Éric Marie de Ficquelmont, un intellectuel animateur de colloques, auteur de plusieurs ouvrages sur le droit du travail et issu d'une vieille famille aristocratique de Lorraine, il ne manque pas de panache. Cet antichiraquien flamboyant s'est présenté aux législatives de 1978, dans les Yvelines, sous l'étiquette de gaulliste dissident.

Comme le futur patron de Veolia sort du bois pour s'opposer à l'élimination de ses deux proches et à la vente aux Allemands, « J2M » essaie de le virer en douceur pour le remplacer par son bras droit, Éric Licoys. Henri Proglio n'hésite pas une seconde. Il se retourne vers les politiques. Ses appels au secours, notamment auprès de Laurent Fabius, via son éminence grise Jean-Jacques Laurent, de son condisciple d'HEC « DSK », de son ami Jacques Chirac et de son plus puissant client, André Santini, vont faire mouche. « J2M » imagine alors une solution de secours dans l'Hexagone pour ne pas avoir l'air de placer la distribution de l'eau dans les communes sous le contrôle d'un groupe étranger. Vinci propose de racheter les activités françaises de Vivendi Environnement, laissant les filiales étrangères à Suez-Lyonnaise des eaux. Henri Proglio va faire capoter aussi cette vente grâce à l'aide des politiques. Jean-Marie Messier cède sur toute la ligne. Non seulement il ne vire pas Henri Proglio, mais il ne vend pas Vivendi Environnement, signant ainsi sans le savoir sa propre exécution. Curieusement, le « brillant de chez brillant » a alors peur des politiques, dont il voulait soi-disant devenir indépendant. À mots couverts, la classe politique le menace, en effet, de l'arme atomique. En cas de vente des activités historiques aux Allemands, les municipalités et syndicats de tout poil dénonceront tous les contrats d'eau, de ramassage de poubelles, de chauffage climatisation et de transports avec Vivendi Environnement pour aller se jeter dans les bras de Suez ou de Bouygues.

En fait, conseillé par Guy Dejouany, le futur patron de Veolia saute le Rubicon en se glissant dans l'uniforme de patron du pouvoir invisible. Il fallait sauver la poule aux œufs d'or… Prévoyant comme à son habitude, super-Proglio avait trouvé habilement le chemin de l'Élysée dès l'élection de Jacques Chirac en 1995. Celui-ci reçoit discrètement ce visiteur du soir en compagnie de Dominique de Villepin, secrétaire général de la présidence. Avec l'aide de l'ami du président de la République, François Pinault, et de Michel Roussin, un ancien de la Compagnie, Henri Proglio a joué les messieurs bons offices entre l'ex-balladurien « J2M » et le locataire de l'Élysée, qui ne le supporte pas. Depuis, l'empereur des contrats avec les collectivités locales semble plus que jamais en cour à l'Élysée.

Une fois Messier mis hors d'état de nuire, Jacques Chirac officialise, le 6 décembre 2002, le rôle d'interlocuteur incontournable d'« Henri » auprès des pouvoirs publics en lui remettant lui-même la Légion d'honneur. « Rigueur, réalisme, pugnacité… Vous êtes un des grands patrons dont la France est le plus fière », s'extasie le président de la République à cette occasion [15]. Super-Proglio porte désormais la bonne parole à l'Élysée. La soudaine et violente passion du chef de l'État pour le développement durable est estampillée « Henri ». Invité avec des spécialistes du sujet à un séminaire gouvernemental, le « petit timide » sera le seul patron à justifier la nécessité d'un comportement écologiquement et socialement responsable des entreprises et des États.

L'Élysée ne refuse alors plus rien à ce grand patron. Un exemple parmi d'autres : malgré le veto du ministère de l'Économie et des Finances, Jacques Chirac lui permettra d'obtenir qu'EDF devienne, à l'automne 2002, un des principaux actionnaires de Veolia Environnement en injectant 400 millions d'euros (soit 4 % des parts sociales et une option sur un autre pourcentage de 4 %) à côté d'investisseurs institutionnels comme la Caisse des dépôts et consignations (7,5 %) et l'assureur Groupama [16]. Cet investissement ne brille pas par sa rentabilité pour cette société nationale… Prochaine étape du patron de Veolia : être sollicité pour faire partie du capital d'EDF, dont il est déjà administrateur. L'appui de Jacques Chirac ne sera pas de trop pour concrétiser ces prétentions pour le moins ambitieuses. EDF était déjà montée à hauteur de 34 % en France (50 % à l'étranger) dans Dalkia, la principale filiale du pôle énergie-chauffage-climatisation de Veolia. Pour se désendetter, Henri Proglio veut céder totalement Dalkia à EDF. C'est pourquoi, à l'automne 2004, il va soutenir la reconduction d'Henri Roussely à la tête d'EDF. Mauvaise pioche…

De son perchoir au premier étage du « 52 », « Dieu » reste très attentionné pour la poule aux œufs d'or. La sanction des marchés financiers qui s'abat, depuis plusieurs années, sur le cours en Bourse de deux des trois champions de l'eau ne cesse de l'inquiéter. Oubliant au passage les sacro-saintes règles de la martingale de l'eau, la Compagnie et la Lyonnaise se sont lancées, à partir de 1990, dans une politique de croissance exacerbée, achetant et rénovant des réseaux municipaux d'eau ou d'assainissement aux quatre coins du globe. Après l'échec cuisant de la privatisation de l'eau à Grenoble (remunicipalisée en 2000), les deux groupes ne cultivent plus l'espoir de se développer sur le marché français. Plus question d'attaquer les régies municipales directes de distribution d'eau dans les grandes villes de l'Hexagone. Les majors sont aujourd'hui en état de légitime défense : il leur faut résister à la poussée des régies municipales. Résultat : les deux rois de l'eau (la Saur-Bouygues a été plus prudente) ont financé d'énormes parts de marché à l'étranger sur leurs fonds propres, s'endettant lourdement, et sans grand espoir de rendement. Or la martingale de l'eau inventée à Paris en 1860, puis améliorée dans la banlieue parisienne dans les années 1920, recommande exactement l'inverse. C'est-à-dire que la Compagnie se faisait rembourser, chaque année, ses dépenses de fonctionnement avant de toucher son pourcentage sur le chiffre d'affaires. Clé de ce jackpot : les investissements doivent rester uniquement à la charge des collectivités locales et des abonnés, comme le veut la culture de la Compagnie depuis quatre-vingts ans. En dehors de ces contrats d'affermage ou de régie intéressée, la même martingale s'applique aussi aux concessions, où la société de distribution d'eau finance tous les investissements qu'elle fait payer aux abonnés sur leur facture d'eau. Dans ce cas, l'utilisation de moyens techniques sophistiqués permet le pilotage quasi automatique des usines de traitement d'eau ou d'épuration. Une expérience pilote de Veolia fait école : la gestion de l'usine de traitement d'eau du Sedif à Méry-sur-Oise (Val-d'Oise), qui fonctionne la nuit et le week-end sans le moindre employé. Certes, les belles marges bénéficiaires sont une époque révolue.

Finis les contrats qui devenaient rentables grâce à l'augmentation du prix de l'eau (plus 10 % par an au début des années 1990 !) et au non-renouvellement systématique du personnel partant en retraite (la masse salariale constitue la moitié du budget de fonctionnement de ces installations). Depuis deux ans, la baisse quasi générale de 10 % du prix de l'eau lors des renégociations des contrats n'est que partiellement compensée par la reprise soudaine de la consommation, due d'ailleurs, en grande partie, à la canicule de 2003. Et comme le reconnaît

Daniel Caille, ancien directeur à la Compagnie : « Le génie des juristes de la Générale, qui s'exprimait depuis plus d'un siècle à travers des contrats discrètement négociés à l'amiable entre chaque maire et nous, ce génie a été castré, en 1993, par la loi Sapin. Un texte qui, pour la première fois, codifie de manière assez précise les conditions des appels d'offres pour tous les marchés publics. Le côté désordonné et secret des négociations des contrats et une certaine opacité sur le prix de l'eau, tout ça c'est de l'histoire ancienne [17]. » D'où des contrats qui sont moins systématiquement favorables à la Compagnie.

Impossible de se livrer à ce petit jeu du « silence des contrats » en Chine et dans beaucoup de pays du tiers-monde, où il faut acheter les actifs existants, puis rénover à grands frais des installations complètement obsolètes ou inexistantes. Or, apparemment, Veolia a inventé en Chine une nouvelle martingale de l'eau. Le groupe y a décroché des contrats de concession pour des stations d'épuration à Pékin et à Tianjin, pour l'assainissement à Qing-Dao-Drun, pour la distribution d'eau à Shenzhen (8,5 milliards d'euros sur cinquante ans) et à Pudong (ville nouvelle de Shanghai), pour le ramassage des ordures ménagères encore à Shenzhen, pour la gestion des déchets à Puxi Jiangquiao et à Shanghai [18]. En Chine communiste, Veolia retrouve, en fait, le même contexte que l'honorable Compagnie sous la IIIe République : quasi-monopole à l'abri de l'État (les trois champions français de l'eau sont soi-disant les seuls techniquement capables de soumissionner à de tels marchés), population dense (comme en banlieue parisienne) et environnement politique stable. Ce n'est pas demain que le Parti communiste chinois perdra le pouvoir sous la pression de la rue comme le président péroniste Carlos Menem, qui avait privatisé, en 1991, presque tous les services publics en Argentine. Depuis le massacre par l'Armée nationale populaire de 3 000 étudiants sur la place Tiananmen à Pékin, dans la nuit du 3 au 4 juin 1989, le régime est plus que stable. Son programme ne souffre pas de la moindre ambiguïté : une main de velours pratiquant un libéralisme économique débridé dans un gant de fer politique (il y a 27 exécutions capitales chaque jour en Chine). Comme quoi, le vétérinaire Henri Proglio aurait trouvé, pour la poule aux œufs d'or, un nouveau coq : le Parti communiste chinois. Un coq qui règne sur 1,3 milliard d'habitants, c'est-à-dire un terrien sur six.

Patron de la division eau du groupe, Antoine Frérot croit dur comme fer au pari chinois : « Il y a encore des perspectives de croissance formidable. Et nous savons les rendre solvables. Notre modèle, c'est la gestion déléguée. Mais s'il faut prendre des contrats en concession et racheter des actifs [Veolia signe de tels contrats de concession uniquement en Chine], nous trouvons toujours des partenaires financiers locaux qui sont prêts à investir à nos côtés et à rémunérer nos services[19]. » De simples tours de table, notamment grâce à la Banque mondiale, permettraient au groupe de n'apporter que 15 % des fonds propres dans ces concessions à travers une structure qui signe chaque contrat avec Veolia. Et le tour est joué : le groupe rémunère son savoir-faire sur la base de 50 % des profits pour chaque contrat, laissant l'autre moitié aux actionnaires du tour de table. Malgré cette astucieuse ingénierie financière, le contrat de Pudong a tout de même entraîné un investissement de 250 millions d'euros pour Veolia. Pour l'emporter, le groupe a dû surenchérir sur l'offre d'un concurrent. « Je sais prendre des risques calculés, a l'habitude de répéter Henri Proglio, et surtout de les assumer[20]... » Exemple, à Tianjin, agglomération de 12 millions d'habitants entre Pékin et la mer, il refuse de construire une nouvelle station d'épuration comme le proposent les autorités chinoises. Au lieu d'y investir 500 millions de dollars, le patron de Veolia préfère moderniser l'ancienne usine pour 25 millions de dollars. À l'époque, Jean-Marie Messier applaudit... Il n'en reste pas moins que le *Rapport mondial sur la corruption en 2003* de l'ONG Transparency International montre que la Chine n'échappe pas à une énorme corruption de ses élites administratives. Ainsi, le barrage des Trois-Gorges (l'un des plus grands du monde, terminé en 2004) aurait englouti 60 millions de dollars de pots-de-vin et de détournements de fonds publics sur un budget total de travaux de 2,1 milliards de dollars[21].

Une certitude : Veolia joue en Chine une sorte de quitte ou double. Comment le groupe peut-il faire des prévisions sur des contrats qui courent sur vingt ans dans une conjoncture politique et économique très incertaine ? Le ciment de sa réussite repose sur le Parti communiste chinois qui seul assure la stabilité à un pays profondément divisé. Une moitié des habitants au sud et en bord de mer profite de la croissance face à l'autre partie de la population restée dans la misère au centre et dans les campagnes. Et, en ce début du XXIe siècle, d'autres nuages menacent l'avenir de Veolia.

Premier frein au développement : Veolia ne peut pas piocher dans les « provisions pour renouvellement » qui servaient à la Compagnie, depuis des lustres, de fonds propres pour racheter des concessions. En effet, en 1997, Jean-Marie Messier a fait main basse sur ces un à 5,3 milliards d'euros (les sources donnent un tel écart de chiffres) pour désendetter la Générale (*voir chapitre XX*). Pour Bernard Forterre, « il s'agit d'environ 4 milliards d'euros (dont 3 pour l'eau et un pour le chauffage urbain) qui vont manquer cruellement à Veolia[22] ». De plus, avant de tirer sa révérence, le même « J2M » a laissé, le plus légalement du monde, une bombe à retardement chez Veolia, devenu le réceptacle des dettes de sa maison mère Vivendi Universal à hauteur de 17 milliards d'euros. Ce boulet a été ramené, peu à peu, à 11,8 milliards d'euros net aujourd'hui par Henri Proglio, soit un ratio d'endettement de 330 % (contre 45 % pour Bouygues et 115 % pour Suez-Lyonnaise). Un pourcentage à réveiller les anciens présidents de la Compagnie dans leurs tombes.

Deuxième handicap du lourd héritage de l'aventure Messier : pour l'exercice 2003, le groupe affiche une perte d'un peu plus de 2 milliards d'euros. C'est la deuxième fois en quatre ans qu'il avoue un déficit aussi énorme. Veolia a dû passer une dépréciation d'actifs de 2,23 milliards d'euros sur la filiale américaine d'eau US Filter, qui est à vendre. En mars 1999, n'écoutant que lui-même, Jean-Marie Messier avait acheté ce distributeur d'eau et fabricant d'équipement pour 8 milliards de dollars (dettes comprises). À l'époque, Daniel Caille s'était publiquement opposé à cet achat et avait aussitôt été viré. Henri Proglio s'était discrètement opposé à cet achat, considérant lui aussi le prix comme beaucoup trop élevé. Il en paie aujourd'hui les pots cassés[23]. En trois ans, US Filter lui aura coûté plus de 4 milliards d'euros de pertes pour dépréciation d'actifs, hors frais financiers[24] !

Troisième épine dans le pied de Veolia : le groupe a perdu, en 2003, des parts de marché à l'étranger (45 % de son chiffre d'affaires) et mal négocié des contrats, un recul qui se traduit par une chute libre des bénéfices dans l'eau (moins 21 %) et dans les transports (moins 20 %). Quelques exemples parmi d'autres... La filiale Onyx assure, depuis octobre 2001, la collecte et le traitement des ordures ménagères des 3,5 millions d'habitants d'Alexandrie en Égypte. Un contrat emblématique qui a fait l'objet d'une énorme communication placée sous le signe du développement durable, le nouveau slogan du groupe dans les pays du tiers-monde. Un petit grain de sable a transformé ce contrat en une machine à pertes : Onyx est payé en livres égyptiennes, monnaie qui a été dévaluée de moitié par rapport à l'euro ! À Mexico, le contrat de gestion d'une énorme décharge d'ordures ménagères a lui aussi été mal négocié : le vendeur avait laissé une petite pochette-surprise sous la forme d'une montagne de factures impayées. Au rayon pertes de marchés, la filiale Connex (numéro un du transport privé européen en bus, train et métro) a pris trois belles claques en Grande-Bretagne et une autre en Suède. Tout d'abord, la société a perdu deux appels d'offres outre-Manche avant de se faire retirer, avec effet en janvier 2004, la licence d'exploitation du premier gros contrat qu'elle avait gagné à l'étranger, en 1996 : celle de la ligne ferroviaire South Eastern, qui dessert le Kent et la banlieue sud-est de Londres. La série noire avait déjà commencé pour la Connex en 2000, avec la perte du droit d'exploiter la ligne ferroviaire de South Central dans le sud de la Grande-Bretagne. Aujourd'hui, au pays de la perfide Albion, la société n'exploite plus qu'une seule ligne de bus. L'organisme administratif qui délivre ces autorisations de transport ferroviaire, la Strategic Rail Authority (SRA), dénonce en quelque sorte l'application de la martingale de l'eau à la ligne South Eastern. En décembre 2002, la Connex avait obtenu de la SRA une rallonge de 83 millions d'euros en plus de la subvention de 78 millions qu'elle recevait chaque année. En contrepartie de ce geste, la Connex devait engager ses fonds propres et ne verser aucun dividende à sa société mère ou à l'une de ses filiales.

Richard Bowker, président de la SRA et l'un des principaux conseillers de Blair en matière économique, ne décolère pas : « Je ne vais pas verser davantage d'argent des contribuables à une compagnie en qui j'ai perdu toute confiance. Nous avions posé comme condition explicite que l'argent ne sorte pas de la compagnie[25]... » Un responsable de la Connex, qui tient à garder l'anonymat, lui fait la réponse du berger à la bergère :

« Les Anglais ne comprennent pas que la délégation de service public induit que l'autorité publique joue son rôle. Notre rôle, c'est le service, pas d'investir à leur place[26]... » La messe est dite ! Ajouté à ces chiffres, le climat antifrançais qui se développe, alors, parmi les proches de Blair, qui veulent faire payer à Paris son refus d'intervenir militairement en Irak...

En fait, la Connex (55 000 salariés et 63 % de son chiffre d'affaires à l'étranger) vise surtout le marché d'Europe continentale, où elle veut exporter son savoir-faire dans la quasi-totalité des transports publics (municipalisés ou étatisés à 95 %), en voie d'être privatisés. La filiale de Veolia s'y retrouve en position de quasi-monopole avec seulement deux concurrents français : Kéolis (filiale de la SNCF) et Transdev (de la Caisse des dépôts et consignations). Ainsi, en Allemagne, le groupe français est le premier transporteur privé et concurrence la Deutsche Bahn, particulièrement dans l'ex-Allemagne de l'Est, où il a récupéré de nombreux réseaux ferroviaires. Au Danemark et en Suède, la Connex truste les succès depuis six ans. Important employeur dans ce dernier pays avec 8 000 salariés, la société française y est accusée d'avoir touché une rallonge injustifiée de 22 millions d'euros pour gérer, entre autres, le métro de Stockholm. Cette somme aurait fait l'objet d'un accord secret entre le président de l'office de transports en commun de la région de Stockholm (qui dépend du conseil général de cette ville) et la Connex. Ce président, Gunnar Schîn, a démissionné de ses fonctions en mai 2003, et Jérôme Jeauffroy, président de Connex Transport AB (qui regroupe les activités de la Connex dans l'Europe du Nord et de l'Est), a déclaré : « Nous ne sommes pas concernés par ces turbulences[27]... »

Henri Proglio rêve de casser les monopoles de gestion de la SNCF sur les TER (trains express régionaux) et de la RATP, déjà largement subventionnés par les conseils régionaux. Fort de ses appuis à droite comme à gauche, il ne veut pas être le dindon de la farce dans ces dossiers phares, où la donne politique va changer pour la moitié des transports français. En effet, Jean-Paul Huchon, le socialiste réélu, en avril 2004, président du conseil régional d'Île-de-France, va remplacer le préfet de cette région à la tête du Syndicat des transports d'Île-de-France. Le projet de loi sur la décentralisation prévoit ce changement qui concerne 12 millions de voyageurs quotidiens pour l'énorme budget annuel de 3,7 milliards d'euros[28].

Bien évidemment, Henri Proglio n'a pas vu d'un mauvais œil la candidature à la présidence du conseil régional d'Île-de-France de son plus puissant client français, André Santini, président du Sedif. Le 4 octobre 2002, tous les deux avaient fêté, en grande pompe, la fin du feuilleton Messier. *Inf'Eau*, la revue interne du Sedif (tirée à 3 000 exemplaires), a consacré trois pages avec photos à l'événement dans son numéro de décembre 2002. Une première pour ce magazine qui titrait : « Le président de Vivendi Environnement devant le comité du Syndicat : Henri Proglio a répondu à l'invitation d'André Santini. » Le magazine écrivait notamment : « Henri Proglio a d'ailleurs remercié les élus, et André Santini en particulier, pour leur soutien lors des événements qui ont marqué la vie de l'entreprise au cours de ces derniers mois. Il a également assuré que la dette laissée à la charge de Vivendi Environnement lors de la séparation avec Vivendi Universal n'aurait aucune conséquence pour les clients du groupe[29]. » Et il a aussi promis de baisser le prix de l'eau qui, au Sedif, a augmenté de 5 % en 2002. En effet, une baisse de 10 % du prix de l'eau a été obtenue par la plupart des municipalités dont les contrats étaient renégociés. Mais qui dit baisse de prix dit baisse des marges bénéficiaires et dit aussi économies à faire pour maintenir les bénéfices. La quadrature du cercle à une époque où les régies municipales ont le vent en poupe…

En fait, Henri Proglio montre beaucoup plus d'ambitions dans le domaine du transport collectif, alors que seules la propreté et surtout l'énergie voient leur chiffre d'affaires progresser sans cesse. En 2003, le secteur du transport collectif n'arrive qu'avant-dernier dans son groupe avec 11,3 % (11,6 en 2001) environ du chiffre d'affaires. L'eau garde encore le maillot jaune sur son dos avec 37,54 % (48,5 % en 2001), devant la propreté avec 20,27 % (19,9 % en 2001), l'énergie avec 15,28 % (12,2 % en 2001), FCC (une participation à hauteur de 27 % dans un groupe espagnol) avec 8,97 % (7,9 % en 2001) et diverses sociétés (vendues depuis) avec 6,64 %. Henri Proglio a enregistré une hausse de 22 % de son salaire en 2003. Or, durant cette période, l'entreprise a accusé une perte nette de 2 milliards d'euros (contre 339 millions en 2002), son chiffre d'affaires a baissé de 4,9 %, et son action est l'une des rares du CAC 40 à avoir baissé, passant de 23,35 à 20,29 euros [30].

La participation dans FCC, Henri Proglio décide, en mars 2004, de la vendre à hauteur d'un milliard d'euros. Or cet actionnariat est la partie la plus rentable de l'empire Veolia. Le triptyque BTP-immobilier-services (les trois pôles d'activité de FCC), qui a fait ses preuves partout dans le monde, et notamment en France avec Bouygues et Vinci, assure une régularité de métronome aux excellents résultats de ce groupe espagnol. Mais, dans la ligne de Jean-Marie Messier et de Gérard Mestrallet, Veolia va torpiller cette vache à lait, au nom d'un désaccord stratégique avec les Espagnols qui ne veulent abandonner ni l'immobilier ni le BTP [31]. En fait, le groupe se voit obligé de vendre sa participation pour se désendetter. Pourtant, en 2003, FCC a rapporté au groupe français un bénéfice net de 309 millions d'euros (plus 13 %), pour un chiffre d'affaires net de 6,05 milliards d'euros (plus 10 %).

Officiellement, Henri Proglio ne veut entendre parler que des activités de services (eau, énergie, propreté et transports) liées aux métiers historiques de la Compagnie : « Notre modèle est bien établi, nos métiers sont cohérents entre eux, y compris dans le transport : d'ici quinze ans, les deux tiers des habitants de la planète vivront dans des grandes villes. Où que vous alliez sur la planète, l'ordre des préoccupations est toujours le même : premièrement les transports publics, ensuite les déchets, l'eau et l'énergie. Un sondage des citoyens français, après les élections municipales de 2001, a montré exactement la même hiérarchisation des priorités. Le transport est peut-être secondaire pour les analystes, pas pour nos clients. Évidemment, nous n'allons pas investir dans les infrastructures, nous sommes concepteur et opérateur [32]. » La préférence secrète d'Henri Proglio pour les activités transports s'explique très simplement. Les contrats de transports, de propreté et de chauffage-climatisation sont conclus avec des villes, des régions ou des États pour une période de cinq à sept ans, et non pas de douze à cinquante ans comme dans la distribution d'eau ou l'assainissement. L'astuce est là : les transports sont beaucoup moins gourmands en capitaux que le secteur de l'eau…

Veolia profite donc des excès du vent de libéralisme dans le secteur des transports collectifs, où le monopole public apparaît pourtant comme supérieur à toute autre formule d'organisation. L'expérience anglaise le montre. En effet, le moins que l'on puisse dire est que la privatisation des chemins de fer a donné des résultats si catastrophiques en Grande-Bretagne (avec notamment une cascade d'accidents) qu'aujourd'hui l'État les a repris en main. « En matière ferroviaire, l'infrastructure représente un tel coût d'investissement et d'entretien qu'il interdit la multiplication des exploitations, assure Jean Peyrelevade, ancien président du Crédit Lyonnais. Le transporteur privé ne paiera jamais assez pour amortir des infrastructures dont l'usage multiple est beaucoup plus difficile, plus rigide, que celui du réseau électrique [33]. »

Au-delà de ce pari sur les transports collectifs, l'avenir d'Henri Proglio n'est-il pas trop lié à la présence de Jacques Chirac à l'Élysée ? Nombre d'anciens dirigeants de la Compagnie le pensent. D'ailleurs, Henri Proglio confie à certains de ses proches qu'il se verrait bien devenir sénateur des Alpes-Maritimes, son département natal qu'il connaît bien… « En tant que chef d'entreprise, Henri présente un défaut majeur par rapport à tous ses prédécesseurs à la tête de la Compagnie : il ne sait pas et n'aime pas décider. C'est un brillant joueur d'échecs, mais il met quelquefois plusieurs mois pour prendre la décision de racheter une société, soulignent plusieurs anciens hauts responsables du groupe. Il a une excuse, celle d'avoir été à l'école Dejouany. Certes, Guytounet faisait prendre les décisions par les autres, mais il a dû tout de même en prendre certaines en temps et en heure [34]. » Mais rendons à César ce qui est à César, rappelle avec panache Daniel Caille, directeur de l'eau à la Compagnie de 1996 à 1999 : « Fidèle à la culture de l'entreprise et droit dans ses bottes, Henri Proglio a eu le mérite de sauver la boîte menacée de mort par la vision stratégique de Messier qui prenait en compte uniquement les médias et la communication au sens large. Et Henri Proglio a réussi ce coup de maître grâce à l'aide de Jacques Chirac [35]… »

Et les deux mamelles de l'ex-compagnie, le président de Veolia les a sauvegardées. Le syndicat des Eaux de l'Île-de-France (Sedif) et la plus grande décharge contrôlée de l'Hexagone à Claye-Souilly, la Rep (Routière de l'est parisien) restent aujourd'hui encore les deux activités les plus rentables. Ces deux fleurons doivent beaucoup à André Santini, sous ses deux casquettes de président du Sedif et de maire d'Issy-les-Moulineaux. Un petit exemple suffit à s'en convaincre. À partir du 31 décembre 2005, et jusqu'à la mi-2007, l'une des trois usines d'incinération de la région parisienne (gérées par Veolia, Suez et EDF pour le compte de Paris et des trois départements de la petite couronne), celle d'Issy-les-Moulineaux, sera fermée. Le temps d'en construire une nouvelle qui sera enterrée à 30 centimètres dans le sous-sol de la même commune. En accord avec les Verts de son conseil municipal, André Santini est à l'origine du choix d'édifier une nouvelle usine. Moderniser l'actuelle aurait pris quelques mois seulement, tout en maintenant son activité. Or cette modernisation aurait aussi permis aux élus du Sytcom (syndicat intercommunal de traitement des ordures ménagères de la région parisienne) d'économiser au moins 10 millions d'euros par rapport à la construction de la nouvelle. Tout bénéfice pour Veolia qui accueillera dans sa décharge de la Rep à Claye-Souilly plus de 500 000 tonnes d'ordures ménagères, qui ne pourront être brûlées pendant les dix-huit mois de fermeture de l'usine d'incinération d'Issy-les-Moulineaux. Et mettre des ordures en décharge rapporte beaucoup plus à Veolia que de les incinérer...

NOTES

1. Entretien avec l'auteur le 22 mars 2004.

2. Voir Anne Bauer, « Vivendi Environnement, enfin libre indépendant, le groupe se met en ordre de bataille », *Les Échos*, 4 mars 2003, p. 51.

3. Voir documentation fournie à la presse par Image 7, agence de communication prestataire de Veolia.

4. Voir annuaire 1998 de Vivendi, p. 298.

5. Voir chapitre I et Olivier Toscer, « Comment Messier est devenu un mouton noir », *Le Nouvel Observateur*, n° 1954, 18 avril 2002.

6. Nicolas Beau, « L'as du cash flotte », *Le Canard enchaîné*, 30 avril 2003, p. 7.

7. *Ibid.*

8. Entretien avec l'auteur en avril 2004.

9. Voir Olivier Toscer, « Henri Proglio : les secrets du chouchou de l'Élysée » dans *Le Nouvel Observateur*, n° 2017, 3 juillet 2003.

10. Entretien de Bernard Forterre et Jean Blondeau avec l'auteur en septembre 2004.

11. Nicolas Beau, « L'as du cash flotte », *Le Canard enchaîné*, *op. cit.*

12. Olivier Toscer, « Proglio-Messier : les dessous d'un bras de fer », *Le Nouvel Observateur*, nº 2017, 3 juillet 2003.

13. Entretien avec l'auteur en avril 2004.

14. Voir cassette vidéo de l'intervention de Jean-Marie Messier devant les élus du Sedif, le 15 juin 2000.

15. Voir Nicolas Beau, « L'as du cash flotte », *Le Canard enchaîné*, *op. cit.*

16. Voir Olivier Toscer, « Henri Proglio : les secrets du chouchou de l'Élysée », *op. cit.*

17. Entretien avec l'auteur en janvier 2005.

18. Voir Martine Orange, « Le pari chinois de Veolia Environnement », *Le Monde*, 29 janvier 2004, p. 19.

19. *Ibid.*

20. Voir Olivier Toscer, « Le général des eaux ne rend pas les armes », *Le Nouvel Observateur*, mars 2002, p. 86.

21. Voir « L'ONG Transparency » publie son rapport mondial », *Libération*, 4 juillet 2003, p. 22.

22. Entretien avec l'auteur en avril 2004.

23. Entretien avec l'auteur en janvier 2005.

24. Voir Martine Orange, « Veolia Environnement tire un trait sur US Filter », *Le Monde*, 25 septembre 2003, p. 21 ; *Les Échos* du 9 mars 2004, p. 36.

25. Voir articles de Christophe Boltanski et Cédric Mathiot dans *Libération* du 2 juillet 2003, p. 22-23.

26. Voir Olivier Truc, « En Suède, des vices dans le service ? Connex aurait perçu une rallonge de 22 millions d'euros », *Libération*, 2 juillet 2003, p. 23.

27. *Ibid.*

28. Voir Jonathan Walsh, « Comment l'Île-de-France gérera-t-elle ses transports ? », *Libération*, 13-14 mars 2004, p. 16 ; programme *André Santini pour l'Île-de-France*, p. 3.

29. « Le président de Vivendi Environnement devant le Comité », *Inf'eau*, nº 55, décembre 2002, p. 5.

30. Voir document de référence *Veolia Environnement 2003*, p. 32, 109, 116, 236 ; Martine Orange, « Les patrons du CAC 40 se sont largement augmentés en 2003 », *Le Monde*, 11 mai 2004, p. 16.

31. Voir « Veolia négocie la vente de sa participation dans l'espagnol FCC », *Les Échos*, 15 mars 2004, p. 28.

32. Interview d'Henri Proglio dans *Le Monde* du 29 novembre 2002, p. 18.

33. Jean Peyrelevade et Denis Jeambar, *La République silencieuse*, Plon, 2002, p. 117.

34. Entretien avec l'auteur en décembre 2004.

35. Entretien avec l'auteur en janvier 2005.

XXIII

Suez-Lyonnaise, « c'est le watt qu'il préfère... »
Bouygues et Vinci, « c'est toujours le béton... »

Entré en 1967 par la petite porte dans le capital de la Lyonnaise (*voir chapitre VIII*), Suez en prend possession une vingtaine d'années plus tard, à la fin du règne de Jérôme Monod. Suez aura ainsi été successivement l'expression du génie saint-simonien, un avatar du colonialisme, une banque vieillotte, un enjeu politique entre la droite et la gauche, et aujourd'hui l'un des tout premiers leaders mondiaux de l'énergie et des services. Cinq ans après la Compagnie générale des eaux naît, en décembre 1858, la Compagnie du canal de Suez, qui, son nom l'indique bien, regroupe ceux qui ont investi pour creuser et gérer cet ouvrage public international. « Suez a une tradition culturelle forte, celle d'un groupe financier plutôt conservateur, pour ne pas dire réactionnaire, explique Jean Peyrelevade, l'un de ses anciens présidents de 1983 à 1986. À la tête de l'établissement, on trouve des gens à la charnière de la diplomatie et des affaires, la famille Georges Picot, notamment. Pendant des années, l'établissement encaisse les royalties issues de l'exploitation du canal de Suez. Il gère le péage en quelque sorte[1]. » Nationalisée par Nasser en 1956, la Compagnie du canal de Suez n'aura plus rien à voir avec la Compagnie financière de Suez, qui ne conserve d'égyptien que le nom. En effet, faute de convaincre le général de Gaulle et les Anglais de lui confier la construction du tunnel sous la Manche, la Compagnie du canal de Suez va réinvestir ses indemnités dans un holding financier. Ses indemnités arrachées à Nasser lui permettent d'acheter d'importantes participations à la Lyonnaise et dans Bouygues. En 1975, nouveau virage : Suez absorbe une première banque d'affaires, la Banque de l'Indochine, à l'issue d'une bataille en

Bourse et crée la Banque de l'Indochine et de Suez, le futur joyau du groupe connu sous le nom d'Indosuez. En février 1982, cette banque d'affaires se sort de graves difficultés financières grâce à sa nationalisation par les socialistes, qui placent à sa tête Jean Peyrelevade. Privatisée par le Premier ministre Jacques Chirac en 1986, à la demande d'Édouard Balladur, elle donne naissance au groupe Suez qui rassemble les banques Indosuez, la Banque parisienne de crédit (spécialisée dans l'immobilier), la Sofinco (crédit à la consommation) et des participations dans des grandes entreprises, dont 20 % dans la Lyonnaise. À l'époque, Catherine Deneuve tresse les louanges de l'actionnariat populaire en vantant à la télévision cette privatisation[2].

Ancien directeur général de Suez, Gérard Worms va alors en devenir PDG par défaut, avant d'être viré par son noyau dur d'actionnaires ! Il aura le temps de boucler l'acquisition d'un groupe qui sera en grande partie à l'origine de la prodigieuse saga de Suez jusqu'à aujourd'hui : la Société générale de Belgique (SGB), dont le milliardaire belge Albert Frère possède 21 % des actions. L'emprise de cet ancien magnat de l'acier sur Suez commence. Dans la corbeille de la mariée SGB : 33,6 % de Tractebel et 16 % de Pétrofina. Ce cocktail possède le quasi-monopole de la distribution en Belgique de l'électricité, du gaz et de l'eau. Vivant jusque-là dans l'univers impitoyable de la haute finance, Suez mue alors lentement en un leader mondial des services aux collectivités et entreprises. C'est l'objectif de Gérard Worms. Mais pas celui de l'UAP qui, avec l'aide de la BNP, veut avaler Suez, dont seules les activités financières l'intéressent. Gérard Worms s'y oppose farouchement et tente de nouer une alliance avec la Lyonnaise. Méfiant, Jérôme Monod refusera le mariage à plusieurs reprises, notamment en juillet 1995. Quelques jours plus tard, Gérard Worms est débarqué par son noyau dur d'actionnaires. Avant de faire ses cartons, il leur impose son successeur en la personne de Gérard Mestrallet (patron de la SGB), adoubé par le milliardaire Albert Frère. Le nouveau PDG franco-belge va réussir à rouler dans la farine le même noyau dur d'actionnaires, faisant exactement le contraire de ce qu'il avait promis. Il vend Indosuez au Crédit agricole et fusionne, en avril 1997, avec la Lyonnaise. Anti-Messier jusqu'à la caricature et sans le moindre charisme, énarque et ancien membre du cabinet de Jacques

Delors en 1982, Jérôme Mestrallet va réussir à évincer Jérôme Monod, qui devait devenir patron du nouveau groupe Suez-Lyonnaise. Principal actionnaire minoritaire de Suez-Lyonnaise des Eaux (à hauteur de 7 %) et veillant avec soin à ses intérêts financiers, Albert Frère n'a ainsi pas de comptes à rendre à l'État français. Du moins en théorie…

Il est pour le moins amusant de voir le même Gérard Mestrallet dénoncer les excès du libéralisme dans le tiers-monde, de concert avec son principal rival, Henri Proglio, PDG de Veolia Environnement. Les patrons de ces deux champions de la mondialisation, deux groupes qui ont vécu pendant un siècle à l'abri de monopoles protégés par l'État, troquent ainsi leur uniforme de capitaliste pur et dur contre la soutane de « petit père des pauvres et de l'environnement » ! Après les attentats du 11 septembre à New York, Gérard Mestrallet adresse, en novembre 2001, un message – « L'eau pour tous et vite » – à 150 chefs d'État et de gouvernement de la planète. Dans une interview au *Journal du dimanche*, il revient à la charge : « L'eau n'est pas une marchandise, nous ne sommes pas des marchands d'eau. Nous ne vendons pas un produit, mais un service[3]. » Et il s'indigne : « Un milliard d'hommes n'ont pas accès à l'eau potable et 30 000 enfants en meurent chaque jour. » Pour diviser ces chiffres par deux, il faudrait dépenser 180 milliards de dollars par an pendant quinze ans, affirme-t-il. Alors, le PDG propose un partenariat public-privé où Suez-Lyonnaise apporterait son « expertise pour améliorer les infrastructures existantes, proposer des solutions techniques nouvelles, donner accès à l'eau au plus grand nombre, traiter les eaux usées ». Gérard Mestrallet sous-entend, bien entendu, que Suez-Lyonnaise se contenterait de gérer les installations. Celles-ci resteraient la propriété des collectivités ou États, qui financeraient les charges d'investissement avec l'aide d'organismes internationaux du type Banque mondiale ou Nations unies. « La bataille de l'eau est une vraie bataille à laquelle l'humanité a raison de se consacrer, précise Gérard Mestrallet dans une lettre à ses actionnaires. Il est possible de la concilier avec des interventions du secteur privé qui protègent leurs capitaux et rémunèrent leurs services[4]. » À l'occasion de la Journée mondiale de l'environnement, de 2002, Henri Proglio rédige, lui, une tribune libre dans *Le Monde* sous le titre « L'eau, notre avenir[5] ». Devenu patron d'un groupe qui verse soudain dans l'humanitaire, il rappelle quelques vérités que martèlent les ONG dans l'indifférence générale. La première : en l'an 2025, 3 milliards d'êtres humains pourraient ne pas disposer d'eau potable. La seconde : deux milliards et demi de personnes ne bénéficient pas aujourd'hui de système de dépollution des eaux usées. Conséquence : la moitié des grands fleuves et lacs sont pollués[6]. Face à ce « stress hydrique », le « père Henri » propose ses solutions techniques. Mais le « père Gérard » le renvoie à ses chères études en se rendant, en septembre 2002, au Sommet de la Terre à Johannesburg. Il va y rappeler ses lettres de noblesse. Ses filiales spécialisées s'interdisent de couper l'eau aux familles en difficulté, et ses projets en Afrique du Sud, au Maroc et au Brésil viennent d'être homologués par les Nations unies comme exemplaires sur le plan de partenariat public-privé.

Au moment, où il joue ainsi au « petit père des pauvres », Gérard Mestrallet fait exactement l'inverse en Argentine pour sauver son « trésor de Buenos Aires », sous le regard impitoyable des analystes financiers. Tout avait commencé le 9 décembre 1992. Président à l'époque de la Lyonnaise, Jérôme Monod exulte. Sa filiale Aguas Argentinas vient de remporter un « contrat unique au monde » : la privatisation de la concession d'eau de Buenos Aires. Cette concession doit distribuer l'eau à 10 millions de clients, ce qui représente le tiers de la population argentine. Coût de l'investissement pour la Lyonnaise : la bagatelle de 20 milliards de francs de l'époque ! Le groupe doit rentabiliser ce financement en se remboursant sur les factures d'eau des abonnés durant les trente ans du contrat. Une affaire en or : l'eau est directement pompée dans l'inépuisable Rio de la Plata. Certes, le pays est riche en pétrole, en gaz et en uranium, mais un tiers de la population vit alors sous le seuil de pauvreté, et la corruption reste un sport national. En un mot, la « culture du ruban » triomphe. Mais, un peu moins de dix ans plus tard, le miracle économique argentin, notamment les privatisations des services publics (téléphone, eau, gaz, électricité, radio, TV, poste, chemin de fer et aéroports), vendus pour 40 milliards de dollars par l'ancien président Carlos Menem, tourne au fiasco. « De nombreux groupes industriels ou organismes internationaux ont véhiculé, depuis vingt ans, vis-à-vis des pays en voie de développement la “culture du ruban”, explique, le 22 décembre 1997, un orfèvre en la matière, Jean-Marie Messier. On construit quelque chose de neuf, souvent surdimensionné, on l'inaugure et ce n'est qu'ensuite qu'on découvre les problèmes de solvabilité pour la population ou le pays[7]. » Pour une fois, « J2M » avait tapé dans le mille, à l'exception d'un seul détail qui ne change rien à l'affaire : l'Argentine n'est pas vraiment un pays sous-développé. À partir de janvier 2002, le gouvernement argentin bloque le prix de l'eau et laisse se déprécier le peso argentin, arrimé jusque-là au dollar. Depuis la fin 2001, une crise économique et politique sans précédent frappe l'Argentine, avec des émeutes (29 morts) et des scènes de pillage à Buenos Aires. Pour freiner l'exode des capitaux, chaque Argentin ne peut plus retirer que 300 euros environ par mois sur son compte d'épargne et 70 euros par semaine sur son compte courant bancaire. Conséquence : beaucoup des 11 millions d'habitants de Buenos Aires, transformés en population du tiers-monde, ne paient plus leurs factures d'eau depuis plus de deux ans, ou règlent en monnaie de singe, le peso ne valant plus grand-chose… En outre, Aguas Argentinas a dû créer un fonds (alimenté par un prélèvement de 3,8 % sur son chiffre d'affaires), mis à la disposition du gouvernement argentin pour financer des investissements. Enfin, l'Argentine a suspendu le remboursement de sa dette, et le gouvernement, soutenu par la population, tient un langage de fermeté face aux intérêts étrangers, renégociant notamment les contrats de privatisation de tous les services publics concédés à des multinationales. Ainsi, à la fin 2003, le gouvernement argentin lance un ultimatum à Suez-Lyonnaise. Il lui demande d'investir 30 millions d'euros, en 2004, pour améliorer la qualité de la distribution d'eau et étendre le réseau d'égouts par où passent les conduites d'eau. De fait, les Argentins accusent Suez-Lyonnaise de pas avoir respecté ses engagements contractuels et menacent de lui retirer le contrat si ces 30 millions ne sont pas investis.

Élu en mai 2003, le président de la République argentin, Nestor Kirchner, ne mâche pas ses mots : « Malheureusement, l'eau a été privatisée. Il est temps que ceux qui ont bénéficié de la privatisation se rendent compte qu'avec nous il n'y aura pas d'impunité. S'ils veulent exploiter l'eau, qu'ils investissent.

Sinon, nous allons nous fâcher[8]... » À la fin 2001, Suez-Lyonnaise reconnaissait avoir investi seulement 1,7 milliard de dollars sur les 5,5 milliards prévus sur trente ans[9]. Le groupe français indique qu'il investira à nouveau lorsque les autorités argentines autoriseront une augmentation de 10 % du prix de l'eau. Jusqu'à présent, son intervention a permis d'amener l'eau potable à 3 millions d'habitants supplémentaires et de rénover des installations vétustes : des milliers de kilomètres de conduites d'eau et une usine de traitement de l'eau construite par les Anglais dans les années 1920. En fait, dans l'agglomération de Buenos Aires, 28 % des 11 millions d'habitants ne disposent toujours pas aujourd'hui de l'eau courante. D'autre part, comme d'autres sociétés françaises (EDF et la Saur), Suez-Lyonnaise a déposé une plainte contre l'État argentin devant le Cirdi (Centre international des règlements de différends sur les investissements), organisme dépendant de la Banque mondiale. Le contrat de Buenos Aires ressemble aujourd'hui à une énorme patate chaude.

L'angoisse du TRI (taux de retour sur investissement) taraude l'ancien « petit père des pauvres et de l'environnement » Gérard Mestrallet, qui, quoiquc cxccllcnt cavalier, n'est ni un spécialiste de la piste de cirque ni un prestidigitateur. De fait, il s'est rendu compte qu'il avait trop investi dans des pays à risques, aux yeux des analystes financiers et de ses administrateurs. « C'est vrai que dans la croissance de notre présence internationale, avoue-t-il ainsi à ses actionnaires, l'eau dans les grands contrats de concession, Buenos Aires, Manille, Djakarta, représentait des engagements de capitaux importants. Ceux-ci seront contrôlés, nous les avons réduits pour la quasi-totalité en Argentine, ils sont d'ailleurs complètement provisionnés dans nos comptes[10]. » Ainsi, les plus gros contrats, ceux de Manille et de Djakarta, ont été résiliés pour cause de non-rentabilité financière. Quant à celui de Buenos Aires, il a entièrement été provisionné en 2002 de 200 millions d'euros, et en 2003 de 500 millions d'euros, le groupe ayant décidé de ramener à zéro son activité en Argentine. Les menaces que fait peser l'Argentine, qui, pour des raisons similaires, a rompu en février son contrat avec le groupe français Thalès, ne semblent pas inquiéter outre mesure la direction de Suez-Lyonnaise. Déjà, en 1998, le gouverneur de la province argentine de Tucuman avait résilié la concession d'eau locale, jugeant ses tarifs trop élevés. Titulaire de cette concession, Vivendi avait porté l'affaire devant les tribunaux internationaux, accusant l'État argentin d'avoir violé le traité bilatéral garantissant, depuis 1991, les investissements entre la France et l'Argentine. L'affaire n'est pas encore jugée définitivement. De toute évidence, l'humanitaire et le business ne font plus bon ménage dans le domaine de l'eau. Le marketing « social » de Suez-Lyonnaise et de Veolia a du plomb dans l'aile… Martin Bouygues et son frère Olivier (PDG de la Saur) ont moins joué, eux, au « petit père des pauvres » pour habiller des contrats dans le tiers-monde qui visent à « pétroliser » l'eau, considérée comme un bien rare et non plus un bien commun…

Cette chasse aux investissements non rentables, le PDG de Suez-Lyonnaise l'a faite non seulement dans les pays émergents, mais aussi en Europe et aux États-Unis. C'est un au revoir et merci, qui se veut définitif, pour tous les investissements « monstrueux » dans l'eau, aux quatre coins de la planète. De 1996 à 2001, cette mode a consommé 30 milliards d'euros [11]. Le plus belge des patrons français recolle à l'ancien modèle de croissance de père de famille, cultivé à la fois par la Lyonnaise, au début du siècle dernier, et depuis toujours par les Belges de la filiale Tractebel. Ce vieux modèle joue la carte de la production et de la distribution d'électricité et de gaz, des activités qui réalisent aujourd'hui 67 % du chiffre d'affaires et du résultat brut d'exploitation du groupe. L'ouverture, en juillet 2004, des marchés européens de l'électricité aux industriels (en 2007 pour les particuliers) représente, en effet, un nouvel eldorado. Un exemple : Suez possède déjà un tiers de la capacité de production hydroélectrique d'EDF à travers les 18 barrages de la CNR (Compagnie nationale du Rhône). « Tous les projets de contrats d'eau et de station d'épuration au niveau mondial sont gelés, explique un cadre dirigeant expatrié revenu en France, non seulement à l'international, mais aussi en Europe. Désenchantés, les responsables de l'eau au niveau mondial quittent peu à peu le groupe. Même en Chine, notre place forte, on plie bagage au profit de Veolia. Seules seront conservées les activités françaises qui dégagent toujours une excellente marge brute de l'ordre de 30 %. Au bout du compte, nous allons perdre notre avance technologique dans le traitement de l'eau et l'épuration des eaux usées, au bénéfice de Veolia. » Cette politique de redressement des comptes signe donc la condamnation sans appel des grandes aventures lancées dans les années 1990 par Jérôme Monod, en Chine, et aussi des grosses filiales d'eau achetées à prix d'or aux États-Unis et en Angleterre. Au total, pendant la seule année 2003, 11 milliards d'euros d'actifs (soit un peu moins de 10 % du chiffre d'affaires) ont été cédés. L'endettement net de Suez-Lyonnaise a dégringolé de 26 milliards d'euros, début 2003, à 13,9 milliards en 2004. Cette rigueur se paie au prix fort. Des pertes sur les cessions (360 millions d'euros sur la vente de la compagnie d'eau britannique Northumbrian), des provisions pour restructurations ou pour résiliation de plusieurs contrats ont entraîné un résultat négatif de 2,1 milliards d'euros pour l'exercice 2003. Ainsi, le groupe a vendu ses participations dans Axa, Vinci et Fortis dans des conditions défavorables.

Comment Gérard Mestrallet a-t-il pu jeter aux orties sa tenue de « petit père des pauvres et de l'environnement » pour enfiler celle d'un Saint-Just de la rigueur financière ? La carrière exceptionnelle de ce représentant discret de la haute fonction publique française répond pour lui. Souriant, sec, élancé, sévère mais pas austère, entouré dans son bureau de photos d'équitation, sa passion, et de photos de ses trois enfants, ce quinquagénaire au look de gendre parfait, genre boy-scout toujours prêt, sympa et dispos, est en réalité un fin « prédateur ». Mais il le cache bien derrière son image presque lissée de tâcheron, de besogneux, de capitaine d'industrie sans grand charisme ni réelle marge de manœuvre face à ses patrons successifs. Il est né le 1er avril 1949 dans une famille modeste qui tenait une librairie-papeterie à Reims. Son père était un virulent partisan du Général, sa mère restait fidèle au radical-socialisme de ses parents. Est-ce pour cette raison qu'il travaille aussi bien pour des hommes de droite que de gauche ? Discret, pudique comme à son habitude (il fuit les dîners en ville) sur ses opinions politiques, il laisse dire qu'il fut, en 1968, au moment des barricades, membre de l'Unef. A-t-il lancé des pavés sur les forces de l'ordre ? On n'en saura pas plus… Une certitude : il n'a jamais flirté avec l'extrême droite comme Henri Proglio. Élève doué et studieux, il entre à Polytechnique. Il a 20 ans et une chance insolente. En effet, sur les bancs de l'X, un peu à la manière de Francis Bouygues, il commence à faire les bonnes rencontres au bon moment. Il sympathise avec son professeur d'économie, qui s'appelle Gérard Worms.

Mais le truc, la passion du petit Mestrallet dans la librairie-papeterie de ses parents, c'était l'envie de devenir pilote de ligne. Direction Toulouse et l'Enac (École nationale de l'aviation civile). Et, là encore, la chance frappe à sa porte : il sympathise avec un autre professeur qui s'appelle Jean Peyrelevade. Histoire d'apporter une dernière touche à son CV, cet homme de fer fait l'ENA et enterre, sans états d'âme, sa passion pour l'aviation de ligne pour intégrer la direction du Trésor. La chance lui sourit encore : il se lie d'amitié avec Michel Camdessus, futur patron du FMI (Fonds monétaire international). Après avoir passé deux ans comme chargé des affaires industrielles au cabinet du ministre de l'Économie Jacques Delors (qui lui remettra plus tard la Légion d'honneur), il pousse la porte de Suez, en 1984, pistonné par Michel Camdessus et Jean Peyrelevade. Il y retrouve comme patron son ancien prof à l'X Gérard Worms, qui l'aide à devenir numéro deux de la SGB, rachetée par Suez en 1988. Cinq ans plus tard, il a redressé cette filiale endettée qui, sous sa direction, devient une véritable machine à cash structurée autour de deux métiers : d'un côté la banque alliée à l'assurance, et de l'autre le service aux collectivités avec Tractebel, entreprise présente en Belgique et à l'étranger dans l'électricité (avec des centrales nucléaires notamment), le gaz et l'eau. La terrible, mais efficace, méthode Mestrallet est née à cette époque. Il entretient, au siège, des équipes restreintes, mais très pointues, de spécialistes des différents métiers du groupe. Objectif : ne pas s'en laisser conter par les filiales. Au même moment, Gérard Mestrallet va faire la « rencontre de sa vie » avec le milliardaire Albert Frère, le plus français des patrons belges. Cet ancien marchand de clous a fait fortune dans la sidérurgie wallonne en profitant des nombreuses aides de l'État belge. Actionnaire minoritaire de Suez (à hauteur de 7 %), Albert Frère va faire nommer à sa tête, en 1995, Gérard Mestrallet. En deux ans seulement, celui-ci fusionne Suez avec la Lyonnaise et prend la tête du nouveau groupe en évinçant au passage Jérôme Monod. Le géant franco-belge est constitué : il rachète 100 % de la Sita (numéro un mondial du ramassage des ordures) et 100 % également de Tractebel. Albert Frère et Mestrallet se téléphonent tous les samedis matin. Contrairement à Veolia, la Lyonnaise sort ainsi du giron de l'État français. Le pouvoir invisible n'est pas pour autant mort à la Lyonnaise. En 2000, pour rompre symboliquement avec ce passé de gestion en monopole à l'abri de l'État français et des restes d'affaires judiciaires, Suez-Lyonnaise prend le nom de Suez tout court.

Résultat de cette fusion, Suez est une entreprise où tout est double : ses deux marchés domestiques, la France et la Belgique ; ses centres nerveux à Paris pour l'eau et à Bruxelles pour l'électricité, la collecte, le traitement et la valorisation des déchets. Pour l'eau, Suez, sous la marque Ondéo, est numéro deux dans le monde derrière Veolia. Dans l'électricité, Tractebel est déjà plus gros qu'EDF à l'étranger. En 1997, au moment de l'arrivée de Gérard Mestrallet à la tête de Suez-Lyonnaise, son chiffre d'affaires de 190 milliards de francs résulte de participations hétéroclites et d'activités diverses : énergie (34 %), construction (27 %), eau (16 %), services financiers (10 %), propreté (8 %), communication (1 %) et autres (4 %). En 2000, le même groupe, devenu multiservice, se recentre sur trois métiers. Le chiffre d'affaires de 227 milliards de francs se ventile ainsi : énergie (57,4 %), eau (26,2 %), propreté (14,6 %) et communication (1,8 %). Pour ne plus jouer au conglomérat, genre d'entité haïe des analystes, Gérard Mestrallet vend des pans entiers d'activités. La Bourse applaudit, puis se lasse. Le puissant actionnaire Albert Frère aussi. Gérard Mestrallet se lance alors dans l'Internet, juste un peu, puis, bien inspiré, évite de s'aventurer dans la scabreuse aventure de l'UMTS, la coûteuse nouvelle licence de téléphone de troisième génération. Enfin, au début de ce XXIe siècle, Gérard Mestrallet découvre que « c'est le watt qu'il préfère... » En effet, en 2003, la production et la distribution d'énergie vampirisent 67,2 % du chiffre d'affaires du groupe (39 milliards d'euros au total) contre 31,8 % seulement pour les métiers de l'environnement (l'eau avec Ondéo et les déchets avec la Sita) et 1,8 % pour la communication, une division qui va prochainement être intégralement revendue. C'est le monde à l'envers !

En fait, l'industriel Gérard Mestrallet a découvert, à partir du problème argentin, la puissance du pouvoir invisible dans ce qui reste de la Lyonnaise. Médusé, à l'exemple du général Imbot dans l'affaire « Greenpeace », le PDG va faire le ménage. Deux exemples : début mars 2004, Jacques Pétry, directeur de Suez

Environnement (qui regroupe l'eau et les déchets), est brutalement démis de ses fonctions après vingt-six ans de service à la Lyonnaise ; en février de la même année, le patron depuis 1996 d'Elyo (la filiale qui chapeaute les services liés à l'énergie dans le groupe), Michel Bleitrach, a été démissionné tout aussi brutalement [12]. Habitué au monde de la concurrence avec les activités dans l'énergie de la SGB, Gérard Mestrallet avait toujours considéré ses patrons de filiales comme de vrais industriels. Or les contrats de Buenos Aires, de Manille et de Djakarta vont lui révéler une évidence : certains patrons à la Lyonnaise confondaient inconsciemment leur mission avec celle de l'État français et du Quai d'Orsay à l'étranger. Petite différence avec sa demi-sœur Veolia, la Lyonnaise vit moins sous la coupe des politiques français depuis son mariage avec Suez en 1997. Aujourd'hui, Gérard Mestrallet doit rendre des comptes uniquement aux analystes financiers, aux fonds de pension américains, à ses administrateurs et à son principal actionnaire, le milliardaire Albert Frère, 79 ans, l'un des plus gros porteurs de parts de TotalFinaElf avec 3,2 %. Ce puissant homme d'affaires belge possède 7 % du capital de Suez et 12,5 % des droits de vote à ses assemblées générales. Quant aux quinze autres administrateurs (dont le délégué CGT, Jean-Jacques Salanne), ils représentent des intérêts financiers et économiques franco-belges liés à Albert Frère, à caractère plutôt atlantistes, très indépendants des gouvernements belge et français. Un parterre d'industriels mondialistes qui annoncent la mort du pouvoir invisible de l'eau au sein du groupe Suez. Leur moyenne d'âge dépasse la soixantaine, mais certains sont encore très verts et très actifs.

À l'inverse de l'héritier du pouvoir invisible, Henri Proglio, et de l'industriel Gérard Mestrallet, Martin Bouygues a longtemps été pris pour un vrai plouc par l'establishment français. Avec un bac en poche pour seul bagage, ce vrai autodidacte, qui a commencé comme conducteur d'engins de travaux publics sur le chantier du trou des Halles, n'est pas du genre à citer les auteurs comme Jean-Marie Messier dans ses one-man-show devant ses cadres supérieurs. Et pourtant, ce gentil garçon soi-disant sans grande envergure, devenu l'héritier par défaut en 1989, suite à des querelles entre son père et son frère aîné, Nicolas, écrase Veolia et Suez avec les excellents résultats de son groupe pour l'année 2003 et ses prévisions pour 2004. Le soleil ne se couche jamais sur l'empire Bouygues. Trois divisions sur quatre de l'empire (communication, BTP et téléphone, à l'exception de l'eau) crachent toutes des profits. Dissimulé derrière sa bonne grosse bouille, ses lunettes de myope en gouttes d'eau et sa pudeur légendaire, Martin Bouygues savoure seul son triomphe. Le téléphone mobile Bouygues Telecom, c'est son bébé, l'enfant encore en culottes courtes qui a été lancé en 1997. Six ans et 1,4 milliard d'euros de pertes plus tard, la chasse gardée de Martin Bouygues compte 6 millions d'abonnés et gagne de l'argent depuis 2003. Activité la plus rentable avec 460 millions d'euros de résultat d'exploitation, le téléphone est suivi de TF1 (332 millions d'euros), du leader mondial des travaux routiers, Colas (262 millions), de la Saur (88 millions), de Bouygues Immobilier (80 millions), et de Bouygues Construction (37 millions), qui ferme la marche. Il y a de quoi rager pour les anciens de la Compagnie, qui voient au même moment leur « fille SFR » assurer 60 % des bénéfices de Vivendi Universal. De plus, Jean-Marie Messier et Gérard Mestrallet ont soldé, de 1997 à 2000, des activités dans le BTP et l'immobilier qui, aujourd'hui, crachent de l'or, chez Vinci, numéro un mondial du BTP, et Nexity, numéro un de l'immobilier en France. Pire, ces deux groupes sont dirigés par d'anciens patrons de la Compagnie et de la Lyonnaise qui n'avaient pas réussi à rendre rentables ces activités lorsqu'elles faisaient partie de ces deux grands groupes de services aux collectivités. Pourquoi ?

« Tout simplement parce que les responsables de la Compagnie et de la Lyonnaise pour ces deux secteurs n'ont jamais eu les coudées franches pour se frotter au monde de la libre concurrence, explique notre "Gorge Profonde". La martingale de l'eau, l'esprit de cartel et de monopole imprégnaient encore profondément les esprits de ces deux groupes. » Sur le plan stratégique, le bon gros Martin Bouygues met donc un zéro pointé à Henri Proglio, Jean-Marie Messier et Gérard Mestrallet réunis. Il leur fait la leçon qu'ils ne veulent ni apprendre ni entendre. Les métiers du téléphone, des services publics (les *utilities*) autour de l'eau, du BTP, de l'immobilier et de la télévision sont parfaitement compatibles dans un groupe. Cette diversification, Francis Bouygues puis son fils Martin l'ont parfaitement assumée et réussie. Sans doute parce qu'il est devenu un vrai industriel qui, dans le sillon tracé par son père, ne s'est pas laissé berner par le pouvoir occulte du monde de l'eau. Enfin, l'héritier de l'empire ne veut pas ouvrir la boîte de Pandore des cessions, la vente de Bouygues Offshore, en 2002, ayant été vécue en interne comme un traumatisme selon de nombreux témoignages. Sauf que les difficultés de la Saur, liées uniquement aux pertes hors de France (en Argentine et en Côte d'Ivoire), l'ont conduit à trancher dans le vif : l'eau, la propreté et l'énergie ne sont plus jugées assez rentables. Pour Bouygues, la martingale de l'eau est bel et bien morte. Le groupe cherche depuis plusieurs années à se défaire, en partie ou totalement, de ces *utilities* où il ne veut plus investir beaucoup, son effort essentiel restant consacré à Bouygues Telecom, TF1 et Colas.

La splendide réussite de Bouygues s'illustre dans son tour de table, où se retrouvent les frères ennemis François Pinault (13,9 % des droits de vote) et Bernard Arnault (qui vend peu à peu ses 9,5 %), attirés, dit-on, par ce modèle d'une gestion familiale prudente (Martin et Olivier Bouygues possèdent 18,4 % des droits de vote et sont liés à François Pinault par un pacte d'actionnaires). En réalité, les deux milliardaires du luxe sont arrivés au conseil d'administration comme des mouches sur le miel, appâtés par le pouvoir d'influence de TF1. À l'abri de ce pouvoir, le système clanique mis en place par Francis Bouygues assure la pérennité du groupe. À l'inverse de la Compagnie et de la Lyonnaise, ce pouvoir d'influence a permis à Bouygues de tenir tête à l'État et aux politiques, de droite ou de gauche, à plusieurs reprises. TF1 reste solidement accrochée à sa première place parmi les chaînes hertziennes du paysage audiovisuel français, au deuxième bouquet de chaînes par satellite (TPS, dont elle possède 66 % des parts) et à ses chaînes thématiques (LCI et Eurosport). Question : la chaîne n'a-t-elle pas joué un trop petit braquet ? Alors que TF1 veille soigneusement sur sa niche dans l'Hexagone, ses concurrents (Bertelsmann et Murdoch) étendent leur toile à travers l'Europe et le monde. Chaque fois que TF1 a voulu se mêler à ce jeu, elle a perdu… Réponse du berger à la bergère : le pouvoir d'influence de TF1, qui permet au groupe de se diversifier et de se développer, passe par le personnel politique et l'État français. Ainsi, TF1 a noué une alliance avec France Télévision pour créer une sorte de CNN à la française financée par le contribuable français. La diffusion en Afrique et en Europe de l'Est de cette chaîne française peut permettre au groupe d'y renforcer des positions fragiles dans le BTP et les services aux collectivités autour de la distribution d'eau. Mais TF1 a-t-elle les moyens financiers de se développer à l'international dans la télévision ? Pour l'instant, la chaîne a répondu en se contentant de prendre une participation de 34,4 % dans le groupe suédois des quotidiens gratuits *Métro*. Deuxième question clé sur l'avenir du groupe : le téléphone mobile. La gestion de ce principal relais de croissance de Bouygues est exemplaire, mais le marché français arrive à saturation avec près de 40 millions d'abonnés pour une population totale d'environ 60 millions d'individus. Il sera difficile au petit bonhomme orange de croiser le fer avec France Télécom et Vivendi Universal pour leur subtiliser des abonnés. En fait, depuis 2001, les trois opérateurs ont cessé de se faire la guerre des prix pour s'organiser en une sorte de cartel, d'oligopole, à l'image du triumvirat de l'eau dans l'Hexagone. Ils cherchent à augmenter la consommation de chaque client, plutôt que de développer le nombre d'abonnés qui ne croît plus que de 4 à 5 % par an (contre 30 % entre 1995 et 2000). Or cette consommation de chaque abonné tend aussi à stagner, faute d'innovation technologique. C'est pourquoi Orange (49,2 % du marché) et SFR (35,3 %) vont lancer leur dernier joujou, l'UMTS (le mobile branché directement sur Internet). Et le « petit Poucet » Martin Bouygues (15,5 % du marché) va mettre en route, fin 2004, son système de téléphonie Edge. Cette technique, moins puissante, sophistiquée et nettement plus économique que l'UMTS, va presque permettre aux abonnés de remplacer leur micro-ordinateur dans ses connexions avec Internet. D'autre part, le marché du mobile est appelé à se concentrer au niveau international, au beau milieu d'une bagarre qui s'annonce terrible. Un exemple : l'anglais Vodafone (propriétaire de 43,9 % de SFR) est déjà présent dans le monde entier. Bouygues aura donc, un jour, la possibilité de retirer un excellent prix de cette activité de téléphonie mobile.

Les prédictions de Francis Bouygues se sont réalisées à la fin des années 1990. Aujourd'hui, les grands groupes français de BTP sont au nombre de trois : Vinci, Bouygues et Eiffage. Vinci est né, en 2000 et 2001, du mariage des filiales du BTP de la Générale et de la Lyonnaise, lesquelles ont toujours été dans le rouge lorsqu'elles se trouvaient dans le giron des deux vieilles dames de l'eau. Or, depuis sa création, Vinci, dirigé par Antoine Zacharias, l'ancien patron du pôle construction-concessions d'autoroute et de parkings de la Compagnie, dégage des profits. Devenu leader mondial du BTP, Vinci applique aujourd'hui la recette numéro un de Bouygues : « On ne dirige pas une entreprise de BTP pour faire plaisir aux politiques, mais pour gagner de l'argent. » Une vraie révolution accueillie avec soulagement par les anciens cadres de la Compagnie et de la Lyonnaise... Vinci représente un danger majeur pour Bouygues, auquel il taille des croupières, notamment en Europe de l'Est, où il fait un malheur. Titulaire d'un des plus gros salaires du CAC 40, le patron de Vinci, Antoine Zacharias, 65 ans, dit « Zachs », a investi l'est de l'Europe à partir de l'Allemagne, dans la foulée des contrats d'eau conclus par la Compagnie dans cette zone depuis une vingtaine d'années. Des robinets fermés à Bouygues, car la Saur ne s'y est jamais beaucoup aventurée, lui préférant l'Afrique et le Canada.

Entré en 1971 à la Compagnie, l'autodidacte « Zachs », doté d'un physique de lutteur, arbore un éternel sourire derrière ses lunettes d'intello et sa barbe, très IIIe République, qui lui mange le bas du visage. Il ne faut pas se fier à sa bonhomie qui cache un redoutable prédateur. Il attaque et croque ses proies en silence, comme l'indique son deuxième surnom : « crocodile Zachs ». Caché derrière son allure tranquille de prof à la retraite, Antoine Zacharias n'est-il pas plus qu'Henri Proglio le vrai successeur de Guy Dejouany ? Son adjoint et successeur probable, Bernard Huvelin, n'est-il pas le fils de Georges Huvelin, PDG de la Compagnie générale des eaux jusqu'en 1976 ? Certes, commercial hors pair, Antoine Zacharias ne doit pas sa réussite au « président Guytounet », mais à Jean-Marie Messier, qui a été le seul à lui donner sa chance. Certes, Antoine Zacharias ne porte pas les stigmates du pouvoir occulte (X-Ponts ou X-Mines), n'étant diplômé que de l'École d'ingénieurs hydrauliques de Toulouse. Après avoir fait ses classes dans une entreprise de BTP de Forbach, ce fils d'un architecte lorrain intègre la Compagnie à l'âge de 32 ans. Face à la caste des X-Mines et X-Ponts, sa course de handicaps passe successivement par Arras, Boulogne-sur-Mer et surtout Lyon. « En plus de sa passion pour le terrain, Zacharias sait mieux que beaucoup écouter des clients et donc répondre à leur demande [13] », note Paul-Louis Girardot, ancien directeur général de la Compagnie juste avant l'arrivée de Jean-Marie Messier. « Zacharias a le culte des élus. Il sait les cultiver et n'oublie pas qu'ils restent des clients [14] », renchérit Stéphane Richard, actuel PDG de la Connex, la division transports collectifs de Veolia. Tous les élus sont passés par sa table : de Michel Noir à Raymond Barre en passant par Francisque Collomb et le défunt Charles Hernu. Or Antoine Zacharias ne sera jamais récompensé par le président Guytounet. Piaffant d'impatience, il devra attendre l'âge de 58 ans, en 1997, pour être nommé, par « J2M », PDG du groupe SGE, qui coiffe alors la division BTP de la Compagnie. À la même époque, Henri Proglio est déjà catapulté, à l'âge de 51 ans, PDG de Vivendi Environnement. En fait, Guy Dejouany avait repéré Antoine Zacharias à Lyon et l'avait fait venir à Paris, en 1991, pour redresser la SGE bien mal en point. Malgré la réussite de « Zachs », nommé directeur général de cette entreprise, les choses vont mal se passer entre lui et le président de la Compagnie… L'ancien « préfet de Lyon », comme on le surnommait alors, essaie de convertir » Dieu » aux vertus de la libre concurrence et de la marge bénéficiaire. Travail de Sisyphe… Le « Vieux » ne lui donnera jamais carte blanche pour réaliser son rêve : éponger les pertes du BTP en développant les concessions (parkings, aéroports et autoroutes) tous azimuts. À l'inverse, soucieux de récupérer du cash, Jean-Marie Messier brade, en avril 2000, la SGE, rebaptisée Vinci, à Antoine Zacharias et à ses partenaires. L'année suivante, le nouveau groupe acquiert à un prix d'ami les filiales du BTP de Suez-Lyonnaise des eaux. Dès la première année, Vinci crache des bénéfices en or…

Super-Proglio reproche à « Zachs » de vouloir marcher sur ses plates-bandes. D'une part, le patron de Vinci aurait essayé de croquer Veolia lors du désengagement de son ancien actionnaire majoritaire, Vivendi Universal. D'autre part, le même manager louche sur les restes de la division eau de l'ex-Lyonnaise, dont il semble que Gérard Mestrallet va se débarrasser un jour. Longtemps fâchés, les deux héritiers du président « Guytounet » viennent de se réconcilier. Or la puissance de feu combinée de ces deux groupes peut s'avérer dévastatrice pour Bouygues au niveau mondial. De fait, Vinci rentabilise sa place de numéro un mondial du BTP en gérant son pactole, c'est-à-dire des concessions de parkings et d'aéroports sur tout le globe. Résultat : en 2003, le groupe a réalisé un bénéfice net de 541 millions de francs (contre 450 millions pour « Bouygues), soit une augmentation de 13,3 % par rapport à l'exercice précédent ! Au CAC 40, cette multinationale occupe ainsi le vingt et unième rang des entreprises privées françaises classées suivant leurs bénéfices, devant Bouygues (24e), Veolia (39e) et Suez (40e). En faisant rentrer Vinci dans l'indice de référence français en avril 2002, Euronext a déroulé le tapis rouge non pas au numéro un mondial du BTP, mais à son activité de société de services aux collectivités locales ou régionales. Son patron, « Zachs », a appris son métier dans le secteur de l'eau à la Compagnie, notamment à Arras et à Lyon, où il a lancé, au début des années 1980, la construction et la concession de parkings. Aujourd'hui, Vinci occupe la place de premier gestionnaire des parkings publics en France avec 730 000 places, possède 65 % de Cofiroute, société d'autoroute, voudrait acheter ASF (Autoroute du sud de la France) à l'État, exploite une trentaine d'aéroports dans le monde, de Phnom Penh à Pékin, et une dizaine de ponts à péage.

Ces concessions ou affermages constituent 60 % du résultat d'exploitation du groupe. Sur ce modèle, Bouygues a remporté, en 2002, le contrat de construction du ministère britannique de l'Intérieur (325 millions d'euros), qui lui rapportera en plus 15 millions d'euros par an, pendant vingt-six années, pour la gestion des services généraux de cet édifice. L'ingénierie financière de cette opération fait que le risque pour le groupe est nul. Comme quoi, les métiers du BTP s'inscrivent dans la tradition des services aux collectivités, inventée par la Compagnie et la Lyonnaise à la fin du XIXe siècle. « Zachs » se verrait assumer ce double héritage, mais l'heure de la retraite ne va pas tarder à sonner pour lui… Gérard Mestrallet n'a presque plus rien à voir avec le pouvoir occulte de l'eau. Henri Proglio pourrait être le partenaire idéal de Vinci, alors que Bouygues n'a jamais fait partie de la famille et vient de liquider sa branche eau…

Ménilmontant, Montjay-la-Tour,
Roquebillère, Saint-Tropez,
2002-2005.

NOTES

1. Jean Peyrelevade et Denis Jeambar, *La République silencieuse*, Plon, 2002, p. 55.

2. Pour l'histoire de Suez, nous avons utilisé deux livres : Antoine Jeancourt-Galignani, *La Finance déboussolée*, Odile Jacob, 2002, p. 151-156 ; Hubert Bonin, *Suez, du canal à la finance*, Economica, 1987.

3. Voir interview de Gérard Mestrallet dans le *JDD* du 17 mars 2002, p. 17.

4. *La Lettre des actionnaires de Suez*, mai-juin 2003, p. 7.

5. Voir tribune libre d'Henri Proglio dans *Le Monde* du 6 juin 2002.

6. *Ibid.*

7. Voir Christine Ockrent et Jean-Pierre Séréni, *Les Grands Patrons*, Plon, 1998, p. 192.

8. Voir Antoine Bigo, « L'Argentine sans concession avec Thalès », *Libération*, 4 février 2004, p. 22.

9. Voir « Jérôme Monod : le trésor de Buenos Aires », *Le Nouvel Économiste*, n° 1036, février 1996, p. 58 ; Jean-Louis Buchet, « Buenos Aires lance un ultimatum à la filiale de Suez », *La Tribune*, 28 novembre 2003, p. 18 ; Christine Legrand, « En Argentine, la concession de l'eau de Buenos Aires au groupe Suez pâtit de la crise », *Le Monde*, 6 mars 2003, p. 4.

10. *La Lettre des actionnaires de Suez*, mai-juin 2003, p. 4 ; voir Martine Orange, « En un an, une véritable révolution interne a été accomplie », *Le Monde*, 5 septembre 2003, p. 20.

11. Voir Anne Bauer, « Suez enregistre un déficit record de 2,16 milliards d'euros », *Les Échos*, 5-6 mars 2004, p. 28.

12. Voir Martine Orange, « Suez affiche une perte de 2,1 milliards d'euros », *Le Monde*, 5 mars 2004, p. 21.

13. Voir Jean-Pierre de La Roque, « Antoine Zacharias, bâtisseur obstiné », *Challenges*, n° 219, mars 2004.

14. *Ibid.*

ANNEXES

Annexe 1

Jours tranquilles à « Veolia Ville » et à « Vinci Ville »

« Après une bonne douche avec l'eau Vivendi, je me rends au centre de Nice ; pressé, je laisse ma voiture en double file pour une course ; de retour, plus de voiture, elle est partie à la fourrière Vivendi ; pour la récupérer, je bondis dans un bus Vivendi ; de retour, je me gare dans un parking souterrain Vivendi. Las de la circulation, je prends un bus des Rapides Côte d'Azur-Vivendi et reviens par le Chemin de fer de Provence-Vivendi. Rentrant chez moi, je descends la poubelle, qui pourra être ramassée par Vivendi, puis brûlée à l'Ariane dans l'usine d'incinération Vivendi ; la chaleur récupérée sera distribuée par le chauffage urbain Vivendi. J'ouvre ma télévision, branchée sur le câble Vivendi bien sûr ! Confier un service public à une entreprise privée doit permettre à l'utilisateur de bénéficier d'une meilleure qualité au meilleur prix, grâce à une mise en concurrence réelle. Or, à Nice, Vivendi a une position dominante et non concurrentielle [1]. » C'est en 2001 que le conseiller général de Nice II Jean Icart fait cette déclaration devant ses collègues. Rares sont les applaudissements. Depuis, « Vivendi Ville » a été rebaptisée « Veolia Ville » en mai 2003, et se dédouble également en « Vinci Ville », c'est-à-dire sa sœur jumelle.

Une sœur jumelle dirigée par l'ex-baron lyonnais de la Générale, Antoine Zacharias, qui a repris les parkings, autoroutes, concessions d'aéroports et entreprises de BTP du groupe, puis les a mariés à leurs concurrents de la Lyonnaise. C'est en 2000 que Jean-Marie Messier, qui a un besoin urgent de cash pour éponger les 25 milliards de pertes de l'immobilier et financer sa course frénétique aux achats d'entreprises de communication, vend, à un prix d'ami, le pôle BTP du groupe. Antoine Zacharias est à l'époque l'un des huit membres du comité exécutif de Vivendi et dirige aujourd'hui Vinci, entreprise florissante et numéro un mondial du BTP, leader des parkings publics en Europe, propriétaire majoritaire de Cofiroute et du Stade de France. Jean Icart n'est pas tout seul à guerroyer contre l'empire niçois de Vivendi, aux bijoux de famille dorénavant répartis entre Veolia et Vinci. Depuis plus de vingt ans, Max Caviglione (conseiller municipal de 1978 à 2001) se bat à Nice contre la Compagnie. Le résultat est bien maigre, de l'aveu même de ce vieux monsieur très digne, sanglé dans son costume malgré la canicule de l'été 2003. Complètement passionné par son sujet, il raconte son combat pendant six heures d'affilée, sans même offrir un verre d'eau à son visiteur [2]...

Ce monopole a été mis en place avec discrétion et efficacité. Au moment où la Compagnie triomphe du baron Haussmann à Paris, en 1860, grâce à l'annexion d'une partie de la banlieue par la capitale, le rattachement du comté de Nice à la France va faire tomber cette région, comme un fruit mûr, dans l'escarcelle de la Générale. Celle-ci dispose sur la Côte d'Azur d'un avocat enthousiaste en la personne de M. Conte-Grandchamp, ingénieur en chef des Ponts et Chaussées des Alpes-Maritimes, qui soumet au conseil municipal de Nice un projet de concession avec la Compagnie. Et ce fonctionnaire ne fait pas dans la nuance lors de son discours devant les élus, le 3 juillet 1863 : « Il faut lui savoir gré [à la Compagnie] du sentiment tout patriotique qui l'a portée à faire à la ville de Nice les plus larges concessions. [...] Il n'est pas sans intérêt de faire observer ici que la Compagnie générale des eaux offre toutes les garanties désirables de loyauté et de capacité et dispose, en outre, de capitaux considérables grâce à la haute position financière de ses administrateurs qui la représentent et à son capital social de 20 millions de francs [3]. » De fait, la ville de Nice tout juste annexée à la France n'a pas le moindre sou pour exécuter des travaux permettant d'amener l'eau potable chez ses administrés. Déjà grand artisan du rattachement à la France du comté de Nice, le maire de la ville, le chevalier François Malaussena, veut remplacer l'eau tirée par ses 50 000 administrés dans des puits manifestement souillés par la rivière locale, le Paillon. Lequel se déguise de plus en plus en un véritable égout à ciel ouvert, tout particulièrement en été. Le contrat en concession est signé le 4 mars 1864. Pour distribuer de l'eau potable, la Compagnie devra construire un aqueduc afin d'aller la chercher à une douzaine de kilomètres de Nice dans la vallée du Paillon, au pied du village de Peillon.

Le hasard fait bien les choses... Les trois sources de montagne convoitées aboutissent dans un canal bordé par le moulin de la comtesse Malaussena, parente du maire de Nice de l'époque. Celle-ci vend ces sources à la Compagnie. Les travaux se terminent en 1869. Puis les administrateurs de la Générale, qui veulent anticiper les besoins en eau de la ville, des communes environnantes et des agriculteurs en matière d'irrigation, sortent de leurs cartons un vieux projet : la dérivation de la rivière Vésubie sur 47 kilomètres jusqu'à Nice en partant de Lantosque, au sud du massif du Mercantour. L'incontournable et indispensable Conte-Grandchamp supervise le projet qui bénéficie d'une promesse de subvention de Napoléon III. Le chevalier François Malaussena (qui deviendra président du conseil général des Alpes-Maritimes) signe un traité à cette fin avec la Compagnie et le fait approuver par son conseil municipal. Aussi, le 25 novembre 1878, Charles Freycinet, ministre des Travaux publics, présente à la Chambre des députés un projet de loi déclarant d'utilité publique le canal de la Vésubie (qui prend sa source dans deux torrents du Mercantour à près de 3 200 mètres d'altitude). Sa concession est attribuée à la Compagnie jusqu'en 1972, et ensuite à perpétuité à la ville de Nice. Un mois plus tard, la loi correspondante est promulguée par le maréchal de Mac-Mahon, président de la République. L'État accorde une subvention de 3 millions et 200 000 francs à la Compagnie pour réaliser l'aqueduc-canal de la Vésubie terminé en 1895. L'ouvrage desservira non seulement Nice, mais la principauté de Monaco et tout le rivage méditerranéen de Villefranche jusqu'à Menton.

Comme dans le reste de l'Hexagone, à la suite des découvertes de Pasteur, une polémique sur la mauvaise qualité de l'eau potable va faire rage au début du siècle dernier à Nice. À l'époque, Me Médecin (est-ce Pierre, l'arrière-grand-père du futur Jacques Médecin ?), avocat de la Compagnie, estime que celle-ci a tort de laisser les journaux écrire des horreurs sur la distribution de l'eau potable à Nice sans poursuivre en justice les auteurs de ces articles [4]. Une chose est sûre : la technique complexe d'ozonisation (de l'air chargé d'électricité est mélangé à l'eau de façon à détruire par oxydation les matières organiques) va peu à peu équiper toutes les usines de traitement de l'eau jusqu'à aujourd'hui. En marge du contrat de concession de la distribution de l'eau potable, ces usines seront toutes entièrement construites sur financement de la mairie de Nice, y compris durant le règne de Jean Médecin, de 1928 à 1965.

Ce vieux concubinage de la ville avec la Compagnie, Jacques Médecin l'a toujours occulté. Dans son livre *Et moi je vous dis... ma vérité*, un ouvrage d'entretiens avec le journaliste Henri-Christian Giraud, le défunt maire de Nice émaille d'exemples « la multitude de petites choses dont je suis fier, et quelques autres grandes choses ». Et l'ex-président du conseil général des Alpes-Maritimes de citer « les deux usines d'ozonation de l'eau que j'ai réalisées, lesquelles apportent à la ville une eau irréprochable sur le plan bactériologique et chimique ». « La Générale des eaux, connais pas », semble dire Jacques Médecin... Même coup de chapeau anonyme pour la collecte des ordures et la propreté des rues. « Un mot des services de nettoiement, lesquels sont absolument impeccables, se glorifie-t-il. Nice est une ville propre. On y relève les ordures six fois par semaine. Ce qui est rare en France (*sic*), et l'est encore plus à l'étranger puisque la plupart des pays du monde ne relèvent les ordures qu'une fois par semaine, comme aux États-Unis. Et les rues sont lavées tous les matins à grande eau. Les services niçois justifieraient à eux seuls, conclut-il sur une pirouette, des impôts cinq fois plus élevés qu'ailleurs. »

La Compagnie joue encore à l'arlésienne sous la plume de l'ancien maire. En hommage à son père Jean Médecin, il souligne : « En 1930, mon père avait fait construire également une usine d'incinération d'ordures. J'en ai construit une nouvelle en 1977. Il s'agit d'une usine tout à fait spectaculaire puisqu'elle fabrique de l'énergie tout en brûlant les ordures ménagères. C'est une usine qui a été beaucoup copiée ailleurs [5]. » La Compagnie n'a jamais construit ni géré cette usine, c'est évident ! Dans son souci obsessionnel de protéger le monopole de la Compagnie, Jacques Médecin a tout de même commis une grave erreur. Lors du conseil municipal du 30 janvier 1981, le maire de Nice se dit prêt à écouter, à propos du contrat d'eau avec la

Générale, « toutes les observations que Max Cavaglione [a] à faire » et à « déclencher les enquêtes qui en découleraient [6] ». Jacques Médecin croit alors pouvoir se débarrasser ainsi de ce diplômé d'HEC, expert-comptable de profession et spécialiste de la comptabilité publique. Il compte sur sa lassitude et le temps. Erreur... « Max », l'honnête homme, reste pire qu'une teigne. De fait, Jacques Médecin a gravement sous-estimé « l'un de [s]es persécuteurs obsessionnels, le gauchiste Max Cavaglione [7] ».

Six mois plus tard, Max Cavaglione passe à l'attaque devant le conseil municipal de Nice, une heure d'horloge durant. Arguments et documents à l'appui, il demande au maire de renégocier de manière plus équilibrée le contrat avec la Compagnie. Après avoir épluché plusieurs centaines de pages de « documents particulièrement embrouillés », « Max » retrace les conditions du drôle de mariage entre ce groupe et la ville de Nice. La Générale exerce, depuis cent dix-sept ans à l'époque, un monopole « très confortable et fort avantageux » de la production, du traitement et de la distribution de l'eau et de tous les travaux connexes. Un système sophistiqué de 27 conventions et avenants au contrat initial de concession du 4 mars 1864 a sans cesse prolongé ce dernier hors toute concurrence. « Un labyrinthe juridique où seuls quelques initiés ont accès », regrette en expert Max Cavaglione. À l'appui de ses dires, il cite le rapport pour l'année 1968 de la Cour des comptes : « Les intérêts de la ville de Nice n'ont pas été défendus avec une attention suffisante lors des négociations qui ont conduit à l'avenant de mai-juin 1960, et il apparaît regrettable qu'après avoir accepté un contrat aussi désavantageux la commune en ait admis la prolongation jusqu'en 1993 [8]. »

Le Zorro niçois dresse un véritable catalogue des avantages indus accordés à la Compagnie sur le dos des Niçois : des clauses abusives d'indexation du prix de l'eau ; un contrôle des travaux assuré uniquement par la Compagnie sans la moindre vérification d'un expert indépendant ; une somme forfaitaire de 70 francs perçue sur chaque facture d'eau (soit 7 millions de francs au total) pour assurer l'entretien des branchements des 100 000 abonnés ; le remboursement à la Compagnie de ses charges et de ses frais sans pouvoir vérifier le moindre centime. Ainsi la concession de Nice n'a-t-elle plus rien d'une concession qui exploite la distribution d'eau à Nice « à ses risques et périls ». Avec le soutien des maires successifs, et au moyen d'avenants tout à fait légaux, la Compagnie a transformé ce régime de concession, en un affermage conforme à la bonne vieille martingale de l'eau. Elle finance tous les investissements, se les fait rembourser par la ville suivant des conventions *ad hoc*, et prélève sa dîme sur les factures de ses 100 000 abonnés pour assurer les petits travaux d'entretien tout en se rémunérant. « On peut se poser la question, conclut perfidement Max Cavaglione, de savoir quels risques et quels périls sont réellement encourus [9]. » En fait, la Compagnie n'a jamais couru aucun risque à Nice, où elle n'a jamais perdu un seul centime. La martingale de l'eau, inventée à Paris en 1860, a été appliquée avec succès. Et depuis, rien n'a changé. Une idée maîtresse guide ici comme ailleurs la Compagnie : ne pas investir le moindre centime dans la construction, la réparation ou la rénovation des usines ou canalisation sans se le faire rembourser.

Une stratégie excellente pour une entreprise privée, mais financièrement très lourde pour le contribuable et l'abonné à l'eau de Nice.

On imagine la colère de Jacques Médecin, déjà un tantinet énervé par la victoire de François Mitterrand, lorsqu'il écoute ce réquisitoire fleuve de Max Cavaglione, qui lui envoie une copie de son intervention. Jacques Médecin fait contre mauvaise fortune bon cœur. Dans une lettre, le maire accuse réception du brûlot, mais comme souvent il en fait trop, ce qui agace « Max » et ses amis. « Je vous remercie pour cette excellente étude, écrit Jacques Médecin, et je souhaite vivement qu'elle débouche très vite sur des décisions [10]. » De même que ses successeurs, Honoré Bailet, Jean-Paul Barety et aujourd'hui Jacques Peyrat, Jacques Médecin fera des cocottes de papier de ce rapport sur le « grave déséquilibre constaté en faveur de la Compagnie générale des eaux ». Malin comme un singe, Jacques Médecin va réussir à endormir « Max » pendant les six années suivantes. Bien évidemment, l'empêcheur de tourner en rond n'est pas invité, début 1986, au départ en retraite de Paul Decourcelle, directeur régional de la Compagnie. Jacques Médecin tient à y assister pour saluer « le niveau des succès techniques obtenus par cet homme d'exception, à l'humeur égale, à l'autorité compréhensive, doué de tact et de sens de l'humain, qui a su faire de l'eau de Nice la meilleure de France [11] ». L'année suivante, Jacques Médecin va craquer malgré lui, incapable d'entendre sa très chère Compagnie à nouveau traînée dans la boue devant le conseil municipal de sa bonne ville de Nice. « Max » sort en effet la grosse artillerie pour dénoncer le chèque en blanc demandé par la Générale à la municipalité. Explication. Tombé par contrat dans l'escarcelle de la mairie depuis 1972, le canal-aqueduc de la Vésubie se fait vieux depuis sa mise en service, un siècle auparavant. Des menaces d'éboulements dans les collines urbanisées qui surplombent Nice imposent une rénovation de l'ouvrage. Honoré Bailet, alors premier adjoint délégué aux travaux et aux finances, présente le dossier à ses collègues. Et il n'hésite à mettre le couteau sur la gorge : « Si les problèmes techniques ont un aspect essentiel, la question financière reste un préalable. Il s'agit en effet de réaliser 170 millions de francs de travaux qui ont un caractère d'urgence [12]... »

La Compagnie propose gentiment à la commune de devenir son banquier pour financer ces travaux. Cette précipitation pour le moins inhabituelle amène Max Cavaglione à supplier ses collègues de surseoir à leur décision, le temps de demander à l'administration préfectorale si un emprunt bancaire serait plus intéressant. Il leur recommande d'attendre le résultat de cette étude avant d'avaliser par leur vote un endettement considérable de la ville, de l'ordre de plusieurs centaines de millions de francs intérêts compris... Inflexible, Jacques Médecin fait voter séance tenante l'avenant nº 16 au contrat d'eau, qui reprend la proposition de la Compagnie. Laquelle va exécuter ces travaux, mais aussi les prendre provisoirement à sa charge en contrepartie du renouvellement pour vingt-sept ans de son contrat (jusqu'en 2014), qui devait prendre fin normalement le 31 décembre 1993. Douze ans plus tard, Max Cavaglione précise son diagnostic sur l'affaire de la Vésubie : « Moyennant la perception d'un complément de rémunération de 59 centimes par mètre cube, indexé sur le prix de l'eau, la CGE s'engageait à réaliser les travaux estimés à 170 millions de francs en valeur 1985 et acceptait de prendre à sa charge les annuités d'emprunts pour les travaux déjà réalisés. Sitôt le marché conclu, la municipalité d'alors déclarait au journal *Nice-Matin* du 18 octobre 1987 : "Les Niçois viennent de faire une excellente affaire car cette convention [entre la ville et la Compagnie] ne lèse ni le contribuable local ni le consommateur. Le chantier d'un coût de 170 millions de francs incombe à la CGE ; cette société prélèvera les crédits sur les fonds propres d'investissement." La réalité a été tout autre. La participation réelle de la CGE a été atténuée par des aides et subventions de l'agence de l'eau et par un prélèvement sur un fonds de travaux [les fameuses provisions pour travaux ponctionnées sur chaque facture d'abonné] dont les produits appartiennent à la ville, mais sont gérés par la Compagnie [13]. » Les trois journalistes auteurs de *J. M., le feuilleton niçois* trouvent eux aussi l'addition hors de prix : « Le coût de l'opération a été de 374 millions de francs payables par la CGE sur dix ans [les travaux ont duré dix ans et les taux d'intérêt sur les prêts courent toujours]. Il n'en faudrait pas pour autant louer les vertus de générosité de la CGE : en effet, grâce à une taxe spéciale de 59 centimes par mètre cube que la mairie va reverser à son concessionnaire pendant trente ans, la Générale des eaux va ainsi encaisser 868 millions de francs. Deux préfets successifs ont établi des rapports à ce propos, mais la chambre régionale des comptes ne semble pas très désireuse de se plonger dans ces eaux troubles [14]. »

Pressentant ce mauvais coup, « Max » met dans la balance sa démission de la commission de l'eau lors de son intervention au conseil municipal du 17 octobre 1987. Las de servir de faire-valoir à Jacques Médecin et à la Compagnie, il exige que le ministère de l'Agriculture et le préfet des Alpes-Maritimes examinent le dossier dans le détail avant le vote qui doit être reporté. Fou de rage à l'idée qu'on puisse encore le suspecter de favoritisme à l'égard de sa chère Compagnie, le taureau Médecin voit rouge et fonce sur le torero Cavaglione : « Monsieur Cavaglione, vous étiez dans la commission de l'eau depuis un an, vous avez suivi les débats et vous voulez nous faire croire qu'on vous a mis un pistolet sur la tempe. À ce moment-là, vous n'aviez pas émis de réserve, vous avez préféré partir et attendre d'être en public pour réagir. Vous êtes un lâche et un péteux. Vous êtes un agent de la Gestapo, vous essayez d'exterminer tous vos opposants [15]. » Le mot de trop. « Max » est juif et a été déporté en tant que résistant. Pour ce commandeur de la Légion d'honneur, capitaine de réserve et médaillé d'honneur de la Résistance, « agent de la Gestapo » est la seule insulte qu'il ne peut pardonner. Dès lors, il ne s'en cache pas, il s'est juré de faire tomber le maire de Nice. Ce vieux monsieur mettra trois ans seulement avec l'aide de Michel Charasse, secrétaire d'État au budget, et de trois amis conseillers municipaux comme lui : le député PS Jean-Hugues Colonna, l'avocat Pierre Josselet et le général François Binoche. Des munitions pour s'en prendre au maire, ils en ont à profusion. Aucun problème. Jacques Médecin l'ignore, pensant avoir affaire uniquement à de beaux parleurs. Erreur...

Dans son appartement de 250 m^2 du boulevard Gambetta à Nice, derrière la promenade des Anglais, Max Cavaglione amasse depuis vingt ans des dossiers sur Jacques Médecin et sur l'honorable Compagnie. Deux pièces leur sont consacrées. Une vraie caverne d'Ali Baba qui, malgré un désordre apparent, cache des missiles mortels. Le 28 février 1989, les quatre mousquetaires déposent leur première plainte contre Jacques Médecin pour ingérence en tant que porteur de 95 % des parts du journal *L'Action Côte d'Azur*. Une publication qui reçoit des subventions municipales. Le 17 novembre 1989, le maire de Nice est inculpé à Grenoble de délit d'ingérence. C'est une première. Les papys vont s'engouffrer par cette petite porte et déposer d'autres plaintes pour démontrer le rôle des associations paramunicipales dans le système Médecin. C'est le début de la fin pour « Jacques Médecin qui a pris son bâton de pèlerin pour aller vanter les mérites de la CGE en Argentine, où il se rend en octobre 1989 [16]... » On connaît la suite : la fuite de l'ancien maire en Uruguay, puis son retour, sa condamnation en France et son décès... Aujourd'hui, « Max » reste un peu amer : « Si les socialistes m'avaient autant aidé pour remettre au pas la Compagnie générale des eaux que pour faire tomber Médecin, le prix de l'eau aurait sérieusement baissé à Nice, depuis 1987, et la rénovation de la Vésubie aurait coûté beaucoup moins cher aux Niçois [17]. » La fuite du maire, son emprisonnement, puis sa mort n'ont pas ralenti ses efforts pour rééquilibrer les conditions du contrat entre la ville et la Compagnie. Mais « Max » se retrouve bien seul après la chute de Médecin. La Générale reste un sujet tabou pour ses anciens complices, les conseillers municipaux socialistes. La seule instance qui aurait pu l'aider, la chambre régionale des comptes de Marseille (créée en 1982), se gardera bien de s'intéresser à la rénovation de la Vésubie, et plus généralement à la gestion de l'eau à Nice. « Cherchez l'erreur, confie Max Cavaglione, c'est simple à comprendre. Le président de la chambre régionale des comptes pendant près de vingt ans, Alain Serieyx, a été entre 1976 et 1978 le chef de cabinet d'un secrétaire d'État au Tourisme nommé Jacques Médecin [18]. » Il ne faut pas compter sur « Max », aujourd'hui octogénaire, pour avoir la mémoire courte.

Et il continue ce combat douteux, seul ou presque... Le 16 septembre 1999, dans une intervention fleuve (elle fait 14 pages dactylographiées) au conseil municipal de Nice, Max Cavaglione dresse un inventaire des petits cadeaux octroyés par la ville à la Compagnie [19]. Un mémorandum en forme de testament à laquelle le groupe de la gauche plurielle du conseil municipal ne juge pas utile d'apporter son appui, manifestement peu désireux de partir en guerre contre la Générale. Comme du temps de Médecin, le conseil municipal et la Compagnie vont faire mine de prendre ce rapport au sérieux, avec échange de courrier et tenue de trois réunions, sous les bons auspices de Jacques Peyrat, le nouveau sénateur-maire RPR. En 2002, celui-ci affirme avoir obtenu une réduction du prix de l'eau de 10 % de la part de la Générale. Mais comme le fait si bien remarquer « Max » (battu aux élections municipales de mars 2001), « dès que l'on met le nez dans les comptes, on nage en eaux troubles, et ce qui est moins amusant, c'est que pour de l'eau douce, la note est salée[20] ». De fait, en dehors de cette baisse du prix de l'eau, les conclusions du rapport Cavaglione restent toujours lettre morte. La première : la Générale obtient, en 1987, une prorogation de vingt-sept ans de son contrat d'eau avec la ville de Nice et les travaux à réaliser sur le canal-aqueduc de la Vésubie sans avoir dû négocier quoi que ce soit en échange. Contrairement à d'autres villes (comme Grenoble, Toulouse, Saint-Étienne et Dijon) qui, à la même époque, décrochent chacune plusieurs centaines de millions de francs de droits d'entrée ou d'indemnités d'occupation du domaine communal. La deuxième reprend le rapport 1984 de la Cour des comptes qui avait dénoncé la perception d'une redevance de 0,14 franc au mètre cube par la Compagnie au titre de l'amortissement d'ouvrages construits avant 1914. « Cette perception aurait dû s'interrompre en 1972, écrit Max Cavaglione, mais elle avait continué jusqu'en 1987, par manque de contrôle de la ville. Dès lors, le trop-perçu de la Compagnie était de l'ordre de 45 millions de francs, auxquels devraient s'ajouter les intérêts de ces droits, soit au moins encore 45 autres millions. À ce jour, la ville de Nice n'a toujours pas réclamé ce trop-perçu. » Aujourd'hui, ce pactole dort toujours du sommeil du juste dans les caisses de la Compagnie, devenue Veolia Environnement.

Troisième conclusion du rapport de « Max » : « Des frais généraux beaucoup trop importants lui permettent [à la Compagnie] d'enregistrer un bénéfice avant impôt d'11,61 % sur le chiffre d'affaires, soit 33,7 millions de francs. Les frais de personnel (69,6 millions de francs) devraient pouvoir tomber à 39 millions en fonction des ratios communément adoptés par la Compagnie en France : c'est-à-dire un employé pour 400 abonnés. Ces dépenses de personnel gardent un niveau anormalement élevé durant ces quinze dernières années, alors que le service de distribution des eaux de la ville de Nice a été profondément modernisé, informatisé, rationalisé. Tout cela s'est effectué avec l'argent des abonnés qui, par le biais de la redevance travaux, a permis à la collectivité de financer ces équipements ultramodernes. À quelles tâches sont employés tous ces agents ? La question n'est pas anodine, conclut-il, quand on sait que la Générale a inscrit au poste de sous-traitance une somme de 108,8 millions de francs en 1997. » Enfin, l'ancien conseiller municipal met au jour d'autres perles dans la location des compteurs, les annuités d'emprunts et la garantie de renouvellement des travaux. De 1995 à 1997, la Générale réussit ainsi à empocher 7,5 millions de francs de provision pour travaux non effectués sur les 13,5 millions de francs de garantie de renouvellement ponctionnés au total sur les abonnés. Pour Max Cavaglione, « cette pratique est nouvelle et ne fait l'objet d'aucun accord particulier. Elle est inacceptable et doit être dénoncée, car tout solde créditeur doit être reversé à la collectivité ».

Au total, Max Cavaglione évalue, en 1999, la surfacturation de l'eau à Nice par la Compagnie générale des eaux à près de 200 millions de francs annuels sans tenir compte du trop-perçu sur le financement des travaux du canal de la Vésubie. À la suite d'une rapide analyse effectuée pour le conseiller général de Nice II Jean Icart, l'expert indépendant Jacques Michel arrive au même résultat[21]. Premier adjoint chargé des finances, et donc à ce titre de la concession de l'eau potable à Nice, Gilbert Stellardo n'a jamais mandaté cet expert malgré sa promesse faite publiquement [22]. Et le même n'a réuni qu'une seule fois la commission municipale de l'eau entre 1995 et 2001. Max Cavaglione en bout encore d'indignation : « On s'est bien moqué de moi [23]. » Le directeur régional de la Générale des eaux à Nice porte un nom qui lui va comme un gant. Il s'appelle alors Jean-Louis Patron... Quant au monopole de la Générale à Nice sur toutes les activités connexes à l'eau (ordures, nettoiement, chauffage, fourrière et transports), Max Cavaglione n'a pas réussi à trouver le temps pour passer ces contrats au peigne fin. Membre de la commission d'appel d'offres de la ville, il a pourtant soulevé un autre lièvre : le marché de l'exploitation de la station d'épuration de Nice accordé, depuis l'époque de Jean Médecin père, à Degrémont, une filiale de la Lyonnaise. C'est l'exception qui confirme le monopole de la Générale à Nice. Comme d'habitude pour ce genre d'appel d'offres, les trois géants de l'eau ont soumissionné. Le 19 octobre 2000, la commission d'appel d'offres retient l'offre la moins disante, c'est-à-dire celle de la société Degrémont (37,5 millions de francs).

En fait, la Saur était en réalité la moins disante, mais n'a pas été choisie. Fait rarissime, le représentant à cette commission de la direction départementale de la Concurrence, de la Consommation et de la Répression des fraudes (DDCCRF), A. Sourd, s'oppose au choix de la société Degrémont. Dans ses observations, il s'étonne : « L'offre de la société Degrémont est manifestement sous-évaluée pour apparaître comme la moins disante. Certains postes importants (informatique par exemple) ou de nature fiscale (taxe professionnelle) ne sont pas recensés, ni comptabilisés dans la proposition de la société Degrémont [24]. » Éternel empêcheur de tourner en rond, Max Cavaglione est le seul élu du conseil municipal à s'opposer à cette décision en faveur de la Lyonnaise. Ni la Compagnie ni la Saur-Bouygues ne contesteront ce choix devant le tribunal administratif de Nice. Tout le monde il est beau, tout le monde il est gentil... À propos de ce dossier comme de tous ceux qui figurent dans son mémorandum-testament du 16 septembre 1999, « Max » regrette de n'avoir jamais reçu le soutien de Didier Ristori, 55 ans, technicien dessinateur depuis une vingtaine d'années au centre des eaux de Nice. Didier Ristori est aujourd'hui l'un des trois secrétaires nationaux du syndicat CGT de la Générale des eaux, devenue une des branches de Veolia Environnement. À ce titre, il revendique un « service national de l'eau au service des citoyens... » Il est également le représentant de la CGT au comité central d'entreprise de Veolia Environnement, qui regroupe les secteurs eau, propreté, énergie et transports.

Fatigué de jouer au Don Quichotte, « Max » n'a pas déposé plainte au pénal pour escroquerie dans l'attribution du marché d'exploitation de la station d'épuration de Nice. Les chiffres pourtant parlent d'eux-mêmes. Le coût des prestations de Degrémont pour l'exercice 1999-2000 s'élève à près de 46 millions de francs (62 millions avec la sous-traitance), alors que cette même société a remporté le même marché, pour les douze prochaines années, avec une proposition annuelle de 37,5 millions de francs ! Un rabais de près de 10 millions pour un service identique qui a conduit les services techniques de la ville à privilégier, « en toute indépendance », le choix de la commission d'appel d'offres en faveur de Degrémont [25]. À la suite du rapport fait au procureur de la République par le représentant de la DDCCRF sur cette affaire, un haut fonctionnaire de la ville de Nice sera placé en garde à vue, puis remis en liberté sans être davantage inquiété. Curieusement, le représentant local de la DDCCRF sera, lui, rapidement muté à la suite de cette affaire. Le maire de Nice n'aurait pas apprécié le travail du fonctionnaire sur Haliotis II, Haliotis étant le nom de la première usine d'épuration, située en bordure de l'aéroport de Nice. Haliotis porte le nom d'un joli coquillage nacré qui filtre l'eau de mer, mais pas les odeurs de monopole ou de corruption…

Grand reporter à *Nice-Matin*, Roger-Louis Bianchini a retrouvé, en 1990, cette première station d'épuration de Nice au beau milieu d'une affaire de pots-de-vin. À l'origine de ce petit bout du système Médecin, on trouve la Sarl CAARD, un bureau d'études niçois au capital de 2 millions de francs, réparti entre neuf actionnaires, dont une société offshore nommée Oceania Systems et basée à Londres. Un compte de cette société reçoit des virements provenant d'associations largement subventionnées par la mairie de Nice. Ici, le défunt maire de Nice montrait le bout de sa moustache. En effet, une fiduciaire suisse avait créé les sociétés Oceania Systems et Costa Real pour permettre au couple Médecin de récupérer en Californie des fonds virés frauduleusement par l'association Nice Opéra. « Les enquêteurs purent relever que ce même compte londonien avait été utilisé pour d'autres opérations, explique Roger-Louis Bianchini. […] et deux virements de 200 000 dollars chacun, émanant de la société Degrémont, filiale de la Lyonnaise des eaux, un pot-de-vin ayant trait à l'octroi, en août 1983, du marché de la station d'épuration Haliotis, en bordure de l'aéroport de Nice. » Le journaliste décrit ainsi la machine électorale de Jacques Médecin : « L'argent, combien et comment ? Sept à huit millions de francs pour une campagne pour les municipales. Ils étaient apportés par les entreprises travaillant pour la ville [de Nice]. Toutes versaient autour de 3 % du montant des travaux [26]. » Roger-Louis Bianchini affirme que 80 agents de service municipal du nettoiement de Nice constituaient une « brigade spéciale ». Aux ordres d'un adjoint (relaxé pour ces faits), cette équipe échappait complètement aux responsables administratifs. Elle intervenait non seulement, lors des campagnes électorales, mais aussi tous les jours pour servir des « intérêts particuliers »… À aucun moment, le journaliste ne fait allusion dans son livre-enquête à la Générale des eaux.

À Toulon, pas de Max Cavaglione au conseil municipal, pas de rebelle. Depuis plus de cent vingt ans, Toulon reste l'une des plus belles places fortes de l'ex-Générale des eaux dans l'Hexagone. La ville n'a rien à refuser à ce groupe omniprésent qui, aujourd'hui encore sous la raison sociale de Veolia Environnement et celle de sa demi-sœur Vinci, exerce un monopole de fait dans la ville et le département du Var. La liste est longue : eau potable (CEO), assainissement (OTV), autobus publics (Rapides varois), cars scolaires (Sodetrav), chauffage urbain (Armand Interchauffage), collecte des ordures ménagères (CGEA et Barla), câble, réseau câblé de télévision et informatisation de la mairie (Setex), concession des parcomètres et de la fourrière (Setex), parkings publics... C'est la République de la Compagnie générale des eaux. Dès sa création en 1853, celle-ci envoie l'ingénieur Dumont sur place pour étudier les possibilités d'un monopole de la distribution de l'eau dans ce premier port militaire français. Le concubinage de la ville avec la Compagnie est né ainsi discrètement dans la vallée de Dardennes, au beau milieu de la petite Suisse varoise, de belles collines qui surplombent la ville de Toulon, située 5 kilomètres plus au sud. En contrepartie d'importants travaux d'aménagements (notamment le creusement d'un canal d'irrigation pour les agriculteurs locaux), la Générale obtient, en 1881, la concession municipale d'exploitation des sources d'eau potable de la colline de Revest-les-Eaux, qui alimente la ville portuaire depuis plusieurs siècles grâce à un aqueduc en pierre. Pour pérenniser ce monopole, la Compagnie va acheter peu à peu tous les terrains et les moulins à huile qui sont sur le trajet de ces sources dites « du Ragas », dont elle devient ainsi l'unique propriétaire. Puis, le 26 avril 1882, la Générale verrouille l'affaire : la ville de Toulon lui attribue un contrat de concession de la distribution de l'eau potable pour soixantre-trois ans. La rue d'Anjou semble alors avoir réussi sa stratégie d'encerclement de la ville, comme à Paris et à Lyon.

Sauf qu'un grain de sable nommé politique va faire tout faire capoter, à l'inverse de ce qui s'est passé dans la capitale en 1910 *(voir chapitre IV).* Une première bagarre va opposer le maire de Revest-les-Eaux (commune où sont situées les sources du Ragas), M. Beilon, à celui de Toulon, M. Dutasta. En effet, « les adversaires de ce dernier disaient qu'il montrait plus de dévouement pour la Compagnie que pour les intérêts de la ville, car on avait appris avec la plus grande surprise que la municipalité de Toulon avait fait l'abandon sans concession à la ville de La Seyne, de 2 100 000 litres d'eau potable par vingt-quatre heures [27] ». Conséquence : une partie des eaux du Ragas est vendue par la Générale aux habitants de La Seyne grâce à une conduite spéciale en fonte de 8 kilomètres. Cette sombre affaire va empoisonner l'atmosphère, Toulon manquant d'eau. De plus, de terribles épidémies de choléra à répétition, en 1884 et 1885, ne vont pas contribuer à améliorer l'image de la Compagnie au sein de la population toulonnaise. En 1884, un coutelier du nom de Letuaire résume ainsi ses griefs : « Depuis longtemps nous nous plaignons de l'excessive malpropreté de notre ville ; l'eau qui coulait en abondance dans les ruisseaux de toutes les rues a été en grande partie supprimée depuis plus d'un an ; les nombreuses fontaines dont les robinets laissaient couler l'eau nuit et jour à plein bord dans les ruisseaux ont été munies de robinets à clapet, afin de retenir l'eau pour l'emmagasiner au profit d'une Compagnie qui se propose de nous la vendre plus tard. Il en résulte que les matières fécales, l'urine, etc., sont en permanence dans les ruisseaux mis à sec au lieu d'être emportées par le courant dans la mer [28]... » Certes, faute de vouloir financer de nouvelles installations, la Générale économise l'eau, au risque de favoriser la propagation du choléra. Mais la municipalité de Toulon se refuse aussi à investir dans la construction d'égouts, seule mesure permettant d'enrayer les grandes épidémies provoquées par de l'eau souillée. Un vrai dialogue de sourds entre une ville et une entreprise privée, toutes deux économes à l'excès.

À la fin du XIXe siècle s'établit donc un climat d'hostilité permanente entre la ville de Toulon et la Compagnie, ponctuée par une cascade de conflits, de procès et de campagnes de presse assimilant l'honorable société à un « vampire ». Une chose est sûre : la Générale ne respecte pas le cahier des charges du traité signé avec la ville le 26 avril 1882. Pendant les périodes de sécheresse, elle se trouve dans l'incapacité de fournir les 18 000 m^3 par jour d'eau potable promis aux Toulonnais. Coincé entre la montagne et la mer, Toulon souffre déjà d'un manque d'eau chronique avec une disponibilité maximum de 14 000 m^3 par jour. L'énorme déficit quotidien en eau se monte à 4 000 m^3, compte tenu du fait que la ville doit alimenter la Marine nationale et la ville de La Seyne-sur-Mer. S'engage alors, pour plusieurs années, une discussion de marchands de tapis qui trouvera sa conclusion grâce à l'élection à la mairie, en 1904, de Marius Escartefigue, de l'Union républicaine, qui bat le maire sortant de gauche, Victor Micholet. Avec son charme, son bagout et son aura, l'influent et populaire « Marius » finit par convaincre la Compagnie de se lancer dans de coûteux travaux pour accroître le volume quotidien disponible d'eau. Le « Barbu » (surnom donné à « Marius » en raison de la pilosité fournie de son menton) exhume alors des cartons un vieux projet : l'édification d'un gigantesque barrage-lac au bout de la vallée de Dardennes, de manière à pouvoir stocker les sources du Ragas, notamment en période de sécheresse. De la fin 1909 à début 1912, la Compagnie va construire ce barrage en échange de la promesse de la municipalité de résilier l'article 73 du contrat qui lui permet de racheter la concession de distribution d'eau.

Vainqueur aux élections municipales de 1910, le marin Victor Micholet dénoncera finalement ces accords à l'issue de nouvelles négociations [29]. Le 4 mai 1912, la municipalité de gauche chasse la Compagnie, crée une régie municipale de l'eau et finit la construction du barrage-lac de la vallée des Dardennes. Le nouveau maire, le radical-socialiste Victor Micholet, applique simplement à la lettre le programme de la SFIO et de son parti, favorables tous deux à un système public de distribution de l'eau potable, en régie municipale ou par voie de nationalisation. Longtemps en procès avec la municipalité, la Compagnie attendra patiemment quatre-vingts ans pour remettre la main sur la distribution de l'eau à Toulon. Elle a gardé en main un joker de premier ordre : elle possède toutes les sources qui alimentent Toulon en eau potable.

Quarante-sept ans plus tard, rien n'a changé. Trois ans après son élection en 1959, Maurice Arreckx (élu maire sous les couleurs gaullistes de l'UNR) retombe comme ses prédécesseurs sur le problème lancinant de l'approvisionnement en eau de Toulon. À la frénétique urbanisation sauvage de l'après-guerre va s'ajouter, à l'été 1962, l'arrivée massive de

42 000 pieds-noirs d'Algérie dans ce port militaire. La population de la ville atteint 372 000 habitants. Partisan de l'Algérie française, Maurice Arreckx ne peut se mettre à dos ces nouveaux arrivants en acceptant la multiplication, comme dans le passé, de graves pénuries d'eau. Mais le traitement bactériologique de l'eau et l'approvisionnement de toute la ville en quantité suffisante requièrent de nouvelles infrastructures et l'engagement de techniciens, donc des fonds importants que la commune de Toulon n'a pas. Le nouveau maire se refuse à lancer des emprunts à cette fin et à augmenter par voie de conséquence les impôts. Il préfère garder la régie municipale de distribution de l'eau et nouer discrètement d'excellentes relations avec la Générale, qui va peu à peu se transformer en banquier de la ville. Conseiller à la Cour de cassation, Jacques de Lanversin témoigne de ses six années passées comme conseiller juridique à la mairie de Toulon, de 1962 à 1968 : « J'avais la charge des dossiers importants que j'étudiais et sur lesquels je donnais un avis purement juridique. Or, même en étant éloigné du pouvoir décisionnel et politique, j'ai rapidement constaté que tout n'était pas clair. Dans ces années 1962, j'ai même ressenti très fortement un refus d'entrer en conflit et une volonté de compromission entre la CEO (Compagnie des eaux et de l'ozone) et la municipalité de Toulon [30]. » En fait, la Générale maîtrise le prix de l'eau à partir des sources du Ragas et se rembourse de ses maigres investissements sur ses prêts à la ville. Le cheval de Troie de la Compagnie à Toulon s'appelle donc Compagnie des eaux et de l'ozone (possédée à 70 % par la Générale et à 30 % par la Lyonnaise jusqu'à la fin des années 1980), que les Toulonnais surnomment vite Compagnie des eaux et de l'oseille. Par précaution, la Compagnie garde deux fers au feu. Elle joue aussi régionalement la carte du socialiste Édouard Soldani, maire de Draguignan, préfecture à l'époque, et président depuis 1955 du conseil général du Var avec l'aimable soutien de « Loulou » Régnier, responsable de ses campagnes d'affichage et grand patron du milieu varois.

Toulon donne à l'époque l'image d'un port militaire sordide aux pratiques clientélistes, peu reluisantes, voire carrément mafieuses, où un bulletin de vote se monnaie en échange d'un emploi ou d'un logement. L'amitié et la fidélité rappellent ici la Sicile : sur quarante-trois conseillers municipaux à Toulon, neuf sont, dans les années 1970, en délicatesse avec la justice [31]. Ces élus ne présentent aucun intérêt pour la Compagnie générale des eaux, qui va vite s'attacher l'amitié d'un homme discret et incontournable à la mairie en matière de marchés publics : Guy Liautaud, le bras droit du maire. Maurice Arreckx et Guy Liautaud, tous deux aujourd'hui décédés, sont d'inséparables amis d'enfance : le premier, de onze ans plus âgé, a été le chef de patrouille du second chez les Scouts de France en 1944. Après avoir raté le concours d'ingénieur des Arts et Métiers, Guy Liautaud se contente de passer un simple brevet de dessinateur industriel et technique. Engagé, en 1959, à la mairie de Toulon dans la foulée de son ami « Momo », il gravit rapidement les échelons de la hiérarchie. Dans l'ombre de Guy Liautaud, des filiales de la Générale vont s'arroger, à partir des années 1970, un monopole très juteux, la construction et l'exploitation des parkings publics à Toulon [32]. La

Compagnie avait compris que, dans ce port étranglé entre la mer et le mont Faron, il était aussi difficile pour un automobiliste de s'arrêter que de circuler. Sept parkings vont pousser comme des champignons en moins de quinze ans : celui de la place de la Liberté (1970), de la place d'Armes (1974), de la place d'Italie (1975), de Delaune (1976), de la Rode (1978), de Peiresc (1982) et de Mayol (1983). Le groupe profite aussi plus que largement de la gestion arreckxienne qui privilégie la rénovation de la voirie. Toulon se place sous le règne du bitume, qui s'étale, aux quatre coins de la ville et de sa proche banlieue, comme de la confiture sur une tartine. Sans la moindre modération et pour le plus grand profit des filiales de BTP de la Compagnie (autour du groupe Campenon Bernard), laquelle continue à multiplier les prêts en tout genre à la ville. Cette politique dite de désenclavement de Toulon est à porter au crédit d'Arreckx, mais livre la ville pieds et poings liés à la Générale par son mode de financement… Rien de tout cela n'échappe à Guy Liautaud. Nommé successivement ingénieur subdivisionnaire au service de la voirie, puis ingénieur divisionnaire, son bâton de maréchal lui est donné, le 1er février 1984, par son ami d'enfance « Momo » qui le nomme directeur général des services techniques de la ville.

Le 3 octobre 1985, Maurice Arreckx, devenu giscardien, prend la tête du conseil général du Var et lègue son fauteuil de maire à son fils spirituel, son premier adjoint depuis trois ans, l'honorable Dr François Trucy. Rien ne change pour Guy Liautaud : les entreprises du BTP doivent toujours passer par lui pour décrocher un marché public de la ville. Le nouveau maire, plus froid, plus distant que son prédécesseur, affiche une belle ambition pour Toulon, mais complètement démesurée : « faire renaître le centre-ville ». Certes, ce centre historique donne une vitrine peu reluisante à la ville avec ses usines à sommeil pour immigrés, ses marins et ses bars à filles du quartier de Chicago, en limite du port militaire. Un prétexte rêvé pour lancer de grands travaux, plus coûteux les uns que les autres, qui vont, en dix ans, assécher les caisses de la ville et remplir celles de la Compagnie. À l'image de François Mitterrand et de Jack Lang dans la capitale, mais sans les fonds nécessaires. Après le bétonnage de 45 hectares d'anciens marécages, le programme pharaonique de rénovation de la vieille ville est lancé. C'est le quartier Mayol, qui abrite aujourd'hui le centre commercial le plus grand et le plus laid de France, enserré dans un paquebot de béton pisseux échoué entre un stade et la mer. Seul Carrefour a réussi ici, en achevant au passage les petits commerçants déjà bien mal en point avant son arrivée.

À Toulon, le rêve fou d'une réplique du quartier de la Défense va sombrer corps et biens. La liste des « cadavres » est longue : un Palais des Congrès voué à l'échec ; un hôtel trois étoiles avec façade en marbre de Carrare, mais sans clients, et qui a coûté 25 millions de francs à la ville à la suite de sa liquidation ; une Maison des technologies presque vide et entachée par un énorme scandale ; une médiathèque et une mairie qui verront uniquement leurs fondations construites ; enfin, une traversée souterraine de Toulon qui n'en finit pas encore aujourd'hui de sortir de terre. En 1995, « l'endettement de la ville s'élève à 1,9 milliard de francs et les taux d'imposition (taxe professionnelle et taxe d'habitation) ont atteint leur plafond [33] », écrit la journaliste Virginie Martin. Conséquence : le maire se voit obligé de vendre les 200 millions de francs d'obligations placés par la ville cinq ans auparavant. En 1990, la Compagnie, via sa filiale la CEO, avait payé un droit d'entrée, correspondant à ces 200 millions de francs, pour privatiser les infrastructures et les employés de la régie municipale de distribution d'eau potable et d'assainissement de la ville de Toulon. Une belle revanche pour la Générale sur l'année 1912…

Pendant cette année 1990, les bonnes affaires continuent. Guy Liautaud, à la retraite (avec une pension mensuelle de 15 000 francs), exerce les fonctions d'ingénieur-conseil auprès de Campenon Bernard Sud et de la CEO, le tout pour 22 000 francs par mois. Ce retraité de luxe émarge aussi à 50 000 francs par trimestre comme conseiller de Dumez, une filiale du BTP de la Lyonnaise des eaux. Cerise sur le gâteau : il rejoint Maurice au conseil général du Var comme conseiller technique. Chaque matin, à 8 h 30, « Momo » préside, au conseil général, une réunion très confidentielle, en présence de ses intimes : le directeur de cabinet, Édouard Vellutini, le chef de cabinet, Christian Gazel, et le conseiller Guy Liautaud [34]. Personne au tribunal de grande instance de Toulon ou à la chambre régionale des comptes à Marseille ne relève le conflit d'intérêts entre les fonctions de Guy Liautaud auprès de Maurice Arreckx et ses prestations tarifées auprès de filiales des deux champions de l'eau. Jusqu'à ce que, le 1er août 1994, le président du conseil général et sénateur du Var se retrouve incarcéré aux Baumettes, inculpé de corruption active, de recel d'abus de confiance et de complicité d'abus de confiance. Cet homme affable et fin politique tombe alors bêtement à cause deux homicides : le meurtre le 17 mars 1993 de Jean-Louis Fargette, le caïd toulonnais, en conflit avec lui sur des affaires de partage de pots-de-vin, et l'assassinat de son ennemi politique, la députée d'Hyères, Yann Piat, tuée le 25 février 1994. La justice va s'intéresser par la même occasion à Guy Liautaud, qui finit par reconnaître que « son ami de cinquante ans », Maurice Arreckx, a touché un pot-de-vin d'1,5 million de francs de l'entreprise Campenon Bernard Sud, choisie par le conseil général du Var pour construire la Maison des technologies sur la ZAC Mayol à Toulon. Devant le juge d'instruction, Maurice Arreckx reconnaîtra avoir sollicité Campenon Bernard Sud (filiale de la Générale à 57 % depuis 1981) pour toucher une commission d'environ 1,5 % sur les 117 millions de francs accordés à cette entreprise pour construire la Maison des technologies (financée à 75 % par le conseil général du Var).

Grand ami de Maurice Arreckx et proche de François Trucy, le nouveau maire de Toulon à l'époque, l'homme d'affaires toulonnais Gérard Gomez a assisté dans le Var au mariage entre la politique et la mafia. Ancien maître d'œuvre du grand centre commercial Mayol, il ne parle pas la langue de bois : « À Toulon et dans le département du Var, rien n'échappait et n'échappe aujourd'hui à la Générale des eaux dans le domaine des services publics concédés par la ville. Une seule exception qui confirme la règle : l'usine d'incinération des ordures ménagères de Toulon, qui est installée dans sa banlieue, à La Seyne-sur-Mer. Les élus locaux de droite comme de gauche sont tombés d'accord pour donner ce marché à la Cnim (Chantiers navals et industriels de la Méditerranée) afin de créer des emplois dans ce port sinistré par le chômage. Dans les travaux publics, Campenon Bernard Sud raflait tout. Bouygues, malgré son professionnalisme, son dynamisme et TF1, s'est cassé les dents à Toulon. Depuis l'arrivée de Maurice à la mairie, puis à la présidence du conseil général, aucun des grands chantiers de BTP ne passait sous le nez de Campenon Bernard Sud. Le compte est vite fait : la construction de sept parkings souterrains en moins de quinze ans, du Palais des Congrès de Toulon, de la nouvelle mairie, du stade Mayol, du centre commercial Mayol, de son hôtel avec marbre de Carrare, de la salle Zénith Oméga, de la médiathèque et de la fameuse traversée souterraine de Toulon [35]. » À entendre Gérard Gomez, Maurice Arreckx et quelques autres politiques formaient la clé de voûte d'un système politico-financier où le milieu s'était invité sous les traits de Jean-Louis Fargette, le colleur d'affiches du défunt maire de Toulon. Et l'honorable Compagnie était partie prenante de ce système. « Derrière l'écran de fumée du brave Guy Liautaud, explique Gérard Gomez, il y avait un jeune ponte de la Générale que feu Maurice rencontrait régulièrement sur un yacht en baie de Toulon. À Nice comme à Toulon et à Marseille, l'impérialisme et le monopole de la Générale ont démarré à partir de la distribution de l'eau potable et de trois parrains aujourd'hui décédés, Jean Médecin, le père de Jacques, Maurice Arreckx et Gaston Defferre. À une différence près, conclut-il, la Générale a invité la Lyonnaise à partager son festin à Toulon et à Marseille, ne lui laissant que quelques miettes à Nice [36]. »

Les relations entre le grand banditisme, la Compagnie et Maurice Arreckx seront établies grâce à une écoute téléphonique diligentée, en janvier 1993, par la juge marseillaise Marie-Claude Pena dans le cadre d'une affaire de fausse monnaie. Commerçant de profession, Daniel Savastano faisait l'objet de cette écoute alors qu'il discutait avec son ami le caïd toulonnais Jean-Louis Fargette, qui sera tué en Italie le 17 mars 1993, soit deux mois après cette conversation. Lors de son audition, le 8 mars 1994, dans le cadre de l'enquête sur l'assassinat le 25 février précédent de la députée Yann Piat, Daniel Savastano confirme le contenu de la communication téléphonique. Quelques semaines plus tard, au siège de son entreprise près de l'hôpital Sainte-Marguerite à Marseille, il corroborera devant nous ses déclarations à la PJ, enregistrées sous le procès-verbal nº 434/63 : « Je voyais régulièrement mon ami Jean-Louis Fargette chez qui je me rendais en voiture à Bordighera. Il m'avait appris, vers la fin de 1992, que le "Vieux" [Maurice Arreckx] utilisait sa renommée et son prestige pour obtenir de l'argent. Et Jean-Louis était remonté contre le "Vieux" et le "Gros" [Guy Liautaud] qui profitaient de son absence pour racketter eux-mêmes des entreprises : surtout la Générale, et aussi un peu la Lyonnaise. Et Jean-Louis m'a cité le nom de sociétés qui auraient été obligées de remettre de l'argent au "Vieux". Énervé, il m'a même confié : "J'ai la preuve qu'ils m'ont fait marron, c'était fin 1992 je crois, d'1,5 million dans le contrat sur la construction de l'école d'ingénieurs", parlant toujours d'Arrecxk et de Liautaud[37]. » Un article du *Monde diplomatique* daté de juillet 1996 resitue la corruption des élus toulonnais : « La Générale et la Lyonnaise se sont aperçues que, avec la décentralisation, les élus locaux géraient beaucoup d'argent sans trop de contrôles. Ils ont importé en province la pratique internationale du bakchich. Les élus toulonnais étaient plus compréhensifs que d'autres, ils avaient aussi de plus mauvaises manières qu'ailleurs. Les Toulonnais le savaient[38]... » Professeur d'économie et vice-président régional de la Ligue des droits de l'homme, André Bertrand confirme : « Nous étions tous informés des relations d'Arreckx avec Fargette, cela nous semblait normal que dans un port le maire soit en relation avec le milieu du proxénétisme. Pour les marchés publics, nous savions que les devis coûtaient 20 % plus cher que dans le reste de la France, en prévision des pots-de-vin. Et que la même entreprise Campenon Bernard, filiale de BTP de la Générale des eaux, raflait tous les marchés[39]. » Toulonnais de naissance, Robert Mesini, un des anciens patrons de la police judiciaire de Paris, va plus loin : « Ce ne sont pas les truands qui ont corrompu les politiciens à Toulon, c'est le contraire. Jean-Louis Fargette n'était qu'un pâle voyou, utilisé comme homme de main par les politiciens. Il a découvert que la délinquance en col blanc offrait un meilleur rapport gains-risques[40]. » Ce grand flic à la retraite parle d'or : c'est lui qui arrêta, revolver au poing, le dernier grand caïd de Marseille, Mémé Guerini, le 4 août 1967.

Maire de Toulon pendant un quart de siècle (1959-1985), président du conseil général du Var durant près de dix ans (1985-1994), député, puis sénateur, « Momo » était bien l'interlocuteur incontournable pour la Générale des eaux. Il déclarera un jour : « Je suis le parrain politique du Var. » « Pour rigoler », ajoutera-t-il... Là où il était sérieux, c'est quand il versait sur ses comptes suisses ses « charités secrètes », c'est-à-dire les « dons » remis par les entreprises. Des sous-fifres de « Momo » auraient réclamé une « subvention pour la caisse électorale ». Pas du tout, c'est l'entreprise qui l'aurait sollicité, se défend-il à son procès. « J'ai eu le tort d'accepter, mais je n'ai jamais demandé un sou. » Il ouvrira des comptes en Suisse pour ses enfants : pour un fils au nom de « Spirou », pour une de ses filles dite « Waterloo ». « Elle avait senti le désastre à venir », commentera une magistrate. Le désastre, ce fut l'assassinat de la députée Yann Piat, en 1994. Condamné pour recel d'abus de confiance en 1997 (quatre ans, dont deux avec sursis) et en 2000 (trois ans ferme, peine confondue avec la précédente), Arreckx fut emprisonné à deux reprises. Devant le tribunal, il demandera, tout sourire, à s'asseoir pour croquer un sucre, parce qu'« il paraît que je ne me suis pas assez sucré »... Un de ses proches soutiendra qu'il pouvait, uniquement au vu de l'épaisseur d'une enveloppe, estimer qu'« elle devait contenir au moins 500 000 francs ». « Momo » avait faite sienne la maxime d'un de ses prédécesseurs à la mairie, Marius Escartefigue : « La justice pour tous, les faveurs pour mes amis[41]. » Certains, dont plusieurs représentants de la Compagnie, lui feront la faveur d'une larme lors de ses obsèques, le samedi 20 mars 2001, en l'église Saint-Louis de Toulon. Le groupe sait ce qu'il doit à « Momo ».

La Compagnie règne toujours à Toulon. Les marchés passés avec la Générale des eaux par Maurice Arreckx n'ont été dénoncés ni par son dauphin désigné, l'UDF François Trucy, ni par le maire Front national de 1995 à 2001, Jean-Marie Le Chevallier, ni par son successeur actuel, l'UDF Hubert Falco, ex-secrétaire d'État aux Personnes âgées. À une exception près : Jean-Marie Le Chevallier a confié un lot de collecte d'ordures ménagères à la Polyurbaine, filiale à 50 % du groupe Penauille-Polyservices, proche de Bernadette Chirac *(voir chapitre I).*

NOTES

1. Intervention de Jean Icart, le 1er juin 2001, devant le conseil général des Alpes-Maritimes.
2. Entretien avec l'auteur en août 2003.
3. Voir Liliane Franck, *Eau à tous les étages*, 1999, p. 173-174 ; « Nice pionnière de l'ozonation », *TroisO* (revue interne de la CGE), p. 14-15.
4. Voir Liliane Franck, *Eau à tous les étages*, *op. cit.*, p. 190.
5. Jacques Médecin, *Et moi je vous dis... ma vérité*, Henri Lafon, 1991, p. 70,-71, 269-271.
6. Propos de Jacques Médecin devant le conseil municipal de Nice du 30 janvier 1981, repris par Max Cavaglione dans son intervention du 16 juillet suivant devant le même conseil municipal (voir lettre de bonne réception de ce texte par Jacques Médecin le 24 juillet 1981).
7. Jacques Médecin, *Et moi je vous dis... ma vérité*, *op. cit.*, p. 282.
8. Intervention de Max Cavaglione au conseil municipal de Nice du 16 juillet 1981.
9. *Ibid.*, p. 4.
10. Lettre du 24 juillet 1981 de Jacques Médecin à Max Cavaglione.
11. Voir « Le départ de Paul Decourcelle », *TroisO*, nº 28, p. 3.
12. Voir compte rendu de la commission municipale de l'eau du mercredi 16 septembre 1987 p. 2.
13. Voir intervention de Max Cavaglione, le 16 septembre 1999, devant le conseil municipal de Nice, *Observations pour une éventuelle renégociation quinquennale du contrat d'exploitation du service de la ville de Nice*, p. 2 ; lettre de Max Cavaglione au sénateur-maire de Nice Jacques Peyrat, en date du 15 novembre 2000.
14. Bernard Bragard, Frédéric Gilbert et Catherine Sinet, *J. M., le feuilleton niçois*, La Découverte, 1990, p. 308.
15. Voir Brigitte Renaldi et Claude-Henri Laval, *Jacques Médecin : chronique d'un sabordage*, Jean-Pierre Taillandier, 1991, p. 137 ; *Nice-Matin*, 17 octobre 1987.
16. Bernard Bragard, Frédéric Gilbert et Catherine Sinet, *J. M., le feuilleton niçois*, *op. cit.*, p. 308-309.
17. Entretien avec l'auteur en août 2003.
18. *Ibid.*

19. Voir intervention de Max Cavaglione, le 16 septembre 1999, devant le conseil municipal de Nice, *Observations pour une éventuelle renégociation quinquennale du contrat d'exploitation du service de la ville de Nice.*
20. Entretien avec l'auteur en août 2003.
21. Entretien avec l'auteur en août 2003 de Max Cavaglione et Jean Icart.
22. Voir compte rendu du procès-verbal du conseil municipal de Nice du 25 juin 1999.
23. Entretien avec l'auteur en août 2003.
24. Voir procès-verbal de la commission d'appel d'offres de la ville de Nice en date du 19 octobre 2000.
25. *Ibid.*
26. Roger-Louis Bianchini, *Mafia, argent et politique, enquête sur des liaisons dangereuses dans le Midi*, Le Seuil, 1995, p. 102-105.
27. Liliane Franck, *Eau à tous les étages*, *op. cit.*, p. 304.
28. *Ibid.*, p. 305-306.
29. Voir *ibid.*, p. 309-310 ; José Lenzini, *Arreckx sénateur et... parrain*, Plein Sud, 1995, p. 35.
30. Voir José Lenzini, *Arreckx sénateur et... parrain*, *op. cit.*, p. 56-57.
31. Voir Patrick Séry, « Toulon : la municipalité la plus polluée de France », *L'Express*, 10 septembre 1982.
32. Voir José Lenzini, *Arreckx sénateur et... parrain*, *op. cit.*, p. 93-94.
33. Virginie Martin, *Toulon la noire*, Denoël, 1996, p. 70-71.
34. Voir José Lenzini, *Arreckx sénateur et... parrain*, *op. cit.*, p. 100-101, 109.
35. Entretien avec l'auteur en juin et juillet 2003.
36. *Ibid.*
37. Entretien avec l'auteur en mai 1994 ; José Lenzini, *Arreckx sénateur et... parrain*, *op. cit.*, p. 112-114.
38. Gilbert Rochu et Yasmina Salhi, « De la corruption au populisme, Toulon ville amirale du Front national », *Le Monde diplomatique*, juillet 1996, p. 4-5.
39. *Ibid.*
40. *Ibid.*
41. Voir l'article de Michel Holtz sur les obsèques de Maurice Arreckx dans *Libération* du 22 mars 2001, p. 15.

Annexe 2

La télé de maçon écrase le pouvoir de l'eau

Francis Bouygues a été successivement gaulliste, chiraquien, giscardien, puis de nouveau chiraquien, tout en entretenant d'excellentes relations avec François Mitterrand. Personne ne lui en a tenu rigueur. Aucun homme politique français n'a vraiment réussi à lui tenir tête. Même pas François Mitterrand qui s'en est mordu les doigts, le 24 mars 1993, juste après la raclée subie par la gauche aux législatives. Ce jour-là, au dernier conseil des ministres de gauche présidé par François Mitterrand, le chef de l'État fait mine de réfléchir à haute voix devant ses 41 ministres et secrétaires d'État : « Si j'étais un général sur un champ de bataille, à qui devrais-je rendre mon épée : à M. Chirac ? À M. Valéry Giscard d'Estaing ? À M. Bouygues ? À M. Patrick Poivre d'Arvor [1] ? » Son épée, il ne la rendra pas puisqu'il restera jusqu'au terme de son mandat en 1995. Mais son étonnante déclaration laisse à penser que la défaite de la gauche s'explique pour lui tout autant par la bonne campagne de ses adversaires que par le poids décisif de TF1. Cette curieuse petite phrase traduit-elle son amertume après la défaite, la paranoïa des hommes politiques ou le sentiment de s'être fait avoir par un média devenu plus puissant que lui-même, le président des Français ? En 1991, François Mitterrand ne s'était pas opposé à la désignation de Bouygues pour le plus grand marché public de BTP de la fin du siècle dernier, celui de la construction de la Très Grande Bibliothèque à Paris. Pourtant, l'année précédente, TF1 n'avait pas hésité à mettre directement en cause le président de la République dans l'émission inaugurale du *Droit de savoir*. François Mitterrand, lui, n'a pas osé aller plus loin que des menaces d'écarter le groupe de gros marchés publics dans le BTP. Or les rapports entre l'Élysée et le groupe n'ont cessé de se dégrader à partir de 1989. Décédé quatre mois après ce conseil des ministres, le 24 juillet 1993, Francis Bouygues avait donc réussi à presque inverser le rapport de soumission avec l'État, défini lors de la création de la Compagnie et de la Lyonnaise au XIXe siècle.

La preuve : les politiques sont prêts aujourd'hui à tout ou presque pour passer sur l'écran de TF1 ou de LCI. Ainsi le tout-Paris politique s'était-il donné rendez-vous, dans la soirée du 21 juin 2004, à la soirée anniversaire de LCI. Pour ses dix ans, la chaîne d'information en continu avait convié, au

Centre Georges-Pompidou, des personnalités de toutes tendances politiques. Le ministre de l'Économie et des Finances, Nicolas Sarkozy, le Premier ministre, Jean-Pierre Raffarin, plusieurs membres du gouvernement comme Dominique de Villepin (Intérieur), Michèle Alliot-Marie (Défense), Renaud Donnedieu de Vabres (Culture et Communication) et François d'Aubert (Recherche) côtoyaient le président du Conseil supérieur de l'audiovisuel (CSA), Dominique Baudis, le maire socialiste de Paris, Bertrand Delanoë, l'ancien dirigeant communiste Robert Hue, le président du FN, Jean-Marie Le Pen, le président de l'UDF, François Bayrou, et d'autres ex-ministres, Simone Veil, Jean-Jacques Aillagon et Jean-Pierre Chevènement. Cette volonté de gagner un pouvoir d'influence via les médias était un comportement tout simplement inimaginable pour un Jérôme Monod ou un Guy Dejouany, qui faisaient partie intégrante du « système ». Ils ne s'imaginaient pas faire pression sur eux-mêmes !

Deuxième nuance d'importance : l'entreprise Bouygues ne fonctionne pas comme les deux vieilles dames de l'eau. Deux groupes qui décrochent des contrats de service public grâce à d'excellents « relais » politiques, « chouchoutés » depuis plus d'un siècle dans beaucoup de villes de France. En revanche, à l'image d'un Jean-Luc Lagardère, le défunt patron de Matra-Hachette (groupe d'armement et numéro un mondial de la presse magazine), le Goldorak du bâtiment a vite compris qu'une entreprise de BTP gagnerait à utiliser le pouvoir d'influence d'un média important. Propriétaire d'Europe 1, Jean-Luc Lagardère résumait brutalement, en 1996, ce pouvoir : « Quand je veux voir le président de la République pour parler de Matra, j'attends des mois. Pour Hachette, des semaines. Mais quand Elkabach l'invite à Europe 1, je le vois le matin[2]. » Bien avant François Pinault et Bernard Arnault, Francis Bouygues a saisi l'importance de ce pouvoir d'influence lorsqu'il a construit le siège d'Europe 1, dans les années 1960. C'est pourquoi, en 1986, Jean-Luc Lagardère et Francis Bouygues ont failli s'allier pour reprendre le contrôle de cette radio périphérique, qui est finalement restée dans les mains du président de Matra-Hachette.

Les groupes Michelin, Saint-Gobain, PSA, BSN, Carrefour ou l'Oréal, par exemple, n'avaient-ils pas les reins assez solides, financièrement parlant, pour créer les trois chaînes généralistes de télévision privées françaises : TF1, Canal Plus et M6 ? La réponse est bien évidemment oui. Mais les politiques ont préféré confier ces chaînes aux trois champions de l'eau et du BTP. Ne sont-ils pas les mieux placés, dit-on, pour relayer l'intérêt de l'État et des citoyens dans le cadre du service public à la française ? Et Daniel Boudet, ancien conseiller au cabinet d'Alain Carignon, ex-ministre de la Communication, de justifier l'injustifiable sans états d'âme : « L'audiovisuel est un secteur à risque, il dépend des annonceurs, donc de recettes indirectes particulièrement en France, où il subit des contraintes réglementaires lourdes. Or les seules entreprises qui ont les reins assez solides pour prendre ces risques, ce sont soit des entreprises publiques, soit des entreprises qui dépendent largement des commandes publiques. Cette situation est certes malsaine, mais elle relève d'une mécanique économique, et non d'intentions politiques inavouables[3]. » Circulez, il n'y a rien à voir ! En fait, TF1, ansi qu'à un moindre titre Canal Plus et M6, gère un trésor en matière de marchés publics : le « carnet de bal » du passage des vedettes du gouvernement et de l'opposition dans les journaux d'information, les émissions politiques ou même de divertissement. Pourtant, Francis Bouygues n'a rien inventé. Depuis les débuts de la télé dans les années 1950, les présidents de chaîne de télé géraient ce carnet d'invitations. En réalité, ceux-ci jouaient un rôle de courroie de transmission aux ordres de l'exécutif, qui contrôlait discrètement le passage des leaders de la majorité ou de l'opposition sur les étranges lucarnes. Le roi du béton, lui, a développé une idée à la fois géniale et toute bête : s'installer dans le fauteuil de grand sorcier de la vie politique française en détournant au profit de son groupe le pouvoir du « carnet de bal ». Il fallait y penser ! Début mars 1996, le très sérieux hebdomadaire allemand *Spiegel* consacre une page à la « chronique scandaleuse de TF1 » : « Tout ce qui était utile au clan Bouygues a relevé pour TF1 du devoir journalistique. Les dirigeants faisaient et défaisaient des carrières politiques, s'assuraient de gros contrats en accordant des interviews de complaisance, et manipulaient les ministres[4]... »

Même André Santini, le président du Syndicat de l'eau pour l'Île-de-France (l'une des premières collectivités de l'Hexagone avec 300 millions d'euros d'investissements par an dans le BTP et l'eau), reconnaît qu'il se shoote à la télé. Mi-sérieux, mi-blagueur, il avoue en 1998 : « Je veux confesser ainsi que je puis écrire de fort méchantes choses sur la télévision, et de plus méchantes encore sur ses dirigeants quand ils oublient de m'y convier. Un peu d'humilité ; il est des jours où le besoin d'y paraître se fait durablement sentir... Il me faudrait, en fait, être locataire à l'année. Je vous l'affirme, on ne se méfiera jamais assez de cette vieille fille endimanchée, maniérée, fort encline à dépenser sans avoir et qui livre à l'encan les pires traits de votre caractère. Vous l'avez compris, je ne puis me passer de télévision[5]. » Depuis qu'il a été secrétaire d'État aux Rapatriés de 1986 à 1987, puis ministre délégué chargé de la Communication 1987 à 1988, ce patron du premier client français de la Compagnie adore être invité à la radio, sur les chaînes privées ou publiques, de préférence dans les émissions légères, pas dans les journaux télévisés. Aux *Grosses Têtes* ou à *Qui veut gagner des millions*, l'autocrate « Dédé » soigne son image de boute-en-train *(voir chapitre XIII)*. Sauf qu'à l'occasion de la campagne des régionales en Île-de-France de février et mars 2004, l'ancien moniteur de colonies de vacances a littéralement envahi le petit écran, mais cette fois dans des émissions très sérieuses, avec le brio qu'on lui connaît... Un exemple : pour terrasser les embouteillages paralysant les portes de Paris, il suggère de rendre à la circulation les bandes d'arrêt d'urgence des autoroutes et rocades, en début de matinée et de soirée... Pendant cette campagne électorale, ce grand habitué des plateaux de télévision s'est bien gardé de faire allusion à ses fonctions de président inamovible du Sedif depuis vingt et un ans. Une présidence qui ne l'a pas empêché d'être en même temps ministre délégué chargé de la Communication. Ainsi, à l'époque, André Santini prépare et signe le décret du 28 mars 1988 approuvant l'avenant à la convention de concession conclue entre l'État et la société d'exploitation de la quatrième chaîne dénommée Canal Plus. Seize ans plus tard, en janvier 2004, Canal Plus, filiale de Vivendi Universal, emménage, avec 1 500 collaborateurs, dans ses nouveaux bureaux à Issy-les-Moulineaux…

Le député-maire d'Issy-les-Moulineaux est diablement malin, rusé et intelligent. Cependant, derrière son rôle d'amuseur public, d'emmerdeur patenté (en décembre 2003, il a défilé avec les buralistes en colère), ce « modeste élu local » peut voir son amour immodéré du petit écran poser problème par rapport à ses responsabilités d'élu. L'un de ses vice-présidents au Sedif, le député-maire apparenté communiste de Montreuil-sous-Bois, Jean-Pierre Brard, n'hésite pas à le souligner : « Toutes les observations de la chambre régionale des comptes [à propos du Sedif] nous ont rendus plus curieux. Nous avons détecté des choses étonnantes, comme les bancs d'essai pour les compteurs d'eau. Tout cela sert à "pomper » des fonds qui permettent de financer d'autres dépenses. On sait que les excédents réalisés sur le Syndicat d'Île-de-France en particulier ont permis de financer des investissements dans l'audiovisuel [6]. » Rapporteur le 22 mai 2001 de la Mission d'évaluation et de contrôle de l'Assemblée nationale sur le financement et la gestion de l'eau, le député-maire PS de Dourdan (Essonne), Yves Tavernier, nourrit les mêmes préoccupations : « J'ai entendu un débat, le 25 avril 2001, sur France 3, sur le prix de l'eau entre M. Jean-Marie Messier et M. José Bové. M. José Bové faisait observer que l'eau payée par les usagers avait servi à payer Canal Plus, Seagram et quantité d'autres choses. J'avoue que M. Messier m'a paru botter en touche [7]. » Par la voix de son directeur général à l'époque, Olivier Barbaroux, l'honorable Compagnie lui répond immédiatement : « Nous avons, dans notre groupe, multiplié l'activité eau de la Compagnie générale des eaux en dix ans de près de huit, nous sommes passés de 10,6 milliards de francs en 1990, réalisés dans l'eau globalement par la Compagnie générale des eaux, à près de 13 milliards d'euros dix ans plus tard [8]. » Dont acte…

« Bouygues traite les politiques comme il veut, diagnostique Arlette Chabot en 1994, aujourd'hui directrice de l'information sur France 2. Ceux-ci ont compris le mépris et la puissance de ces gens à qui ils sont obligés d'accorder des contrats. […] TF1 sait maintenant parfaitement utiliser sa puissance. Aucun homme politique ne peut s'y opposer. Tous sont piégés. Les chiraquiens sont amers [9]. » À l'époque, Bouygues fait déjà peur. À tel point que députés chiraquiens, socialistes et communistes unissent leurs voix, dans la nuit du 15 décembre 1994, pour essayer de montrer que ce groupe ne fait pas la loi en France. L'arrivée au pouvoir de Balladur, tenue pour quasi certaine, fait deviner aux chiraquiens qu'ils n'auraient jamais dû accorder TF1 au roi de l'eau et du BTP. Lors de la discussion à l'Assemblée nationale d'une nouvelle loi réglementant les marchés publics, les débats commencent avec le dépôt d'un projet d'amendement socialiste apparemment anodin. Le texte demande l'interdiction de concourir sur les marchés publics pour « toute entreprise détenant 10 % ou plus d'une entreprise de presse écrite ou audiovisuelle ». Le texte prend pour cible non seulement Bouygues, mais aussi les deux autres champions de l'eau et du BTP, ainsi que Matra-Hachette et Alcatel-Alstom. Reprenant la balle au fond, trois députés UDF chiraquiens, Laurent Dominati, Charles Millon et Yves Bonnet, vont plus loin encore avec l'amendement 43 [10]. Cette proposition de loi sonne le réveil des politiques, presque huit ans après l'attribution de TF1 au groupe Bouygues par le gouvernement. Et, stupeur, l'Assemblée nationale vote cet amendement Dominati qui « interdit aux entreprises ayant des marchés publics avec l'État ou les collectivités locales d'avoir une participation dans une entreprise d'information ». Ce qui signifie que Bouygues devra revendre ses parts dans TF1, la Générale faire de même avec Canal Plus, la Lyonnaise se débarrasser de sa participation dans M6, Matra se séparer d'Hachette et Alcatel-Alstom lâcher son groupe de magazines (*L'Express* et *Le Point*) regroupés dans la Générale occidentale. Un peu plus tard, au beau milieu de la nuit, le gouvernement bat le rappel des députés balladuriens et dépose un nouvel amendement 11 *bis*. Son texte se montre plus que concis : « L'amendement 43 est supprimé. » Représentant du gouvernement, Pascal Clément, ministre délégué aux Relations avec le Parlement, ne prononce même pas le nom de Bouygues. Habilement, il préfère déplacer le débat sur le terrain de la Défense nationale. Pour lui, l'amendement 43 condamne le groupe Matra-Hachette (numéro un mondial de la presse magazine) à abandonner toute fabrication d'armement, et donc la France à acheter ses armes à l'étranger. Martin Bouygues peut respirer : l'amendement 11 *bis* est adopté.

Bouygues fait aujourd'hui ses plus gros bénéfices grâce à ses activités nouvelles (TF1, LCI et Bouygues Télécom), mais les cimente toujours et encore dans le bon vieux béton. Ainsi, le chiffre d'affaires du groupe pour 2003 (21,8 milliards d'euros) provient à 70 % de ses pôles construction, travaux routiers, eau et immobilier. Certes, la montée en puissance de Bouygues Télécom et de TF1 crève l'écran avec respectivement 201 et 192 millions d'euros de résultat net. Il n'en reste pas moins que plus de 40 % du bénéfice net de l'entreprise s'explique encore par l'excellente rentabilité de la filiale Colas, spécialisée dans les grands travaux routiers, de Bouygues Immobilier, de la Saur et de Bouygues Construction [11]. Qui dit travaux routiers et activités historiques de Bouygues dit obligatoirement marchés publics. Et à un moment où Vivendi Universal et Suez-Lyonnaise des eaux sont dégagés définitivement de leurs activités dans le BTP (toutes rachetées, de 1997 à 2000, par Vinci devenu ainsi le numéro un mondial du bâtiment et des travaux publics), Bouygues se renforce dans son cœur de métier. En effet, le groupe a racheté, en 2002, l'intégralité des actions du capital de Colas. Deux ans plus tard, en 2004, Bouygues a quitté les rois de l'eau en revendant la Saur. L'eau ne sera restée que vingt ans dans le giron du groupe. Ses bénéfices font pâle figure face à TF1 et au BTP qui crachent de l'or.

TF1 est encore, et de loin, la chaîne dominante en France, contrairement à ce qu'avaient prédit, en 1997, Christopher Nick et Pierre Péan dans leur ouvrage *TF1, un pouvoir*. Ancienne de TF1, passée depuis à France 2, une journaliste économique témoigne d'une certaine connivence : « À TF1, l'économie est surveillée de très près. Tout simplement parce que, dans nos enquêtes, nous croisions sans arrêt soit des annonceurs publicitaires de TF1, soit des clients du groupe Bouygues. C'est dur à gérer, car ces gens-là sont bien plus importants, par leur chiffre d'affaires consolidé, que l'UDF, le RPR ou les états d'âme des centristes. [...] C'est une fiction de penser qu'une télévision privée appartenant à une entreprise du bâtiment peut être totalement indépendante du pouvoir politique, quand on sait que les grands contrats sont négociés d'État à État ou avec des collectivités publiques. Oui, il y a eu des demandes de reportage de complaisance, notamment sur des dirigeants de pays étrangers, qualifiés de "grands démocrates", avec lesquels le groupe Bouygues était en négociation. Les sujets consacrés au pont de l'île de Ré ou à Eurotunnel ? Jamais le service éco n'a pu enquêter dessus : c'était réservé aux infos géné [12].... » L'un des proches de Jacques Chirac, Jacques Friedmann, qui a eu une responsabilité dans l'attribution de TF1 à Bouygues, déplore ce choix dès 1995 : « Je regrette qu'on n'ait pas été plus strict sur les incompatibilités des acquéreurs. Que la chaîne leader appartienne à un groupe qui dépend de l'État pour ses marchés, c'est un vrai problème [13]. » Actionnaire principal de TF1 à l'époque en 1994, Bouygues a misé sur des hommes qui pouvaient l'aider à décrocher des contrats, comme l'ont raconté Christopher Nick et Pierre Péan. Les exemples abondent, dont Charles Pasqua, président du conseil général des Hauts-de-Seine, qui a confié à Bouygues la construction de l'A14 d'Orgeval à la Défense, de l'université privée Léonard-de-Vinci à Nanterre, sans parler des dizaines d'immeubles de bureaux pour son poulain Balkany à Levallois-Perret, et des HLM des Hauts-de-Seine gérés par l'ami Didier Schuller. Pour le reste, rien à faire... Le câble, la distribution de l'eau, l'assainissement et le ramassage des ordures ménagères ne doivent pas quitter le giron de la Générale dans la quasi-totalité des Hauts-de-Seine.

Autre exemple : celui de Michel Noir. Bouygues parie sur lui après son départ du ministère du Commerce en 1988. À l'époque, le député RPR de Lyon représente l'un des quadras les plus en vue de la majorité RPR à l'Assemblée nationale. Francis voit surtout en lui le futur maire de Lyon, un tremplin pour accéder à l'Élysée. La métropole lyonnaise représente alors, aux yeux de Bouygues, un pactole de 18 milliards de travaux dans le BTP, selon le schéma directeur d'aménagement et d'urbanisme de la communauté urbaine. Les appels d'offres doivent être lancés après les municipales de 1989. TF1 va donner un joli coup de pouce à Michel Noir dans l'émission la plus populaire à l'époque : *Le Bébête Show*. À quelques semaines du premier tour de scrutin, le maire sortant de la capitale des Gaules, le centriste Francisque Collomb, inconnu en dehors de sa ville, se retrouve ridiculisé dans les sketchs. Le sénateur de 79 ans se voit affublé du surnom de « Grand con, Grand colon » et raillé en permanence. Cerise sur le gâteau : Michel Noir annoncera sa candidature à la mairie en direct au journal de 20 heures de PPDA, grand ami de Pierre Botton, gendre et directeur de campagne de Michel Noir. Peu après l'élection de celui-ci comme maire et patron de la communauté urbaine de Lyon (Courly), Bouygues gagne dans des conditions contestables, le 11 avril 1990, sur appel d'offres, le marché de la construction et de l'exploitation du périphérique nord de Lyon. Une facture totale de 3,8 milliards de francs qui sera sans cesse revue à la hausse pour culminer finalement à 6 milliards de francs, suite à la découverte de problèmes dits « géologiques ». Dans ses observations du 5 juillet 1996, la chambre régionale des comptes de Lyon souligne que les dix réunions de la Courly qui ont abouti à ce choix en faveur de Bouygues « se sont déroulées dans la stricte confidentialité et n'ont fait l'objet d'aucun procès-verbal ». Les juges ajoutent : « En limitant la consultation en vue de l'octroi de la concession à deux sociétés, Bouygues et Dumez [filiale de la Lyonnaise], la communauté urbaine avait dès le départ considérablement réduit la mise en concurrence. Or les dossiers produits par les deux groupes en compétition conduisent la chambre à s'interroger sur la réalité de la mise en compétition des offres présentées [14]. »

Les journalistes Pierre Péan et Christophe Nick tirent la conclusion suivante : « Cette affaire met une nouvelle fois en relief le problème de fond posé par l'attribution d'un médium aussi puissant que TF1 à une entreprise dépendant si étroitement des collectivités publiques. Pareille situation génère en permanence les pires soupçons [15]. » Des connexions ou connivences qui emballent au contraire, en 1997, Nicolas Sarkozy lorsqu'il évoque la décision de Francis Bouygues de prendre, dix ans plus tôt, 25 % de TF1 : « Décision géniale quelles qu'en soient les raisons profondes... Rappelez-vous : jusqu'à une époque récente, on achetait les hommes politiques... Il faut bien que la “com” rapporte de la puissance, puisqu'elle ne rapporte pas beaucoup d'argent [16]. » La position de TF1 sera examinée à la loupe dans le cadre de la course de Nicolas Sarkozy jusqu'à l'Élysée. Dans le même entretien avec les deux journalistes, le futur ministre de l'Intérieur n'hésite pas à souligner qu'il ne voit rien d'anormal à ce que TF1 se soit mis, de 1993 à 1995, au service de ceux qui lui veulent du bien, c'est-à-dire les balladuriens. Et il joue même les provocateurs : « Je ne suis pas “ami” de Martin [Bouygues]. Je suis TRÈS ami ! Nous sommes liés depuis 1983. [...] Martin est un homme secret, réservé plus que timide, intelligent – très intelligent –, pas brillant en société. Il raisonne juste, toujours, mais à sa vitesse. Il est solide. C'est le meilleur ami qu'on puisse avoir. [...] Il est monté dans son groupe comme moi en politique. Je ne lui dois rien, il ne me doit rien. » Pour conclure, il lance aux deux journalistes : « Je suppose que vous avez enquêté ? Vous n'avez trouvé aucun lien d'argent entre moi et eux [le groupe Bouygues] ? Bon. Alors le reste n'a pas d'importance [17]. »

Certes, certes, mais Nicolas Sarkozy exerce d'autres responsabilités moins médiatiques où le groupe Bouygues peut être l'un de ses fournisseurs. En effet, le maire de Neuilly est président du Sielom (syndicat intercommunal de ramassage des ordures ménagères des Hauts-de-Seine) et vice-président du Syctom (organisme intercommunal de traitement des ordures ménagères regroupant 90 communes de la région parisienne). Dans la plupart de ces fonctions de donneur d'ordres de marchés publics, le ministre de l'Intérieur sera remplacé, durant son passage place Beauvau, puis à Bercy, par son ami André Santini [18] ou Jacques Gautier, maire de Garches. Autre exemple découvert par Pierre Péan et Christopher Nick : le marché de distribution des eaux remporté à Orange par la Saur, filiale eau de Bouygues, juste après la victoire du Front national aux municipales de 1995 dans cette ville. « Le 4 février 1997, un coup de fil du président du Front national au PDG de TF1, écrivent les deux journalistes, suffit à déprogrammer l'émission *Le Monde de Léa* consacrée à Vitrolles, quelques jours avant l'élection municipale qui a vu le FN gagner dans cette ville sa quatrième mairie d'une cité de plus de 30 000 habitants [19]. »

La puissance de TF1 peut quelquefois se transformer en boomerang pour les marchés publics de Bouygues. Télé-béton ou télé-eau ne gagnent donc pas à tous les coups… Deux exemples parmi d'autres : selon l'entourage d'Olivier Bouygues, président de la Saur, TF1 va indirectement faire perdre à Bouygues un marché important à Marseille et un autre à Nice, à l'automne 2003. Nettement moins disante, la Saur-Bouygues (génie civil) alliée à Suez-Lyonnaise des eaux et à sa filiale Degrémont (chargée du retraitement des eaux usées) perd la construction et l'exploitation de la nouvelle station d'épuration de la communauté urbaine de Marseille. La Saur aurait été victime d'un *Vingt heures* de la chaîne où Claude Bertrand, directeur de cabinet du maire de Marseille, apparaissait, en février 1992, menottes aux poignets. Il sortait du bureau du juge Jean-Pierre Murciano qui venait de l'envoyer coucher en prison après l'avoir mis en examen pour complicité de trafic d'influence [20]… Mis depuis totalement hors de cause dans cette affaire dite « des frères Saincené », Claude Bertrand n'aurait jamais pardonné à TF1 de n'avoir pas respecté la « présomption d'innocence ». Rebelote en mars 2003, où Claude Bertrand était filmé à son arrivée au palais de justice de Marseille, juste avant sa mise en examen pour corruption active et trafic d'influence. Blanchi à chaque fois, Claude Bertrand occupe toujours les fonctions de directeur de cabinet du maire et président de la communauté urbaine de Marseille, Jean-Claude Gaudin…

Furieux, le patron de la Saur, Olivier Bouygues, ne fait pas mystère, à l'époque, de son intention de déposer une plainte pour remettre en cause le choix par la communauté urbaine de Marseille en faveur de Veolia Environnement (retraitement des eaux usées) allié à Vinci (génie civil). Il n'en fera rien… Curieusement, au même moment, Bouygues enregistre une véritable série noire dans le sud-est de la France. Des attentats visent régulièrement, en Corse, du matériel de travaux publics de sa filiale DTP, dans un climat de racket. Et la Coved, filiale de la Saur, perd le marché antitags à Nice, alors qu'elle est encore nettement moins disante. Il est vrai aussi que TF1 a fait ses choux gras avec l'incarcération du secrétaire général de la ville de Nice, Michel Vialatte, mis en examen, en 2002, dans une affaire de corruption sur des marchés publics [21]. Francis Bouygues doit s'en retourner dans sa tombe. Il n'aurait jamais imaginé que le pouvoir de la télévision puisse faire perdre des marchés à son groupe.

Le président du Sedif, André Santini ne se montre, lui, pas étonné :

« J'avais prévenu Francis [Bouygues]. Je lui ai dit : n'oublie pas le probable effet boomerang des infos de TF1 sur les marchés publics convoités par ton groupe. Quand on verra un maire ou l'un de ses collaborateurs les menottes aux poignets, à la messe de 20 heures, sur ta chaîne, n'imagine pas que ce même maire sera enchanté de te confier un joli marché [22] ! » Il faut sans doute nuancer les propos du maire d'Issy-les-Moulineaux. La région Alpes-Provence-Côte d'Azur garde le maillot jaune au hit-parade des affaires de corruption avec les villes de Marseille, Toulon, Cannes et Nice. Vieilles complices, les deux doyennes de l'eau y veillent jalousement sur leur monopole du service public à la française depuis plus d'un siècle. Elles le maintiennent d'une main de fer face au troisième larron Bouygues, présent dans le monde de l'eau et du nettoiement, avec la Saur, seulement depuis 1984. Marseille est cogérée par Veolia Environnement et Suez-Lyonnaise des eaux (qui ont laissé quelques miettes à Bouygues), Toulon et Nice par Veolia Environnement, et Cannes par Suez-Lyonnaise des eaux *(voir annexe 1).* À l'inverse de Bouygues, les numéros un et deux de l'eau ne subissent jamais le contrecoup des reportages de leurs filiales (M6 et Canal Plus) sur les affaires de corruption. Explication : la domination écrasante de TF1 fait que son nom est immédiatement associé à Bouygues dans l'esprit des élus. Mais le Sud-Est n'est pas la France. Si le professionnalisme des journalistes de TF1 y fait peut-être du tort à leur groupe, ce constat n'est pas vrai dans tout l'Hexagone. Les journalistes de Canal Plus (dépendant aujourd'hui de Vivendi Universal) ou de M6 (qui a été revendue en 2004) ne sont pas systématiquement identifiés à leur maison mère...

En fait, chacun des trois grands groupes français de télévision privée peut difficilement se passer d'André Santini et des élus du suffrage universel, au nombre de 500 000 en France. À partir des lois Defferre sur la décentralisation au début des années 1980, les maires et leurs adjoints ont vu leur pouvoir renforcé en matière de marchés publics, notamment dans les commissions d'appel d'offres. Des marchés publics qui, dans l'eau, les ordures ménagères, la propreté et l'énergie, restent encore aujourd'hui une source intarissable de profits pour Bouygues, la Lyonnaise des eaux et Veolia Environnement. Mais Jean-Marie Messier, puis Jean-René Fourtou d'un côté, Jérôme Monod et Gérard Mestrallet de l'autre se sont lancés dans une stratégie complètement opposée à celle de Bouygues. Vivendi Universal (réduit dorénavant à SFR et à Canal Plus) a mordu la main nourricière qui l'a sauvé d'une faillite quasi certaine en revendant toutes ses activités traditionnelles, regroupées depuis dans Veolia Environnement. Héritier des métiers historiques de l'honorable Compagnie, ce nouveau groupe dépend à 80 % de commandes d'État et de collectivités locales, en France et à l'étranger. Seule y échappe la clientèle des entreprises privées. Même photo pour Suez-Lyonnaise des eaux qui s'est recentré sur deux pôles d'activités : les services (eau et traitement des ordures) et l'énergie (chauffage et surtout production ainsi que distribution d'électricité). Pour gagner des parts sur ces marchés, le triumvirat de l'eau ne s'est pas lancé exclusivement dans une course aux « valises » et autres « cartes postales » (une enveloppe bourrée de coupures à l'effigie de « Pascal » dans le jargon de l'honorable Compagnie). Une alternative existe. Elle est née le 4 avril 1987, date du rachat de TF1 par le roi du béton. Pour un milliard et demi de francs, Francis Bouygues s'offre 25 % des actions de la chaîne.

Visionnaire et opportuniste génial, le roi du béton est alors un des rares à comprendre qu'il ne gaspille pas son argent, mais s'approprie un fabuleux instrument de pouvoir... Élevés au biberon de l'État, Guy Dejouany et Jérôme Monod ne seront même pas candidats à l'achat de TF1. Pour eux, Francis Bouygues a viré maboule, histoire de céder à un caprice de gamin. Tous deux n'imaginent pas l'intérêt d'un tel investissement, leurs groupes vivant, depuis plus d'un siècle, d'une sorte de cordon ombilical qui les relie à l'État et aux politiques. Ces deux présidents, leurs prédécesseurs et leurs successeurs ont été « dressés » pour rendre des services à l'État qui leur renvoie l'ascenseur. Pas pour se mesurer à lui ou aux politiques. Or TF1 permettra à Francis Bouygues de défier François Mitterrand, notamment en 1990 avec des émissions consacrées au passé du président de la République. Un peu plus tard, TF1 jouera ouvertement Balladur gagnant pour la présidentielle de 1995. Cette chaîne, la plus puissante en Europe, et sa petite sœur LCI deviendront vite un lieu de passage obligé des hommes politiques français. À l'inverse, Guy Dejouany, « J2M » et Jean-René Fourtou, Jérôme Monod et Gérard Mestrallet n'ont jamais fondé leur stratégie sur le pouvoir d'influence extraordinaire de la télévision. Jean-Marie Messier a abandonné à TF1 ce pouvoir d'influence sur les politiques. Jérôme Monod a fait de même, se contentant, avec M6, d'un bon petit tiroir-caisse au milieu d'un vrai bazar oriental, qui comprend notamment la chaîne de télévision Paris Première et le réseau câblé parisien Noos, revendu depuis. Leur feuille de route leur demande aujourd'hui d'honorer le Dieu des marchés, pas de jouer au plus fin avec l'État, les politiques et les élus...

Le jeu des « valises » et des « cartes postales » a été remis en question par Francis Bouygues, puis par Jean-Marie Messier. Il ne faut pas se fier à l'air de premier communiant de « J2M », à sa manie de jouer les enfants de chœur du fin fond de la province, à son image de premier de la classe et d'homme simple avec sa frange qui lui est longtemps tombée sur le front à la manière d'un garçonnet au visage poupin. En fait, derrière un corps rond et petit, son goût pour la communication et son narcissisme exacerbé masquent une stratégie de rupture avec les politiques. « Jean-Marie Messier Moi-Même Maître du Monde » aura même, en l'an 2000, le toupet de troquer ses habits d'obligé, de serviteur de l'État et des politiques, contre ceux d'un esprit indépendant et libre. Il faut lire la prose de cet ancien haut fonctionnaire pour le croire... « J'avais poursuivi la voie royale pour faire une belle carrière au service de l'État, avoue-t-il. Sans doute aurait-il fini par me parachuter à la tête de l'un de ses fiefs, en remerciement de mes bons et loyaux services. Mais l'idée de n'être qu'un pion ballotté au gré des alternances politiques ou de savants jeux de chaises musicales obligeant à faire allégeance m'était insupportable. Ne jamais être soumis à une autorité, voilà ce qui m'a guidé.

J'ai eu beaucoup de chance : à chaque tournant de ma carrière, j'ai réussi à augmenter mon indépendance [23]. »

L'acte fondateur de cette stratégie sera la prise de contrôle d'Havas, en 1997 et 1998, qui sera suivi de l'abandon des métiers historiques de l'ex-Générale des eaux. Posséder une partie seulement de Canal Plus, à travers le groupe Havas, ne suffit pas à nourrir l'ambition de « Jean-Marie Messier High-Tech ». Avec sa mainmise directe sur Canal Plus, « J2M » va tourner le dos aux chiraquiens et aux socialistes, tout en décevant ses amis balladuriens. À l'inverse de Guy Dejouany, Jérôme Monod et Gérard Mestrallet, cet énarque se moque éperdument des connivences entre les politiques et les trois chaînes privées [24]. À l'époque, le succès phénoménal des *Guignols* de Canal Plus ne le gêne pas. Il est vrai que leur humour dévastateur à l'encontre des politiques ne s'est pas encore retourné contre lui. En fait, « J2M » a déjà atterri sur une autre planète. Sa dernière lubie : se hisser au sixième rang des groupes mondiaux de communication à travers la chaîne payante Canal Plus et son bouquet, Canal Satellite. Pour conquérir Canal Plus, la feuille de route se montre sans ambiguïté : le jeune général Messier doit avaler, dépecer et dépouiller Havas, l'une des plus belles filiales de la Générale des eaux. Et bousculer au passage un siècle et demi d'héritage de la politique, de la presse et de la publicité, pour jouer dans la cour des grands du multimédia, derrière Time-Warner, Murdoch, Bertelsman et quelques autres…

Dans le brillant cerveau de « Jean-Marie Messier Moi-même Maître du Monde », les analystes financiers et les journalistes économiques ont remplacé l'État et les politiques. Aussi est-ce sans le moindre état d'âme que ce nouveau martien peut jouer contre son camp. Explication. Napoléon III, Léon Blum, Georges Pompidou, Valéry Giscard d'Estaing, François Mitterrand et Jacques Chirac se sont tous servis de la puissance d'Havas pour essayer d'influencer, voire de contrôler, l'opinion publique. En contrepartie, ces chefs d'État ont fait la fortune d'Havas par le biais de commandes publiques. À la fin du siècle dernier, juste avant d'être dépecé par « J2M », le groupe Havas est encore l'un des géants français de la communication avec la radio (RTL), la télévision à péage (Canal Plus), la presse professionnelle (CEP), la grande presse (*Le Point* et *L'Express*), la publicité (Havas Advertising) et les petites annonces de province et nationale (Havas Régie), ainsi que le tourisme (Havas Tourisme et Havas Voyages). En octobre 1998, le « révérend Messier » (Guy Dejouany l'a affublé de ce surnom) programme la mise à mort de ce pouvoir d'influence. La fusion absorption Havas-Générale des eaux est approuvée lors de l'assemblée générale du groupe. Le PDG d'Havas, le très politique chiraquien Pierre Dauzier, est débarqué avec un parachute en or de 50 millions de francs, soit 7,6 millions d'euros [25]. Et fin 1999, « J2M » met la dernière main au démantèlement de cette formidable boîte à outils, construite en un siècle et demi autour de l'agence Havas. Méthodiquement, il commence ainsi à scier, c'est-à-dire à vendre, les branches de cet empire sur lesquelles sont assis de nombreux politiques.

Pourquoi Jean-Marie Messier ne s'est-il pas contenté de dépoussiérer simplement le vieil empire Havas, de le recentrer sur ses métiers historiques, les plus rentables : la publicité, la presse et l'édition ? Pourquoi provoque-t-il une mini-révolution qui ne peut que lui créer des ennemis ? L'acte fondateur de la nouvelle stratégie de « J2M », les « tuyaux miracles ou magiques » par où transitent le son, l'image et l'écrit, passe à ses yeux prioritairement par le téléphone mobile SFR et la première chaîne payante d'Europe, Canal Plus, donc par son propriétaire, Havas. Que ce groupe soit un lieu de pouvoir pour les politiques, « Messier High-Tech » et « Messier Narcisse » s'en tapent le coquillard. L'échec de Balladur à la présidentielle lui a rendu sa liberté. Plus question de jouer les porteurs d'eau pour un député du XVe arrondissement de Paris, auquel il doit quand même pour partie son fauteuil à la tête de la Générale des eaux. Le marieur du téléphone portable, de la télévision et du web a la mémoire courte, comme le répétait aux Français le maréchal Pétain sous Vichy. Mais il est mûr pour attraper la grosse tête. Ses chevilles enflent sans cesse. « Messier Narcisse » croit pouvoir s'émanciper des politiques, non sans raison peut-être, au nom de l'efficacité et du dynamisme de son groupe multinational. Dominateur et sûr de lui... Le deal magique de ce funambule est triple : rafler la trésorerie d'Havas (5,9 milliards de francs), en profiter pour réduire aussitôt l'endettement de la Compagnie et mettre la main sur Canal Plus dans le cadre de sa stratégie mondiale de poids lourds de la communication. Le contrôle total du monstre Havas, qui joue les tout premiers rôles dans la presse, la publicité et la télévision, ne lui servira pas pour « dealer » des marchés publics avec l'État.

Pas question de singer Francis Bouygues... D'ailleurs, il veut revendre les deux joyaux de l'ex-Compagnie, *L'Express* et *Le Point*. La télévision hertzienne et ses relations privilégiées avec le pouvoir ne l'intéressent pas. Seuls comptent SFR et la télévision par câble qui, comme une tête de pont, vont déverser, chez les abonnés, tous les services proposés par Jean-Marie Messier. « Havas est un lieu d'accueil, pas un lieu de pouvoir », répète-t-il alors le plus sérieusement du monde. Défense d'en rire... Le cœur historique de l'agence Havas, ce manager le dépèce méthodiquement à partir du 9 mars 1998. En un an, le chiffre d'affaires va passer de 50 à 20 milliards de francs. Fin 1999, il a déjà fait un sacré ménage. Exit, vendus, bazardés, à des prix cassés, les offices de petites annonces, les régies publicitaires, le tourisme, l'afficheur Avenir. Les hebdomadaires *Le Point* et *L'Express* subiront beaucoup plus tard le même sort, rachetés, eux, à l'inverse, comme des lieux de pouvoir par les deux industriels François Pinault et Serge Dassault. Après la chute de Messier en juin 2002, son successeur, Jean-René Fourtou, finira le job en bradant, à un tiers du prix, l'édition, la presse professionnelle et le multimédia. Seul rescapé aujourd'hui de cette fumeuse « stratégie des contenants et contenus », Canal Plus se porte un petit peu mieux en 2004 avec enfin l'arrivée de nouveaux abonnés. Bien que toujours bénéficiaire, la première chaîne de télévision à péage en Europe et productrice de films vit tout de même un sombre avenir (perte de 70 000 abonnés en 2002 et de 130 000 en 2003) face au succès du DVD et aux bouquets satellites. Fin

2003, l'œuvre de démolition de « J2M » est quasiment terminée. L'acte de décès du groupe Havas, cent soixante-six ans après sa création.

Le crime de Jean-Marie Messier : le « dénoyautage » d'Havas, dossier politique s'il en est, l'amène en 1997, pure folie, à renvoyer dos à dos la gauche et la droite qui s'étaient partagé les postes d'administrateurs de ce groupe. Or, le comble, ce faisant il brûle ce qu'il a adoré... C'est lui-même qui avait été le grand ordonnateur de ces « noyaux durs » chiraquiens créés, dans les années 1986 à 1988, dans une dizaine de sociétés publiques, dont Havas et TF1. Le groupe Havas, un lieu de pouvoir, il connaît la chanson par cœur. Chargé de mission chez Camille Cabana, ministre chargé des Privatisations, il avait organisé le passage au privé d'Havas. Sur neuf administrateurs d'Havas privatisé, il en avait choisi trois dans le giron socialiste et six appartenant au RPR ou en étant proches. Parmi eux figuraient Jérôme Monod, PDG de la Lyonnaise des eaux, ex-secrétaire général du RPR, et Jean-Marc Vernes, le banquier de ce parti. Havas devient alors la chasse gardée du ministre des Finances, Édouard Balladur, qui a placé comme président du holding coiffant le groupe Pierre Dauzier, un Corrézien frère d'un ami de Chirac et jusque-là directeur général. En échange, André Rousselet, l'homme de confiance de François Mitterrand, reste à la tête de Canal Plus, son enfant chéri. Aussitôt, de juteux contrats d'État engraissent Havas, notamment lors des campagnes publicitaires financées par le ministère des Finances à l'occasion de la privatisation des grandes entreprises : Paribas, Société générale, Compagnie générale d'électricité, UAP et le Crédit agricole... Après la réélection de François Mitterrand en 1988, l'ingénierie financière mise en place par « J2M » chez Havas n'est pratiquement pas remise en cause. L'ancien noyau dur RPR et son frère jumeau socialiste autour de Rousselet et de Canal Plus vont contrôler chacun 24 % du capital d'Havas. Les deux groupes se neutralisent. En 1991, André Rousselet tente alors, sans succès, de faire fusionner Havas et Canal Plus. Son obsession est bien compréhensible : éviter d'être mangé tout cru par Havas à qui il suffit de s'entendre avec un autre gros actionnaire pour prendre le contrôle de Canal Plus. C'est ce qui est orchestré par « J2M » en 1994, lorsque, associé chez Lazard, il organise pour les balladuriens le pacte d'actionnaires Générale des eaux-Canal Plus-Société générale. L'objectif de ce trio : mettre à la porte le socialiste André Rousselet pour dégager le terrain en vue d'une prise de contrôle totale d'Havas par la Générale et son patron Guy Dejouany qui, trop marqué à gauche par ses clients historiques, ne peut résister aux desiderata du Premier ministre, Édouard Balladur. En effet, le patron de la rue d'Anjou est quasi paralysé par une cascade d'affaires judiciaires qui planent au-dessus de sa tête. Au passage, la chiraquienne Lyonnaise est éliminée du tour de table, à la grande colère de « J1M », alias Jérôme Monod. La Compagnie générale des eaux entre ainsi, le 14 février 1994, à hauteur de 30 % dans le capital d'Havas et de 50 % dans celui d'une société détenant 43 % de Canal Plus [26].

Toujours avec « J2M » aux manettes dans le gouvernement Balladur, la loi Carignon, votée en décembre 1993 (publiée au *JO* du 1er février 1994), relève de 25 à 49 % le plafond autorisé pour un seul actionnaire dans une chaîne de télévision. Cette loi permet surtout à Bouygues de monter en puissance dans le capital de TF1. « En fait, Édouard Balladur s'est tout simplement donné les moyens de son ambition, expliquent les journalistes Pierre Péan et Christopher Nick. Le partage PS/RPR des grandes machines de l'État ne lui laissait aucun espace. Le dynamitage des réseaux chiraquiens et mitterrandiens était donc pour lui une impérieuse nécessité [27]. » Interviewé le 17 février 1994 sur France Inter, le PDG de la Lyonnaise, « J1M », met lui aussi en cause le Premier ministre de l'époque, Édouard Balladur : « Quand on a décidé de libérer le capital des chaînes privées [...] les appétits, les combinaisons, les soupçons, les manœuvres ont commencé. Ils ont abouti ; ils ne sont peut-être pas terminés. » Jérôme Monod dénonce ce « meccano politico-médiatique » et l'« importance excessive de TF1 [28] ». La vivacité de ton de l'ancien secrétaire général du RPR s'explique : à l'époque, il s'est battu en vain pour obtenir une deuxième coupure publicitaire en soirée, lors du vote de la loi Carignon, au profit de M6 et du service public. Une deuxième coupure qui aurait fait énormément de tort à TF1. Son interdiction coûte à l'époque 500 millions de francs par an à Antenne 2, FR3 et M6. Ministre de la Communication, Alain Carignon se retrouve alors dans une position très inconfortable, Bouygues et la Lyonnaise étant les principaux sponsors de ses campagnes électorales à Grenoble. Avocat d'affaires, Jean-Louis Dutaret avait supervisé la confection de ces journaux électoraux du maire de Grenoble avant d'occuper un poste de chargé de mission auprès d'Alain Carignon, ministre de la Communication. « C'est le même Jean-Louis Dutaret, l'ami de Pascal Houzelot [conseiller du PDG de TF1, Patrick Le Lay], soulignent les journalistes Pierre Péan et Christopher Nick, qui, devenu chargé de mission au ministère de la Communication, pilote en directe les négociations avec les professionnels de l'audiovisuel en vue de la nouvelle loi [29]. » En favorisant Bouygues, Alain Carignon satisfait tous les desiderata des balladuriens et se fâche définitivement avec Jérôme Monod. Le géant mondial de l'eau et du BTP pourra monter à hauteur de 49 % dans TF1, et la deuxième coupure publicitaire en soirée est refusée au service public et à M6. Cerise sur le gâteau : le groupe Bouygues, de même que Jérôme Monod, échappera par la suite à toutes poursuites judiciaires, à l'inverse d'Alain Carignon et de Guy Dejouany.

Une certitude : la puissance de TF1 explique la victoire de Bouygues, en 1994, sur la Lyonnaise et le service public qui demandait une deuxième coupure publicitaire. Le roi du béton a vraiment eu beaucoup, beaucoup de chance, tant lors du vote de la loi sur l'audiovisuel qu'avec la justice. Il est vrai que le Premier ministre de l'époque, Édouard Balladur, peut difficilement ne pas lui renvoyer l'ascenseur. Une balladurisation caricaturale de TF1 a bien régné à partir de la campagne des législatives de 1993 jusqu'à celle de la présidentielle de 1995. Pierre Péan et Christopher Nick [30] ont fait les comptes à l'aide d'un échantillon composé des cinq personnalités les plus invitées au sein de chaque équipe présidentielle. Les balladuriens écrasent leurs adversaires avec 44 passages contre 15 aux chiraquiens et 28 à toute la gauche. Sans commentaires… Sinon que TF1-Bouygues a bien « mérité » sa victoire face à la Lyonnaise. Quelques mois plus tard, le même groupe recevra un nouveau cadeau : la troisième licence d'opérateur de téléphone mobile. Conclusion : TF1, via les balladuriens, est devenu le moteur du développement du groupe Bouygues. Visionnaire à l'exemple des fondateurs de la Compagnie générale des eaux, le roi du béton avait même prévu, dit-on, d'inviter sur TF1 des chefs d'État et des ministres de pays étrangers pour décrocher des marchés ! Feu Francis Bouygues (décédé en juillet 1993) serait content de savoir que TF1 n'est plus maudit à l'Élysée comme du temps de François Mitterrand et d'Édouard Balladur. Anne Barrère, épouse du directeur de l'Information de TF1, Robert Namias, est conseillère en communication de Bernadette Chirac. Plus fort encore : instrumentalisée par Jacques Chirac pour contrebalancer l'influence américaine, la CII, la fameuse CNN à la française, associera TF1 et France Télévision. La Lyonnaise avec M6 et Vivendi Universal avec Canal Plus n'ont pas été conviés au festin. Comme il n'est pas question que la nouvelle chaîne concurrence TF1 ou LCI, elle n'émettra qu'à l'étranger avec un budget de 70 millions d'euros contre 160 millions pour Al-Jazeera et 1,2 milliard pour CNN.

Conformément aux intentions de Francis Bouygues, CII pourra inviter sur ses écrans les chefs d'État et les maires des grandes villes du monde entier, histoire de se rapprocher d'eux pour décrocher de beaux marchés publics. Tout cela grâce à une télévision financée par le contribuable français ! Aujourd'hui, l'écurie Bouygues, avec ses léotardiens fiers comme Artaban et ses balladuriens à qui tout souriait, revient de loin. En mai 1995, son champion Édouard Balladur s'est fait coiffer sur le poteau par Jacques Chirac. Ce mauvais choix, le président de la République l'a vite oublié tout en laissant la justice harceler sans succès le groupe Bouygues *(voir chapitre XVI).* Comme quoi, en France, une télé de maçon et de distributeur d'eau est sans doute plus puissante qu'un chef de l'État. Ainsi, TF1 a sans doute joué un rôle dans le séisme du 21 avril 2002. Ancien ministre de l'Intérieur, le socialiste Daniel Vaillant constate : « De janvier à mai 2002, la chaîne consacrait 284 sujets à l'"insécurité", plus d'un par jour ! Dans les six mois suivant l'élection présidentielle, elle n'en programmait plus que 66 [31]… »

NOTES

1. Voir déclaration attribuée à François Mitterrand dans Pierre Péan et Christopher Nick, *TF1, un pouvoir*, Fayard, 1997, p. 9.

2. Voir Vincent Nouzille et Alexandra Swartzbrod, *L'Acrobate*, Le Seuil, 1998, p. 264.

3. Voir interview Daniel Boudet dans Pierre Péan et Christopher Nick, *TF1, un pouvoir*, *op. cit.*, p. 647.

4. Voir *ibid.*, p. 12.

5. André Santini, *Ces imbéciles qui nous gouvernent*, Éditions nº 1, 1998, p. 131.

6. Voir déclaration de Jean-Pierre Brard dans Marc Laimé, *Le Dossier de l'eau*, Le Seuil, 2003, p. 180-81 ; *Mission d'évaluation et de contrôle, de l'opacité à la transparence : le prix de l'eau*, commission des finances de l'Assemblée nationale, 2001, nº 3081, p. 108.

7. Voir *Mission d'évaluation et de contrôle, de l'opacité à la transparence : le prix de l'eau*, *op. cit.*, p. 151.

8. Voir *ibid.*, p. 152.

9. Voir Pierre Péan et Christopher Nick, *TF1, un pouvoir*, *op. cit.*, p. 607-608.

10. *Ibid.*, p. 608-612.

11. Voir *La Vie financière* du 5 au 11 avril 2002, p. 25-26 ; *Le Monde* du 7 mars 2002, p. 23 ; *Le Monde* du 27 février 2003, p. 19 ; document COB de Bouygues pour 2003.

12. Voir Pierre Péan et Christopher Nick, *TF1, un pouvoir*, *op. cit.*, p. 643-644.

13. Voir *ibid.*, p. 641.

14. Voir *ibid.*, p. 367-368.

15. Pierre Péan et Christopher Nick, *TF1, un pouvoir*, *op. cit.*, p. 367-369.

16. Voir *ibid.*, p. 549.

17. Voir *ibid.*, p. 547-548, 550.

18. Voir dépliants du Syctom et Sielom.

19. Pierre Péan et Christopher Nick, *TF1, un pouvoir*, *op. cit.*, p. 635.

20. Voir *Dossier spécial Marseille* dans *L'Expansion* du 23 avril 2003 ; article de Florence Pensonni dans « le petitjournal.com » du 26 mars 2003 ; Jean-Michel Vernes et André Rougeot, *L'Affaire : des assassins au cœur du pouvoir*, Flammarion, 1997, p. 72-73.

21. Voir *Le Monde* du 19 février 2004, p. 11.

22. Entretien avec l'auteur en octobre 2003.

23. Jean-Marie Messier, *J6M.com : faut-il avoir peur de la nouvelle économie ?*, Hachette Littératures, 2000, p. 89.

24. Voir Jean-Marie Messier, *Mon vrai journal*, Balland, 2002, p. 207.

25. Voir « Messier pour une médiation avec VU », *La Tribune*, 16 octobre 2003.

26. Voir *Le Nouvel Économiste* du 18 février 1994, nº 933, p. 12-15.

27. Pierre Péan et Christopher Nick, *TF1 un pouvoir*, *op. cit.*, p. 576.

28. Voir *ibid.*, p. 576.

29. *Ibid.*, p. 571.

30. Voir *ibid.*, p. 620-621.

31. Daniel Vaillant, « Sécurité, la poudre aux yeux », *Libération*, 22 avril 2004, p. 32.

Table des matières

Avant-propos 9

I. Bertrand Delanoë toilette le Yalta de l'eau, des poubelles et des parkings 11
II. Le silence des contrats… 39
III. La mise en place de l'honorable Compagnie 67
IV. Le contrat du siècle ou les secrets de la martingale de l'eau 87
V. La Compagnie en danger de mort 101
VI. La Compagnie s'affiche socialiste, la Lyonnaise libérale et numéro un de l'électricité 123
VII. Le PC et la CGT contre la nationalisation de l'eau 145
VIII. La Lyonnaise repart difficilement de zéro 159
IX. Un larron s'infiltre dans le pouvoir occulte 167
X. Deux PME se métamorphosent en multinationales 185
XI. Les deux cauchemars de « Dieu » 203
XII. Jacques Chirac invite deux requins d'eau douce à Paris 225
XIII. « Dédé », le mécano de la Générale 241
XIV. Des liaisons dangereuses 269
XV. Jérôme Monod, le « prédateur » RPR des régies municipales 293
XVI. Une justice soluble dans l'eau 317
XVII. Le génie des mathématiques voulait sauver « Dieu » et la Compagnie 349

XVIII. « Dents de la Mer », l'homme qui a failli couler la Compagnie 365
XIX. Des blessés du suffrage universel nourris, logés et blanchis 389
XX. L'« honnête homme » déshabille la compagnie . 401
XXI. Les caves se rebiffent 425
XXII. Le vétérinaire « super-Proglio » tente de sauver la poule aux œufs d'or 453
XXIII. Suez-Lyonnaise, « c'est le watt qu'il préfère... ». Bouygues et Vinci, « c'est toujours le béton... » 479

ANNEXES

Annexe 1. Jours tranquilles à « Veolia Ville » et à « Vinci Ville » 499
Annexe 2. La télé de maçon écrase le pouvoir de l'eau . 519

Composition : Facompo, Lisieux

Achevé d'imprimer en mai 2005
sur les presses du

Groupe Horizon

Parc d'activités de la plaine de Jouques
200, avenue de Coulin
F - 13420 Gémenos

pour le compte des Éditions Ramsay

Imprimé en France
Dépôt légal : avril 2005
Numéro d'impression : 0504-193
ISBN : 2-841114-731-2